网上开店、经营、装修与营销

从入门到精通

（超值升级版）

前沿文化※编著

科学出版社
北京

内容简介

《网上开店、经营、装修与营销从入门到精通（超值升级版）》针对初学者的需求，全面、详细地讲解了网上开店、经营、装修与营销的操作方法、疑难问题与实用技巧。本书在讲解上图文并茂，重视操作技巧的传授，在图片中清晰地标注出要进行操作的位置与操作内容，并对重点、难点操作均配有视频教程，以求读者能高效、完整地掌握本书内容。

本书共 18 章，分为两部分。第 1～14 章为操作讲解部分，详细讲解了网上开店基础知识、货源的选择、开网店的硬件准备、买家购物流程、办理 "营业执照"、商品的拍摄和美化处理、商品上架与开业、选择与优化物流、完整的交易流程、店铺装修与氛围的营造、网店营销、售后服务与经营之道、网络与金融安全、开设拍拍店铺等内容；第 15～18 章为进阶技巧部分，汇集了网上开店、经营、装修与营销的典型问题和实用技巧，有利于读者提高操作技能，包含网店装修、商品图片拍摄及美化、商品的出售、网店营销推广等四大类技巧；在全书的最后还提供了淘宝活动报名网址和帮派入口。

本书在每章最后设置了大量实训，内容全部来自于实际工作和生活中，对读者进行针对性训练，务求使读者"不仅学会相关知识，更要学会如何解决实际问题"。

本书配 1CD 多媒体教学光盘，包含了 74 个重点实例的视频教学录像，播放时间达 100 分钟。此外，为了让您能够掌握更多的知识，特贴心赠送畅销图书《电脑上网》的视频教程。

本书既可供想要学习网上开店、经营、装修与营销的读者使用，同时也可以作为网上开店培训班的培训教材或学习辅导书。

图书在版编目（CIP）数据

网上开店、经营、装修与营销从入门到精通：超值升级版 / 前沿文化编著. —北京：科学出版社，2013.1

ISBN 978-7-03-036366-4

Ⅰ. ①网… Ⅱ. ①前… Ⅲ. ①电子商务—商业经营—基本知识 Ⅳ. ①F713.36

中国版本图书馆 CIP 数据核字（2012）第 318804 号

责任编辑：周晓娟 高 莹 / 责任校对：杨慧芳
责任印刷：华 程 / 封面设计：彭琳君

科学出版社 出版
北京东黄城根北街 16 号
邮政编码：100717
http://www.sciencep.com
北京京华虎彩印刷有限公司印刷
中国科技出版传媒股份有限公司新世纪书局发行 各地新华书店经销

*

2013 年 5 月第 一 版 开本：16 开
2013 年 5 月第一次印刷 印张：23 3/4
字数：578 000

定价：45.00 元（含 1CD 价格）

（如有印装质量问题，我社负责调换）

PREFACE

前言

为什么编写本书

目前，网上购物与网上开店逐渐成为一种时尚，而且还是很多人实现创业梦想、增加个人收入切实可行的一种途径。本书从网上开店、经营、装修与营销的基础知识和基本操作入手，结合大量实例，采用知识点讲解与动手练习相结合的方式，详细介绍了网上开店、经营、装修与营销的应用方法。

本书特色

全书拒绝单纯讲解如何操作，注重培养实际应用能力，内容由浅入深，文字通俗易懂，实例丰富实用，对每个操作步骤的介绍都清晰准确，读者学习起来更加轻松、快捷。

内容全面 本书在内容上分为“操作讲解、技能实训、实用技巧”三部分，充分满足读者各种需求，读者可以根据实际情况安排学习顺序，或选择性查阅，真正做到“一书在手、问题不愁”（具体请参见下页的“阅读帮助”）。

讲解清晰 本书采用“步骤+图解”的方式进行编写，操作简单明了，浅显易懂。读者只要按书中的“图解步骤”一步一步地操作，就可以掌握网上开店、经营、装修与营销，本书还配有“提个醒”、“一点通”等小贴士，使读者能在轻松掌握相关内容的同时，将所学习到的知识应用到实际操作中（具体请参见下页的“阅读帮助”）。

视频教学 本书配1CD多媒体教学光盘，包含了所有的原始素材文件和最终效果文件，以及74个重点实例的视频教学录像，播放时间达100分钟。此外，为了让您能够掌握更多的知识，特贴心赠送畅销图书《电脑上网》的视频教程。

您是否适合使用本书

如果您符合以下情况，建议您购买本书进行学习。

- 对网上开店、经营、装修与营销不太熟悉，需要掌握相关知识、具体操作步骤的读者。
- 对网上开店、经营、装修与营销能进行一定的基础操作，但对于工作中各类实际问题不知道该如何操作实现的读者。
- 对网上开店、经营、装修与营销具有一定应用水平，但需要更多技巧来提高工作效率，或需要招数来解决各种疑难杂症的读者。

作者致谢

本书由前沿文化工作室负责全书的编写和校对工作。热切期盼广大读者对本书提出宝贵意见。

编著者

2013年3月

How to Read the Book

阅读帮助

三大内容

操作讲解 7.1.1，讲述了最基础的知识，由浅入深让读者全面掌握网上开店、经营、装修与营销，建议按照顺序学习。

技能实训 实训一，精选了实际工作和应用中的典型实例，让读者在学习理论知识的同时迅速掌握实际技能，建议初学者按照顺序学习，中高级读者可以直接学习这部分内容。

实用技巧 001，汇总了日常工作、生活中常见的问题和疑难杂症，帮助读者有针对性地解决问题，在正常学习之余，还可作为查询手册使用。

光盘路径

此处注明了接下来的讲解中所涉及的视频教学文件在配套光盘中的位置。

网上开店、经营、装修与营销从入门到精通（超值升级版）

7.1 开张自己的淘宝网店

前期准备工作充分完成之后，我们淘宝开店的创业之路就可以正式起航了。首先要做的是向淘宝网申请店铺营业资格，需要完成身份信息认证、开店考试和完善店铺信息三个步骤。

7.1.1 淘宝身份信息认证

现在淘宝规定，除了支付宝认证外，还额外增加了用户个人信息认证，必须通过此认证才能进行开店操作。

光盘同步文件	
同步视频文件	光盘\同步教学文件\第7章\7.1.1.mp4

技能实训

增强动手能力

通过对前面内容的学习，为了巩固读者所学的相关知识，下面安排实训任务来增强动手能力和技能的综合应用水平。

实训一 在手机中为淘宝安家

现在用智能手机的朋友越来越多，而不再局限于用电脑上网，因此为了更大范围地推广自己的商品，还可以在手机上开设自己的淘宝店铺。

在我的淘宝中，可以方便地为自己开通手机移动店铺，只需简单地设置手机店铺信息即可，下面来看具体的方法。

STEP 01 ❶选择符合条件的用户；❷单击"加为好友"按钮，如右图所示。

128

本书在内容上分为“操作讲解、技能实训、实用技巧”三部分，充分满足读者各种需求，可以根据自己的实际情况安排学习顺序，或选择性查阅，真正做到“一书在手、问题不愁”。本书在讲解上采用了全新的图解写作方式，特在此处进行简要说明。

STEP 01 ❶单击“宝贝模板”选项；❷右击空白区域；❸单击“粘贴宝贝”命令，如下图所示。

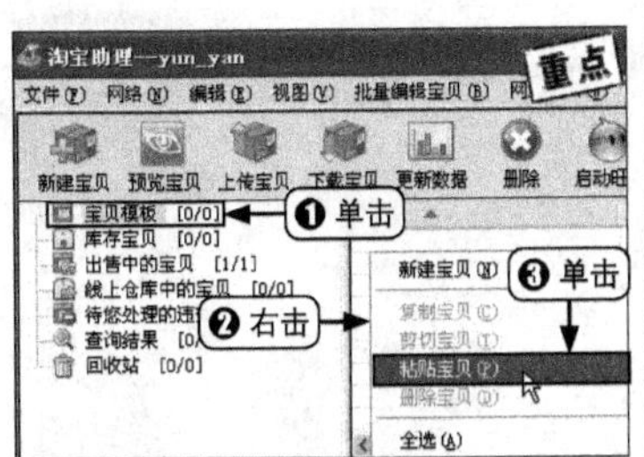

STEP 02 在下方编辑框中重新设置名称、价格信息等，如下图所示。

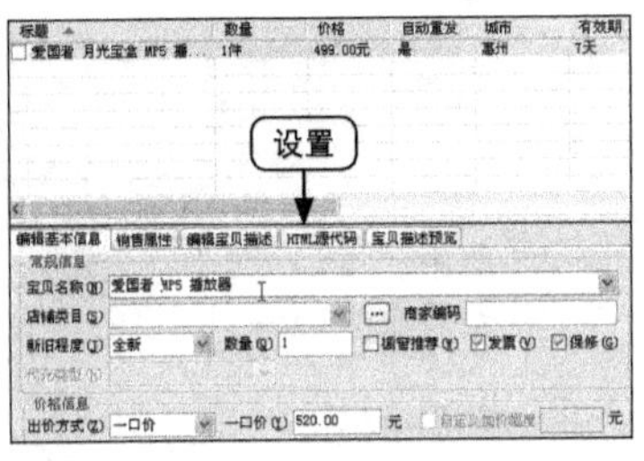

操作步骤

讲解了具体的操作步骤，要按照STEP 01、STEP 02的顺序进行操作；步骤中的❶❷❸与图中的标注相对应，真正做到图文对照，让读者绝对不会找错位置。

一点通 其他信息撰写

关于商品的售后服务、物流配送方式等买家关心的问题，应该先在Word中仔细编撰好并存档，再根据不同的商品作一些特别的说明。

一点通

讲解一些提高性的知识与技巧。

001 善于从淘宝大学学习装修

淘宝大学是淘宝网给想在淘宝网上开拓新天地的朋友们提供的进行学习交流的平台。通过以下简单步骤即可进入淘宝大学学习。

STEP 01 登录到淘宝网主页，单击“使用帮助”链接，如下图所示。

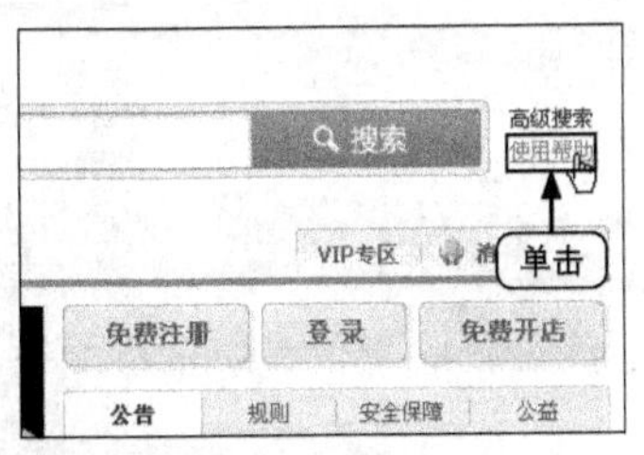

STEP 02 进入淘宝网的帮助中心，单击“淘宝大学”标签，如下图所示。

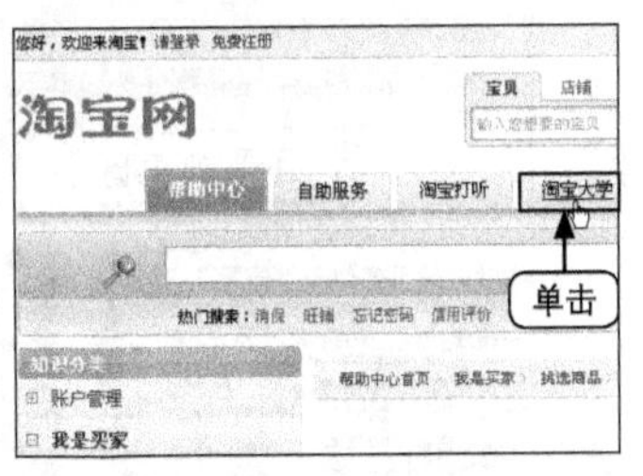

提个醒 如实描述

如果大家签署了消费者保障协议的如实描述条款，那么就更加要注意不能使用与实物差别太大的图片，否则可能会被要求进行赔付。

提个醒

主要指出初学者经常犯的错误或者需要重点注意的问题。

How to Use the CD-ROM

光盘使用说明

光盘使用方法

1.将本书的配套光盘放入光驱后会自动运行多媒体程序，并进入光盘的主界面，如图1所示。

2.单击光盘主界面上方的“多媒体视频教学”按钮，可显示“目录浏览区”和“视频播放区”，如图2所示。在“目录浏览区”中有以章序号顺序排列的按钮，单击按钮，将在下方显示以节标题命名的该章所有视频文件的链接。单击链接，对应的视频文件将在“视频播放区”中播放。

3.单击光盘主界面上方的“超值附赠”按钮，可以看到本书附赠的视频教程，有助于读者扩展能力。

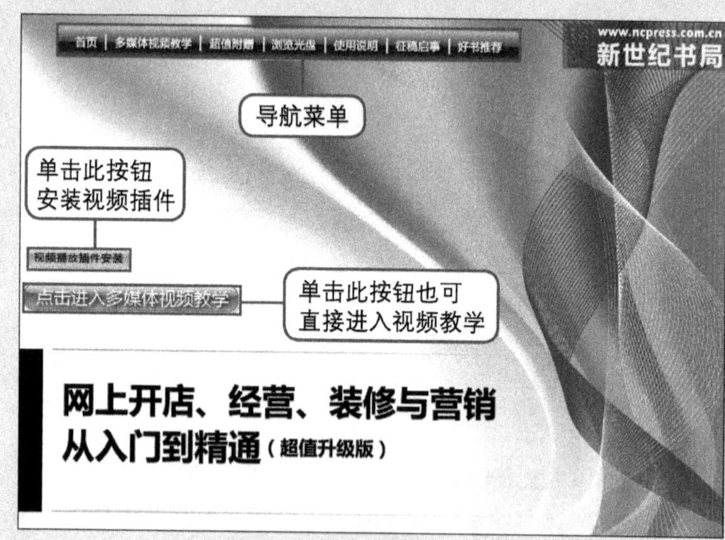

图1 光盘主界面

提示

如果光盘没有自动运行，Windows XP用户只需在“我的电脑”窗口中双击光驱盘符进入配套光盘，然后双击 start.exe 文件即可（Windows 7 用户需打开“计算机”窗口，双击光驱盘符）。在播放视频前，请先安装视频插件，在图1 中单击“视频播放插件安装”按钮即可。

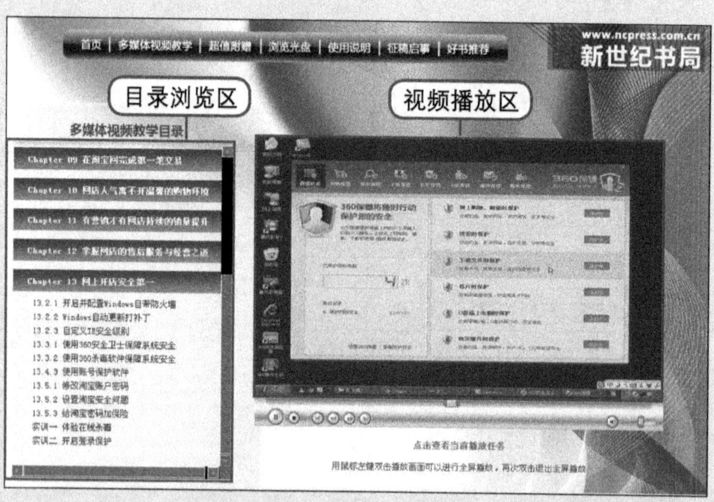

图2 视频播放界面

本书配套的多媒体教学光盘内容包含了74个重点实例的视频教学录像，播放时间达100分钟。此外，特贴心赠送了畅销图书《电脑上网》的视频教程。

目录浏览区和视频播放区

“目录浏览区”是书中所有视频教程的目录，“视频播放区”是播放视频文件的窗口，在“目录浏览区”中有以章序号顺序排列的按钮，单击按钮将在下方显示该章以小节标题命名的所有视频文件的链接，如图2所示。单击选择要学习的内容，对应的视频文件将在“视频播放区”中播放。

单击“视频播放区”中控制条上的按钮可以控制视频的播放，如暂停、快进；双击播放画面可以全屏播放视频，如图3所示；再次双击全屏播放的视频可以回到如图2所示的播放模式。

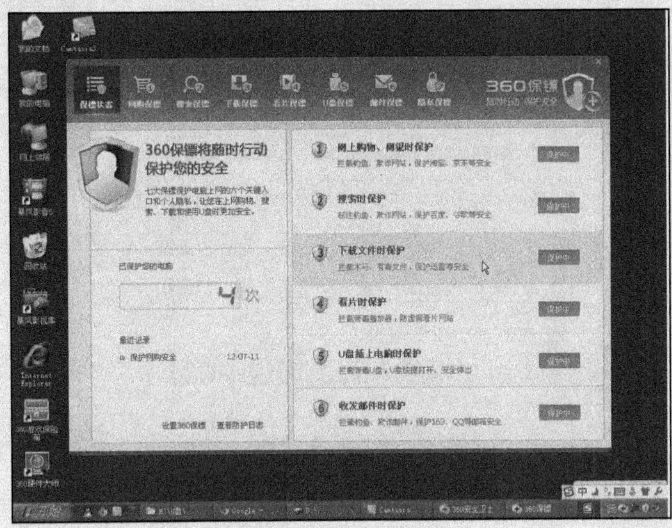

图3 全屏播放的视频文件

浏览其他内容

通过单击导航菜单（见图4）中不同的项目按钮，可浏览光盘中的其他内容。

首页 | 多媒体视频教学 | 超值附赠 | 浏览光盘 | 使用说明 | 征稿启事 | 好书推荐

图4 导航菜单

- 单击“浏览光盘”按钮，进入光盘根目录，可以看到光盘中的相关文件，如图5所示。
- 单击“使用说明”按钮，可以查看使用光盘的设备要求及使用方法。
- 单击“征稿启事”按钮，有合作意向的作者可与我社取得联系。
- 单击“好书推荐”按钮，可以看到本社近期出版的畅销书。

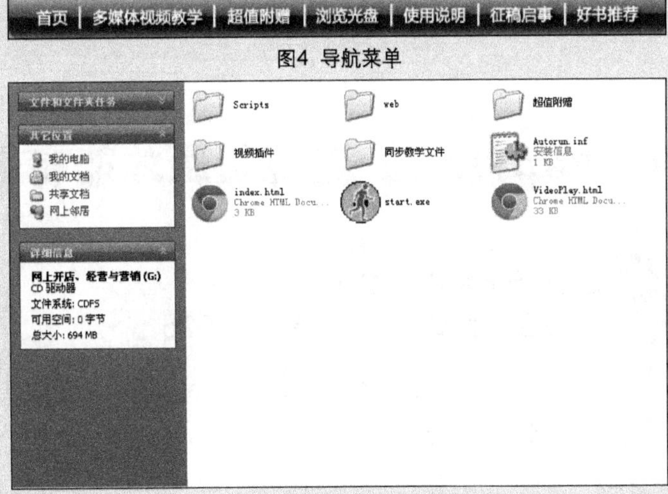

图5 查看光盘中的文件

CONTENTS

目 录

此图标代表该章节下有视频教学录像

Chapter 05 网店也要办理“营业执照”

Chapter 06 商品的拍摄和美化处理

Chapter 07 网店摆货上架准备开张

Chapter 08 优质物流也是网店特色

Chapter 09 在淘宝网完成第一笔交易

Chapter 10 网店人气离不开温馨的购物环境

Chapter 11 有营销才有网店持续的销量提升

Chapter 12 掌握网店的售后服务与经营之道

Chapter 13 网上开店安全第一

Chapter 14 轻松开设拍拍店铺

Chapter 15 网店装修技巧大全

Chapter 16 商品图片拍摄及美化技巧

Chapter 17 商品的出售技巧

Chapter 18 网店营销推广技巧

Chapter 01

网上开店该有怎样的认知准备

本章导读

据最新的数据调查显示，现在国内已经有六成以上受访者表示愿意尝试在网上购物，半数以上的受访者则表示经常在网上购物。这足以证明网上购物的流行。那么在开网店之前，应该做哪些开店准备呢？本章将会详细介绍网上开店的准备工作。

本章学完后您会的技能

- ❖ 网上开店的前期基础
- ❖ 网上开店的思路和计划
- ❖ 网上开店平台的选择
- ❖ 网上购物的优势和流程

本章内容展示

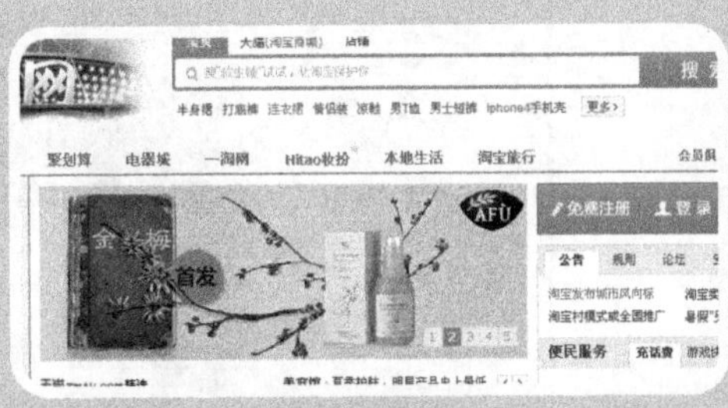

1.1 网上开店的前期基础

网上购物的流行催生出一批批创业者，他们将实体店铺搬到了互联网上。与实体店铺相比，网上开店不但节约了成本，而且在商品进货、出售、管理等诸多方面都明显优于实体店铺。不过，对于初涉网上开店的创业者来说，网上开店的一些基础知识还是要先了解清楚。

1.1.1 电子商务基础入门

所谓电子商务，是指通过互联网实现买家与商户之间的网上交易、在线电子支付以及各种商务活动的新型商业运营模式。

1．电子商务的起源介绍

我国的电子商务始于1997年，当时的电子商务主体正是一些IT厂商和媒体，它们以各种方式进行电子商务的“启蒙教育”，激发和引导人们对电子商务的认识、兴趣和需求。

在2000年前后，以“易趣”、“当当网”等网站为主的电子商务服务商在国外风险资本的介入下，成为中国电子商务最早的应用者，成为这一阶段中国电子商务的主体。

随着电子商务应用与发展的深化，越来越多的购物网站如雨后春笋般成长起来，这其中就包含了如今大名鼎鼎的“淘宝网”，主界面如下图所示。

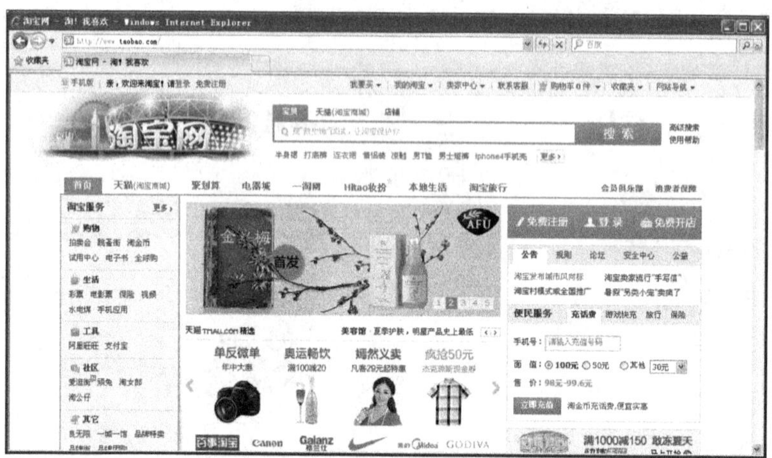

一点通 购物网站与电子商务的区别

购物网站是电子商务的一种表现形式，属于其中的一类，就好比说京剧属于戏剧的一种，而不能说戏剧等同于京剧一样。

2．电子商务的分类

自1997年底我国第一家专业电子商务网站——中国化工网诞生以来，目前我国已有包括阿里巴巴、网盛生意宝、焦点科技、慧聪网等在内的多家B2B电子商务上市公司；eBay易趣、淘宝网、腾讯拍拍网、百度有啊等C2C公司；卓越亚马逊、当当网、新蛋中国、京东商城、VANCL、乐淘网、红孩子、走秀网、唯品会、时尚起义、马萨玛索、麦包包等B2C服务公司。

从交易双方类型上来看，电子商务可以分为4种形式。

- B2C：商家对买家的形式（如当当网、卓越亚马逊等）。
- C2C：买家对买家的形式（如淘宝、易趣、拍拍、有啊，但是淘宝现在在某些领域也开始涉足B2C形式了，如淘宝商城就是C2C里的B2C）。
- B2B：用于企业之间的购物交易（如阿里巴巴、慧聪网等）。
- B2F：是电子商务按交易对象分类中的一种，即表示商业机构对家庭消费的营销商务、引导消费的行为。它的营销模式一般以品牌推荐＋目录＋导购＋店面＋网络销售＋送货＋售后为主，是C2C、B2C的一种升级商务模式。越来越多的购物网站将会最终向这种类型靠拢。

一点通 不同字母的含义

其中B是指商家，C是指个人。

3. C2C电子商务网站介绍

说起C2C网站，相信很多人不知道，但是说起淘宝，相信只要是上网的朋友都有所了解。它就是一个典型的C2C网站，也是目前国内做得最好、普及度最高、受众度最广的购物网站。它已经成为很多朋友网上开店的首选“阵地”。

C2C网站是指服务商（如淘宝网）提供一种服务，让在自己网站注册的一部分人成为卖方，而令另一部分人成为买方。这两批人之间可以进行自由的网络交易，购买或者贩卖商品。

为了避免买卖双方的其中一方产生欺诈行为，一般的C2C网站都提供了免费的担保交易平台。例如，买家A向卖家B购买商品，它会将钱打进交易平台C的账户上，当卖家B向买家A发货，并且在买家A确认收货的情况下，平台C才会将钱转入卖家B，从而实现整个交易过程。

提个醒 支付平台

基本上国内大的C2C网站都拥有自己独立的第三方平台，这其中知名的主要有支付宝、财付通、百付宝、贝宝、快钱、易宝支付等。

4. 电子商务相关安全法规

熟悉了电子商务基本知识，最后我们来了解一下国家对于电子商务在线交易专门制定的各类法规，只有熟读并了解这些规则，才能帮助我们在网络中发展出自己的一片天。

（1）电子商务类法规

国务院办公厅：《关于加快电子商务发展的若干意见》（2005年1月）

商务部：《关于网上交易的指导意见（征求意见稿）》（2006年6月）

商务部：《关于网上交易的指导意见（暂行）》（2007年3月）

商务部：《关于促进电子商务规范发展的意见》（2007年12月）

商务部：《电子商务模式规范》（2008年4月）

商务部：《关于加快流通领域电子商务发展的意见》（2009年11月）

（2）网络购物类法规

全国人民代表大会常务委员会：《中华人民共和国买家权益保护法》（1993年10月）

全国人民代表大会常务委员会：《中华人民共和国商标法》（2001年10月）

商务部商业改革司：《网络购物服务规范》（2008年4月）

国家工商行政管理总局：《网络商品交易及有关服务行为管理暂行办法》（2010年5月）

（3）电子支付类政策

中国人民银行：《支付清算组织管理办法（征求意见稿）》（2005年6月）

中国人民银行：《电子支付指引（第一号）》（2005年10月）

中国人民银行：《关于加强银行卡安全管理预防和打击银行卡犯罪的通知》（2009年4月）

中国人民银行：《非金融机构支付服务管理办法》（2010年6月）

一点通　百度搜索相关信息

大家可以在百度中搜索相关信息条目，然后找到详细内容并下载保存，以便随时查阅了解这些法规的详细信息。

1.1.2 什么是网上开店

网上开店，具体来说就是经营者在互联网上注册一个虚拟的网上商店（以下简称网店），将待售商品的信息发布到网站上，对商品感兴趣的浏览者通过网上或网下的支付方式向经营者付款，经营者通过邮寄等方式，将商品发送至购买者手中。在网购人群不断发展壮大和越来越多人想自己创业因素的共同作用下，促使网上开店的火爆。淘宝网为社会创造直接就业岗位的月收入分布如右图所示。

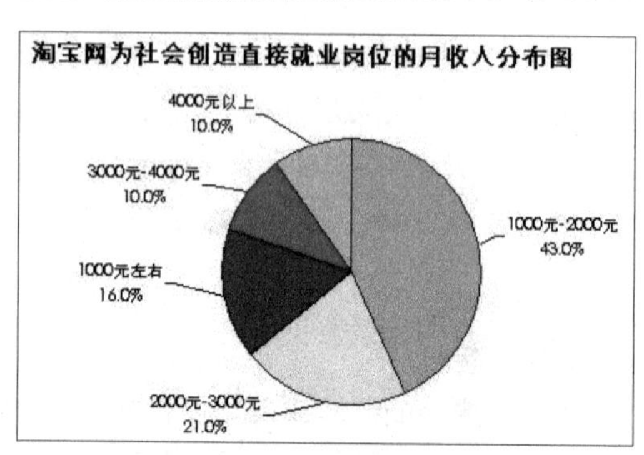

一点通　网上销售方式

网上销售是一种在互联网时代背景下诞生的新型销售方式，区别于网下的传统商业模式，网上开店投入不大、经营方式灵活，可以为经营者提供不错的利润空间，故现在成为许多人的创业途径。

1.1.3 网上开店的好处

显而易见，网上开店之所以迅速地在人们的网络世界中蔓延开来，是因为网上开店具有很多优势，主要表现在以下4方面。

1. 投资少，初期压力小

网上开店与实体店铺相比可大大节省开店成本，而且网店也可以根据买家的订单进货，不会因为积货占用大量资金。此外，网店经营主要是通过网络进行，不需要专人时时看守，同时可以省下房租、雇工费、水电气等各类杂费，这样初期投资成本自然就非常低。只需要准备一台联网用的电脑，将商品摆放在家即可。如表1.1所示为网店与实体店资金投入的明细对比。

表1.1 网店与实体店成本明细对比

资金项目	网店	实体店
店铺租金	无	昂贵（视位置而定）
店铺招牌	无	需要通过向广告公司付费制作
内部装修	无	需要通过向装修公司付费装修
商品陈列（货架、展柜等）	无	需要付费定做
日常开销	无	开销数额视店铺规模与位置
员工工资	无	每月需要支付一定工资
商品库存	无，或库存量少	需要具备一定库存

通过表1.1可以看出，相对实体店铺而言，网店仅仅需要支出商品的进货费用，而其他都是免费的。当然，具备一定规模的网店，可能会需要聘用员工，从而支出一定的员工工资费用，但一般的网店只要自己利用空闲时间经营即可，基本不需要投入太多的人力。

至于网店的进货与库存资金方面，我们知道网店中所展示的只是商品实物图片，这就可以等待买家下订单后，再去进货。而且还可以做商品代理，这样的网店甚至可以做到零库存。

2. 营业时间更加灵活

网店的经营是借助互联网进行的，经营者可以全职经营，也可以兼职经营，只要有一台能上网的电脑就可以经营网店。营业时间也比较灵活，只要可以及时查看买家的咨询并给予回复就不影响营业。因此，上班族、学生等人群也可以利用自己的业余时间在网上开店。

3. 可随时转换经营项目

网上开店不用像实体店那样要经过严格的注册登记手续，在商品销售之前甚至可以不需要存货或只需要少量存货，因此可以随时转换经营项目，可进可退，不会因为积压大量货物而无法抽身。

4．无地域限制，商品出售更随意

网店由于不受经营地点的限制，因此不论是本地特产还是国外商品，都可以很方便地放到自己的网店中出售，如下图所示。商品数量也不会像实体店那样，生意大小常常被店面面积限制，只要经营者愿意，网店可以摆上成千上万种商品。

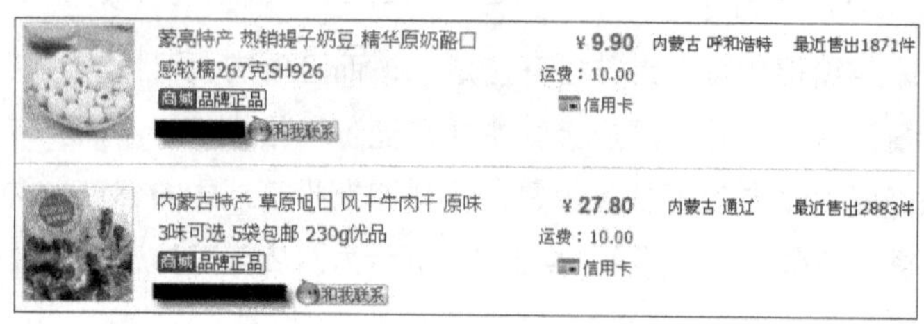

1.1.4 网上开店的流程

虽然现在互联网上有多家购物平台，不过想要在这些购物平台上开设自己的店铺，还需要一定的操作流程，主要包括店铺定位规划、选择开店平台、提出开店申请、进货与发布商品、营销推广、交易与售后服务这六大方面。

1．店铺定位规划

要在网上开店，首先要有适宜通过网络销售的商品，这就是对自己网上店铺定位的前期规划，并非所有适宜网上销售的商品都适合个人开店销售。例如，可以利用地区价格差异来赚钱，因为许多商品在不同的地区，价格会相差很多。

2．选择开店平台

目前可供店主选择的网上开店平台比较多，常见的有淘宝网、拍拍网、易趣网等。选择的原则就是根据自己商品的定位及店铺的定位，来选择最适宜的开店平台。比如，店铺主要出售一些服饰用品，那淘宝网就是不错的选择。

3．提出开店申请

各网购平台对于卖家的开店申请规定会有所不同，需要各位店主登录到相应平台详细了解。例如，淘宝网规定注册账号需通过实名认证，再成功上传10件商品即可免费开店，个人店铺也会自动生成。

4．进货与发布商品

最好是从熟悉的渠道和平台进货，控制成本和低价进货是关键。有了商品就准备将其发布到自己的网店中，注意要把每件商品的名称、产地、所在地、性质、外观、数量、交易方式、交易时限等信息填写清楚，最好搭配商品的图片。商品名称也要尽量全面，突出其优点。

5．营销推广

为了提升自己店铺的人气，在开店初期适当地进行营销推广是非常必要的，而且要线上线下多种渠道一起推广。例如，通过购买“热门商品推荐”的广告位、与其他店铺和网站交换链接等方式，来扩大自己店铺被买家关注到的可能性。

6. 交易与售后服务

买家在购买商品时会通过多种方式与店主沟通，这时就应充分做好交流工作，具体交易方式则可根据双方交流约定办理。而售后服务则是体现自己店铺形象的无形资产，需要店主在建店初期即规划到位，力争为买家提供最好的售后服务。

提个醒 关于开店

以上是大概的开店流程，但实际上大家可以根据自身情况进行调节，如开店和进货，可以先开店，也可以先进货，只要目标明确，方向正确就是开店最大的保障。

1.2 网店销售模式和商品属性

想要在网上开店，应先了解清楚目前的流行趋势、网民们喜欢购买的商品类别等，然后确定自己网店的销售模式，这样有利于店主更好地开设和管理自己的网上店铺。

1.2.1 网店销售商品的种类

目前网上商店出售的商品从属性上可以分为虚拟商品和实物商品两类。同时由于淘宝的不断完善，又衍生出一些其他相关的可销售商品种类，下面进行介绍。

1. 实物商品

所谓实物商品，就是目前市场上所有能够看到，并且能够通过交易进行正常接触使用的商品。它的范围广，基本覆盖了人们生活的方方面面，大到汽车、电器，小到螺丝刀、纽扣；从米盐油酱醋，到住穿行都囊括其中，如下图所示。

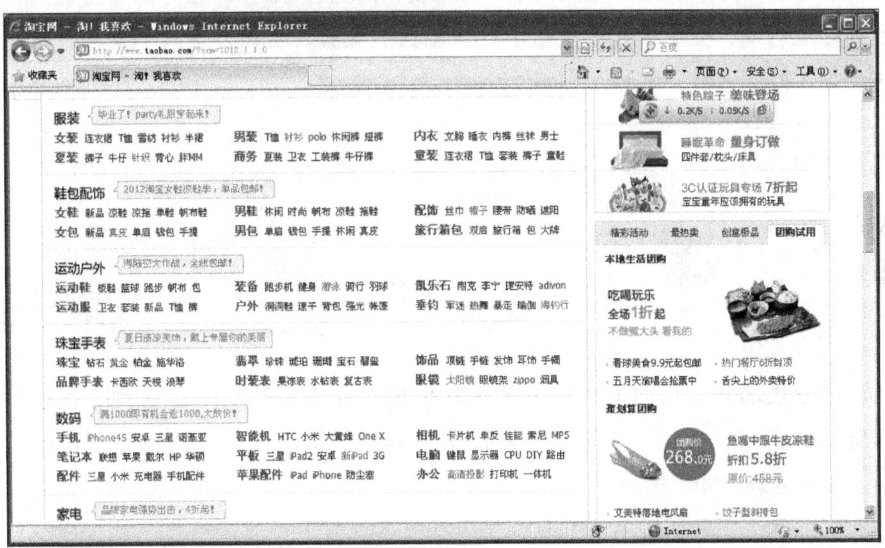

目前淘宝网上商家最多的就是销售实物类商品的卖家，占据了相当大的份额。

2. 虚拟商品

所谓虚拟商品，顾名思义就是眼中不可见的物品，通常是指网络游戏点卡、网游装备、QQ号码、Q币、手机话费、票据等。淘宝网对虚拟商品的定义为：无邮费，无实物性质，通过数字或字符发送的商品，如下图所示。

所有类目
虚拟　去看美女喽 chinajoy门票热卖
话费充值 移动 联通 电信 宽带　游戏 dnf 魔兽 桃园 龙之谷 九阴　彩票 双色球 3D 15选5 足球单场
网上营业厅 3G上网 号码 合约机　点卡 页游推荐 魔兽 CF 征途 QQ　机票 酒店 客栈 旅游 门票 国际票

由于虚拟商品无实物性质，所以一般在网上销售时默认无法选择物流运输，通常是自动发货。也正因为如此，一般销售虚拟物品的网店店主，通常都能快速累积较高的店铺信誉等级。许多本身销售实物的商家前期都是先开虚拟店铺来累积信誉的。

虚拟商品主要有如下几类。

- 网络游戏点卡、网游装备、QQ号码、Q币等。
- 移动/联通/小灵通充值卡等。
- IP卡/网络电话/软件序列号等。
- 网店装修/图片储存空间等。
- 电子书、网络软件等。
- 各种辅助功能商品等。

3. 服务类商品

这类宝贝种类比较特殊，一般情况下可以不单独罗列，它可以作为虚拟类目的一种，但又可以作为实物商品。笔者想了很久，觉得还是单独分解出来作为一个门类比较好。简单而言，就是一些专门针对买家或者卖家进行服务的商家所出售的宝贝。

如下图所示就是加入淘宝本地生活的一些商家所提供的服务，它与淘宝普通集市店不同，没有自己的独立店铺，主要依托淘宝提供一些相关的服务，当然，进入的条件一般都要求是实体经营的企业才行。

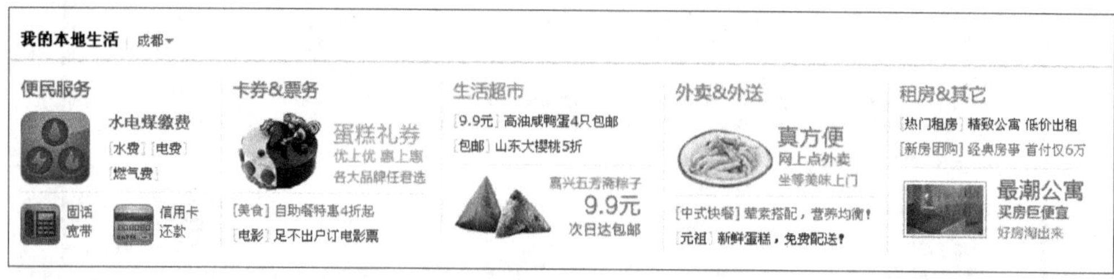

另外，经营性质是专门对淘宝所有开店掌柜提供开店服务，内容包含商品摄影、运营托管、客服管理、装修、应用工具等，这类商家分属不同部门，大多数也是没有自己独立的店铺，由淘宝统一管理，如下图所示。

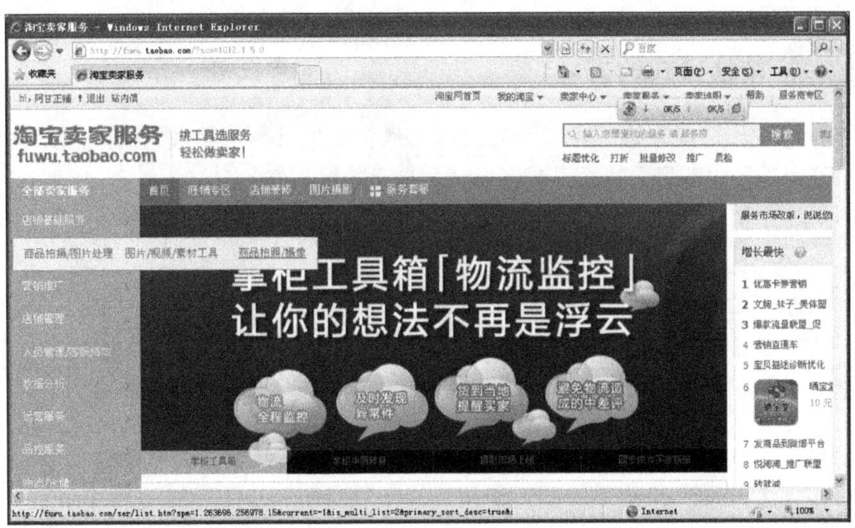

1.2.2 熟悉网店的销售模式

上面我们对宝贝的商品种类进行了介绍，这里我们对网店的销售模式进行讲解。

1. 出售自有商品

这类商品很容易理解，就是完全拥有自主权的商品，包括自己工厂的商品、去批发市场批发的商品，甚至自家产的食物、自己手工打造的织物等，可以完全自己定价，自己控制库存容量。

- 优势：完全自主，没有什么不可以。
- 劣势：销售不好很容易造成压货，需要一定的资本运营。

2. 代理平台商品

这类商品主要针对虚拟商品，目前很多平台提供了统一的接口对市场上的各种话费、游戏、Q币等商品进行管理，只要代理了这个平台，就可以使用这类平台自由进行虚拟商品控制，在淘宝上进行出售，如目前市场上流行的捷易通第五代等平台商品。

- 优势：无成本运营，自动实现充值销售，商品线众多。
- 劣势：由商品平台统一供货，同一时间销售商品过多容易出现货源短缺情况。

3. 分销供货商品

分销商品（又指代销）是指帮助供应商销售他们的商品，自己从中赚取差价利润。这是一种全新的销售模式，目前非常红火。

代理销售属于零投资零库存的销售方式，专门的供应商为代销卖家们提供了商品货源、商品发货以及商品的售后服务，代销卖家只要在自己的店铺中发布所代理商品的信息，当有买家下单后，代销卖家同步与供应商下单，供应商就会根据代销卖家提供的地址将商品发送给买家。而这个过程中产生的利润差价，就是代销卖家所能够赚取的利润。

- 优势：无成本运营，商品选择面广。
- 劣势：由于不是自己的实物，有可能自己都不知道商品的好坏，所以选择上级分销商的时候一定要注意选择信用好的。

一点通 销售模式的好坏

有人可能会问这几种模式的好坏，笔者想说的是，它们各有优势和劣势，无所谓好与坏，只是针对不同人群的不同方式，只要选择适合自己的就是好的。

1.3 网上开店的思路和计划

网上店铺和实体店铺一样，在开店之初需要有较充分的准备，包括市场调查、定位分析、货源联系、店铺软硬件配置等。

1.3.1 了解自己是否做好开店的准备

虽然网店开张很简单，但是要想通过网店获取收益，那么就得用心经营，需要占用我们一定的时间和精力来寻找货源、经营网店以及与快递公司打交道。作为店主的你，做好准备了吗？

1. 是否有稳定的商品货源

当我们决定开网店并选择好商品后，就应该考虑所寻找的货源是否稳定，在日后的经营过程中是否会影响网店销售。影响货源稳定的主要因素有缺货、供货不及时、货物质量参差不齐、售后服务不够完善等。

开网店之前，往往货源已经基本确定下来，这就需要进一步对供货商家进行分析考察，供货商的规模与能力在一定程度上决定了货源是否稳定，如果要长期经营其商品，那么供货商的发展与前景也是需要关注的。

所以，即使我们已经联系好了供货商，在开店之前，也要对供货商进行进一步了解才行。商品货源是网店的根本，如果没有稳定的货源支持，我们只有延缓网店的开张时间，并继续寻找新的供货商了。

提个醒 开店商品的数量

一般，某一种商品至少要有3到5件的货源才能够正常销售，否则就很可能出现断货、供应不及时等问题，影响店铺的正常经营。

2. 是否有稳定的在线时间

网店是在网上经营的，这就需要我们有足够的时间来上网，而且在经营过程中，必不可少地要涉及与各种买家的网上交流。所以我们开网店之前，必须要考虑自己上网是否方便，以及是否有足够的上网时间。因为无论是经营，还是与买家的交流，都是一个长期的过程。

还有就是网店的进货、发货也需要占用一定的时间，尤其是网店生意好起来之后，这就需要我们有足够的时间寻找货源、进货、打包商品以及联系快递公司发货等。

这些因素也是开网店需要考虑的，我们举个简单的例子，如办公室在职人员，多数具备了可以长时间上网的条件，而且可以利用休息日去进货，但发货就成了最大的问题。一是因为在公司上班，时间上不允许经常发货；二是快递服务的工作时间和我们上班时间大致相同，所以考虑下班后发货又不大可能。所以开店之前，一定要考虑时间因素，而不能等店铺开张并有买家下单后，才发现自己时间不足。

那么，是不是这类人群就不适合开网店了呢？答案是否定的。是否有充足的时间只是一个方面，我们需要结合其他条件综合分析，如没有足够时间发货的办公室在职人员可以选择网店代销的方式，这样就无需为货源、发货而费神了。

一点通　避免公共场所经营

网店的目的是销售商品，而销售商品又必须涉及交易，为了保障交易资金的安全，建议最好有自己的私人上网场所，最好不要在网吧等公共场合经营网店，或者交易商品。

3. 所在地是否能提供稳定的物流服务

物流是网店经营中非常重要的一个环节，如果我们自己进货并在网店中销售，那么快递的方便与否就是必须要考虑的。目前快递服务在一些大中城市市区是非常完善的，但对于城市郊区，或一些小县城，就需要考虑快递是否方便了，一般有以下两种情况。

（1）快递无法到达

如果我们所在地快递无法上门服务，那么发货就是非常麻烦的事情了，尤其是对于生意较好的卖家，如果所在地不在各大快递公司的服务范围内，那么可能就无法开网店了。

（2）快递费用高昂

对于城市郊区等偏远地方，有些快递上门是需要加上门服务费的，也就意味着买家需要支付更多的运输费用，在充满竞争的购物网站中，如果自己的运费高于其他卖家，那么多半是无法留住买家的。除非我们的商品利润非常高，可以通过利润来抵消快递费用的高出部分。

同时，卖家自己最好拥有一个固定的联系地址，便于快递上门取货，并且最好能够在众多快递公司中选择一家服务信誉均良好的建立长期合作关系，这样不但以后发货及时、方便，而且货物一旦发生损坏、丢失等情况，解决起来也会比较快捷。

一点通　百度搜索快递公司

通过百度地图搜索本城市的快递公司，能够快速准确地找到相关信息，如下图所示。

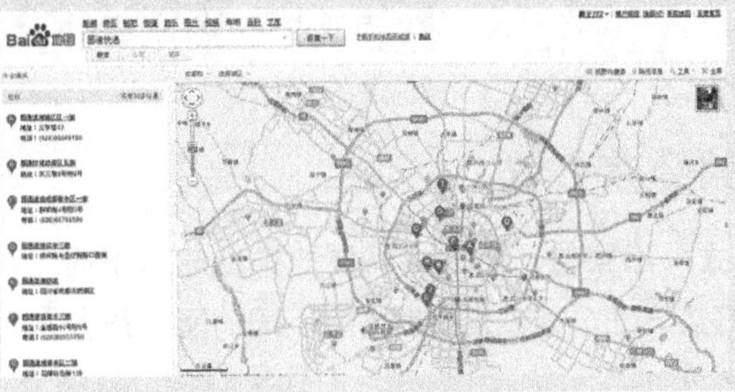

1.3.2 进行网购人群分析

没有调查就没有发言权，对于网上开店而言，由于购买随意性更大，因此更要做好前期的市场调查工作，其中主要是对网购人群的分析调查，下面详细介绍。

1. 目前网购人群的年龄分布

网上用户中，从用户的年龄分布来看，25~29岁的人群比例最高，为42.86%，如下图所示。

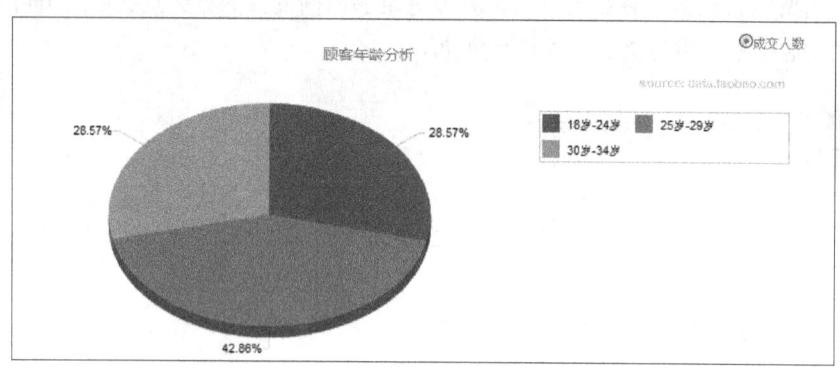

2. 目前网购人群的性别差异

在网购人群的性别特征方面，女性明显要比男性更喜爱网上购物。从目前常见的几个网购平台的统计来看，用户均呈现女多男少的局面。其中，易趣的男女用户比例差距尤为显著，女性用户占比高达79.2%，如右图所示。

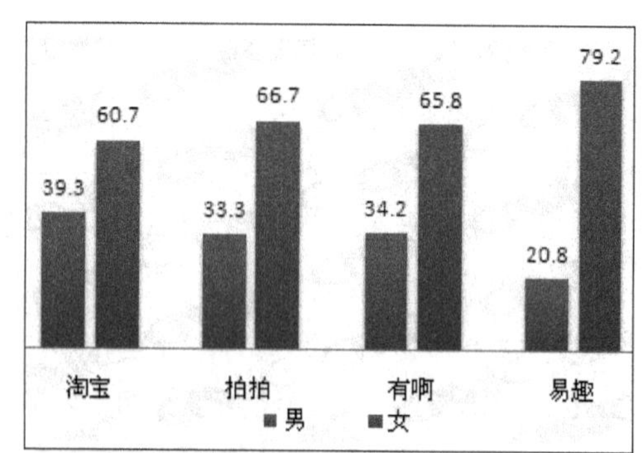

3. 目前网购人群的学历差异

淘宝、拍拍的用户学历结构较为相似，这些网站的用户群以大专学历为主。易趣网用户群学历较高者所占比重更大，本科以上达到39.1%。

提个醒 网上购物年轻人占大多数

通过分析不难看出，年轻一族是网购最大的消费群体，他们将网购视为时尚的象征。出现这种情况是因为一方面网购需要互联网知识；另一方面也与年轻人追求新鲜事物的心理有关。

1.3.3 确定自己的经营方式

网上开店有多种方式，不同的开店方式需要的开店成本不同，对收益也会产生一定的影响。要选择适合自己的开店方式，首先需要对各种不同的网上开店方式进行分析和比较。

1. 兼职网上开店

这是最易实施的一种经营方式。经营者将经营网店作为自己的副业，以增加更多的收入为目的。比如现在许多在校学生就喜欢利用课余时间经营网店；也有不少上班族利用工作的便利开设网店。

一点通 兼职开店的经营方向

这种兼职类型的店主由于投入时间少，因此最适合经营虚拟类物品，只需要很少的时间进行店铺打理、上货、充值收账即可全面实现店铺的运转。

2. 全职网上开店

这就相当于是投资创业了，经营者会将全部的精力都投入到网店的经营上来，将网上开店作为自己的事业来做，将网店的收入作为个人收入的主要来源。因此，这种经营方式要付出的精力及财力也较多，网上店铺的经营效果会更好一些。

一点通 全职开店经营方向

这种类型的店主时间比较多，为了节约成本，可以考虑以网络代销和实体批发相结合的方式来经营自己的店铺，这样能做到时间和成本的双重保障。

3. 实体店兼营网上店铺

已经拥有实体店铺的经营者，为了扩大销售的范围而兼营网上店铺，这也是现在比较普遍的一种开店方式。此种网店因为有网下店铺的支持，在商品的价位、销售的技巧方面都技高一筹，也更容易取得买家的认可与信任。

提个醒 经营方式的确定

不管经营者是基于哪种方式来经营自己的网上店铺，如何把网店经营好才是最主要的。因此经营者在考虑适用于自己的经营方式时，也别忘了切合实际地做好开店前的市场调查、商品定位分析等工作。

1.4 网上开店平台的选择

初次在网上开店需要有一个好的网购平台，创业者通过注册成为网站会员，然后在其网站上开设店铺，店铺的管理和宣传都可以依靠大型网站进行。所以在人气高的网购平台上注册建立网店是店铺经营成功的第一要素。目前常见的有淘宝、易趣、拍拍这几大网上开店的平台可供选择。

1.4.1 淘宝网

淘宝网（www.taobao.com）是目前国内最大的个人电子商务平台，由著名的B2B网站阿里巴巴所投资创办。目前淘宝网已经成为国内最成熟的购物网站，汇聚了数万家网上店铺，以及数以千万计的商品，可以说，只要是用户需要的商品，就能够在淘宝网上购买到。并且淘宝网采用了支付宝付款模式，为广大购物用户提供了有效的安全保障。

在国内，淘宝网基本成为网上购物的代名词，只要说到网上购物，广大上网用户自然而然就会想到淘宝网，如下图所示为淘宝网的官方主页面。

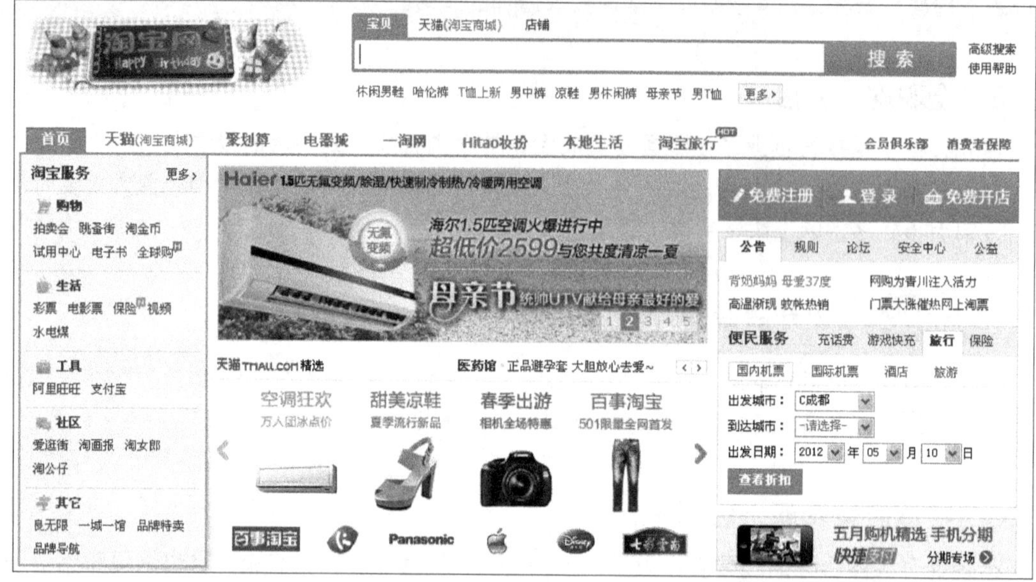

淘宝网的成功源于较好的用户体验和布局分明的页面。淘宝网的商品分类清晰而且提供多种搜索方法；有自己的聊天工具（淘宝旺旺）；而且淘宝网的商品资讯及网购社区等周边服务也做得比较好，如下图所示。

提个醒 免费的淘宝

淘宝是目前国内人数最多、商品种类最全、服务类型最丰富的商业网站平台，旗下分为C2C类的淘宝集市店铺和B2C类的淘宝商城。其中淘宝店铺个人和公司都可以免费申请，而淘宝商城则必须有营业执照的企业才能申请。

1.4.2 拍拍网

腾讯拍拍网（www.paipai.com）是腾讯旗下知名电子商务网站。拍拍网于2005年9月12日上线发布，2006年3月13日宣布正式运营。依托腾讯QQ超过7.417亿的庞大用户群以及3.002亿活跃用户的优势资源，拍拍网目前的用户群仅次于淘宝网，其页面如下图所示。

目前拍拍网中的商品也非常丰富且多样化，而且用户通过QQ就能方便地关联到拍拍网，同时与拍拍网商家使用QQ进行沟通。

提个醒 拍拍网的特色

拍拍网最大的特点就是登录和买卖都很方便，因为登录腾讯QQ即登录了拍拍网，通过QQ图标即可购物；而且相比淘宝网而言，拍拍网的年轻化、潮流化体现得更为明显。另外，拍拍网的虚拟商品管理也比较有特点。

1.4.3 易趣网

1999年8月，易趣（www.eachnet.com）在上海创立；2002年易趣与eBay结盟，更名为eBay易趣，并迅速发展成国内少有的几个在线交易平台之一。然而随着淘宝的崛起，易趣网的市场份额逐渐被淘宝所取代。

为了重新获得昔日的霸主地位，2006年易趣与本土无线互联网公司TOM在线携手组建成为一家合资公司。通过整合双方优势，凭借易趣在电子商务领域的全球经验以及TOM在线对本地市场的深刻理解，新的交易平台将带给国内买家和卖家更多的商机。

相比淘宝网来说，虽然易趣网购平台的知名度也比较高，但是由于网上店铺的申请分免费和收费两种，且针对免费店铺的服务项目不是很丰富，因此仅是网上开店经营者的一个备选平台，网页界面如下图所示。

易趣的购买群众多元化，店铺商品也呈多元化，这与它成立的时间较早有关。与易趣相比，淘宝的购买群体偏向年轻化，很多店主也很年轻，商品偏于时尚化，商品种类相对集中。

1.5 为自己的网上店铺定位

在开通网店以前，应该进行思路统筹和详细的计划安排。进行市场考察，这是一定要做的事情，看哪些东西在网店里卖得好，看自己适合做哪种类型的网店。经过一番考察后确定好开店计划，就可以开始联系货源进入实质性的工作日程安排了。

1.5.1 进行店铺定位

准确定位自己的网店，其实也就是确定要卖什么商品。在考虑卖什么的时候，一定要根据自己的兴趣和能力而定。尽量避免涉足不熟悉、不擅长的领域。同时，要确定目标买家，从他们的需求出发选择商品。

1. 以卖家为导向进行定位

首先，我们要问问自己喜欢什么，究竟对哪些商品感兴趣，如果我们自己都不喜欢，是不能让买家喜欢我们的商品的。

同时，也挖掘一下自己擅长什么领域，做自己擅长的，无疑是一种竞争优势，这就是我们定位的第一步：专业才能专注。

如下图所示，这样一家专业公司开辟的网上店铺，当然是为了更专业地给买家提供售前售后服务，如果店主都不擅长，又怎么给前来消费的用户服务呢？

2．契合时尚又品味独特的店铺

目前主流网民有两大特征：年轻化和白领化。我们需根据自己的资源、条件和爱好来确定店铺风格是追随主流网民喜好还是独辟蹊径拥有自身特色。当然，特色店铺到哪里都是受欢迎的，如果能寻找到既时尚又独特的商品，如自制饰品、玩具DIY、服饰定做等，将是网上店铺定位的不错选择。

提个醒 选择价廉物美的商品

在如今这个追求个性的年代，网购人群普遍年轻化，具备时尚元素又独特的商品当然会受到买家的关注。然而，选择这些商品时也要考虑价格因素，毕竟网购人群的购买期望就是价廉物美。

3．充分挖掘网购人群的需求

先确定店铺主要面向哪类消费人群，然后再把人群细分，分析这类人群的物质需要：从衣、食、住、行、乐等方面开始挖掘。为了让网店有更好的定位，不仅要满足这些消费人群的物质需求，还要多多关注他们的心理需求。例如，对希望实惠的买家而言，就要用“特价”活动来吸引他；对更看重物品方便性的买家来说，商品在使用和保养上一定要尽量简单。

1.5.2 进行商品定位

这也是困扰很多准备开店朋友的问题，我们可以方便地在网上开设自己的店铺，但是该卖什么商品呢？哪些商品在网上好卖？当然，在开店之前，这个问题也是我们应该认真分析考虑的。

1．哪些宝贝适合在网上销售

从理论上来说，任何商品（虚拟类、实物类）都可以在网店中销售，但事实上我们选择销售的商品时，还需要综合各种因素进行分析，毕竟我们开网店的目的是为了赚钱。下面简单分析一下在选择进货时需要考虑哪些因素。

（1）商品的体积与重量

网店销售的商品多是通过邮寄或快递方式发送到买家手中的，因此卖家在选择销售的商品时，体积是必须要考虑的。网店销售的商品体积不宜太大，而且要易于包装，从而方便运输、节约费用，如下图所示。

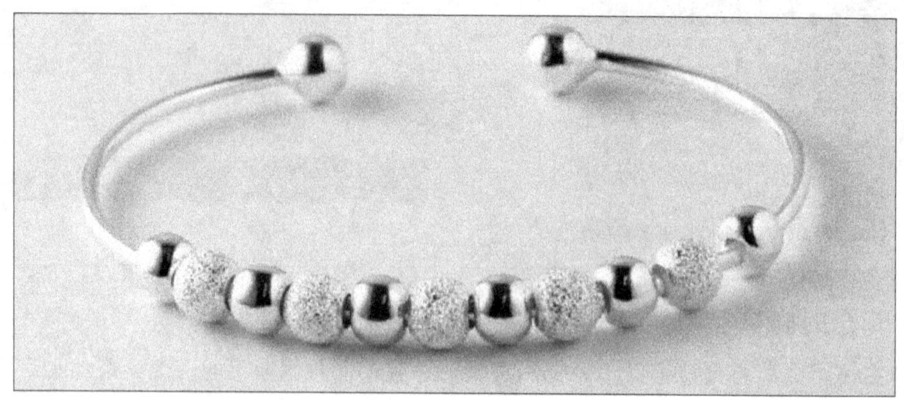

一般商品的体积与重量是成正比的，而快递运输计费也是与重量成正比的，如果商品太重导致运费过高，使商品总价与买家在实体店购买差距不大，那么很多买家就不考虑在网上购买了。所以在选择商品时，一些较重的商品可以不做考虑，除非该商品优势非常明显。

（2）商品价格和附加值

如今在淘宝上购物，图的就是便宜，同样的一件衣服，其中有一家卖50，你卖55，那么买家会怎么选？因此在选货时一定要选择利润高的商品，尽量把利润让给买家，把商品的售价降下来。

另外，好的商品还能带来附加值，而不是通常人们说的便宜无好货。比如我们的这本书就是一本价格便宜，却拥有无穷附加值的商品，它能够为买家提供远大于实际价值的帮助。

（3）商品的独特与时尚性

在网上销量较好的商品，基本都具有独特性与时尚性。所谓独特性，就是商品本身独具特色，有亮点，这样才能吸引买家的注意，如果商品太过普通，那么其在网上的销量就会很低。

所谓时尚性，就是商品能跟上时代潮流，是当前买家追捧的类型，如服装类的商品是否流行、数码类商品是否为当前主流配置等。很多买家在网上购买商品时，都会对商品的时尚性非常关注，尤其是一些具备很强时尚属性的商品。

广大卖家在选择商品时，必须分析所选商品是否具备一定独特性与时尚性，如果商品太过平庸，则应通过分析网上买家的需求，判断该商品在网上是否有销路。

（4）能引起买家购买欲望

网上交易过程中，买家都是通过卖家提供的图片和描述来选择商品的，这就要求卖家所销售的商品，必须通过图片与描述就能让买家了解，并引起买家的购买欲望。如果买家必须亲自见到实物并进行检测才会购买，那么这类商品就不太适合在网上销售。

（5）只能在网上买到的商品

尽可能选择网下没有而只能在网上购买的商品，如外贸订单商品，或者从国外带回来的商品等。首先这类商品只有在网上才能买到，其次在网上竞争度相对较小，更容易销售。

2. 看看其他卖家在卖什么宝贝

目前各大购物网站中都有大量的高级卖家，销售的商品种类也非常多。我们在确定自己商品的过程中，可以进入这些网站看看自己将要销售的商品，有没有其他卖家销售。如果有，就说明该商品在网上有市场需求，这时需要对商品的品牌、价格进行对比，看看自己将要销售的商品是否有优势。

以淘宝网为例，目前淘宝网中共有数万卖家，涉及数千个商品分类，包括服装、化妆品、数码商品等，也就意味着我们不论选择销售什么商品，都会存在同类商品间的竞争。这里我们可以通过淘宝Top排行榜来查询畅销的商品排行，然后选择销量高的商品进行参考，如下图所示。

总之，通过了解购物网站中其他卖家的商品，在一定程度上可以分析出网上交易市场的需求。某类商品的卖家越多，就说明其市场需求越大；某类商品卖家中的皇冠卖家越多，就说明在网上购买这类商品的群体越大。

一点通 并不是所有竞争小的商品都适合销售

这里并不是建议选择购物网站上没有销售的商品，如果各大购物网站都没有销售某个商品，那只能说明该商品在网上购物中没有市场。

3. 分析自己宝贝的竞争优势

分析购物网站的卖家商品，只能当做我们在选择自己商品时的参考，具体该怎么选择，还需要根据自己所拥有的资源来决定。所在地区不同，商品进货渠道也不同，准备开网店前，我们就应该对自己的各种货源渠道进行分析，然后从中选择最具有优势的商品。

如果是已经拥有实体店铺的商家，那么本身就占有了资源优势。将自己实体店铺的商品在网店中销售，所有商品都有，既无需单独寻找货源，又扩大了自己商品的销售区域，实体店与网店经营两不误。对于实体店而言，通过网店可以增加宣传力度，吸引潜在买家；对网店而言，由于具备了实体店铺的支持，将会在很大程度上增加网上买家的信任度。

如果是仅准备开网店的朋友，那么应该选择自己熟悉的行业或渠道，无论对进货或者日后的退换货，都有一定的便利性。如自己在服装行业工作，对特定的服装渠道比较熟悉，就可以经营服装；对化妆品行业较为熟悉或熟悉其渠道，就可以经营化妆品。

下面来分析一下自己所选择的商品优势，这主要体现在以下几个方面。

（1）品牌

自己所选择商品的品牌，是具备一定影响力呢？还是不知名的小品牌？品牌在网上购物中的影响比现实中更为重要。

由于无法看到商品实物，因此很多买家在选购商品时，对品牌的依赖是非常大的，毕竟一个影响力大的品牌，在一定程度上保证了商品质量。如下图所示的金士顿旗舰店就是一家品牌专卖店。

（2）价格

自己将要销售商品的价格，在同类商品中是否有优势？绝大多数买家选择网上购物，就是因为网上销售的商品价格要明显低于实体店中的价格，他们在选购商品时，也会在同类商品中进行对比，如果商品各方面都一致，只是价格存在差异，那么价格低的卖家，无疑更容易把自己的商品卖出去，如下图所示。

一点通　销售价格定位

很多买家在类似淘宝网等网站购物时，通常都会选择“价格从低到高”的搜索显示方式。也就是说越便宜的商品，排名越靠前，也越容易出售。所以说商品的价格是决定买家是否购买的最直接因素。

商品的销售价格=卖家的进货价格+卖家的利润。在利润固定的情况下，能找到价格更低的货源渠道，就意味着商品的销售价格可以更低一些，在同类商品中就更具有竞争力，更容易吸引买家。

（3）售后

商品的售后服务是非常重要的，尤其对于一些售后需求显著的商品，如手机、电脑等。购买这类商品的买家，会更加关注商品的售后服务，如果卖家能提供更佳的售后服务，那么无疑可以打消买家的后顾之忧，让买家更放心地购买自己的商品。

商品的售后服务，同样是来自商品的供货商，因此在选择商品供货商时，也需要关注他们所能提供的商品售后服务。常见商品的售后服务包括服装类的调换，数码电器类的包退、包换以及保修时间等。

1.6 网上购物的优势和流程

想要在网上开店，需要先了解网上购物的优势与流程，这样才能更好地经营自己的网上店铺。

1.6.1 分析网上购物的优点

不想做饭可以叫外卖；不想洗衣服可以让洗衣店上门服务。随着生活节奏的日益加快，催生了越来越多的“懒人”，也促使了“懒人经济”的兴起，而将“懒人经济”发挥到极致的则是网上购物。这其实也恰恰说明了网上购物的优点，概括起来有以下几个优点。

1. 方便了解商品信息

网上购物，不用出门就可以充分了解感兴趣的商品，包括商品的外观、规格、参数、功能及价格等。一般好的网站都会提供这些信息，通过这样的资料，我们就可以对某个商品有很深的了解。

2. 和其他网友交流购物心得

网上购物可以与大量有共同兴趣爱好的网友交流相关商品。可以通过购物论坛、QQ或E-mail，交流心得与体会。比如在购买前可以向买过此商品的网友交流与这个商品相关的一切问题，这在现实购物中是不易实现的，如右图所示。

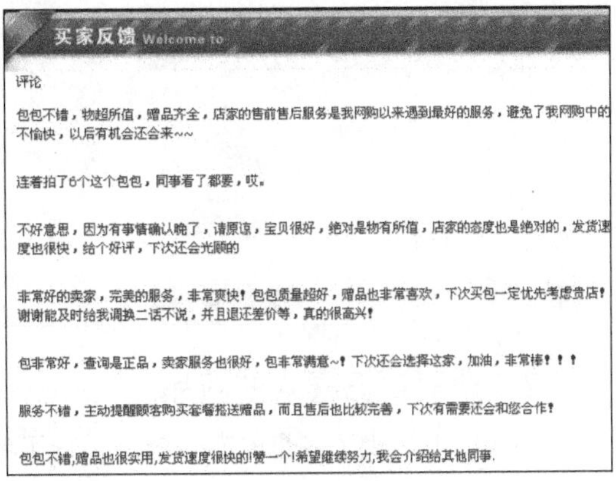

提个醒 买家反馈信息

买家的反馈是非常重要的，可以让下次需要购买该商品的朋友更好地了解该商品，以防购买到不合适的商品。

3. 商品可选度非常大

很多商品在现实生活中可能买不到，如一些私人收藏、国外旅游纪念品等。网络则为我们提供了一个很好的平台，可以在上面“周游世界”，买到任何想要的物品。

4. 更实惠的价格

网上购物往往能得到更多的实惠，尤其是价格。网店经营者清楚地知道自己的经营方式，所以在价格上比现实中商店卖的要优惠很多。

另外，网上购物是无店铺经营，少了很多环节与经营成本，这也是网上购物能享受更多优惠的原因。

1.6.2 熟悉淘宝网的购物流程

网上购物和商场购物的流程大体一样，只不过多了一个账号注册的步骤。拿目前国内最受欢迎的网购平台“淘宝网”来说，其购物流程的基本步骤就是：注册＞搜索宝贝＞确定购买（付款）＞收货和评价。

下面我们来详细看看在淘宝网上购物所要经历的流程步骤以及操作注意事项。

1. 账号注册

在淘宝网上需要同时注册淘宝账号和支付宝账号。其中，“淘宝账号”可以全面管理网购或开店的相关事宜；“支付宝账号”则主要用于个人资金的管理。

当然，还需要同时办理一张已开通网上银行的银行借记卡，并和支付宝账号关联起来。淘宝网注册页面如下图所示。

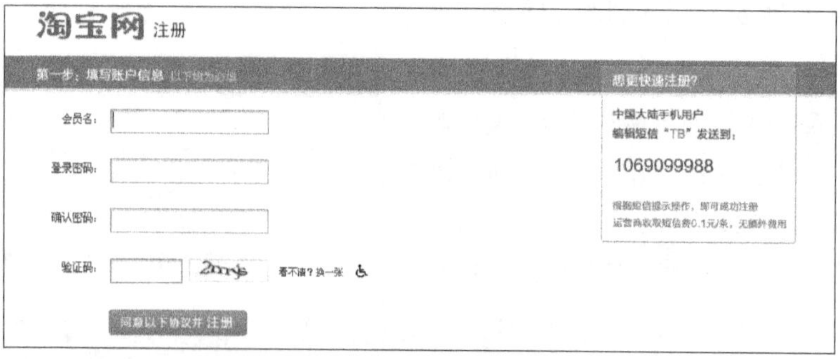

2. 搜索自己喜欢的商品

淘宝网上提供了海量的商品信息，购买者可以通过商品分类、关键字搜索、主题营销等多种方式来搜索自己喜欢的商品。同时，买卖双方也可通过留言、站内短信、即时聊天软件等多种方式沟通商品信息。通过搜索和交流可最终确定自己需要的商品。如下图所示为输入商品名称进行搜索。

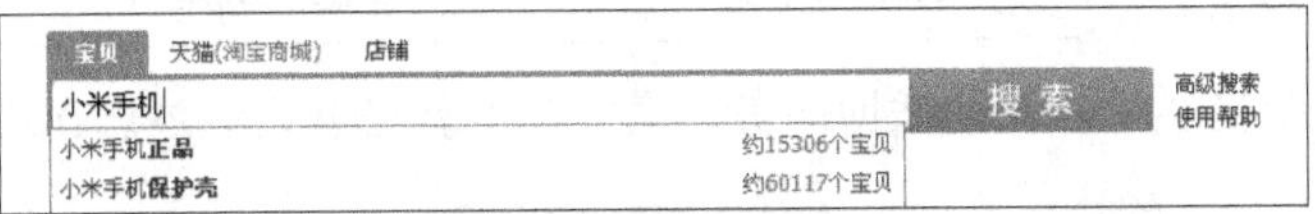

3. 确定购买（付款）

在商品信息页面单击“立刻购买”按钮就可以拍下商品，如下图所示。如果有优惠或拍下多件商品，可以在拍下商品后联系卖家修改商品价格或运费。随后的步骤即是转到支付宝管理界面中，完成商品的付款操作。

提个醒　看清商品属性

一些商品有多个属性，不同属性的商品价格有可能不一样，在购买时要分清，最好购买前先咨询店掌柜。

4. 收货和评价

买家在收到商品并确认无误后需要再登录到支付宝管理页面，完成确认收货的操作，这样卖家才能最终收到货款。同时，买卖双方可以就此次交易给对方适当的评价，以作为日后其他网友的参考。

一点通　交易信用

不管是买家还是卖家，都应注意在日常的网上交易中逐步累积自己的信用额度，这样才能在日后的交易过程中得到更多的方便和实惠。

技能实训　增强动手能力

通过对前面内容的学习，为了巩固读者所学的相关知识，下面安排实训任务来增强动手能力和技能的综合应用水平。

实训一　通过微博发起网购调查，分析网购人群喜好

口说无凭，想知道现在有多少人喜欢通过网络进行购物体验，除了观看一些相关数据，也可以自己做一些小的调查，如通过微博进行网购调查。

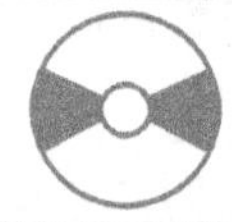

光盘同步文件	
同步视频文件	光盘\同步教学文件\第1章\技能实训1.mp4

目前各大网站都提供了相关的微博服务，最简单的就是直接通过腾讯微博来进行发布，具体方法如下。

STEP 01 登录QQ，在面板上方单击“微博”图标，此时会自动切换到微博窗口，如下图所示。

STEP 02 ❶在发布窗口输入搜集内容；❷单击“发表”按钮，如下图所示。

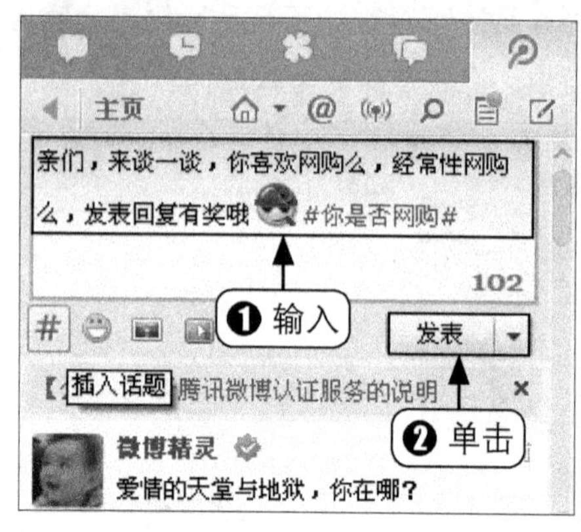

实训二 搜索并记录开店网友的经验心得

有实践才有发言权，工欲善其事必先利其器，要开店可以先了解其他开店网友的相关经验，看看他们是怎么说怎么想的。

光盘同步文件	
同步视频文件	光盘\同步教学文件\第1章\技能实训2.mp4

这些内容可以询问周边开店的朋友，也可以直接通过搜索引擎搜索相关的文章，用百度搜索的方法如下。

STEP 01 ❶打开百度，输入“淘宝开店经验”；❷单击“百度一下”按钮，此时会自动开始搜索，如下图所示。

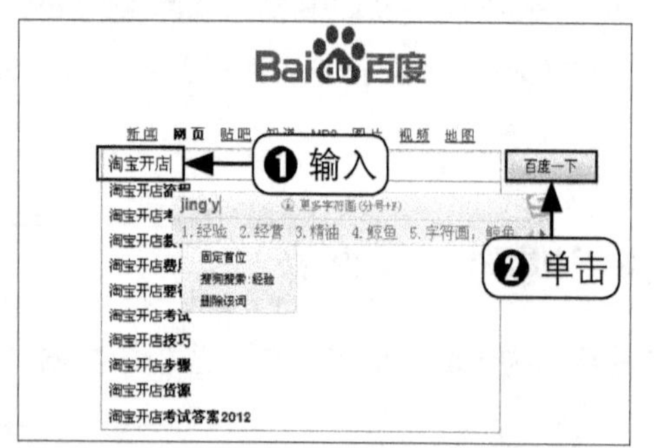

STEP 02 在显示的搜索结果中，单击标题内容，打开文章进行阅读，如下图所示。

Chapter 02

选好货源才能有最大利润空间

本章导读

如何寻找货源是开网店最基础的问题，如果自己没有熟悉的进货渠道，那么就很难找到合适的货源。而且网上店铺生意本来就很薄利，因此如何在进货方面降低成本，直接关系到网店能否盈利。那么，该如何进到价廉物美的货物？下面我们就来学习如何行之有效地找到合适的货源。

本章学完后您会的技能

- 网上热销商品的种类
- 本地的进货渠道
- 网上货源也有价格优势
- 轻松做虚拟代理和实物代销

本章内容展示

2.1 想好开什么店才能决定进什么货

都说商品热销才能挣到钱，那么什么样的商品才能热销呢？这需要从网购平台以及网购用户两个方面去综合考察。

2.1.1 找准网上热销商品的特点

分析网上热销商品的特点，一方面有利于自己开店时为网店定位做参考，同时也能方便网店卖家及时调整自己的经营策略。目前，网上热销商品主要具有以下特点。

1. 价格便宜

买家热衷于网购，很大程度上都要归功于网店商品价格的低廉，如淘宝网上的“秒杀”商品、相比实体商场来说更实惠的日常用品等，都体现着这样的特点。因此，从商品价格出发来寻找优质货源是最重要的方向，如下图所示。

2. 视觉效果好

由于不能事先接触到实物，所以网上购物对商品最直观的判断就是图片了。那些有真人试用以及经过美化处理后的商品图片，呈现出来的视觉效果更好，相比同类商品而言就会更畅销。如下图所示就是店主亲自穿戴拍摄的衣物图片，这样就可以有比同类商品更好的销售情况。

3. 无需售后服务

网购大多是异地购物，如果买家购买家用电器这类商品，会担心商品的售后问题。而如果是购买网游点卡、电话卡这类虚拟商品，如下图所示，或是一次性消耗品，则基本不需要买卖双方为了售后问题而苦恼。

2.1.2 网上热销商品的种类

根据国内最具影响力的3个网购平台（淘宝网、拍拍网、易趣网）在2010年1月的统计来看，目前网上最畅销的、最受人关注的商品种类有以下10类。

1.化妆用品	2.女装女鞋	3.电子类商品	4.女士箱包	5.虚拟商品
6.流行饰品	7.家居日用品	8.地方特色商品	9.各类书籍	10.男士精品

下面挑选其中几类比较受关注的商品，进行相应的市场分析。

1．化妆用品

女人爱美从古至今都没有变，而且现今物质水平不断提高，这种精神层面的追求也在不断攀升。化妆用品属于消耗品，一旦买家觉得商品好用就会一直用下去。所以从客户群的消费力度上来说，化妆用品是网上最畅销的商品之一，从下图商品的“已售出”数量中可见销售的火爆。

一点通　化妆品类商品的劣势

化妆品类商品消费群体巨大，需求量也大，如果经营得好回头客也多，任何时候都属于畅销类商品。而不足之处在于存在过期变质的问题，而且物流发货也会麻烦一些。

2．电子类商品

电子类的商品在网上热销最主要的原因是价格低廉，并且其消费群体也非常巨大。电子类商品是代表潮流的商品，自然可以随时保持“热销”的头衔，如下图所示。不过，此类商品的售后问题也是买家最担心的，只要解决好售后服务，电子类商品的优势将更加明显。

3. 虚拟商品

电话充值卡、网游点卡、电子机票等，都属于虚拟商品。此类商品最大的优势就是不存在运输问题，而且也很少出现交易纠纷，即时交易即时消耗。只是此类商品的利润比较微薄，主要靠量取胜，如下图所示。

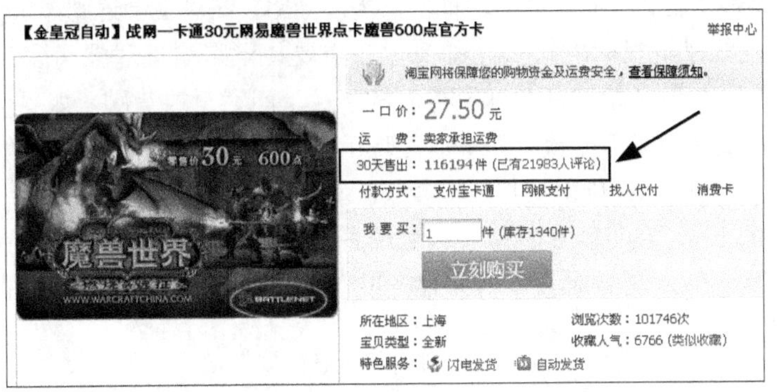

2.2 本地进货才更方便

在网上开店首要问题就是能否找到合适的商品供货渠道。在形形色色的批发商和商城之间，需要网店店主根据自己的经营状况来选择真正适合自己销售的货源渠道。

2.2.1 依靠大型批发市场

基本上每个省级城市都有这样的大市场，如浙江义乌的小商品批发市场、成都的荷花池批发市场、重庆的朝天门批发市场。一般这类综合市场都云集了服装、化妆品、首饰、食品、餐饮用具，以及各种生活用品，基本上覆盖了人们日常生活所需的所有商品。因此有一定经济基础的卖家，可以选择去这类批发市场进货，如下图所示为成都大成服装服饰批发市场。

提个醒　批发必备工具

进货时，还要准备一些必要的装备，最主要的是为自己配备一个大号的黑袋子，这样批发商才会知道你是批货商而不是普通的买家。

- 推荐指数：★★★★☆
- 适合人群：位于批发市场附近的卖家，有一定经济能力基础。
- 不适合人群：居住地点离省城比较远的卖家。

一点通　实地批发技巧

一般批发市场开市时间很早，因此对于批发量小的新卖家而言，为了能够以适宜的价格购买到合适的商品，最好在凌晨4点左右就去市场探寻。因为这个时候批发商一般给出的价格都是批发价，而过了这个时间，商品的批发价格都会比较高甚至会达到零售价格。

另外，需要注意的是批货时的口气、神情也很重要，记得说话时要有底气，不要畏畏缩缩。就拿笔者来说，最开始淘货，就显得底气不足，问话也很蹩脚，如“请问这件衣服多少钱”、“不知道这个能不能换货”等，礼貌用语过多反而显得生疏，精明的批发商一眼就能看穿你是新手，所以给你的价格也不会很低。

而通过多次进货以后，我每次拿货都会转变说法，如“这个多少”、“能换吧”等更简单明了的表达。要记住，这个时候不需要过于礼貌，你越是表现得高傲，批发商越不会小看你。

2.2.2 本地厂家货源

厂家货源永远是一手货源，通常情况下也是市面上能拿到的最便宜的价格。因此有实体店铺或者其他分销渠道的朋友，可以直接联系相关厂家进行货源的寻找，如右图所示为某贸易公司。

提个醒　库存压货

正规的厂家货源充足，信用度高，如果长期合作的话，一般都能争取到商品调换或更低的进货价格。但是厂家的起批量较高，不适合小批发客户。如果有足够的资金储备，有分销渠道，不会有压货的风险或不怕压货，那采用此种渠道就比较好。

- 推荐指数：★★☆☆☆
- 适合人群：有一定经济实力，有其他分销渠道（实体店铺）的卖家。
- 不适合人群：拿货量小的卖家。

2.2.3 关注外贸商品

目前许多工厂在生产外贸商品或为一些知名品牌进行贴牌生产时会有一些剩余商品需要处理，价格通常十分低廉，通常为市场价格的2～3折左右，品质做工有保证。但一般要求进货者全部购进，所以要求卖家有一定的资金实力，如下图所示为某服装厂的库存外贸商品。

提个醒 剪标商品

外贸商品一般都是厂家根据国外客户要求生产的商品，因此有一定的知识产权。要在国内进行销售，就必须避免引起侵权。所以一般的外贸商品都会去掉原有商品的品牌标志物。但是其质量与原本货物是一致的。

- 推荐指数：★★★☆☆。
- 适合人群：有一定货源渠道，同时有一定的识别能力。
- 不适合人群：对质量无法进行有效掌控的卖家。

2.2.4 国外打折商品

一般欧美和日韩的商品都走在流行前线，国内很多商品都是跟风或仿制的，因此如果能够在国外采购到第一手的商品，快速引进国内进行销售，生意通常会十分火爆，如下图所示为专售日韩流行服饰的淘宝店铺。

提个醒 找人代购

国外的某些一线品牌在换季或节日前夕，价格非常便宜。如果卖家在国外有亲戚或朋友，可请他们帮忙拿到货后以诱人的折扣价在网上销售，即使售价是传统商场的4~7折，也还有10%~40%的利润空间。

- 推荐指数：★★★★☆
- 适合人群：有一定经济实力，国外有一定的人脉关系。
- 不适合人群：没有国外人脉关系的卖家。

2.2.5 品牌积压库存

有些品牌商品的库存积压很多，所以每到节假日的时候，都会在商场进行低价促销，如下图所示。所以每逢节假日，大家就可以留意自己所在城市是否有商场进行促销打折，通过现场实地购货，然后转战网络中进行销售，相信有不少的利润空间。

提个醒 品牌商品是否好卖

不少品牌商品虽然在某一地域属于积压品，但利用网络覆盖面广的特性，完全可使其在其他地域成为畅销品。只要把握好时机，一定能获得丰厚的利润。

- 推荐指数：★★☆☆☆
- 适合人群：有一定的经济能力，经常关注商场打折的卖家。
- 不适合人群：要求货物尺寸、颜色齐全的卖家。

2.2.6 代理品牌商家

开网店不光可以卖普通的商品，同时也可以关注一些品牌专卖店，一般这些品牌商品价格都很稳定，而且利润高，越是大品牌，其折扣也就越高。当然，如果直接联系品牌经销商，还需要一定的进货量，如果自己的网店发展到一定规模，就可以走正规化路线，实体兼营网店，这将是不错的选择，如下图所示为某童装品牌经销商。

提个醒 资金支持

这种方式需要一定的资金支持，包括租门市、压库存、代理加盟的费用等。

- 推荐指数：★★★☆☆
- 适合人群：有一定经济实力，有其他分销渠道（实体店铺）。
- 不适合人群：对卖家要求高，对于进货有数量要求，对出货量小的卖家不适合。

2.2.7 搜寻民族特色商品

此类商品的进货渠道有一定的限制。首先需要当地具备一定的民族文化底蕴，才可能有相应特色的民族商品；其次也需要卖家能够发掘和拓展出这些民族特色商品的独特性来。有这两点作基础，网上经营此类商品的利润是相当可观的，如右图所示。

提个醒 因地制宜

一般民族商品的产地都在偏远地区，因此最好因地制宜，根据当地的特色来选择进货，如果是长途，则花费过大，利润变少。

- 推荐指数：★★★★☆
- 适合人群：当地有民族特色资源，有一定的市场洞察能力的卖家。
- 不适合人群：距进货地较远的卖家。

2.3 网上货源也有价格优势

阿里巴巴（china.alibaba.com）是目前国内最大的网上货源批发中心，里面商品种类众多，也是厂商进驻最多的一个在线供需平台。用户可以在首页直接以关键字或以网站分类来搜索想要批发的商品。

2.3.1 注册阿里巴巴网

要在阿里巴巴批发货物，首先得进行注册，下面来介绍具体的操作方法。

光盘同步文件	
同步视频文件	光盘\同步教学文件\第2章\2.3.1.mp4

STEP 01 ❶输入阿里巴巴网址，按【Enter】键打开网站；❷单击“免费注册”链接，如下图所示。

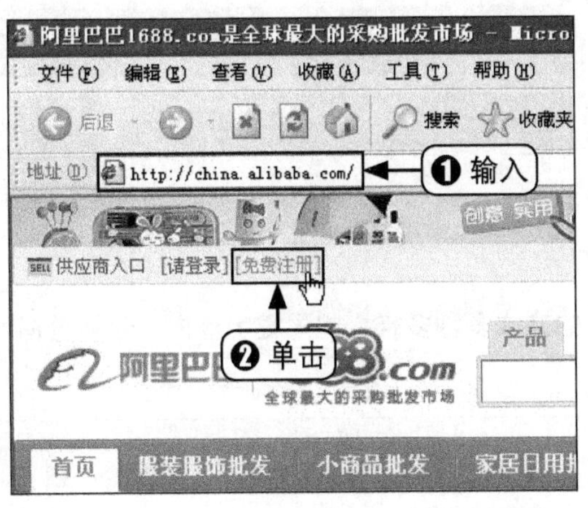

STEP 02 ❶进入新用户注册页面，输入电子邮箱、登录名等信息；❷单击“同意服务条款，提交注册信息”按钮，如下图所示。

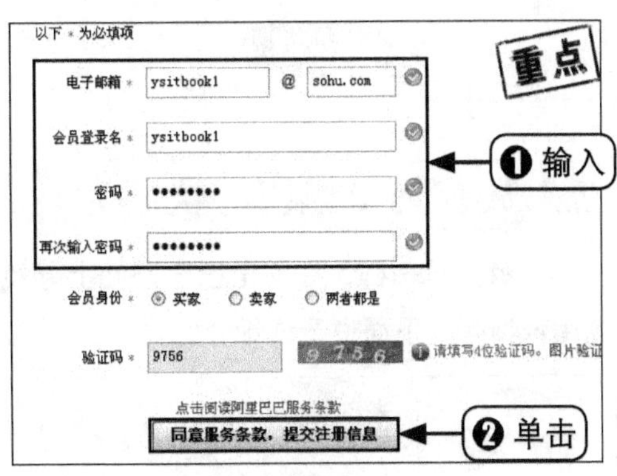

STEP 03 稍等片刻提示注册成功，同时提示验证手机号与邮箱，以方便使用更多方式登录，如下图所示。

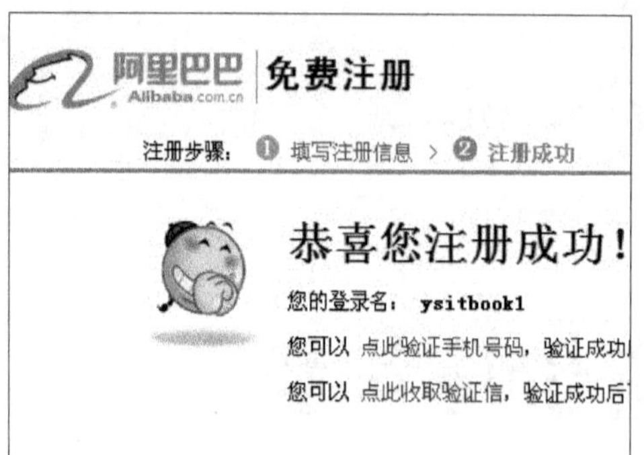

STEP 04 返回网站主页，单击“请登录”链接，如下图所示。

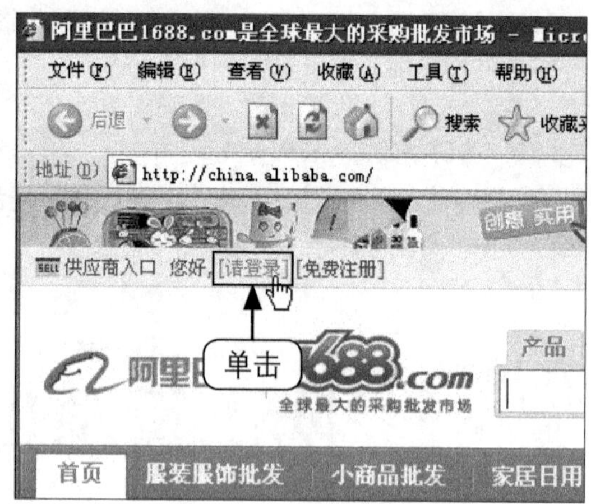

提个醒 开通邮箱登录

建议在完成注册后的步骤3所示页面中，同时开通邮箱登录功能，这样当忘记登录用户名时还有其他解决办法。

STEP 05 ❶打开登录页面，输入注册账号和密码；❷单击“登录”按钮，如下图所示。

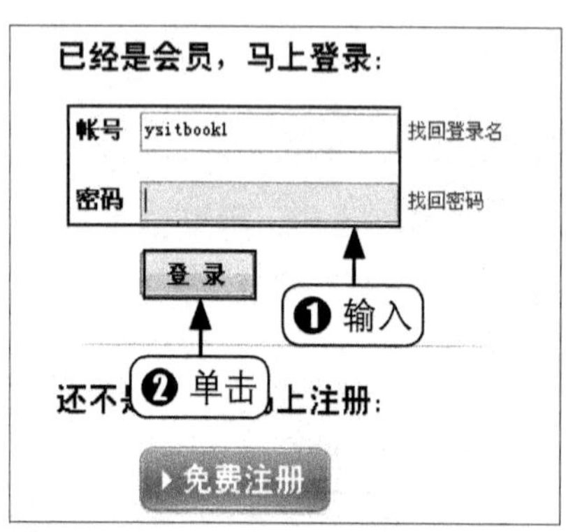

STEP 06 返回网站主页，显示已登录成功，如下图所示。

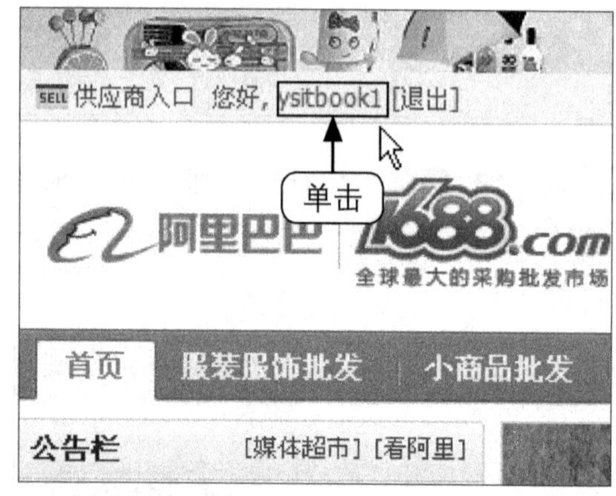

2.3.2 在阿里巴巴寻找货源

和淘宝网一样，在阿里巴巴网站上寻找商品的方式多种多样，如关键字查询、分类查询、应用查询等，下面进行详细介绍。

光盘同步文件	
同步视频文件	光盘\同步教学文件\第2章\2.3.2.mp4

1. 关键字查找

这是比较简单的一种查找方法，具体操作方法如下。

STEP 01 ❶输入搜索关键字；❷单击“找一下”按钮，如下图所示。

STEP 02 进入搜索结果页面，单击相关选项筛选搜索结果，如下图所示。

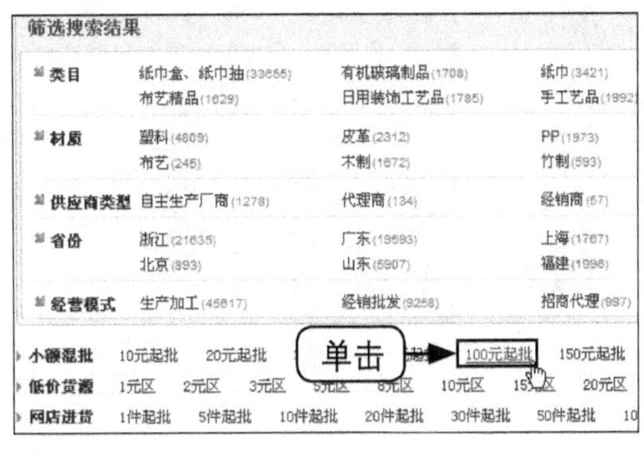

STEP 03 稍等片刻进入筛选结果页面，查看并单击需要的商品图片，如下图所示。

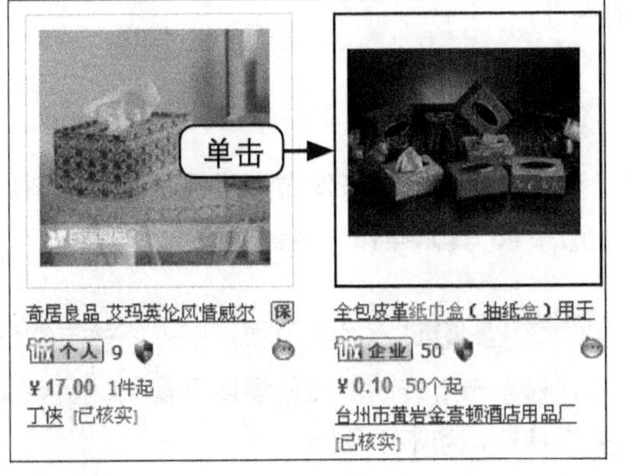

STEP 04 进入商品详情页面，查看相关信息，如下图所示。

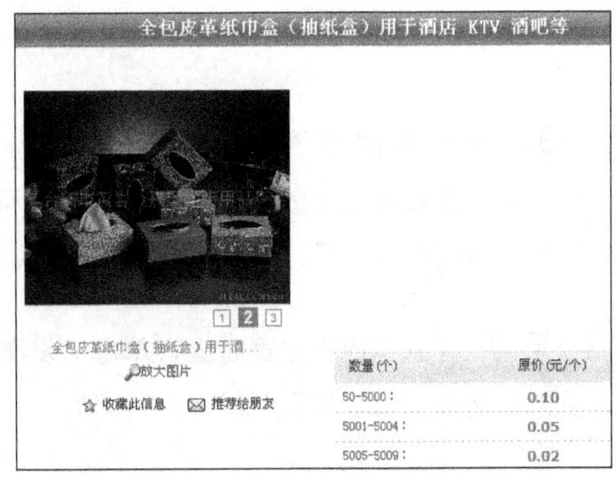

一点通　关键词组合

和所有的网络搜索一样，在使用关键字搜索需要的信息时，更佳的关键字组合可以获得更准确的搜索结果。两个关键字之间可以加空格、使用热门关键字搜索等。

2. 分类查找

相比关键字查找来说，此类方式更适合在不定向的筛选商品时使用；同时，通过阿里巴巴网站的商品分类情况，也能了解现在热门的一些商品类型，对自己的网店商品定位有所帮助。分类查找的具体操作方法如下。

STEP 01 找到网站商品分类栏，单击想要查看的商品分类链接，如下图所示。

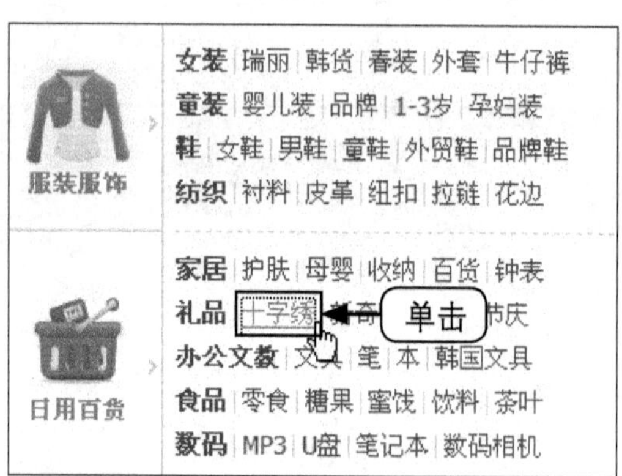

STEP 02 进入搜索结果页面，单击感兴趣的商品图片或名称链接即可进入查看，如下图所示。

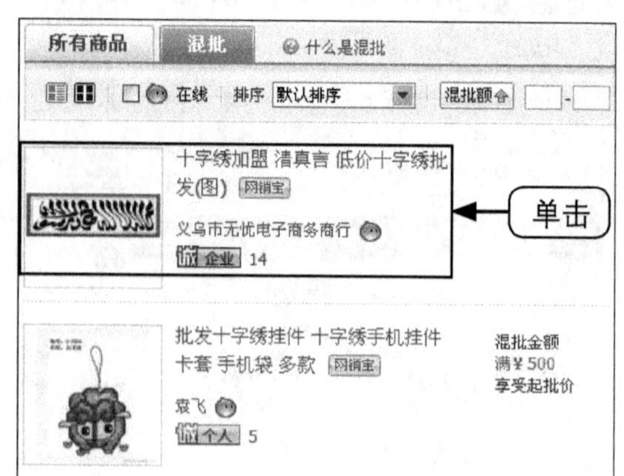

提个醒 利用应用范围搜索

在阿里巴巴首页关键字搜索框的下方，还有一栏根据商品应用范围而设立的商品频道，如“服装”、“鞋包”等，这也是快捷搜索商品的途径。

3. 发布进货需求

如果没有在网站上找到合适的商品，也可以通过阿里巴巴网站来发布进货需求，符合条件的厂家会自动和你联系，这样我们还占据了购买的主动性，具体操作方法如下。

STEP 01 在阿里巴巴主页右上方单击“发布询价单”链接，如下图所示。

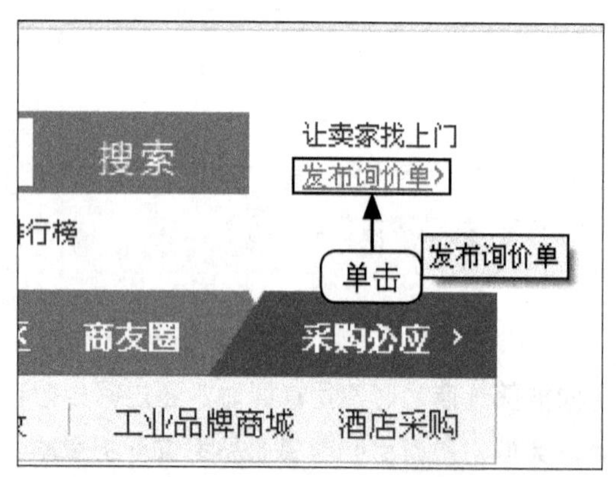

STEP 02 ❶进入发布页面，输入相关求购信息；❷单击下方的“已阅读以下规则，我要提交”按钮，如下图所示。

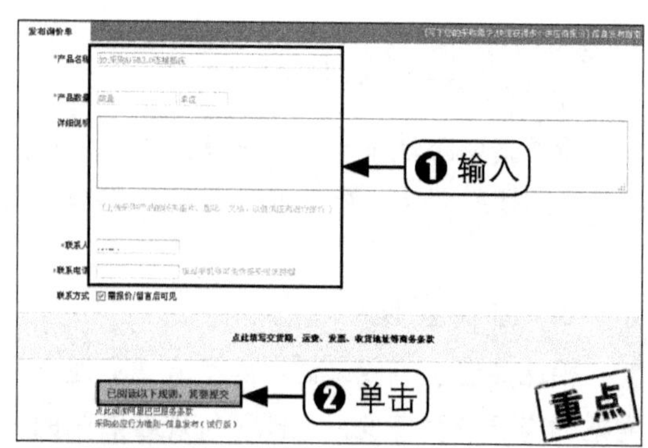

STEP 03 提示信息已提交审核，等待系统审核通过即可，如右图所示。

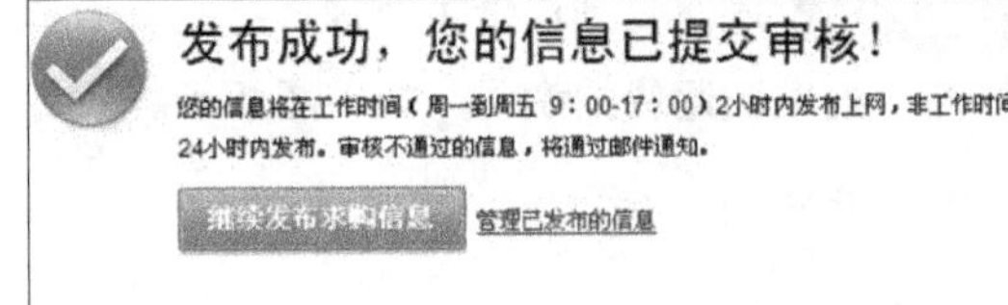

提个醒 需要先审核信息

为规范商品供求市场，避免出现一些违法交易的存在，阿里巴巴网站需要先审核求购信息后，才会显示出来，通常会在1个工作日后返回求购者的审核结果。

2.3.3 在阿里巴巴下进货订单

通过搜索和查看商品详情，确定好需要的商品后，即可和厂商进行谈判，下单进货。下面介绍在阿里巴巴网上进行相关操作的方法。

光盘同步文件	
同步视频文件	光盘\同步教学文件\第2章\2.3.3.mp4

STEP 01 搜索到需要的商品信息后，单击具体的商品标题链接或图片，如下图所示。

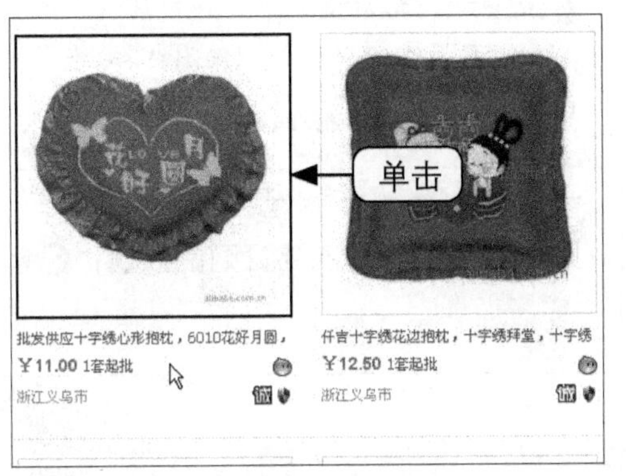

STEP 02 进入商品详情页面，单击商品图片查看更多图片，如下图所示。

STEP 03 进入商品幻灯显示页面，可查看更多图片，如右图所示。

STEP 04 返回商品详情主页面，寻找并查看厂商对批发及运费的说明，如下图所示。

批发说明
支持混批， [1000]元以上起批 或者 [50]套以上起批
本公司全部商品1000元起批，支持混批，拿货总金额必须达到
运费说明
了解运费详情请联系卖家
交易方式 当前商品支持支付宝担保交易

STEP 05 在商品详情主页面右方，单击“加入进货单”按钮，如下图所示。

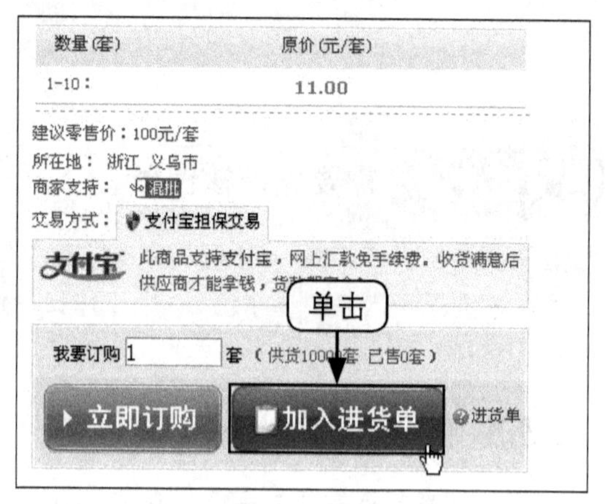

STEP 06 弹出进货单提示框，单击“查看进货单”按钮，如右图所示。

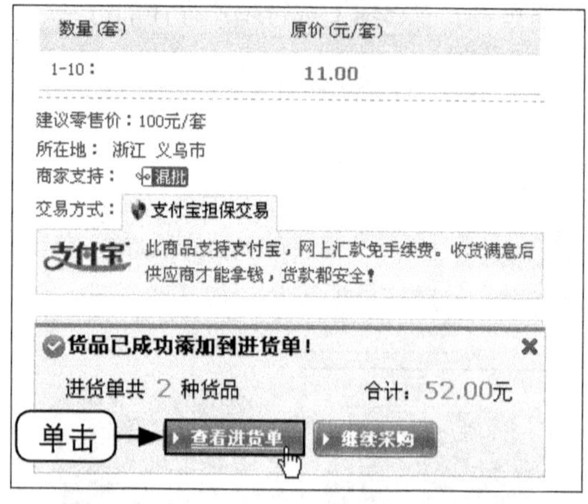

STEP 07 ❶进入“我的进货单”页面，选择要订购的商品；❷输入要订购的数量；❸单击“确认无误，订购”按钮，如下图所示。

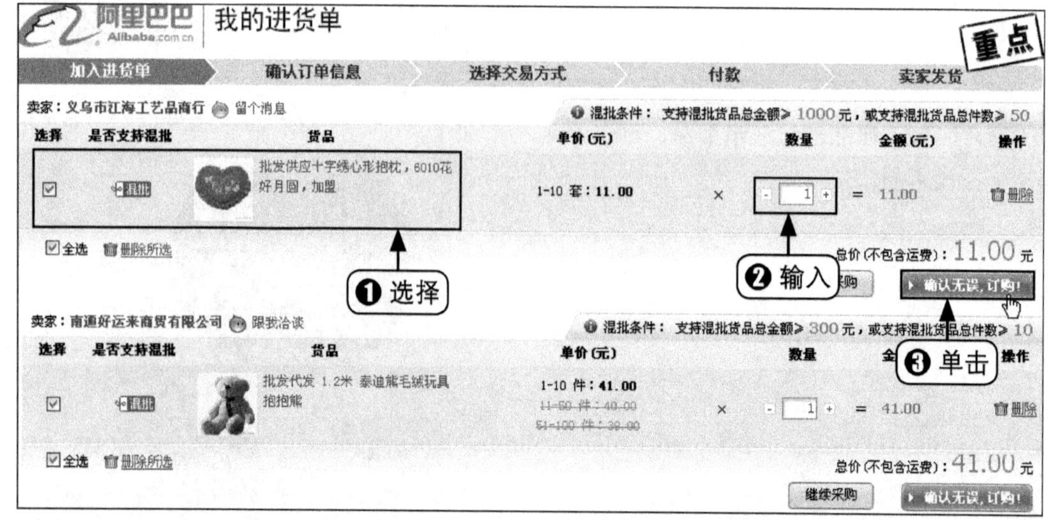

STEP 08 ❶进入收货地址确认页面，选择所在地区；❷输入街道地址、联系电话等信息，如下图所示。

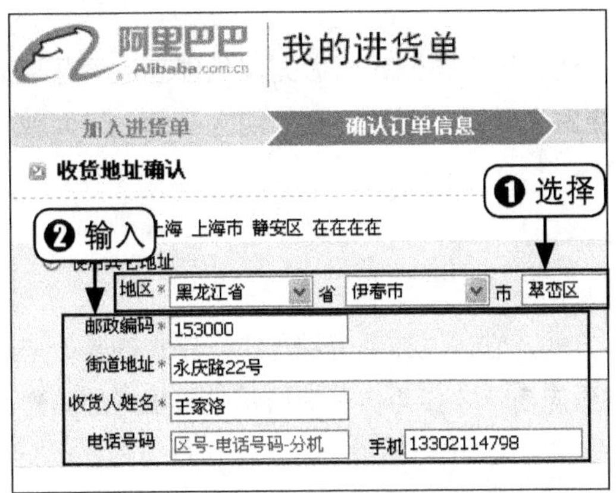

STEP 09 ❶输入运费金额；❷输入验证码；❸单击“确认无误，订购！”按钮，如下图所示。

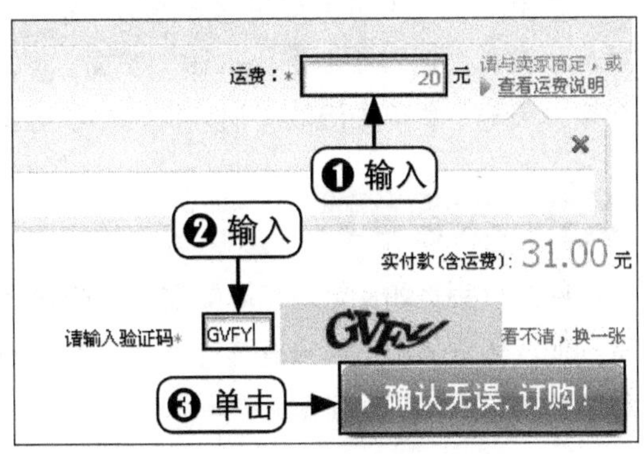

STEP 10 提示绑定支付宝，单击“登录支付宝账户”按钮，如下图所示。

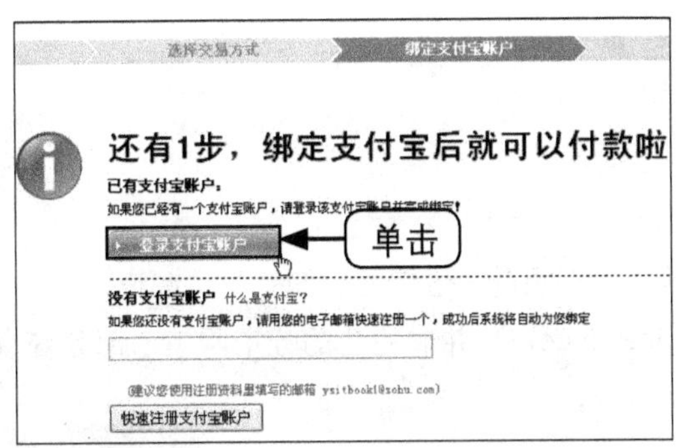

STEP 11 弹出支付宝绑定协议，单击“确认此协议，开始绑定支付宝”按钮，如下图所示。

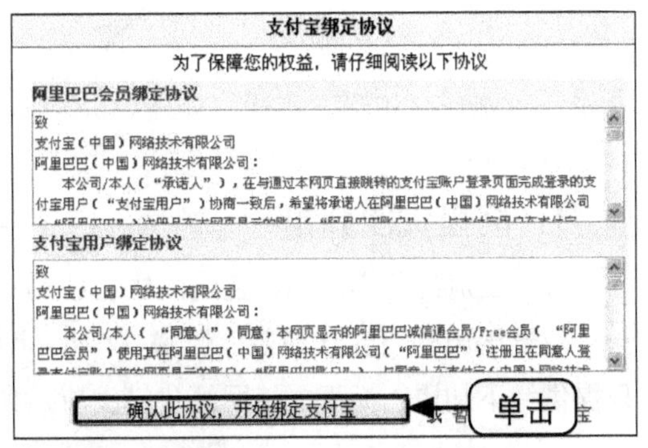

STEP 12 ❶自动转到支付宝登录页面，输入支付宝账户名、密码和校验码；❷单击“登录”按钮，如下图所示。

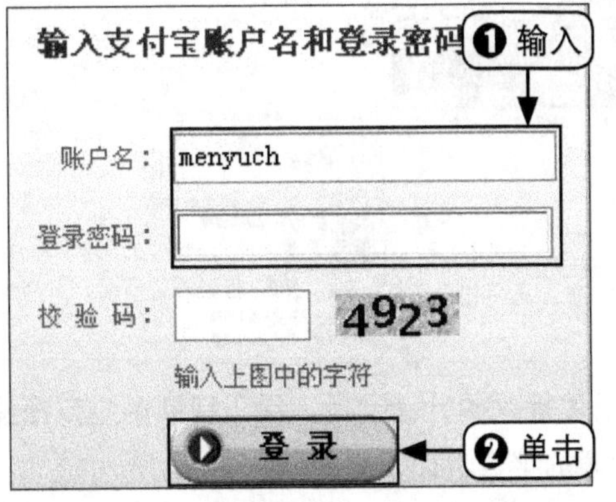

STEP 13 ❶选择“网上银行付款”支付方式；❷选择银行类别；❸单击“确认无误，付款”按钮即可完成付款操作，如下图所示。

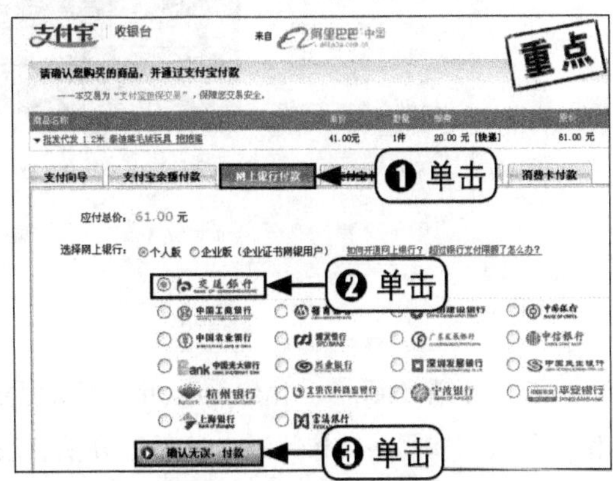

2.4 轻松做虚拟代理和实物分销

新手开店，由于资金和经验限制，很多人都首选进行实物分销或者充值代理来进行开店的第一步尝试，通过不断累积经验和资金，然后逐步做大做强，形成自己的淘宝品牌。下面我们就来介绍一下目前主流的实物分销网站和虚拟代理平台。

2.4.1 实物分销

网络分销是如今很多兼职卖家选择的网店经营方式，它通过商品分销与市场销售的差价来赚取利润。通常情况下，只有选择一家好的分销服务供应商，才会为自己的店铺带来更好的销量。如下图所示为代销流程图。

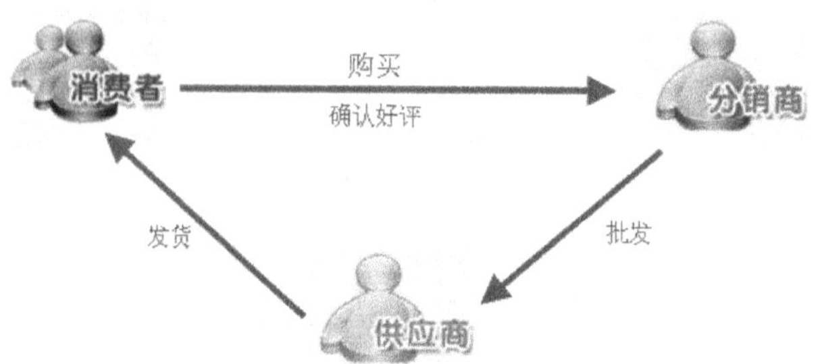

1. 阿里集团分销

目前主流的分销网站，包含阿里巴巴的“代理加盟”频道、进宝网、淘宝分销频道。

阿里巴巴的“代理加盟”频道（daili.china.alibaba.com）并非完全的分销网站，部分商家只提供线下加盟，而不支持网络代销发货，如下图所示。

淘宝分销（fenxiao.taobao.com）是指由淘宝研发提供的分销平台，用于帮助供应商搭建、管理及运作其网络销售渠道，且帮助分销商获取货源的平台，如下图所示。

提个醒 淘宝分销要求较高

淘宝分销是目前和淘宝衔接最好的分销网站，不过对分销商要求较高，对于钻石级别以下的新手买家基本不予提供代理请求。

2. 三方分销网站

除了阿里集团的分销网站以外，还有很多其他网站提供分销服务，通过百度可以发现目前这类网站不在少数，但也正是由于数量巨大，质量参差不齐，新手买家一定要仔细筛选，如下图所示为百度搜索出来的分销网站。

这里面又分为综合性分销网站和独立性分销网站。综合性的服务分销网站是介绍一些供货商的商品，帮助自己的会员实现分销，如左下图所示；独立性分销网站是自己的货源，直接架设的分销网站，主要提供直接的货源让代理销售自己的商品，如右下图所示。

- 综合性分销网站一般是提供分销服务，类似于进宝网和淘宝分销，由供应商和代理商组成。
- 独立性分销网站一般由大型的公司或厂家直接建立的分销网站，可以直接提供分享商品供自己的会员出售。

3. 实物分销软件

科技的进步，不但体现在硬件发展水平上，在软件以及网络平台中的体现也是十分明显，如下图所示。现在一些充值软件（充值软件介绍见2.4.2节）不断发展，除了可以帮助用户实现自动充值、发货管理，还实现了捆绑分销功能，让用户可以同时经营虚拟商品和实物商品，如服装、小商品等。

提个醒 实现多重功能

目前实物分销软件主要有第五代和捷易通两款，它们本身也是虚拟充值软件，也就是可以一个平台实现多种功能。

2.4.2 虚拟代理

虚拟货源由于投资少、收款付款便捷、不用耗费人力时间，而且能够快速积累买家信誉度，因此备受新手买家的青睐。那么该如何选择好的虚拟货源呢？

目前淘宝开店的卖家主要都是通过代理虚拟充值平台来实现话费、游戏、QQ商品的充值。而目前网络充值市场上最流行、最稳定的主要有捷易通和第五代这2个平台。

1. 捷易通

捷易通是目前国内最为流行的虚拟充值平台，它集卖家自动发货、提交订单、买家通知、自动评价、订单查询于一体，在淘宝虚拟充值类目中长期排名第一。

捷易通覆盖国内各省的运营网络，可以有效支持数字化游戏商品、各种虚拟业务充值以及话费代充，同时还支持部分地区的水电气充值业务，可以完全代替现有的空中充值业务，轻松帮助卖家实现网络创业，如下图所示。同时还能够通过实物版软件轻松分销实物商品，让卖家虚拟商品、实物商品两不误。

提个醒 软件功能

支持绑定淘宝、拍拍店铺实现7×24小时自动充值。
充值覆盖全国移动、联通、电信手机座机；QQ所有业务；各种主流网游点卡业务；集成实物代销功能，可以帮助新手卖家零成本出售服装、3C数码、鞋袜等商品。

目前捷易通分为4个版本，分别为体验版、月版、终身代理版和高级VIP版本，各版本充值功能一样，权限有所不同，大家可以具体咨询代理商。

- 体验版：可手工充值QQ及网游商品，不支持手工充值话费，无法自动充值，可升级成为终身代理版或VIP版。
- 月版：支持虚拟代充，不支持实物，功能上有限制，使用期限为一个月。
- 终身代理版：终身免费代理使用，免费维护更新，支持自动充值、实物代销，可以离线托管（免费一年），提供免费装修功能。
- VIP版：目前最高版本，支持终身代理版的所有功能，能够永久免费使用离线托管，支持余额转账、余额提现，无任何使用限制。

捷易通拥有完善的安全机制，要求用户申请的账号必须是自己的淘宝开店账号，有效杜绝了盗号情况的发生。同时它还拥有绑定手机、邮箱、电脑硬件等多重密码保护技术，以保证用户的平台资金安全。另外，捷易通还采用了多渠道充值，可以有效缓解充值高峰期的数据缓冲问题。

提个醒 全民消保

2011年7月开始，淘宝对整个虚拟市场进行了重新规划，要求用户必须申请消费者保障服务并提交押金到支付宝冻结（可申请退还）以后，才能上传全新的虚拟类目商品。

2. 第五代

第五代现在是最红火的充值平台，它针对目前主流虚拟充值平台，如捷易通等进行了优化，除了基本的虚拟充值功能以外，是第一家首推实物代销功能，让卖家拥有一个平台，就能够同时出售虚拟商品以及实物商品，因此一经推出广受好评，目前和捷易通同列最畅销软件，如下图所示。

第五代充值平台基于淘宝、拍拍等电子商务平台，全天自动订单处理，商品覆盖国内各省的运营网络，支持移动、联通、电信话费充值；各种主流游戏点卡直冲；QQ商品充值等各类数字化商品，操作简单快捷。

提个醒　注册方式

第五代与捷易通不同，它的注册账号要求是用户的手机，一些敏感操作都需要用户手机短信确认，因此在安全性上也非常高。

与捷易通一样，第五代也分为多个版本，分别是终端板、代理版、供货版以及商城版。需要代理的读者可以直接联系官方代理了解开通。

- 终端版：第五代基础版本，可以实现基本充值功能，可代销实物。
- 代理版：最常用的版本，可以代理软件，实现所有充值功能，可免费使用服装实物软件。
- 供货版：除了代理版的功能外，如果直接有货源，还可以成为经销商供货到第五代，让其他代理分销商品。
- 商城版：独立版本，有直接的独立网站，不依托淘宝，自负盈亏。

一点通　充值平台的区别

从功能上来看，捷易通和第五代没有具体区别，就好比移动和联通，都是话费供应商，只不过所属公司不同而已，大家可以根据自身情况进行选择。

技能实训
增强动手能力

通过对前面内容的学习，为了巩固读者所学的相关知识，下面安排实训任务来增强动手能力和技能的综合应用水平。

实训一　开通充值平台代理资格

要开通捷易通或者第五代虚拟充值平台软件，大家可以到对应的官方或者指定代理网站获得，也可以直接找拥有授权的淘宝代理商家购买。

首先联系代理商，洽谈购买适宜，这里以购买捷易通为例，来学习如何开通虚拟充值平台代理。

STEP 01 通过QQ等联系方式与代理商交流，如下图所示。

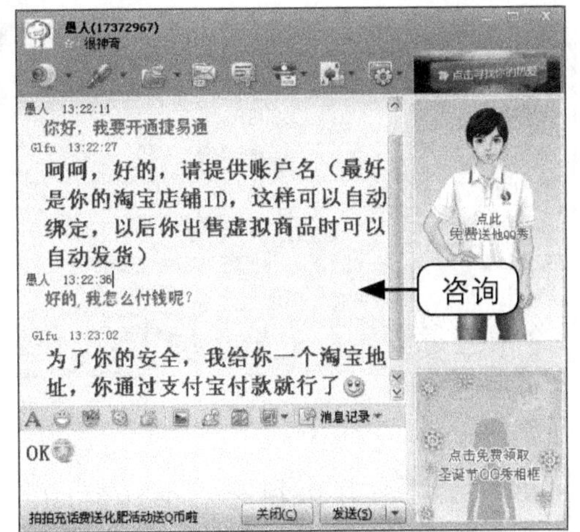

STEP 02 通过代理商发布的安全淘宝商品链接进行购买，如下图所示。

STEP 03 官方下载代理软件，单击“注册激活”链接，如下图所示。

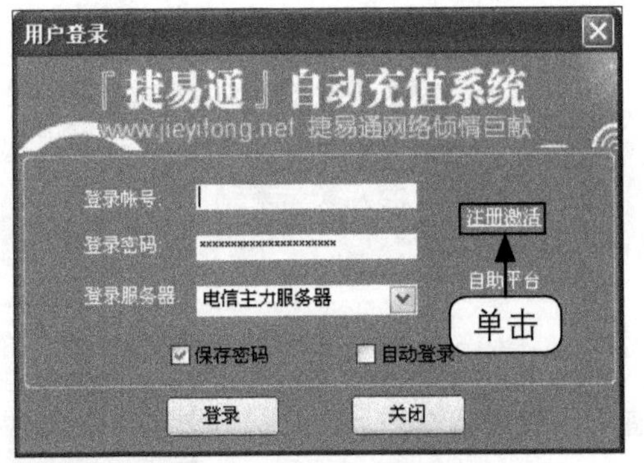

STEP 04 ❶输入注册信息和购买的代理激活码；❷单击“同意协议注册”按钮，如下图所示。

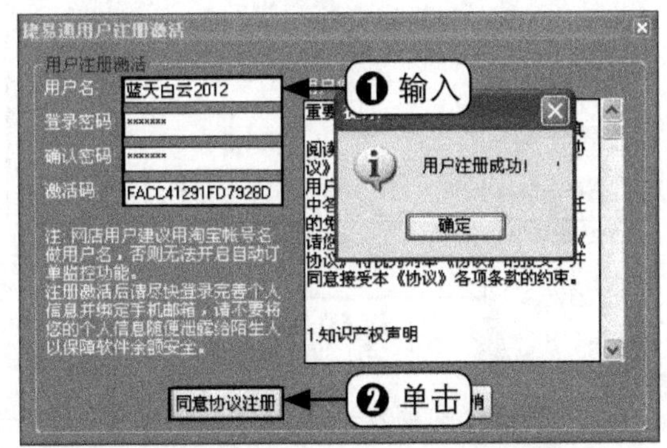

提个醒 安全代理技巧

这里的激活码是在官方代理购买以后，对方为自己开通的代理专用激活码，大家一定要注意筛别，不要让骗子用普通的低级体验账号欺骗了。

STEP 05 ❶返回登录框，输入注册的账号；❷单击“登录”按钮，如右图所示。

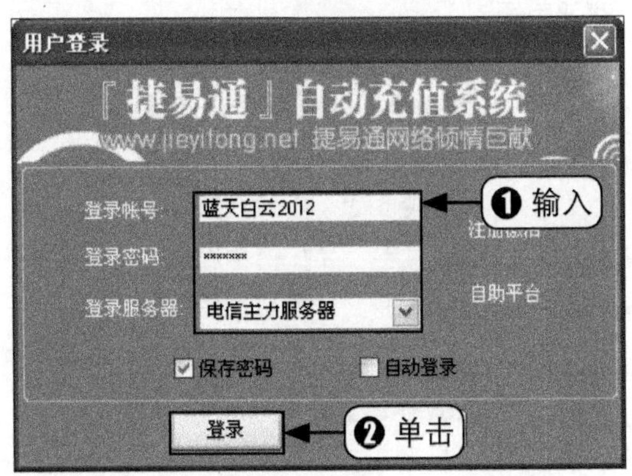

STEP 06 ❶第一次登录，提示修改设置安全密码；❷输入以后，单击“修改安全密码”按钮，如下图所示。

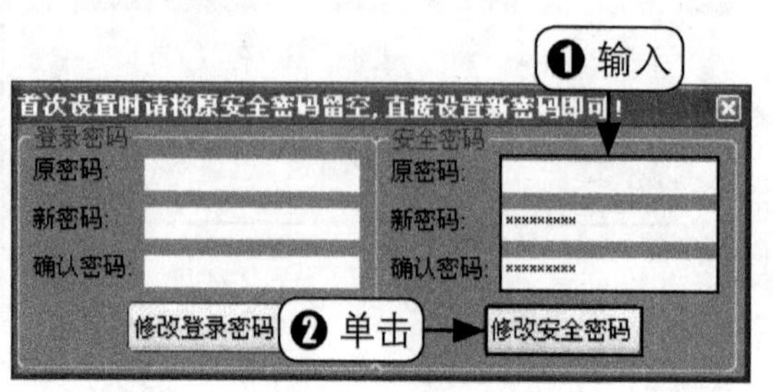

STEP 07 设置用户信息，这是以后找回密码的重要凭证，一定要牢牢记住，如下图所示。

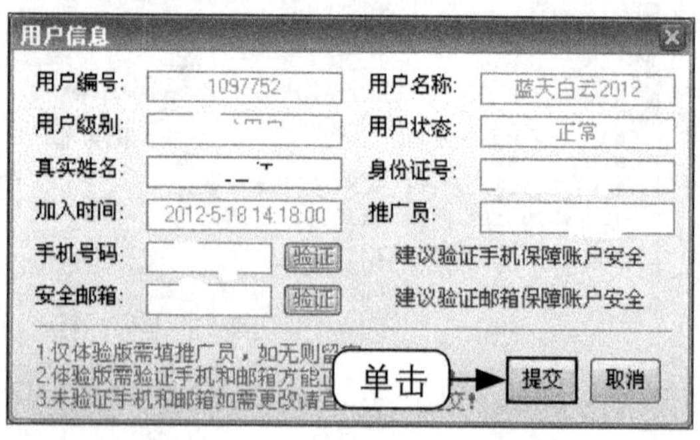

STEP 08 稍等片刻，登录软件成功，如下图所示。

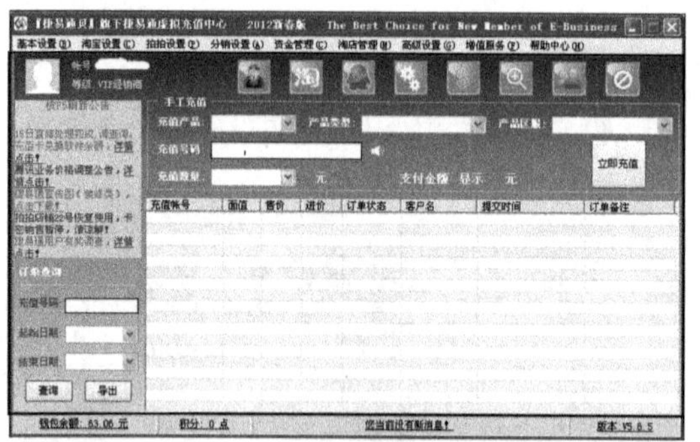

一点通　优秀供货商家排行榜

不管是分销还是充值代理，都存在着良莠不齐的情况，网络上经常会有一些造假的相关网站和代理商。这里笔者专门制作了一个优秀供货商商家排行榜，地址为http://www.02zu.com/top，会不定期整理更新一些优秀的实物分销商家和虚拟软件代理商家，供大家参考。

实训二　加入代销平台

没有资金的朋友，可以先从代销做起，一方面可以缓解资金压力，另一方面也可以学习了解淘宝，下面以加入进宝网为例进行介绍。

加入进宝网并获得代销资格的方法如下。

STEP 01 打开www.jinbao.com网页，在右上方单击“免费注册”按钮，如下图所示，进入注册页面。

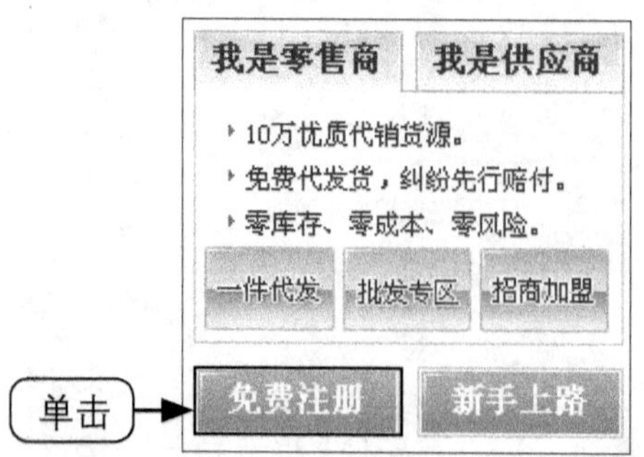

STEP 02 注册成功后，为了获得更多的代销权利，可以在接下来的页面中单击“申请认证分销商”按钮，如下图所示。

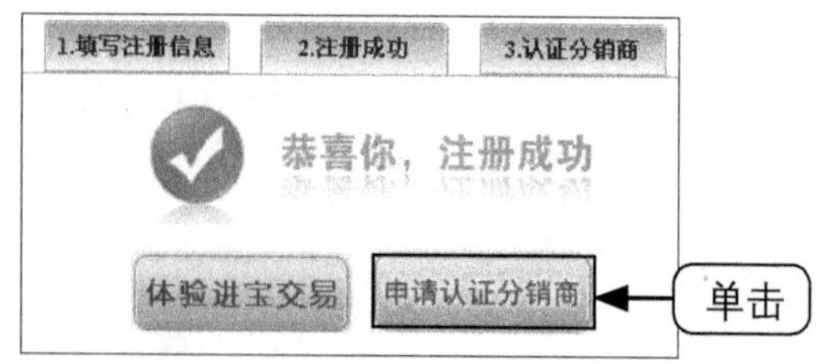

STEP 03 认证成功后登录进宝网，在左侧单击“我的代理权”链接，如下图所示。

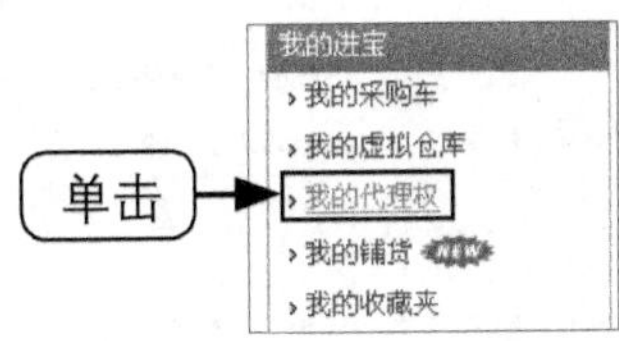

STEP 04 单击“申请新的代理权”按钮，如下图所示。

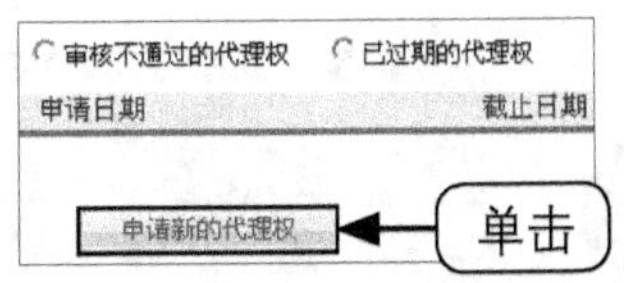

STEP 05 在列表中寻找要申请的商品类型以及具体的商品链接，如下图所示。

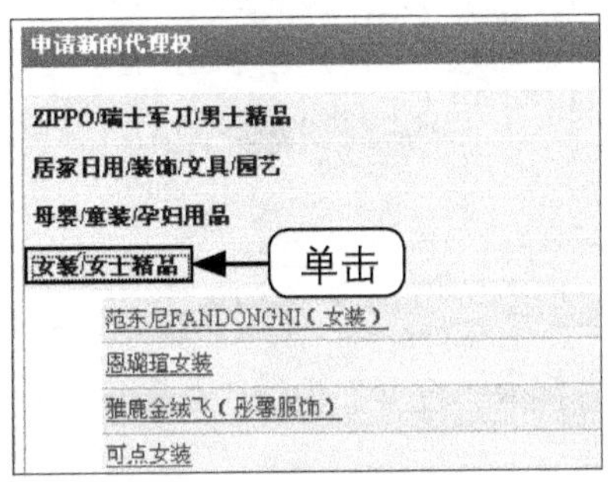

STEP 06 ❶显示剩余代理名额，勾选“我已满足申请条件”选项；❷单击“同意代理权协议，提交申请”按钮，如下图所示。

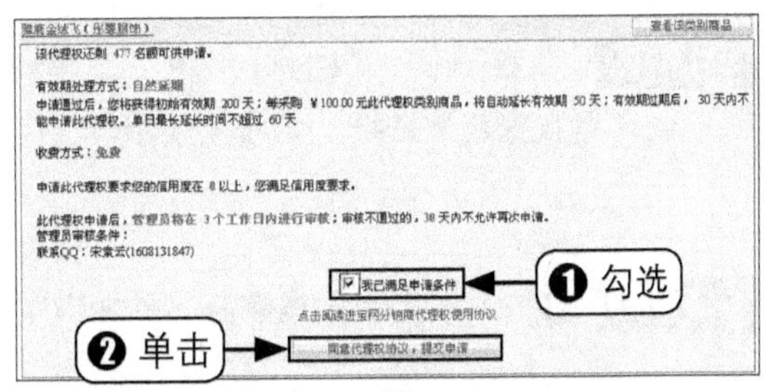

STEP 07 单击“确定”按钮，等待审核代理资格，如下图所示。

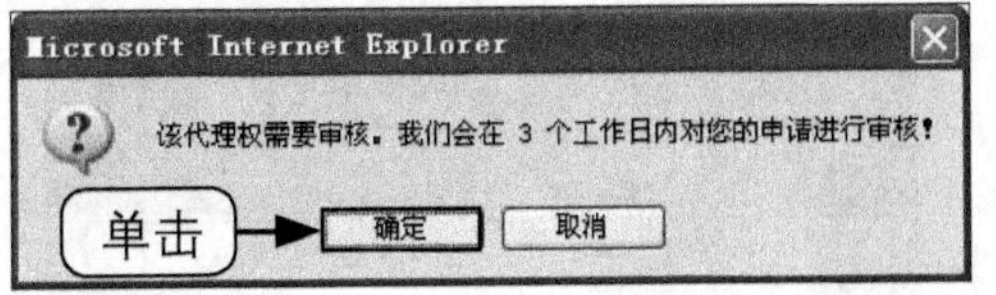

STEP 08 等待代理通过，在右侧单击“查看该类别商品”按钮，如下图所示。

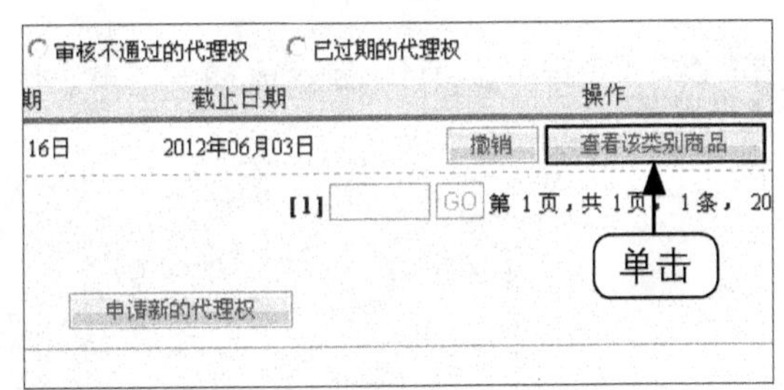

一点通 部分代销商品有限制

进宝网的部分品牌商家对客户的店铺进行了限制，如果没达到（如店铺信誉等级、店铺开店年限）要求，就不能通过验证，也就无法获得相应的代销资格。

STEP 09 查看当前供应商的商品以及价格，以后就可以直接在这里下单购买，然后转手出售给自己的客户，如右图所示。

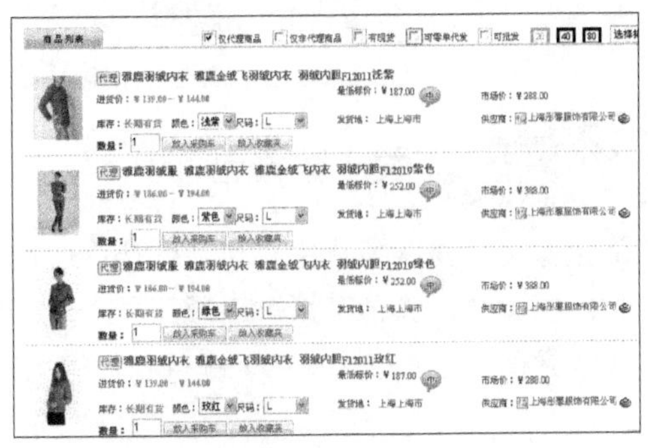

STEP 10 单击图片链接可以进入该商品详细介绍页面，查看相关详情，如下图所示。

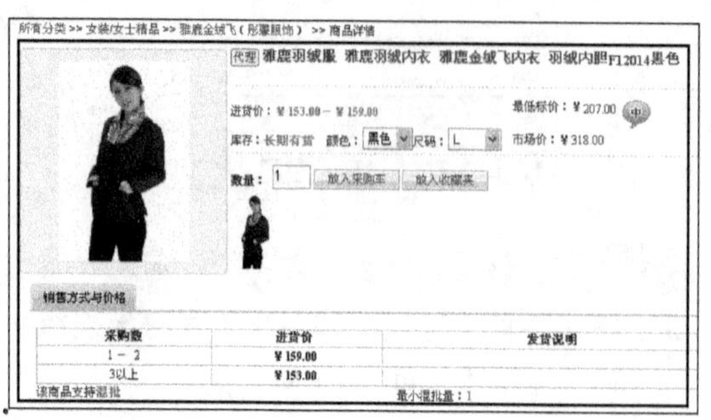

STEP 11 在左侧单击“我的代理权”链接，然后在右侧查看并复制下供货商的名称，如下图所示。

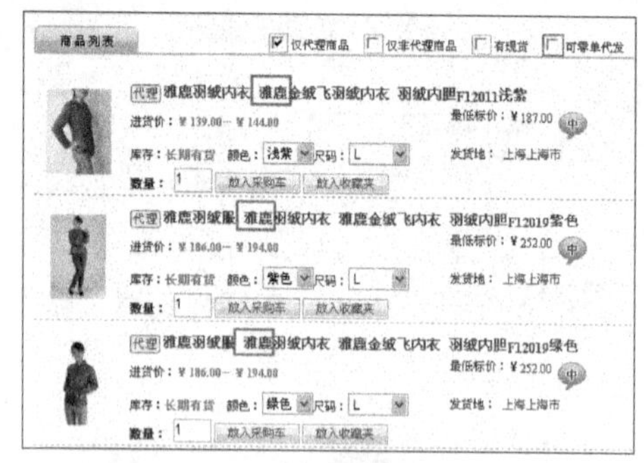

STEP 12 在左下侧“我的百宝箱”中单击“下载商品数据包”链接，如右图所示。

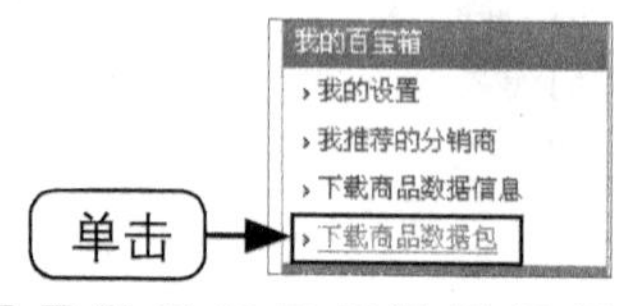

STEP 13 ❶输入或复制代理商商品的关键字；❷单击右侧的“搜索”按钮，如下图所示。

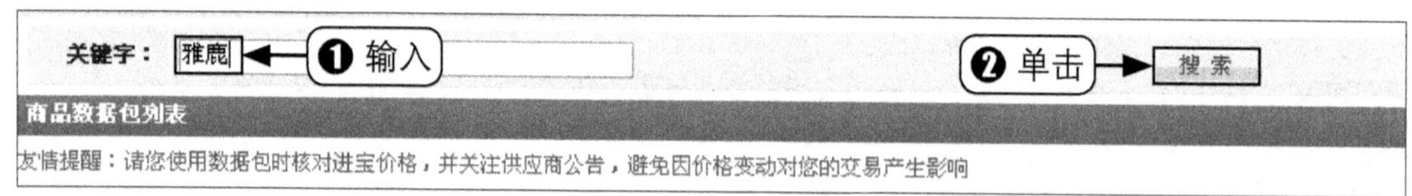

STEP 14 在搜索到商品列表右侧，单击“淘宝助理”链接，如下图所示。

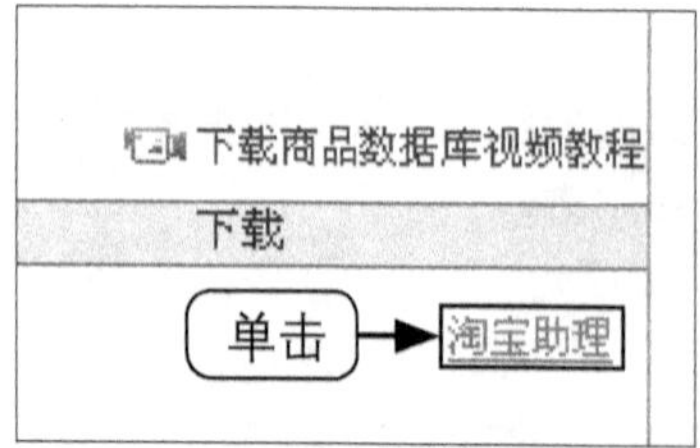

STEP 15 直接或利用工具将当前代理商的商品数据包保存到电脑，如下图所示。

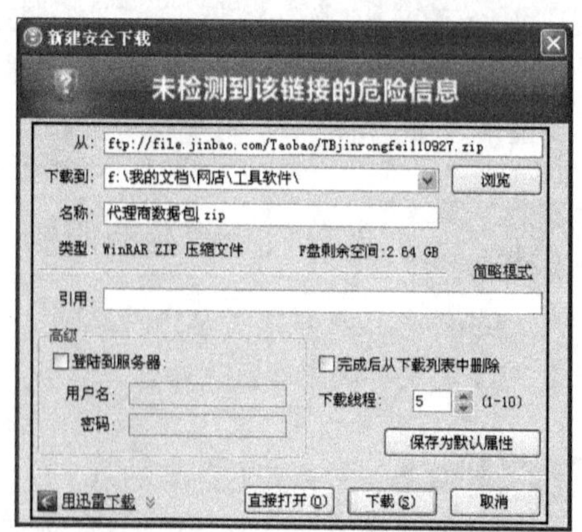

一点通 关于数据包

淘宝数据包是网店店主将自己网店中的所有商品进行整合，然后通过软件打包成一个独立的数据集合，其他卖家可以通过导入这个数据包来上传这些商品。代销方式和虚拟商品一般都是通过官方（供应商）提供的数据包来经营网店的。

Chapter 03 网店硬件基础建设离不开电脑帮忙

本章导读

很多淘宝开店新手存在这样的顾虑：自己刚接触电脑，害怕网上开店操作不好。其实大可不必为此担忧，因为网上开店只要有最基本的电脑操作知识即可。本章就来介绍淘宝网上开店所必须拥有的软硬件，以及电脑上网的基本操作方法。

本章学完后您会的技能

- ❖ 网上开店的硬件准备
- ❖ 网上开店的软件准备
- ❖ 网络在电子商务中的应用
- ❖ 如何使用电脑上网

本章内容展示

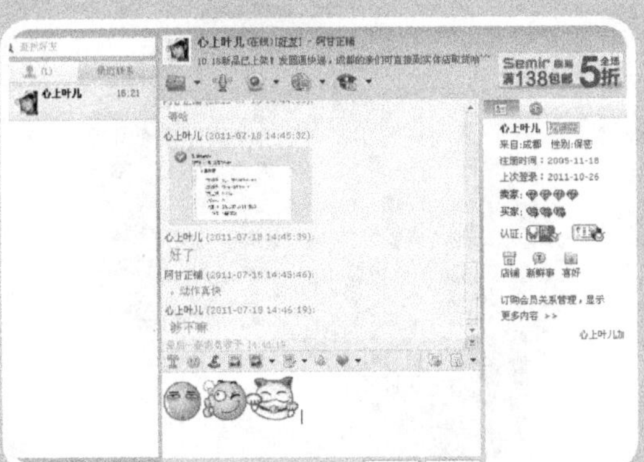

3.1 网上开店的先决条件

网上开店是需要不断学习、不断进步的快乐事业。当然，要享受到更多的快乐，网店的软硬件配置也得跟上。虽然免去了实体店的选址、装修等环节，但网上开店也需要步步为营，做好准备。

3.1.1 网上开店的硬件准备

网上开店的必备硬件当然是一台能够上网的电脑。其次，为了让网店商品更吸引买家购买，准备一台数码相机也是很有必要的。

1. 关于电脑的硬件配置

电脑只是起到和互联网信息接通的作用，所以实际的硬件配置不用太高端，一般家用电脑即可胜任。当然，如果有一些特别的要求，那就要根据实际需求相应地升级硬件。

当网店发展到一定规模后，商品势必会越来越丰富，相关的商品介绍文档、图片等都会增多，加上电脑还同时承担着我们娱乐、学习的需要，所以可考虑增大硬盘存储空间，如增加一块硬盘或是配置移动硬盘等，如左下图所示。

如果卖家比较爱好自己制作商品图片，那势必会进行一些图片处理工作，这时就需要电脑的显卡及内存能够满足需要。可以考虑增配内存条和更换性能更好的显卡，如右下图所示，这样制作出的图片也能有更好的效果。

2. 关于数码相机

此设备并非必备。如果销售商品的图片可以在网上直接下载到，那就可以直接使用。如果是DIY的商品，或者为自己生产的商品，网上找不到合适的图片，那就要准备一台数码相机，自己拍摄商品图片。数码相机外观如右图所示。

一点通 家用相机即可实现拍摄

一般家用的数码相机即可胜任网店商品的拍摄需要。现在数码相机市场上，千元左右的相机即可购进，当网店经营走上正轨，这样的数码设备是必需的。

3. 多功能一体机的准备

此类设备也不属于必备，但当网店达到一定规模后，需要打印和扫描的相关文档资料也就会多起来。例如，发货时需要打印大量的包裹单、需要将厂商提供的商品图片批量扫描到网店中，这时准备一台集打印、复印、扫描于一体的设备就显得很有必要了。多功能一体机的外观如右图所示。

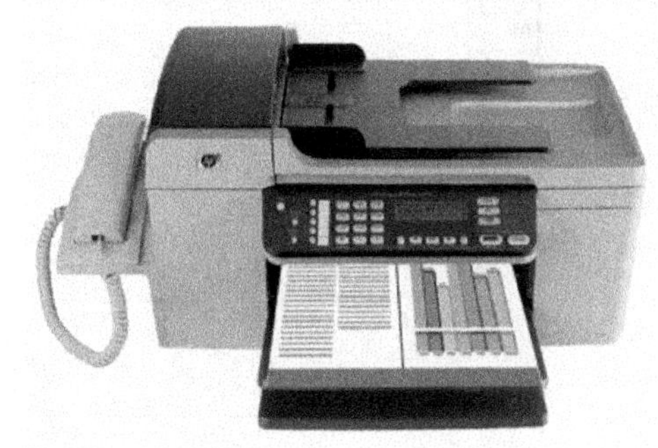

3.1.2 网上开店的软件准备

硬件准备妥当后，接下来考虑软件。对于网店的经营来说，最频繁的操作莫过于在线与买家交流、对自己网店商品进行更新等，而时常要用到的软件就包括即时聊天工具、免费邮箱、图片处理工具等，下面分别进行介绍。

1. 即时聊天工具

“阿里旺旺”是淘宝网官方指定的在线交易沟通工具，阿里旺旺的聊天记录可以作为交易纠纷的依据之一，所以在淘宝网上开店的卖家一定要下载安装此聊天工具。通过官方网站 http://www.taobao.com/wangwang/ 即可下载，注意选择“卖家专用版”，如下图所示。

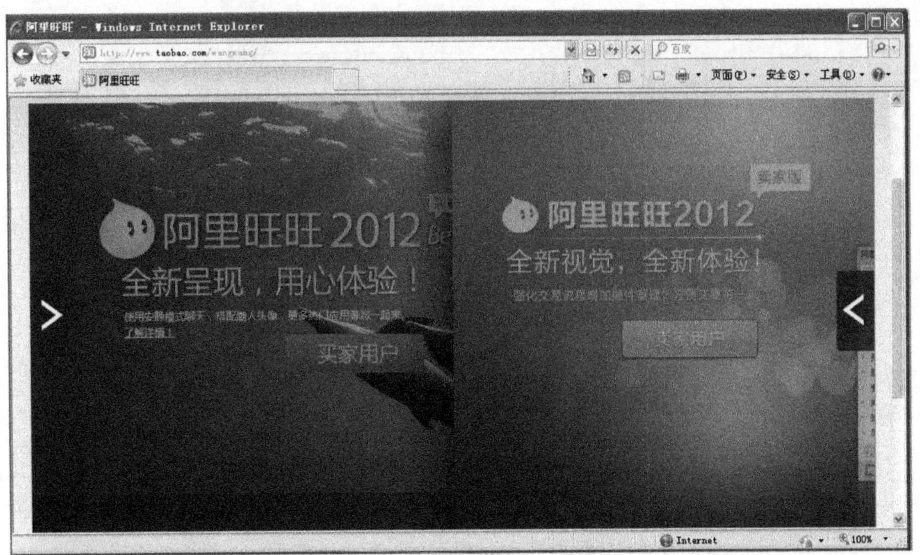

2．电子邮箱

使用旺旺在线交流虽然方便，但卖家也不可能时时在线，而且现在网店的竞争相当激烈，一定要有丰富的沟通渠道，贴合不同的买家的沟通喜好。例如，有些年龄稍大的买家就习惯用电子邮件来联系，所以卖家注册一个免费的电子邮箱也是必需的，目前国内的邮箱基本都是免费注册的，如下图所示。

3．图片处理

用数码相机拍摄的商品图片是要上传到网店的，但为了让商品图片更吸引买家，可以在上传之前对其进行处理，如添加文字说明、加个漂亮边框、多张图片组合等，这就需要图片处理软件来帮忙了，如美图网提供的傻瓜化图像制作软件“美图秀秀”，如下图所示。

一点通　使用其他图形制作软件

除了美图秀秀，还有光影魔术手、可牛影像等。当然，最权威的软件还是Photoshop，它能够实现所有能想到的图片后期处理效果，但由于其操作上也比较专业，所以建议普通用户还是选择便于上手、操作简单的图像处理软件。

4. 文字数据处理

在网店开设过程中，不管是店铺的日常管理，还是商品的文字描述，都需要用到各种办公编辑软件，其中最常用的就是文字处理软件Word和数据管理软件Excel，如下图所示。

在宝贝描述和店铺推广中，经常需要文字的撰写，使用Word软件无疑是最方便的，而店铺交易数据的处理，则离不开Excel数据处理软件的应用。

对于大名鼎鼎的Office套装软件，相信大家都耳熟能详，而其中最为人称道的Word和Excel，相信很多朋友也有所了解，至于它们的使用方法，大家可参考相关专业书籍。

3.2 如何使用电脑上网

上网是我们平常使用电脑最主要的应用，网上开店需要网络，网上查资料、游戏娱乐都需要网络。所以，当我们已掌握电脑的基本操作后，接下来就要学习电脑是如何连接到互联网的。本节将会重点介绍家庭宽带上网和无线上网的实现方法。

3.2.1 网络在电子商务中的应用

互联网（Internet）上有非常丰富的信息资源，也为我们提供了多种服务。电脑连接到互联网后，我们可以查看新闻、查找与下载资源、看电影电视、玩网络游戏、即时聊天等，下面分别进行介绍。

1. 网上聊天交友

网上聊天是很多用户常用的一种交流方式，借助Internet平台，可登录聊天室或利用专业聊天软件（如QQ、阿里旺旺、MSN、UC等），与朋友进行文字、语音、视频等交流。如下图所示为通过阿里旺旺与买家进行网络聊天的界面。

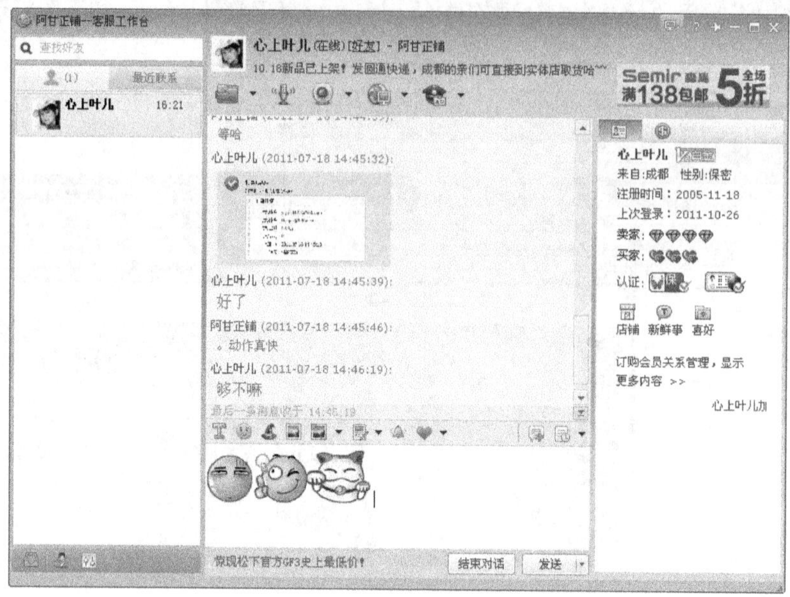

2．网上查资料

网上的资源非常丰富，无论是新闻、图片、音乐、电影、电视，还是游戏、软件、生活信息等，都可以轻松找到。阅读新闻有专门的新闻网站，而资料查找则可通过搜索引擎网站来进行。如下图所示为淘宝论坛中关于卖家的相关经验。

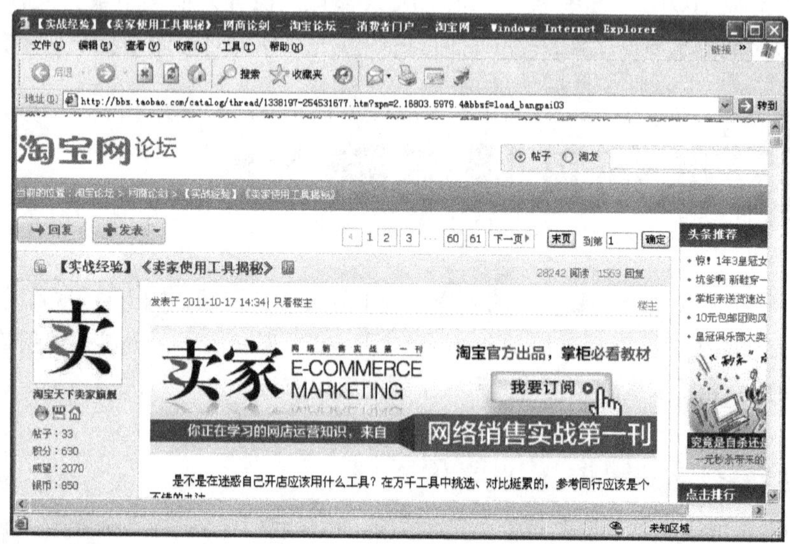

3．网上休闲娱乐

互联网还为我们提供了丰富的休闲娱乐方式，我们在网上既可以听到流行的音乐，又可以收看最新的电影电视节目，还可以在闲来无事时玩玩游戏。如下图所示为闲暇之余在淘宝平台玩游戏的界面。

4. 网上购物买卖

随着网络的普及，网上购物逐渐成为一种主流的消费方式，很多商品都可以在网上购买，低廉的价格和送货上门的便捷，让普通买家充分享受到精明消费的乐趣。而这部分的内容也是本书的重点，如下图所示为在淘宝网上购物的页面。

这里介绍了目前最常见的一些网络应用方法，除此之外还有很多，例如，想要出门旅游，可以在淘宝网上购买机票、门票、旅游套餐；想要吃好一点，可以直接在淘宝订餐，坐等饮食上门。

3.2.2 选择适合自己的上网方式

目前，电脑接入Internet的方式有多种，既可以有线接入，也可以无线接入；既可以通过电话线拨号连接，也可以通过社区宽带直接连接。下面，介绍两种常见的接入方式，用户可以根据自己的实际情况选择合适的上网方式。

1. 通过ADSL拨号连接

ADSL拨号上网是目前比较常见的、使用较广泛的一种上网方式，特别适合家庭用户。电脑使用ADSL连接上网，必须先要安装一部电话。

ADSL上网具有传输速度快、接入方便的优点。它与普通电话共用一条电话线上，互不影响，在现有电话线上安装一台ADSL终端设备和一个分离器，通过网卡与电脑连接即可。其连接示意图如下图所示。

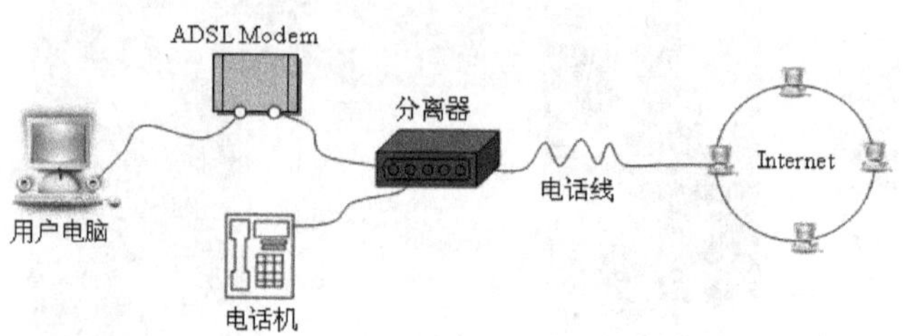

提个醒　安装方式

当在电信部门申请了ADSL拨号上网的业务后，一般在规定的时间内，电信部门会派专门的技术人员上门安装上网的相关设备，并帮用户调试好，不需要用户自己安装。不过，用户也可以查看相关说明书后自己安装连接。

2. 通过社区宽带连接

目前，有许多网络运营商将上网宽带安装在社区中，用户可以通过社区的宽带与家中的电脑相连，也可让电脑上网。这种接入方法不需要安装电话，只需在用户的电脑中安装一块网卡，然后由运营商派技术人员上门安装，用一根网线将用户电脑与社区宽带的路由器相连即可。其连接示意图如下图所示。

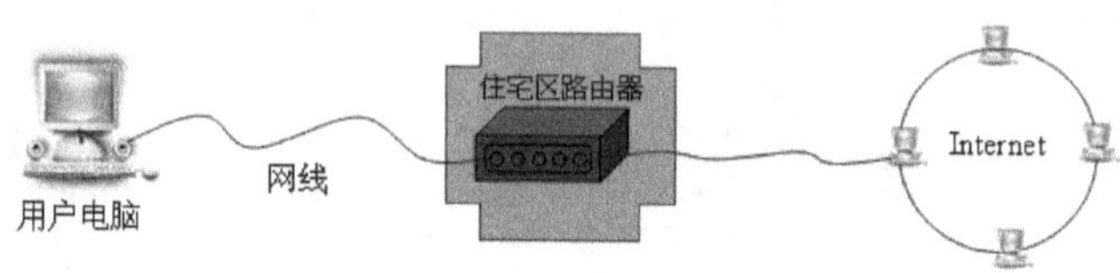

提个醒　社区宽带运营商

目前，常见的社区网络运营商有长城宽带、爱普宽带、电信宽带、百信宽带等。值得注意的是，不同地区或不同城市的网络运营商有可能不一样。

3.2.3 家庭宽带上网之创建拨号连接

当电信部门的技术人员将ADSL拨号上网的硬件设备安装好后，还需要在电脑中创建一个ADSL拨号连接，以便在上网时进行拨号登录，具体操作方法如下。

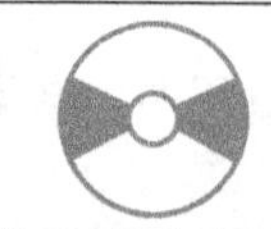	光盘同步文件	
	同步视频文件	光盘\同步教学文件\第3章\3.2.3.mp4

STEP 01 ❶单击“开始”按钮；❷选择“所有程序”命令；❸选择“附件”命令；❹选择“通讯”下的“新建连接向导”命令，如下图所示。

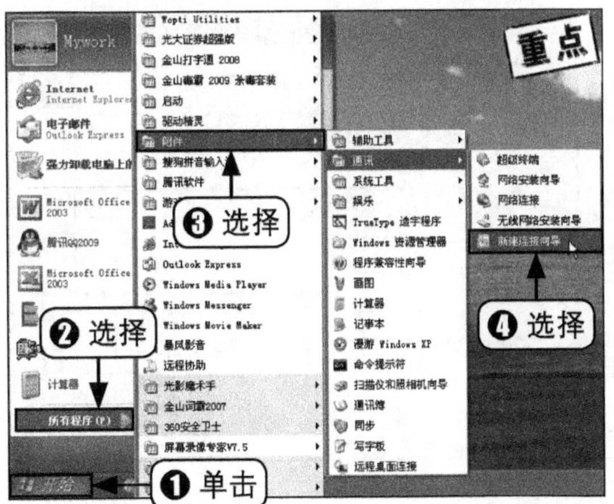

STEP 02 打开“新建连接向导”窗口，单击“下一步”按钮，如下图所示。

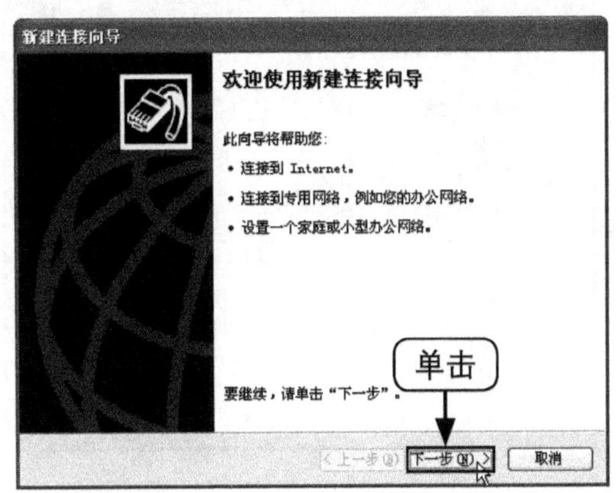

STEP 03 ❶显示“网络连接类型”界面，选择“连接到Internet”单选项；❷单击“下一步”按钮，如下图所示。

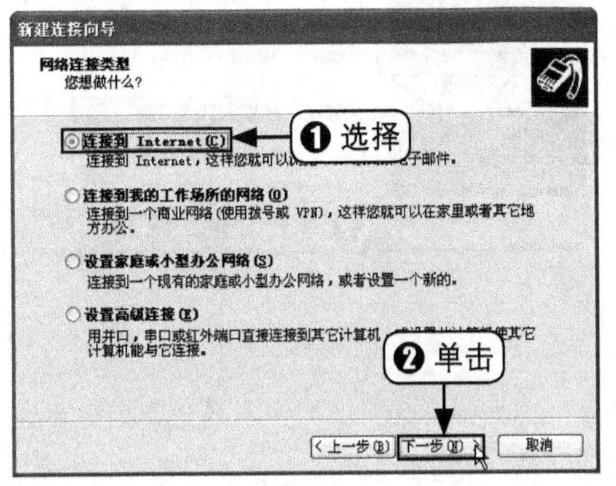

STEP 04 ❶显示“准备好”界面，选择“手动设置我的连接”单选项；❷单击“下一步”按钮，如下图所示。

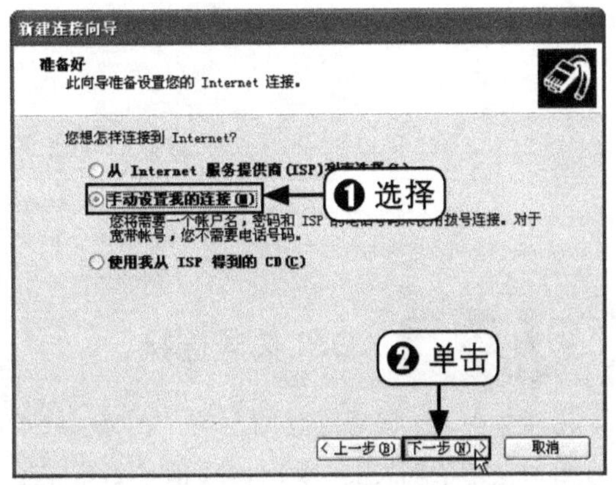

STEP 05 ❶选择“用要求用户名和密码的宽带连接来连接”单选项；❷单击“下一步”按钮，如右图所示。

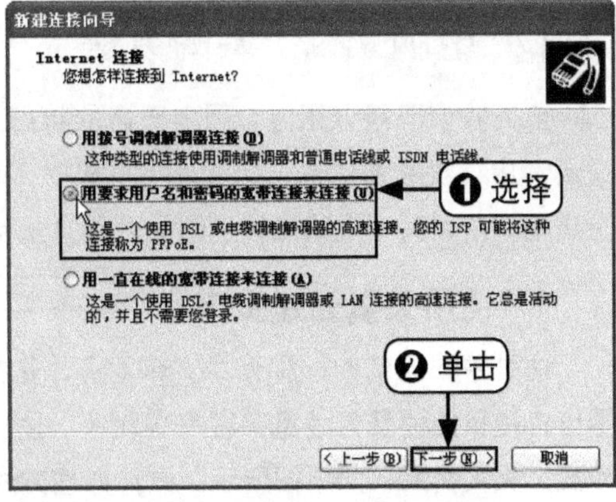

STEP 06 ❶显示“连接名”界面，在“ISP名称”栏中输入连接名称；❷单击“下一步”按钮，如下图所示。

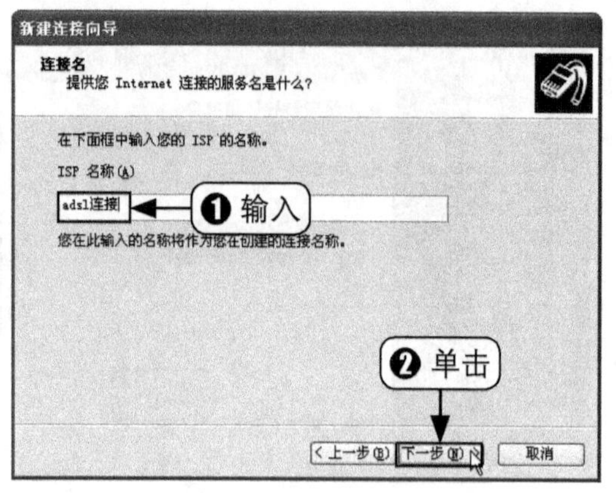

STEP 07 ❶显示“Internet账户信息”界面，输入用于拨号登录的用户名与密码；❷单击“下一步”按钮，如下图所示。

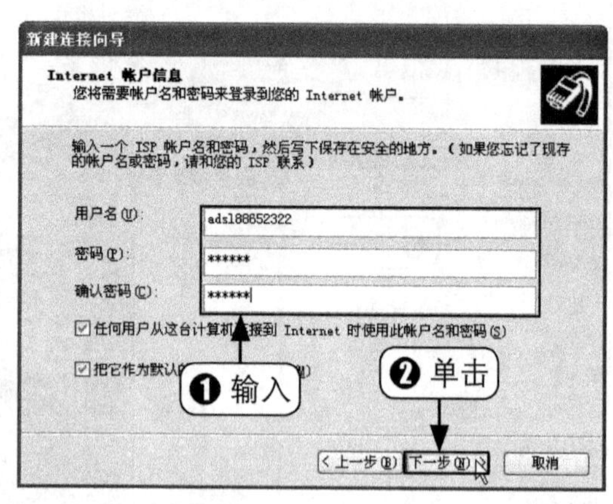

STEP 08 ❶选择“在我的桌面上添加一个到此连接的快捷方式”复选项；❷单击“完成”按钮，如右图所示。

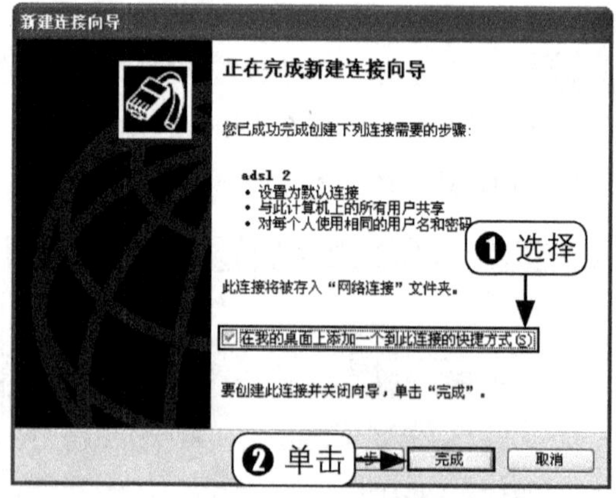

提个醒 ADSL拨号连接

在建立ADSL拨号连接时，在“Internet账户信息”界面中，输入的用户名及登录密码都是用户在申请ADSL业务时，电信公司分配给用户的信息。

3.2.4 电脑无线上网的方法

前面我们已经介绍过，网上开店的特点之一就是不受地域限制，可以随时随地地开展网上交易。店铺卖家当然也可以在外出办事时，利用笔记本电脑实现移动无线上网来管理自己的网上店铺。所以关于电脑无线上网的几种方法也是需要掌握的。

1. 使用天翼无线宽带

这是中国电信的一种无线宽带业务，是指在有中国电信无线网络覆盖的地方，用户通过中国电信提供的免费无线宽带客户端软件，拨号上网。该业务包括按时长、按流量和套餐3种收费模式，相关费用，如下图所示。具体办理方法需要用户前往营业厅咨询。

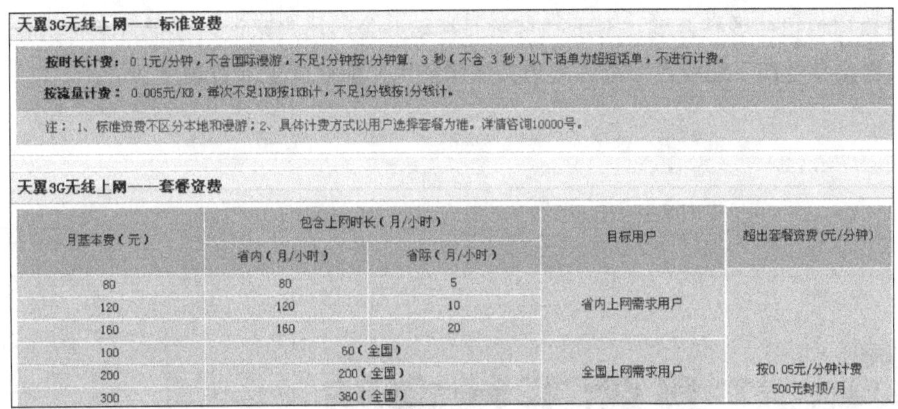

天翼3G无线上网——标准资费

按时长计费：0.1元/分钟，不含国际漫游，不足1分钟按1分钟算. 3 秒（不含 3 秒）以下话单为超短话单，不进行计费。

按流量计费：0.005元/KB，每次不足1KB按1KB计，不足1分钱按1分钱计。

注：1、标准资费不区分本地和漫游；2、具体计费方式以用户选择套餐为准。详情咨询10000号。

天翼3G无线上网——套餐资费

月基本费（元）	包含上网时长（月/小时）		目标用户	超出套餐资费(元/分钟)
	省内（月/小时）	省际（月/小时）		
80	80	5	省内上网需求用户	按0.05元/分钟计费 500元封顶/月
120	120	10		
160	160	20		
100	60（全国）		全国上网需求用户	
200	200（全国）			
300	380（全国）			

用户只要有一部天翼手机，那么手机号码就是无线宽带的上网账号。在天翼手机有信号的地方就能无线上网。具体操作如下：通过电脑的无线网卡搜索ChinaNet无线网络，随后会提示输入连接账号和密码，连接账号就是天翼手机号，密码会通过短信方式发送到手机上，随后即可无线访问互联网了，如下图所示。

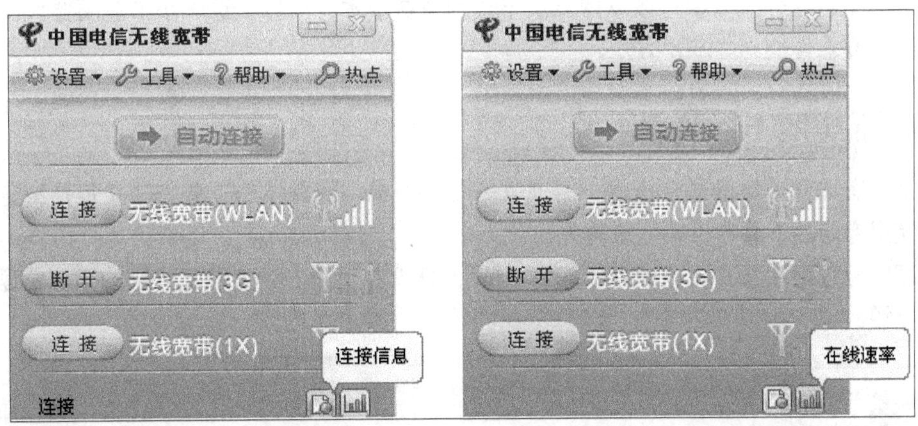

2. 使用中国移动3G无线宽带

使用笔记本电脑，再安装好中国移动3G无线上网模块（即3G无线上网卡），如下图所示，通过中国移动提供的无线上网客户端软件就可随时随地无线接入互联网。其信号来源同样等同于手机信号，所以搜索和使用也比较简单。

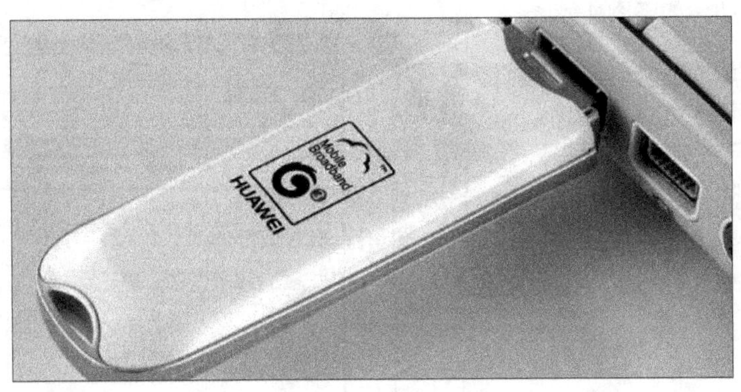

使用费用也包括多种方式，对于经常需要移动办公的用户来说，选择月套餐资费当然是最划算的，费用参考如下图所示。具体办理方法需要用户前往营业厅咨询。

套餐名称	套餐月费	包含流量	超过部分	套餐月流量封顶	套餐月费用封顶
50元套餐	50元	500M	0.01 元 /K	15G	500 元
100元套餐	100元	2G			
200元套餐	200元	5G			
300元套餐	300元	10G			

3.3 工具的下载安装

使用电脑实际上就是在操作系统下使用各种工具软件来为自己服务，如网上聊天需要用到聊天软件、美化商品图片需要用到图片处理软件等。

而这些工具软件大多都可以从网络上下载到免费版本。所以，这一小节就要给大家介绍下载和安装工具软件的一些基本方法。

3.3.1 下载网上的资源

网络中有非常丰富的影音资源、游戏软件可供下载，而具体的下载方法又包括浏览器直接下载和使用专门的下载软件来下载两种。

下面以通过百度（http://www.baidu.com/）搜索并下载一款免费又好用的图片处理软件为例进行介绍。

光盘同步文件	
同步视频文件	光盘\同步教学文件\第3章\3.3.1.mp4

STEP 01 ❶打开浏览器，在地址栏中输入www.baidu.com，按【Enter】键；❷在打开的页面中输入要搜索的软件名称或类别；❸单击“百度一下”按钮，如下图所示。

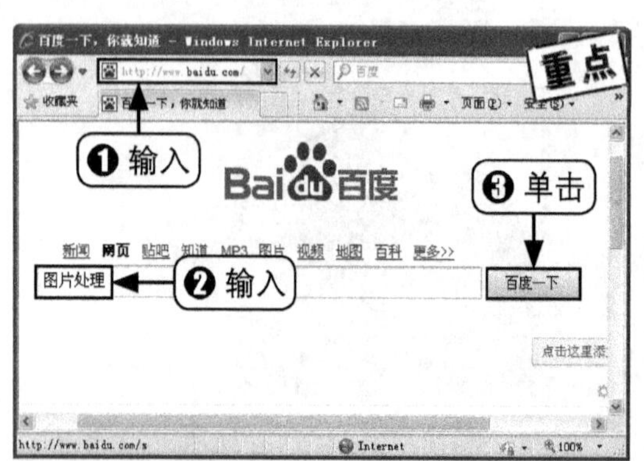

STEP 02 稍后返回搜索结果，单击需要的链接，如下图所示。

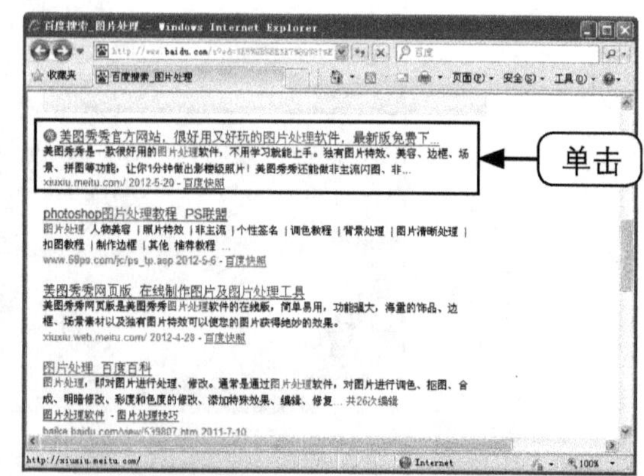

STEP 03 进入软件官方首页，单击下载链接，如下图所示。

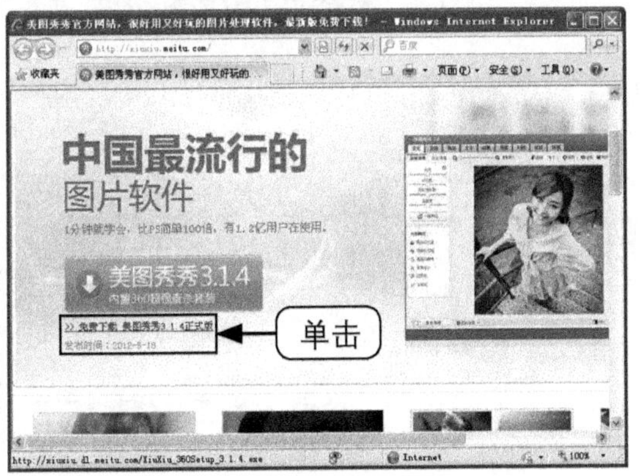

STEP 04 ❶在打开的对话框中输入保存的文件名；❷单击“保存”按钮，如下图所示。

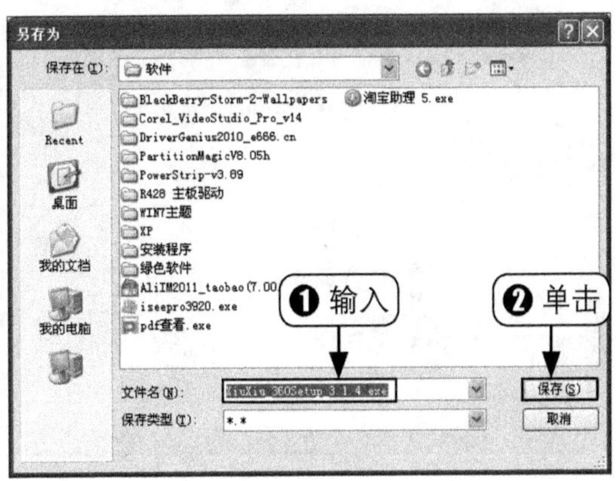

STEP 05 开始自动下载软件，如下图所示。

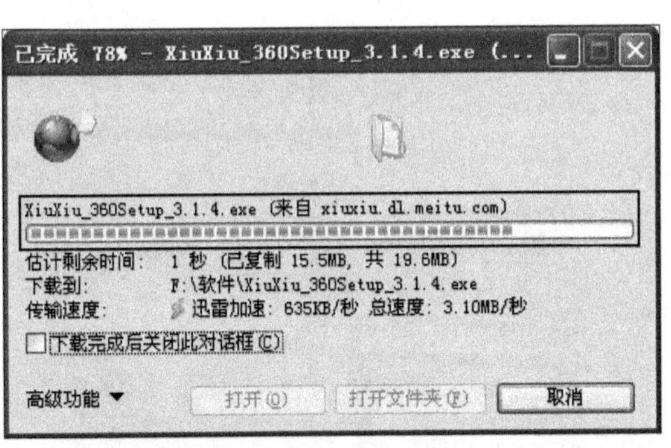

STEP 06 在电脑中显示下载完成的软件，如下图所示。

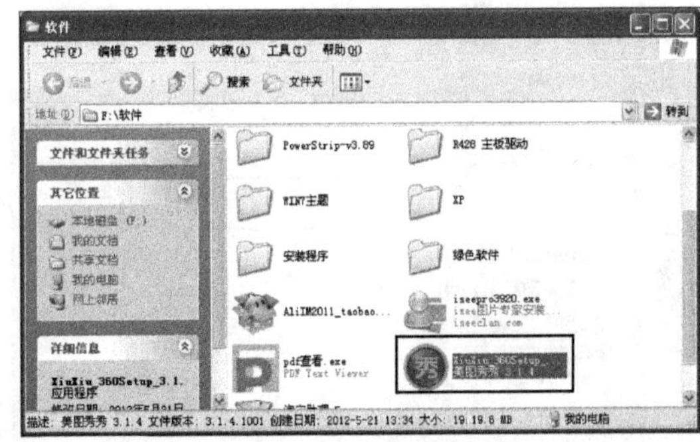

提个醒 下载工具下载

如果安装了下载软件，这里会自动调用下载工具进行软件的下载。

3.3.2 安装必备软件

软件的安装方法基本相同，这里我们就以刚下载的“美图秀秀”图片处理软件为例来进行介绍。

光盘同步文件	
同步视频文件	光盘\同步教学文件\第3章\3.3.2.mp4

STEP 01 进入安装文件夹，双击图标启动安装程序，如下图所示。

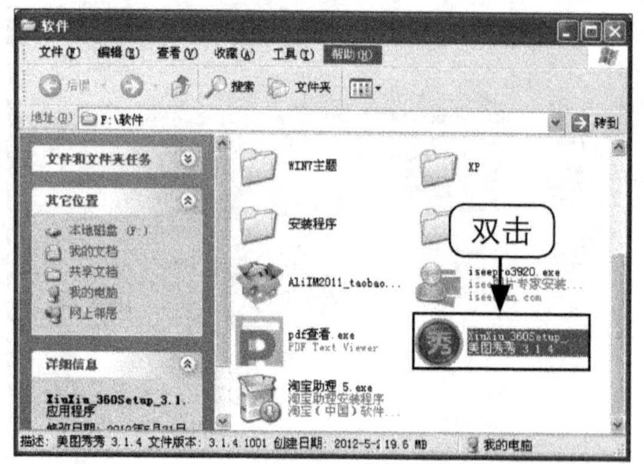

STEP 02 打开软件安装向导窗口，单击“立即安装美图秀秀”按钮，如下图所示。

STEP 03 ❶选择安装方式，❷单击“下一步”按钮，如下图所示。

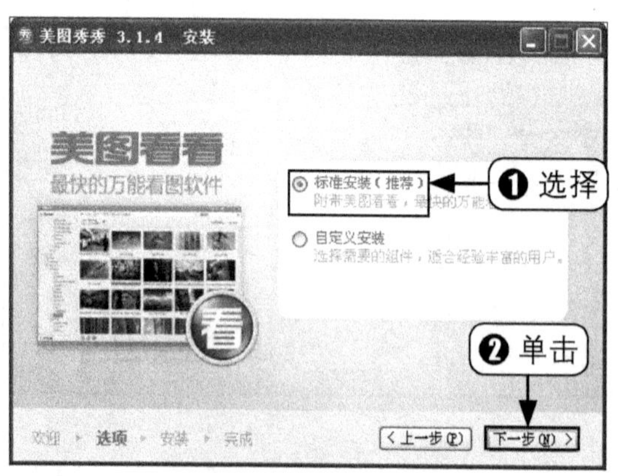

STEP 04 ❶设置软件安装目录，❷单击“安装”按钮，如下图所示。

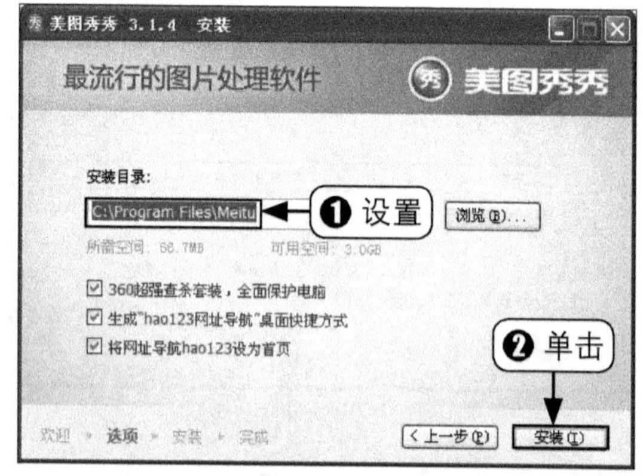

STEP 05 开始安装软件，如下图所示。

STEP 06 安装完成，单击“完成”按钮，退出安装程序，如下图所示。

技能实训
增强动手能力

通过对前面内容的学习，为了巩固读者所学的相关知识，下面安排实训任务来增强动手能力和技能的综合应用水平。

实训一 上网挑选所需电脑配置

直接去购买电脑，对于不熟悉市场行情的用户来说最大的可能就是被销售商所忽悠，以高价买到低配的电脑，通过下面技巧实训，可以避免这种情况的发生。

光盘同步文件	
同步视频文件	光盘\同步教学文件\第3章\技能实训1.mp4

我们要做的就是在网上了解价格，然后用这个价格去咨询销售商，所谓知己知彼百战不殆。

STEP 01 在浏览器中输入http://zj.zol.com.cn/，按【Enter】键，打开中关村在线模拟装机网页，如下图所示。

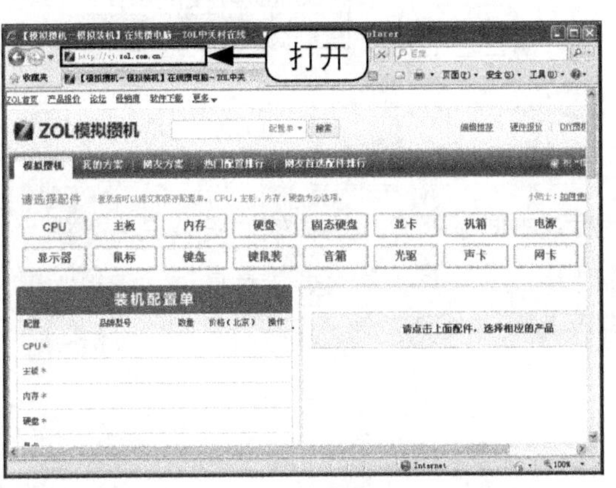

STEP 02 在左侧选择装机配件，右侧选择具体配件型号，模拟装机，如下图所示。

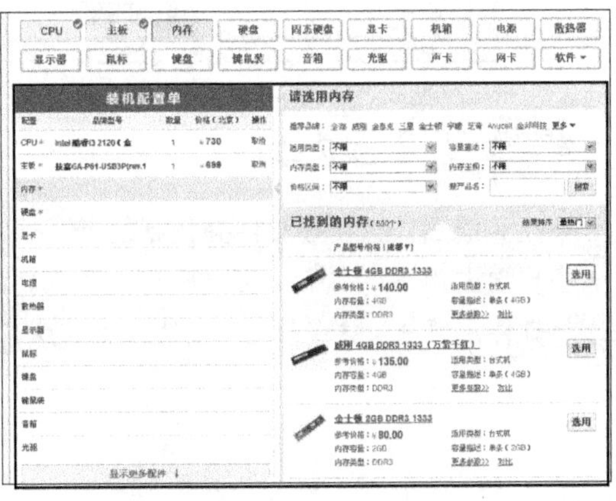

STEP 03 全部配件选择完毕后，最下方会显示当前装机的总价格，了解以后就可以以此价格去挑选合适的电脑了，如右图所示。

一点通 购买技巧

知道自己所需电脑配置的大概价格后，我们可以在淘宝、京东等网上商城购买，也可以直接去当地电脑城购买，咨询的时候直接说已经通过网上了解了大概价格，避免销售商忽悠，争取以最低价格买到最合适的商品。

实训二 安装绿色软件

本章介绍了如何安装软件，但是对于一些绿色软件来说，实际上是不需要单独进行安装的。

	光盘同步文件	
	同步视频文件	光盘\同步教学文件\第3章\技能实训2.mp4

下面来看如何使用绿色软件，操作方法如下。

STEP 01 首先下载软件，一般绿色软件都会以压缩文档的形式存在，如下图所示。

STEP 02 ❶右击主程序文件；❷选择解压命令，如下图所示。

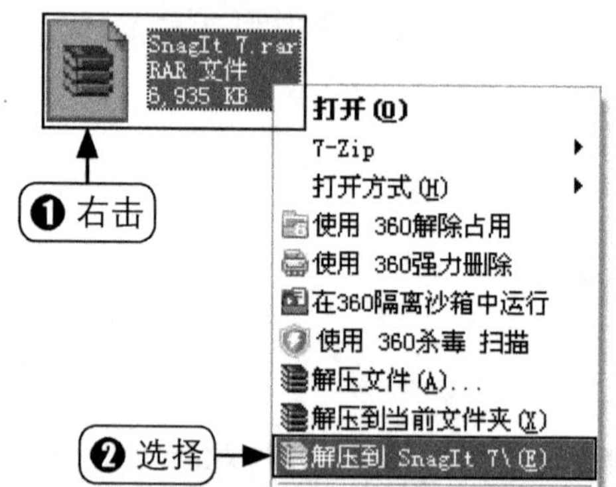

一点通 绿色软件

解压完成后，直接在文件夹找到程序图标，然后双击即可打开，这种软件安装更为简单，不需要占用系统空间，随便放在哪个磁盘都能打开。但是要注意，不管是直接安装还是绿色软件，都分为共享版和免费版，共享版都是需要收费才能使用。

Chapter 04 开店前先熟悉买家购物流程

本章导读

随着网上购物的盛行，很多经常上网的朋友都在规划自己的网店。在开网店之前，首先要做一个熟练的买家，因为日后我们是一个卖家，同时还是一个买家，而且了解了买家的流程，将有助于我们在网上开店。本章将介绍在淘宝网中选择并购买商品的方法。

本章学完后您会的技能

- ❖ 如何找到想要购买的宝贝
- ❖ 如何查看宝贝的详细信息
- ❖ 如何购买喜欢的宝贝
- ❖ 如何查收购买的宝贝

本章内容展示

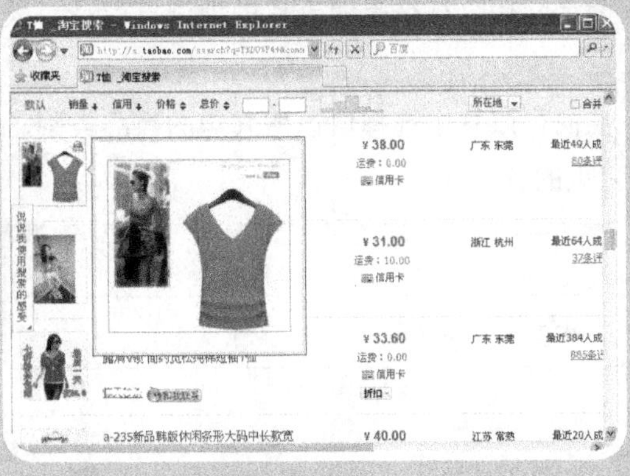

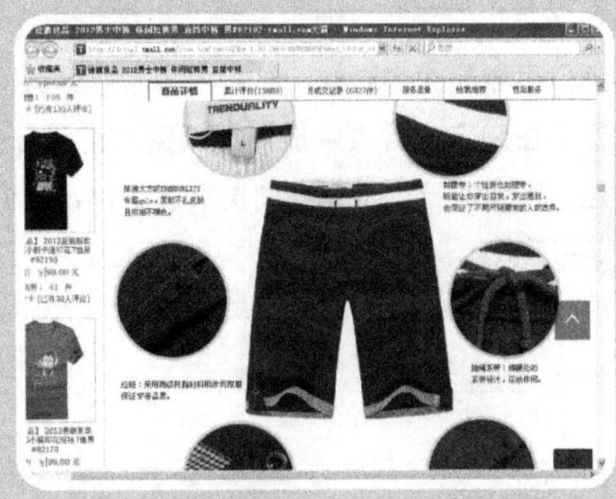

4.1 如何找到想购买的宝贝

淘宝网中汇集了数以万计的卖家，商品种类更是繁多，当我们登录淘宝网后，如何才能找到自己需要购买的商品呢？下面就来了解在淘宝网中如何浏览商品、检索商品、对商品进行筛选等。

4.1.1 快速检索喜欢的宝贝

如果我们知道自己要购买什么，那么就无需通过分类列表逐级查找，而是可以通过商品的关键词来快速检索商品。这里以查找“T恤”为例，来介绍如何在淘宝网中快速检索商品。

光盘同步文件	
同步视频文件	光盘\同步教学文件\第4章\4.1.1.mp4

STEP 01 ❶在主页搜索框中输入关键词“T恤”；❷单击“搜索”按钮，如下图所示。

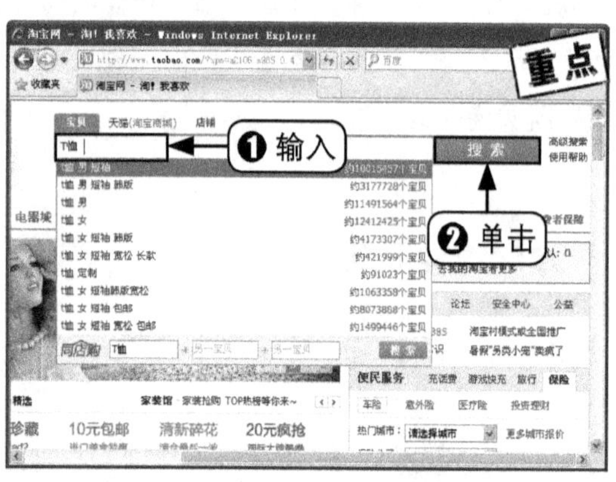

STEP 02 在打开的页面中单击自己要查看的宝贝即可，如下图所示。

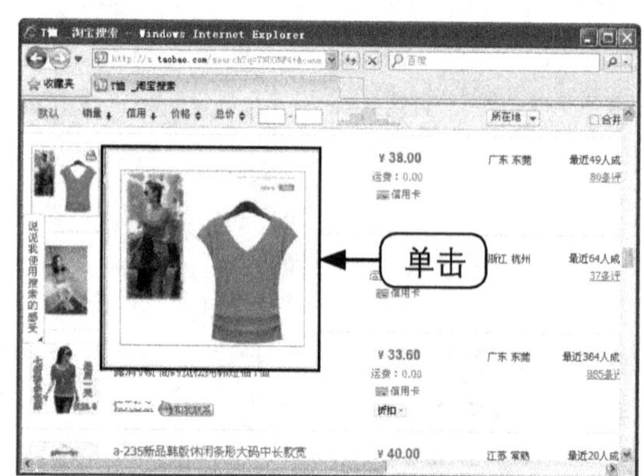

4.1.2 按类别查找宝贝

就好像我们平时逛商场一样，很多用户在进入淘宝网后，往往是漫无目的地浏览商品，只有碰到自己需要或喜欢的，然后才会考虑购买。

其实在淘宝网首页中提供了细致的商品分类，我们可以从中选择自己感兴趣的商品类别，然后逐步细化浏览。下面以浏览女装为例，来介绍宝贝的分类查找。

光盘同步文件	
同步视频文件	光盘\同步教学文件\第4章\4.1.2.mp4

STEP 01 淘宝首页下方，选择要寻找的宝贝类别，如这里单击“服装-女装-T恤”选项，如下图所示。

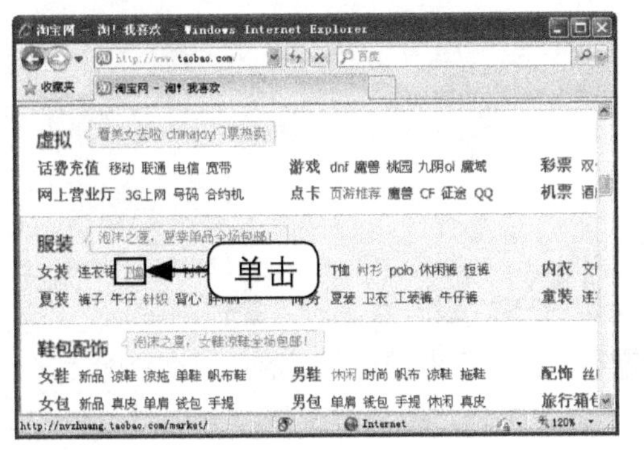

STEP 02 针对自己的喜好进行筛选，方便更快地找到自己心仪的宝贝，如下图所示。

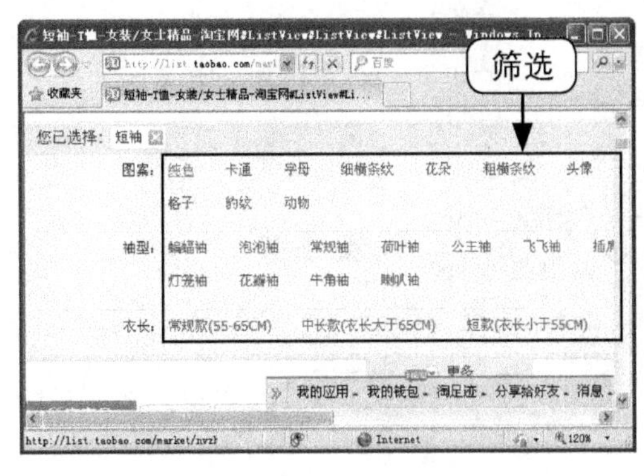

STEP 03 筛选后下方显示当前条件下的所有宝贝列表，单击自己喜欢的宝贝即可，如右图所示。

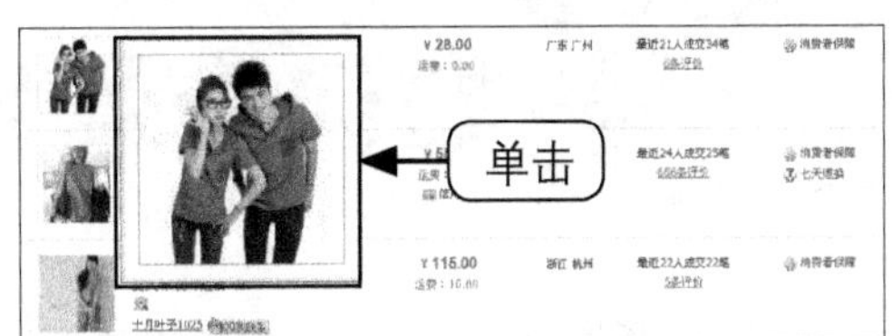

4.1.3 筛选自己需要的宝贝

不论是通过分类浏览，还是快速检索，当打开商品列表后，往往列表中包含了数百或数千条商品信息，而我们不可能查看与比较每条商品信息，此时，就可以通过筛选功能，按照个人需求来对商品进行筛选，从而缩小商品的浏览范围，使自己更容易对商品进行选择与对比。

按照前面的方法搜索商品“T恤”，在商品列表上方，即显示了针对当前商品的所有筛选选项，我们可以组合这些选项对商品进行筛选，如下图所示。

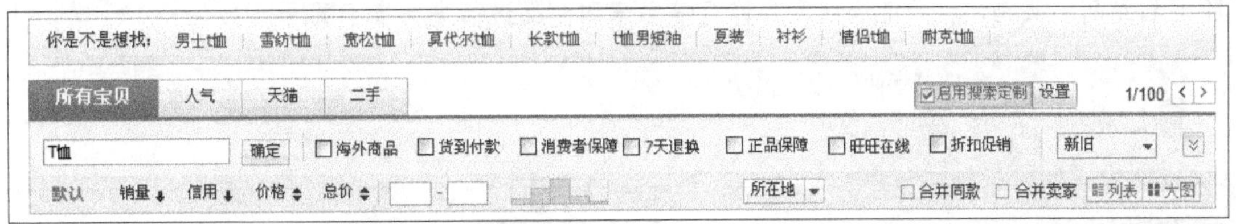

这里包含的筛选选项很多，如新旧程度、交易类型、商家支持服务、商品是否进行促销活动、旺旺是否在线等，比较实用的筛选选项如下。

- 宝贝类型：这里默认显示“所有宝贝”，大家也可以选择“人气（购买火爆的商品）”、“天猫（有营业执照的正规商家）”或者“二手（出售二手商品）”选项卡来显示商品列表。
- 启用搜索定制/设置：可以进行搜索的默认设置。
- 关键字：商品的关键搜索信息。
- 常用：这里的“海外商品”、“货到付款”、“7天退换”、“正品保障”、“旺旺在线”等是买家购买商品的重要参考。

- 默认：单击“销量”、“信用”、“价格”、“总价”按钮可以按不同类别显示宝贝。
- 新旧：宝贝的新旧程度，如全新或者二手。
- 所在地：选择商品所在地方，如选择“上海”，就只显示上海本地的商品列表。
- 合并同款：可以合并相同款式的宝贝。
- 合并卖家：可以合并相同卖家的宝贝。
- 列表/大图：设置宝贝的显示方式。

提个醒 设置筛选

进行筛选后，如果没有显示出商品列表，而是提示“抱歉，没有找到符合条件的宝贝”，就表示目前没有商品符合用户的筛选条件，这时就需要对筛选条件进行适当放宽后重新筛选。

4.2 如何查看宝贝的相关信息

当进入商品列表后，面对众多的商品信息，我们应该购买哪个呢？商品列表仅仅是提供了简单的商品信息，当我们找到商品后，还需要查看商品更详尽的信息，以及卖家的相关资料，对于存在疑问的地方，还可以与卖家在线交流。把这些事情做完后，就可以决定要不要买这件商品了。

4.2.1 查看宝贝的详细信息

在商品列表中通过对比后，如果我们有意愿购买该商品，就需要进入商品页面中查看详细的商品信息，主要包括商品的实物图片，以及商品的详细描述内容两个方面。由于在网上购物不能看到商品实物，就只能通过商品详细信息来对商品进行进一步了解。

	光盘同步文件	
	同步视频文件	光盘\同步教学文件\第4章\4.2.1.mp4

STEP 01 ❶在主页搜索框输入关键词“男短裤”；❷单击“搜索”按钮，如下图所示。

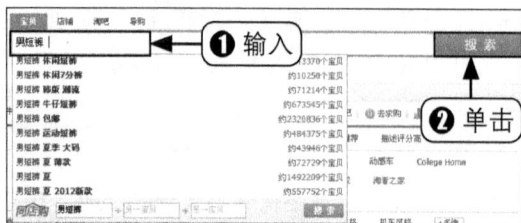

STEP 02 进入到商品列表，单击自己所喜欢的商品图片或标题链接，如下图所示。

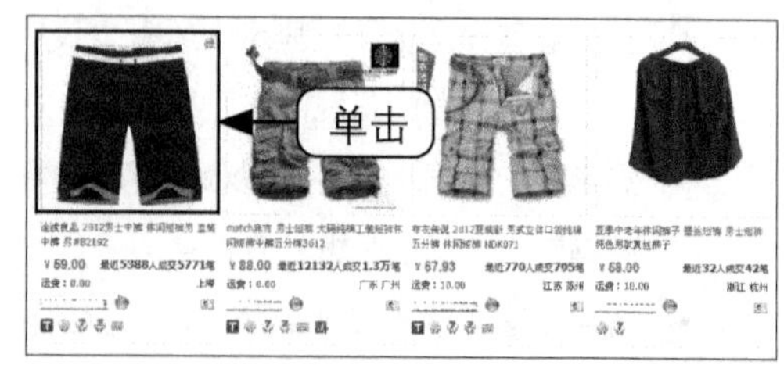

STEP 03 此时将进入商品详情页面，页面上方区域中，左侧显示掌柜档案、右侧显示商品的名称、图片、价格信息以及商品购买选项，如下图所示。

STEP 04 向下拖动滚动条，即可查看商品的详细规格（或描述）以及商品的细节实物图片，阅读商品规格（描述）后，我们就可以对商品有一个大致了解，如下图所示。

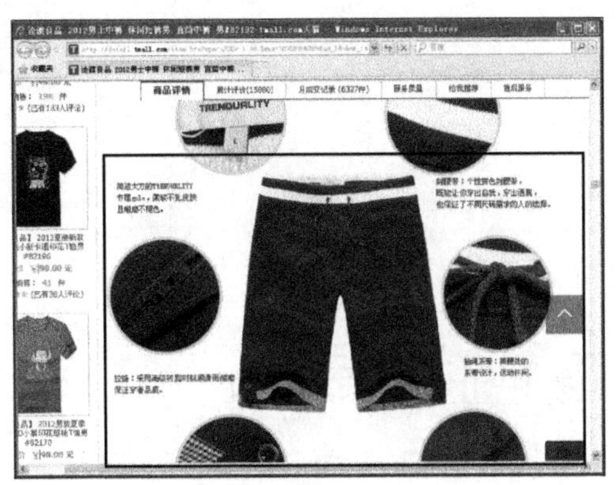

提个醒 不同的描述规格

不同类型的商品，其规格描述也各不相同。例如，服装类商品规格多为面料、款式、风格等；而数码类商品规格多为相关性能参数等。我们在购买时，应该懂得分辨不同商品的主要规格是什么，并以此来判断当前商品的优劣。

4.2.2 查看宝贝的交易情况

当我们确定要购买哪件商品后，接下来就应该查看该商品的交易情况，包括最近一段时间内，有哪些买家购买了该商品，以及购买数量、成交情况、宝贝评价等信息，作为自己购买的参考。

光盘同步文件	
同步视频文件	光盘\同步教学文件\第4章\4.2.2.mp4

STEP 01 单击宝贝详情页面下方的“累计评价”标签，这里会显示购买此宝贝的买家对该商品的评价，以此了解该款商品是否值得购买，如右图所示。

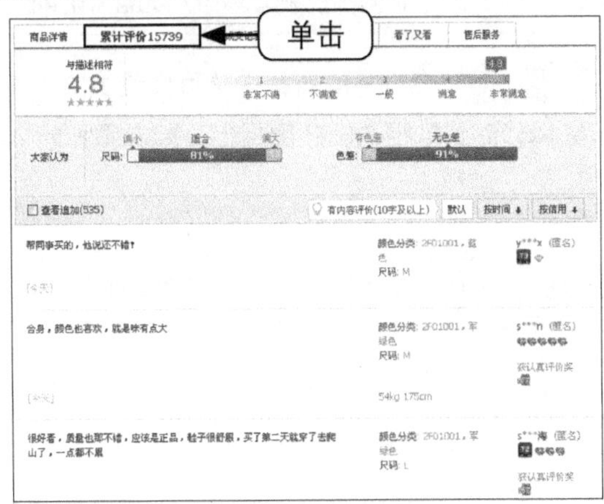

STEP 02 单击宝贝详情页面下方的“月成交记录”标签，这里会显示此宝贝买家的购买价格、具体销量等，结合商品评价，就可以让买家对商品有更直观的了解，如右图所示。

提个醒　观测评价

商品交易情况有助于我们判断该商品是否值得购买。如果成交量较多，那么表示该商品比较热门，同时如果购买的人数较多，我们也可以大致判定该商品从质量或者其他方面，都比较放心；反之，如果该商品最近几个月都没有成交量，并不绝对表示商品可信度低，也可能是店铺刚开张宣传力度和访问人数都不足，或者商品上架时间较短、商品不是很热门等。这就需要我们结合其他店铺信息来综合判断，该商品是否值得购买。

4.2.3 查看店铺掌柜信誉度

在淘宝网中，卖家信用是决定我们是否购买商品的重要因素。所谓的卖家信用等级，就是其他买家购买商品后，对卖家进行评价而累计的得分。评价分为“好评（加一分）”、“中评（不加分）”以及“差评（扣一分）”3个等级。

买家在购买并收到商品后，可以根据商品是否属实、有无质量问题、发货是否快速等对卖家进行综合评价。信用等级可以让买家对卖家的诚信度进行客观了解，以决定是否购买商品。

光盘同步文件	
同步视频文件	光盘\同步教学文件\第4章\4.2.3.mp4

STEP 01 在打开的商品详情页面最上方，将鼠标移动到掌柜的旺旺图标上，如右图所示。

STEP 02 此时将自动打开如右图所示的列表，这里显示的红星（也有可能是钻石/皇冠）代表了当前卖家的信誉度，数量越多信誉越高。

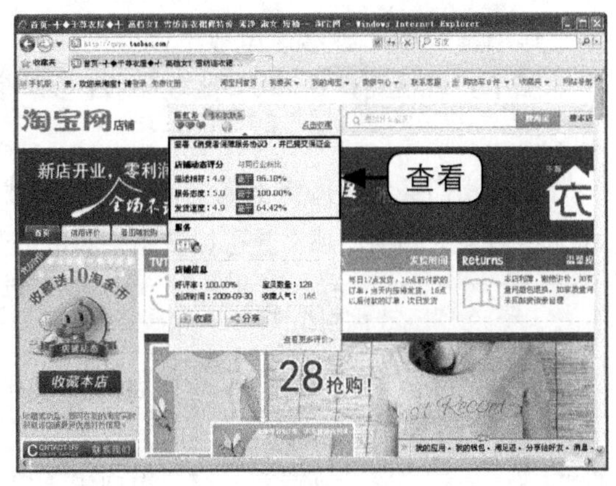

4.2.4 确定宝贝购买意向

在淘宝网中，同一种商品可能有很多卖家都在销售，也就是买家的选择余地非常大。我们可以通过对比价格、运费、所在地区或卖家信誉度来选择购买。作为买家，主要需要考虑以下几个因素。

- 商品价格：网上购物的特点就是“物美价廉”，由于卖家网上开店的成本不高，因此商品价格会低于市场价格。相同的商品，不同卖家的价格也存在一定差异，这时候就可以在商品列表中进行对比与筛选，选择最合适的价格。需要注意的是，在价格选择上，如果卖家的价格大幅度低于商品平均价格，那么就要仔细对商品进行甄选了，以免购买到仿制品。
- 运费与卖家所在地：网上购买的商品，一般都是通过快递方式邮寄到买家手中，不同地区不同卖家，商品的运费也不同，网上购买商品的价格实际上是“商品价格+运费”之和，因此当对比商品价格后，还应该对运费进行对比。另外，如果可以的话，最好选择和自己在同一个城市的卖家，这样不但收货时间较短、运费低廉，而且有些商品还可以直接上门取货。
- 保障与服务：淘宝网中不同的卖家所提供的服务业务不同，一些增值服务可以让买家得到更好的购物保障，如“7天退换”、“30天维修”、“正品保障”等。在相同商品的选择上，建议优先选择提供各种保障服务的卖家。
- 卖家信用：由于网上购物是无法实时看到商品实物的，因此其他买家的评价就成为衡量卖家与商品优劣的重要依据。我们在选购商品时，建议优先选择信用等级较高的卖家。
- 卖家交流：当我们确定购买一件商品时，往往会在阅读卖家提供的商品图片和规格描述后，仍旧存在一些疑虑，需要和卖家交流，这时就可以优先选择在线的卖家。因为我们在购物网站中的目的是购买商品，不会一直在购物网站中停留，如果能马上和卖家交流，无疑会使得购物更快捷。

4.2.5 直接与掌柜交流

选择商品并查看了商品的详细信息后，结合对商品交易记录以及掌柜信用的查看，我们大致已经对店铺和商品有了深入了解，并基本可以决定购买该商品了。这个时候如果对商品其他方面还存在疑问，就可以与卖家进行即时交流，把所有疑问一一解决。

在淘宝网中，可以使用阿里旺旺与卖家在线交流。阿里旺旺有两种版本，一种是下载后在电脑中安装使用，这和QQ比较相似；另一种是在线旺旺，无需安装而直接在浏览器中与卖家交流。

如果我们经常在淘宝上购物，就可以下载与安装阿里旺旺，便于经常使用；如果只是偶尔才会在淘宝上购物，那么就可以使用在线旺旺进行交流，免去了安装与登录的麻烦。

	光盘同步文件	
	同步视频文件	光盘\同步教学文件\第4章\4.2.5.mp4

STEP 01 在卖家店铺或商品交易页面中，单击“掌柜档案”版块中的“和我联系”按钮，如下图所示。

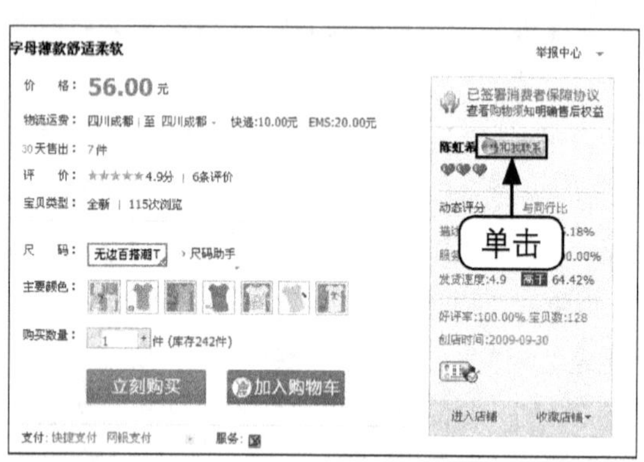

STEP 02 ❶在登录界面中输入账户名与密码；❷单击“登录”按钮，如下图所示。

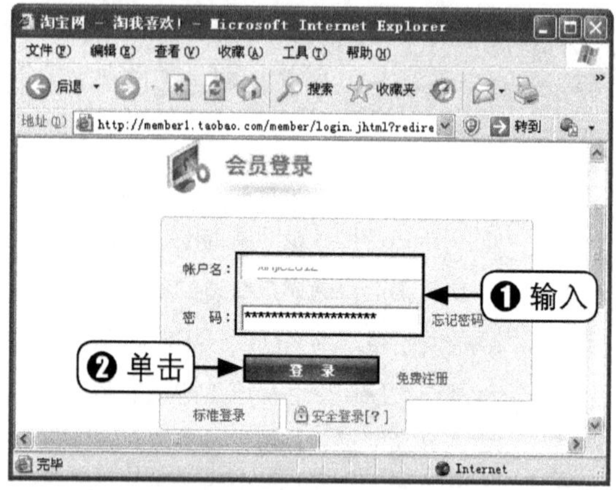

STEP 03 ❶打开“阿里旺旺”窗口，在页面下方输入显示的验证字符；❷单击“提交”按钮，如下图所示。

STEP 04 ❶在下方窗格中可以输入要和卖家交流的信息；❷单击“发送”按钮，如下图所示。

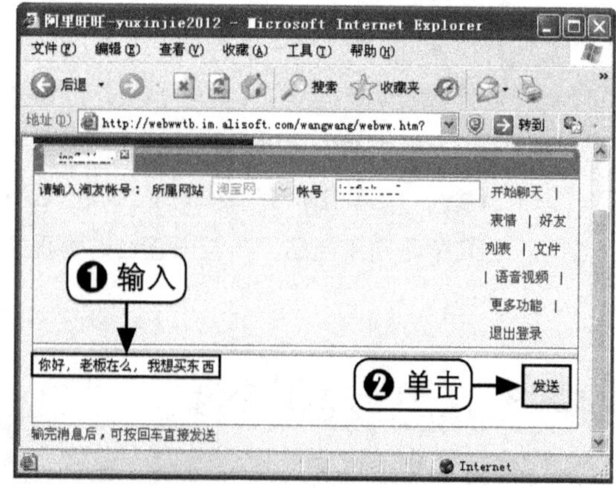

STEP 05 自己所发送的信息会同时显示在上方窗格中，此时可等待卖家对信息进行回复，卖家回复的信息也会逐条按顺序在上方窗格中显示，如下图所示。

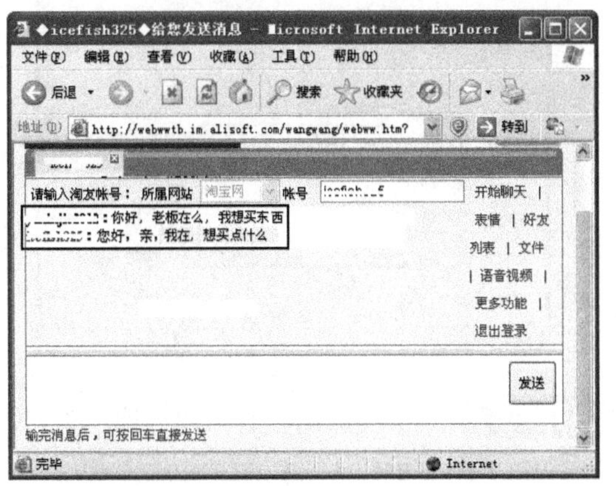

STEP 06 继续在下方窗格中输入关于商品的相关疑问，并逐条发送给卖家，直至把自己的疑虑全部解决，如下图所示。

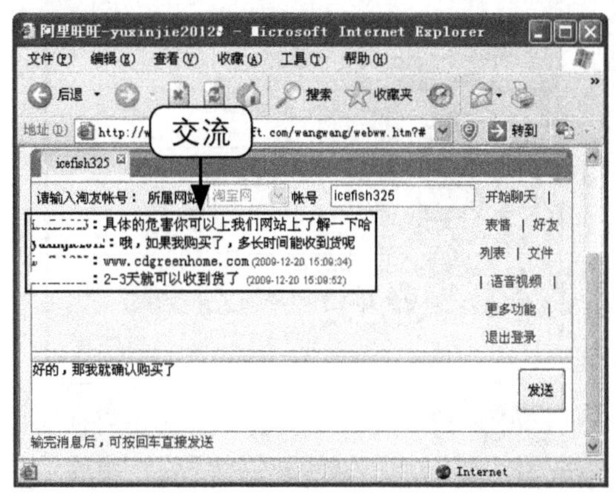

一点通　离线卖家

我们在浏览商品时，可以看到有些卖家的“和我联系”按钮是灰色的，这表示卖家当前没有在线，也就无法马上与买家进行即时交流。如果继续给卖家发送信息，那么卖家只有在上线后才能收到并进行答复。

4.3 如何购买喜欢的宝贝

通过查看并咨询掌柜，已经大致了解了宝贝的详细情况，接下来就可以付款购买了。下面就来学习这方面的内容。

4.3.1 在淘宝网拍下宝贝

淘宝网中的商品分为两类，一类为虚拟商品，如充值卡、Q币、游戏点卡等；另一类就是各种实体商品，如数码产品、服装等。这两类商品的收货方式也是不同的，虚拟类商品不需要经过运送服务也无需等待，而是直接充值或在淘宝网中接收相应的账号与密码；实物类商品则需要选择运送方式，并等待收货。

下面以购买实物类商品为例来介绍如何拍下宝贝。

光盘同步文件	
同步视频文件	光盘\同步教学文件\第4章\4.3.1.mp4

STEP 01 ❶找到自己要购买的商品，在“我要买”文本框中输入要购买的数量；❷单击“立刻购买”按钮，如下图所示。

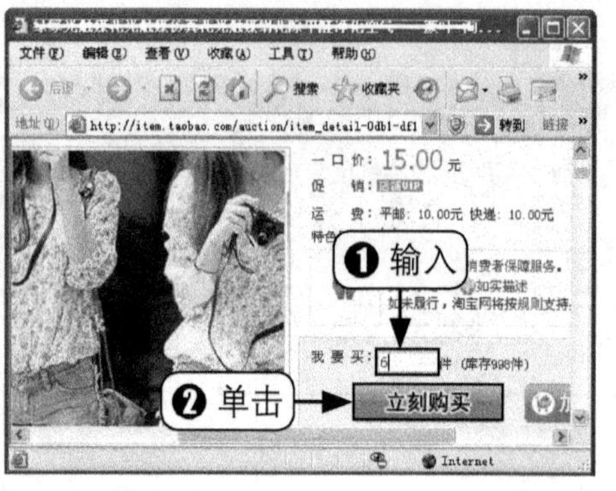

STEP 02 在打开页面中输入收货地址，包括所在地区、详细地址、收件人姓名以及联系方式，如下图所示。

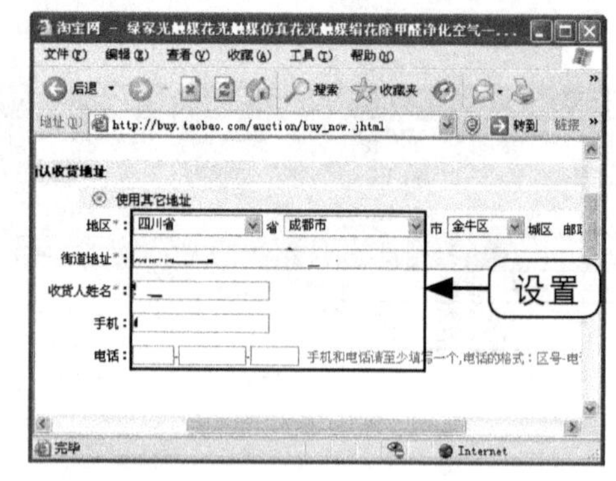

STEP 03 ❶选择邮递方式，一般选择快递；❷单击“确认无误，购买”按钮，如下图所示。

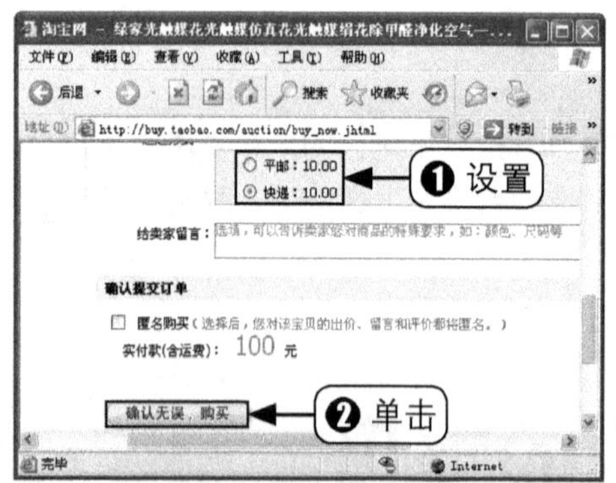

STEP 04 单击“确定”按钮即可拍下当前宝贝，如下图所示。

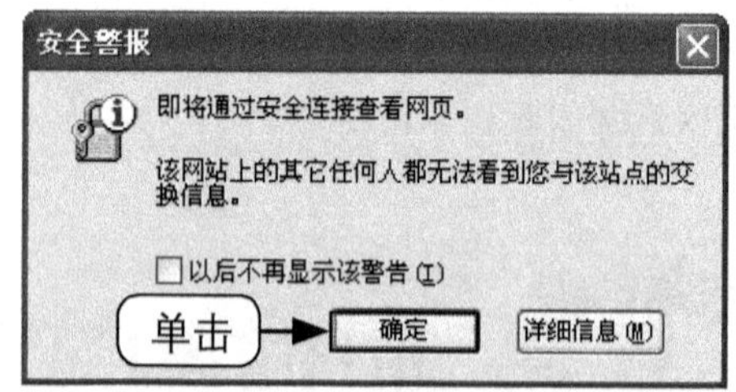

4.3.2 购买并付款到支付宝

拍下宝贝以后，就需要通过网银进行付款。当然，这里的付款不是直接打款给卖家，而是将钱预付到支付宝平台，当我们确认收货以后卖家才能收到。

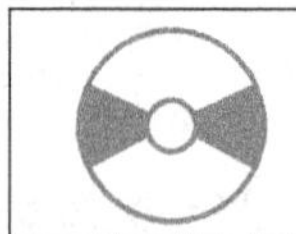	光盘同步文件	
	同步视频文件	光盘\同步教学文件\第4章\4.3.2.mp4

STEP 01 ❶拍下宝贝后，会自动进入付款页面，在这里选择付款方式；❷单击“确认无误，付款”按钮，如右图所示。

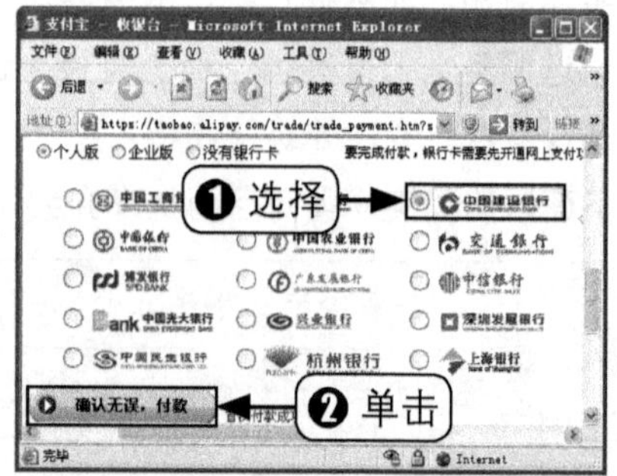

STEP 02 在接着打开的页面中显示了应付金额以及用户所选择的银行，确认后单击“去网上银行付款”按钮，如下图所示。

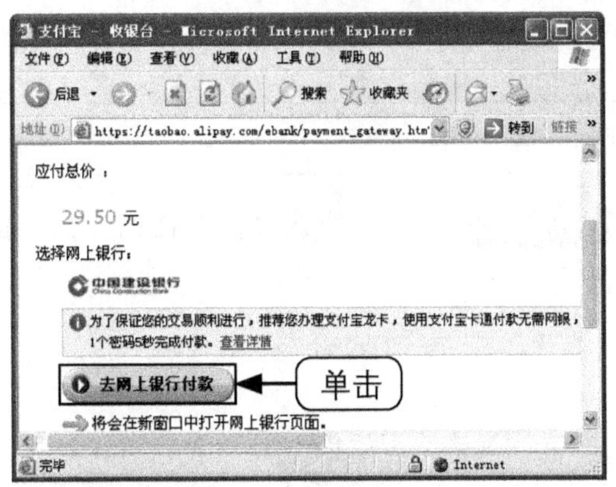

STEP 03 ❶输入自己的证件号码、网银登录密码以及附加码；❷单击“下一步”按钮，如下图所示。

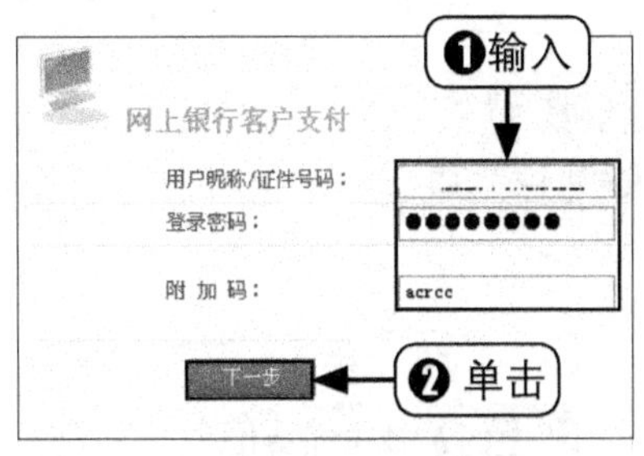

STEP 04 ❶设置银行网银账号；❷单击“支付”按钮，如下图所示。

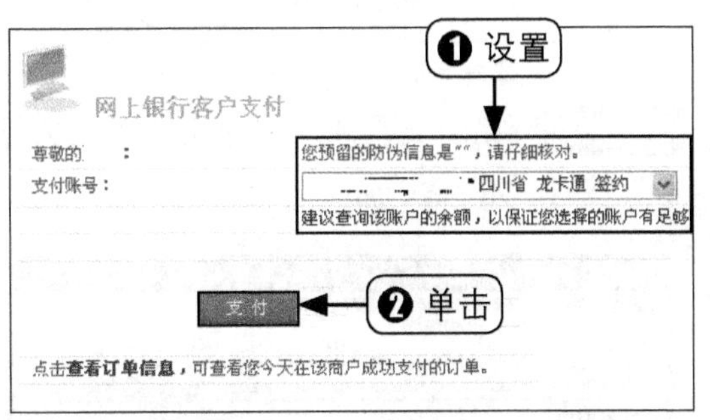

STEP 05 支付成功，单击页面中的“返回支付网站”按钮，如下图所示。

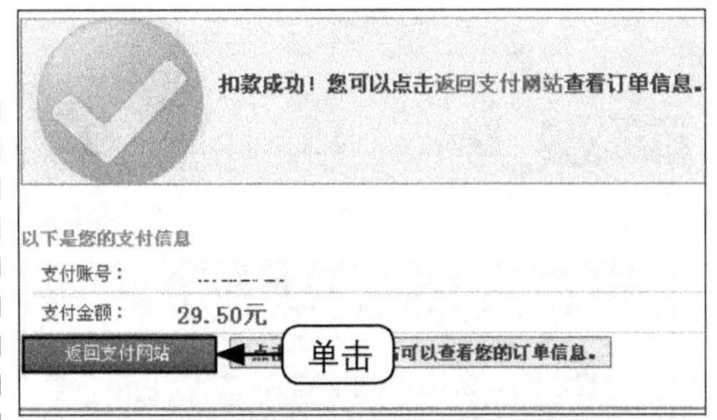

STEP 06 在弹出的“安全警报”对话框中单击“确定”按钮，返回到淘宝网站，页面中提示用户付款成功，如右图所示。

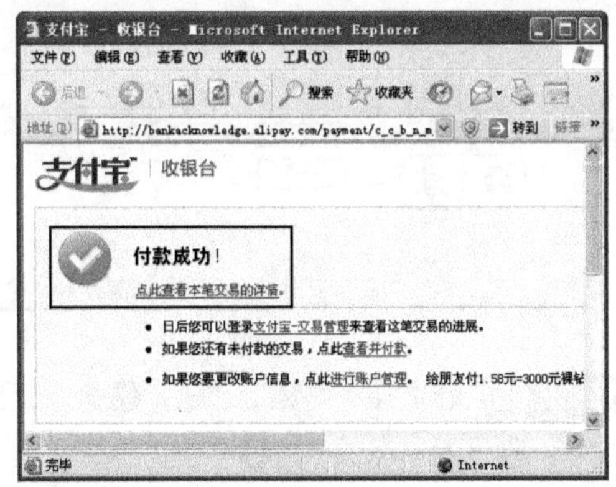

提个醒 **注意虚拟商品的区别**

如果我们购买的是虚拟充值类商品（如手机话费），并且卖家使用的是“捷易通”等自动充值软件，那么当我们购买并确认支付货款后，卖家的软件平台会自动发货（为买家充值），这样就不需要等待卖家发货这一过程。

4.3.3 收货以后确认付款给卖家

购买商品时，我们只是付款到了支付宝，并没有支付给卖家。当购买的实物商品收到后并确认货物无问题，买家还应该确认收货并付款给卖家，以及对卖家进行评价。

光盘同步文件	
同步视频文件	光盘\同步教学文件\第4章\4.3.3.mp4

STEP 01 ❶登录淘宝，单击“我的淘宝”菜单；❷选择“已买到的宝贝”选项，如下图所示。

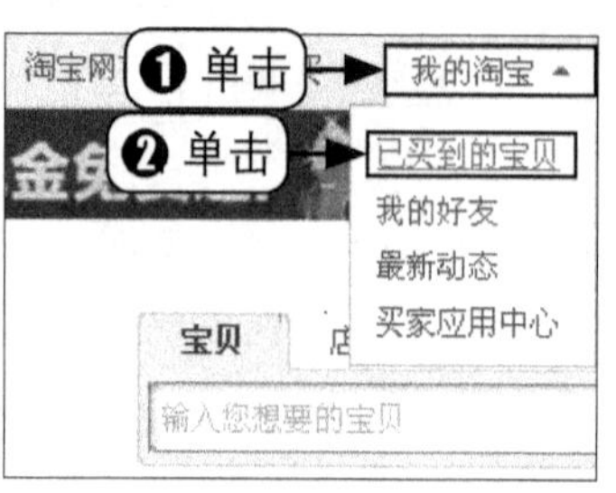

STEP 02 单击“确认收货”按钮，如下图所示。

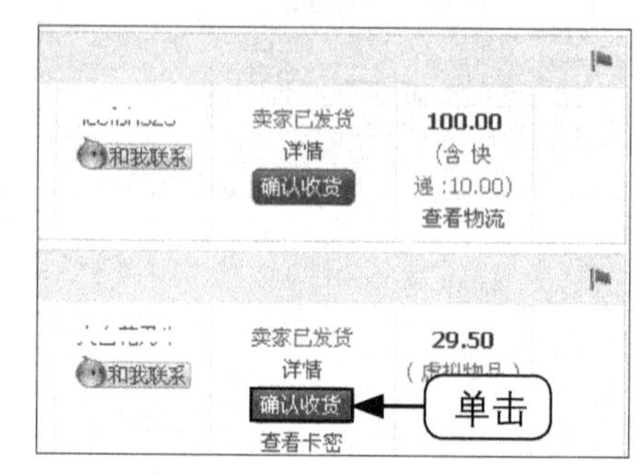

STEP 03 ❶输入支付宝支付密码；❷单击“确定”按钮，如下图所示。

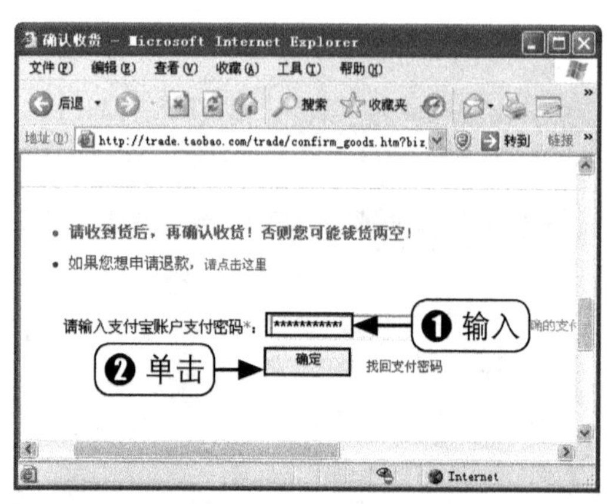

STEP 04 提示交易成功，单击“给对方评价”按钮，如下图所示。

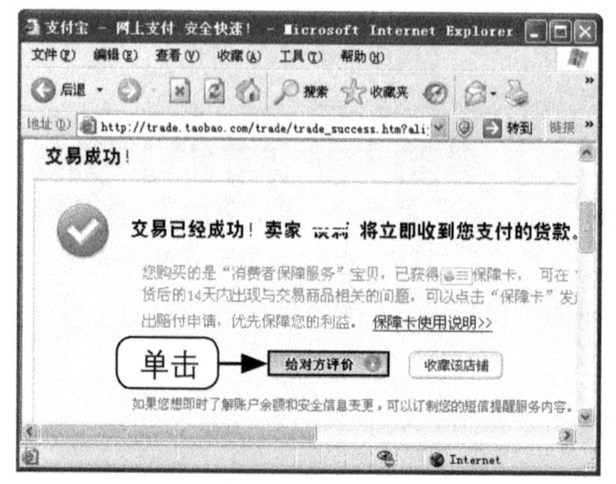

STEP 05 ❶选择“好评”选项；❷输入评价内容；❸设置动态评分；❹单击“确认提交”按钮，如右图所示。

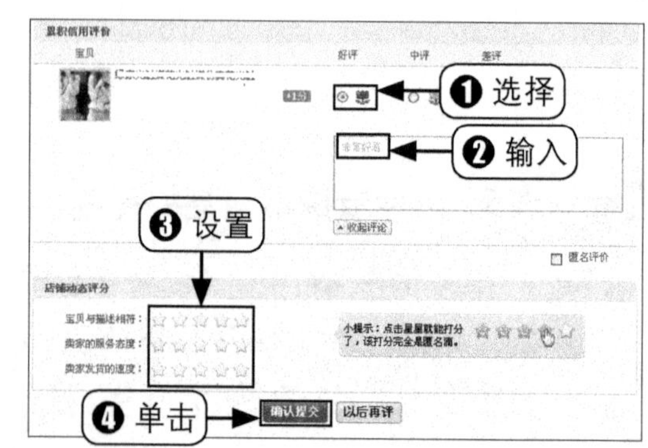

一点通 货款支付

如果我们收到购买的商品后，没有进入淘宝网确认收货与付款，那么淘宝网将默认买家已经收到货物，并且会在一个月之内会自动将货款支付给卖家（具体时间与实际交易为准）。

对买家进行评价的依据，主要取决于商品的收获时间长短、商品质量以及所收到的商品是否与描述相同等。买家对卖家进行评价时，将心比心，最好不要轻易给予中评甚至差评，这对卖家是非常不利的。

技能实训
增强动手能力

通过对前面内容的学习，为了巩固读者所学的相关知识，下面安排实训任务来增强动手能力和技能的综合应用水平。

实训一 收到货物后注意检查

如果买家购买的不是虚拟商品，而是实物，则一般卖家会将货物交由快递公司送货上门。

当快递公司送货上门时，我们有必要对货物进行相应的检查，一是确保货物的完好，二是确保货物的准确，只有确定货物没有问题时，才可以收货签单。

目前一些快递公司在收货人签单之前，不允许检查货物，这时可与快递人员协商或周旋，尽量能够先检查货物，然后签单。对货物的检查主要包括以下几个方面。

- 检查商品重量：快递公司的货运收费一般都是根据重量来决定的，也就是货物包装上会标示商品的重量，如何可以的话，在收到货物时可以对货物进行称重，如果实际重量与标示重量出入太大，就需要进一步检查。尤其对于收货后付款的买家，如果标示重量大于实际重量，那么意味着我们需要支付更多的运费。
- 检查货物包装：这是我们在收货时最直观所能够看到的，看看货物包装是否完好，有没有被拆过的痕迹，尤其是贴快递标签的位置。对于易碎类商品，还应该检查包装是否变形，是否被挤压过，另外可以晃动包装，听听里面的商品是否破碎。
- 检查商品：条件允许的话，建议打开包装进行检查，看看商品是否与自己所购买的吻合，商品的配件是否齐全。当然，检查商品完好是必须要进行的。

在检查过程中，如果货物出现以下情况，那么买家就有权拒绝签收，并联系卖家让卖家与快递公司交涉并重新发货。

- 商品重量与标示重量严重不符。
- 商品包装有打开过的痕迹。
- 易碎类商品包装存在挤压或变形。

- 商品存在质量问题。
- 商品数目不够，或缺少配件。

另外，如果收到的货物与自己所购买的不吻合，那么多半是由于卖家疏忽所致，此时可以先联系卖家，然后决定是否对货物进行签收。

实训二 货物的签收和确认

当确定货物正确并完好时，就可以签收了，签收货物的方式很简单，快递人员会提供一份与货物相对应的签收单，我们只要在上面签上自己的名字即可。

为了确保货物签收安全，快递人员有时需要核对收货人的证件，所以买家记得随身携带身份证或其他证件，便于签收货物。

另外，当送货上门后，如果收货本人不在，那么其他人，如同事、亲友都可以代收，如果是他人代收，要代为对货物进行检查，因为签单后如果发现货物存在问题，快递公司就不担负相关责任了。

总之，收货最重要的一条就是：先对货物进行检查，确保没有问题后，再确认签单。

当签收完成后，就可以在空闲时候登录淘宝，对卖家进行评价，如果对商品不满意或者商品有损坏，也需要即时与卖家进行沟通，协商解决问题。

Chapter 05

网店也要办理“营业执照”

本章导读

在淘宝网上开店，首先要做的工作就是开通相关的账户，其中包括网上银行的开通、邮箱的申请、淘宝账号的注册，以及支付宝账号的开通和认证。在本章的最后还介绍了支付宝的一些基本管理方法，以帮助读者更好地完成开店申请。

本章学完后您会的技能

- ❖ 开通网上银行
- ❖ 注册免费邮箱
- ❖ 成为淘宝会员
- ❖ 支付宝账户认证

本章内容展示

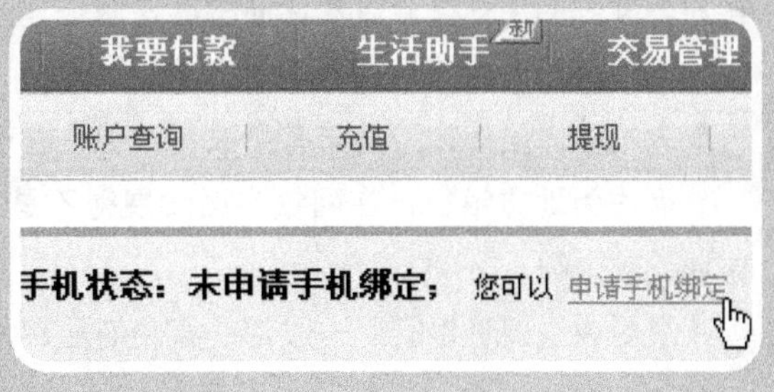

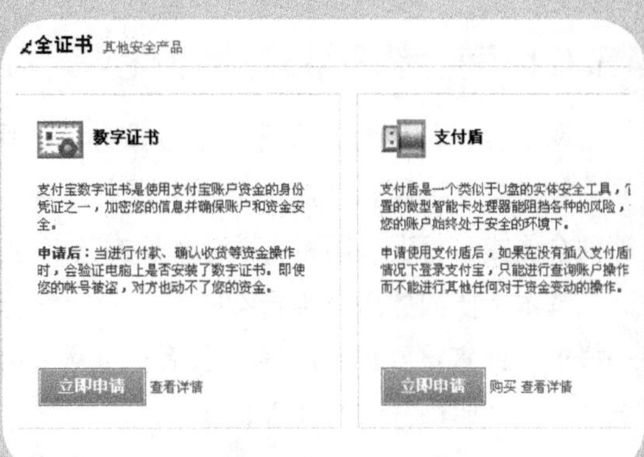

数字证书
支付盾
支付宝数字证书是使用支付宝账户资金的身份凭证之一，加密您的信息并确保账户和资金安全。
申请后：当进行付款、确认收货等资金操作时，会验证电脑上是否安装了数字证书。即使您的账号被盗，对方也动不了您的资金。
立即申请
查看详情
购买

5.1 开通网上银行

网上银行（Internetbank or E-bank）简单地说，就是银行提供的能让客户在网络中自助查询、办理各种金融业务的服务。而要在网上开店，首先就得拥有一张银行卡，并且开通网上银行功能。

5.1.1 主流的网上银行

目前国内银行基本都开通网上银行服务，主要包括中国银行、中国工商银行、中国农业银行、中国建设银行四大国有银行；招商银行、交通银行、民生银行、光大银行等商业银行；上海银行、温州银行、北京银行、天津银行等地方银行；花旗银行（中国）、汇丰银行（中国）、渣打银行（中国）等外资银行。

其中商业银行的服务做得最好，网上银行各种功能也相对完善，建议大家首选，毕竟作为客户，良好的用户体验以及优质的客户服务才是最重要的。

而作为国有银行，其优势在于网点众多，基本上不管什么地方都有，但是服务相比商业银行就差很多，虽然最近几年有所改善，但是在一些小地方，还是不尽如人意。

而作为地方银行，在网银方面发展得不是很完善，一般服务于当地金融业，针对网上银行这块比较欠缺。

最后说说外资银行，一般都是高端商业用户。

5.1.2 网上银行的开通流程

网上银行又称网络银行、在线银行，利用Internet技术向客户提供开户、销户、查询、对账、行内转账、跨行转账、信贷、网上证券、投资理财等传统服务项目，使客户足不出户就能够安全便捷地管理活期和定期存款、支票、信用卡及个人投资等。

基本上国内的所有银行都推出了网上银行业务，优点各不相同，但是开通流程基本上都是一样的，即直接到柜台向银行申请开通网上银行及电子支付功能，然后让工作人员自己登录网上银行按说明进行注册激活即可。

提个醒 直接在线开通

也有部分银行可以直接在银行网站申请开通，不过这种开通账户只能进行账户查询而不能在线转账，所以需要开店的朋友最好还是直接去银行柜台开通。

5.2 注册免费邮箱

无论到哪个购物网站购买商品，都需要先注册成为网站会员，其注册方法也大致相同。如注册淘宝网会员时，用户需要通过手机或邮箱进行注册，由于电子邮箱更便于接收来自淘宝的各种信息，因此推荐使用邮箱注册淘宝账户。

用户在网上购物时，可以在不同购物网站之间对商品进行对比，这就涉及对多个购物网站的浏览，如果只是浏览商品信息，而不进行购买的话，就无需注册账户。因此用户可以选择一个购物网站进行注册，而在其他购物网站中仅浏览与对比商品。

5.2.1 选择适合的免费邮箱

电子邮件一般被惯称为E-mail，是一种用电子手段提供信息交换的通信方式。用户可以在几秒钟之内，发送文字、图像、音视频等内容到另一个邮箱中。

而免费邮箱则可以为任何人免费提供这种电子邮件传输服务。当然，作为交换，在服务商提供的邮箱页面中，一般会显示一些广告，如下图所示。

目前提供免费邮箱服务的网站很多，如网易163邮箱、网易126邮箱、网易Yeah邮箱、新浪邮箱、Foxmail、QQ邮箱、TOM邮箱、搜狐闪电邮、雅虎邮箱等。

现在用户使用的信箱一般为免费邮箱，对于邮箱的好坏，相信不同的用户都有自己不同的答案，而对于普通用户而言，选择使用人数最多、人气最高的邮箱无疑是很好的选择。

5.2.2 注册申请免费邮箱

淘宝网会员需要用户通过邮箱账号进行支付宝注册，因此在注册之前，我们先来申请一个电子邮箱。下面以申请126邮箱为例介绍具体申请方法，其具体操作方法如下。

光盘同步文件	
同步视频文件	光盘\同步教学文件\第5章\5.2.2.mp4

STEP 01 ❶在浏览器地址输入网站地址http://www.126.com，按【Enter】键进入126邮箱网站；❷单击登录框下方的“注册”按钮，如下图所示。

STEP 02 ❶输入邮件地址和密码；❷输入验证码；❸单击“立即注册”按钮，如下图所示。

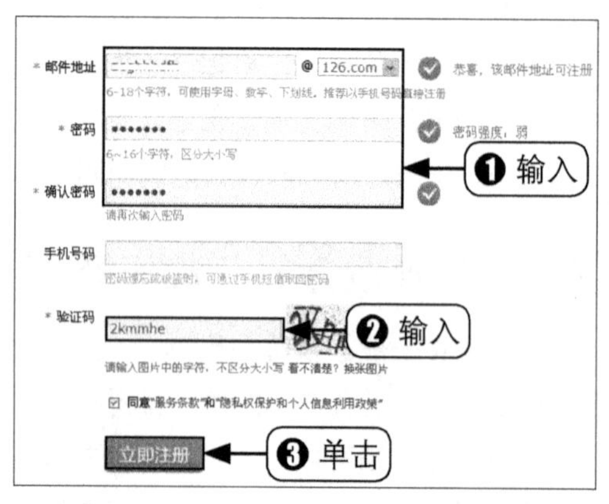

STEP 03 稍等片刻，网站自动进行邮箱的注册，完成后弹出提示页面，让用户牢记自己设置的邮箱信息，以备不时之需，如右图所示。

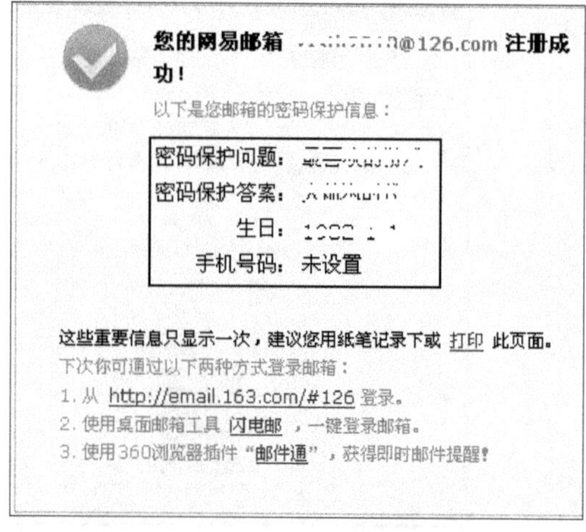

5.3 成为淘宝会员

要在淘宝网上开店，当然需要先注册成为淘宝会员，然后再以注册会员身份登录后才能申请开店。下面介绍淘宝会员注册及登录的详细方法。

5.3.1 熟悉淘宝网的开店流程

在淘宝网上开店是完全免费的，不过也要遵循基本的流程来做。大致的过程就是：首先注册成为淘宝会员并开通账号；然后申请支付宝并通过个人实名认证；最后以淘宝网注册账号登录后发布10件宝贝（商品），并保持出售状态即可免费申请开店了。大致的开店流程如下图所示。

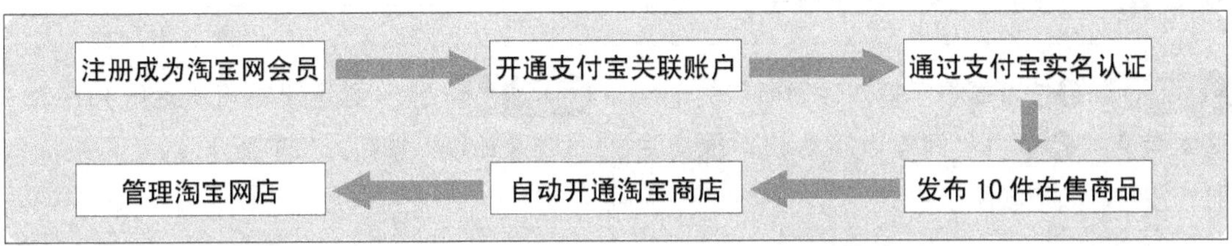

提个醒　多个会员名

一个人可以注册多个会员名，但为确保卖家身份唯一有效，淘宝网规定每个证件号码仅能认证一次，也仅能开设一家淘宝店铺。但淘宝网目前对于同一店铺中经营不同性质的宝贝是没有限制的。

5.3.2 申请与激活淘宝账号

目前，淘宝网为用户提供了两种账号注册的方法，分别是“手机号码注册”和“邮箱注册”。其中，手机号码注册是完全免费的，方便快捷；而邮箱注册则更为安全和方便用户操作。下面主要以邮箱注册方法来介绍具体操作方法。

光盘同步文件	
同步视频文件	光盘\同步教学文件\第5章\5.3.2.mp4

STEP 01 ❶打开IE浏览器，在地址栏中输入淘宝网网址（http://www.taobao.com）并按【Enter】键登录到该网站；❷单击左上方的“免费注册”链接进入，如下图所示。

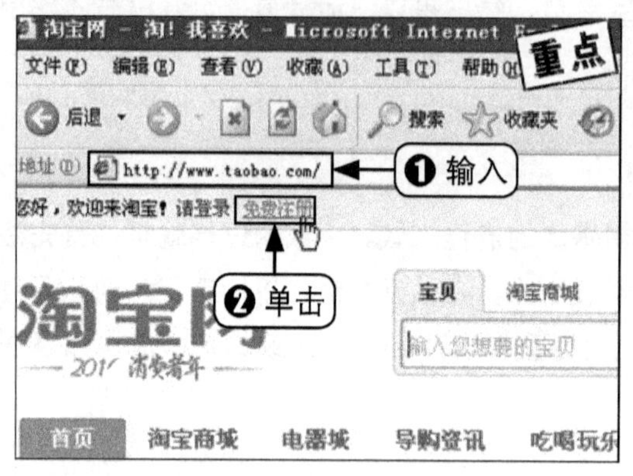

STEP 02 打开注册方式选择页面，在“邮箱注册”下单击“点击进入”按钮，如下图所示。

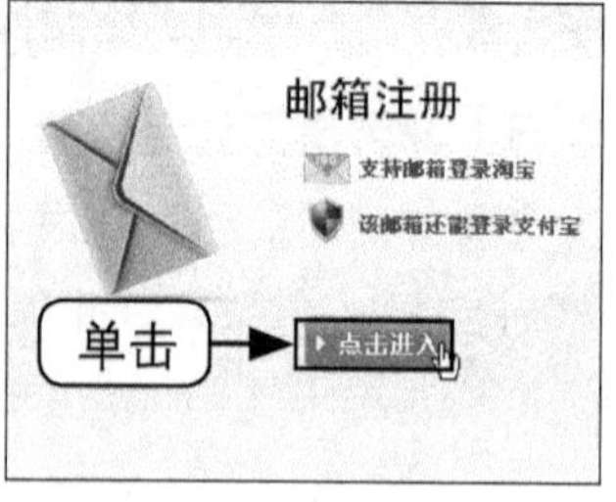

STEP 03 ❶按页面提示输入注册所需的个人基本信息；❷单击“同意以下协议，提交注册”按钮，如下图所示。

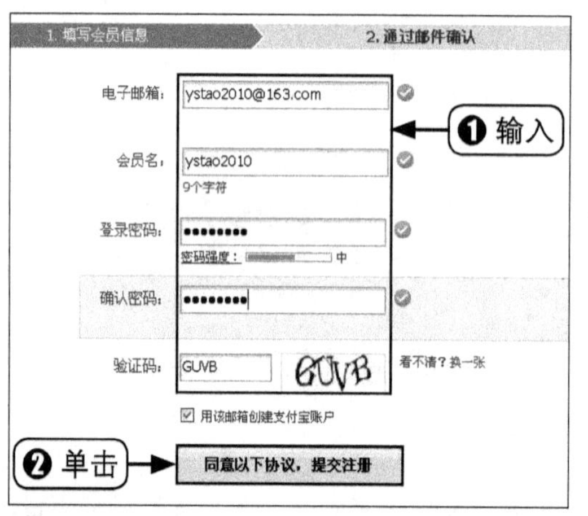

STEP 04 提示到注册邮箱激活账户，单击“登录邮箱”按钮，如下图所示。

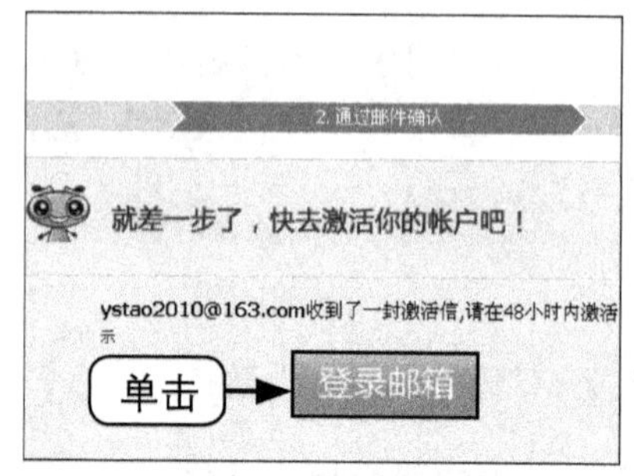

STEP 05 ❶弹出邮箱登录界面，分别输入用户名和密码；❷单击“登录”按钮登录到邮箱，如右图所示。

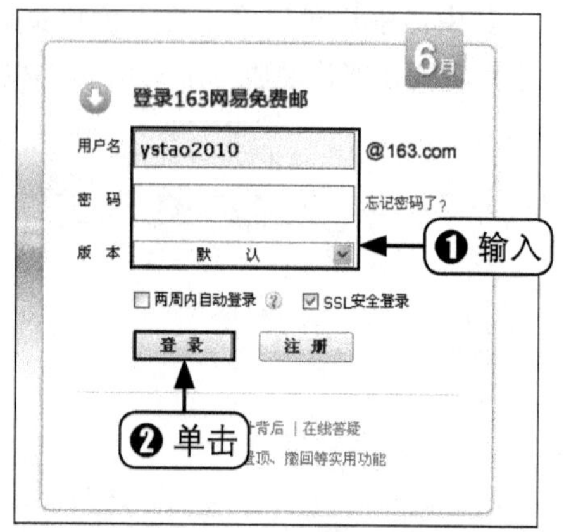

STEP 06 ❶进入邮箱管理页面后，单击“收件箱”链接；❷单击邮件标题，如下图所示。

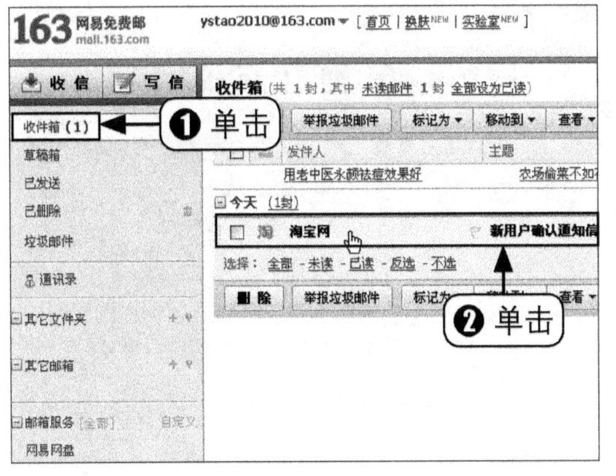

STEP 07 打开激活邮件，单击其中的“完成注册”按钮，如下图所示。

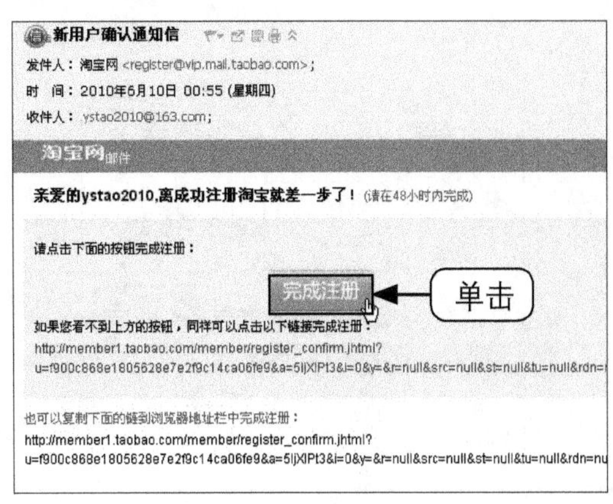

STEP 08 自动返回淘宝注册页面，并提示账号注册成功，如右图所示。

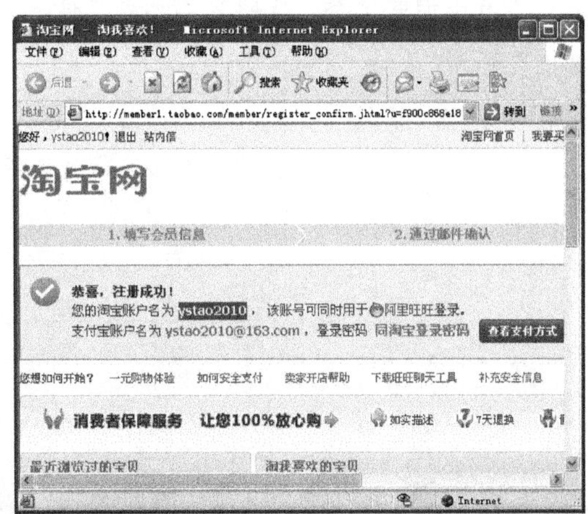

提个醒　注册支付宝

默认情况下，当完成淘宝网账号注册后，也同时完成了支付宝账号的注册。这是淘宝网默认自动关联的。当然我们也可以将此淘宝账号关联到其他支付宝账号上。

5.3.3 使用会员账户登录淘宝网

当完成淘宝会员注册后即以该账户进行登录。下次再登录时应按以下步骤进行操作。

光盘同步文件	
同步视频文件	光盘\同步教学文件\第5章\5.3.3.mp4

STEP 01 登录淘宝网首页，单击左上方的“请登录”链接，如右图所示。

STEP 02 ❶输入淘宝网注册账户名及密码；❷单击“登录”按钮，如下图所示。

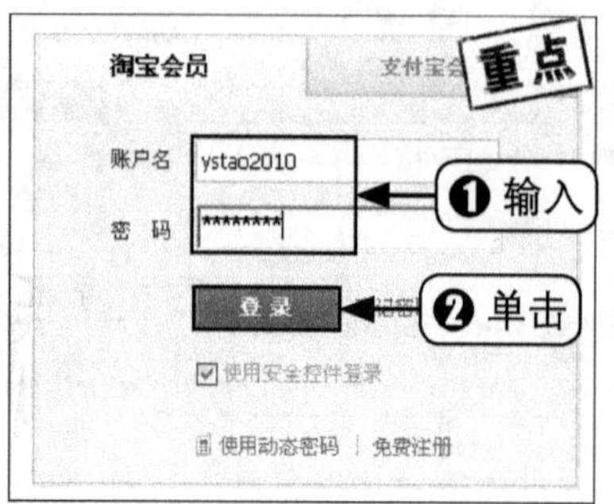

STEP 03 成功登录后，在页面左上方会显示登录名，单击页面右上方的“我的淘宝”链接，如下图所示。

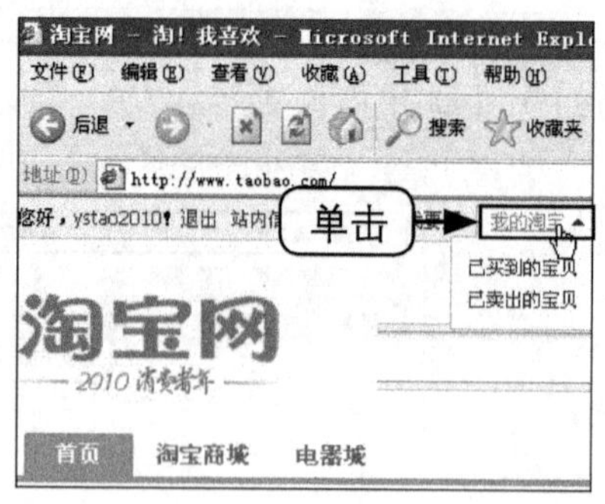

STEP 04 接下来即可进入淘宝网个人管理页面，在这里显示了个人注册账户的相关信息，如右图所示。

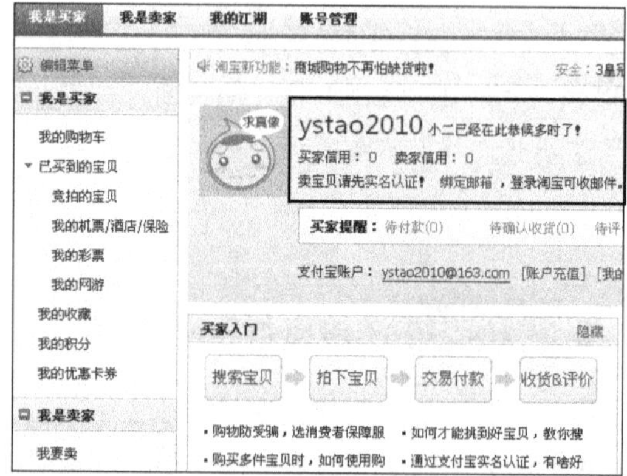

5.4 支付宝账户认证

默认情况下，在申请淘宝账号以后，会自动为每位淘宝用户自动开通支付宝账户。但是对于经常网上购物，或者打算在网上开店的用户来说，还需要进行支付宝认证。

5.4.1 认识支付宝

简单地说，支付宝就是淘宝网上保障交易双方安全的一种机制。其运作的实质是以支付宝为信用中介，在买家确认收到商品前，由支付宝替买卖双方暂时保管货款的一种增值服务。

支付宝最初是作为淘宝网公司为了解决网络交易安全所设的一个功能，该功能为首先使用的“第三方担保交易模式”，由买家将货款打到支付宝账户，由支付宝向卖家通知发货，买家收到商品确认后，支付宝将货款支付给卖家，至此完成一笔网络交易。它于2004年12月独立为浙江支付宝网络技术有限公司，该公司提出建立信任，化繁为简，以技术的创新带动信用体系完善的理念，深得人心。

截止到2012年6月，支付宝的注册用户数为6.5亿，日交易额为45亿元，日交易3369万笔。

目前除淘宝和阿里巴巴外，支持使用支付宝交易服务的商家已经超过46万家，涵盖了虚拟游戏、数码通信、商业服务、机票等行业。支付宝登录界面如下图所示。

5.4.2 激活支付宝

下面，我们来学习如何激活注册淘宝时自动开通的支付宝账户，其具体操作方法如下。

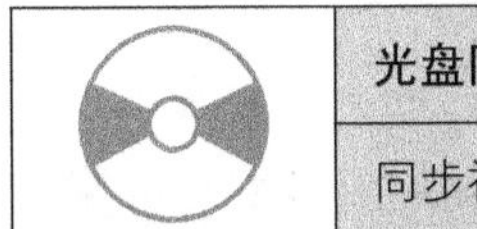

光盘同步文件	
同步视频文件	光盘\同步教学文件\第5章\5.4.2.mp4

STEP 01 登录淘宝，在我的首页中，单击用户名下的“实名认证”链接，如下图所示。

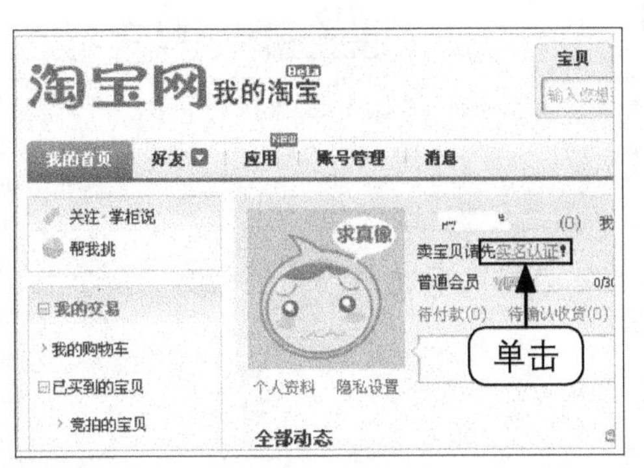

STEP 02 设置账号类型、密码以及安全问题，如下图所示。

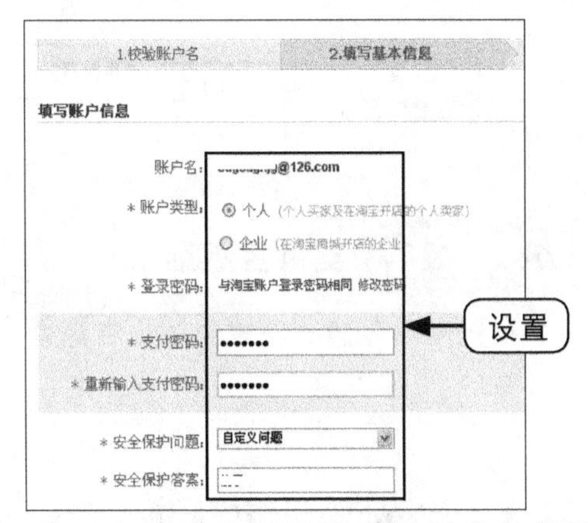

STEP 03 ❶输入真实姓名、证件号码等；❷单击“下一步”按钮，如右图所示。

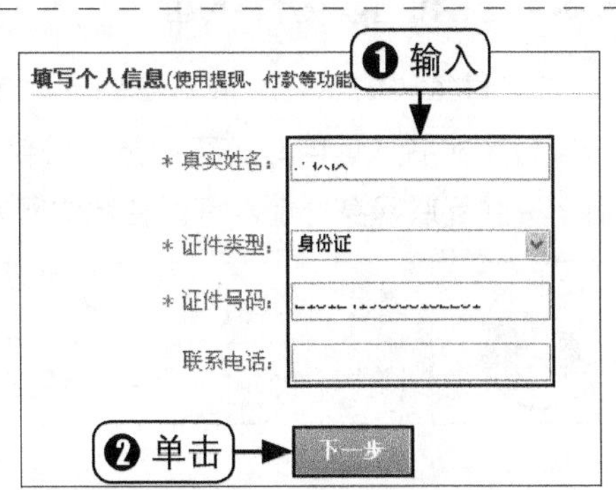

STEP 04 ❶选择银行卡的发卡行；❷选择银行卡的类型为储蓄卡还是信用卡，如右图所示。

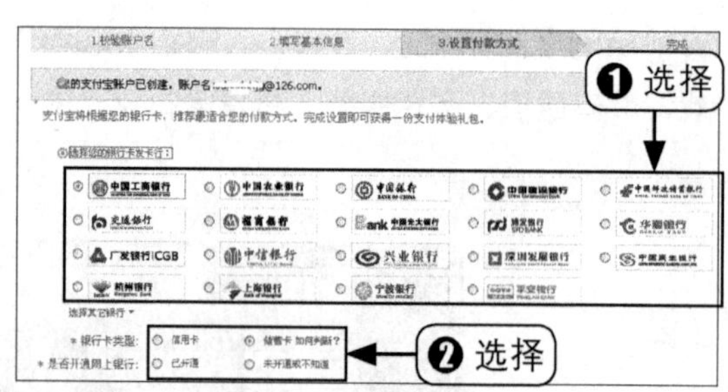

提个醒 **身份证信息**

需要注意的是，这里输入的身份证一定要是真实有效的，因为后面会向淘宝提交身份证扫描图像以进行确认，如果证件号不真实，就无法进支付宝认证了。

STEP 05 ❶选中“输入银行卡号”选项后输入银行卡号；❷单击“下一步”按钮，如下图所示。

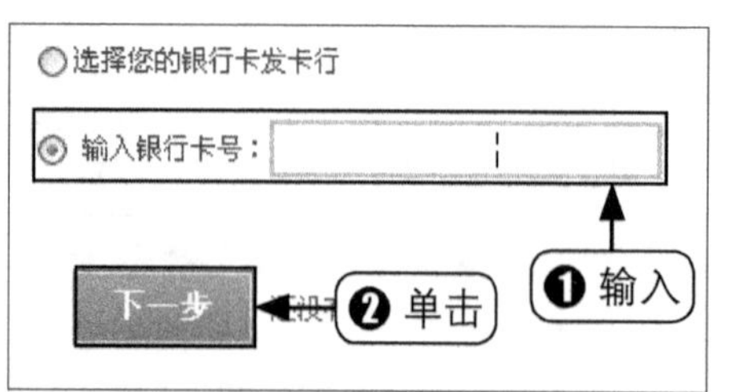

STEP 06 ❶设置银行卡开户地；❷选择是否开通网上银行；❸单击“下一步”按钮，如下图所示。

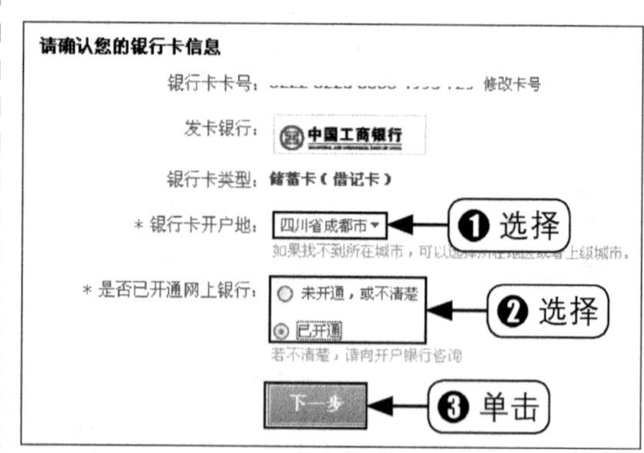

提个醒 **支付宝激活**

完成以上操作后，稍等片刻，页面中即会出现提示页面，显示用户支付宝账户信息成功补全。

5.4.3 支付宝实名认证

“支付宝实名认证”服务是由支付宝（中国）网络技术有限公司提供的一项身份识别服务。支付宝实名认证同时核实会员身份信息和银行账户信息。通过支付宝实名认证后，相当于拥有了一张互联网身份证，可以在淘宝网等众多电子商务网站开店、出售商品。

光盘同步文件	
同步视频文件	光盘\同步教学文件\第5章\5.4.3.mp4

STEP 01 ❶进入我的支付宝页面，单击“账户管理”按钮；❷单击下方“立即认证”链接，如下图所示。

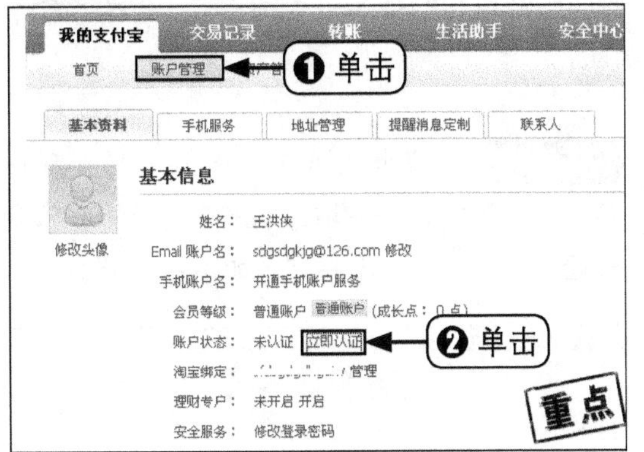

STEP 02 自动打开提示页面，在这里勾选“我已阅读并同意《支付宝实名认证服务协议》”选项；单击下方的“立即申请”按钮，如下图所示。

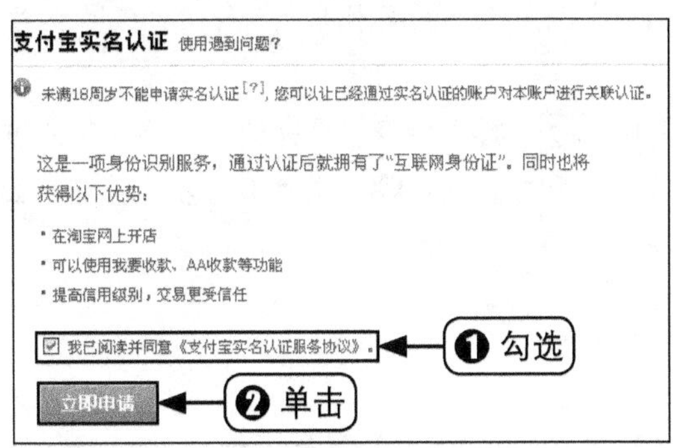

STEP 03 打开实名认证页面，单击“立即申请”按钮，如下图所示。

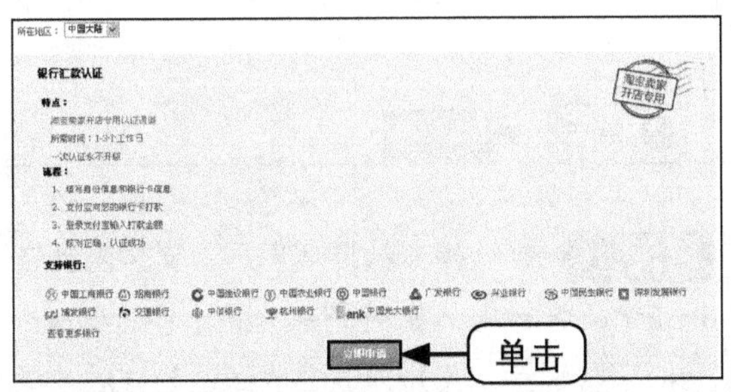

STEP 04 输入自己的身份证信息（一定要真实有效）以及联系方式，如下图所示。

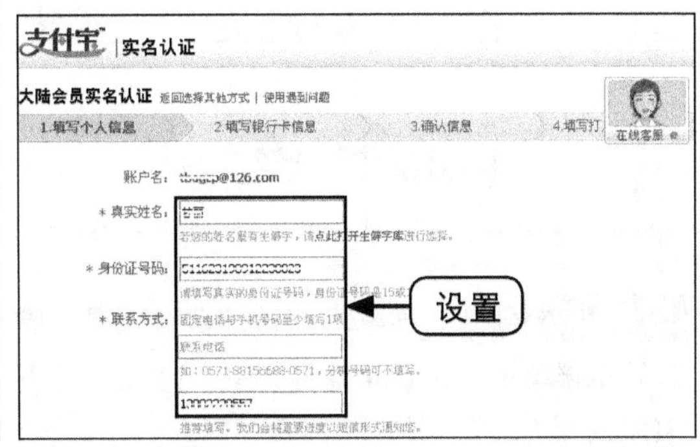

STEP 05 在“身份证图片正面”右侧单击“点击上传”按钮，如下图所示。

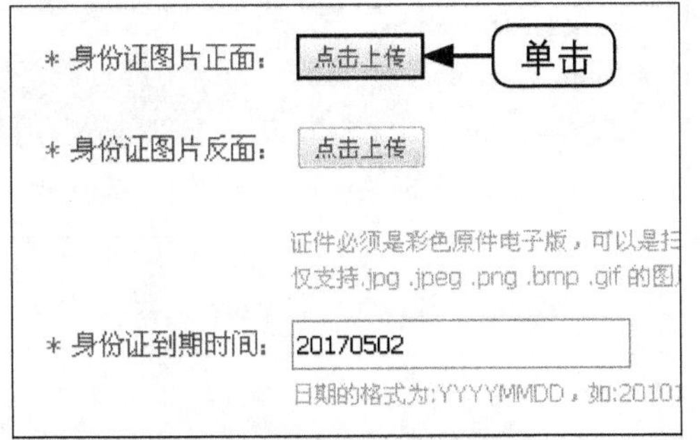

STEP 06 ❶选择电脑中的身份证扫描件正面；❷单击“打开”按钮，如下图所示。

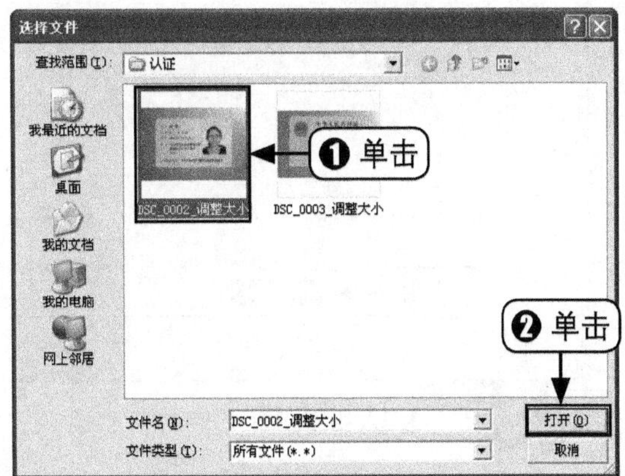

提个醒 身份证的选择

支付宝支持第一代和临时身份证的验证，但是通常银行已经不支持除第二代身份证以外的证件进行银行卡申请。而为了验证支付宝，后面必须通过银行卡来进行操作，因此没有银行卡的用户不能使用第一代身份证进行支付宝认证。

STEP 07 ❶上传身份证完成后，继续输入联系地址和校检码；❷单击“下一步”按钮，如下图所示。

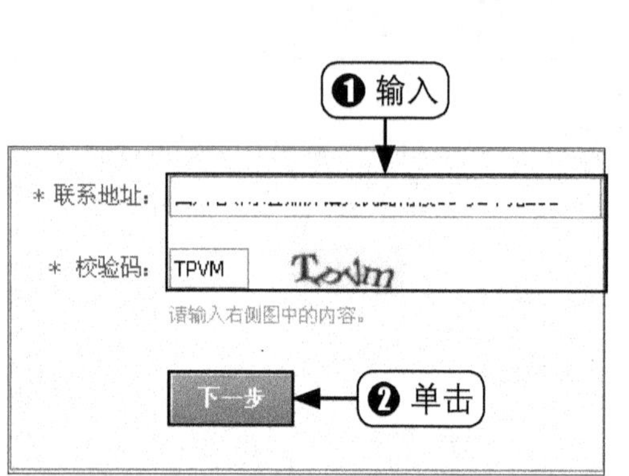

STEP 08 ❶在此页面中，输入银行卡开户名、开户银行、开户城市以及银行卡号；❷完成后单击“下一步”按钮，如下图所示。

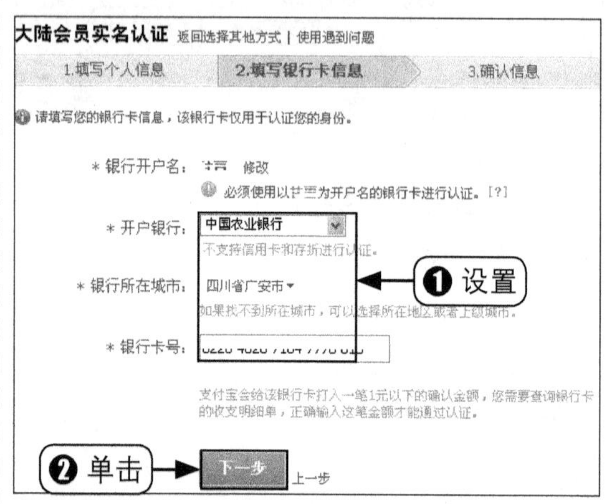

STEP 09 确认之前输入的各种认证信息，确认后直接单击“确认信息并提交”按钮，如下图所示。

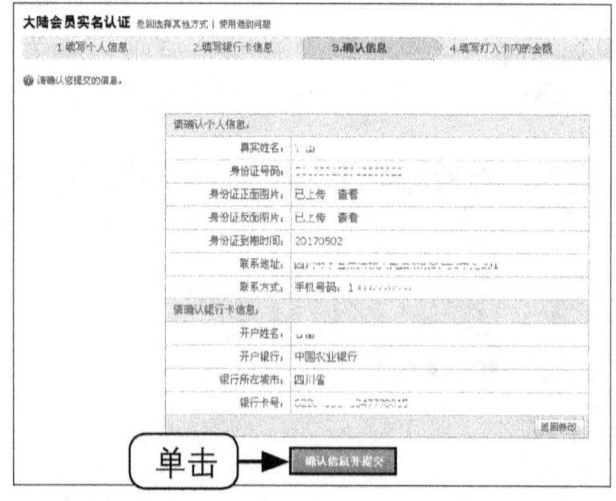

STEP 10 确认提交认证信息后，支付宝会在1~2个工作日内向我们提供的银行卡中汇入一元以下验证金，用户只有在收到这笔钱后才能继续下面的操作，如下图所示。

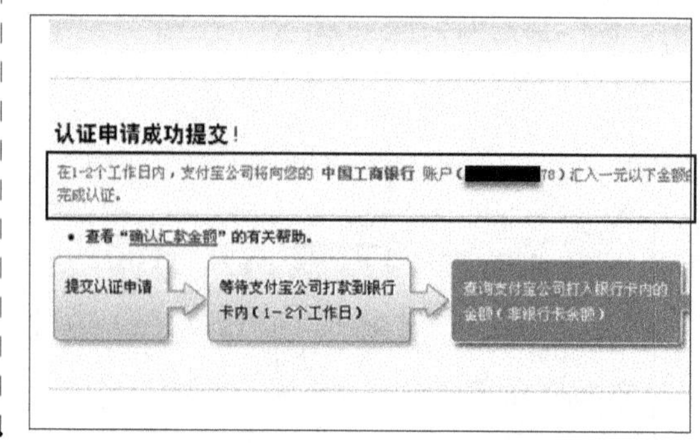

提个醒 认证方法

在该认证的过程中，支付宝会向你的银行卡中汇入一元以下的任意金额，然后通过确认所汇入金额的数目来完成认证。一般，提交认证申请后1~2天才能收到并确认汇款。

STEP 11 等一两天后，通过网银查看是否已经收到支付宝的汇款，确认后再次登录支付宝，此时会自动转入认证页面，在这里单击“输入打款金额”按钮，如下图所示。

STEP 12 输入银行卡中收到的金额，单击“确认”按钮即可，如下图所示。

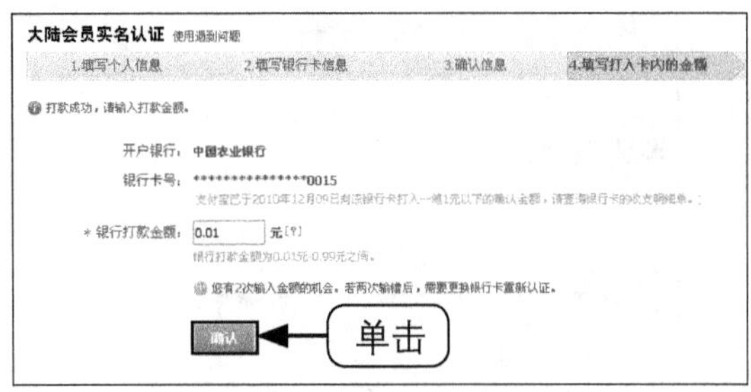

STEP 13 稍等片刻，转入认证成功提示页面，到这里就完成了支付宝的认证。

一点通　支付宝打入银行卡的认证费用是否需要返还

支付宝认证费用只有几分钱，所以不需要返还。而且当用户认证后，通常会定期通过支付宝购买、销售商品，这样也就等于间接偿还了支付宝的认证费用。

5.5 支付宝个人账户的基本管理

支付宝的相关管理操作其实是比较简单的，主要是完成一些银行账号与支付宝的关联、开通一些便利的服务以及申请一些安全保护等。淘宝卖家可以根据自己网店的实际规模来选择开通不同的服务类型。

5.5.1 绑定银行账户方便提取货款

对于卖家而言，使用支付宝除了安全性有保障外，货款的提取也会变得更加方便。所以，可将自己的常用账号和支付宝绑定起来，详细操作步骤如下。

光盘同步文件	
同步视频文件	光盘\同步教学文件\第5章\5.5.1.mp4

STEP 01 登录到个人支付宝管理页面后，单击页面左上方支付宝账号名下的“提现”链接，如右图所示。

STEP 02 切换到提现页面，在“申请提现”选项卡下单击“设置银行账号”链接，如下图所示。

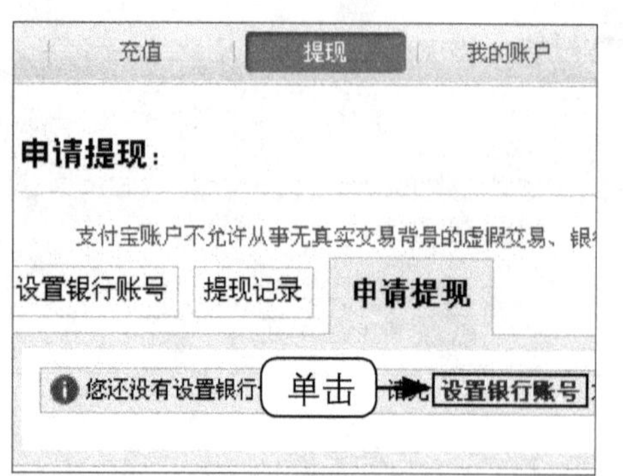

STEP 03 ❶输入之前设置的支付密码；❷单击“确定”按钮，如下图所示。

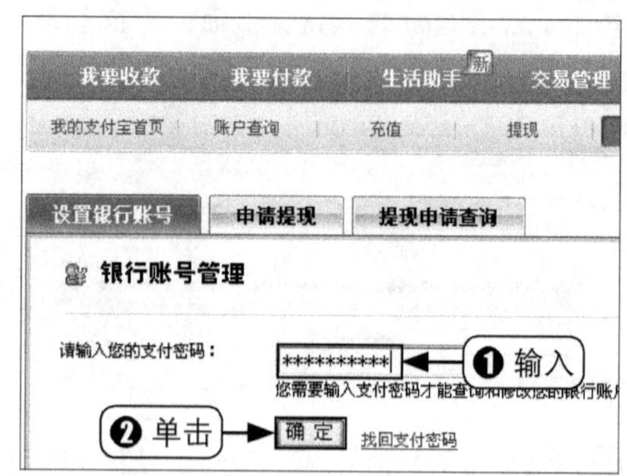

STEP 04 ❶选择开户银行及所在地，输入个人银行账号；❷单击“保存银行账户信息”按钮，如下图所示。

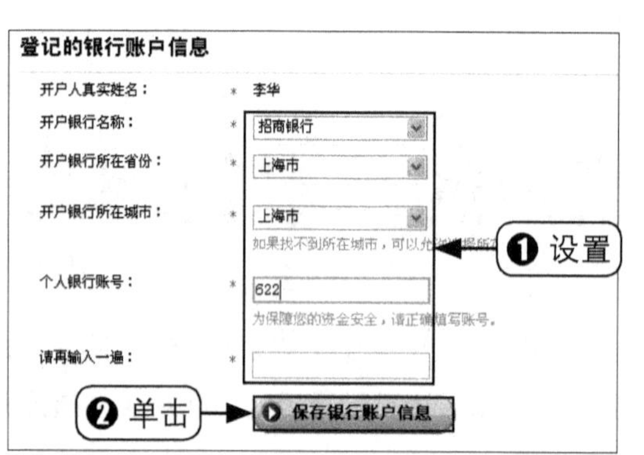

STEP 05 保存好银行账户信息后，会有相应的提示出现，如下图所示。

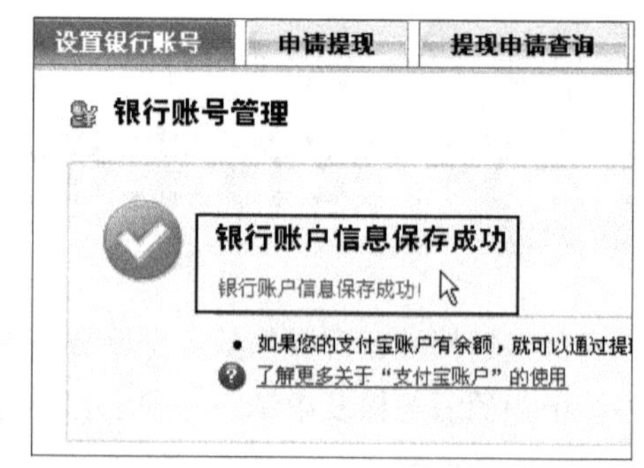

STEP 06 ❶输入提现金额、密码；❷单击“下一步”按钮，按页面提示完成提现，如右图所示。

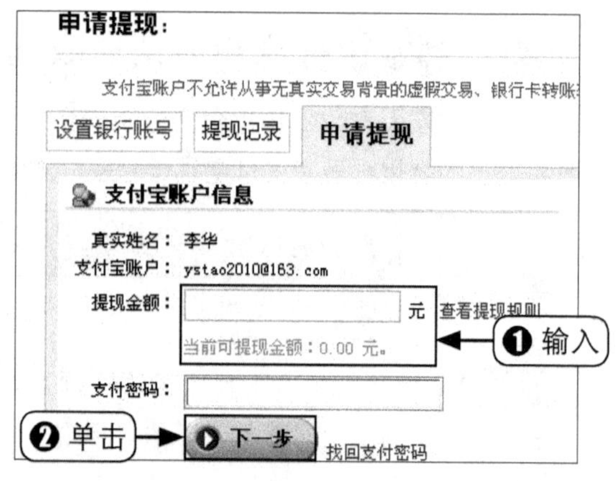

5.5.2 使用支付宝进行转账

下面，我们来学习如何通过支付宝进行转账，其具体操作方法如下。

STEP 01 登录支付宝，在左侧“我的应用”中单击“我要付款”链接，如下图所示。

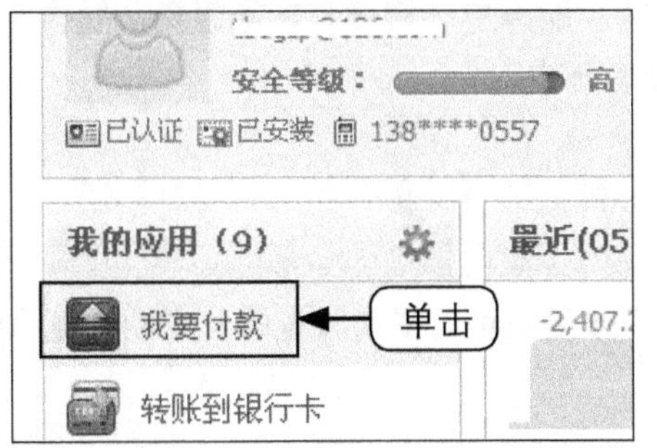

STEP 02 单击“向一人付款”按钮，如下图所示。

STEP 03 ❶输入对方的支付宝账户；❷输入转账金额；❸单击“下一步”按钮，如下图所示。

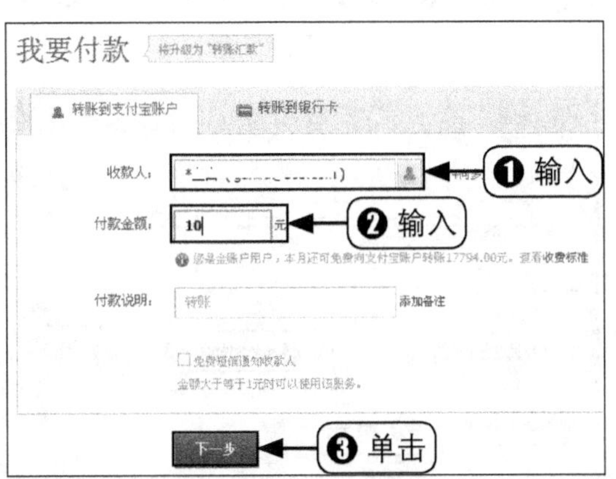

STEP 04 单击“确认信息并付款”按钮，如下图所示。

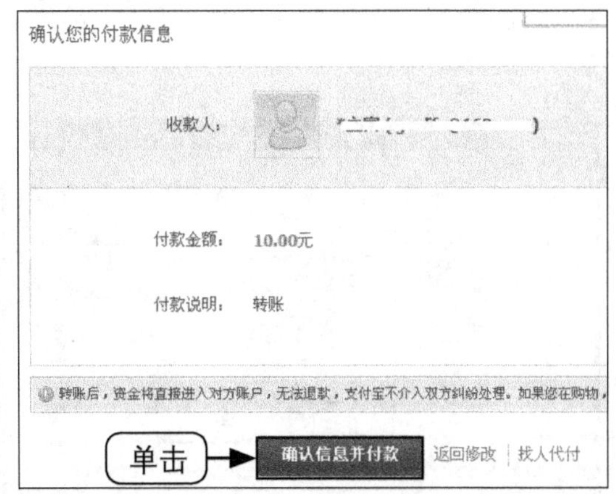

STEP 05 ❶输入支付密码；❷单击“确认付款”按钮，如下图所示。

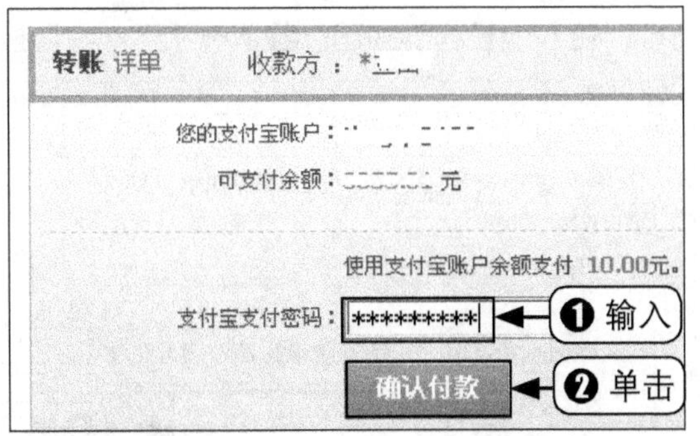

STEP 06 提示转账成功，如下图所示。

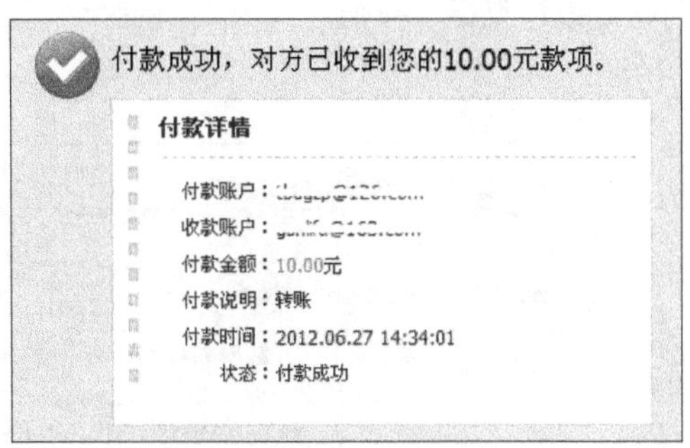

提个醒　直接转账到银行卡

这里也可以选择直接转账到对方的银行卡，只要是认证用户，前三笔转账免费，后面需要按照百分比支付费用，不过一般都比银行转账要便宜不少。

5.5.3 为支付宝充值

在经营过程中，有时候需要在线支付货款，为了方便，可以提前将银行卡中的钱充值到支付宝，以便使用。

光盘同步文件	
同步视频文件	光盘\同步教学文件\第5章\5.5.3.mp4

STEP 01 登录支付宝后单击“充值”按钮，如下图所示。

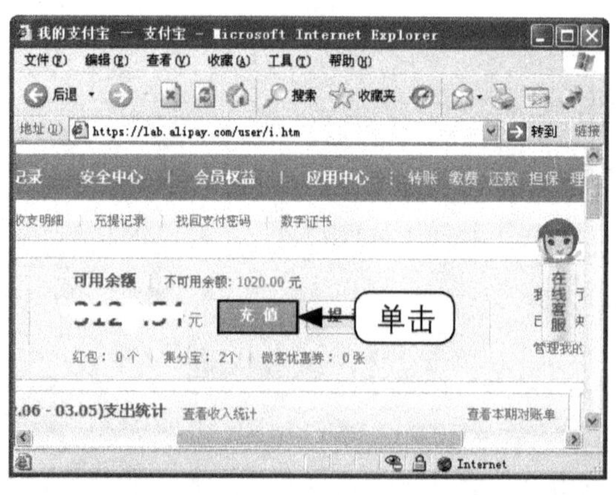

STEP 02 ❶选择要充值的网上银行；❷单击“下一步”按钮，如下图所示。

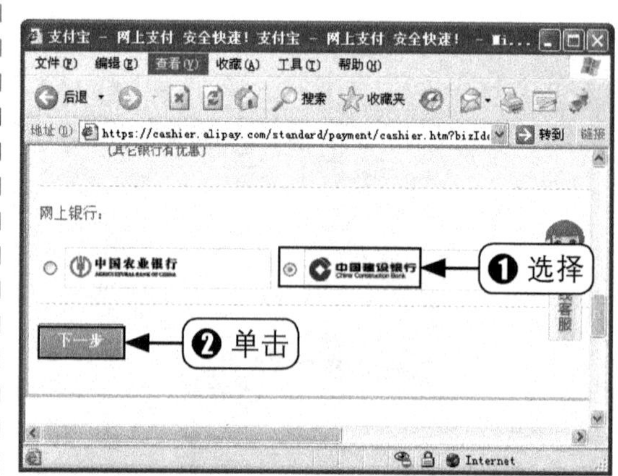

STEP 03 ❶输入充值金额；❷单击“登录到网上银行充值”按钮，如下图所示。

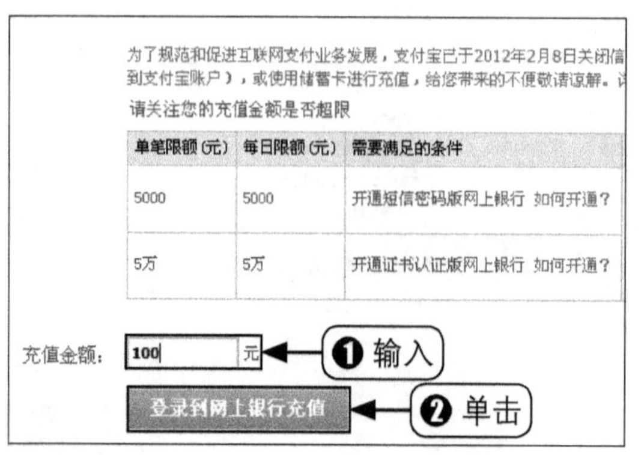

STEP 04 ❶自动转到所选银行的网上银行，输入卡号和附加码；❷单击“下一步”按钮，如下图所示。

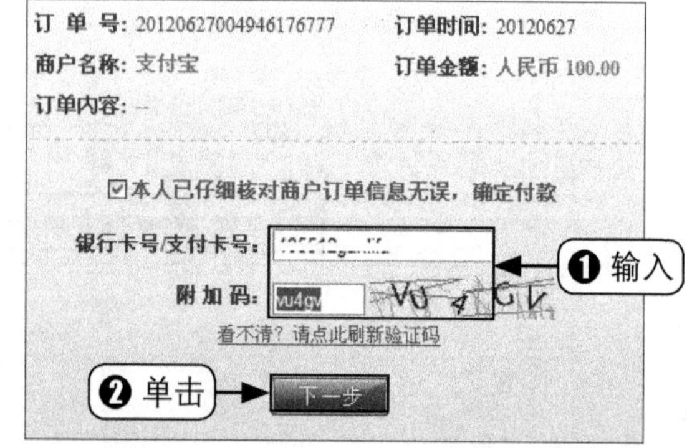

STEP 05 ❶输入交易密码和动态密码；❷单击“确定”按钮，如下图所示。

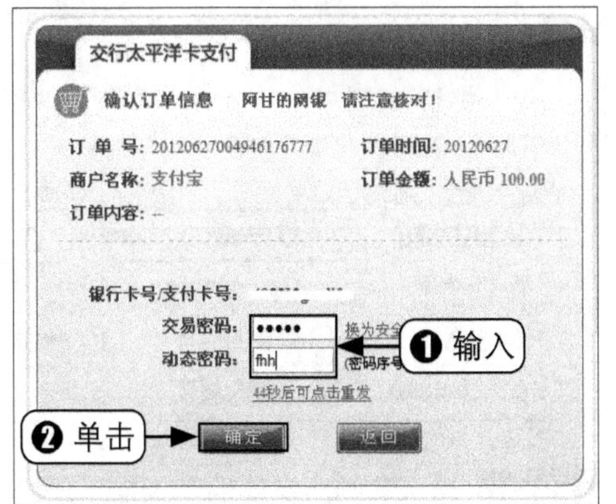

STEP 06 提示充值成功，如下图所示。

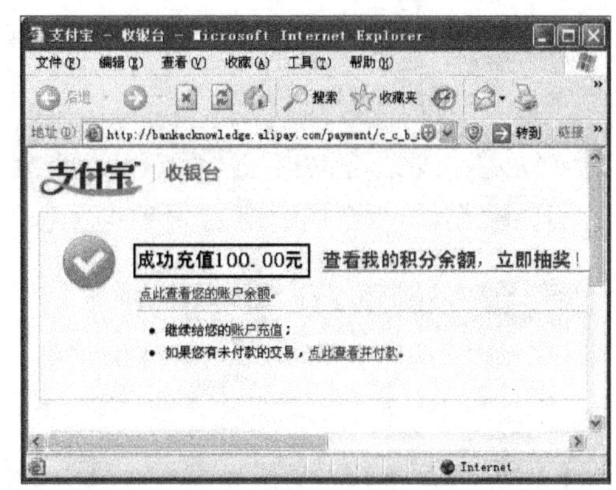

提个醒 不同的银行操作也不同

不同银行的支付界面和操作方式不一样，具体大家可根据提示说明进行操作，这里的步骤只做参考。

5.5.4 申请支付宝卡通

简单地说，“支付宝卡通”就是支付宝和各银行联合推出的一项网上支付服务，其最大的特点就是支付和收款更为方便。其开通方式包括网上和柜台两种，如下图所示。

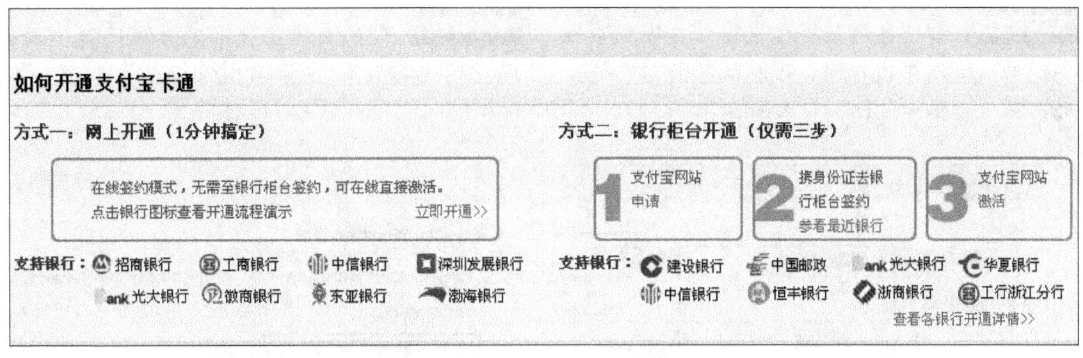

1. 网上申请填写

对于想在淘宝网开店的卖家而言，支付宝卡通可自动帮助卖家完成支付宝的实名认证，让收款、开店两不误。下面就来看看“网上开通”的具体操作方法。

STEP 01 在支付宝个人管理页面中，单击账户名下方的“卡通”链接，如下图所示。

STEP 02 选择要关联的银行所在地区以及具体的银行类别，如下图所示。

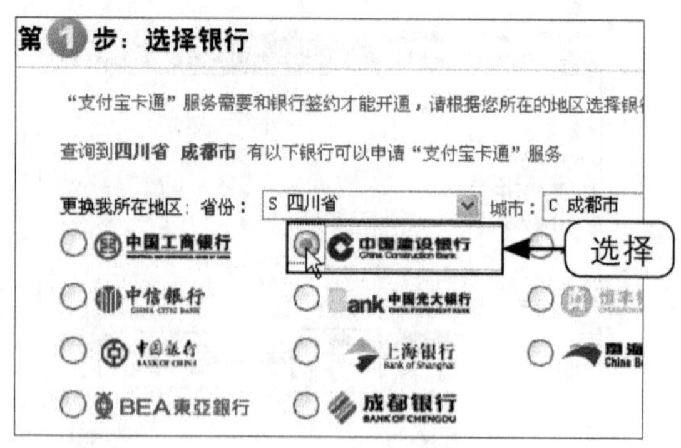

STEP 03 显示签约方式选择页面，单击“线下柜台签约”按钮，如下图所示。

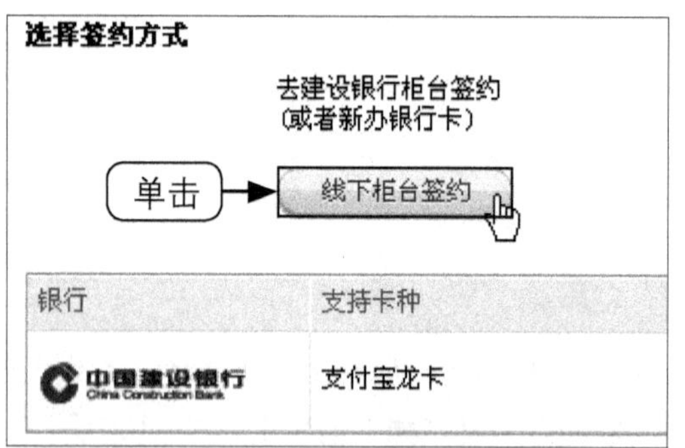

STEP 04 输入签约所需要的个人信息，包括身份证号、手机号等，如下图所示。

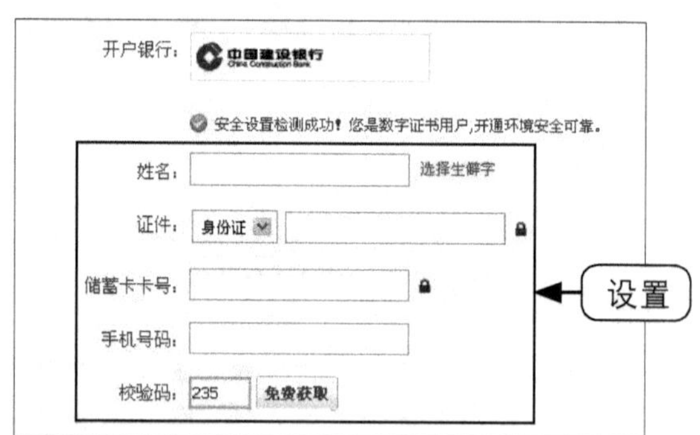

STEP 05 ❶如果没有绑定手机，会提示验证手机号，输入手机号码、校验码和支付密码；❷单击“确定”按钮，如下图所示。

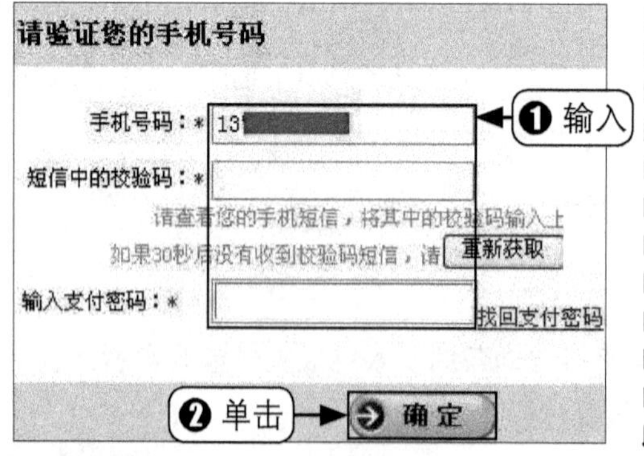

STEP 06 网站上填写好申请信息后，会提示用户再到银行柜台申请相关的服务，如下图所示。

提个醒 注意不同银行的区别

以上步骤选择的是建设银行，可到建设银行柜台办理支付宝龙卡并申请开通支付宝卡通，签订开通支付宝卡通的协议，同时一并设置好网上交易的相关信息。

2. 激活支付宝卡通服务

完成银行柜台相关协议的签署后，再登录支付宝管理页面，完成最后的激活工作即可，具体操作方法如下。

STEP 01 登录支付宝账户后即会出现激活提醒，单击“点此激活”按钮，如下图所示。

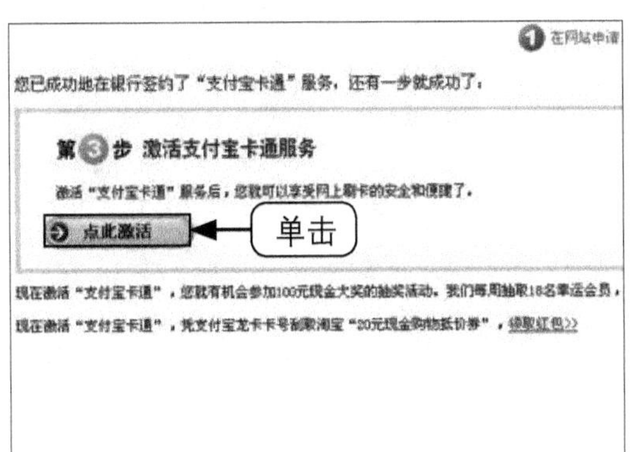

STEP 02 ❶输入签约银行卡号等相关信息；❷单击“立即激活”按钮，如下图所示。

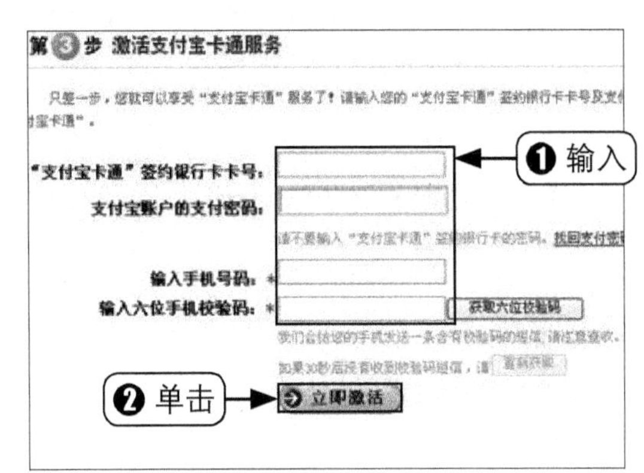

一点通 激活权限

以建行龙卡来说，如果在银行柜台已开通了短信提醒服务，那可在上述步骤2中直接输入支付宝龙卡卡号和支付宝账户的支付密码，激活支付宝卡通服务。而且，激活成功后即可成为支付宝实名认证用户，拥有更高的账户操作权限。

5.5.5 开通手机服务

开通支付宝的手机服务后（即绑定手机），可享受到手机直接登录、手机密码管理、手机动态口令等免费的服务。这对于要在网店投入巨大精力的卖家来说，无疑是一个方便的好帮手。下面就来看看简单的开通步骤。

光盘同步文件	
同步视频文件	光盘\同步教学文件\第5章\5.5.5.mp4

STEP 01 ❶在支付宝管理页面下，单击“我的账户”按钮；❷单击“未绑定手机”链接，如右图所示。

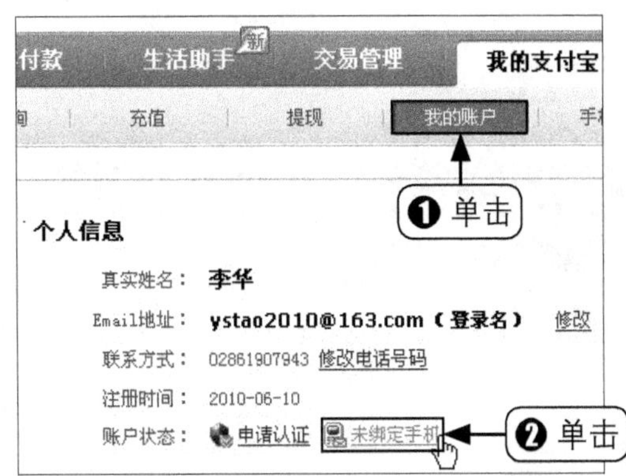

STEP 02 打开手机服务页面，提示未绑定手机，按提示单击“申请手机绑定”链接，如下图所示。

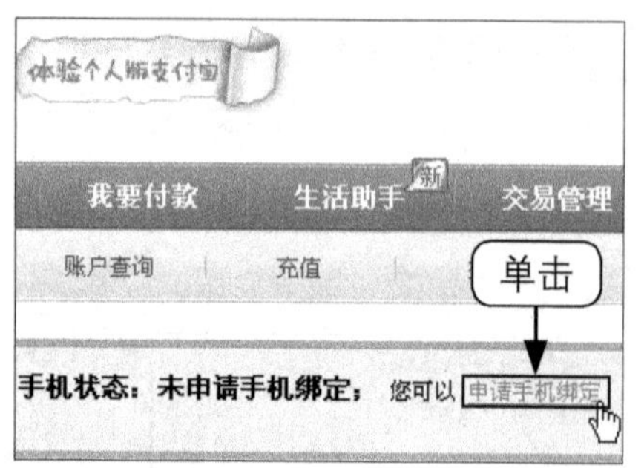

STEP 03 ❶输入手机号码及验证码；❷单击“下一步”按钮，如下图所示。

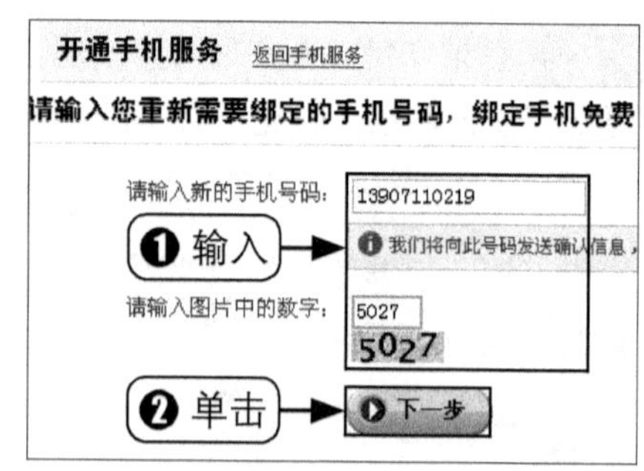

STEP 04 ❶输入手机收到的检验码及支付密码；❷单击“下一步”按钮，如右图所示，即可开通手机服务。

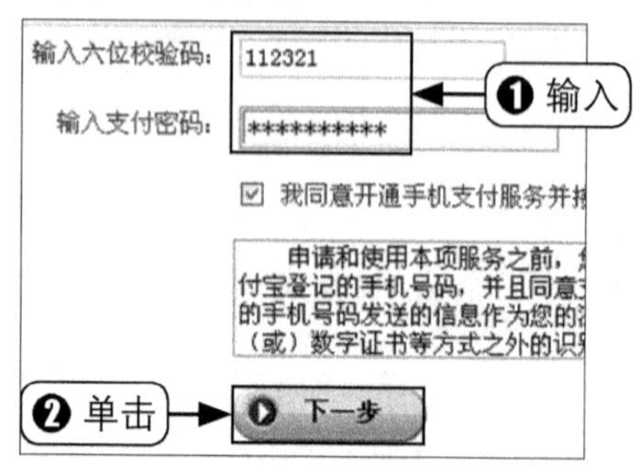

5.5.6 申请支付宝数字安全证书

支付宝数字安全证书的作用类似于各银行推出的各种安全支付工具，如工行的U盾、建行的电子口令卡等。申请支付宝安全证书的具体操作方法如下。

光盘同步文件	
同步视频文件	光盘\同步教学文件\第5章\5.5.6.mp4

STEP 01 在“我的支付宝首页”页面下，单击“申请证书”链接，如下图所示。

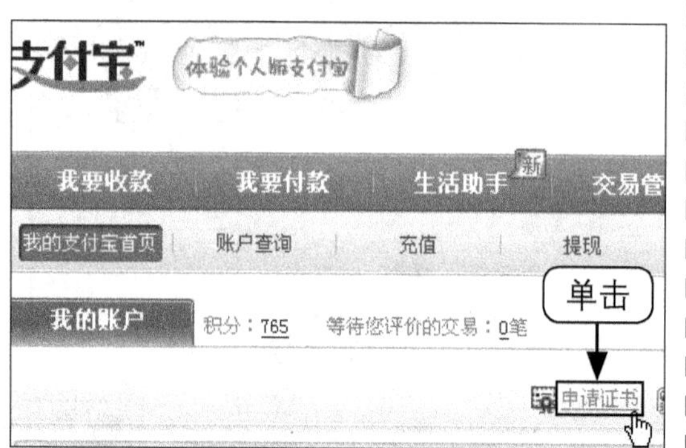

STEP 02 单击“数字证书”下的“立即申请”按钮，如下图所示。

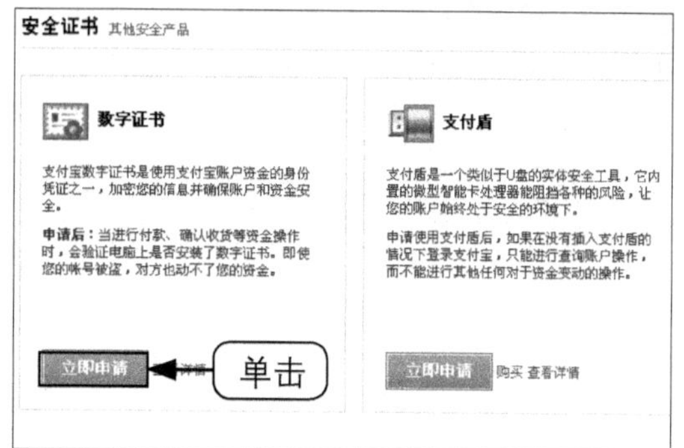

STEP 03 ❶输入个人身份证号及验证码；❷单击“提交”按钮，如下图所示。

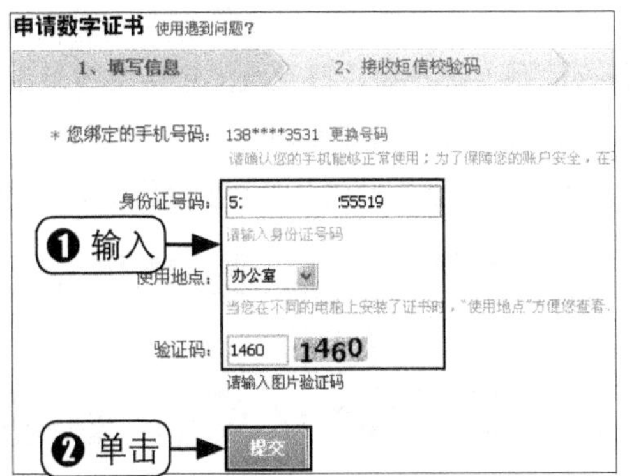

STEP 04 ❶输入手机收到的短信检验码；❷单击“确定”按钮，如下图所示。

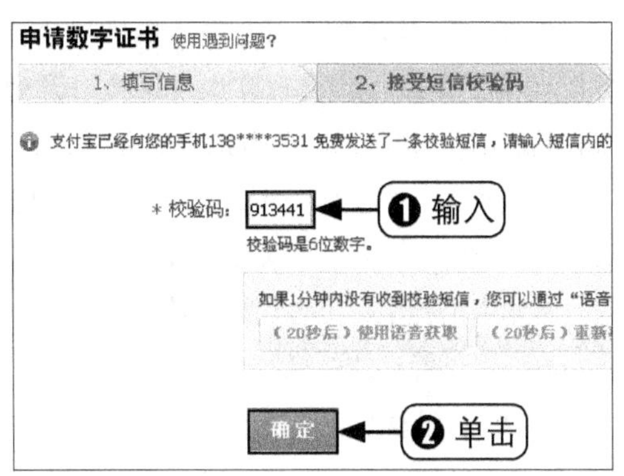

STEP 05 检验码提交无误后即会返回申请成功的页面，单击“管理数字证书”链接，如下图所示。

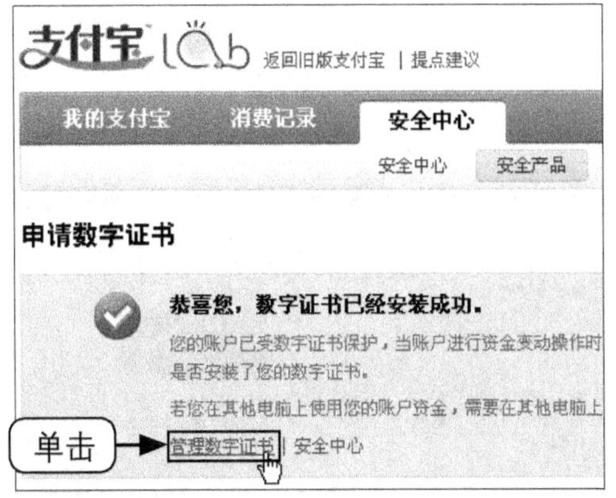

STEP 06 查看当前数字证书使用情况，同时可以单击“升级到支付盾”链接，升级安全证书到更高级别，如下图所示。

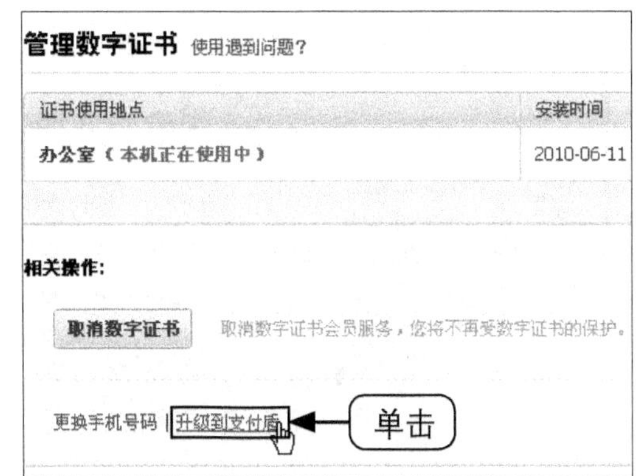

一点通 支付盾

支付盾为U盘形状，是支付宝推出的账户资金管理和操作的高级别安全工具，需要支付58元的费用，由支付宝方面免费快递到家。支付盾的作用就更接近于工行的U盾等安全支付工具，可以在多台电脑上使用，只需将其插入电脑，与账户进行绑定即可使用，比较适合长期需要移动处理网店生意的卖家使用。

技能实训 增强动手能力

通过对前面内容的学习，为了巩固读者所学的相关知识，下面安排实训任务来增强动手能力和技能的综合应用水平。

实训一 开通网上银行的支付功能

办理银行卡并开通网上银行也是网上开店前必须要做的工作之一。网店经营，大多操作都可以在网上完成，收发货款也是这样，开通了银行卡的网上银行后，日常收支查询管理就都可以在线操作，灵活方便，也提高了效率。

一般说来，网上银行的开通都需要先到银行柜台签约，即向银行申请开通网上银行及电子支付功能。也有部分银行可以直接在银行网站申请开通，不过仅能开通账户查询而不能在线转账。开通网上银行的一般流程如右图所示。

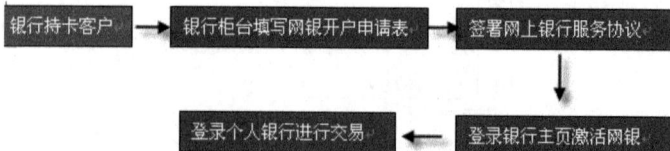

银行持卡客户 → 银行柜台填写网银开户申请表 → 签署网上银行服务协议 → 登录银行主页激活网银 → 登录个人银行进行交易

STEP 01 ❶申请一张银行卡，在浏览器地址栏中输入交通银行网站地址www.bankcomm.com，并按【Enter】键打开银行主页；❷单击“个人网银登录”按钮，如下图所示。

STEP 02 打开登录页面，单击“新用户点击这里注册”链接，如下图所示。

提个醒 注意选择注册类型

要注意，应根据自己在银行柜台申请开通的网银类型，来选择要激活的账户类型（短信密码用户、证书用户、普通用户）。

STEP 03 ❶填写银行卡号、查询密码及附加码；❷单击“确定”按钮，如右图所示。

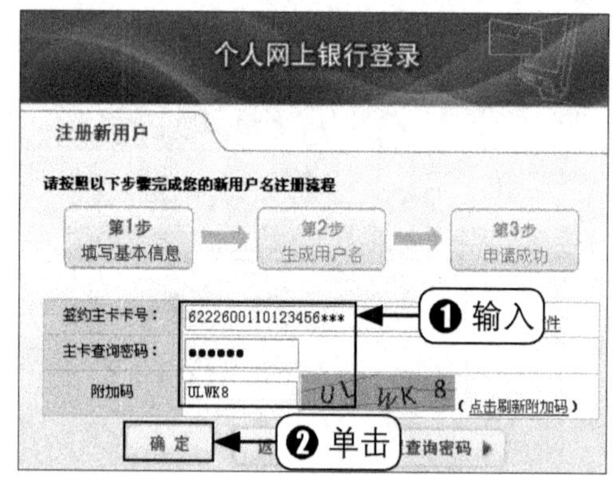

STEP 04 ❶填写证件号码等确认信息；❷单击“确定”按钮，如右图所示。

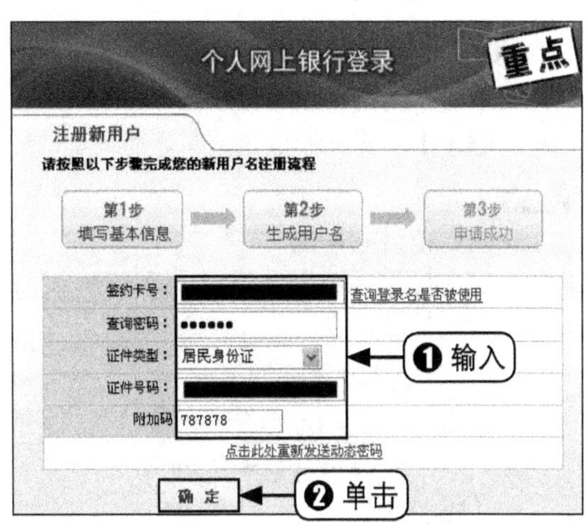

一点通 注意密码区分

请注意区分网上银行“查询密码”和“交易密码”，在银行柜台办理网银业务时，即要向柜台人员询问清楚，区分查询密码和交易密码。

STEP 05 提示注册成功，单击页面下方的“返回登录”链接，如下图所示。

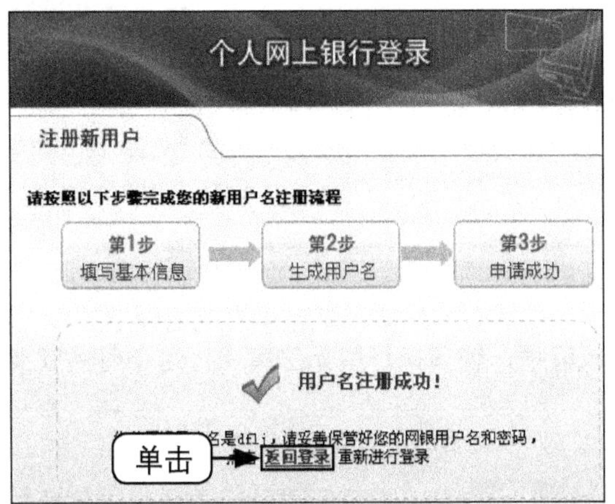

STEP 06 ❶输入网银用户名、网银登录密码及附加码；❷单击“登录”按钮，如下图所示。

STEP 07 登录到个人网银管理页面，查看并熟悉各个功能选项，如下图所示。

STEP 08 ❶单击“客户服务”选项卡；❷单击“业务功能开通”按钮；❸单击“网上支付”选项后的“开通”链接，如下图所示。

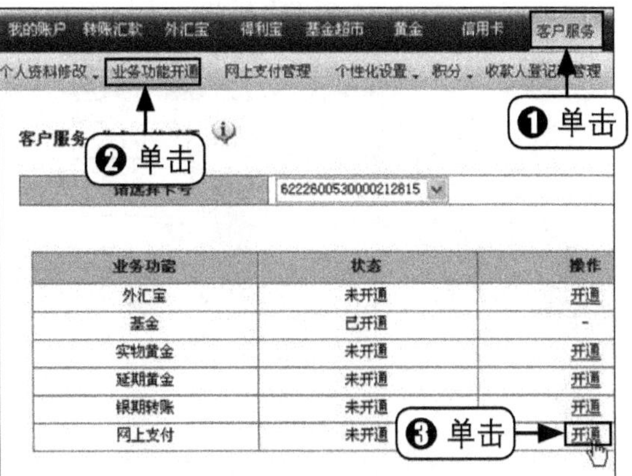

业务功能	状态	操作
外汇宝	未开通	开通
基金	已开通	-
实物黄金	未开通	开通
延期黄金	未开通	开通
银期转账	未开通	开通
网上支付	未开通	开通

STEP 09 ❶填写证件号码、交易密码，设置支付卡号名，查看手机短信并输入手机动态密码等；❷单击“提交”按钮，如下图所示。

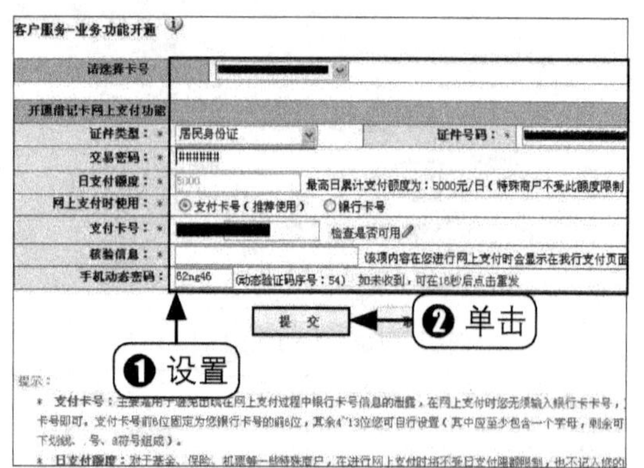

STEP 10 提示网上支付功能已开通，同时会显示已设置的支付卡号及日支付限额等信息，如下图所示。

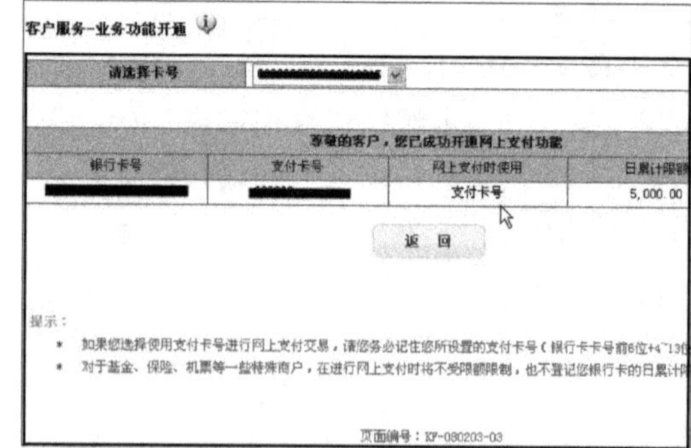

一点通 不同银行的开通方法

不同银行的网上银行开通方法也不一样，具体可咨询银行客服人员或参考网上银行网站的流程介绍。

实训二 更改绑定的手机号码

绑定支付宝手机以后，如果更换了手机就比较麻烦，很多操作就无法实现，这个时候就要重新绑定手机，下面介绍具体的操作方法。

STEP 01 在支付宝安全中心管理页面下，单击“数字证书”按钮，如下图所示。

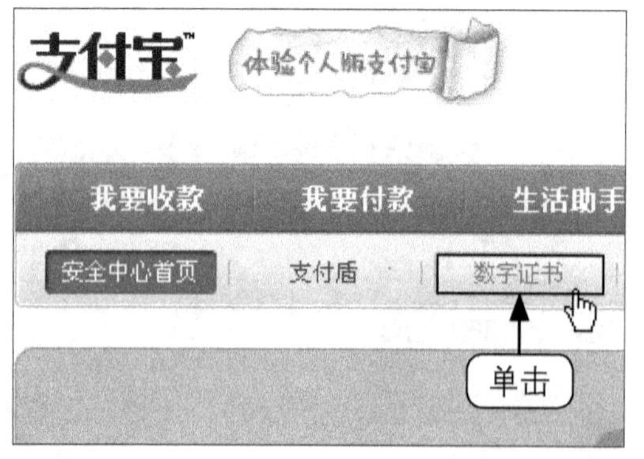

STEP 02 打开管理页面后，再单击“管理数字证书”按钮，如下图所示。

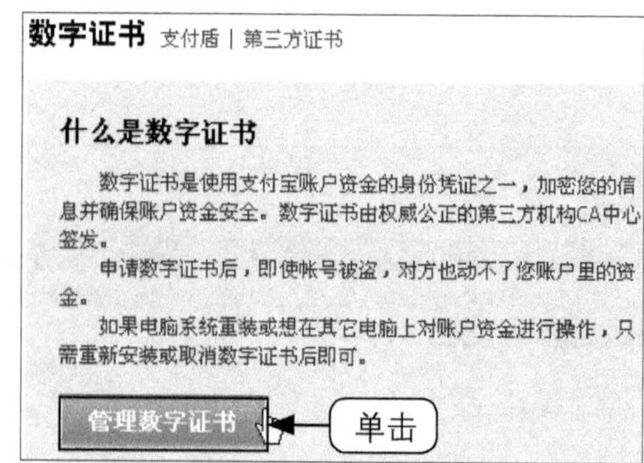

STEP 03 在数字证书查看页面下，可查看到当前有效的数字证书。单击左下方的“更换手机号码”链接，如下图所示。

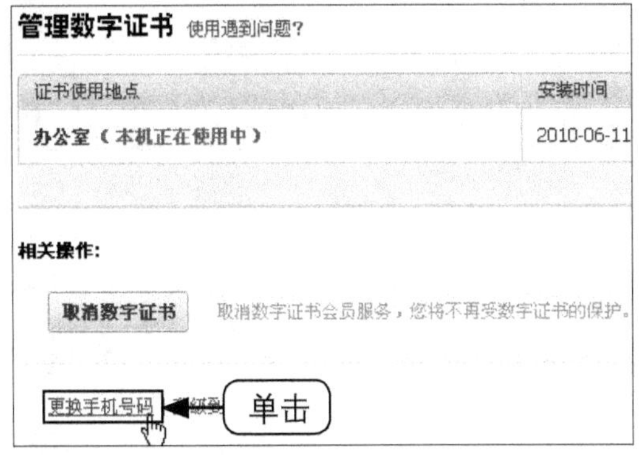

STEP 04 ❶输入新手机号；❷单击“发送校验码”按钮，按页面提示完成号码更改，如下图所示。

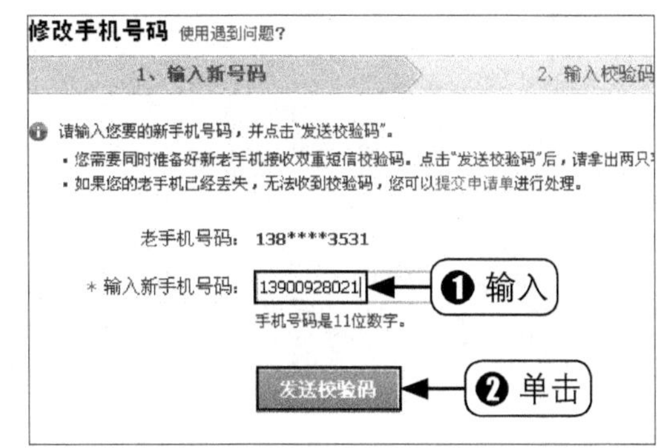

Chapter 06

商品的拍摄和美化处理

本章导读

网上店铺与传统店铺最大的区别就是没有实物，在虚拟的世界里完成交易。网上买家对物品的第一印象就来自于卖家放在网上店铺中的商品照片。因此，拍摄出好的商品图片，并进行适当美化处理，可以让商品更受关注，而且会在很大程度上影响买家的购买意向。

本章学完后您会的技能

- ❖ 如何选择拍摄器材
- ❖ 如何拍好商品图片
- ❖ 商品图片的美化方案
- ❖ 使用光影魔术手美化图片
- ❖ 使用Photoshop美化图片

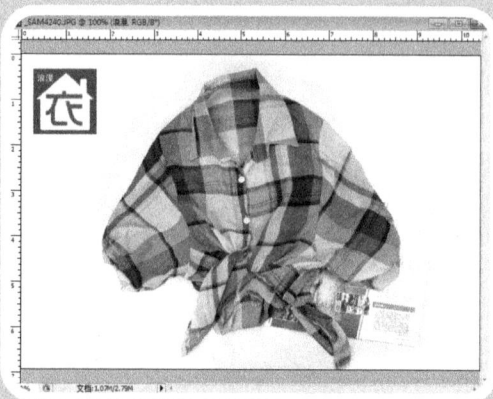

本章内容展示

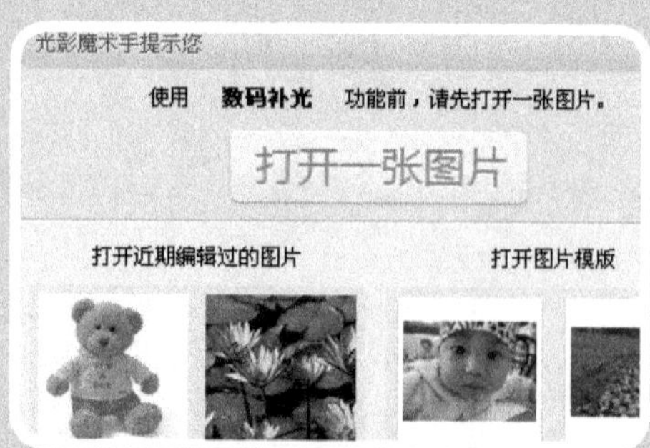

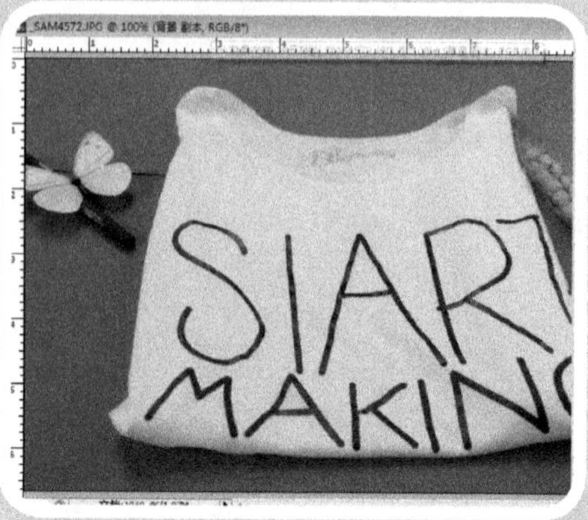

6.1 如何选择拍摄器材

虽然拍照人人都会，但要拍出真实完美的商品图片，却不是一件简单的事情。因为这需要一些拍摄技巧作基础，当然也离不开拍摄器材的支持。

6.1.1 选择合适的数码相机

数码相机是拍摄商品照片必需的设备，目前主流的家用数码相机像素都在1000万以上，完全可以拍出非常清晰的照片。当然如果拥有专业或准专业的单反相机，那么拍摄出的照片质量会更好。如下图所示分别为一款卡片家用相机与一款准专业单反相机。

一般拍摄服装等大件商品，在光源良好的情况下，不需要展示过多的细节，用高画质的卡片机就足够了。

准备购买家用数码相机的朋友，在选择时主要考虑以下因素。

- 像素：相机的像素越高，拍出照片的分辨率越高，也就更清晰，在像素选择上，尽量选择当前主流像素标准，如目前相机的像素大致有800万、1000万、1200万等，可根据自己喜好与预算来选择。
- CCD尺寸：CCD即相机的感光元件，这是衡量一款相机性能的重要标准，CCD尺寸越大，拍摄出的照片也就越细腻，目前主流家用相机的CCD尺寸多为1/2.3英寸，部分相机甚至达到了1/1. 6英寸。
- 感光度：相机的感光度决定着相机在一些特殊环境中拍摄照片的质量。感光度越高的相机，即使在较黑暗的环境中，也能拍摄出清晰的照片。目前主流家用相机多支持一定感光度范围，并且在不同范围内手动或自动调节。
- 微距拍摄：在拍摄商品实物图时，不可避免地要拍摄商品的细节大图，这就要求相机具备较好的微距拍摄功能。目前主流家用相机都支持微距拍摄，在选购时可实际拍摄以对比效果。

目前市场上相机种类繁多，并且各品牌主流相机的性能也大致相同，我们在选购数码相机前，可以先到专业数码类网站中了解并对比，然后结合自己对品牌的喜好，来选购最中意的相机。

一点通 相机选择

现在的数码相机品牌众多，品质好的商品也比比皆是。对于一般的卖家而言，由于有后期图片处理软件来辅助，所以在此项硬件投资上持实用态度就行。一款1000元出头的主流家用型数码相机就能满足基本的需要了。

6.1.2 选择拍摄用闪光灯

摄影是用光的艺术，要获得更好的拍摄效果，灯光是必需的。一般商品的拍摄，我们可以有效利用环境中的灯光，如白天取光线好的位置拍照，室内利用灯光拍照等。

目前市场上的数码相机都带有内置闪光灯，不过其性能可能不能满足拍摄的需要，这时候就需要外接闪光灯辅助，来达到更佳的拍摄效果。外接闪光灯如下图所示。

一点通 闪光灯的使用

相机自带的闪光灯需要合理运用，某些商品如果使用闪光灯，那么拍摄出的色调可能与实物偏差过大；一些本身具备反光材质的商品，就更加不宜使用闪光灯了，如数码商品屏幕、亮光家具等。

6.1.3 拍摄辅助器材要备好

对于拍摄网店商品而言，拍摄的辅助器材主要有三脚架、灯光设备以及摄影棚。其中三脚架是必备的，我们拍摄的商品图片都是静态的，三脚架可以有效地稳定相机，避免出现由于手拿相机细微的颤抖而影响拍摄质量的情况出现。尤其对于需要拍摄大量商品图片的卖家而言，这一点尤为重要，如下图所示。

一点通 三脚架的选择

普通的三脚架价格一般需要几十块钱，这对于拍摄出好的商品图片是非常有用的，我们可以根据自己所销售商品的大小，来选择高脚三脚架或者矮脚三脚架，绝大多数三脚架都支持高度的调整，这更便于我们确定拍摄角度与位置。

6.1.4 简易的摄影棚

关于摄影棚的设备，建议初期开店的朋友不用选择太专业的，毕竟这些设备太过昂贵。大家完全可以根据自己商品的体积与类型，架起一个DIY摄影棚，如下图所示。

一点通 摄影棚DIY

除了前面介绍的固定设备外，一个摄影棚还应该包括背景布（也可用白色广告纸、泡沫板、木地板）、主体光源（比较柔和的灯泡）、反光材料（反光板、反光伞都可以）。

6.2 如何拍出好的照片

除了设备的支持，拍摄技术也是影响图片效果的重要因素，这包含很多知识在里面，这里我们就简单介绍一些最基本的拍摄要点，让读者可以拍出好的照片。

6.2.1 了解摄影常用术语

就算是普通的数码相机用户，掌握一些比较常见的摄影术语，也有利于提升自己的拍摄技巧，以便获得更好的商品照片。下面就来看看一些用户比较关心的术语含义。

- 有效像素：有效像素数的英文名称为Effective Pixels。与最大像素不同，有效像素数是指真正参与感光成像的像素值。我们在购买数码相机时主要就是看其有效像素，而不是最高像素数值。
- 焦距：透镜中心到其焦点的距离就叫焦距。焦距的单位通常用mm（毫米）来表示。一个镜头的焦距一般都标在镜头的前面，如f=50mm（这就是我们通常所说的“标准镜头”）、28~70mm（我们最常用的镜头）、70~210mm（长焦镜头）等。
- 快门：用于控制曝光时间长短的装置。快门一般可分为帘幕式快门、镜间叶片式快门以及钢片快门3种。目前最高快门速度可达1/12000s以上。
- 景深：是指影像相对清晰的范围。景深的长短取决于3个因素：镜头焦距、相机与拍摄对象的距离、所用的光圈。例如，在同样的光圈、距离的情况下，28mm镜头的景深要远远大于70mm镜头的景深。

6.2.2 拍摄宝贝的常用技巧

在摄影的世界中，或许每个人都有自己独特的拍摄方法。但是，以下这些技巧，则是每一个搞摄影，尤其是淘宝商品拍摄的卖家需要掌握的。

1. 保证相机的稳定性

这是最基础的关键点。手持相机按动快门的时候最容易晃动相机造成画面模糊，所以建议使用三脚架拍摄。三脚架的价格从几十元到几百元不等，可以根据实际情况购买。这里需要说明的是，节约成本固然重要，但是不能只找便宜的东西，价位低的通常容易坏，能调整的角度也有限，拍摄的时候非常不方便，建议购买100元以上价位的三脚架。

2. 对焦要准确

“对焦”这个词对大多数朋友来说可能很陌生，如近视的人看东西要拿近了才能看清楚，不同程度的近视看清物品的距离不同，那么能看到的最清晰的距离就相当于相机的“焦距”。所有的数码相机都有自动对焦的功能，对于初学者来说只需要将镜头的中心对着拍摄物的主要部位，在显示屏里看到显示最清晰的时候按下快门即可。

3. 拍摄环境

拍摄的环境也很重要。拍摄环境的相关注意事项，大致包括如下几点。

- 不要在阳光下拍摄，这样拍出的物品会发红发黄。
- 拍摄物品时，如果要用其他一些物品来衬托，要注意颜色的协调和摆放的主次。
- 最好不要在颜色很杂的房间内拍摄，有雪白墙壁的阳台是最好的选择。
- 拍摄银饰时最好在旁边放上深色的衬托品，这样拍出来比较有金属感。

4. 傻瓜拍摄模式

我们都知道傻瓜式的数码相机都有自动拍摄模式，它会根据当前拍摄的环境、光线来自动调节所需要的效果。不过，在一些光线条件复杂的室内或是夜晚，自动模式并不能帮助我们拍摄出满意的照片。这个时候便需要我们通过一些简单的手动操作来解决。

例如，在夜晚拍摄时，如果使用自动ISO，相机往往会使用最高的感光度来保证快门速度，从而带来了严重的噪点。其实我们完全可以根据当时的光线情况，适当调高感光度并开启内置闪光灯来应对。

6.3 商品图片的美化方案

拍摄完照片以后，还需要使用图片处理软件对图片进行一些细节优化，让宝贝更漂亮，更接近原物，提高宝贝的吸引力。

6.3.1 常用的图片处理软件

对商品照片进行美化与修饰，都是通过相应的软件来实现的，目前常用的照片修饰软件主要有Photoshop、光影魔术手、美图秀秀、可牛影像。我们在处理照片之前，需要购买或从其他途径获取软件的安装文件并在电脑中安装，然后学习软件的基本使用方法。

1. Photoshop

Photoshop是当前世界上最流行的专业图像处理软件，其应用领域也非常广泛，常见的平面广告、封面设计基本都是使用Photoshop设计完成的。Photoshop提供的图像处理功能非常全面，只要我们能想到的，都可以通过Photoshop设计出来，其界面如下图所示。

作为大型的图像处理工具，Photoshop提供的功能非常多，而且在设计过程中也完全由用户自行发挥，因此对用户的操作技能以及设计能力要求也较高。因而如果要使用Photoshop处理照片，我们首先需要花费一段时间来学习Photoshop的使用，以及提升自己的设计能力。

2. 光影魔术手

光影魔术手是一款智能化的图像处理工具，其操作界面简单直观，即使是初学者也很容易上手，因此被众多淘宝卖家所广泛使用。

光影魔术手提供了绝大多数常用的图片处理功能，其智能化操作使得处理图片更加简单，毕竟我们要制作的图片只是在网店中传播，对处理水平以及设计能力要求不是太高，因而使用光影魔术手基本能满足广大卖家的图片设计需求，如下图所示为光影魔术手的操作界面。

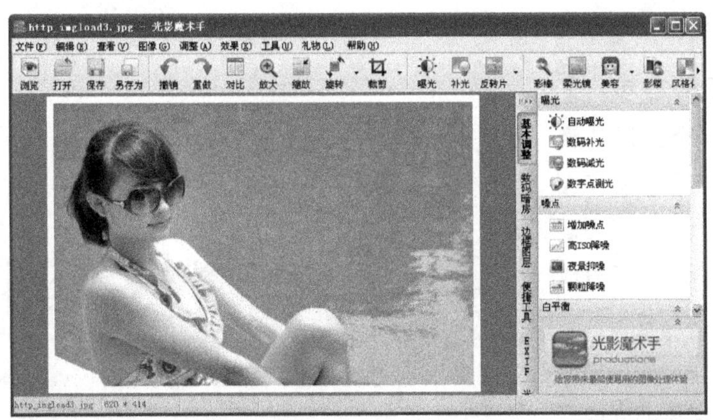

3. 美图秀秀

美图秀秀是一款很好用的免费图片处理软件，新手不用学习就会用。它独有的图片特效、美容、拼图、场景、边框、饰品等功能，加上每天更新的精选素材，1分钟就能做出影楼级的照片，还能一键分享到新浪微博、人人网，美图秀秀的界面如右图所示。

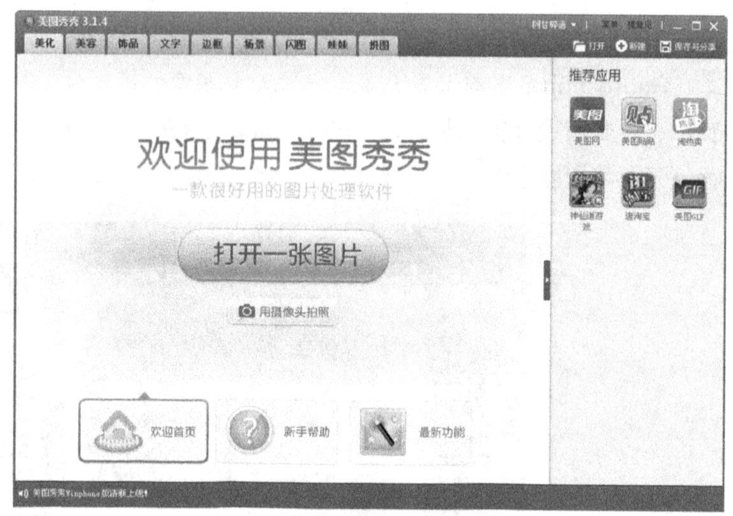

继电脑版之后，美图秀秀还推出了iPhone版、Android版、iPad版及网页版，目前美图秀秀在各大软件站的图片设计类高居榜首。

4．可牛影像

可牛影像是新一代的图片处理软件，它包括图片编辑、管理、浏览及各类图片趣味应用等功能。拥有一键磨皮、美白祛痘、瘦脸瘦身、魔术场景、图片去水印等多种编辑功能，更有百余种照片特效，让用户数秒即可制作出带有一些特殊效果的照片，无需专业学习，使用非常简单。 可牛影像的界面如右图所示。

和很多新兴的图像处理软件一样，可牛影像也是一款将Photoshop里的工具进行整合的软件。为很多不懂电脑，不计较美感，追求快速处理照片的网友提供了操作平台。

5．iSee图片专家

iSee软件（个人图片专家）是一款功能全面的数字图像浏览、处理工具，除了看图软件常有的功能以外，还有改变图片大小、转换图片格式、生成图片说明、多画面浏览等功能。iSee图片专家的界面如右图所示。

不但具有和ACDSee媲美的强大功能，还针对中国的用户量身定做了大量图像娱乐应用，让用户的图片可以动起来。

6.3.2 商品图片需要进行哪些修饰

我们使用各种图片处理工具进行美化与修饰的目的是为了使图片更加赏心悦目，同时使照片中的效果更加接近实物，达到吸引买家的目的。而不能仅仅为了图片美观过分美化，导致图片与实物出现较大差距，这样即使买家购买后，也可能出现后续纠纷。

针对网店中的各类商品，常用的修饰方法主要有以下几种。

- 更换图片背景：这是最常用的修饰方法，我们在拍照时，会连同背景一起拍摄，为了使商品从图片中突显出来，就可以将图片的背景更换为纯色背景或其他底纹背景。
- 调整图片色调：由于光线、相机以及显示器等因素，拍摄出的照片可能与实物在色调上存在一定差异，这时就需要对图片色调进行调整，使其尽可能与实物相近。
- 调整图片大小：高像素相机拍摄出的照片，分辨率一般较高，而网店中商品图片尺寸为500～800像素就足够了，这时就需要对图片的大小进行调整。
- 添加其他元素：这一点主要用于对图片进行修饰，我们可以在图片中添加各种图形或文字，使图片整体更加生动活泼，吸引买家。
- 添加图片水印：为了防止自己的图片被别人盗用，一般网店中的商品图片都会添加自己的店铺水印。

6.4 使用光影魔术手美化图片

由于不是专业的摄影师，所以我们拍摄出来的商品图片难免会出现瑕疵，这就要靠后期进行美化处理。光影魔术手就是这样一款简单易用的图片美化软件，功能强大、操作简单，深受淘宝卖家们的喜爱。

6.4.1 光影魔术手软件的特点

光影魔术手是一款改善照片画质和进行个性化处理的软件。其特点是简单、易用，让每个新手用户都能够制作出精美的相框、艺术照以及各种专业胶片效果，而且完全免费。可以通过其官方网站http://www.neoimaging.cn/下载到此款软件的最新版本。

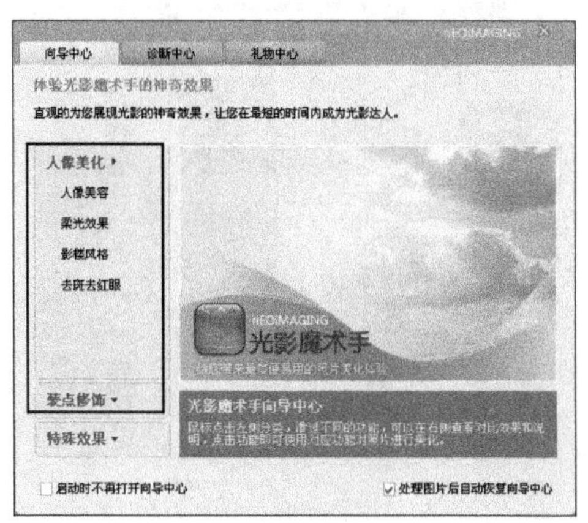

（1）易上手的向导中心

启动软件后即会自动弹出“向导中心”窗口来，其中包括照片问题修复操作指引。对于初学者来说，这样的向导中心将利于快速上手，如右图所示。

提个醒　简单易用

只要能看懂文字，就能够使用软件，这就是傻瓜软件的易用性。

（2）一目了然的操作过程

在光影魔术手中对原图进行修饰处理时，会同时显示原图与处理后图片的对比，这样每一步操作都可以即时地查看到对比效果，非常方便我们及时纠正效果，如右图所示。

（3）实用工具非常多

在软件主界面的“工具”菜单或是界面右侧的快捷操作栏中，均可以看到美化图片的工具，如证件照排版、日历制作、水印图片制作、大头贴制作等，可以说提供的图片处理功能相当丰富。

6.4.2 调整曝光不足的照片

我们时常会遇到，因为拍摄时光线不好而导致的照片过暗，这其实是一个小问题，通常光影魔术手即可轻松修复。

	光盘同步文件	
	同步视频文件	光盘\同步教学文件\第6章\6.4.2.mp4

STEP 01 ❶启动软件后弹出向导中心，切换至“诊断中心”选项卡；❷单击“曝光不足”图标，如下图所示。

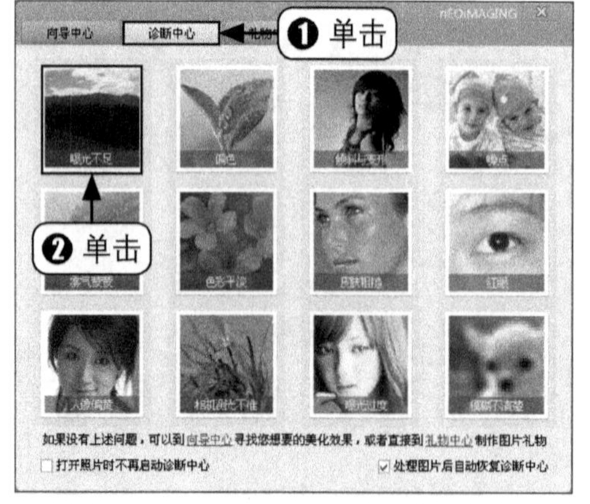

STEP 02 单击“打开一张图片”按钮，如下图所示。

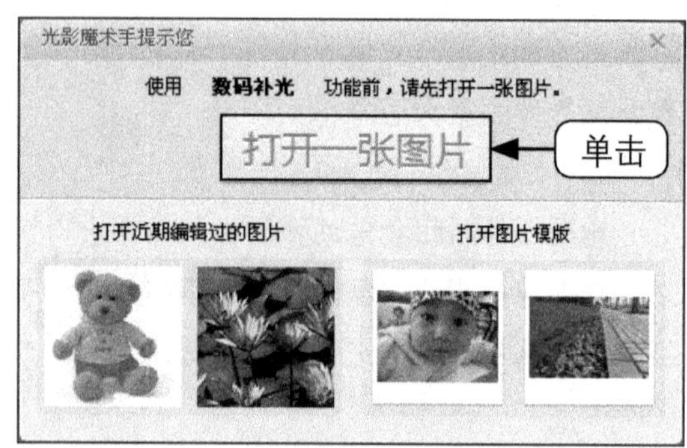

STEP 03 ❶选择要调整曝光度的照片；❷单击“打开”按钮，如下图所示。

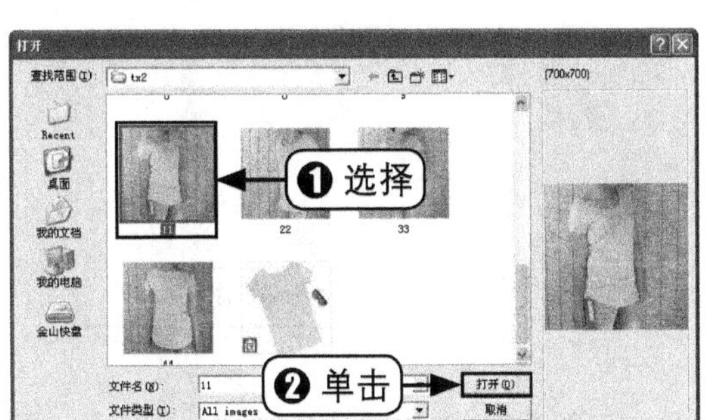

STEP 04 ❶弹出“数码补光”对话框，根据需要拖曳滑块进行调整；❷单击“确定”按钮，如下图所示。

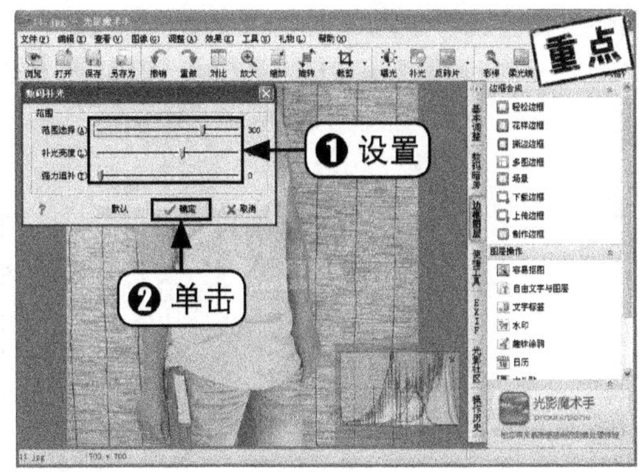

6.4.3 调整偏色的商品照片

因为拍摄时光线问题，很容易出现偏色的问题，这个时候可以使用光影魔术手轻松修复。

	光盘同步文件	
	同步视频文件	光盘\同步教学文件\第6章\6.4.3.mp4

STEP 01 打开偏色的照片，单击“白平衡一指键”按钮，如下图所示。

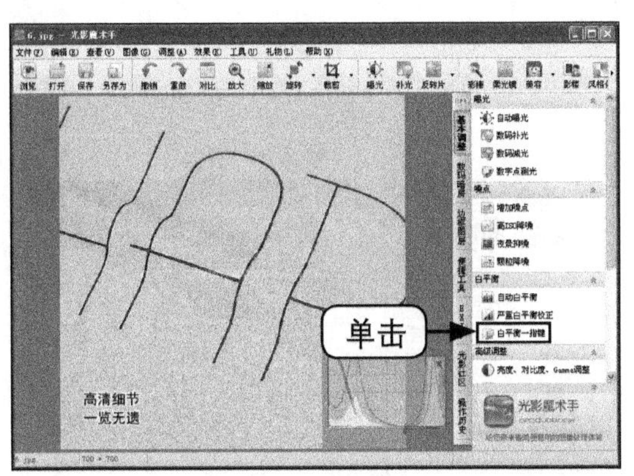

STEP 02 ❶设置白平衡处理方式，右侧会显示处理结果；❷单击“确定”按钮，如下图所示。

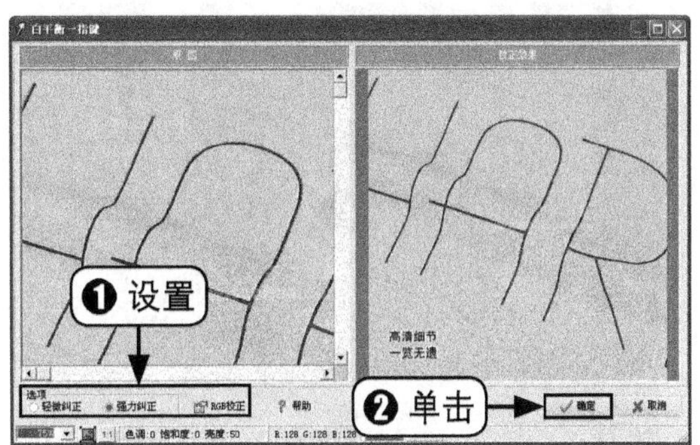

6.4.4 为照片添加边框效果

为了让宝贝看上去更专业，我们还可以利用光影魔术手来增加边框效果。

	光盘同步文件	
	同步视频文件	光盘\同步教学文件\第6章\6.4.4.mp4

STEP 01 ❶导入宝贝照片，单击“边框图层”选项卡；❷单击“轻松边框”按钮，如下图所示。

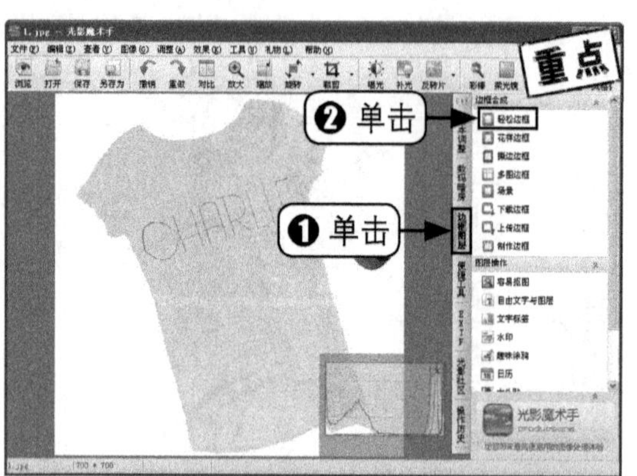

STEP 02 ❶单击一种边框样式；❷单击“确定”按钮，如下图所示。

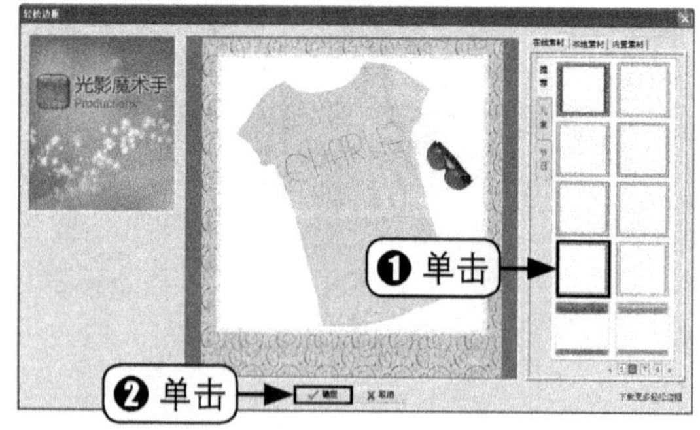

6.4.5 为照片添加防盗水印

如果不想辛苦拍摄的商品照片被其他淘宝店主盗用，就需要为商品照片添加防盗水印；另一方面，制作精美的水印也能起到宣传自己店铺的作用。

光盘同步文件	
同步视频文件	光盘\同步教学文件\第6章\6.4.5.mp4

STEP 01 选择宝贝照片，单击上方的“水印”按钮，如下图所示。

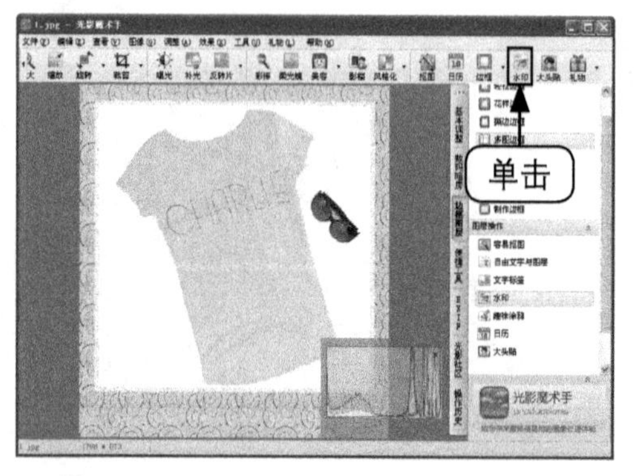

STEP 02 在弹出的对话框中单击“打开”按钮，如下图所示。

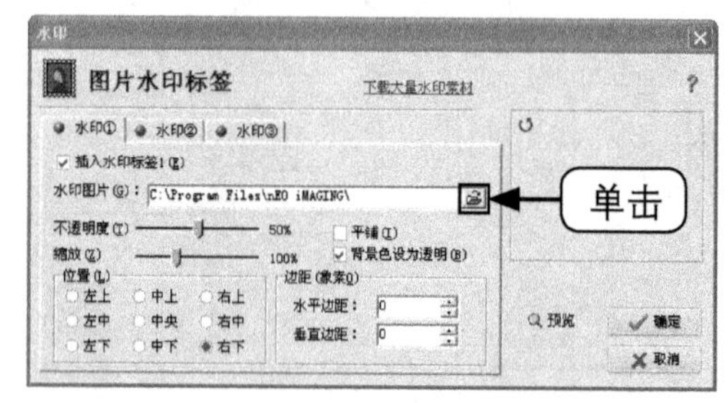

STEP 03 ❶单击水印图像；❷单击“打开”按钮，如右图所示。

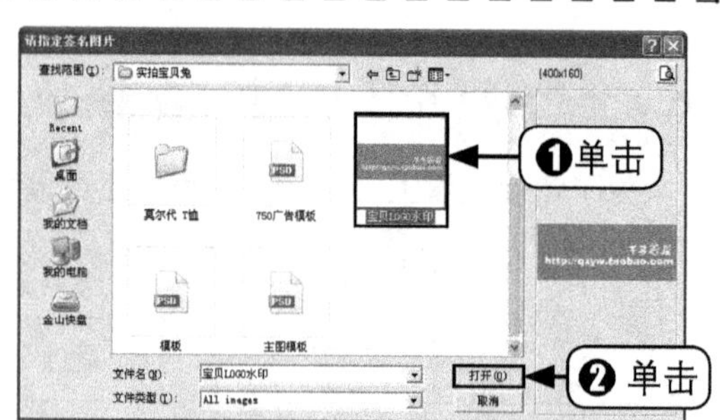

STEP 04 ❶勾选“背景色设为透明”复选框；❷单击“确定”按钮，如下图所示。

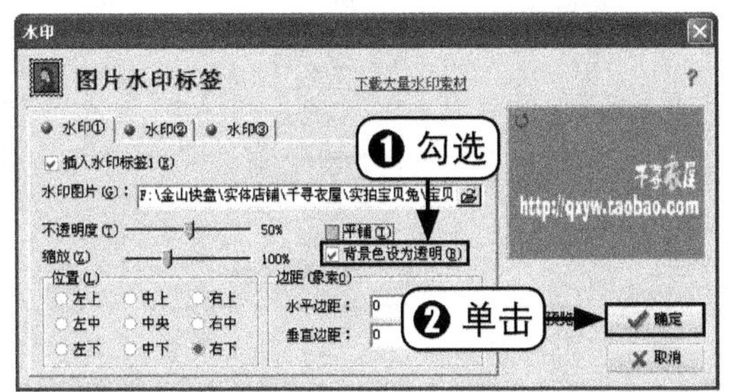

STEP 05 添加水印成功，宝贝水印效果如下图所示。

一点通 专业制作水印

漂亮的水印只能通过Photoshop这类专业软件制作或从网上下载，而像瓜制图软件虽然使用方便，但是只有编辑功能，制作功能相对很薄弱。

一点通 文字水印

如果这里没有水印图像，那么还可以在“边框图层”选项卡中单击“文字标签”按钮，然后输入文字来作为水印。

6.4.6 为照片添加文字

商品照片需要配上好的文字说明，才能更具有吸引力。下面来介绍如何利用光影魔术手进行文字添加。

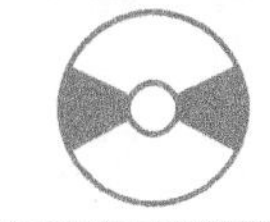	光盘同步文件	
	同步视频文件	光盘\同步教学文件\第6章\6.4.6.mp4

STEP 01 ❶导入宝贝照片，单击“边框图层”选项卡；❷单击“自由文字与图层”按钮，如右图所示。

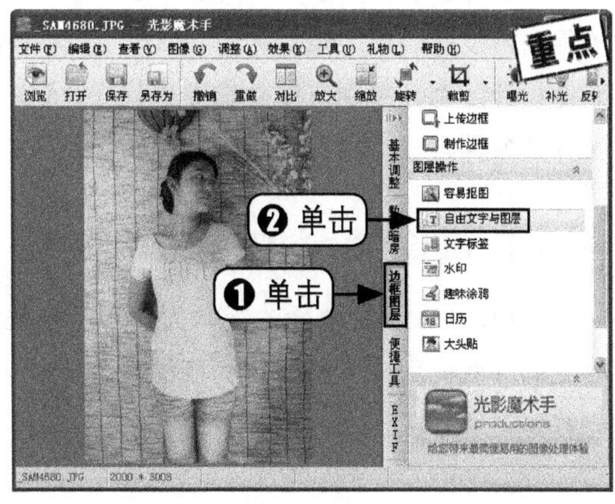

STEP 02 在打开的对话框里，直接单击“文字”按钮，如下图所示。

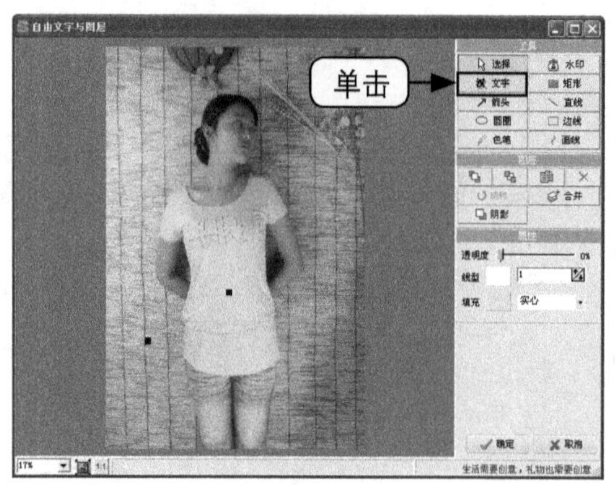

STEP 03 ❶输入文字内容；❷设置文字参数；❸单击“确定”按钮，如下图所示。

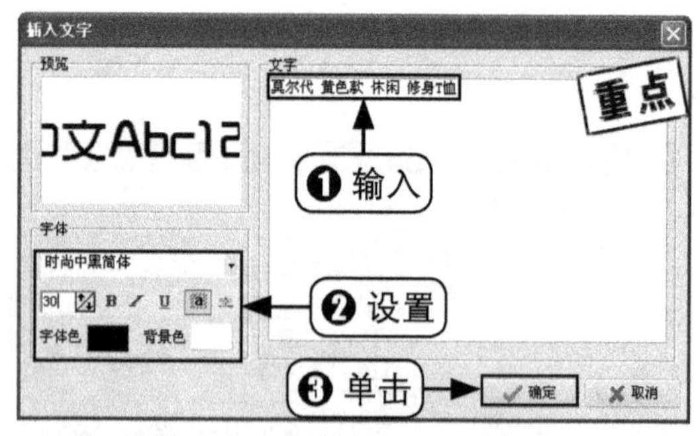

STEP 04 ❶拖曳更改文字大小；❷设置其他参数；❸单击“确定”按钮，如右图所示。

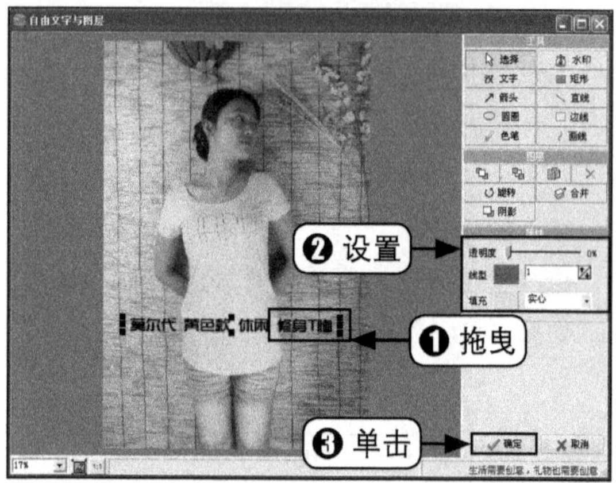

6.5 使用Photoshop美化图片

对于有较多时间学习的卖家，建议学习并使用Photoshop对商品图片进行处理与美化，这样不但自行设计的空间较大，而且熟悉了Photoshop的使用，以后无论是处理个人照片，还是店铺装修设计，都会特别方便。本节中就来认识Photoshop，并了解使用Photoshop处理与美化商品图片的各种方法。

6.5.1 认识Photoshop常用功能

Photoshop目前最新的版本为CS6，但是一般掌柜没有必要紧跟潮流，只要Photoshop CS以上版本就能完成我们所有商品的处理操作了。下面我们来介绍处理网店商品图片常用的功能与基本使用方法。

1. 基本工具的使用

在Photoshop界面左侧显示有工具箱，其中包含了所有处理图像需要用到的工具。有一些工具是必须使用的，一些工具则是根据设计需要来选择性使用的，对于处理商品图片的卖家而言，可能使用的工具主要有移动工具、选区工具、裁剪工具、钢笔工具、文字工具、抓手工具、缩放工具等，如右图所示为各常用工具。

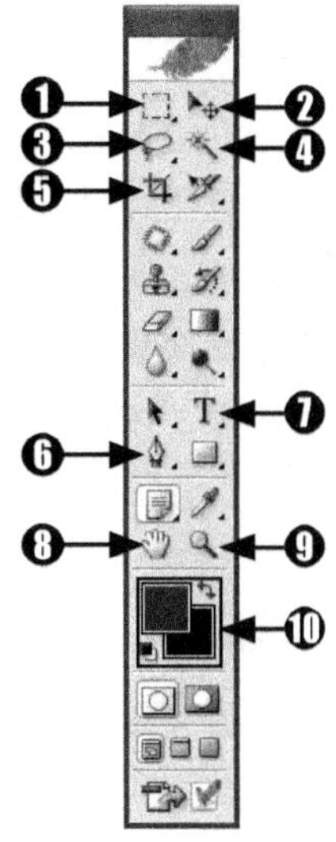

❶	选区工具：用于选择图层中指定的区域
❷	移动工具：用于移动图层中图像的位置
❸	套索工具：最基本的选区选择工具，可用于图像选取
❹	魔棒工具：可以快速创建图像中的同一颜色的选区，帮助用户进行图像的选取与背景图像的删除
❺	裁剪工具：用于对图像进行裁剪
❻	钢笔工具：绘制路径，多用于抠图
❼	文字工具：用于在图像中添加文本内容
❽	抓手工具：用于移动查看图像
❾	缩放工具：用于调整图像的缩放比例
❿	单击颜色块，可分别选择前景色与背景色，并且它们之间可以相互切换

2. 打开与保存图片

图片的打开与保存是Photoshop最基本的操作，使用Photoshop处理图片时，首先需要在Photoshop中打开图片，当处理完毕后，还需要将图片以指定格式进行保存。

在Photoshop中打开图片的方法有多种，一种是通过“文件>打开”命令打开；一种是直接双击软件中央空白区域打开；还有一种是直接在电脑中双击文件图标或右击图标选择“打开”命令打开，如下图所示。

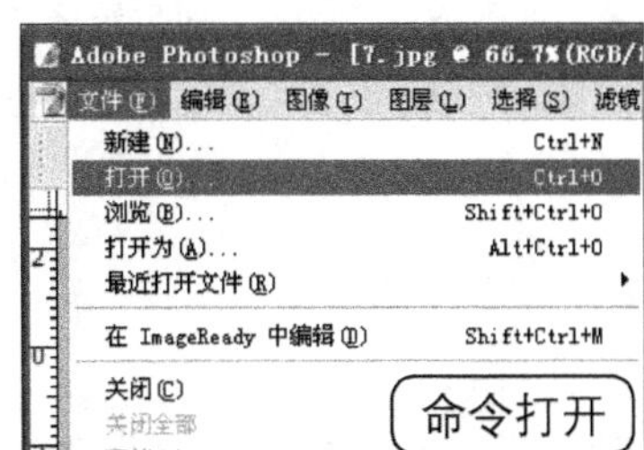

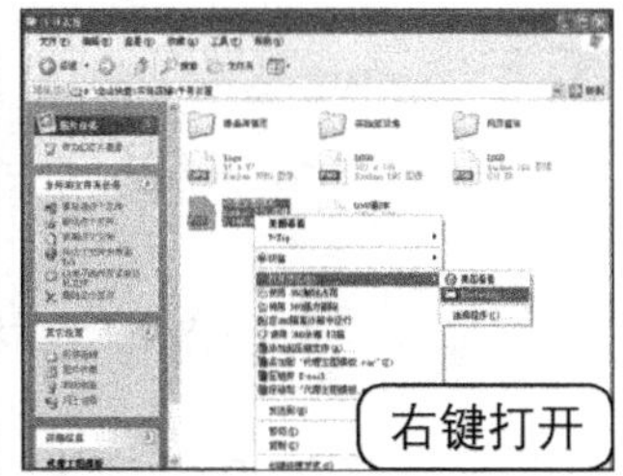

3. 图层的使用

图层是Photoshop中非常重要、也是在处理图片时使用最多的一个功能。通过图层，可以将多个图像重叠起来，形成新的图像，如右图所示。

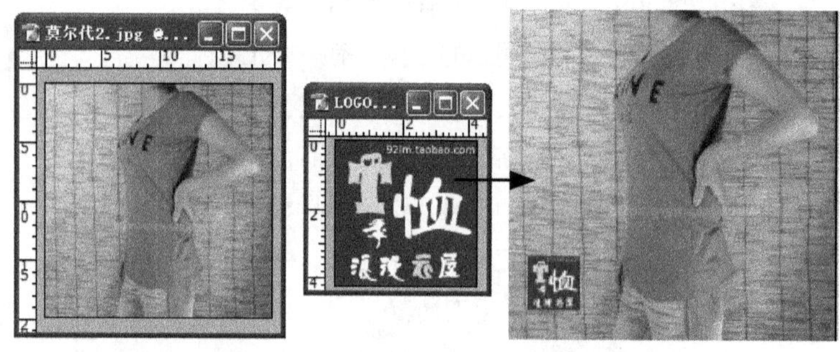

在使用Photoshop的过程中，将多个图像拼合为一个图像是经常要用到的。我们在处理商品图片时，也会涉及更换图片背景、添加图片水印等操作，这就需要通过图层来实现，因此对于卖家来说，在处理图片前，必须掌握Photoshop中图层的使用方法。

Photoshop界面右侧提供有“图层”面板。我们对图层进行的所有操作都是在该面板中进行的，基本的图层操作主要包括新建图层、复制图层、删除图层以及调整图层顺序等，如右图所示。

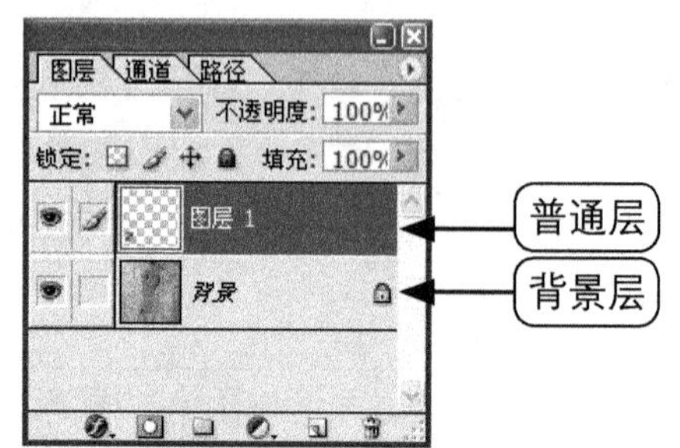

基本图层操作的具体方法如下。

- 新建图层：在Photoshop中打开或新建文件后，如果要添加新的图像或者绘制新对象时，就需要新建一个空白图层。新建图层的方法很简单，只要单击“图层”面板中的“创建新图层”按钮，那么Photoshop会自动创建一个新图层用于放置图像。
- 复制图层：复制图层就是复制出当前图层的一个副本，如一幅图像中需要多个相同的对象时，就可以将包含对象的图层复制多份。复制图层的方法有两种，一种是右击图层，在弹出的快捷菜单中选择“复制图层”命令，另一种是直接将要复制的图层拖拽到“创建新图层”按钮上。
- 删除图层：在编辑图片的过程中，如果某个图层不再需要，就可以将其删除。删除图层后，图层中包含的图像也会同时删除。删除图层的方法同样有两种，一种是直接将图层拖拽到“图层”面板下方的“删除图层”按钮上；另一种是选中要删除的图层，单击“图层”面板下方的“删除图层”按钮，然后在弹出的对话框中单击“是”按钮。
- 调整图层顺序：图片整体效果是由各个图层中的图像按顺序叠加而成的，“图层”面板中最上方图层中的图像，则显示在图片最前面，反之最下方图层中的图像，则显示在图片最后面。调整图层顺序时，只要将相应图层拖拽到其他图层的上方或下方即可。

提个醒　参考相关书籍

这里我们对Photoshop进行了简要的介绍，更具体的内容读者可以参考本社其他相关的Photoshop类书籍。

6.5.2 去除图片的多余背景

当拍摄好照片后，我们需要的仅仅是照片中的商品图像，而不需要图片背景，这时就可以使用Photoshop将商品图像从照片中分离出来，也就是常说的“抠图”。将图片分离出来后，就可以为图片添加背景、添加单独的效果等。

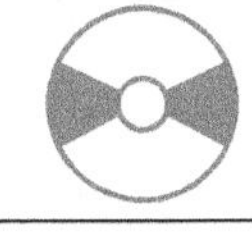

光盘同步文件	
同步视频文件	光盘\同步教学文件\第6章\6.5.2.mp4

STEP 01 运行Photoshop，打开一幅原始的需要去除背景的图片，如下图所示。

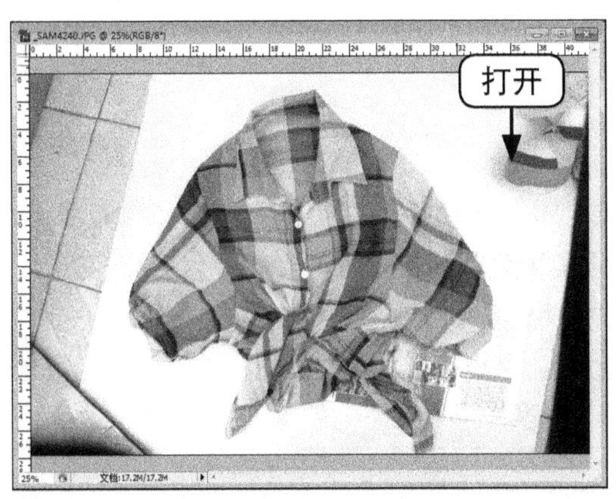

STEP 02 ❶使用套索工具勾勒出如下图所示的选区形状；❷按【Ctrl+Alt+D】快捷键打开“羽化选区”对话框，设置羽化半径；❸单击“确定”按钮，如下图所示。

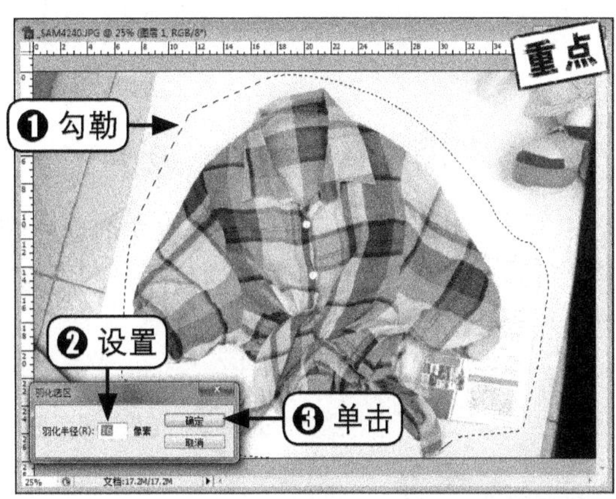

STEP 03 按【Ctrl+Shift+I】快捷键反选选区，按【Delete】键删除多余的内容，这样多余的背景就被删除，如下图所示。

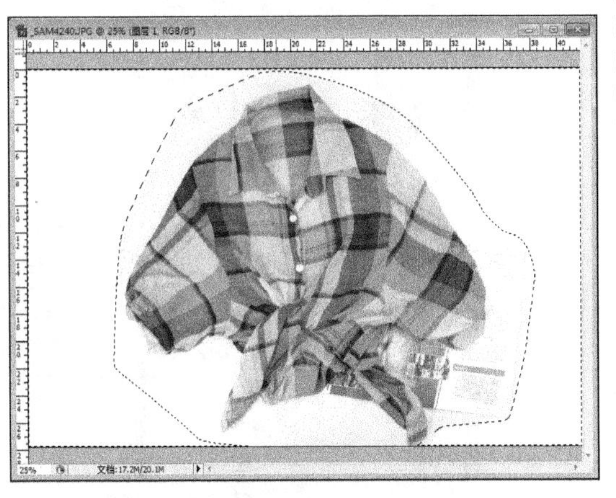

STEP 04 按【Ctrl+D】快捷键取消选区，❶单击“图像”菜单；❷选择“调整”命令；❸选择“曲线”命令，如下图所示。

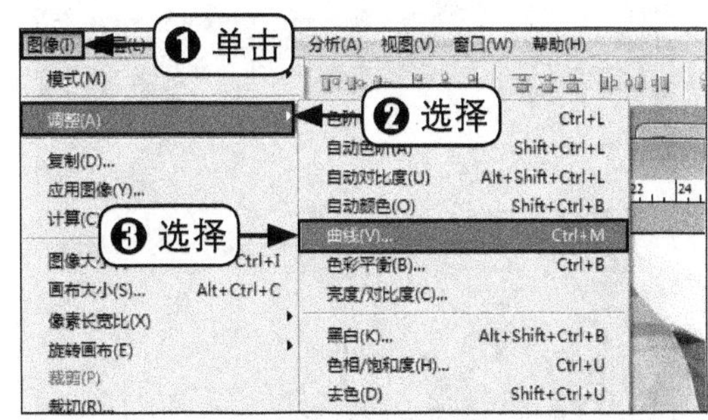

STEP 05 ❶打开“曲线”对话框，向下轻微调整曲线，以降低图像的亮度；❷单击“确定”按钮，如下图所示。

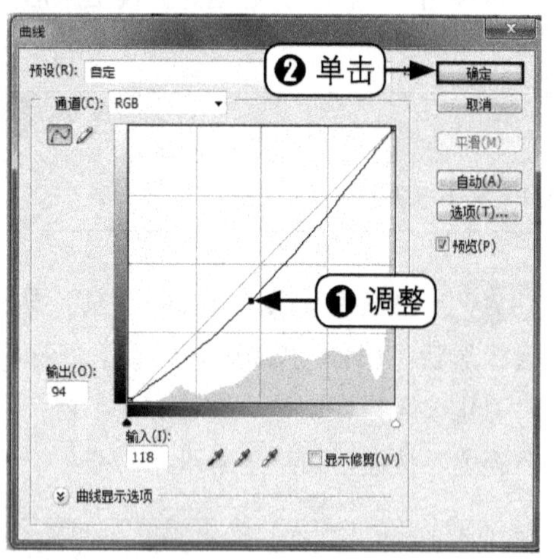

STEP 06 调整完成，用户还可以为当前图片添加其他要素，如Logo、细节图等，如下图所示。

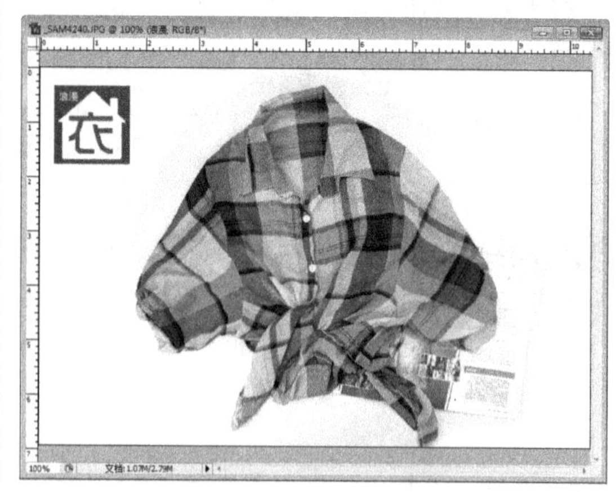

6.5.3 调整宝贝图片色调

使用相机拍摄的照片，往往由于光线、相机类型等因素使其与实物颜色存在略微偏差，在Photoshop中对图片色调调整的目的，就是为了还原实物颜色，使图片与实物颜色更加相近。

	光盘同步文件	
	同步视频文件	光盘\同步教学文件\第6章\6.5.3.mp4

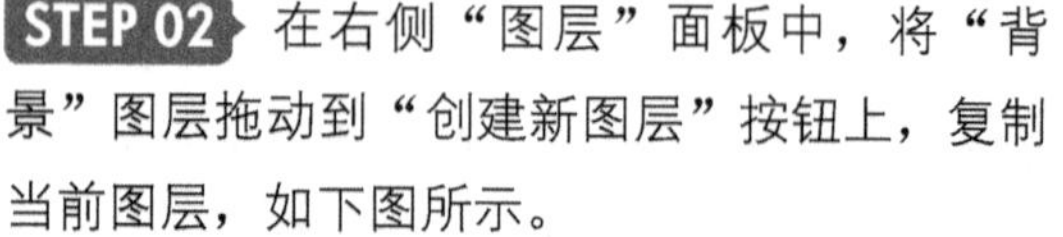

STEP 01 打开需要处理的商品图片，如下图所示。

STEP 02 在右侧“图层”面板中，将“背景”图层拖动到“创建新图层”按钮上，复制当前图层，如下图所示。

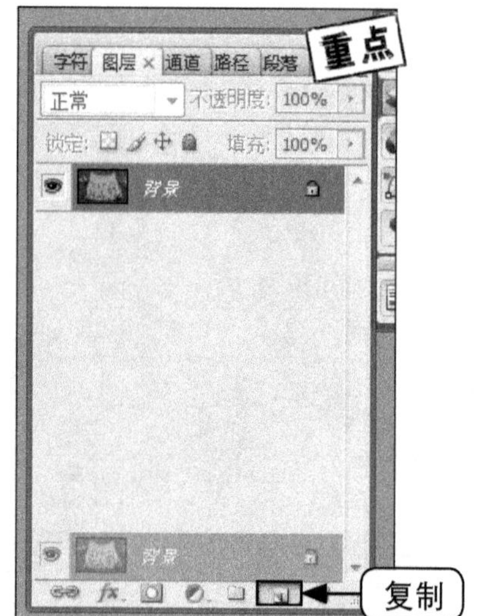

STEP 03 ❶单击“正常”右侧的下三角按钮；❷选择“滤色”选项，如下图所示。

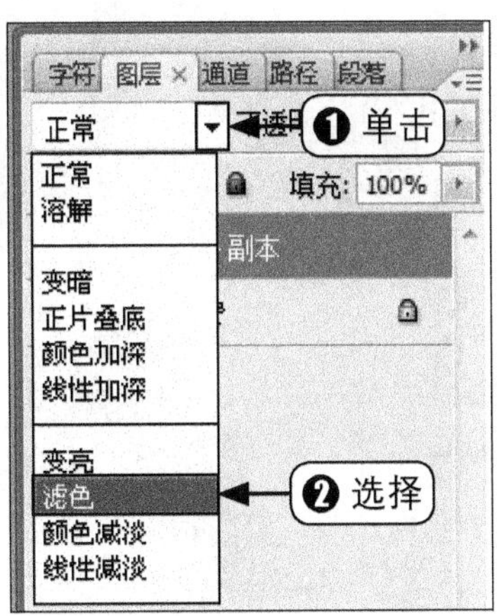

STEP 04 此时图像会自动变得明亮，色调更真实，如下图所示。

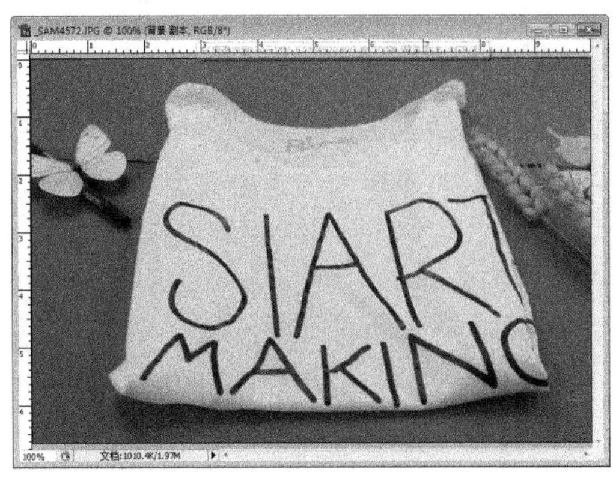

6.5.4 抠取宝贝图片并添加文字

前面介绍了简易的图片背景处理方法，但是对于背景复杂的商品来说，通过套索工具选取选区是不行的，这时可以利用强大的钢笔工具来进行处理。

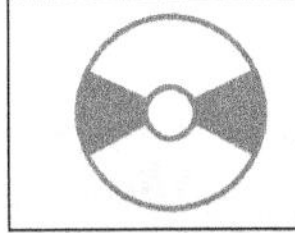	光盘同步文件	
	同步视频文件	光盘\同步教学文件\第6章\6.5.4.mp4

STEP 01 打开需要处理的宝贝照片，放大显示图像区域，然后使用钢笔工具对边缘进行描边，如下图所示。

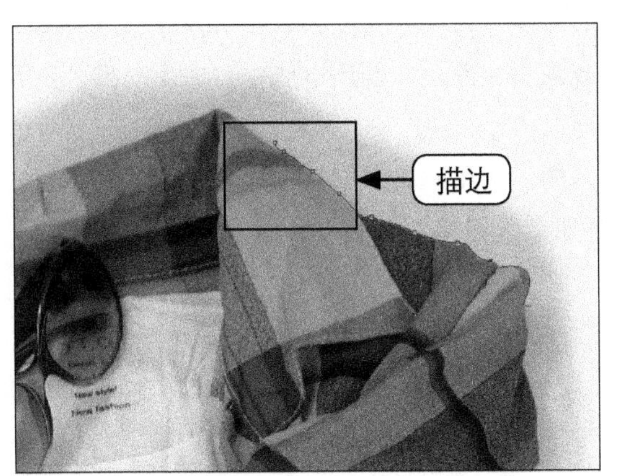

STEP 02 完成路径描边后反选，然后删除多余背景内容，得到干净的宝贝效果，如下图所示。

STEP 03 选择文字工具以后，在相关区域输入文字，让宝贝图片更富有吸引力，如右图所示。

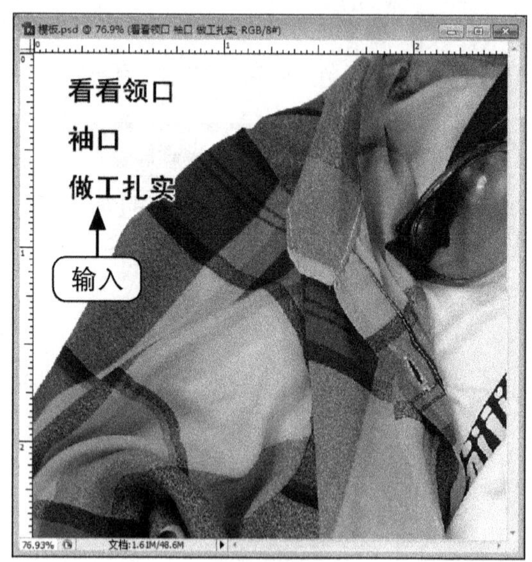

一点通 关于Photoshop抠图

利用“钢笔工具”和“通道”技术进行抠图是目前在Photoshop中抠图最有效的方法，而通道的应用比较烦琐，没有扎实的Photoshop功底很难有效实施。

新手朋友们可以多多练习使用钢笔工具，只要有耐心，就能抠出完美的图像。

提个醒 举一反三多学习

这里我们简单介绍了Photoshop的操作方法，用户应该举一反三，学会Photoshop以后，对日后开店会有莫大的帮助。

技能实训

增强动手能力

通过对前面内容的学习，为了巩固读者所学的相关知识，下面安排实训任务来增强动手能力和技能的综合应用水平。

实训一 将拍摄的照片复制到电脑中

使用数码相机拍摄好商品照片之后，接下来就需要将照片复制到电脑中，进而对照片进行修饰与美化，以及将照片上传到店铺中。

目前的数码相机多数是通过存储卡来进行存储的，而用户日常拍摄的照片都保存在这里。要读取照片，最为简单的方法就是直接将存储卡通过读卡器接入电脑。

STEP 01 关闭相机，取出数码相机底部的SD存储卡，如下图所示。

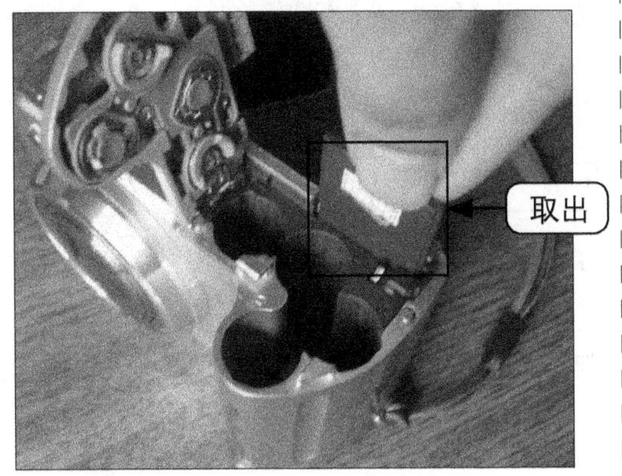

STEP 02 将SD存储卡插入专用的读卡器设备中，如下图所示。

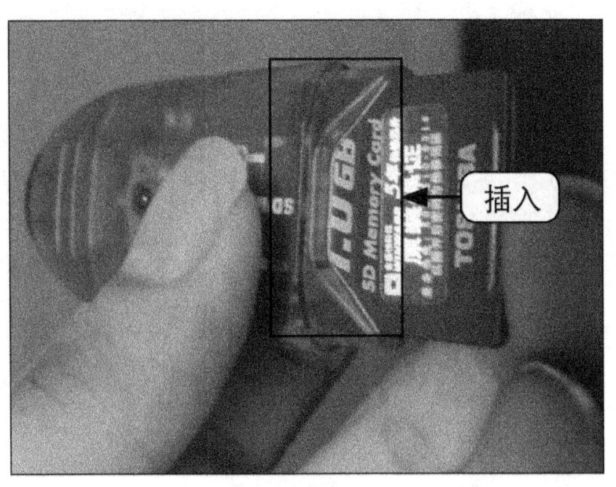

STEP 03 将读卡器插入电脑的USB接口进行连接，系统会自动将存储卡识别为移动设备，如下图所示。

STEP 04 存储卡通过读卡器连接笔记本电脑后，会在我的电脑中显示为一个移动盘符，在我的电脑中找到这个移动盘符，双击打开当前磁盘，如下图所示。

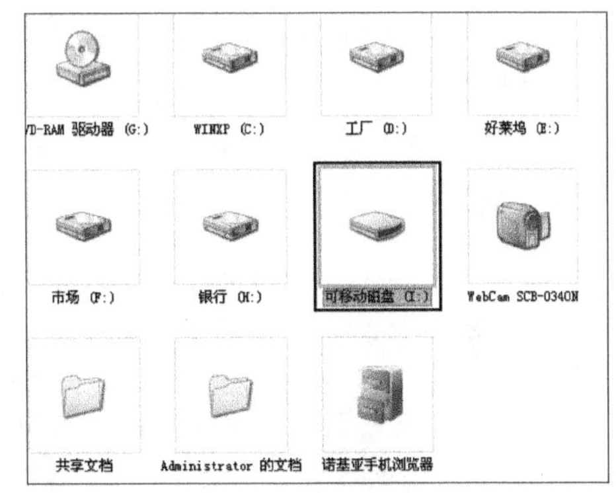

STEP 05 ❶打开磁盘中的image文件夹，选择要进行传送的照片；❷单击左侧的“复制所选项目”链接，如下图所示。

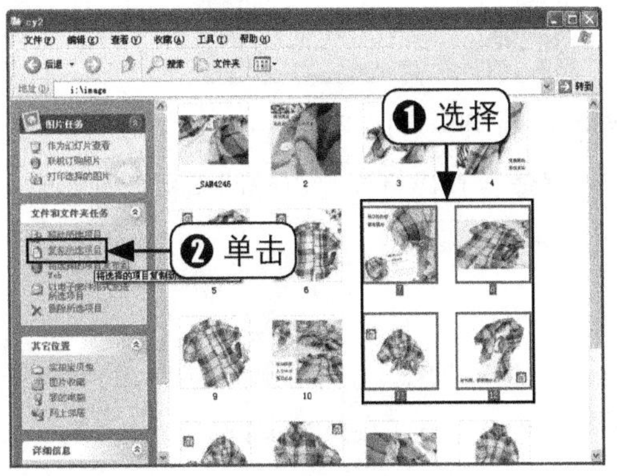

STEP 06 ❶打开“复制项目”对话框，在这里选择保存图像的位置；❷单击“复制”按钮，如下图所示。

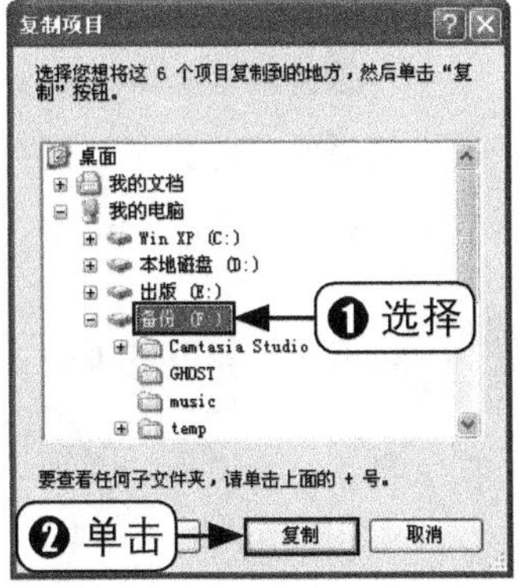

一点通　同时选择多个文件

按住【Ctrl】键单击，可以连续选择多个图像文件，按【Ctrl+A】快捷键可以快速选择当前文件夹中的所有文件。

实训二　不同商品图片的拍摄技巧

目前网店中销售的商品，主要可以分为服饰类、化妆品类、数码类以及生活用品类，对于不同类型的商品，拍摄方案和拍摄技巧也各不相同。

下面针对这4类商品来提供相应的拍摄方案与技巧，广大卖家在拍摄商品图片时可以作为参考。

1. 服饰类拍摄技巧

服装类商品在拍摄时，一般选择两种拍摄方案，一种是真人试穿，另一种是将服饰水平摆放好直接拍摄。

对于真人试穿拍摄，建议在户外进行，因为一般户外的光照比较好，照出来的衣服色彩还原度也比较高，图片看上去真实可信。如果选择在室内进行拍摄，则最好能够提供一面纯白色的背景，如较为光滑的白色墙面、铺上白色绘图纸的墙壁等。

对于服装拍摄，就涉及服装的摆放，一般情况下都是根据衣服的特性进行摆放，尽量让其看上去显得修身、能突出立体感，同时可以在服装旁边摆放一些其他物件，这样可以起到点缀的作用，如下图所示。

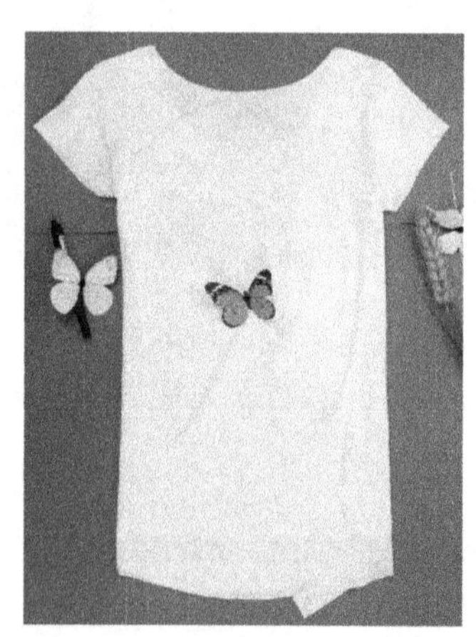

对于室内拍摄而言，为了让光线更加充足，有条件的用户可以采用1～2盏布光灯。一般来说，细腻质料的衣服适合用柔和光，而粗糙质料的衣服适合直接打光，以挽回质料差的感觉。

一点通　服装宝贝拍摄

在所有商品图片的拍摄中，服饰类商品是最容易也是最难拍摄的，由于不同服饰的材料不同，因此如何才能拍摄出颜色最好的照片，还需要卖家通过多次尝试来慢慢掌握。

为了通过照片更加逼真全面地展现出实物，我们通常需要对服饰的各个角度进行拍摄，下面大致列出不同服饰需要拍摄哪些角度的照片。

- 外套类：正面、背面、内里，细节图则为衣领、袖口、衣兜、拉链、扣子以及衣服材质细节。
- 毛衣类：正面、背面，细节图则为衣领、袖口、工艺与材质细节等。
- 衬衫类：正面、背面，细节图则为衣领、袖口、衣兜。
- 裤子类：正面、背面，细节图为拉链、裤兜。
- 鞋类：正面、侧面、底部，细节图则为材质特写、特色设计等。

以上无论哪种服饰，在拍摄时，均要考虑如何能够全面地将服饰的各个层面展现出来，具体如何拍摄，卖家可以结合自己的经验来操作。如果是品牌服饰，那么可以单独拍摄品牌Logo位置以及服饰吊牌。

2. 化妆品类拍摄技巧

化妆品类商品一般采用盒装或瓶装，体积均较小，在拍摄环境选择上也非常方便，如一张桌子即可，为了彰显出质感，可以采用白纸作为底面，拍摄效果如下图所示。

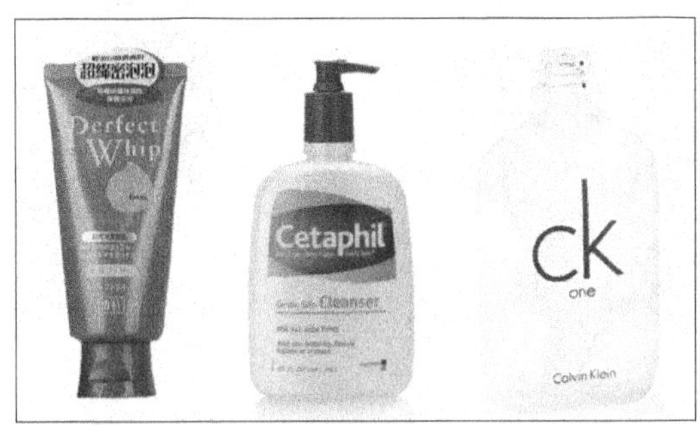

另外，很多化妆品类商品采用透明玻璃瓶封装，在这类商品的拍摄上，则可以采用黑色背景纸，从而突出商品的轮廓与层次。

在拍摄采光上，由于化妆品类商品本身体积较小，因此可以因地制宜来选择光源，如室内拍摄可以采用台灯、日光灯等。

3. 数码类拍摄技巧

数码类商品同样不需要太大的拍摄空间，这里建议大家可以采用鞋盒或者其他纸箱（内面为白色的）作为拍摄空间，这样的好处是拍摄出的照片布光均匀，并且可以避免由于数码类商品表面光滑而产生的反光或倒影现象，如下图所示。

数码商品拍摄技巧

对于带有屏幕的数码类商品，在使用相机拍摄时，往往会在屏幕中留下相机的倒影，对于这种情况，我们可以在一张白纸上剪出与相机镜头大小相同的洞，然后将报纸套到镜头上来拍摄。

对于表面反光的数码商品，在拍摄时不建议使用相机闪光灯，而采用布光比较广泛的光源，同时光源距离商品不宜太近。

4．生活用品类拍摄技巧

生活用品类覆盖的范围比较广，材质体积也各不相同，在拍摄照片时，就需要根据商品的特性来进行拍摄了，如体积大的需要较大的拍摄空间、材质较亮的不宜采用闪光灯等。对于居家类生活用品，我们可以进行简单搭配后再拍摄，这样更容易展现出商品在实际使用中的装饰效果。

拍摄这类商品最重要的就是白平衡，也就是将商品的原色在照片中展现出来，这也需要读者根据不同商品不同环境来反复调整，如下图所示。

Chapter 07

网店摆货上架准备开张

本章导读

注册了淘宝会员，有了合适的进货渠道，店铺的定位也明确下来，我们淘宝开店的创业之路就可以正式起航了。这是一件非常快乐的事，因为淘宝网的开店操作是很简单的，而且完全免费。

本章学完后您会的技能

- ❖ 淘宝身份信息认证
- ❖ 淘宝开店考试
- ❖ 完善淘宝店铺的信息
- ❖ 完成淘宝网商品上架
- ❖ 使用淘宝助理管理商品

本章内容展示

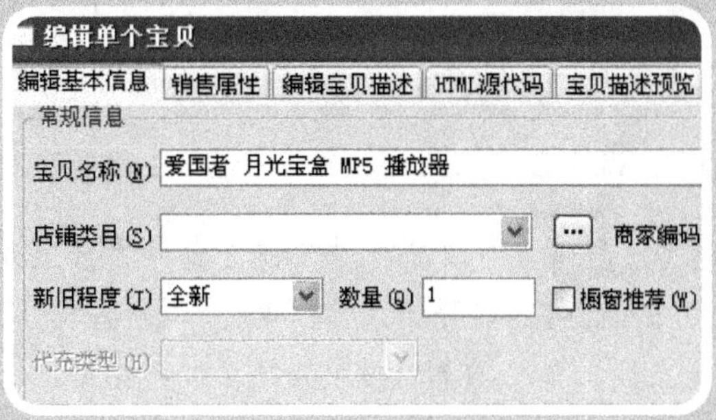

编辑单个宝贝

编辑基本信息 | 销售属性 | 编辑宝贝描述 | HTML源代码 | 宝贝描述预览

常规信息

宝贝名称(N) 爱国者 月光宝盒 MP5 播放器

店铺类目(S)　商家编码

新旧程度(J) 全新　数量(Q) 1　橱窗推荐(W)

代充类型(H)

系统设置

基本设置
聊天设置
个性设置
个性签名
热键
主界面
语言
用户体验计划
安全设置

个性签名最多不能超过5条

滚动显示　间隔时间：5分钟

确定　取消

欢迎来到淘宝卖家中心

您现在还未开店，卖家中心的大部分信息还不能看到，您可以

免费开店

通过实名认证、开店考试后，即可免费开始您的淘宝店铺。

出售二手闲置

不用开店，即可发布您的闲置物品，享受交易乐趣。

7.1 开张自己的淘宝网店

前期准备工作充分完成之后，我们淘宝开店的创业之路就可以正式起航了。首先要做的是向淘宝网申请店铺营业资格，需要完成身份信息认证、开店考试和完善店铺信息三个步骤。

7.1.1 淘宝身份信息认证

现在淘宝规定，除了支付宝认证外，还额外增加了用户个人信息认证，必须通过此认证才能进行开店操作。

	光盘同步文件	
	同步视频文件	光盘\同步教学文件\第7章\7.1.1.mp4

STEP 01 登录淘宝网，单击“卖家中心”链接，如下图所示。

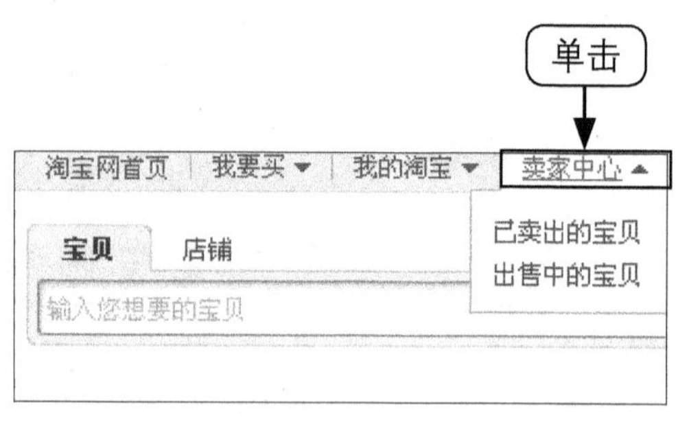

STEP 02 单击“免费开店”图标，如下图所示。

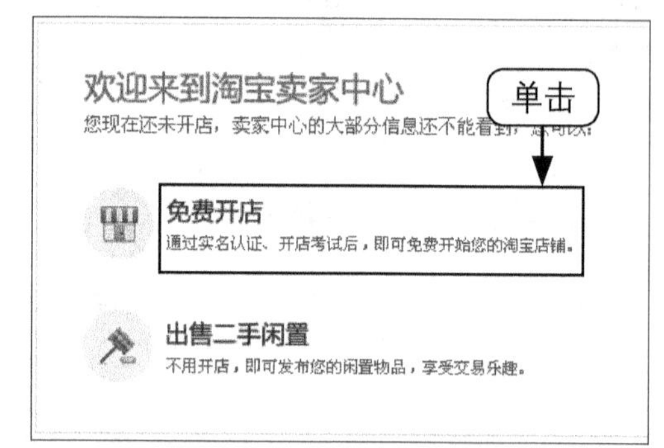

STEP 03 打开开店任务页面，提示要完成以下3件任务才可开店，单击第一件任务“开店认证”下的“查看详情”按钮，如下图所示。

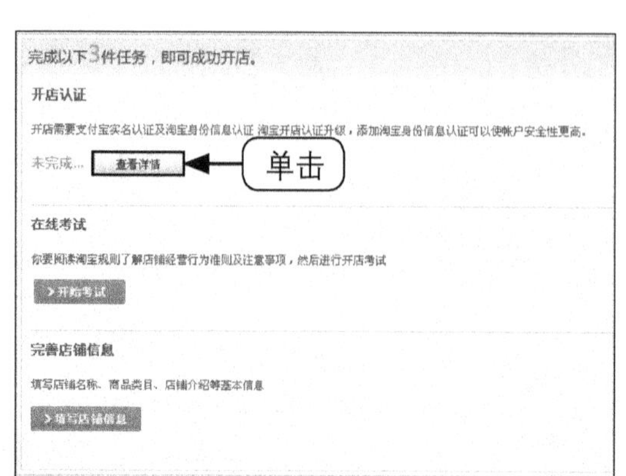

STEP 04 ❶分别提交一张头像和半身像（需手持身份证拍摄）；❷单击“提交照片认证”按钮，等待淘宝审核，审核通过即可完成认证，如下图所示。

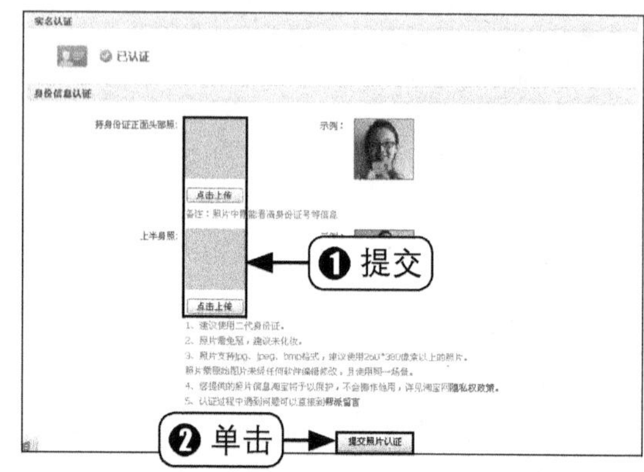

7.1.2 淘宝开店考试

新开店除了认证，还必须进行在线考试，让所有卖家熟悉淘宝的规则，只有通过了考试，才能开店。下面来看看具体的操作方法。

<table>
<tr><td rowspan="2">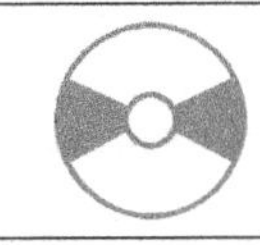</td><td colspan="2">光盘同步文件</td></tr>
<tr><td>同步视频文件</td><td>光盘\同步教学文件\第7章\7.1.2.mp4</td></tr>
</table>

STEP 01 在认证任务下方单击“开始考试”按钮，如下图所示。

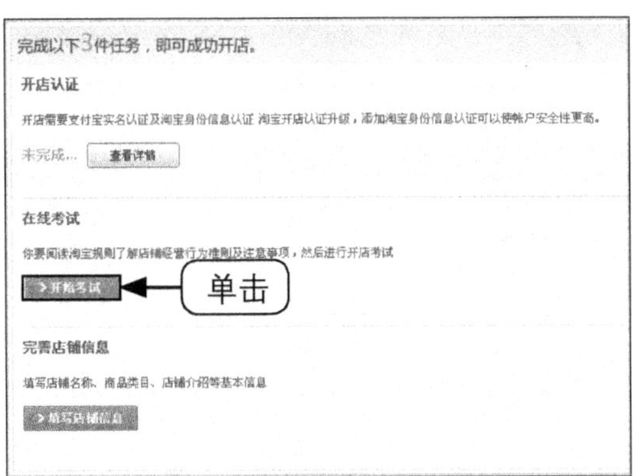

STEP 02 依次答题，选择正确的考试答案，如下图所示。

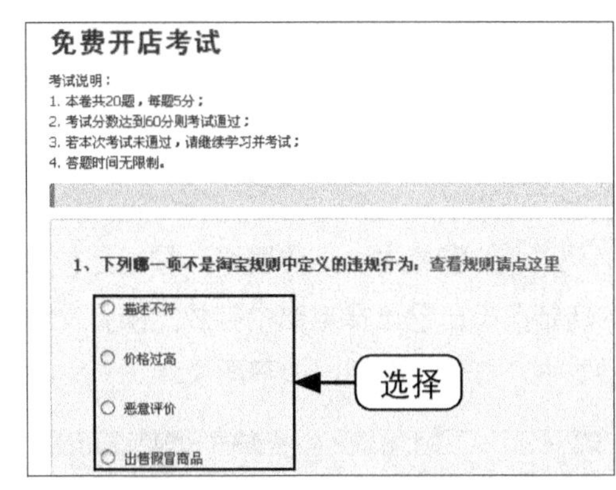

STEP 03 ❶选择最后一道题的答案；❷确认无误后单击“提交”按钮，如下图所示。

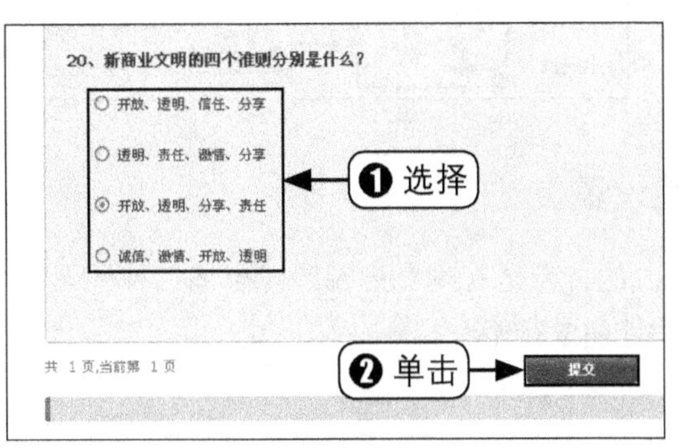

STEP 04 考试通过后，会自动弹出如下图所示的考试通过提示。

7.1.3 完善店铺信息

完成了淘宝认证、开店考试以后，最后一步是填写店铺信息，当用户完成店铺信息设置以后，就能成功开店了。

<table>
<tr><td rowspan="2">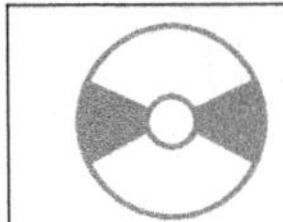</td><td colspan="2">光盘同步文件</td></tr>
<tr><td>同步视频文件</td><td>光盘\同步教学文件\第7章\7.1.3.mp4</td></tr>
</table>

STEP 01 当前已经完成前面两项任务，单击最后一个“填写店铺信息”按钮，如下图所示。

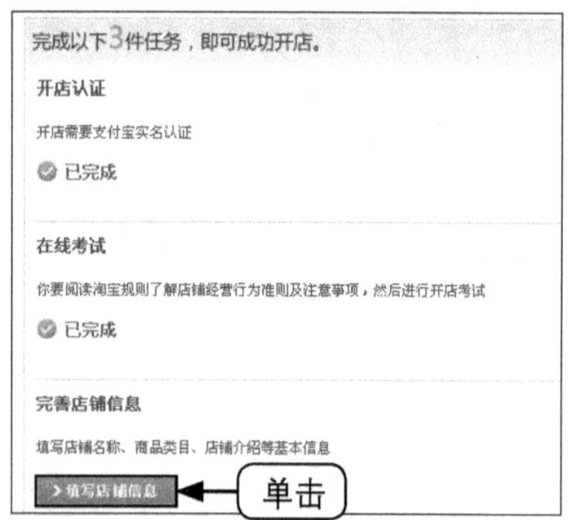

STEP 02 打开新页面，提示用户是否同意签署诚信经营承诺书，这里直接单击“同意”按钮，如下图所示。

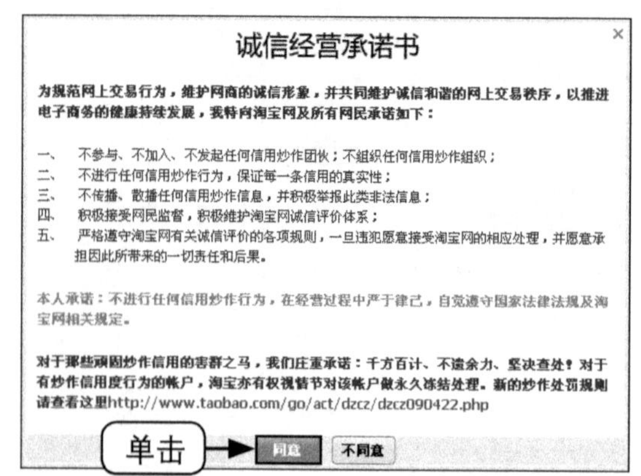

STEP 03 ❶单击“上传图标”按钮上传自己的店铺图标；❷选择电脑中存放的图标文件；❸单击“打开”按钮，如下图所示。

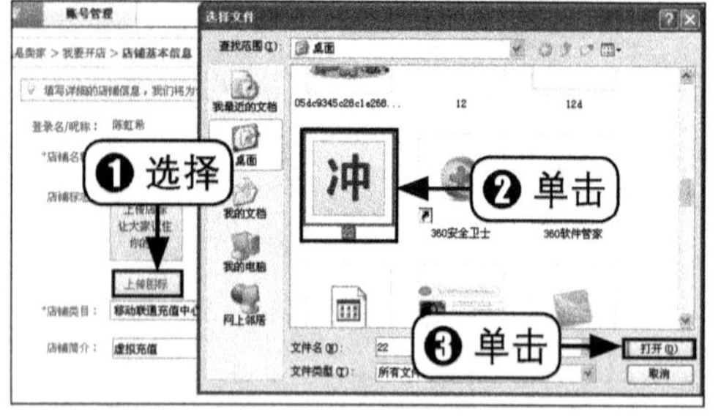

STEP 04 ❶设置店铺的类目、简介说明、经营类型；❷输入店铺的经营地址以及邮编，如下图所示。

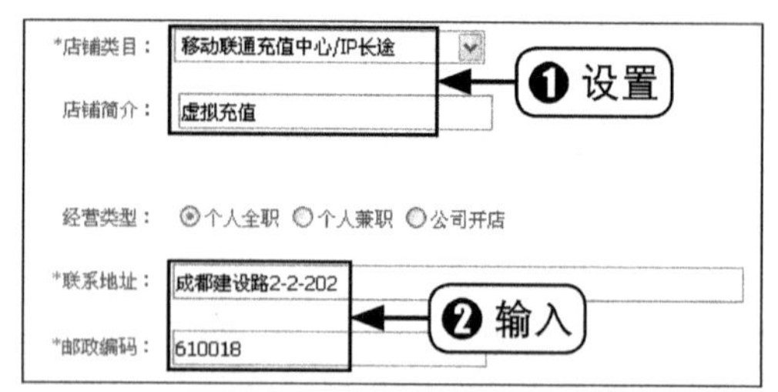

提个醒 建立店铺时的店铺名称不能设置

这里的店铺信息，包括店铺名称，都是可以修改的，但是在建立店铺时，店铺名称是固定以ID显示的，没法设置，只有成功创建店铺以后才能进行修改。

STEP 05 ❶输入店铺介绍信息；❷设置货源方式以及是否有实体店/仓库等；❸单击下方的“保存”按钮，如右图所示。

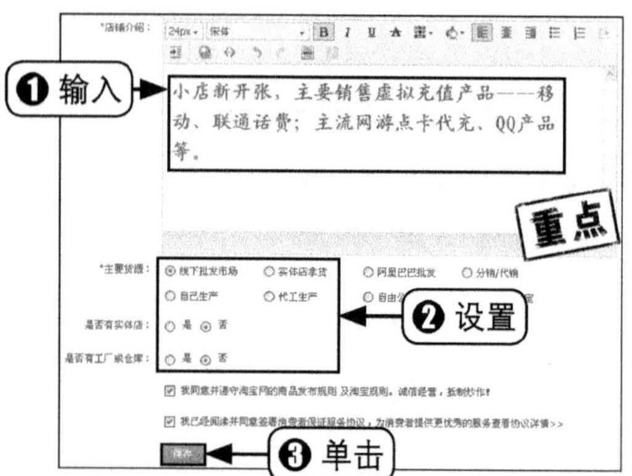

STEP 06 稍等片刻，提示创建店铺成功，如右图所示。

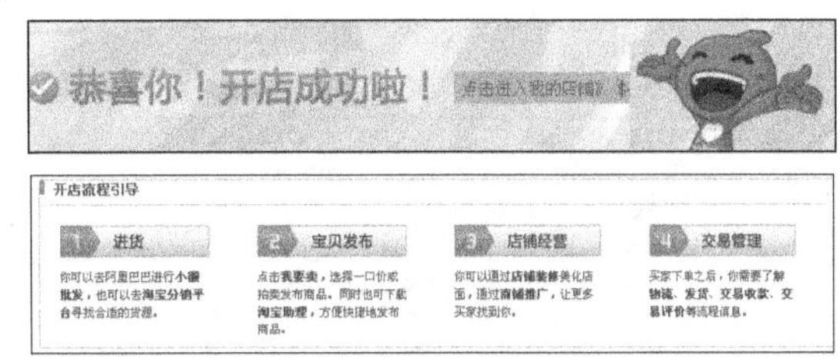

7.2 完成淘宝网商品上架

在淘宝网开店完全免费，而且开店申请也非常简单。只需要发布10款在售商品，独立店铺页面即会自动开通。在发布商品方法上面，淘宝网也有多种方式供我们选择。本节将一一介绍相关知识。

7.2.1 准备商品信息资料

发布商品之前要准备好相关的商品资料，包括商品图片、商品介绍、售后服务信息等内容，下面列举说明。

1. 商品图片的来源

网上开店比较重要的就是视觉效果，因此商品图片一定要准备充分而且清晰。

通常说来，供货商家会提供商品资料页及商品图，如果没有可以通过网络搜索来查找，如百度网站的图片搜索等。注意自己寻找的图片一定要清晰，而且不要带有其他网站的水印，如下图所示。

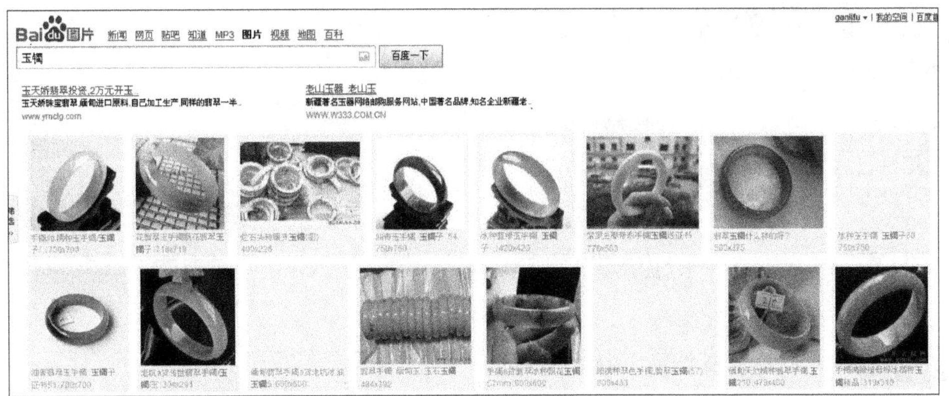

2. 商品介绍信息

商品介绍信息在进货时厂商也会提供，虽然可以通过扫描仪以图片形式放在网店上，但是信息量还是不够丰富。建议再通过搜索引擎查询一些关于商品的实际使用、试用评测方面的介绍信息，这样对于买家来说才更有吸引力，特别是数码类商品，试用感受才是最好的商品介绍，如下图所示。

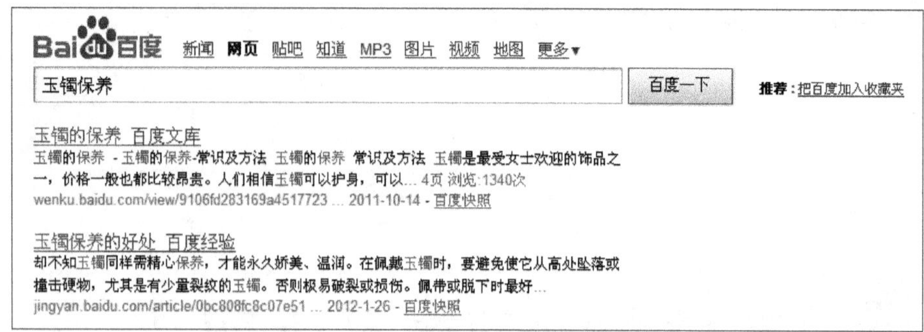

一点通　其他信息撰写

关于商品的售后服务、物流配送方式等买家关心的问题，应该先在Word中仔细编撰好并存档，再根据不同的商品作一些特别的说明。

7.2.2 以一口价方式发布商品

淘宝网规定，只要注册用户发布10件商品并保持在售状态，即可免费开通个人网店的独立页面，所以第一步工作就是发布这10件商品。其中，一口价方式发布商品的操作如下。

光盘同步文件	
同步视频文件	光盘\同步教学文件\第7章\7.2.2.mp4

STEP 01 ❶切换到“我是卖家”选项卡；❷单击“我要卖”链接，如下图所示。

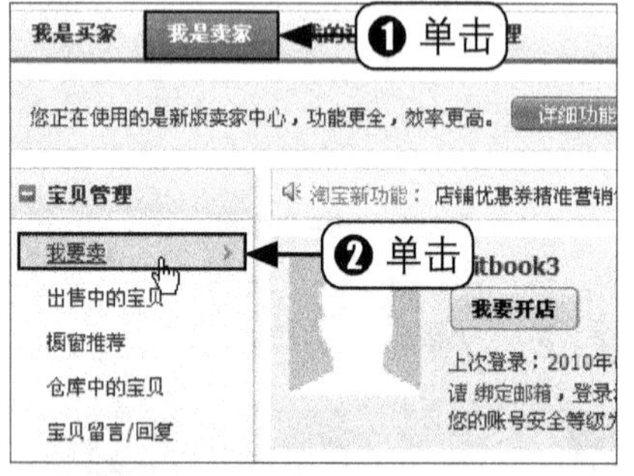

STEP 02 提示选择宝贝发布方式，单击“一口价”按钮，如下图所示。

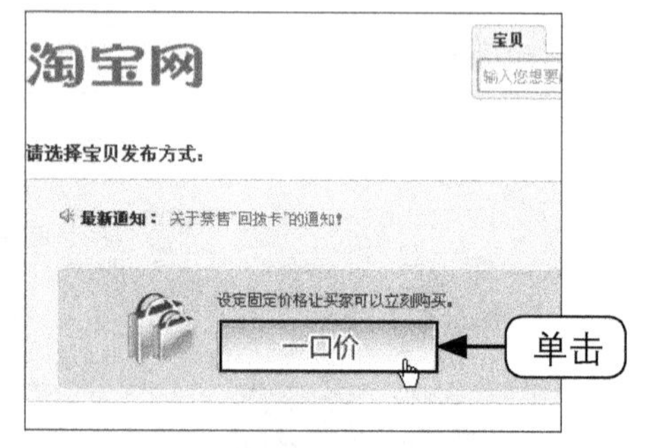

STEP 03 ❶输入商品所属类目；❷单击“搜索”按钮，如右图所示。

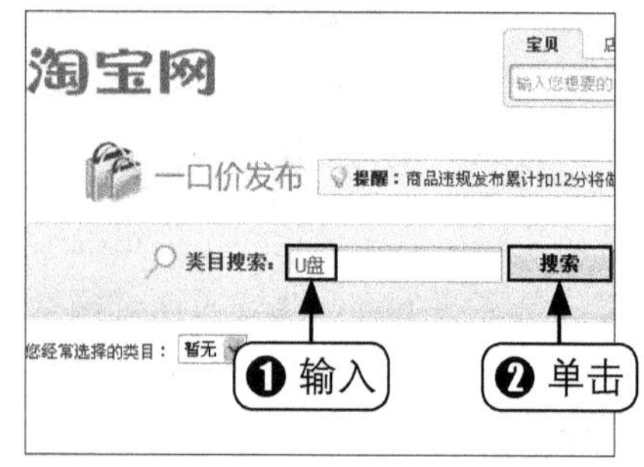

STEP 04 ❶选择与待发布商品最适合的一个分类；❷单击“好了，去发布宝贝”按钮，如下图所示。

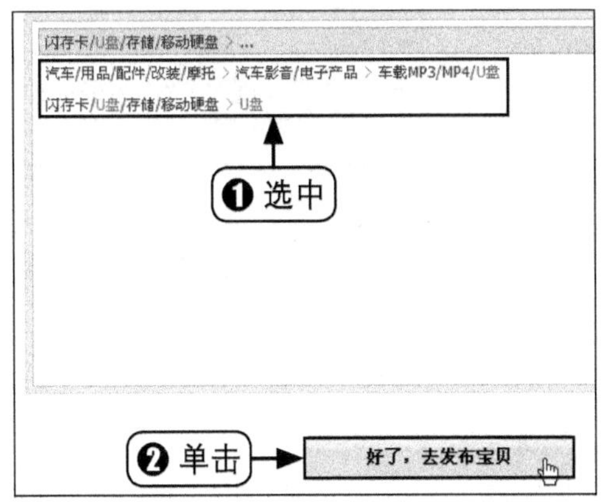

STEP 05 设置商品所属品牌信息、成色、防伪、售后等信息，如下图所示。

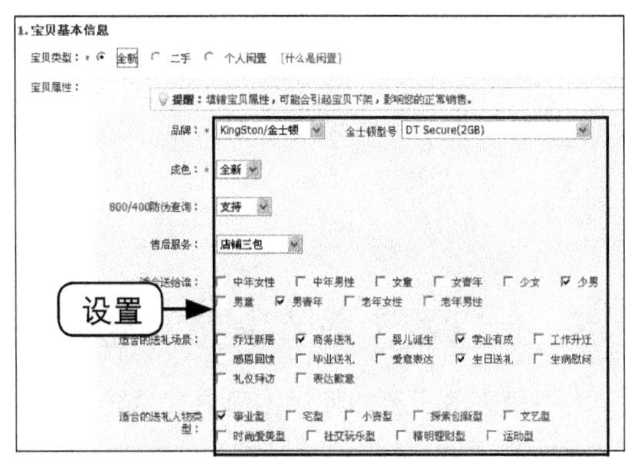

STEP 06 ❶输入商品标题和商品价格；❷单击“上传新图片”按钮，如下图所示。

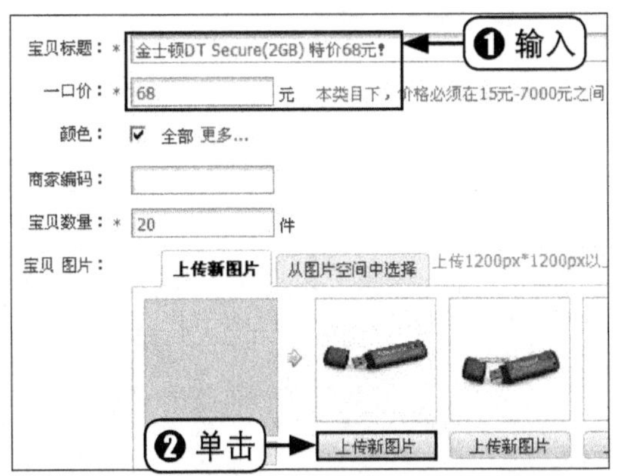

STEP 07 编辑商品的详细介绍信息，可复制其他网站的图片和文字信息等，如下图所示。

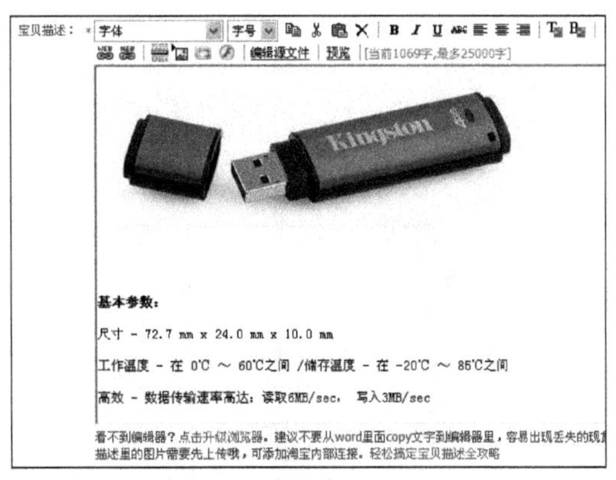

STEP 08 设置卖家所在地区以及运费计算方式，如下图所示。

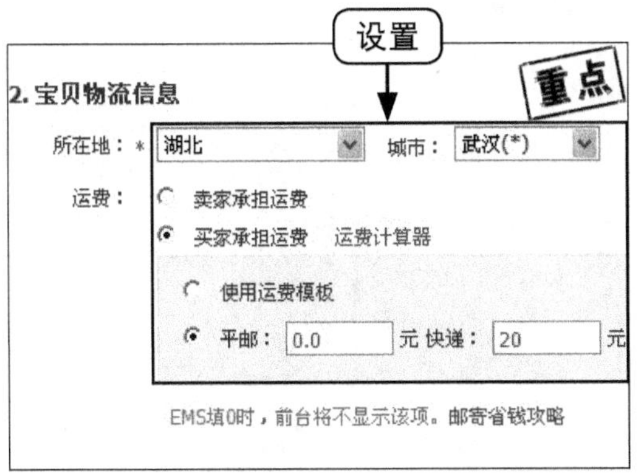

STEP 09 ❶设置售后保障信息以及商品有效期；❷单击“发布”按钮，如下图所示。

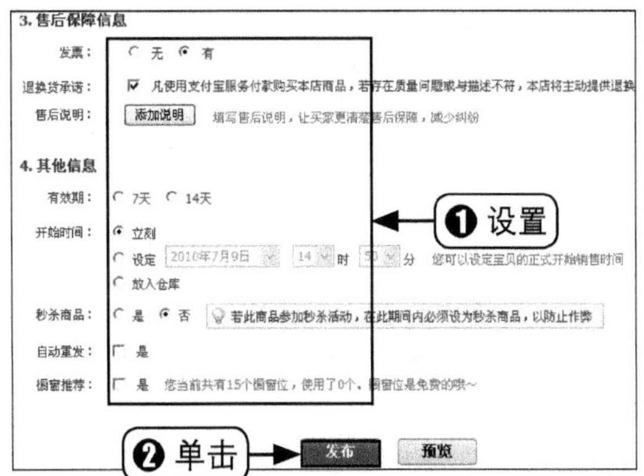

STEP 10 提示已成功发布商品，单击相应链接返回即可，如右图所示。

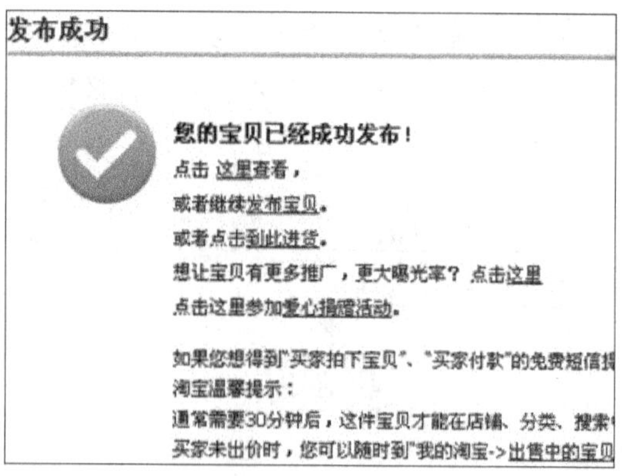

7.2.3 以拍卖方式发布商品

下面来看一下如何以拍卖方式发布商品，操作步骤如下。

光盘同步文件	
同步视频文件	光盘\同步教学文件\第7章\7.2.3.mp4

STEP 01 ❶登录淘宝“卖家中心”，切换到“我是卖家”选项卡；❷单击“我要卖”链接，如下图所示。

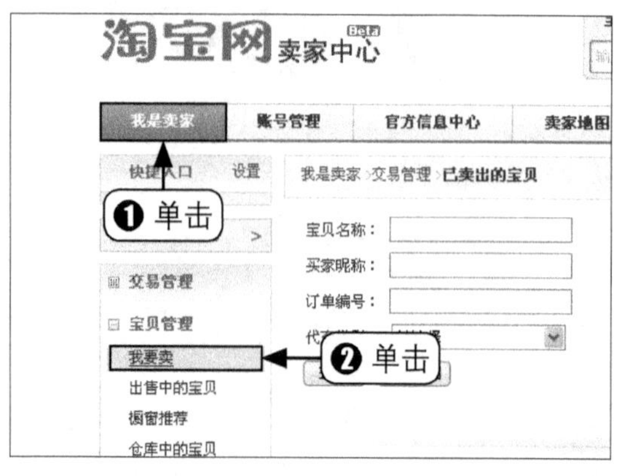

STEP 02 提示选择宝贝发布方式，单击“拍卖”按钮，如下图所示。

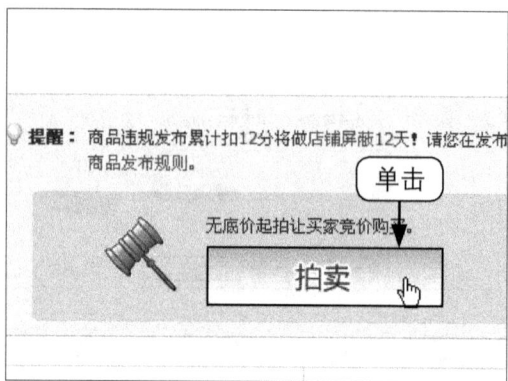

STEP 03 进入和一口价发布相同的页面，设置宝贝基本信息，如右图所示。

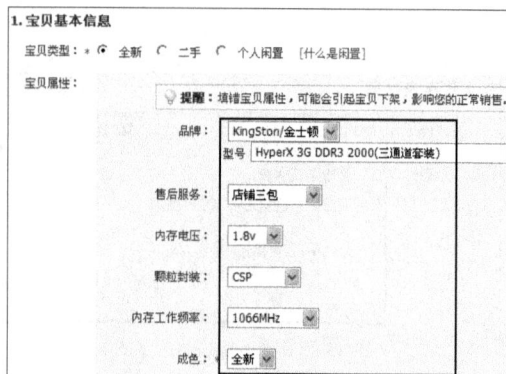

STEP 04 ❶设置宝贝的起拍价和加价幅度等；❷单击宝贝图片进行上传，如右图所示。

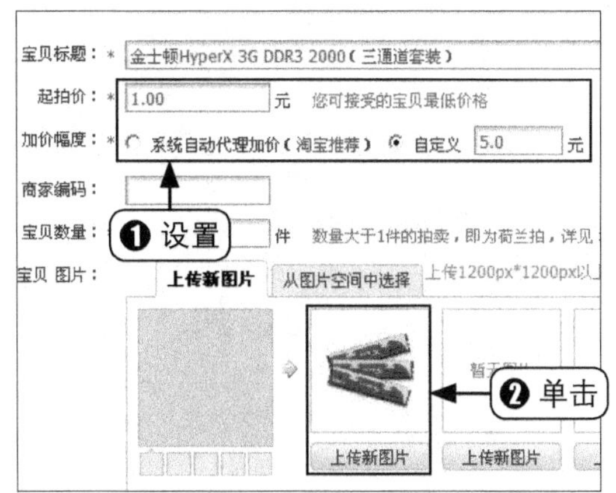

提个醒 操作方法相同

随后的操作步骤就和以一口价方式发布商品一样了，按页面提示完成即可。拍卖出售方式通常在经营促销时使用。

7.2.4 浏览自己的店铺

当发布的商品总数达到10件后，即可通过淘宝网个人管理界面进入到自己的网上店铺首页，相关操作步骤如下。

STEP 01 切换到“卖家中心”选项卡；单击左侧“查看我的店铺”链接，如下图所示。

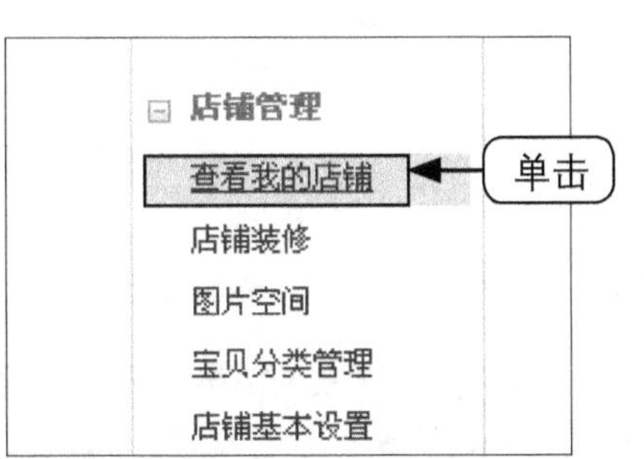

STEP 02 打开并查看自己的店铺信息，如下图所示。

7.3 使用淘宝助理批量发布商品

在线发布商品到网店中，有时可能会因为网络原因导致编辑的信息丢失，而淘宝助理软件则可离线完成商品信息的编辑和保存，再批量发送到个人网店中，相当方便。

7.3.1 认识淘宝助理

简单地说，淘宝助理就是一款离线管理和发布网店宝贝的实用工具。宝贝的发布、编辑、发货、上传图片等操作均可批量操作，所以推荐每一位淘宝卖家都使用此工具。可以通过其官方网站http://zhuli.taobao.com/下载到最新版本，如下图所示。

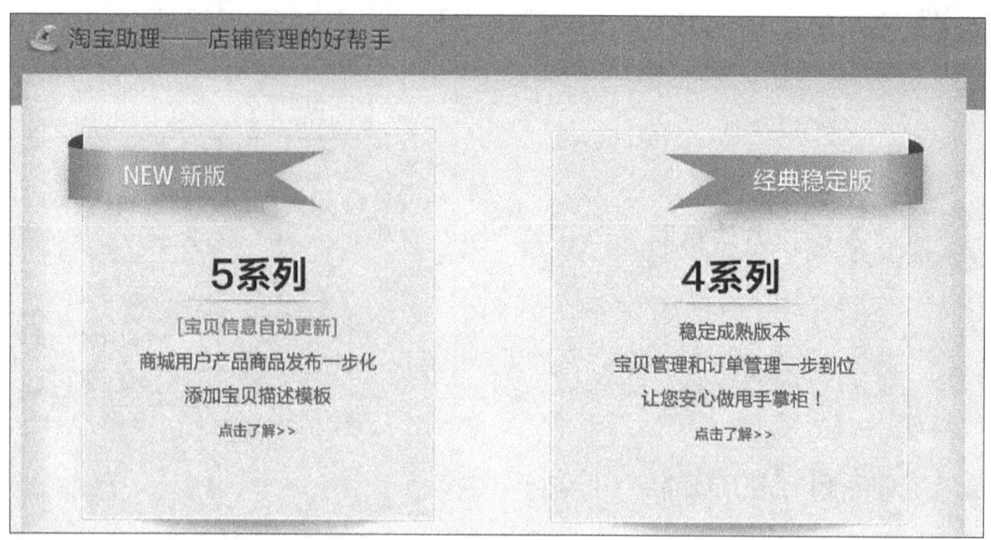

7.3.2 登录淘宝助理

淘宝助理需要使用淘宝网的注册账号登录后才能使用，所以还没注册的话是不能使用的。登录淘宝助理的简单操作步骤如下。

光盘同步文件	
同步视频文件	光盘\同步教学文件\第7章\7.3.2.mp4

STEP 01 ❶打开“淘宝助理”登录框，在“会员名”与“密码”框中进行输入；❷单击“确定”按钮，如下图所示。

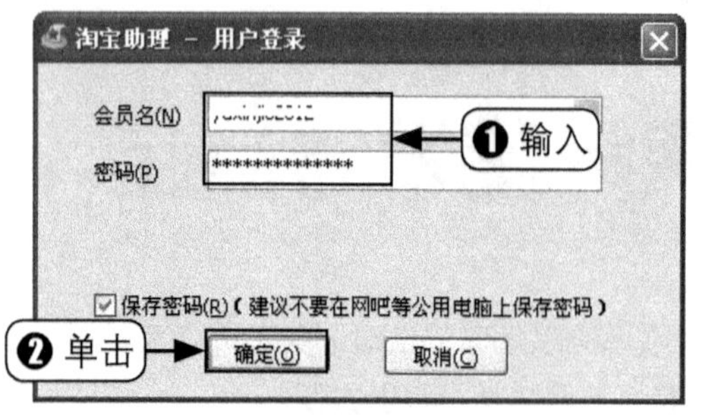

STEP 02 每次登录，淘宝助理都会自动匹配店铺中的数据，一般稍等片刻，即可登录到淘宝助理主界面，如下图所示。

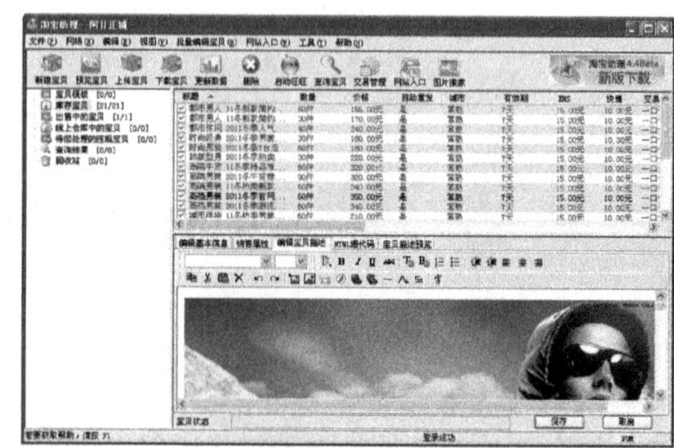

7.3.3 用淘宝助理编辑并上传宝贝信息

淘宝助理软件可以实现网店商品的离线编辑和上传，同时也可解决在线上传宝贝时容易出现的断线、网络故障等问题，不至于把辛苦编辑的商品资料丢失。

如果用户要上传商品，那么首先需要在淘宝助理中建立一个宝贝模板，然后在模板中进行商品资料的填写编辑，完成后直接上传到店铺即可。

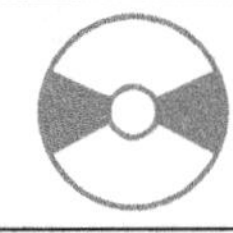

光盘同步文件	
同步视频文件	光盘\同步教学文件\第7章\7.3.3.mp4

STEP 01 ❶单击“新建宝贝”按钮；❷单击“空白模板”选项，如下图所示。

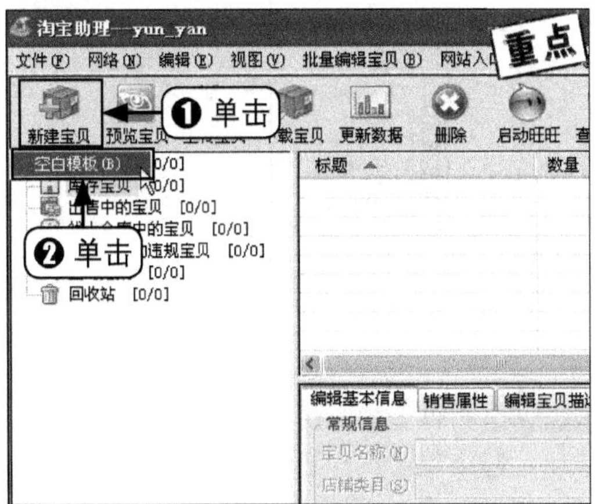

STEP 02 ❶在打开的编辑界面，输入宝贝名称；❷设置宝贝价格信息，如下图所示。

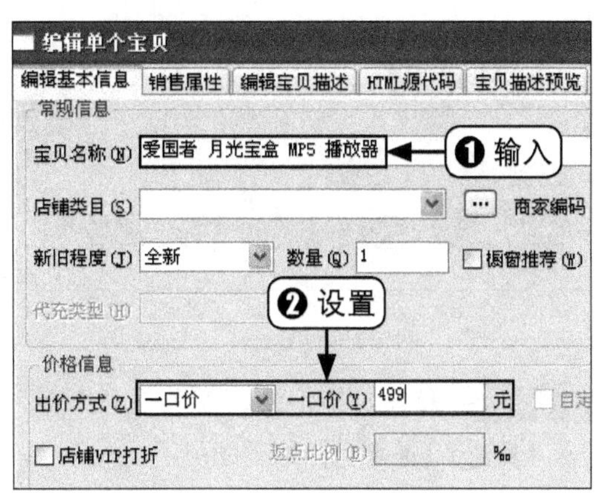

STEP 03 设置宝贝出售的时效信息、选择卖家所在地、设置物流费用，如下图所示。

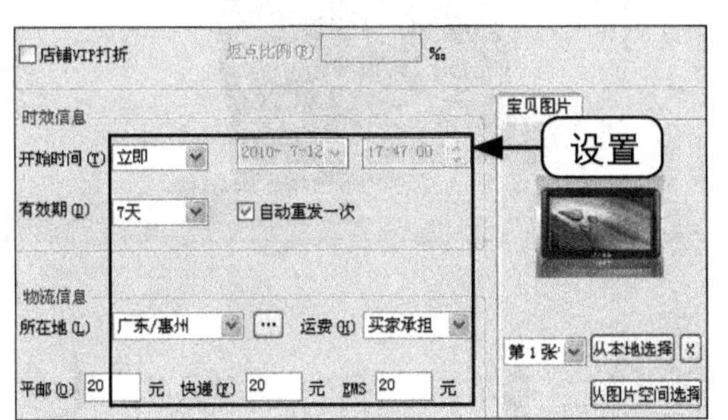

STEP 04 单击页面右侧“类目”旁边的按钮，如下图所示，打开“选择类目”对话框。

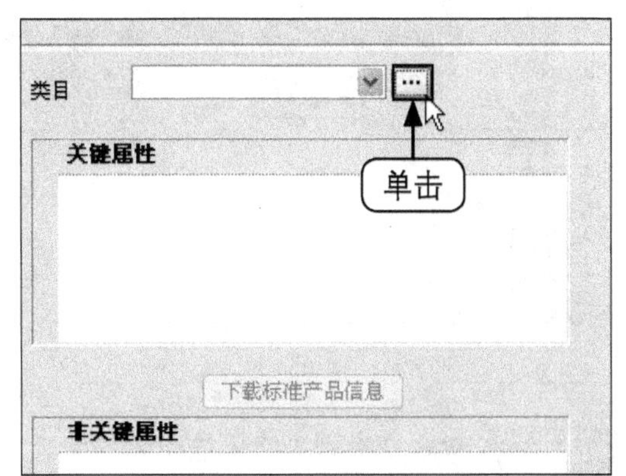

STEP 05 ❶输入类目名称；❷选择相应的类别项；❸单击“确定”按钮，如右图所示。

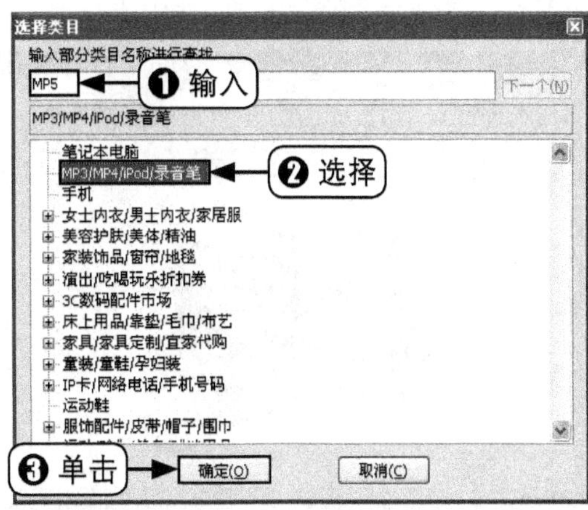

STEP 06 选择商品所属品牌和型号等；单击“下载标准产品信息”按钮在线下载商品参数信息，如下图所示。

STEP 07 从下载的参数信息中设置保修条款和其他参数项，如下图所示。

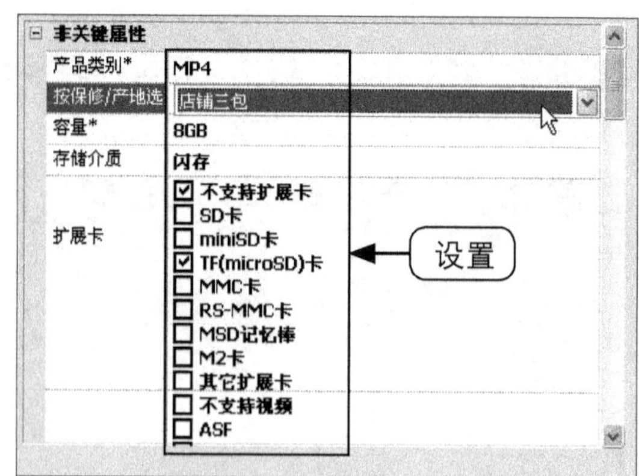

STEP 08 ❶单击切换到“销售属性”选项卡；❷选择商品颜色，如下图所示。

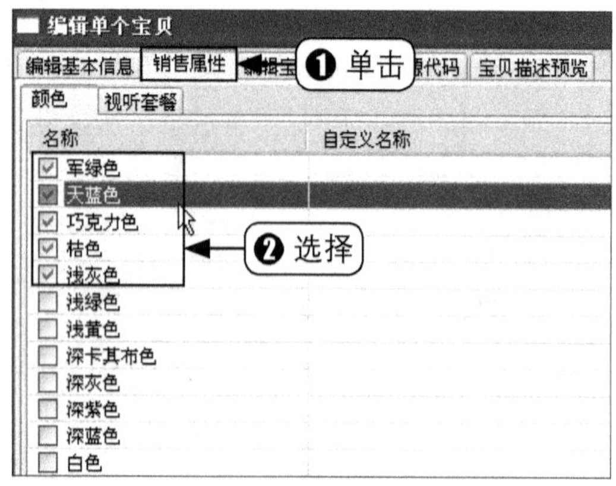

STEP 09 ❶单击切换到“编辑宝贝描述”选项卡；❷编辑宝贝介绍详情，如下图所示。

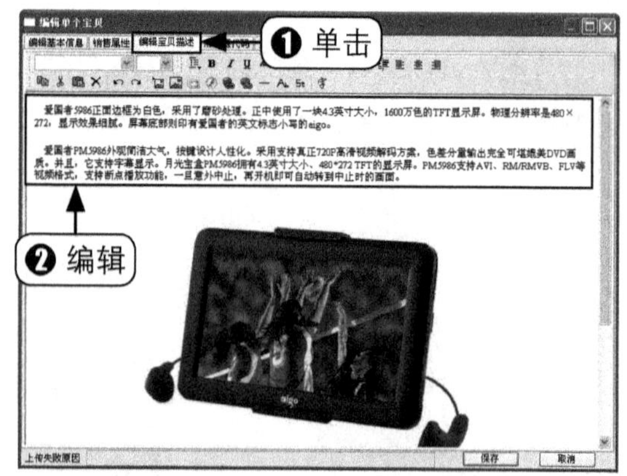

STEP 10 单击切换到“宝贝描述预览”选项卡，查看最终完成效果，如下图所示。

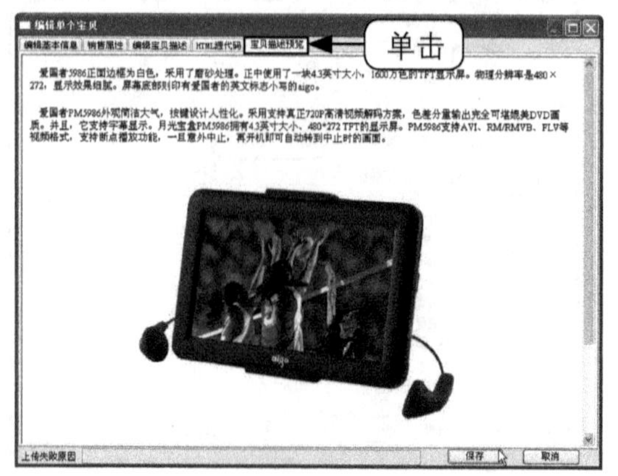

STEP 11 ❶单击编辑完成的宝贝名；❷单击“上传宝贝”按钮，如下图所示。

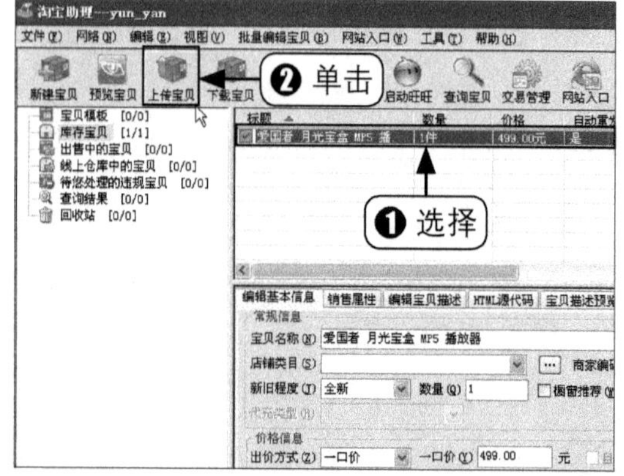

STEP 12 打开上传宝贝对话框，单击“确定”按钮，如下图所示。

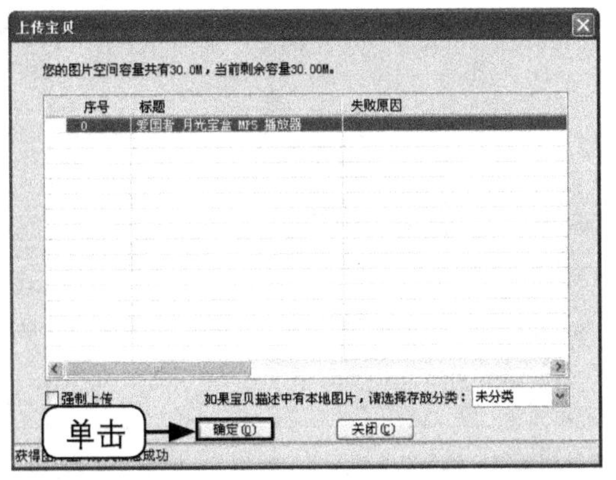

STEP 13 ❶提示上传成功，单击“确定”按钮；❷单击“关闭”按钮返回软件主界面，如下图所示。

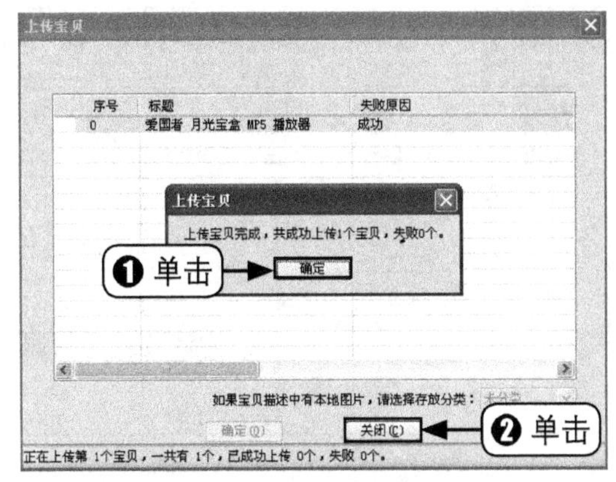

STEP 14 单击主界面左方“出售中的宝贝”选项，查看已成功上传的商品，如右图所示。

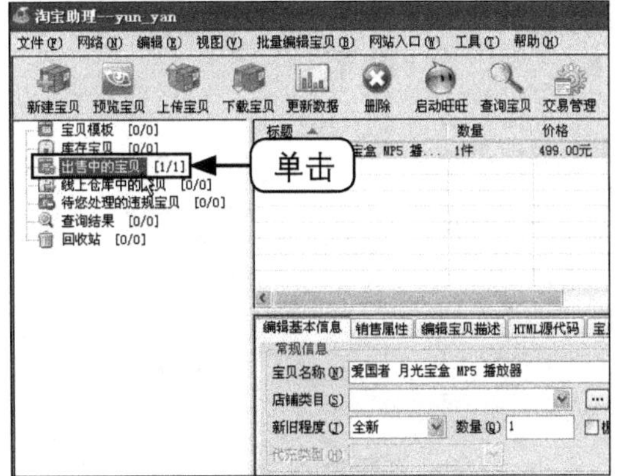

7.3.4 用淘宝助理批量编辑宝贝信息

当在淘宝助理软件中新建一条商品信息后，复制原来的商品信息模板，修改其中商品价格等信息后即可发布。这也是淘宝助理强大的批量编辑功能，相关操作步骤如下。

光盘同步文件	
同步视频文件	光盘\同步教学文件\第7章\7.3.4.mp4

STEP 01 ❶右击已发布的商品名；❷单击“复制宝贝”命令，如右图所示。

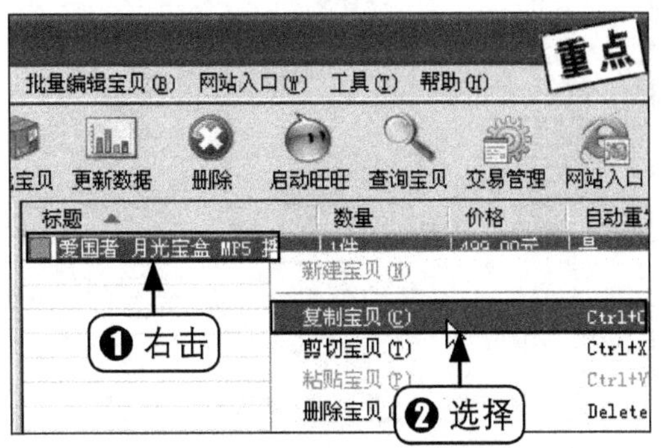

STEP 02 ❶单击“宝贝模板”选项；❷右击空白区域；❸单击“粘贴宝贝”命令，如下图所示。

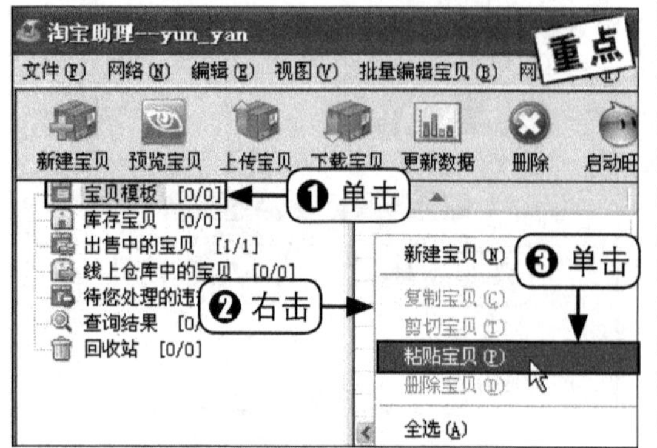

STEP 03 在下方编辑框中重新设置名称、价格信息等，如下图所示。

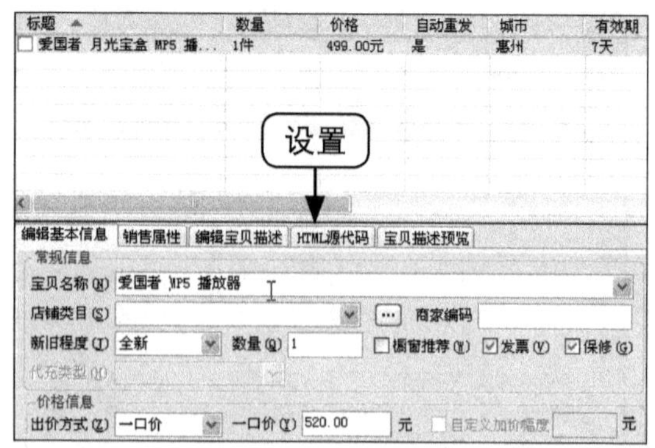

STEP 04 需要修改的部分改完后，单击“保存”按钮，如下图所示。

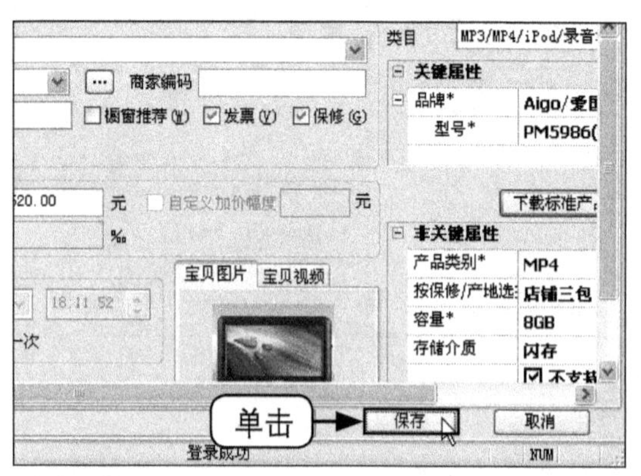

STEP 05 ❶选中多个宝贝；❷单击“批量编辑宝贝”菜单；❸单击“宝贝数量”命令，如下图所示。

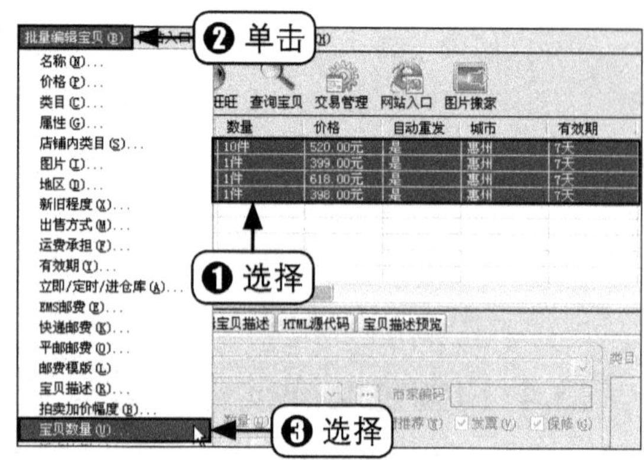

STEP 06 ❶输入新的宝贝数量；❷单击“保存”按钮退出，如下图所示。

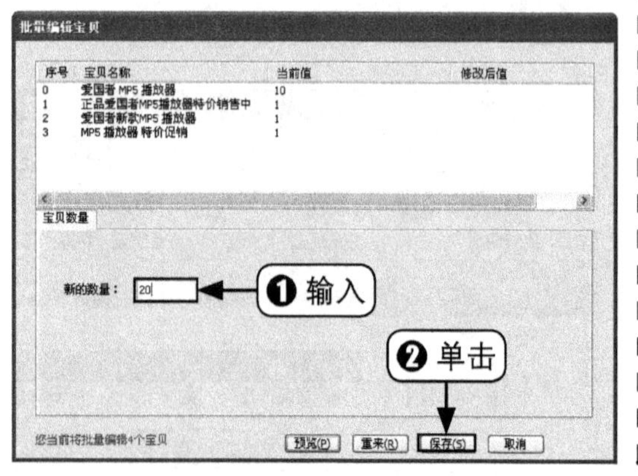

STEP 07 返回软件主界面，单击“更新数据”按钮，如下图所示。

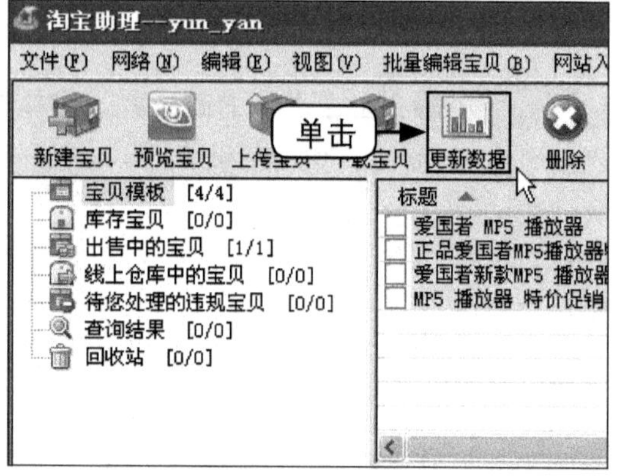

STEP 08 提示正在更新网店数据，等待更新完成，如右图所示。

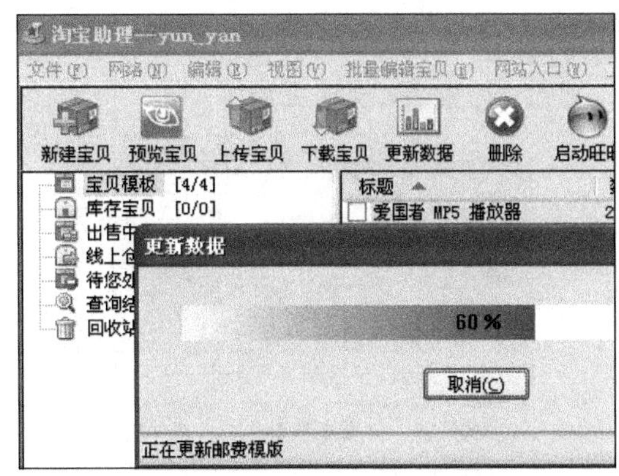

一点通　注意更新数据

在淘宝助理上对出售的宝贝进行过编辑修改，都需要单击“更新数据”按钮及时地更新到网店中，这样才能保证网上网下数据同步。

7.4 使用阿里旺旺

在淘宝网开店，阿里旺旺这个即时聊天工具是必不可少的，它是买卖双方非常重要的交流沟通工具，而且沟通的聊天记录也可以作为解决某些交易问题的依据。

7.4.1 登录和设置阿里旺旺

为了让软件能更符合实际使用的需要，在登录阿里旺旺操作面板后，也需要作一些具体的设置更改，如添加自动回复信息、设置个性签名等，相关操作步骤如下。

光盘同步文件	
同步视频文件	光盘\同步教学文件\第7章\7.4.1.mp4

STEP 01 双击桌面上的启动程序，进入到软件登录对话框，如下图所示。

STEP 02 打开软件登录界面，❶输入登录名称和密码；❷单击“登录”按钮，如下图所示。

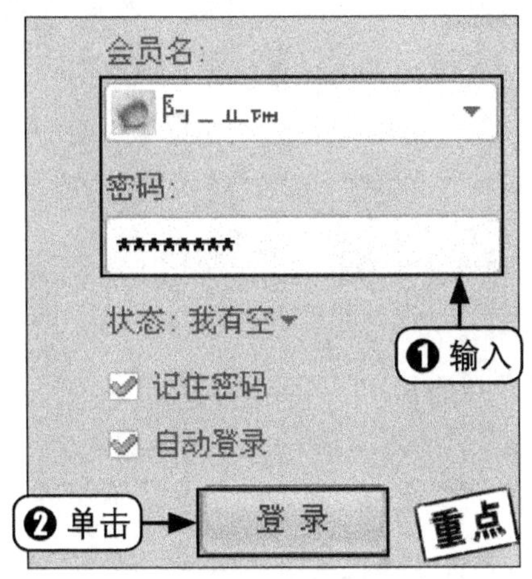

STEP 03 直接单击会员名下方的输入框，可以修改个性签名，如下图所示。

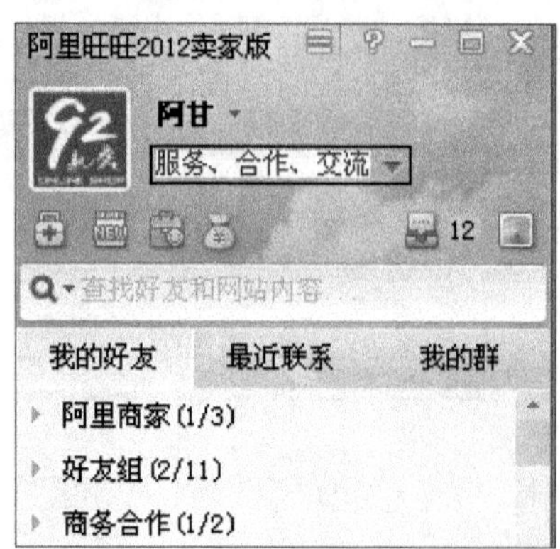

STEP 04 ❶单击个性签名右方的下三角按钮；❷单击“设置”选项，如下图所示。

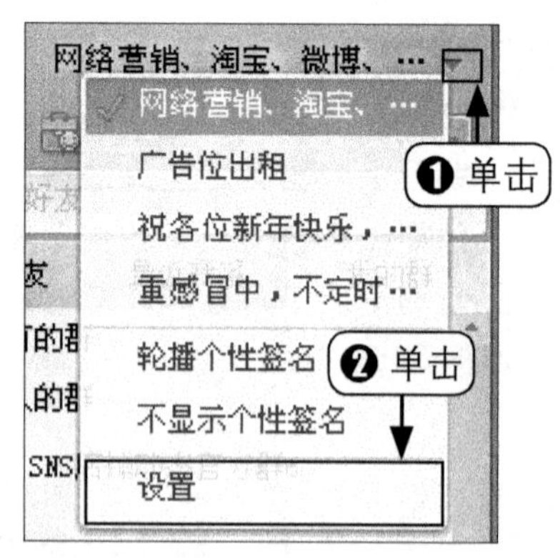

STEP 05 默认进入个性签名设置对话框，单击“新增”按钮，如下图所示。

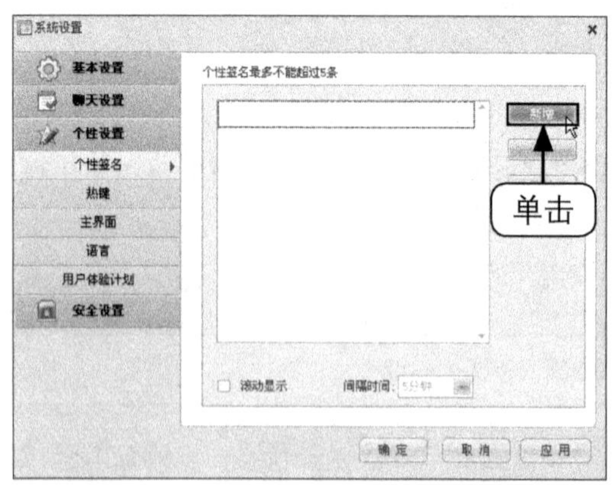

STEP 06 ❶输入个性签名内容；❷单击“保存”按钮，如下图所示。

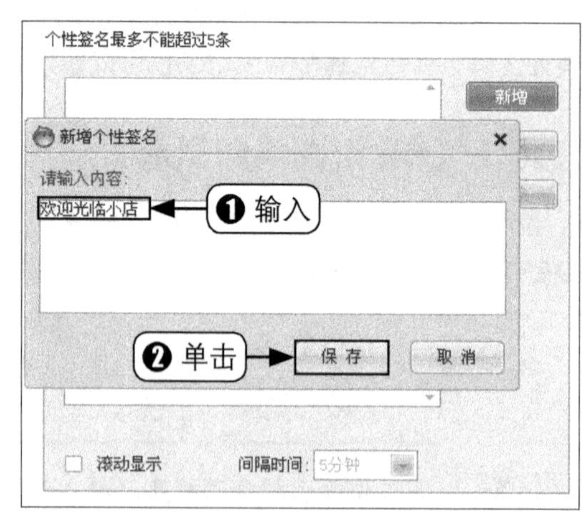

STEP 07 返回设置对话框，选择“滚动显示”复选项，完成设置，如下图所示。

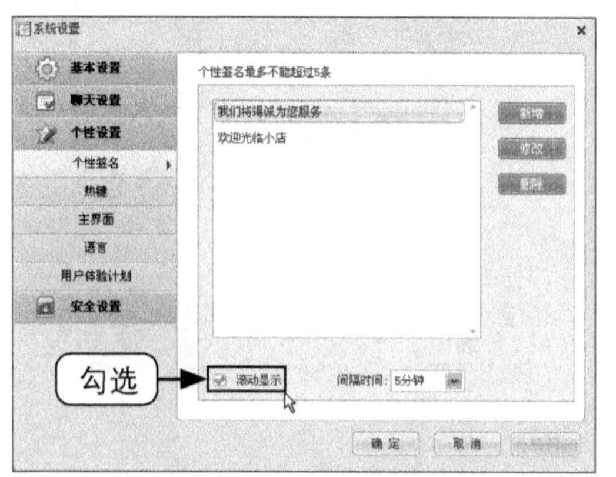

STEP 08 ❶单击切换到“常规”选项组；❷单击取消“不使用电脑”一项的选中状态，如下图所示。

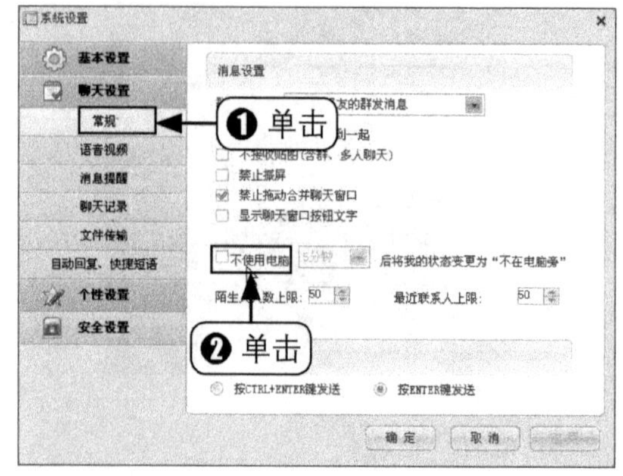

STEP 09 ❶单击切换到“自动回复、快捷短语”选项组；❷单击“新增”按钮，如下图所示。

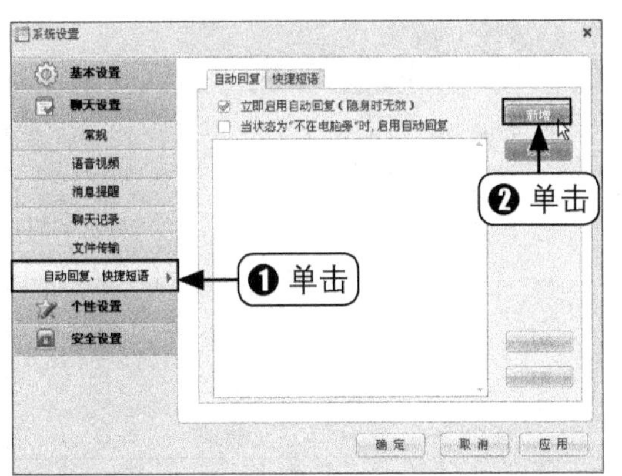

STEP 10 ❶输入自动回复内容；❷单击“保存”按钮，如下图所示。

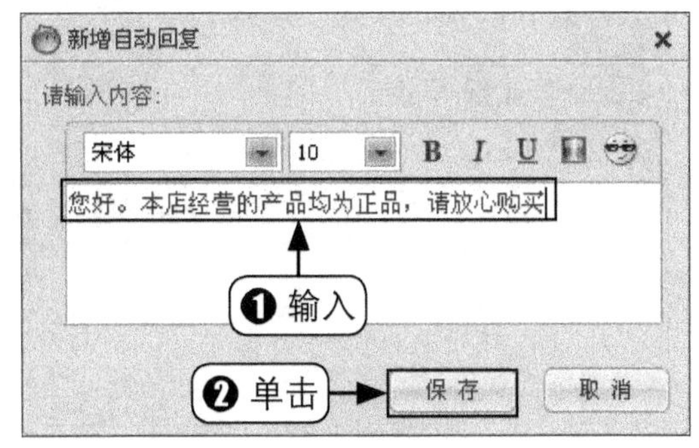

STEP 11 返回设置对话框，单击“确定”按钮，如右图所示。

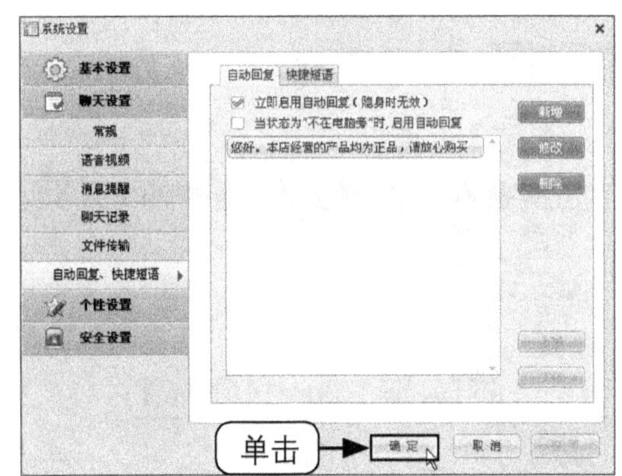

一点通　合理设置

在“系统设置”对话框下，可以就文件传输、聊天记录的保存、消息提醒的方式等多个运行选项进行具体的设置，这都需要根据实际的使用情况来调整。这样才能让阿里旺旺真正地成为有助于自己的工具。

7.4.2 编辑个人名片

阿里旺旺中的个人资料也是自己网店的重要宣传“阵地”，如可以将签名信息改为自己的网店地址、将个人头像修改为网店店标等，相关操作步骤如下。

光盘同步文件	
同步视频文件	光盘\同步教学文件\第7章\7.4.2.mp4

STEP 01 返回阿里旺旺主面板，单击左上角个人形象图标，如右图所示。

STEP 02 ❶打开个人资料编辑对话框，设置个人资料；❷单击“修改头像”按钮，如下图所示。

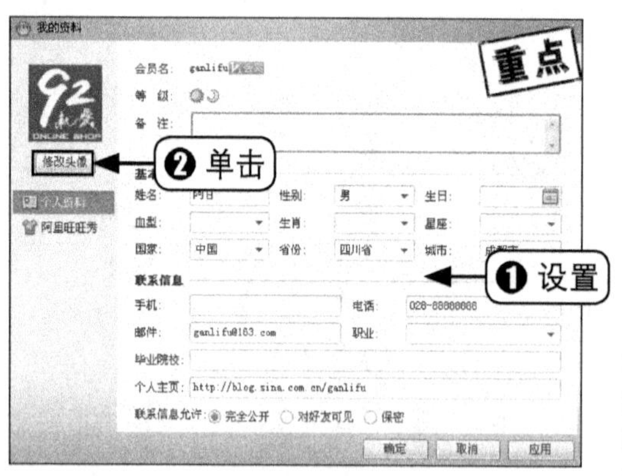

STEP 03 打开“修改头像”对话框，单击“浏览”按钮，如下图所示。

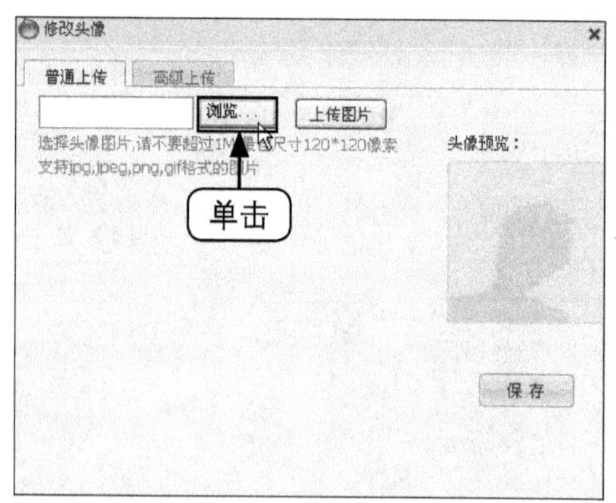

STEP 04 ❶选择要上传的图片；❷单击“打开”按钮，如下图所示。

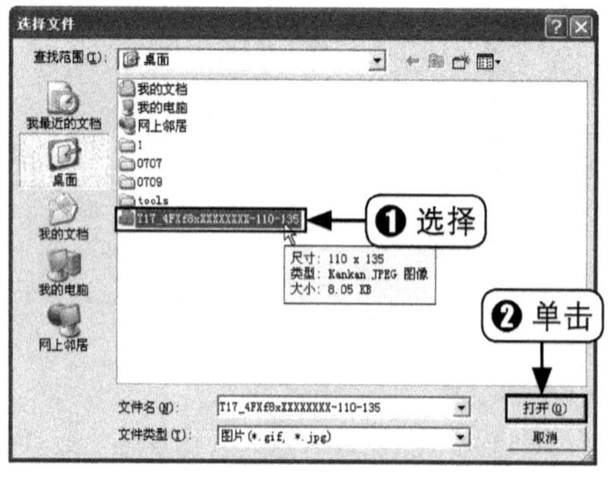

STEP 05 返回“修改头像”对话框，单击“上传图片”按钮，如下图所示。

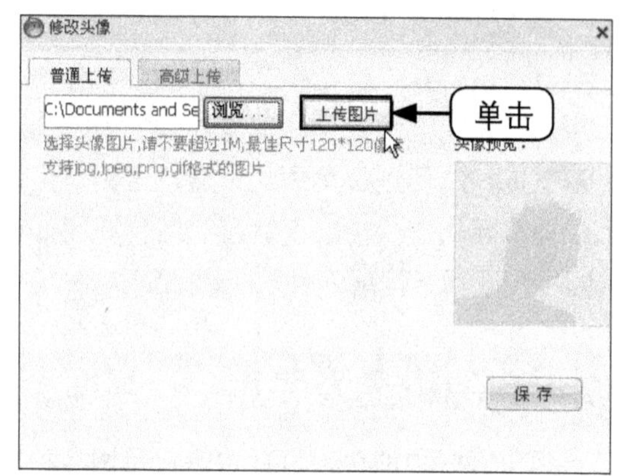

STEP 06 预览上传的图片，单击“保存”按钮，如下图所示。

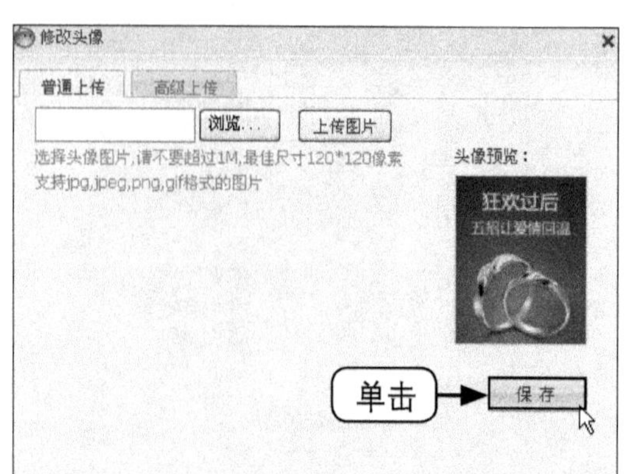

STEP 07 返回阿里旺旺主面板，即可看到个人头像已经修改完成，如下图所示。

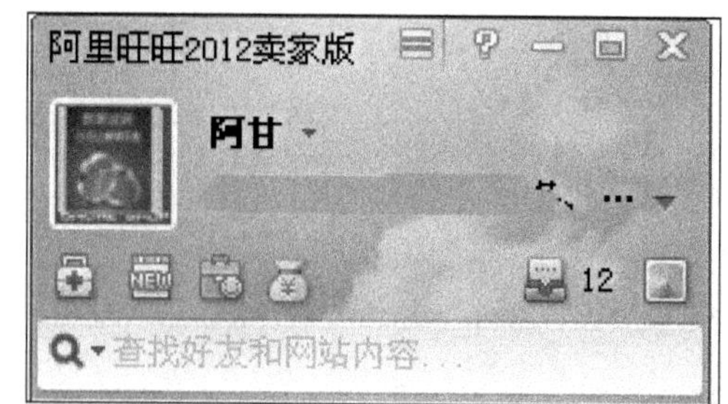

7.4.3 阿里旺旺的一般操作

作为一款即时聊天软件，阿里旺旺也有方便的好友分组管理以及好友群添加等功能。熟悉这些操作将有利于后期更好地管理好友买家，相关操作步骤如下。

光盘同步文件	
同步视频文件	光盘\同步教学文件\第7章\7.4.3.mp4

STEP 01 ❶右击主面板空白处；❷单击“添加组”命令，如下图所示。

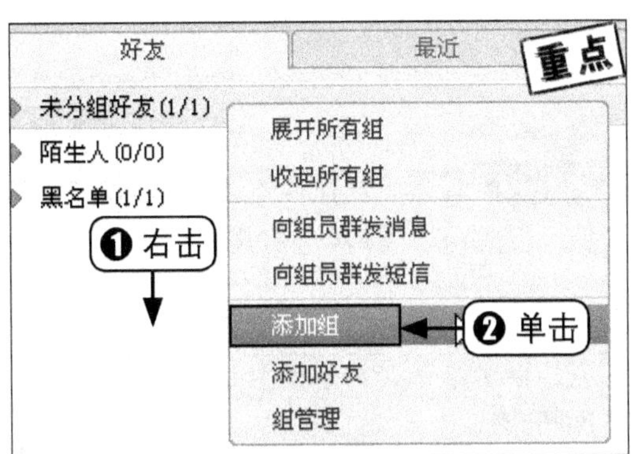

STEP 02 重新修改新添加组名称，输入后按【Enter】键完成，如下图所示。

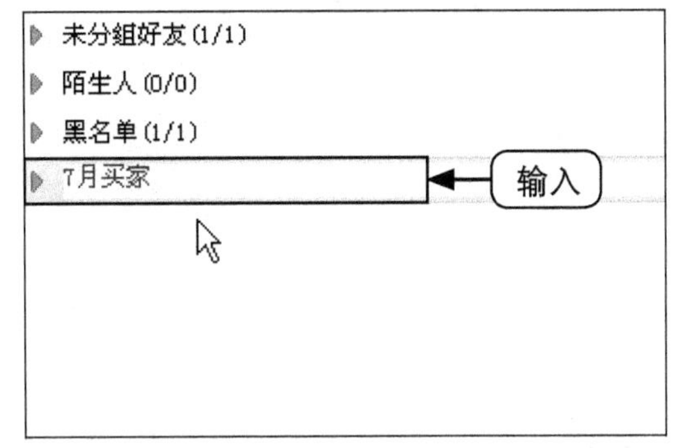

STEP 03 ❶右击主面板空白处；❷单击“添加好友”命令，如下图所示。

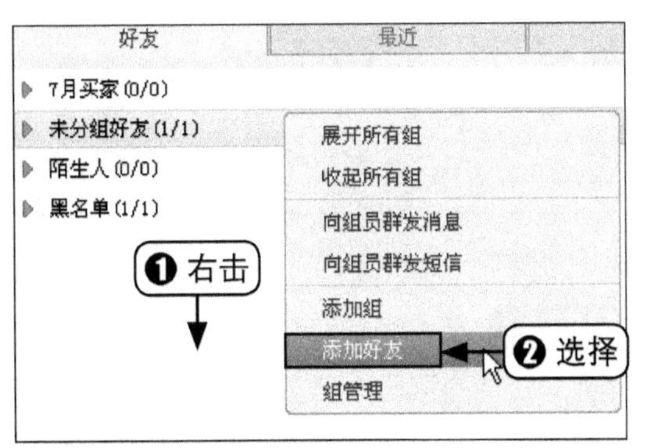

STEP 04 ❶输入会员名称；❷单击“查找”按钮，如下图所示。

STEP 05 ❶选择符合条件的用户；❷单击“加为好友”按钮，如右图所示。

STEP 06 ❶输入验证字符；❷单击“确定”按钮，如下图所示。

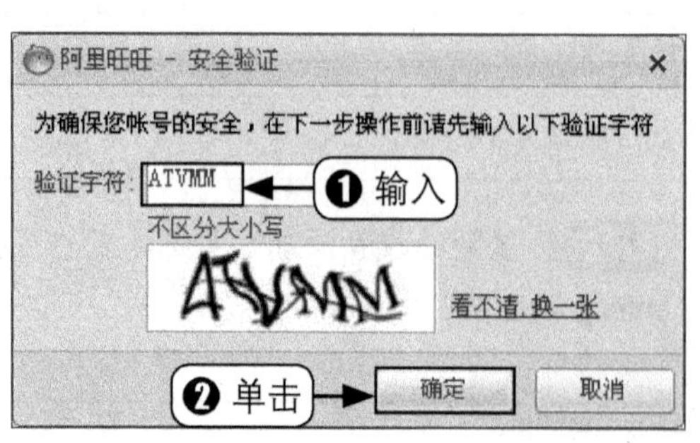

STEP 07 返回软件主操作面板，双击已添加的好友名，如下图所示。

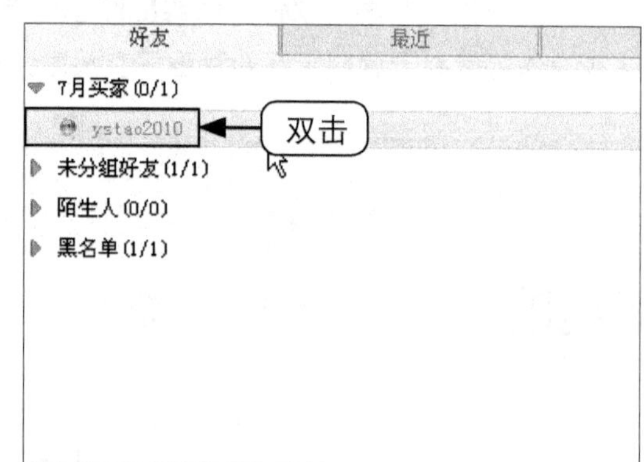

STEP 08 打开聊天窗口，输入文字即可开始聊天，如下图所示。

STEP 09 ❶在主操作面板上单击切换到“我的群”选项卡；❷双击启用群图标，如下图所示。

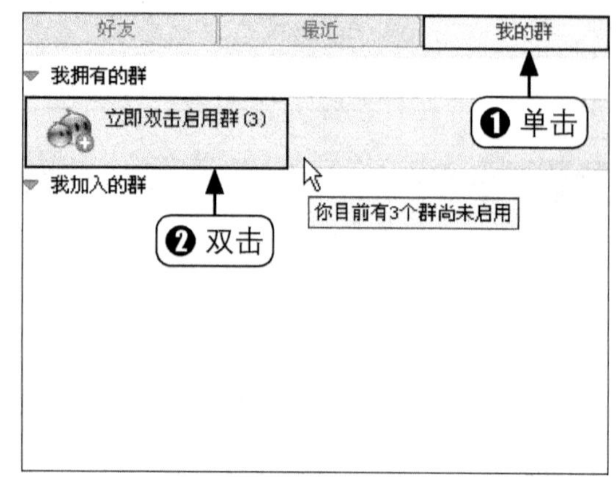

STEP 10 ❶设置群名称、群分类以及群介绍；❷单击“提交”按钮，如下图所示。

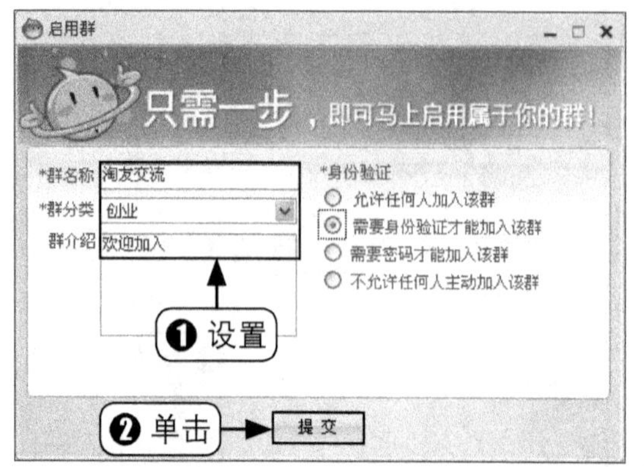

STEP 11 提示启用群成功，单击“完成”按钮退出，如下图所示。

STEP 12 返回“我的群”面板，即可查看到自己新建的群，如右图所示。

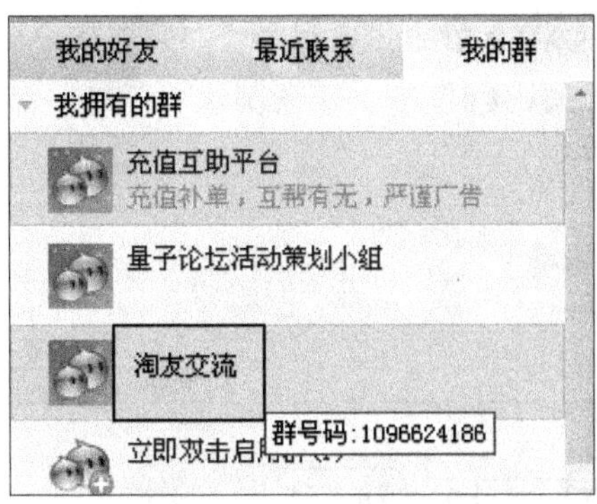

一点通 关于旺旺操作

从以上操作步骤不难看出，阿里旺旺和腾讯QQ的操作及设置是大同小异的，因此不论是添加好友还是创建好友圈都比较方便，这样也有利于积累更多的店铺人气。

技能实训

增强动手能力

通过对前面内容的学习，为了巩固读者所学的相关知识，下面安排实训任务来增强动手能力和技能的综合应用水平。

实训一 在手机中为淘宝安家

现在用智能手机的朋友越来越多，而不再局限于用电脑上网，因此为了更大范围地推广自己的商品，还可以在手机上开设自己的淘宝店铺。

在我的淘宝中，可以方便地为自己开通手机移动店铺，只需简单地设置手机店铺信息即可，下面来看具体的方法。

STEP 01 进入“卖家中心”，在店铺管理栏目下单击“手机淘宝店铺”链接，如下图所示。

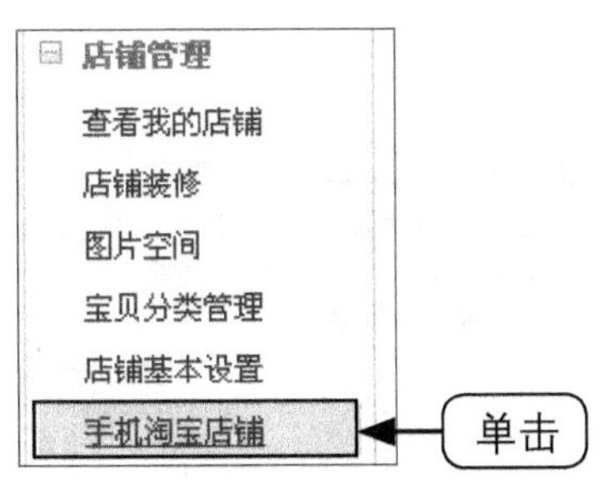

STEP 02 这里将直接跳转到手机店铺介绍页面，提示通过两步即可完成手机店铺设置。直接单击“手机旺铺”下的“马上去设置”按钮，如下图所示。

STEP 03 ❶在“客服电话”文本框中输入电话号码；❷单击“在线制作”按钮，如下图所示。

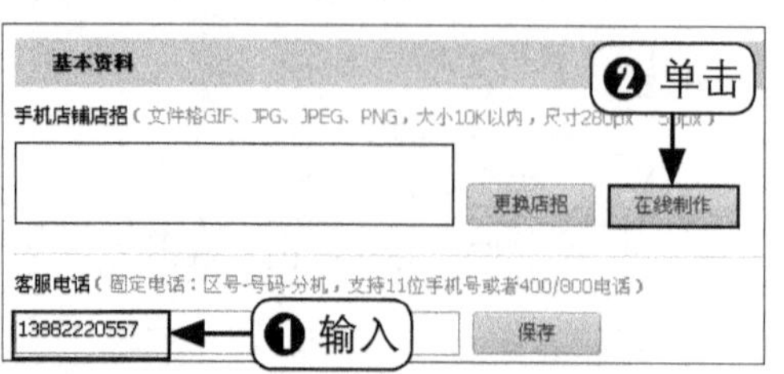

STEP 04 打开手机装修模板市场，选择一个模板单击“开始制作”按钮，如下图所示。

一点通 自己制作店招

如果用户能够熟练使用Photoshop这种图像软件，也可以直接制作手机店铺的店招，然后再将保存为gif格式的图像文件上传。

STEP 05 在右侧输入店招名字并进行设计，效果会显示在左侧的编辑窗口中，如下图所示。

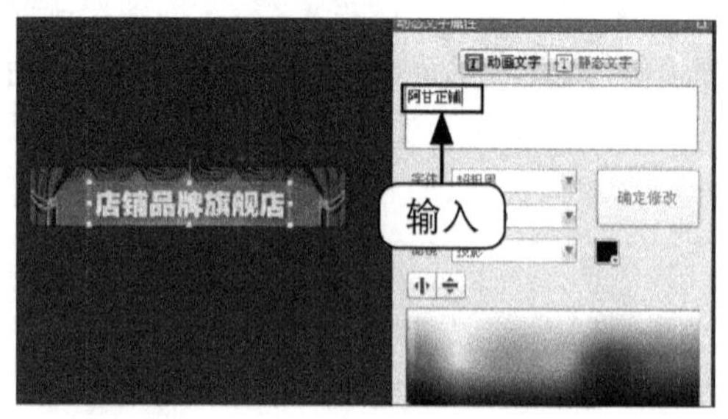

STEP 06 单击右上侧的“预览/保存”按钮，如下图所示。

STEP 07 在打开的页面中，单击“输出获取设计”图标，如下图所示。

STEP 08 稍等片刻，制作的店招即会成功应用到手机店招中，单击“马上创建活动”按钮，如下图所示。

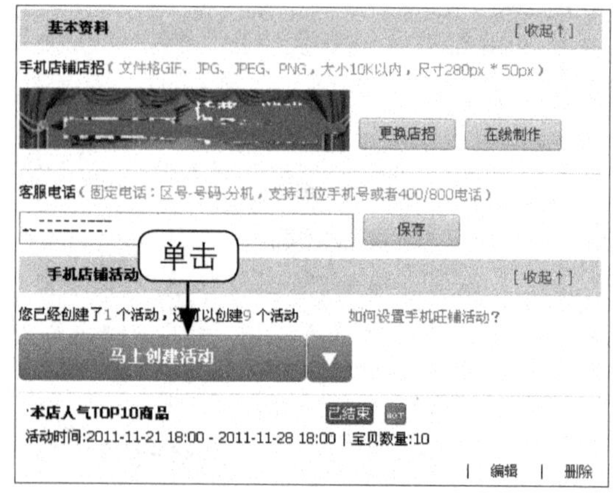

STEP 09 单击“根据人气TOP10创建”链接，如下图所示。

STEP 10 稍等片刻，自动根据选择提示创建活动成功，如下图所示。

您成功创建了 1 个手机店铺活动!

一点通 部分活动无法创建

没有购买限时打折或者优惠券的店铺无法创建 **STEP 09** 所示的前2个活动，默认只能选择“根据人气TOP10创建”选项。

实训二 在手机中浏览淘宝店铺

拥有了手机淘宝店以后，其他买家是如何浏览我们的店铺的呢？我们可以自己验证一下。

在手机中开设店铺，还得熟悉在手机中查看店铺才行。下面来看一下如何在手机中浏览自己的店铺。

STEP 01 进入我的淘宝，在“我是卖家”的店铺管理栏目下单击“手机淘宝店铺”链接，查看手机淘宝店铺的地址，如下图所示。

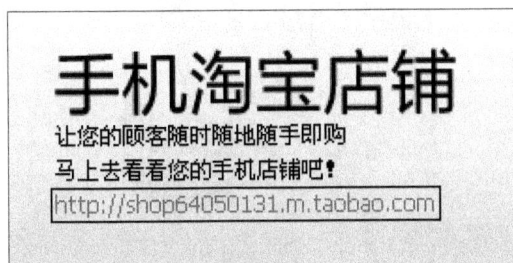

手机淘宝店铺
让您的顾客随时随地随手即购
马上去看看您的手机店铺吧!
http://shop64050131.m.taobao.com

STEP 02 打开自己的淘宝店铺后，显示如下图所示的淘宝店铺。

Chapter 08

优质物流也是网店特色

本章导读

如何选择一家省心又省钱的快递公司，一直是淘宝卖家的一块心病，总是会出现这样那样的问题，那么我们如何能够选择一家既方便又快捷的快递公司呢？如何在网上让物流方面做到最节约成本呢？本章将会详细解答。

本章学完后您会的技能

- ❖ 对比多种物流方式
- ❖ 商品包装的原则
- ❖ 商品包装的材料和方式
- ❖ 如何选择快递公司
- ❖ 节省商品物流的费用

本章内容展示

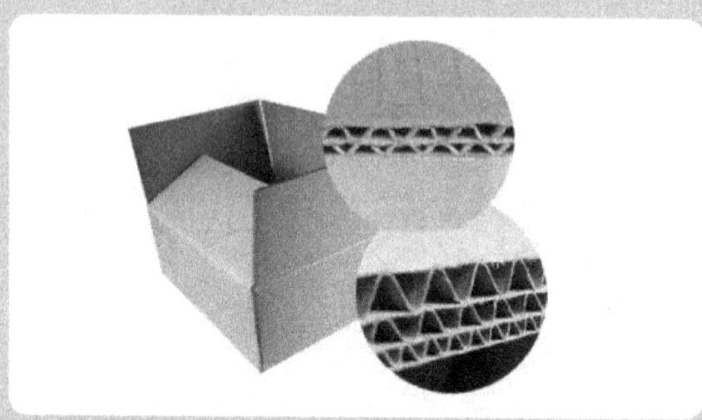

最新评价排行

被评公司	评价人数	感受总分	服务均分	收派时效	快件安全	态度优劣	快递性价	网点覆盖	公司诚信
上海韵达快运	990	38分	44分	42分	47分	39分	51分	52分	32分
上海申通快递	597	39分	44分	42分	47分	37分	51分	54分	34分
上海圆通速递	490	40分	46分	46分	49分	41分	52分	55分	35分
上海天天快递	259	63分	49分	40分	44分	37分	66分	48分	59分
上海中通速递	232	39分	45分	39分	47分	37分	56分	56分	35分
深圳顺丰速运	206	58分	50分	46分	51分	40分	56分	53分	53分
韵达快运	142	35分	47分	40分	46分	39分	57分	59分	30分
上海汇通快运	134	38分	44分	47分	50分	43分	47分	50分	30分
申通快递	131	35分	44分	36分	48分	36分	50分	59分	37分
圆通速递	108	36分	50分	40分	54分	41分	58分	61分	44分

8.1 对比选择好的物流方式

当前，大多数的网店在发货时，基本都是借助快递公司（邮政、航空快递、铁路快递等）的物流网络渠道进行的。而选择不同的物流渠道，所要支付的物流成本也不尽相同。要选择适合的，就要先对各种物流渠道有比较清楚的认识。

8.1.1 普通包裹

在配送体积较大的商品时可采用这种配送方式。这种方式采用的是邮政配送，寄达的时间约需7～15天。这种方式在实际的网店经营中是绝大多数经营者采用的方式，在网店的发展初期，配送的商品种类和数量都比较少时适用。特点是花费时间较长，但是费用较便宜。

提个醒 邮政包裹的覆盖面最广

这种方式的地域要求不是很高，成本也不太高，买家也不需要一直在家里等待。缺点是比较慢，会影响资金的回收速度。

8.1.2 邮政EMS快递

邮政EMS快递的特点就是速度快、覆盖面广、安全性最高，但价格较贵。其最大的适用性是可以到达村级行政区域，这是其他所有快递公司所不具备的。寄送后可以通过官方网站查询送达信息（http://www.ems.com.cn/），如下图所示。

寄送时间上，一般省内24小时之内到达，外省一级城市之间48小时到达，全国范围内基本上是72小时到达。资费方面则是20元起价，根据重量收取加重费。

8.1.3 快递服务公司

选择快递公司来配送网店货品是现在网店卖家最主要的物流方式。相比其他物流方式来说，快递公司的配送比较灵活，而且在价格上也有一定的优势。其整个配送流程如下图所示。

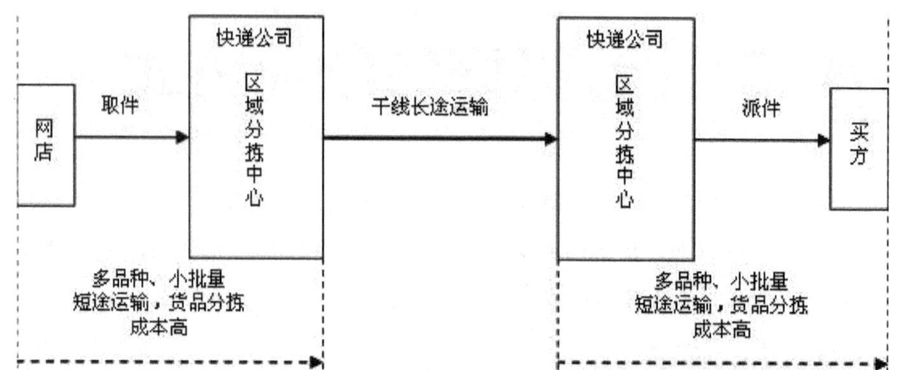

普通快递公司虽然在价格上比邮政EMS便宜，但它的缺点就是知名度和信用度没有邮政局高，网络没有邮政局广。比较知名的快递公司有申通、圆通、顺丰、中铁快运、DHL等（这也是淘宝的推荐物流）。

1. 圆通快递

网站：http://www.yto.net.cn/，如下图所示。

在圆通快递没有和淘宝合作之前，就有很多卖家选择了圆通快递，原因是价格要比其他快递公司的价格便宜，但是缺点是到不了很多县级市和地级市，所以在要求快递上门取件之前，一定要咨询清楚后再决定是否使用该快递。

2. 申通快递

网站：http://www.sto.cn/，如下图所示。

全国一般的城市基本上都可以到达，如果圆通公司到不了的可以选择申通公司。在申通快递网站上提供了可到达城市的详细查询，比较有特点的就是提供批量查询快件进程的服务。

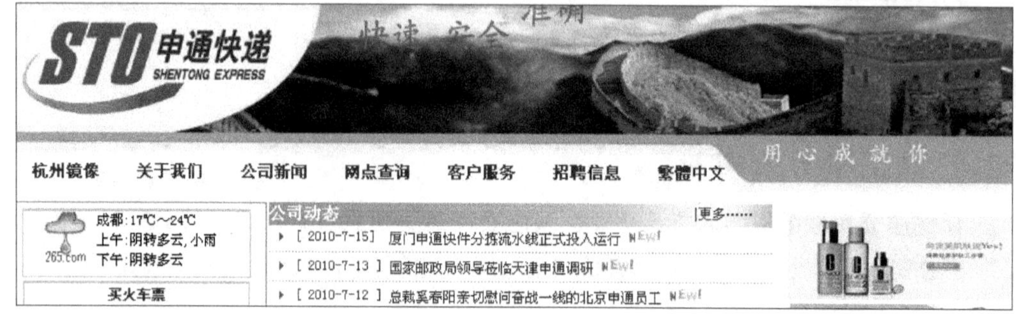

3. 顺丰快递

网站：http://www.sf-express.com/cn/sc，如下图所示。

顺丰快递的服务质量和服务态度都不错，但是价位也比较高，适合于急件、贵重物品以及易碎品，但是重量不要很重，否则要支付更多的快递费用。顺丰快递的承诺是24 小时送到收件人手中，一般买家要求时间紧急的就可以选择顺丰快递。

4. 中铁快运

网站：http:// www.cre.cn，如下图所示。

中铁快运特别适合很重的大件商品以及需要保价的大件商品，如果需要快递的商品快递费用超过30 元时，最好选择中铁快运。同样上门取件还可以帮忙包装，只要是全国有火车站的地方都能到达；如果需要送货上门的话，价格要相对高些。

5. DHL快递

网站：http://www.cn.dhl.com，如下图所示。

当需要将货物运送到境外时，往往就需要委托国际快递公司来完成了。DHL 是中国成立最早、经验最丰富的国际航空快递公司，也是全球快递、洲际运输和航空货运的领导者。由于要到达的国家、寄送的货物区别很大，所以DHL的费用是需要详细计算的，不过可以肯定的一点是，其费用会远高于国内快递，并且货物包装审核更加严格。

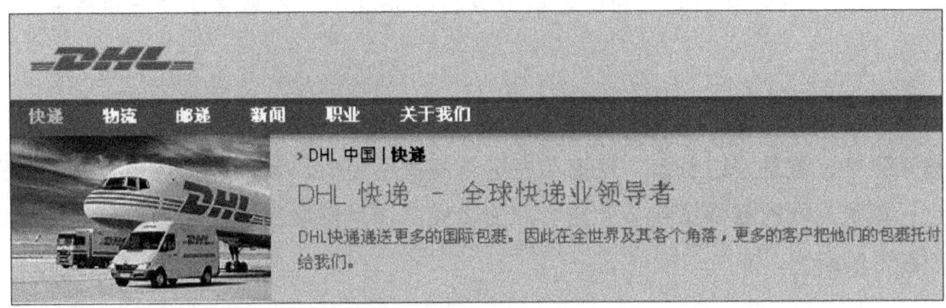

8.1.4 同城快递服务

如果买家就在本市，可以考虑直接送货上门，这在商品数量少时适用。一般小的网店，对于在本地区的客户，往往选择专人送货，并采用货到付款的方式。如果自己网店的规模越来越大，可以进一步考虑自建配送体系，当然也可以选择同城的快递公司来做。邮政信筒式同城快件如下图所示。

提个醒　同城快递服务的价格

各快递公司目前均开通有当地城市的同城快递服务，首重收费在5元左右；一般不会超过10元。

8.2 好的商品包装也是一种宣传

有物流货运的地方就有包装。而对于网店这样的经营方式来说，当买家拿到购买的商品时最先看到的也是包装，要给他们留下一个非常好的印象，减少他们挑毛病的机会，那就先把商品的包装做好。

8.2.1 商品包装的一般性原则

作为一个成功的卖家，衡量的指标之一就是体现在包装细节上。当你和别的卖家商品同质化时，包装是否具有鲜明的特色就是取得成功的关键了。包装商品要注意两点：完整性、超值性。

1. 包装的完整性

所谓完整性，就是经过包装，使商品在送至买家手中时，和商品描述中有一样的重量、规格、颜色、质量。同时要保证包装物结实，因为商品通常需要经过长途运输后才能到达买家的手中，如左下图所示。

2. 包装的超值性

我们在包装时，可以赠送该商品的辅助用品，来增加商品亮点，如寄送手机链、小装饰品、钥匙扣、漂亮书签等，这些赠品虽然价值不高，但却能收到非常好的亲和效果，让买家感觉购买此商品很超值，如右下图所示。

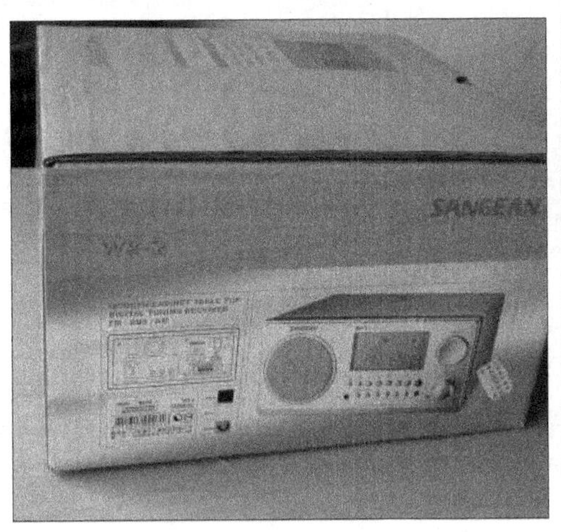

提个醒 不要随意包装

如果我们随便用报纸包装商品，当买家拿到货品时，也可能因心理感受造成负面的评价。除了商品本身的完整性之外，包装精巧的商品必然能博得买家的喜爱。

8.2.2 常用的包装材料

一般商品根据包装方法的不同来选择不同的包装材料，常见的包装材料主要有纸箱、编织袋、泡泡纸、牛皮纸以及内部填充物等，如下图所示。

纸箱是使用比较普遍的包装材料，其优点是安全性强，可以有效地保护物品，而且可以适当添加填充物对运输过程中的外部冲击产生缓冲作用，缺点是增加了货物重量，运费也会相应增加。

编织袋适用于各种不怕挤压与冲击的商品，优点是成本低、重量轻，可以节省一点运费，缺点是对物品的保护性比较差，只能用来包装质地柔软耐压耐摔的商品。

泡泡纸（袋）不但价格较低、重量较轻之外，还可以比较好地防止挤压，对物品的保护性相对比较强。适用于包装一些本身具有硬盒包装的商品，如数码商品等。另外泡泡纸也可以配合纸箱进行双重包装，加大商品的运输安全系数。

牛皮纸多用于包装书籍等本身不容易被挤压或摔坏的商品，可以有效防止商品在运输过程中的磨损。如下图所示为几种不同的包装材料。

对于使用纸箱包装的商品，一般内部会添加填充物以缓解运输过程中的挤压或冲击，填充物可以因地制宜来选择，常用的填充物主要有泡沫、废报纸等。另外，对于一些商品，在包装时需要考虑到防水与防潮因素，如服饰、数码商品、未密封的食品等。这类商品在包装后，可以采用胶带对包装口进行密封。

8.2.3 常用的包装方式

不同商品应采用最适合的包装方式，这样才能最大限度地保证商品在到达买家手里时的完整性，如易碎物品的保固包装、服装商品的防潮包装等。下面分别介绍这些包装方式。

1. 易变形和易碎的商品

代表商品：瓷器、玻璃水晶饰品、CD光盘、茶具、字画、工艺笔等。

对于这类商品而言，在包装时要多用些报纸、泡沫塑料或者泡绵、泡沫网来填充，因为这些填充物重量轻，而且可以缓和撞击。这些填充物也比较容易收集，如包水果的小塑料袋、平时购物带回来的方便袋、水果外面的泡沫软包装和一些买电器带回来的泡沫等。纸箱及填充物如下图所示。

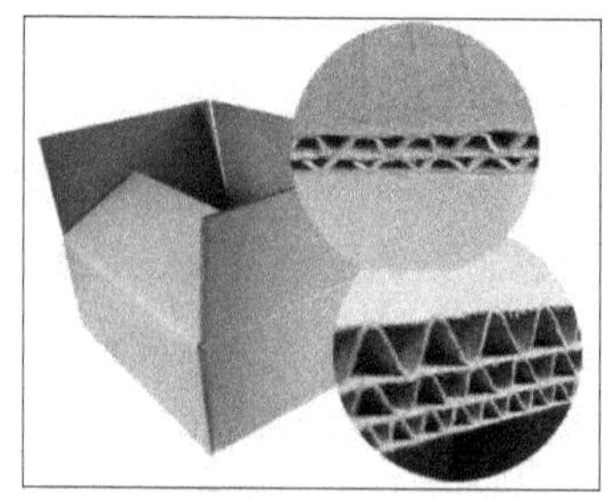

一点通 采用较轻的材料

包装时应尽量多用聚乙烯的材料而少用纸壳、纸团，因为纸要重一些，而那些塑料的东西膨胀效果好，自身又轻。

2．首饰类商品

首饰类商品一般都需要附送首饰袋或首饰盒，通过以下方法可以让服务显得更贴心。

用纸箱包装。对于首饰来说，3层的12号纸箱就够用了。为了节约成本，可以到网上去购买纸箱，一个12号的5层纸箱，在邮局可能要卖到3元钱，而在网上0.5元甚至更便宜就可以买到。

以报纸或泡沫等其他填充物填充，以便让首饰盒或首饰袋在纸盒里不晃动。而纸箱4个角一定要用胶带包好，以防液体渗入，也可以更好地防止撞击。

一点通　结实的包装

外包装要包得结实，边缘特别要包牢。在封胶的选择上，最好选择深色的封胶，相对要结实一些，透明的胶带一般不太牢固。

3．精密电子类商品

代表商品：手机、液晶显示器等。

在对这类怕震动的商品进行包装时，主要就是注意对商品的填充，以防止撞击和摇晃受损。可以用泡绵、气泡布、防静电袋等包装材料把物品包装好，并用瓦楞纸在商品边角或者容易磨损的地方加强包装保护，如下图所示。

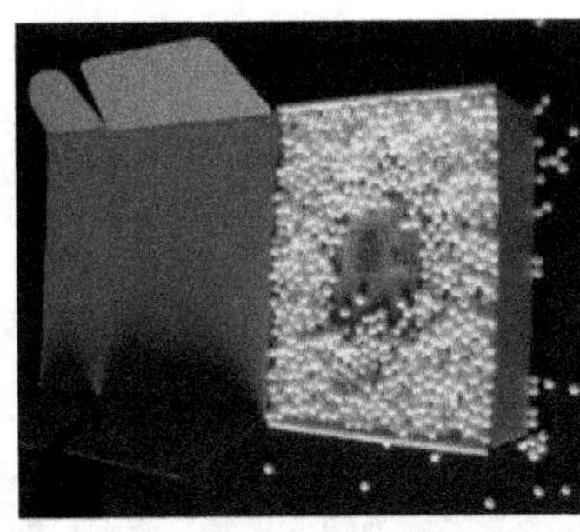
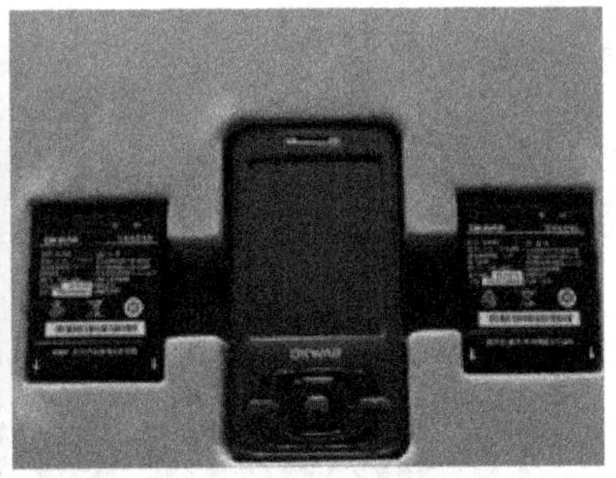

4．液体类商品

代表商品：化妆品、酒类等。

比较好的包装方法就是先用棉花裹好，再用胶带缠好，最后再使用木质外包装盒来加强防撞性。在包裹时一定要封好口，然后再用棉花整个包住，可以包厚一点，最后再包一层塑料袋，这样即使液体漏出也会被棉花吸收，并有塑料袋做最后的保护，不会流到纸盒外面污染到别人的包裹，如下图所示。

一点通　注意密封

包装香水一类液体商品时，可以买一些透明的气泡纸，在香水盒上多裹几圈，然后用透明胶带纸紧紧封住。为了确保安全，再把裹好的香水放进小纸箱，同时塞些泡沫塑料。

5. 服饰类商品

这类商品在包装时可以用塑料袋单独包好，以防止脏污。邮寄衣服时，要先用塑料袋装好（真空袋也不错），如下图所示，再装入防水防染色的包裹袋中。用布袋邮寄服装时，宜用白色棉布或其他干净整洁的布。

提个醒　注意减少磨损

遇到形状不规则的商品，如皮包等，可预先用胶带封好口，再用纸包住手提带并贴胶带固定，以减少磨损。

8.3 优质物流服务是如何炼成的

我们常说，适合自己的才是最好的。网店的经营利润本来就不高，如何开源节流需要卖家们时刻考虑。而这当中物流费用又是不得不支出的，所以选择适合自己的物流送货方式，并想办法节省邮费，就显得非常重要了。

8.3.1 如何选择好的快递公司

选择好的快递公司才能保证自己日常的经营活动更顺畅，因为如果是一些不负责的小公司的话，那么我们的商品在运输途中或是在买家发起物流投诉时会显得很被动。选择的原则大致包括以下几方面。

1. 看评价

选择快递公司的时候，首先可以在网上先看看其他网友的评价，对选择有基本的帮助。网上有各种各样的针对快递服务的调查，如易递网（http://www.eyoudi.com/）就提供了一个国内快递公司动态评价板块，用户可以在这里查看有没有比较可信的、安全的，并且离自己比较近的快递公司，然后进行筛选，如下图所示。

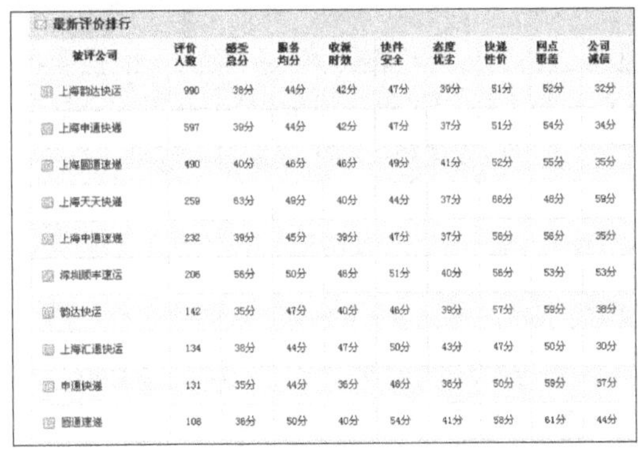
最新评价排行

被评公司	评价人数	感受总分	服务均分	收派时效	快件安全	态度优劣	快递性价	网点覆盖	公司诚信
上海韵达快运	990	38分	44分	42分	47分	39分	51分	52分	32分
上海申通快递	597	39分	44分	42分	47分	37分	51分	54分	34分
上海圆通速递	490	40分	46分	46分	49分	41分	52分	55分	35分
上海天天快递	259	63分	49分	40分	44分	37分	66分	48分	59分
上海中通速递	232	39分	45分	39分	47分	37分	56分	56分	35分
深圳顺丰速运	206	56分	50分	48分	51分	40分	56分	53分	53分
韵达快运	142	35分	47分	40分	46分	39分	57分	59分	38分
上海汇通快运	134	38分	44分	47分	50分	43分	47分	50分	30分
申通快递	131	35分	44分	36分	48分	36分	50分	59分	37分
圆通速递	108	36分	50分	40分	54分	41分	58分	61分	44分

一点通 查询网址

国内类似易递网的快递服务网站有很多，它们不但提供了各家快递公司的信誉评价，还提供了快递公司查找、快递服务价格查询、发件地址动态跟踪等功能，大家可以根据自己的需要来选择合适自己的服务。

2. 看规模

选择至少两家快递物流公司来做比较，看其在全国的网点规模覆盖率如何，因为这直接影响到我们的营业范围。而如果是同城则建议找一些本地的快递公司，优点就是同城速度极快，而且有很大杀价空间。相关快递公司如下图所示。

3. 看特点

依照快递公司的特性来选择，如申通快递走江浙沪效率很好，那如果自己的商品都是发到那个范围就可以考虑；DHL则有“限时特派”这样的紧急快递业务，如下图所示；中国邮政EMS则具有最大的地域送达优势。

限时快递——紧急取件派送

DHL限时快递服务主要针对需要在特定时间或标准转运时间的工作日结束之前完成门到门国际派送的快件。我们的全球覆盖和本地团队能确保快件迅速派送、全程跟踪并顺利通关.

DHL朝九特派

保证在标准转运时间的工作日9：00前完成门到门派送

- 满足紧急国际快件的派送需求
- 保证超时全额退款并即时发送派送通知
- 标准预约流程和客户支持

一点通　固定物流公司

综合来说，目前国内的快递公司基本上都存在各种各样的问题，究其原因，主要是由于快递行业从业人员众多，每个地域都有业务人员，而这些业务人员的素质千差万别，即使公司规定得再多，到了这些服务人员手上也会变样。因此，最好的方法是在找到固定快递物流公司以后，与负责自己区域的业务人员拉好关系，这样可以帮助自己在发货和收货时，得到尽量好的服务。

8.3.2 如何节省商品物流费用

如何最大限度地节省快递费用，相信是每一位淘宝卖家都随时在考虑的问题。的确，网店利润和物流费用是息息相关的。不过这其实不难，大家可以通过以下几方面来考虑。

1. 邮政包装纸箱

中国邮政绿色的国内普通包装纸箱，邮局价格为0.5元/个，而如果通过淘宝网购买则只需要0.2元/个，节约成本超过50%，这对于网店规模大，每天都有商品售出的卖家来说，有非常好的节约效果，如下图所示。

2. 多联系几家快递公司

不同快递公司的资费标准各不相同，一般来说，收费越高的快递公司，货物运输速度也就越快。很多卖家在选择时，往往习惯总选择一个快递公司，这样不但无法与其他快递公司的价格进行参照与对比，而且由于一家快递公司不存在竞争，在运费上也不会让步太多。

我们在发货时，可以同时联系多家快递业务员上门取件，故意让快递业务员知道存在竞争，有些情况下，快递业务员之间的价格竞争，最终受益的就是发货人。

3. 不要贪图便宜

有些小的快递公司确实便宜，甚至听说过到达江浙沪只收6元。但这样的公司肯定是联盟性质的小公司，寄送时间慢、包裹丢失等情况时有发生，有时还查询不到快递信息。所以，在选择便宜价格的同时也要考虑公司资质。

4. 包大宗物品采用火车托运

火车托运价格很低，而且速度也较快。全国范围内根据到站不同价格不同，从1～3元/公斤都有，最低收费1元，可以去火车站买一份火车托运价格表来具体查询。

一点通　E邮宝

选择“E邮宝”也是节省物流费不错的方法，这是中国速递服务公司与支付宝联合推出的国内经济型速递业务，采用全程陆运模式，其价格较普通EMS有大幅度下降，但其享有的中转环境和服务与EMS几乎完全相同，而且一些空运中的禁运品也可被E邮宝所接受。

5. 快递公司讲价技巧

目前几乎所有快递公司都可以灵活讲价，不过要想成功降低快递费用，我们还需要了解一些与快递公司进行讲价的技巧，下面介绍一些常用的技巧，卖家可根据实际情况进行参考。

- 直接找快递业务员讲价，而不要找快递公司客服或前台人员讲价。
- 在讲价过程中，适当夸张自己的发货量，因为如果发货量较大的话，业务员为了稳定业务，一般会在价格上有一定的让步。
- 用其他快递公司价格对比，在讲价时可以和业务员谈及其他快递公司要低多少，即使是虚构，也要表现出很真实的样子，一般还是可以降低一定价格的。
- 掌握讲价幅度，如同日常购物砍价，假如15元的快递费用，我们想讲到12元，那么要和业务员先砍到10元，这样即使不同意，但最终可能就以12元的折中价成交。

8.4 打消买家对包装和物流的疑虑

和在实体店铺购物一样，在网络上购物也有很多的优点和缺点，只要作为卖家的我们熟知网络购物的优缺点，就可以更好地完善，从而更好地解决买家的疑虑。

8.4.1 打消买家对包装的疑虑

网络店铺和实体店铺的不同点有很多，但是买家在网络店铺中购物时会遇到一个在实体店铺购物时从未遇到的大问题，那就是物流问题。买家在实体店铺中购物时可以一手交钱一手取货，而在网络店铺中则不行，需要通过一定时间的物流运输，买家才能最终拿到商品，而在这段时间内商品损坏和丢失的风险很大，所以会有很多的买家对这一环节极不放心。

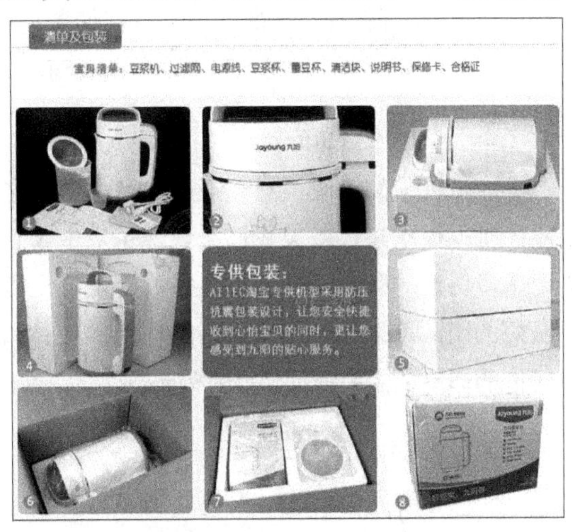

如右图所示，在商品描述页面中，添加了商品的包装信息，很清楚地告知了商品的包装过程和防压抗震包装设计，因为对于小家电这类商品，买家很担心运输过程中是否会挤压变形等，有了这幅图片相信买家多少会放下这样的顾虑。

商品包装得好，能给客户带来良好的购物体验，对网店的生意是百利而无一害的。在淘宝论坛看了一则帖子，一个买家在淘宝金冠店购买了一大堆的婴儿用品和洗衣液，由于金冠店包装简陋，导致洗衣液泄漏，污染了全部的婴儿用品，价值400多元的奶粉、玻璃奶瓶等物品全部不能使用。

这个帖子引来了众多淘宝网友的热议，有人甚至怀疑这家金冠店是刷出来的。这家店的信誉达到了金冠，名副其实的大卖家，包装却不细心，也难怪别人会怀疑这家店铺刷信用。但金冠信誉虽牛，用户体验做不好，生意照样难长久。

经营一个网店，需要做的细节有很多，虽然我们不可能每一件都做到并做好，但是为了自己的生意我们还是要努力。也许这些细节的工作产生的效果并不明显，但是相信当把越来越多细节的工作做得很好，您的生意也就会在不知不觉中好起来。有些卖家也困惑，觉得我们的店铺跟其他的店铺也没什么区别啊，图片不差，服务态度也很好，直通车也一直在做，但是生意却怎么也火不起来，可能原因就出在很多看不到的细节工作并没有做到。右图所示为精致的包装。

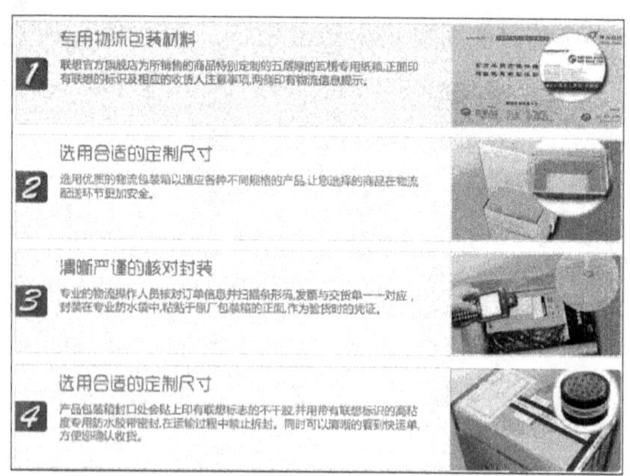

一点通 眼见为实

尽量体现包装扎实、有特色，让买家放心、安心购买自己的商品。

所有的买家都希望收到一个完好无缺的商品，那么卖家该如何利用商品包装来收买买家的心呢？下面提出以下几点建议。

1. 发送店铺名片

在发送商品的时候，可以在内包装里塞上几张名片，名片中要印上自己的网店名、掌柜名、电话以及QQ等信息。一般来说，买家如果觉得你的商品不错的话，都会留下你的名片以便下回购买，或是将你的名片发给其他需要此类商品的好友，这样一来你也就多了许多隐性买家。

2. 赠送小礼品

许多买家都希望得到一些小赠品，即使这些东西对他们来说没有多大用途，但是收到的时候会觉得很高兴，就像我们在现实生活中收到礼物会有惊喜的感觉一样。在采购商品的时候，记得多留意一些小物件，如头饰或小发卡之类，价格越便宜越好，但是质量不能太差。一个质量好的赠品可以起到画龙点睛的作用，但是如果买家收到的是一个粗制滥造的商品，那么他们对你的印象也会大打折扣。此外还要注意控制赠品的成本。

3. 问候贺卡

现代社会通信发达，人们的沟通方式已经从过去的信件、电话扩展到短信、电子邮件、视频通话等。很多人已经好多年没有收到过信件了。所以，在邮寄商品的同时，附送一张温馨的贺卡，必定会唤起很多人熟悉的感觉，增加买家对卖家的好感。

4. 要干净整洁

无论你用什么包装寄东西，都应把盒子弄得干干净净，破破烂烂的包装会让人怀疑里面的东西是不是已经压坏了，甚至怀疑商品的质量。所以包裹一定要干净整洁，在不超重的前提下尽量用硬壳包装。

5．热卖商品介绍

不是每个买家都会十分耐心地看完卖家店里的所有商品，所以在快递商品时，可以送上一份店铺的商品介绍。可以是店铺里最热销的商品或新上架的商品，整理个小小的推荐表。

8.4.2 打消买家对物流的疑虑

选择一家可以令买家和自己都放心的物流公司，既可以选择卖家所在地口碑和服务最好的物流公司，也可以直接使用淘宝网的推荐物流公司。

目前国内各物流公司的服务质量参差不齐，在全国范围内很难说出到底哪家公司更好。选择一家可以合作的物流公司最简单的也是最有保障的方法有两个：可以以快递公司作为出发点去寻找，也就是在当地选择口碑最好的一家来进行合作，我们可以通过身边的朋友、同城的卖家、淘宝社区得到物流公司的口碑信息；如果对口碑信息把握不准，我们也可以以收件员作为出发点去寻找，也就是通过对比收件员的服务质量来寻找更加合适的物流公司，具体方法就是可以多联系几家物流公司的收件员，在他们当中选择一个沟通得最好的进行合作。目前国内物流公司的运输时间、费用、丢损几率都差不多，所以以收件员的服务质量作为选择依据也不失为一个好办法。

淘宝网推荐物流也可以成为卖家的首选，目前与淘宝网有签约的合作物流有几十家，其中包括中国邮政、中通速递、宅急送、圆通快递、韵达快运、联邦快运、天天快递、汇通快运、顺风速运、申通E物流、港中能达等。使用推荐物流的好处大概有以下几点。

- 网上直连物流公司。不用打电话也可以联系物流公司，真正的网上操作。
- 价格更优惠。可以使用协议最低价和物流公司进行结算。
- 赔付条件更优惠。淘宝与物流公司协议了非常优惠的赔付条款。
- 赔付处理更及时。淘宝会监控并督促物流公司对投诉和索赔的处理。
- 订单跟踪更快捷。使用推荐物流网上下单，您的商品跟踪信息链接会放在您的物流订单详情页面，买家和卖家都可以方便查看。
- 可享受批量发货功能。可以一次性将多条物流订单发送给物流公司，让卖家下单更快捷。
- 可享受批量处理功能。使用推荐物流发货的交易，可以一次性地将多笔交易确认为“卖家已发货”状态。
- 可享受旺旺在线客服的尊贵服务。物流公司在线客服，即时回复卖家的咨询，解答卖家的疑惑。

在卖家决定使用淘宝网推荐的物流时，建议选择规模较大，管理正规的公司。例如，中国邮政是国有企业，是国内最老牌的物流公司，适用于网络购物采用的服务大致有平邮包裹、快递包裹、E邮宝、EMS特快专递4种。目前中国邮政也经过了市场化的改制，价格已经可以根据包裹量的增加而得到优惠，如右图所示。包裹的丢损率明显少于其他物流公司，服务水平也有了很大的提升。

邮费说明

运送方式	运送到	首件(个)	运费(元)	续件(个)	运费(元)
快递	四川省，陕西省，黑龙江省，云南省，贵州省，青海省，甘肃省，吉林省，内蒙古自治区，辽宁省，宁夏回族自治区，广西壮族自治区，海南	1	15	1	10
快递	澳门特别行政区，香港特别行政区，西藏自治区，新疆维吾尔自治区，台湾省	1	30	1	15
快递	山东省，天津，河南省，山西省，福建省，河北省，江西省，北京，重庆，广东省，湖南省，湖北省	1	10	1	8
快递	浙江省，安徽省，上海，江苏省	1	6	1	1
EMS	陕西省，山东省，天津，河南省，山西省，福建省，河北省，江西省，北京，安徽省，重庆，广东省，湖南省，湖北省	1	15	1	8
EMS	四川省，黑龙江省，云南省，贵州省，青海省，甘肃省，吉林省，内蒙古自治区，辽宁省，宁夏回族自治区，广西壮族自治区，海南省	1	15	1	10
EMS	澳门特别行政区，香港特别行政区，西藏自治区，新疆维吾尔自治区，台湾省	1	30	1	15
EMS	浙江省，上海，江苏省	1	8	1	2

了解了物流行业的一些相关常识，我们就可以为自己选择一家放心的物流公司了，接下来我们需要做的就是把和物流公司相关的信息告知买家，物流相关的信息比较琐碎，告知买家的渠道相对来说就比较窄，为了能让每个买家都接收到这些信息，建议把物流信息放入到商品描述页面里，如下图所示。

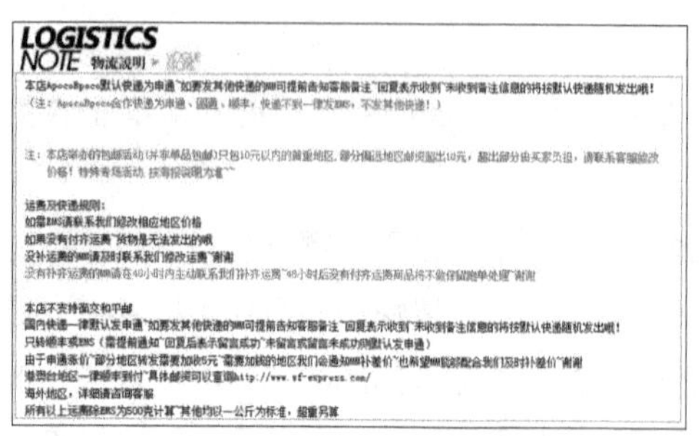

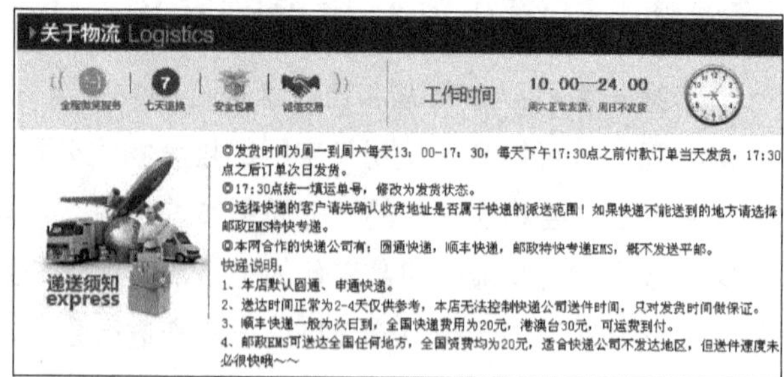

有时即使卖家做得再好，也避免不了出现物流纠纷，那么物流出现问题后，怎样才能得到一个让双方都满意的结果呢？

（1）注意心态问题。经常发货出现问题在所难免，要有这个心理准备。出现问题也没什么大不了的，解决问题就是了。好多卖家不能以一个平和的心态来对待问题，买家跟卖家是平等的，同样卖家跟物流公司也是平等的，老觉得物流公司矮我们一等，用这样的态度来解决问题是不会有什么好结果的。

（2）注意买家方面。一般买家都会问几天能收到货，现在的快递基本上全国范围内是2～4天到货，偏远一点的要4～5天，同城的是今天发明天到。可以这样回答买家：一般是3～5个工作日送到，因为快递周末派件都不是很积极，给自己最大的余地，不要把自己逼得一点处理意外的时间都没有，那就太被动了，要知道快递晚点的可能性很大，时间说长点，一是给买家一个心理准备，二是晚到的话自己也不至于太被动，三是要提前到的话买家会很高兴的。

（3）注意物流方面。跟物流方面谈好出现问题后的解决方法，要遵循平等合作的原则。晚到的情况怎么解决、磕碰碎裂的情况怎么解决、态度不好怎么解决，都达成文字协议更好，这样出现问题都按协议来处理。

让你熟悉的快递员帮忙，因为快递员比较了解公司具体运作，而且他们自己的公司到底哪个方面会出问题，他们也比较容易知道内情，方便追回货物。

（4）建议向买家提供两种以上解决方案（退款或重寄等）供选择，这样可以有效改善买家的感受并提高解决问题的效率。

技能实训

增强动手能力

通过对前面内容的学习，为了巩固读者所学的相关知识，下面安排实训任务来增强动手能力和技能的综合应用水平。

实训一 学习精致商品的包装方法

如果经营的是精美首饰、珠宝玉器等精致商品，除了提供比较完善的售后服务外，如果商品外包装足够精美的话，回头客肯定大增；所以不要太在意那一点包装费用（当然，这仅是针对经营奢侈品而言）。

（1）给商品包装打上蝴蝶结

不管什么物品，即使没有包装纸或礼品盒，也不要装在包装袋里，只要系一根丝带，商品瞬间就会不可思议地变成一件礼物。买家收到这样的商品，当然会非常满意。

（2）礼盒式包装

卖家可以用包装纸将礼品盒按一定的倾斜角度来包装，这样包装的商品很有层次感，感觉很精致、很吸引人。

（3）薄礼盒式包装

利用彩带，卖家可以集中在礼盒中央多制造一些皱褶，为售出的商品增添一分高雅。当掌握这种方法之后，不管是何种尺寸的物品，都可以适用。尤其是对于戒指、首饰一类的商品来说效果更好。

实训二 快捷查询哪家快递公司更便宜

淘宝网为了方便卖家发货，与一些大快递公司进行捆绑合作，卖家可以通过物流工具中的“运费/时效查看器”功能来查询最便宜的快递公司，以便进行合作。

下面来看看，如何有效、快速地查询最便宜的快递公司。

STEP 01 ❶打开卖家中心，在“交易管理”选项组下单击“物流工具”选项；❷在右侧单击“运费/时效查看器”选项卡；❸设置物流信息；❹单击“查看”按钮，如下图所示。

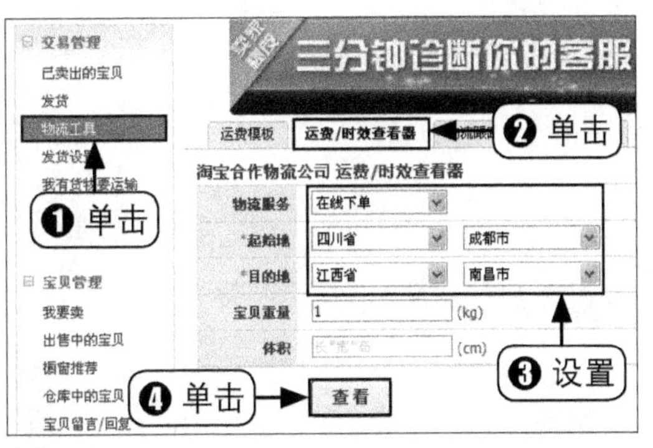

STEP 02 查看同样的重量、地点，哪家最便宜，以便进行对比，如下图所示。

合作物流公司	运费(元)	时效
佳吉快运	0.0	
亚风速递	0.0	
四川快捷	10.0	
CCES	10.0	3天21小时
星晨急便	11.0	
北京全峰	12.0	
宅急送	12.0	
韵达快运	12.0	3天12小时
汇通快运	12.0	3天6小时
优速物流	12.0	3天23小时
圆通速递	13.0	2天16小时
港中能达	13.0	4天16小时
海航天天快递	14.0	2天21小时
e邮宝	15.0	
中通速递	15.0	3天19小时
申通E物流	15.0	2天11小时
天地华宇	15.0	

选择到合适的快递公司后，就可以直接拨打对方的电话，让其上门取件。

在淘宝网完成第一笔交易

本章导读

淘宝网的整个交易流程是：买家拍下宝贝后打款到支付宝，卖家发货，买家收到货物后再确认收货，这时卖家才能收到货款。那么在这个交易过程中，卖家如何才能漂亮地完成交易呢？要保证前期和买家充分沟通并且做好发货工作。

本章学完后您会的技能

- ❖ 客服人员必备的知识和能力
- ❖ 了解买家心理
- ❖ 激发买家的购买欲望
- ❖ 即时和买家交流促成交易

本章内容展示

访问数据　　卖家经营报告

	成交笔数	成交金额	购买人数	购买转化率	退款笔数
本店	0↓	0↓	0↓	0↓	0↓
行业	3	395	2	2%	1
本店	2↓	59↓	2	40%↑	0↓
行业	3	497	2	2%	2
本店	1↓	34↓	1↓	13%↑	0↓
行业	3	650	2	2%	1

场提供 >　　取消对比同行业平均值

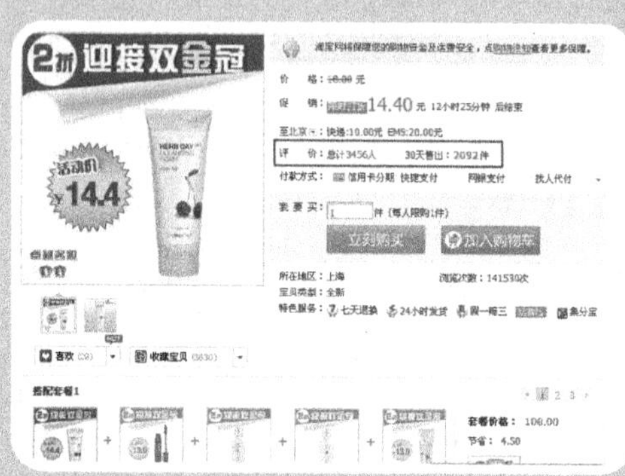

9.1 客服人员必备的知识和能力

随着网店数量越来越多，网店的管理与营销已不是店主单独能够应付的，许多店主开始寻找专门的网店服务人员，从而催生了一项新的职业——网店客服。

9.1.1 专业的知识

对于网上店铺而言，买家看到的商品是一张张图片，往往会产生距离感和怀疑感。这时通过和店铺客服人员在网上交流，买家可以切实感受到商家的服务态度，所以客服的业务素质往往决定买家是否会购买。那么网店客服人员都需要具备的知识有哪些呢？

1．商品专业知识

（1）商品知识：客服应当对商品的种类、材质、尺寸、用途、注意事项等都有所了解，最好还要了解行业的相关知识、商品的使用方法、修理方法等。

（2）商品周边知识：商品可能只适合部分人群，拿衣服来说，不同的年龄、生活习惯，适合不同的衣服款式。这些情况都需要客服人员有基本的了解。

2．网站交易规则

（1）淘宝交易规则：客服人员应该把自己放在买家的位置来了解交易规则，以便更好地把握自己的服务方向。有的买家可能第一次在淘宝交易，不知道该如何操作，这时客服除了要指点买家查看淘宝的交易规则，还需要在细节上一点点指导。

此外，客服人员还要明白如何查看交易详情，了解如何付款、修改价格、关闭交易、申请退款等。

（2）支付宝的流程和规则：了解支付宝交易的原则，可以指导买家通过支付宝完成交易、查看交易的状况、更改交易状况等。

3．付款知识

现在网上交易一般通过支付宝和银行付款两种方式。银行付款一般建议同银行转账，也可以网上银行付款、柜台汇款，同城可以通过ATM机完成汇款。

客服应该建议买家尽量采用支付宝方式完成交易，如果买家因为各种原因拒绝使用支付宝交易，需要判断买家是不方便还是有其他的考虑，如果买家有其他的考虑，应该尽可能打消买家的顾虑，促成用支付宝完成交易。

4．物流知识

了解不同物流的价格：如何计价以及还价余地等。

了解不同物流的速度。

了解不同物流的联系方式，在手边准备一份各个物流公司的电话明细单，同时了解如何查询各个物流公司的网点情况。

了解不同物流公司如何办理查询业务。

了解不同物流公司的包裹撤回、地址更改、状态查询、保价、问题件退回、代收货款、索赔的处理等。

9.1.2 谦和的服务态度

坐在办公室里通过聊天软件与客户沟通、接受客户的询问等，是网店客服要做的基本工作。在与买家的沟通过程中，对买家保持谦和友好的态度是非常重要的。

1. 微笑是对买家最好的欢迎

当迎接买家时，哪怕只是一声轻轻的问候，也要送上一个真诚的微笑，虽然说在网上与买家交流看不见对方，但买家在言语之间是可以感受到客服的诚意的。多用些旺旺表情，并多说“欢迎光临！”、“感谢您的惠顾”一类的礼貌用语，能增加买家的好感。如右图所示为使用旺旺表情与买家沟通。

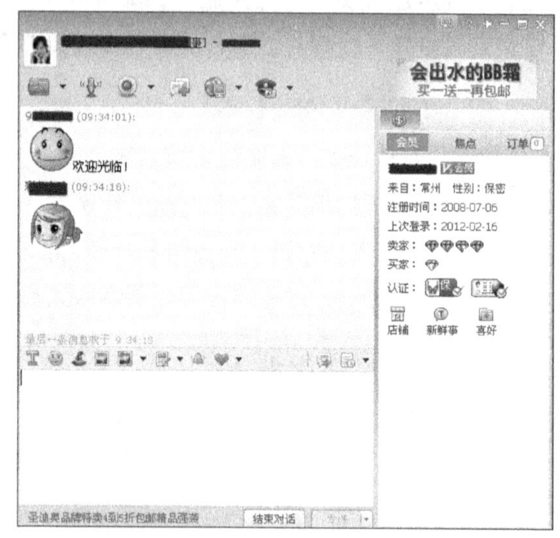

一点通 旺旺表情

加与不加旺旺表情给买家的感受是完全不同的，旺旺表情可以让你更加亲切，让买家产生好感。

2. 保持积极态度，树立“买家永远是对的”理念

当卖出的商品有问题时，无论是买家的错还是快递公司的问题，都应该及时解决，而不是回避、推脱。要积极主动与买家沟通，对买家的不满要积极回应；尽快处理买家的反馈意见，让买家感到被尊重与重视；如果出现货物破损或丢失能补最好尽快再给买家补发。除了与买家之间的金钱交易之外，更应该让买家感觉到购物的乐趣和满足。

3. 礼貌待客，多说谢谢

礼貌待客，让买家真正感受到“上帝”的待遇，买家询问之前先来一句“欢迎光临，请多多关照。”或“欢迎光临，请问有什么可以帮忙吗？”。诚心致意，会让人有一种亲切感，并且可以先培养一下感情，这样买家的抗拒感就会减弱或者消失。有时买家只是随便到店里看看，客服人员也要诚心的感谢人家说声：“感谢光临本店。”

4. 坚守诚信

网络购物虽然方便、快捷，但唯一的缺陷就是商品看不到摸不着。买家面对网上商品难免会有疑虑和戒心，所以客服对买家必须要用一颗诚挚的心，像对待朋友一样，包括诚实地回答买家的疑问，诚实地告诉买家商品的优缺点，诚实地向买家推荐商品。

5. 凡事留有余地

在与买家交流中，不要用“肯定、保证、绝对”等字眼，这不等于售出的商品是次品，也不表示对买家不负责任，而是不让买家有失望的感觉。因为每个人在购买商品的时候都会有一种期望，如果与期望有一定差距，最后就会变成买家的失望。已卖出的商品在运输过程中，我们能保证快递公司不会误期吗？物品不会被损坏吗？那么为了不让买家失望，就最好不要轻易说“肯定”、“保证”。可以用“尽量”、“争取”、“努力”等词汇，多给买家一点真诚的感觉，也给自己留有一点余地。

6. 处处为买家着想，用诚心打动买家

让买家满意，重要一点体现在真正为买家着想。这也是人人知道的技巧。但是请您自问：“我真的做到了吗？”如果客服真能站在买家角度，就会发现有很多不能理解的事情都理解了，有很多不能接受的要求也能够接受了。网店客服应处处站在对方的立场，想买家所想，把自己变成一个买家助手。

7. 多虚心请教，多听听买家声音

当买家上门时，客服需要先问清楚买家的意图，需要什么样的商品、是送人还是自用、是送给什么样的人等。了解清楚买家的情况，才能对买家进行定位。了解买家属于哪一种买家；尽量了解买家的需求与期待，努力做到只介绍对的不介绍贵的商品给买家。做到以客为尊，满足买家需求才能成为优秀客服。

当买家表现出犹豫不决的时候，也应该先问清楚买家困惑的原因是什么，是哪个问题不清楚。如果买家表述也不清楚，客服人员可以先把自己的理解告诉买家，问问是不是理解对了，然后针对买家的疑惑给予解答。

8. 要有足够的耐心与热情

常常会遇到一些买家，喜欢打破沙锅问到底。这时客服人员就需要耐心热情地细心回复，会给买家信任感，不要表现出不耐烦。即使不买也要说声“欢迎下次光临”。

如果服务好这次不成下次有可能还会回来的。在彼此能够接受的范围可以适当让步，如果确实不行也应该婉转地回绝，如说“真的很抱歉，没能让您满意，我会争取努力改进”，或者引导买家换个角度来看这件商品让她感觉货有所值，就不会太在意价格了，也可以建议买家先货比三家。总之要让买家感觉客服人员是热情真诚的。

9. 做个专业卖家，给买家准确推介

不是所有的买家对店铺的商品都了解和熟悉，当有的买家对商品有疑问时，就需要客服人员熟悉商品专业知识，这样才可以更好地回复买家，帮助买家找到适合他们的商品。

9.1.3 良好的沟通技巧

沟通与交流是一种社会行为，是每时每刻发生在人们生活和工作中的事情。客户服务是一种技巧性较强的工作，作为网店的客服人员，更是需要掌握并不断完善与客户沟通的技巧。

1．使用礼貌有活力的沟通语言

态度是个非常有力的武器，当客服人员真诚地把买家的利益放在心上时，买家自然会积极回应。而良好的沟通能力是非常重要的，沟通过程中客服人员怎样回答是很关键的。

让我们来比较一下，感受不同说法的效果。

“您”和“MM您”比较，前者正规客气，后者比较亲切。

“不行”和“真的不好意思哦”；“恩”和“好的没问题”。都是前者生硬，后者比较有人情味。

“不接受见面交易”和“不好意思我平时很忙，可能没有时间和你见面交易，请您理解”，相信大家都会认为后一种语气更能让人接受。

2．遇到问题多检讨自己少责怪对方

遇到问题的时候，先想想自己有什么做得不好的地方，诚恳地向买家检讨自己的不足，不要上来先指责买家。例如有些内容明明写了，可是买家没有看到，这时不要光指责买家不好好看商品说明，而是应该反省没有及时提醒买家。

3．多换位思考有利于理解买家的意愿

当遇到不理解买家想法的时候，不妨多问问买家是怎么想的，然后把自己放在买家的角度去体会他的心境。

4．少用“我”字，多用“您”

要从内心深处尊重客户。多用“您”，多写短句，多按回车键，别让客户久等。少用“我”字，让买家感觉我们在真心地为他考虑问题。

5．表达不同意见时尊重对方立场

当买家表达不同的意见时，要力求体谅和理解买家，表现出“我理解您现在的心情，目前…”或者“我也是这么想的，不过…”来表达，这样买家能觉得你能理解他的想法，能够站在他的角度思考问题，同样，他也会试图站在你的角度来考虑。

6．认真倾听，先了解买家的情况和想法，再做判断和推荐

有时买家常常会用一个没头没尾的问题来开头，如“我送朋友，送哪个好”或者“这个好不好”，不要着急去回复他的问题，而是先问问买家是什么情况，需要什么样的东西。

7．经常对买家表示感谢

当买家及时完成付款，或者很痛快达成交易时，客服人员都应该衷心的对买家表示感谢，谢谢他为我们节约了时间，谢谢他给我们一个愉快的交易过程。

8．坚持自己的原则

在销售过程中，会经常遇到讨价还价的买家，这时应当坚持自己的原则。如果作为商家在

定制价格的时候已经决定不再议价，那么就应该向要求议价的买家明确表示这个原则。

9. 保持相同的谈话方式

对于不同的买家，应该尽量用和他们相同的谈话方式来交谈。如果对方是个年轻的妈妈，在给孩子选商品，应该表现站在母亲的立场，考虑孩子的需要，用比较成熟的语气来表述，这样更能得到买家的信赖。如果客服人员自己表现得像个孩子，买家会对推荐表示怀疑。

9.1.4 店主如何培训新手客服

网店客服是网店交易中重要的角色，如何帮助这些职场新兵迅速进入角色，让他们为网店创造更大的价值至关重要。怎样培训新员工呢，有如下几点需要注意。

1. 制定标准化制度

样板即根据各项标准要求所做出来的模板，是员工日常工作的参照物。店主可以按工作标准做出样子来，以最直观的方式让客服新手明白什么是正确的，如何去操作。

在标准化的制度下，只要店主依规定执行，不放任，客服们便会自觉地在你为他们划定的圈子内施展所长。

2. 协助带领员工一起做

协同即带领、陪同员工完成各项工作。店主按工作标准做出样板后，要亲自和被培训者按样板要求共同完成各项工作，包括如何与客户沟通、如何收款、如何发货等。一方面使客服人员更理解制度标准中的内容，另一方面可以帮助新手解决初次工作遇到的困难和心理障碍。

3. 工作流程中跟踪指点

观察即通过对其工作的全过程进行观察，以了解客服在工作中的具体情况。经过前两个步骤，被培训者已具备一定的操作基础，这时应该让客服独立完成每一项流程。店长此时也应当要站在客服旁边，进行观察记录，对做得不足的地方及时指出来，对做得好的地方进行肯定和表扬。

4. 强化记忆，打造考核机制

强化即按照样板标准坚持做下去，最终形成习惯。强化是一个长期的过程，必须要求客服不断坚持去做，而且要根据样板标准做出考核指标，没达到标准的要进行处罚。久而久之，客服就能养成谨慎细致的态度。

9.2 了解买家心理

在网上开店，令新手卖家最头痛的就是买家上了门，却因为卖家不了解买家心理，三两句话说完，买家就走掉了。要成为一个合格的卖家，了解买家心理尤为重要，善于分析理解才更有利于在沟通过程中把握商机。

9.2.1 分析买家的购买心理

如果卖家经销的商品能满足买家的需求，成交的几率就会大增。要想使销售量大增，还必须要将买家的心理摸透，这样才能“对症下药”。从购买动机表现来看，可以归纳为两大类：理智动机和感情动机。

1. 理智动机

（1）适用

适用即求实心理，是理智动机的基本点，即立足于商品的最基本效用。买家在选购商品时不过分强调商品的美观悦目，而以朴实耐用为主，在实用动机的驱使下，买家偏重商品的技术性能，而对其外观、价格、品牌等的考虑则在其次。

（2）可靠

买家总是希望商品能正常发挥其使用价值，可靠实质上是“经济”的延伸。名牌商品在激烈的市场竞争中具有优势，就是因为具有上乘的质量。所以，具有远见的商家总是在保证质量的前提下打开商品销路的。

（3）经济

经济即求廉心理，在商品的其他条件大体相同的情况下，价格往往成为左右买家取舍的关键因素。折扣券、拍卖、特价、秒杀之类的活动之所以能牵动千万人的心，就是因为“求廉”心理。如右图所示为2折特价商品，吸引了大量求廉心理买家的关注。

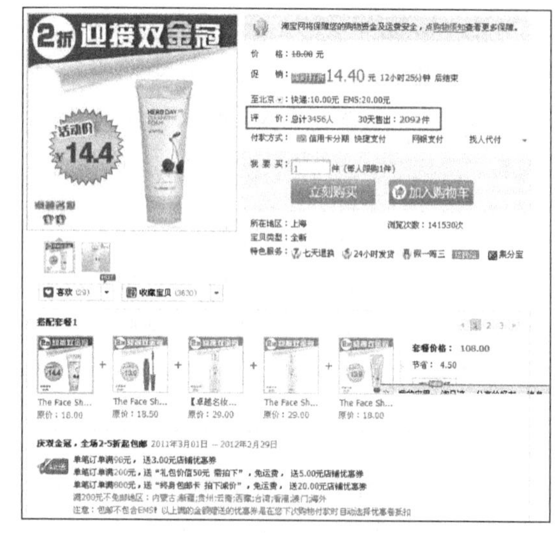

一点通　潜在购买欲望

买家对有折扣的商品很感兴趣，就算没打算购买也会被引发出潜在购买欲望。

（4）安全

随着科学知识的普及，经济条件的改善，买家对自我保护和环境保护意识增强，对商品安全性的考虑越来越多地成为买家选购某一商品的标准。“绿色商品”具有十分广阔的前景，卖家可以利用这一购买动机来促进销售。

（5）美观

爱美之心人皆有之，美观也是商品的使用价值之一。买家在选购商品时不仅仅以价值为宗旨，还注重商品的外观，强调商品的艺术美。如下图所示为美观的收纳盒，吸引众多买家购买。

(6）使用方便

省力省事无疑是人们的一种自然需求。技术复杂的商品，使用快捷方便，将会更多地受到买家的青睐。带遥控的电视机，只需按一下的“傻瓜”相机以及许多使用方便的商品走俏市场，正是迎合了买家的这一购买动机。

（7）售后服务

商品质量好，是一个整体形象。有无良好的售后服务往往成为左右买家购买行为的砝码。为此，提供详尽的说明书、对买家进行指导、及时提供免费维修、实行商品质量保险等都成为商家争夺买家的手段。

2. 感情动机

不能简单地理解感情动机为不理智动机。它主要是由于社会因素或心理因素影响，产生的购买意愿和冲动。感情动机很难有一个客观的标准，但大体上是来自于下述心理。

（1）好奇心理

所谓好奇心理，是对新奇事物和现象产生的注意、操作、提问的心理倾向，或称之为好奇心。现今的买家，在好奇心理的驱使下，大多喜欢新奇的消费品。

（2）求新心理

有些买家在选购商品时尤其重视商品的款式是否为眼下的流行样式，追逐新潮。对于商品是否耐用，价格是否合理则不大考虑。如左下图所示为创意新颖的壁柜。

（3）炫耀心理

买家在选购商品时，特别重视商品的威望和象征意义。商品要名贵，牌子要响亮，以此来显示自己地位的特殊，或炫耀自己能力的非凡。这多见于功成名就、收入丰盛的高收入阶层，也见于其他收入阶层中的少数人。他们是买家中的尖端消费群，购买倾向于高档化、名贵化、复古化，生产上万美元的手表正迎合了这一心理。如右下图所示为价格昂贵的包包。

（4）攀比心理

有些买家在选购商品时仅凭感情的冲动，总想比别人强，要超过别人，以求得心理上的满足。人家有了大屏幕彩色电视机、摄像机、金首饰，自家没有，就不管是否需要，是否划算，也要购买。

（5）从众心理

买家在购物时最容易受别人的影响。例如，许多人正在抢购某种商品，他们也极可能加入抢购者的行列，或者平常就特别留心观察他人的穿着打扮，别人说好，他很可能就下定决心购买，别人若说不好，则很可能就放弃。如下图所示的商品销售量很高，价格也优惠，很多买家产生从众心理，跟风购买。

（6）受尊重心理

买家是商家的争夺对象，理应被商家奉为“上帝”。如果服务质量差，即使商品本身质量好，买家往往也会弃之不顾，因为谁也不愿花钱买气受。因此，应该真诚地尊重买家的经济权力，有时尽管商品价格高一点，或者质量有不尽如人意之处，但买家感到卖家真诚的态度，也乐于购买，甚至产生再光顾的心理。

仔细分析买家的心理需求，察觉到买家想要什么，然后投其所好，便能大大激发买家的购买欲望。

9.2.2 应对各种类型的买家

在网上开店，必须要先了解买家，才能更好地服务买家。买家受性别、年龄、性格等因素的影响，对相同商品的反应各不相同。因此，店主应该因人而异地对待买家。

1. 如何应对外向型的买家

外向型买家一般做事情都很有自信，凡事亲力亲为，不喜欢他人干涉。如果他意识到做某件事是正确的，那他就会比较积极爽快地去做。说服性格外向的买家首先要赞成其想法和意见，不要争论，再运用诱导法将其说服。在向他们推荐商品或服务时，要让他们有时间讲话，研究他们的目标与需要，注意倾听他们的心声。

2. 如何应对随和型的买家

这一类买家总体来看性格开朗，容易相处，内心防线较弱。他们容易被说服，这类买家表面上是不喜欢拒绝别人的，所以要耐心地和他们交流。

3. 如何应对优柔寡断型的买家

有的买家在店主解释说明后，仍然优柔寡断，迟迟不能做出购买决定。对于这一类买家，店主要极具耐心并多角度地强调商品的特征。在说服过程中，店主要做到有根有据、有说服力。

4. 如何应对小气型的买家

喜欢贪小便宜是小气型买家最大的特征。买东西老嫌贵，还特别喜欢砍价。应对这种买家，跟他套交情是最佳做法。应该热情地向他打招呼，赞美他，并且要提醒他买东西占到了便宜。

5. 如何应对稳重型的买家

个性稳重的买家是比较精明的。他们注意细节，思考缜密，决定慎重并且个性沉稳不急躁。对于这种类型的买家，无论如何一定要想方设法让他自己说服自己，否则他便不会做出购买决定。不过，一旦赢得了他们的信任，他们又会非常坦诚。

6. 如何应对心直口快的买家

有的买家或直接拒绝，或直接要某个商品，一旦做出购买决定，绝不拖泥带水。对待这种买家，店主要以亲切的态度，顺着买家的话去说。答复速度尽量快些，介绍商品时，只需说明重点，不必详细说明每个细节。

7. 如何应对“慢性子”的买家

如果碰到“慢性子”的买家，千万不能心急，只有耐心回答他的问题才能赢得机会。

8. 如何应对挑剔型的买家

喜欢挑剔的买家，往往认为店主介绍的情况是言过其实，总是持不信任的态度。对待这种买家，店主不应该反感，更不能带“气”来反驳买家，而要耐心地倾听，这是最佳的办法。

对待挑剔的客户，并不是对抗而是合作，将最挑剔的客户转换为最忠实的客户。客户的挑剔，不管有没有道理，若能从挑剔中仔细深入检讨，通常可发现自我的不足之处。客户提出来的建议，也许可直接采用，也许需经修改或转化才可采用，但大多对网店有益。

对待不同性格的买家，应采取不同的接待和应对方法，只有这样，才能博得买家的信赖。

9.3 激发买家的购买欲望

买家的购买往往存在许多不确定因素，这时客服人员只有以积极的心态，不失时机地刺激买家的购买欲望，才能促成买家消费。

9.3.1 适当赞美买家

对于新开店的卖家来说，最郁闷莫过于信用低，买家不光顾，好不容易来一个买家咨询，问了半天还不买。

我们都知道，赞美别人是一门艺术，如果卖家运用得当，它会变成一种犀利的武器，让你战无不胜，攻无不克。可是如果运用得不好，就会让别人觉得有拍马屁的嫌疑，有时候反过来会让别人觉得不够真诚。

鲁杰的小店销售上衣、裤子、棉袄之类的中老年服装，买家基本上都是年轻的女孩，一般是送给父母或者长辈，也有个别是中老年人自己购买。在与买家交流的过程中，鲁杰发现一点，适当地赞美一下买家，可以轻松地拿下交易。人都多多少少有点虚荣心，都希望得到别人的赞美。鲁杰在与买家交流的时候一般很少催促她下单，而是多与她交流，这样一方面可以拉进与买家的心理距离；一方面可以了解买家买东西的动机，有侧重的进行交流。

有一次鲁杰碰到一个买家，买家是一个女孩，打算买件衣服送给妈妈。开始的时候谈了好长时间，问这问那，非常详细，鲁杰感觉这里并不一定有适合她的衣服，觉得可能拿不下这笔交易了。在交流的过程中，女孩说是买给妈妈用的，鲁杰马上就赞美她很孝顺，像她这样孝顺的80后可很少。结果买家一乐，当场就拍了。

一句简单的赞美就可以拿下一笔交易，投其所好，适当赞美，满足买家的虚荣心，可以更轻松地拿下交易。

赞美是一件好事，但绝不是一件易事。赞美买家需要审时度势，需要一定的技巧，否则可能将好事变坏事。所以，在赞美买家前，一定要掌握一些赞美的技巧。在赞美买家时一定要注意几个方面。

（1）如果是新买家，不要轻易赞美，表示礼貌即可。因为在大家还不是很熟悉的情况下贸然去赞美买家，只会让其产生疑心甚至反感，弄不好就成了献媚。

（2）如果要赞美别人，一定要从细节层面赞美，如可以赞美其问题提得专业、或者看问题比较深入等，这样更让买家感觉你的赞美很真诚。

（3）买家购买商品后，要通过赞美来坚定买家购买的信心。一般来讲，买家购买完商品后，总是怀疑自己买亏了或者买得不合适，他们会通过询问身边的朋友、亲戚、家人来判断自己这次所买的是否合适。所以如果买完后你能对他说："先生/小姐，你真是太有眼光了，这款是我们目前卖得最好的，很多买家都很喜欢！"买家心里会很舒服。

（4）赞美要有针对性。实践证明，有针对性的赞美比一般化的赞美更能收到好的效果。例如，年纪大的买家总希望别人不忘记他"想当年"的雄风，同其交谈时，应称赞他引为自豪的过去；和年轻的买家交流，应赞扬他的创造才能和开拓精神；对于经商的买家，应称赞他经营有方，生财有道；对于知识型买家，应称赞他知识渊博，宁静淡泊。

（5）赞美要基于事实。虽然人人都喜欢听赞美的话，但并非任何赞美之词都能使对方高兴。基于事实、发自内心的赞美，更能赢得买家的认同。相反，若无根无据、虚情假意地赞美买家，他不仅会感到莫名其妙，而且会觉得你油嘴滑舌、蓄意讨好，为此心生厌恶。例如，当你见到一位其貌不扬的女性买家，却对她说："您长得像电影明星，真漂亮！"结果会如何？很可能招来一个白眼。但如果你着眼于她的服饰、谈吐、举止，发现她在某个方面的出众之处并真诚地赞美，她一定会高兴地接受。

9.3.2 激发买家害怕买不到的紧迫心理

在现实生活中，人们对于俯首皆是的东西往往都会觉得不稀奇，视而不见、不去理睬，而当它突然变得很难得的时候，反而又把它当成宝贝，认为它很珍贵，要想方设法得到它。

这是人们的一种深层次的心理，害怕得不到的心理，在购物消费方面，这种心理表现得十分明显。人们常常会越是买不到的东西，越是想要买到它。例如，商家总是会隔三差五地搞一些促销活动，"国庆七天全场商品一律5折"、"本店前50名买家享受买一送一"、"5周年店庆，全场8折仅售5天"等。很多买家得知这样的消息都会争先恐后地去抢购，因为机不可失，时不再来。

对待不能做出果断决策的买家就要创造出一种紧迫感。无论销售什么商品，总能想出一些使客户产生紧迫感的办法。可以根据不同的情况采用以下回复。

"您好，该商品的需求量非常大，如果您现在不马上拍下的话，我就不能保证在您需要的时候一定有货。"

"您好，价格随时都会上涨，如果您现在拍下的话，我将保证这批订货仍按目前的价格收费。过了五一这几天价格就会涨上去了，您到时再拍的话，需要多付20%的费用。"

当一个人真正需要某种东西的时候，就会害怕无法得到它，从而会不由自主地产生一种紧迫感，在这种心理的作用下，就会积极地采取行动。针对买家这样的心理，销售人员在与客户交流的过程中，要善于恰当地给买家制造一些悬念，如只剩下一件商品、只有5天的优惠活动、已经有人订购等，让买家产生一种紧迫感。觉得如果再不买的话，就错过了最佳的购买机会，

这样就会促进买家果断决定，迅速达成交易。

物以稀为贵，东西少了就会变得珍贵，在消费过程中，买家往往会因为商品的数量变少果断购买。卖家如果能掌握买家的这一心理，适当地加以刺激，就可以激发买家的购买欲望。

9.4 即时和买家交流促成交易

当买家有购买意向后，首选的交流方式是阿里旺旺。此时卖家和买家的交流就非常重要了，合理引导、耐心解说，才能让卖家赢得商机。下面就来看看如何通过阿里旺旺与买家交流。

9.4.1 回复买家站内信

每次登录淘宝网后，在页面左上方会有站内信到达提示。卖家应注意查看其中是否有买家发来的咨询信件，并及时给予回复。回复站内信的操作步骤如下。

STEP 01 以注册账号登录淘宝网，单击页面左上角的“站内信”链接，如下图所示。

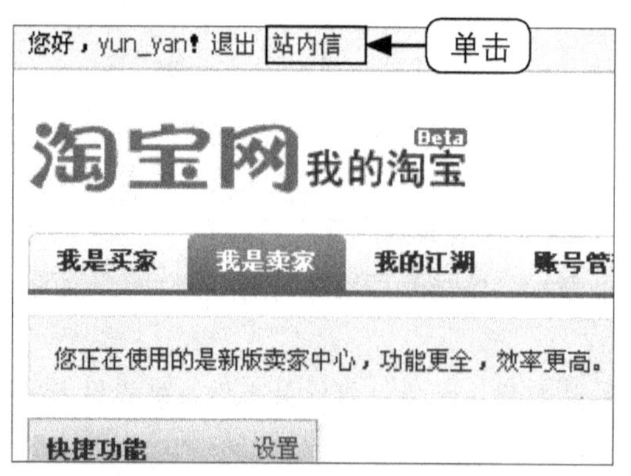

STEP 02 进入站内信查看页面，单击买家来信标题，如下图所示。

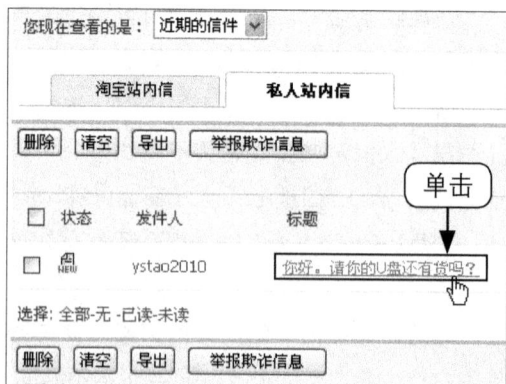

STEP 03 查看买家来信内容，单击“回复该信件”按钮，如右图所示。

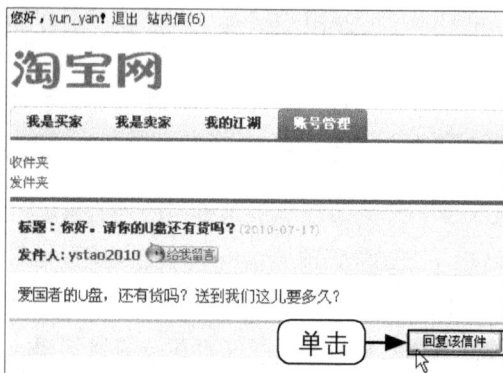

STEP 04 ❶输入回信内容；❷输入校验码；❸单击“发表”按钮，如右图所示。

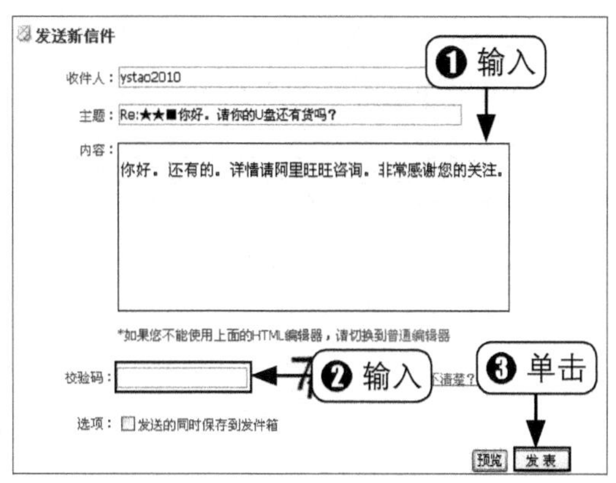

9.4.2 使用阿里旺旺和买家交流

如果卖家登录了阿里旺旺，当买家通过店铺上的阿里旺旺发来咨询信息时，即可充分通过阿里旺旺这个聊天软件来促成交易，相关操作步骤如下。

光盘同步文件	
同步视频文件	光盘\同步教学文件\第9章\9.4.2.mp4

STEP 01 打开和买家交流的聊天窗口，单击“加为好友”链接，如下图所示。

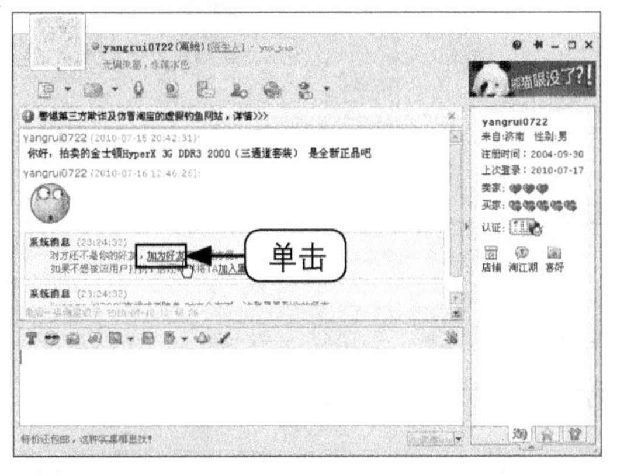

STEP 02 ❶提示添加成功，设定显示名称并选择好友分组；❷单击“确定”按钮，如下图所示。

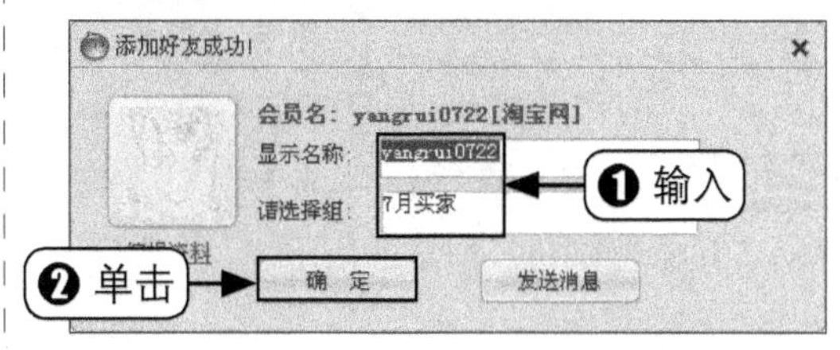

STEP 03 ❶返回聊天窗口，单击“发送”右侧的下三角按钮；❷选择消息发送方式，如右图所示。

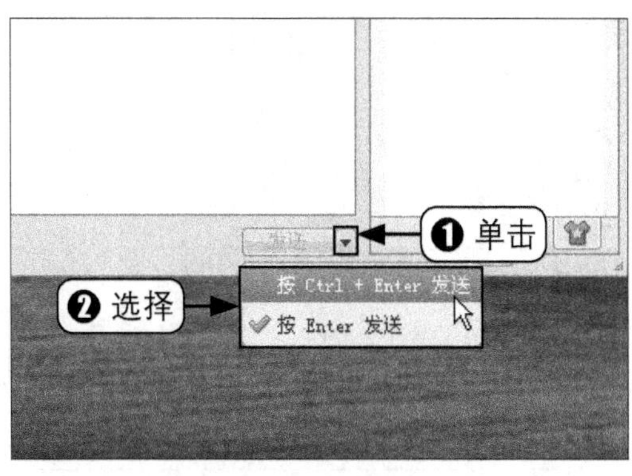

STEP 04 要给买家发送商品图片介绍，可单击工具栏上的“发送图片”按钮，如下图所示。

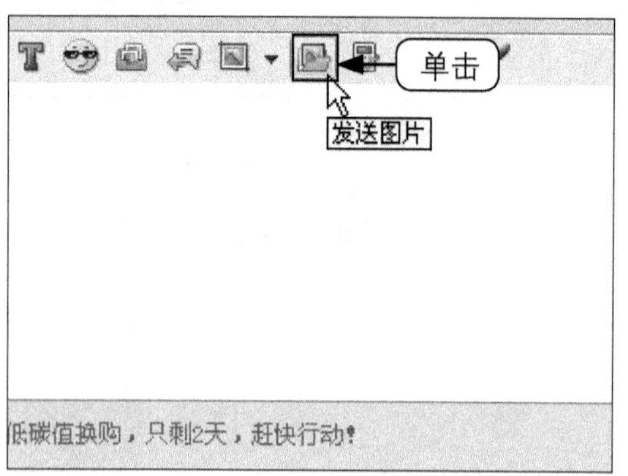

STEP 05 弹出“打开”对话框，双击要发送的图片，如下图所示。

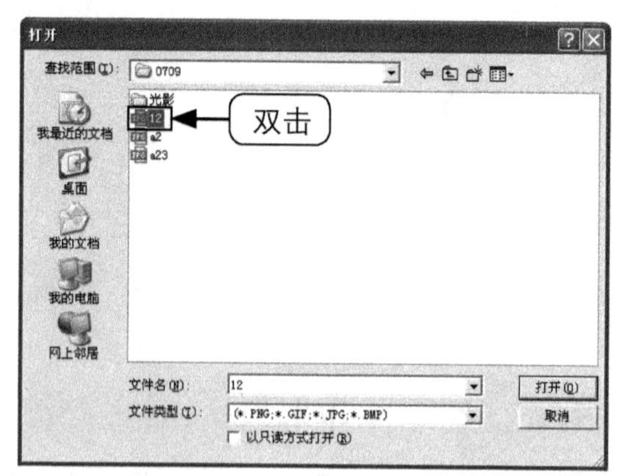

STEP 06 图片被调入聊天窗口，单击“发送”按钮完成发送操作，如下图所示。

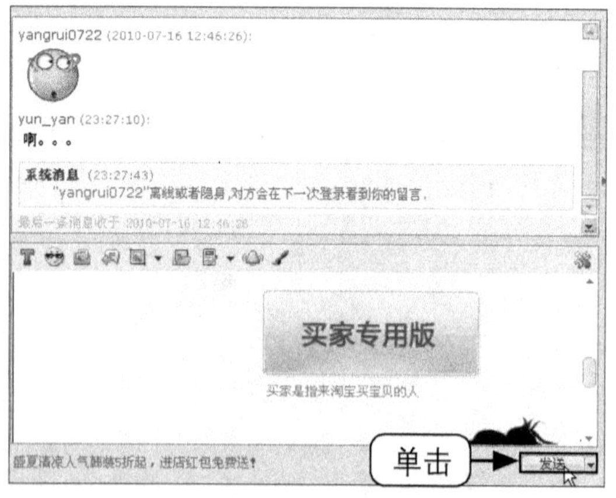

STEP 07 ❶工作忙时可单击“快捷短语”按钮；❷选择预置的短语进行回复，如下图所示。

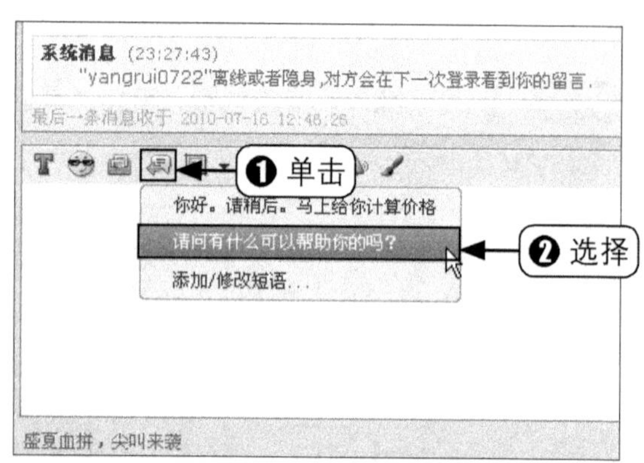

STEP 08 买家不在线，可单击窗口上方的“发送短信”按钮，如下图所示。

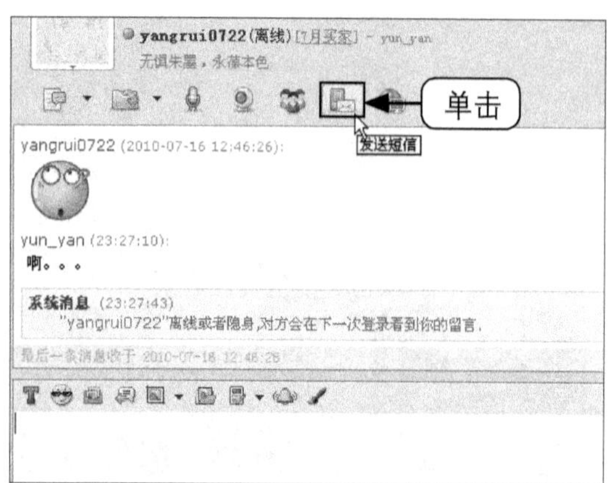

STEP 09 ❶打开短信发送窗口，输入内容；❷单击“发送”按钮，如下图所示。

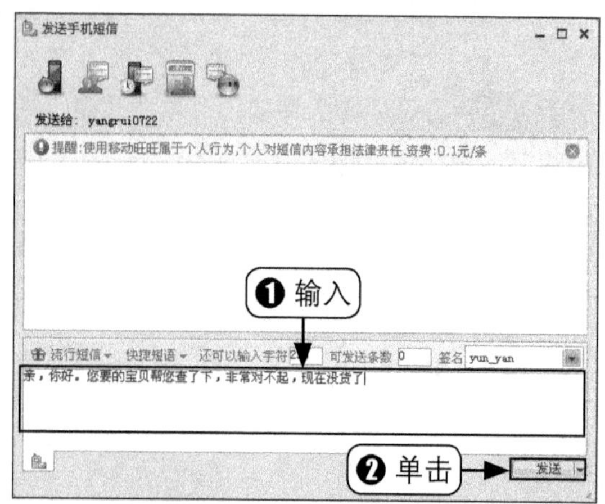

STEP 10 要重新归类好友买家，可单击好友名称，将其拖动到相应分类下即可，如右图所示。

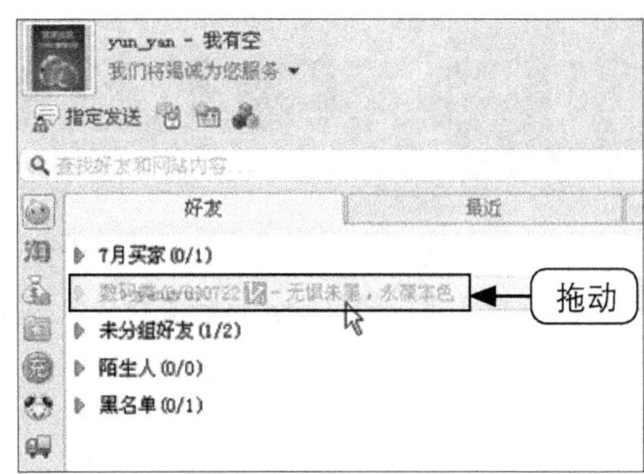

9.4.3 回复买家商品留言

买家也可能针对某个具体的商品进行留言，这个时候当然也需要及时回复，相关操作步骤如下。

光盘同步文件	
同步视频文件	光盘\同步教学文件\第9章\9.4.3.mp4

STEP 01 登录淘宝网管理平台，单击“等待回复的留言”链接，如下图所示。

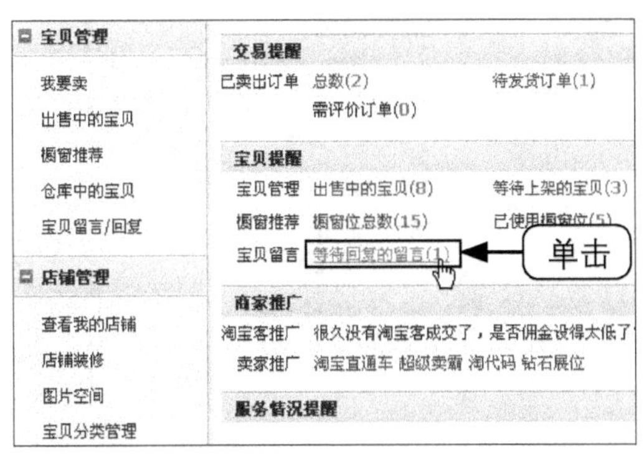

STEP 02 进入留言查看页面，单击留言标题，如下图所示。

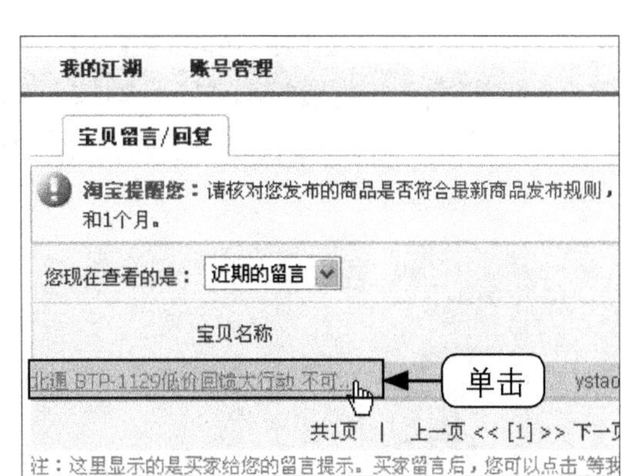

STEP 03 打开宝贝详情页面，在页面最下方单击“回复此留言”链接，如下图所示。

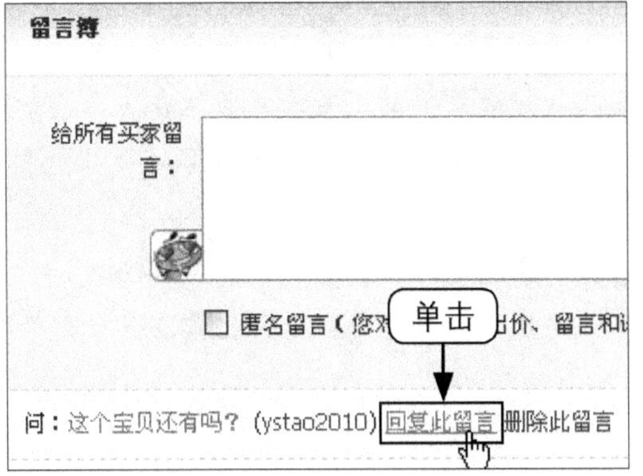

STEP 04 ❶输入回复内容；❷单击“确定”按钮，如下图所示。

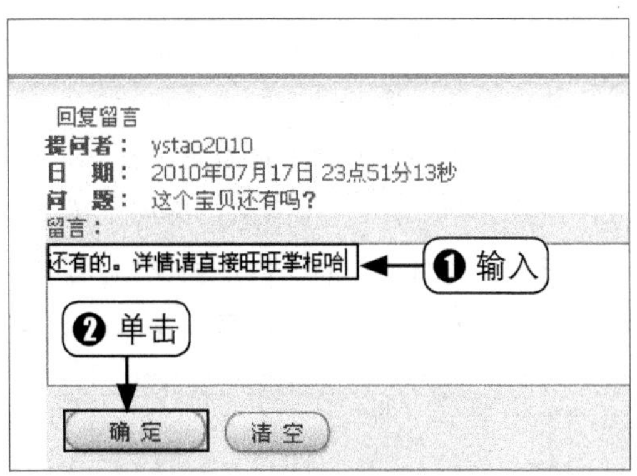

9.5 买家砍价的应对方法

在网上交易中，买卖双方是一对矛盾体，卖家希望以最高的价格成交，赚取更多的利润，而买家则是希望以最少的支出购买到最好的商品，这是一个博弈的过程。在网络沟通过程中，买家可能对报出的价格提出异议，进行讨价还价。事实告诉我们，讨价还价的过程可能直接影响交易的成败。因而，卖家必须掌握一些讨价还价的策略和技巧。

9.5.1 买家咨询多次，却还在砍价

对于咨询多次仍在砍价的买家，首先一定要给足对方面子，用非常真诚自然的语气与他沟通，同时将商品的利益点介绍给买家。对于一些有讨价嗜好的买家，也可以适当地在自己权限内给予让步。但让步是有技巧的，让步时一定先要死守防线，在给足买家面子的前提下毫不退缩，最后再找个台阶以少量退步为代价达成交易，如赠送小礼品等。

卖家这时可以采用如下语言回复来店多次买家的砍价，如下图所示。

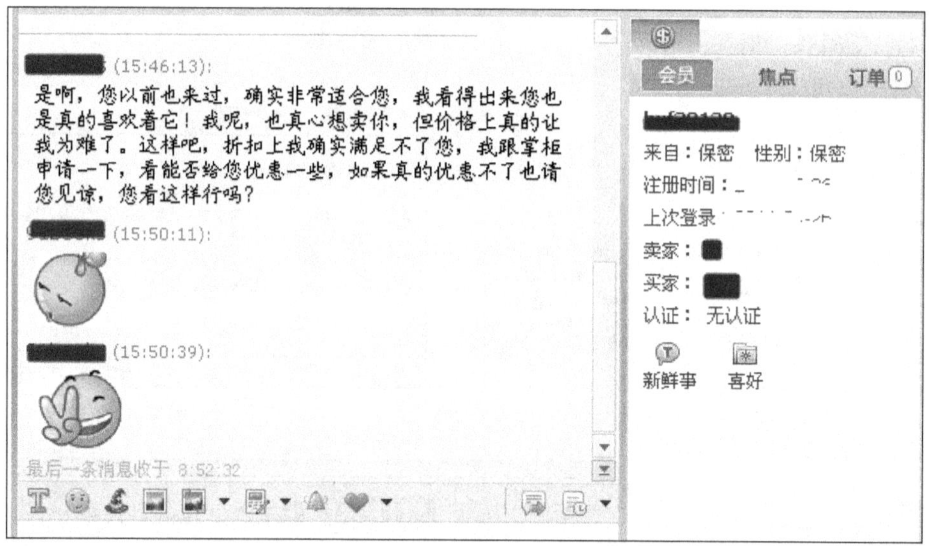

卖家：是啊，您也来过好几次了，确实这款数码相机也非常适合您，其实我也想做成您这笔生意。只是真的很抱歉，价格上我确实不可以再给您优惠了，因为我们的价格在淘宝上已经是挺便宜的了，您可以去网上查询一下。其实，您买相机最重要的还是看是否适合自己，如果便宜但不适合自己，买了反而更浪费钱，您说是吧？像这款数码相机不仅合适您，而且质量又好，保修三年，算起来还更划算一些，您说是吗？

卖家：是啊，您来我们店多次了，您这个要求我确实满足不了。有的便宜几百块钱，但是质量不好，只用两年就有问题，而我们的虽然贵了几百块钱，但是绝对能保证您正常使用几年不成问题，我们的售后服务也有保障。

买家砍价是任何一个卖家都遇到过的情形，如“太贵了”、“我还是想买便宜点的”、“我还是等价格下降时再买吧”等。遇到这种情形，如果不想降低价格的话，就必须向对方证明，店铺的商品价格是合理的，是商品价值的正确反映，使对方觉得你的商品物有所值。

9.5.2 买家对商品满意，就是感觉价格高了

在销售中经常会碰到这样的情况：买家对商品满意，但认为价格过高。这时卖家需要耐心地告诉买家：我们店的商品和其他同类商品的区别在哪？我们的商品能带给买家哪些增值服务？我们商品的特色在哪里？能给买家解决什么问题？要引导买家去比较商品的价值，而不是只比较价格。这样才能让买家觉得买的商品是物有所值。

其实商品不一定越便宜越好，关键是适合自己。卖家需在销售时强调商品的卖点，告诉买家付太多的钱并不一定明智，但付太少的钱风险更大。付得太多，只是损失掉一点钱，但如果付得太少，有时会损失所有的东西，因为商业平衡的规律告诉我们便宜没好货。

卖家这时可以采用如下的语言来回复买家感觉价格高的问题。

卖家：您好，我们以前有许多老买家也是这么说过，他们认为这个商品很好，就是价格稍微贵了点。确实如果单看标价的话会让人有这种感觉，只是我们的价格稍微高一些是有原因的，因为我们的设计新颖，款式面料又很好，所以买家一般都比较喜欢，买了也会经常穿。如果买一件衣服结果只穿一两次就收起来，这样从价格上看反而更不划算，您说是吗？

卖家：亲，好价买好货，如果以低价买了一些次品，用不了几天就坏了，那不划算啊。您既然对我们的商品非常满意，我们的价格也不算太高，您看我们的销售记录，这一个月都销售了好几百件了，可以的话您就拍下吧，今天就可以发货。

卖家：确实，我承认如果单看价格的话，您有这种感觉很正常。我们的价格之所以会稍微高一些，是因为我们在质量上确实做得很不错，我想您一定不希望买这件衣服只穿几次就变形不能穿了，那多浪费呀，您说是吗？

卖家：您说我们的商品价高，但是在网上基本没有比我们还低的价格了（如果确认自己的商品有价格优势的话），即使价比这低，他们的商品质量也不好说吧。

卖家只有首先把自己的想法“卖”出去，才能更好地把商品卖出去。一定要让买家信任自己并主动引导买家。我们要记住：服务态度和商品质量同等重要。下面是一个卖家应对买家说商品价格高的典型案例。

买家：您好，有没有300G的移动硬盘？

卖家：亲！我们这有原装的移动硬盘，300G的现在有一款促销价是480元。

买家：这个价格有点贵？

卖家：大品牌的移动硬盘价格是要贵一点，但它算上附加值的话，就不贵了。服务你不用担心，全国联保；品质100%严格测试，抗震性强、传输稳定、返修率低；还有专用加密工具，赠送正版杀毒软件；商品都通过国家认证，还有800免费咨询电话；外观上，也比较时尚，美观大方；而且现在促销，价格很实惠。相对来说，有的店销售的价格是低一点，但是现在市面上有很多水货和假货，如果出了问题，返修就没这么方便了。

卖家：这个是我们商品的模具，您看一下。

买家：这个外观是要好看一些，不过价格能不能再便宜一点。

卖家：这款现在是促销，今天才有这个价格的，不过我看您很有诚意买，我再送您一个小礼品吧。

买家：好的，我就拍下了。

9.5.3 买家说同样的商品在其他店铺更便宜

在网上销售商品的过程中，可能会经常遇到买家说别的店铺的商品更便宜之类的话。遇到这种情况，卖家必须分辨出他真的是认为你的商品比别的店贵，还是故意为之，以此作为砍价的借口。了解买家对你的商品和服务的满意度和兴趣度，这将对成功交易有很大的帮助。

1. 认真分析买家的话语

看看买家之所以认为我们的商品价格高，是在与哪家店铺的商品进行比较。如果买家拿大品牌的商品与小品牌的商品相比，就应向买家说明因为品牌知名度和市场定位都不一样，两者的价格是不能相提并论的。

2. 不要贬低其他店铺

如果自己的商品好，那就没有必要通过诋毁别的店铺来证明。因为往往在贬低其他店铺的时候也贬低了自己在买家心目中的形象。

3. 分析自己店铺商品的优势

把本店铺商品和竞争对手商品的各种优劣势进行详细比较，用数据、证书等直观的方式，从店铺的状况和商品的定位、包装、质量等方面向买家说明。在质量方面，必要时可向买家出具商品获得的ISO9000等质量保证体系的证明文件。

4. 强调完善的服务

告诉买家自己的商品高价的背后，有着优于竞争对手的完善的服务体系，它是店铺持久发展的重要保障。

5. 处理买家异议的形式比内容还重要

处理买家问题的时候一定要从容不迫、语气平和、语速适中，整个销售过程都要保持自信但不要自大，处理问题的专业形象与方式往往比处理问题本身还要重要。

卖家可以先感谢买家的善意提醒，同时简单告诉买家自己店的商品与其他店的商品的差异点。

卖家这时可以采用以下语言来回复买家说其他店的价格低的问题。

卖家：是的，您刚才提到的这种情况我了解，不过还是要感谢您善意的提醒。其实一件衣服上市除了设计、工艺，还有面料、品牌形象等因素都会影响到价格，最主要的还会影响到服装的质量和舒适度。如果一件衣服穿在身上不合适，虽然价格便宜点，可买回去穿几次就不穿了，这样的衣服其实反而更贵，您说是吗？

卖家：上次有个买家也跟我说到过这个问题，不过后来还是到我们这里来买了衣服。因为他发现……因此，还是有很多地方不同，并且穿起来的感觉也很不一样。

在确定买家的购买意向后，面对买家压价的要求，先要以坚定的口气和平和的态度向买家说明不降价的理由，然后根据买家的态度改变还价策略。如果买家坚持认为价格过高，客服人员还可以拿领导当借口，将棘手的价格问题转移。这样买家会感觉价格的降低来之不易，产生感激的心理并决定购买。

下面是一个典型的案例。

买家：您好，这款数码单反相机究竟什么价格能卖？

卖家：真的很抱歉，按照我们店铺的规定，佳能数码相机是不打折的。因为佳能的商品在质量上从不打折，所以也很难在价格上打折。

买家：我在批发市场看过价格，那里的老板能以3000元的价格卖给我。同样的品牌和型号，你们怎么贵了500多元呢？

卖家：其实，买东西大家都是希望买一个放心、舒心、顺心，批发市场里也不能排除个别不法个体老板将翻新的旧机或者水货以较低的价格出售，为自己牟取私利。这样做不仅损害买家利益，还损害厂家的品牌形象。

买家：话也不能这么讲，我查了淘宝上XXX店铺的价格也比这里便宜50元。

卖家：我们店铺的赠品是8GB的卡，而他们店铺的赠品是1GB的卡，这两种卡的价格相差将近100元，总的算来我们还是比他们便宜。

买家：原来是这样。

卖家：看得出来你是诚心想买这款手机。在价格方面我做不了主，我问问店主的意见，帮你争取一下吧。

买家：非常感谢哦。

最后销售人员从店主那里为买家争取到了再便宜50元的价格，买家高高兴兴地付款购买。

9.5.4 老买家要求价格优惠

当买家在感到满意时，他才有可能回头再次消费，这个“满意”更大程度是依赖于买家消费时的感受和体验。如果在消费过程中买家的感受是美好的，买家就会有重复消费的可能。卖家的最终目的是把买家对店铺和商品的信任一起卖出去，让买家成为长期支持者，形成自己的老买家群，并且利用老买家的介绍带来新买家。老买家在店铺的新品购买、品牌传播、市场竞争等方面都可以带来更多的支持，所以网店销售一定要充分保留老买家资源。如果老买家强烈要求降低价格，为了能留住他们，可以对老买家的消费行为加以回报。例如，可以通过会员制营销、包邮、赠送小礼品等方式来达到维护老买家忠诚的目的。

卖家这时可以采用如下的语言来回复老买家要求价格再优惠点的问题。

卖家：真的很谢谢您这么长时间以来对本店的一贯厚爱与支持。作为老买家我想您一定知道我们的价格一直非常实在，质量上乘，售后服务等方面也都非常完善，其实这也是我店赢得很多像您这样的老买家厚爱的重要原因。我们更希望真正对老买家负责，这样您才会对我们的品牌更加满意，您说是吗？

卖家：谢谢您这么多年来对我们的支持，其实您也知道每个店铺打折的原因都不一样，我们更关注的是能够提供什么样品质的商品和服务给买家，毕竟价格只是您决定购买的一部分因素，如果东西自己不喜欢的话，我想再便宜您也不会考虑，您说是吗？像您看上这款商品就非常适合您。要不我们赠送给您一个实用的小礼品吧。

9.5.5 买多件商品要求打折

如果遇到买家买多件商品要求打折，客服人员可以首先认同对方的感受，一定要把商品的不同之处、优越性以及令人信服的质量保证等拿出来说服买家，让买家知道物有所值。如果对方还是不依不饶，则最后向老板申请或者赠送赠品让交易达成。一定要让对方感觉到我们已经在尽力帮助他解决这个问题，并且语气真诚、态度诚恳，这样即使最后没有对买家做出任何实质性的让步，但买家也会明白你确实已经尽力了。及时做进一步的沟通，能合作最好，不能合作也要给买家留下一个好的印象成为以后合作的潜在买家。

卖家这时可以采用如下的语言来回复买多件商品要求打折的买家。

卖家：亲，我可以理解您的这种心情。如果换成我是您的话，我也会认为多买几件就应该得到一些折扣。不过这一点一定要请您多包涵，您作为我们的老买家一定也很清楚，我们店的商品都是实实在在的价格，所以还要请您多理解和支持我的工作。不过考虑到您的情况，这样吧，我个人送您一个很实用的赠品，您看行吗？

卖家：是的，如果我是您的话，买三件我也会希望商家给我打更多折扣，不过话又说回来，一款商品要做到这么好的质量并且款式您又十分喜欢确实也不容易。如果商品质量不好的话，即使价格再便宜，您可能也不会考虑，您说是吗？看您诚心想要，给您免运费吧！您拍下，我们马上就发货。

9.6 顺利售出第一件商品

当和买家达成一致后，即可让买家拍下此商品并等待对方完成付款操作。这个过程中，卖家的工作主要是根据之前交流约定修改交易价格、安排发货等相关事宜。本节将详细介绍这些流程操作。

9.6.1 商品物流方式预管理

在和买家交流时就应和对方沟通好关于商品的物流方式，以便后面的价格确定和发货操作。卖家可以登录淘宝网后台管理平台，对商品的物流方式进行相应管理，相关操作步骤如下。

STEP 01 在“交易管理”选项组下，单击“物流工具”链接，如下图所示。

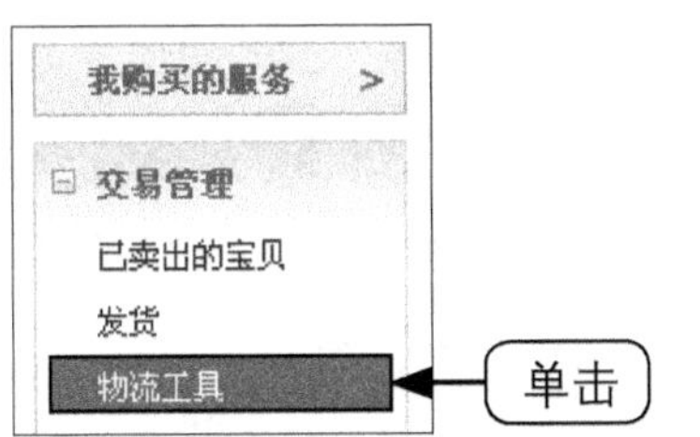

STEP 02 ❶切换到“运费模板”选项卡；❷单击“运费模板”按钮，如下图所示。

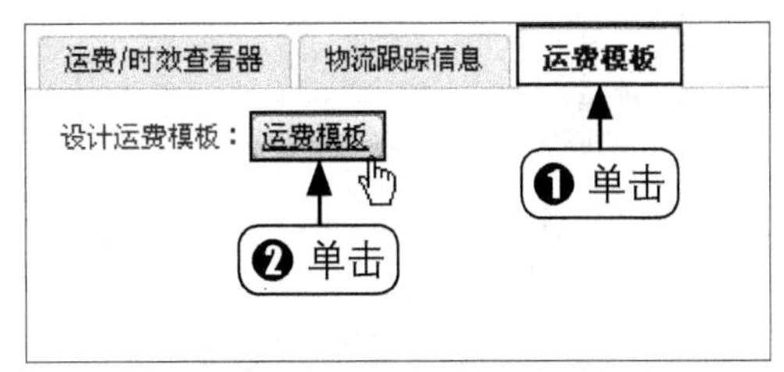

STEP 03 进入“我的运费”页面，单击“新增运费模板”按钮，如下图所示。

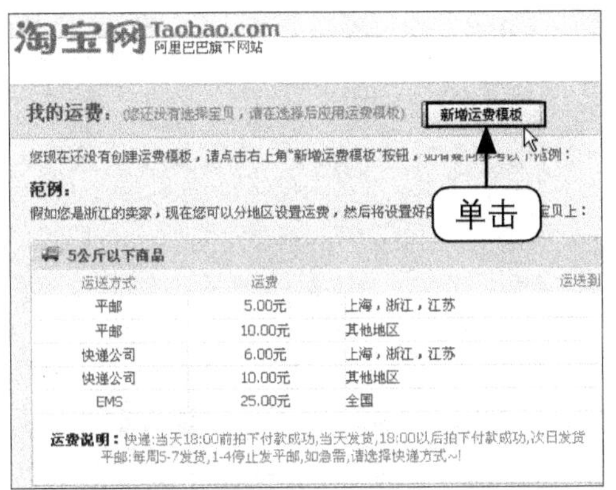

STEP 04 ❶输入模板名称、设置运费方式、输入运费价格；❷单击“保存并返回”按钮，如下图所示。

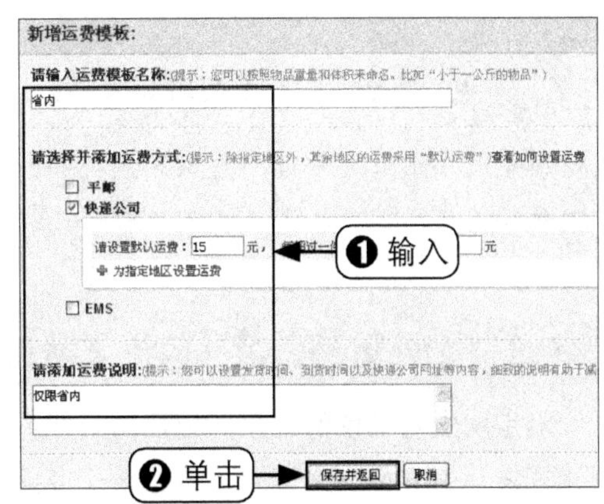

一点通 运费模板的作用

预先设置运费模板的作用是方便在批量发货时使用，当需要大量发货时，如果每次都要去设置物流信息的话，会相当烦琐。

STEP 05 返回“我的运费”页面，查看设置的运费模板如下图所示。以后发货时，直接调用模板即可。

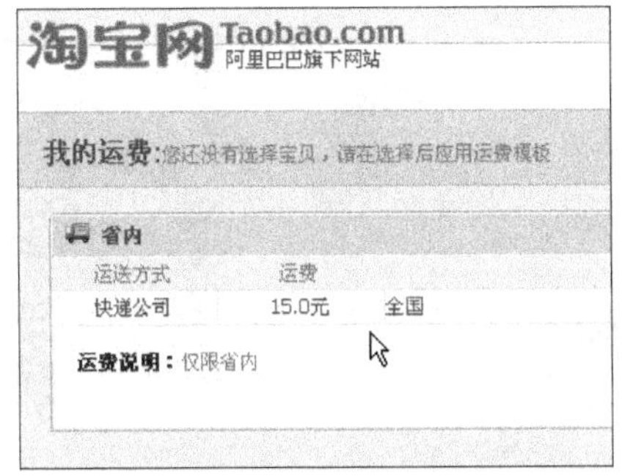

STEP 06 在“交易管理”选项组下，单击“发货设置”链接，如下图所示。

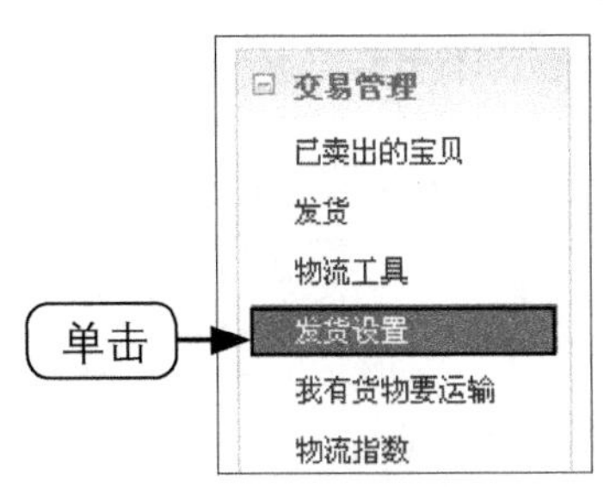

STEP 07 ❶输入收货人（买家）姓名、地址、邮政编码等其他信息；❷单击“保存设置”按钮，如下图所示。

STEP 08 按上述方法同时设置多个卖家地址，并预设一个默认调用地址，如下图所示。

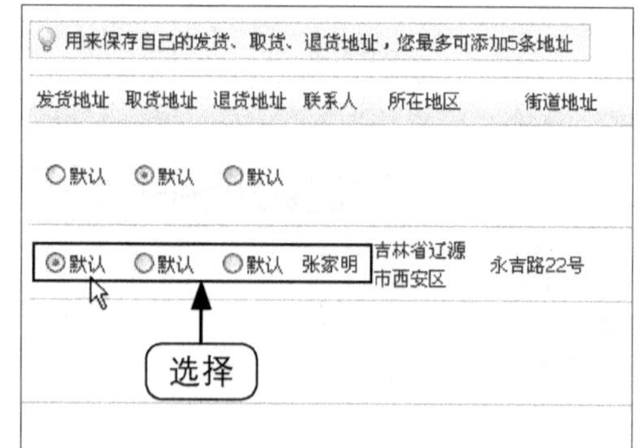

一点通 多个发货地址的好处

对于兼职从事网上开店的卖家来说，有时可能身处不同的地方，所以预先设置多个卖家地址就可以很方便地进行后期发货操作。

9.6.2 根据交易约定修改交易价格

淘宝网上存在议价现象，自己网店标的商品价格也可能因为种种原因而出现波动，如买家要求同城见面交易、实际交易价格低于商品标价等。这就需要卖家修改交易价格后，买家才能付款。要修改原来商品的标价，可按如下步骤进行操作。

光盘同步文件	
同步视频文件	光盘\同步教学文件\第9章\9.6.2.mp4

STEP 01 在“交易管理”选项组下，单击“已卖出的宝贝”链接，如下图所示。

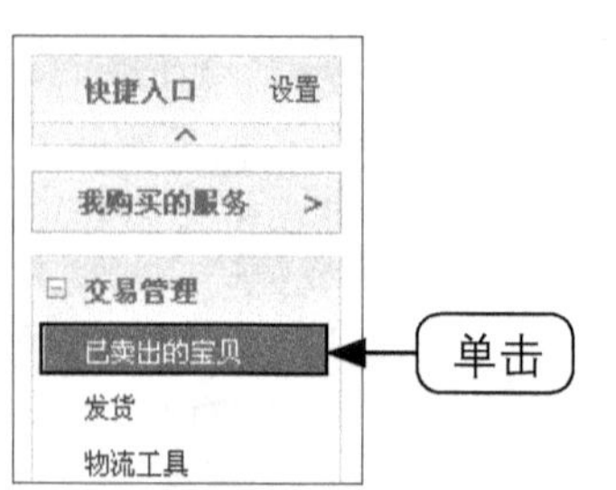

STEP 02 显示所有出售的宝贝信息，单击要修改价格的宝贝链接，如下图所示。

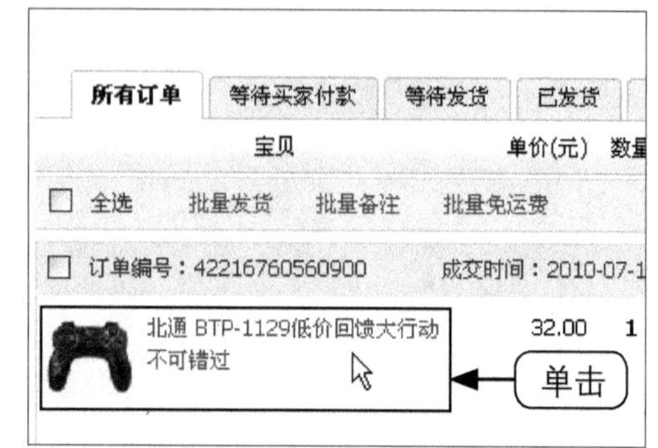

STEP 03 在宝贝标题最后方，单击“修改价格”链接，如下图所示。

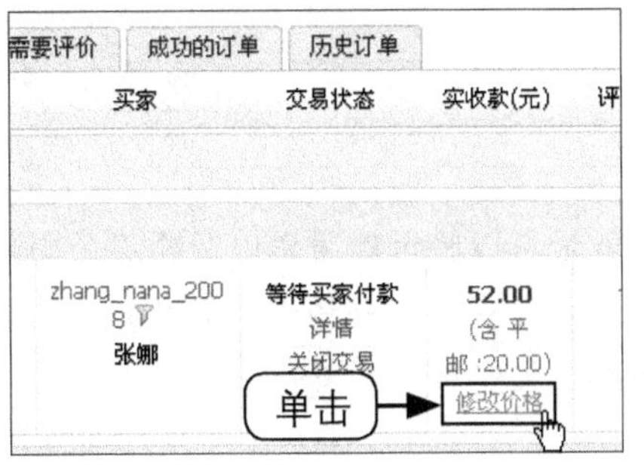

STEP 04 ❶进入修改页面，输入要修改的幅度或比例；❷单击“确定”按钮，如下图所示。

一点通 免运费

单击“免运费”链接，可以直接减少商品的价格，而不是按照价格比例来进行减少。

9.6.3 完成改价确认发货

当确认买家付款后，我们就需要根据买家的订单来对商品进行包装，并联系快递公司给买家发货了。在发货后，我们需要到淘宝网上确认发货，以便完成整个交易流程，其具体操作方法如下。

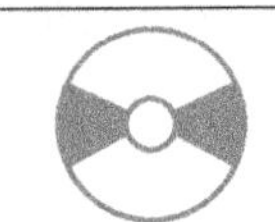

光盘同步文件	
同步视频文件	光盘\同步教学文件\第9章\9.6.3.mp4

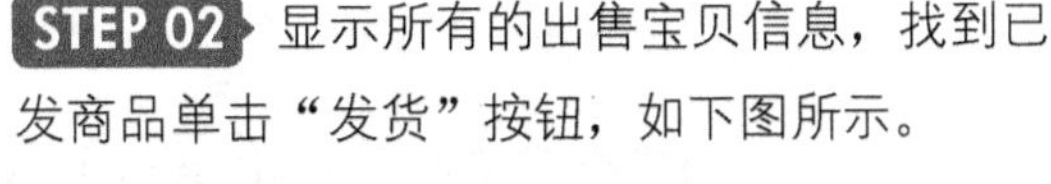

STEP 01 在“交易管理”选项组下，单击“发货”链接，如下图所示。

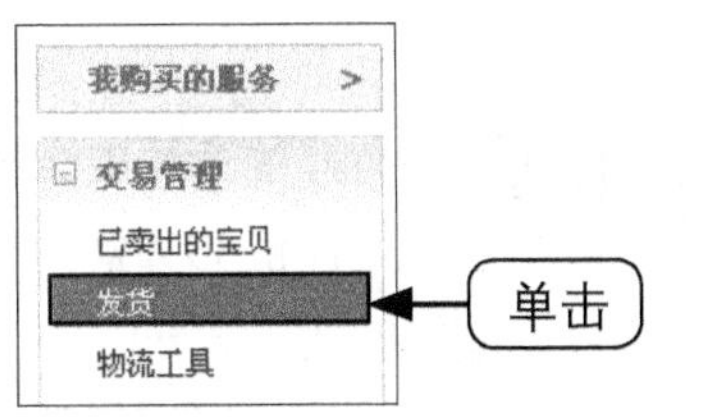

STEP 02 显示所有的出售宝贝信息，找到已发商品单击“发货”按钮，如下图所示。

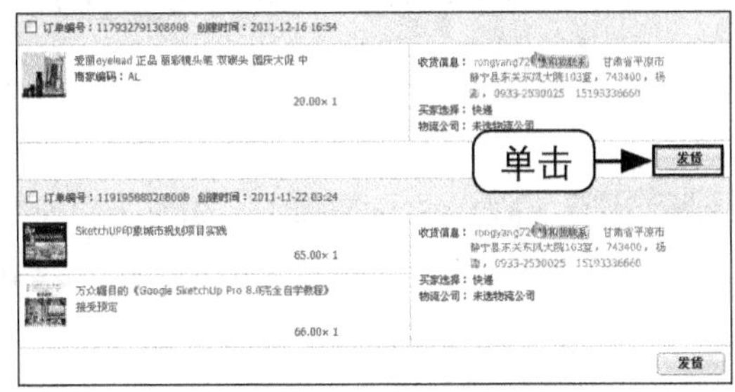

STEP 03 在打开的页面上方显示了买家的订单商品以及收货地址、收货人等信息，以及卖家的发货退货信息，如右图所示。

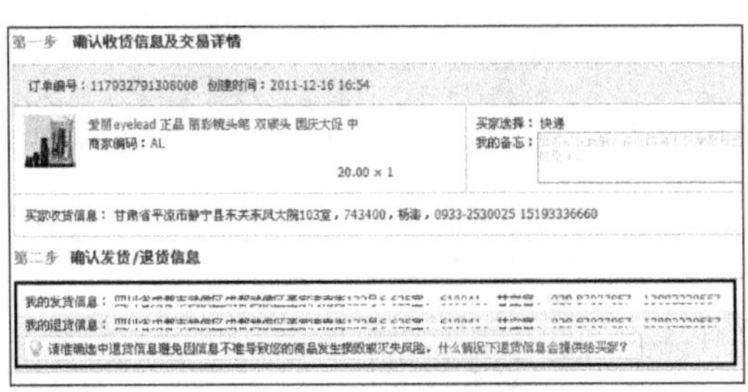

STEP 04 ❶在页面下方的“第三步”区域中选择采用的物流方式，如这里切换至“自己联系物流”选项卡；❷在列表中选择使用了哪个物流公司发货并在相应对话框中填写货运单号；❸单击“确认”按钮，如右图所示。

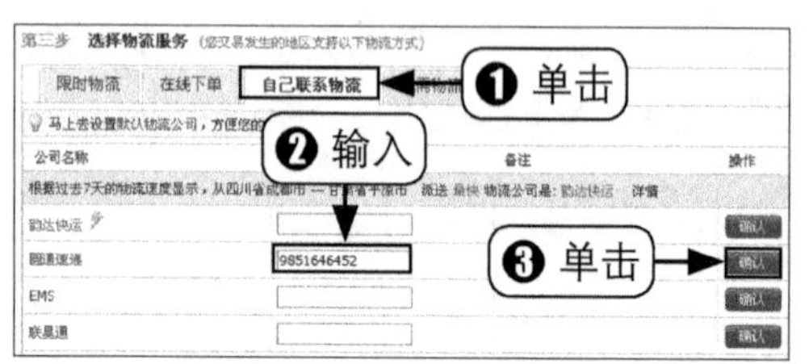

当卖家发货并在淘宝网中办理完成发货流程后，我们可以将运单号码以及物流公司网址告知买家，方便买家在线跟踪物流的运输进度。我们给买家发货后，一些买家会关心运输进度，这个时候可能会询问卖家，我们可以将运单号与物流公司网址告知买家让买家自己查询，也可以查询后将进度告知买家。

9.6.4 完成交易进行好评

当买家收到货并对商品比较满意时，通常会主动登录淘宝网确认收货并对卖家进行评价。对于卖家来说，只有当买家确认收货了，我们才能拿到货款，同时买家的评价对卖家也至关重要。

	光盘同步文件	
	同步视频文件	光盘\同步教学文件\第9章\9.6.4.mp4

STEP 01 当卖家确认收货后，如果我们在线，阿里旺旺会自动弹出消息框提醒卖家，或者登录卖家中心，单击“已卖出宝贝”链接，如下图所示。

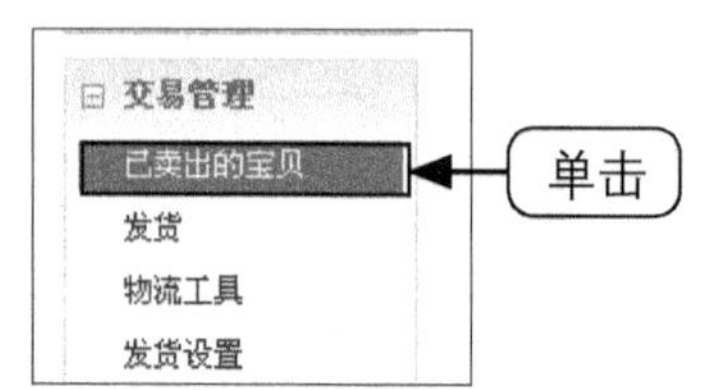

STEP 02 看到已经成功的交易列表右侧显示为“对方已评”，单击下方的“评价”链接，如下图所示。

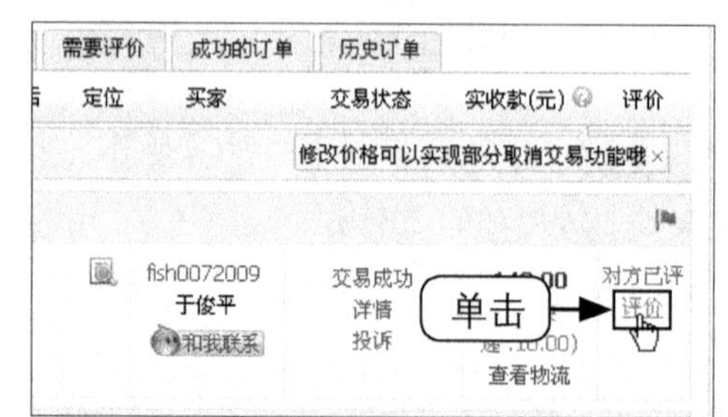

STEP 03 ❶在打开的页面中，勾选“好评”项；❷在下方的文本框中输入评价内容；❸单击“提交评论”按钮，如下图所示。

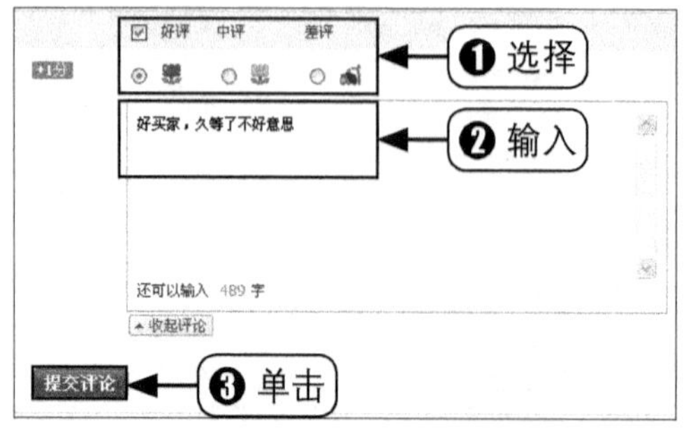

STEP 04 在打开的页面中会告知用户评价成功，并提示双方评价30分钟后才能相互看到评价内容，如下图所示。

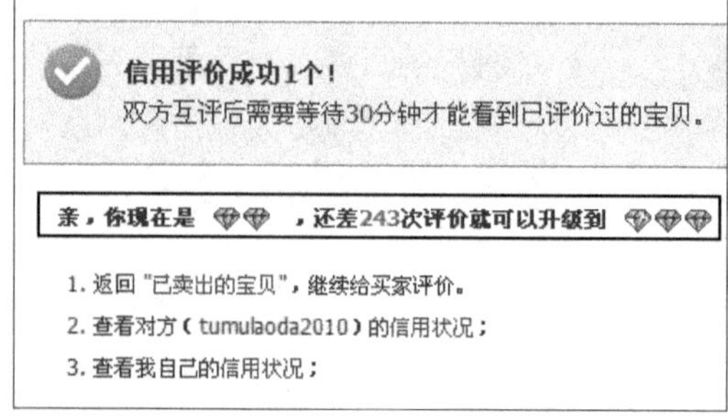

一点通 自动好评

我们可以通过阿里旺旺先联系买家并引导买家确认收货并填写评价，如果买家对商品无异议，但无法及时确认收货的话，那么淘宝在15天之内会自动将货款支付给卖家，同时自动给予卖家好评。

9.7 日常经营状况的跟踪管理

淘宝网店的经营和实体店铺一样都要用心做，每隔一段时间也需要对日常经营的状况进行跟踪管理，如查看目前营业额、调整进货数量、改善物流服务等。

9.7.1 查询网店经营状况

淘宝数据分析在卖家登录淘宝以后，会默认显示在最下方板块，下面来看如何使用它来监控自己的店铺运营状态。

STEP 01 在“我是卖家”页面最下方的“店铺数据”版块中，可以查看当前店铺的交易数据以及日常访问情况，如下图所示。

店铺数据　评价

交易数据　访问数据　卖家经营报告查询

	浏览量	访客数	宝贝访问总量	回头率
昨日	118	48	96	0
前日	103	41	78	0
上周同期	121	56	89	7%

内容由数据市场提供 >　对比同行业平均值

买一送一　"10"倍销量　"提升"流量必备　数据魔方　量子统计

STEP 02 单击“卖家经营报告查询”链接，在这里可以查看当前店铺的运营状态得分，卖家可以根据得分情况，对不足的地方进行弥补，如下图所示。

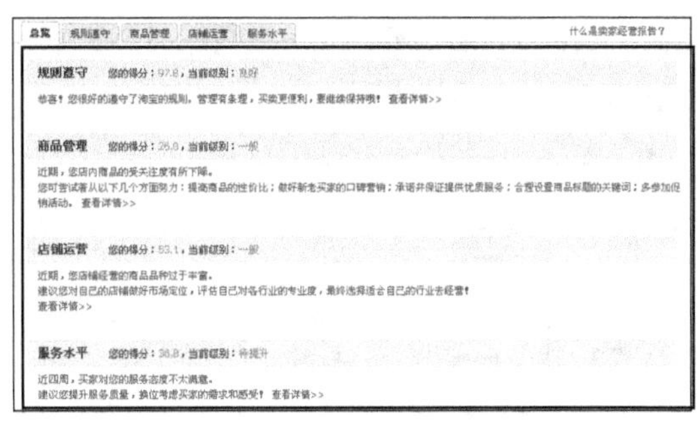

STEP 03 如果单击了“对比同行业平均值”链接，则还可以查看自己店铺与同行业其他店铺平均值的对比情况，如右图所示。

交易数据　访问数据　卖家经营报告查询

		成交笔数	成交金额	购买人数	购买转化率	退款笔数
昨日	本店	0↓	0↓	0↓	0↓	0↓
	行业	3	395	2	2%	1
前日	本店	2↓	59↓	2	40%↑	0↓
	行业	3	497	2	2%	2
上周同期	本店	1↓	34↓	1↓	13%↑	0↓
	行业	3	650	2	2%	1

内容由数据市场提供 >　取消对比同行业平均值

一点通　数据图文显示

在卖家经营报告查询页面中单击不同的类别标签，可以得到当前类别的详情，如单击“服务水平”标签，则可以查看店铺服务水平的详细图解说明，方便卖家更直观地了解自己的店铺。

9.7.2 使用量子查看网店详细经营状况

店铺数据只提供了很简单的数据资料，而如果是想要获得完整的数据资料，可以考虑淘宝的“量子恒道店铺经”服务。它现在免费提供给淘宝卖家，能够更加全面地提供即时客户访问状态、宝贝被访问量以及宝贝点击量的排行、店内搜索最热关键词等。

STEP 01 ❶打开量子恒道主页面（http://lz.taobao.com），输入账户名和密码；❷单击“登录”按钮，如下图所示。

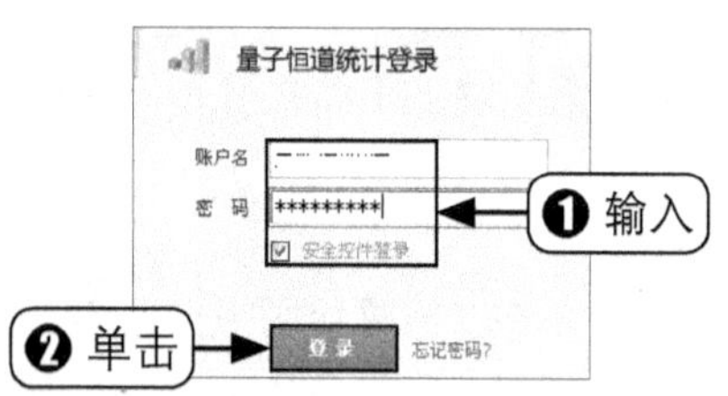

STEP 02 默认显示当前登录账号的店铺流量概况，如下图所示。

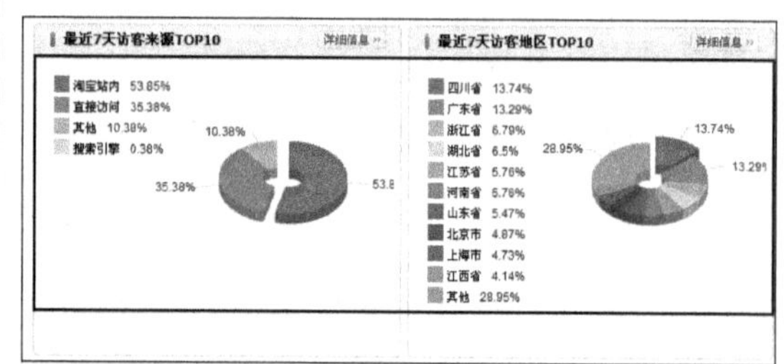

STEP 03 在“流量分析”选项组中，可以单击不同项目，包括实时客户访问、按小时流量分析、按天流量分析、宝贝被访排行等选项，右侧会显示当前的查询数据，如下图所示。

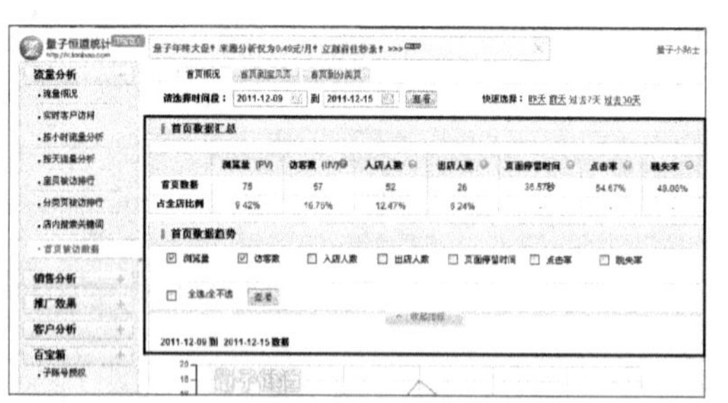

STEP 04 选择其他功能选项组，可以查询其他相关的店铺数据信息，如下图所示。

技能实训
增强动手能力

通过对前面内容的学习，为了巩固读者所学的相关知识，下面安排实训任务来增强动手能力和技能的综合应用水平。

实训一 手机绑定阿里旺旺

使用阿里旺旺和买家交流，需要卖家时时在线，然而实际经营过程中我们不会时时守在电脑前。但我们却可以将手机号码和阿里旺旺绑定起来，这样当有买家来咨询购买时，通过手机也能交流。通过本技能实训后，让读者学会绑定手机和阿里旺旺的方法。

手机绑定到阿里旺旺的方法如下。

STEP 01 ❶单击阿里旺旺主面板右上角的设置按钮；❷选择“移动旺旺”命令；❸选择“绑定手机”命令，如下图所示。

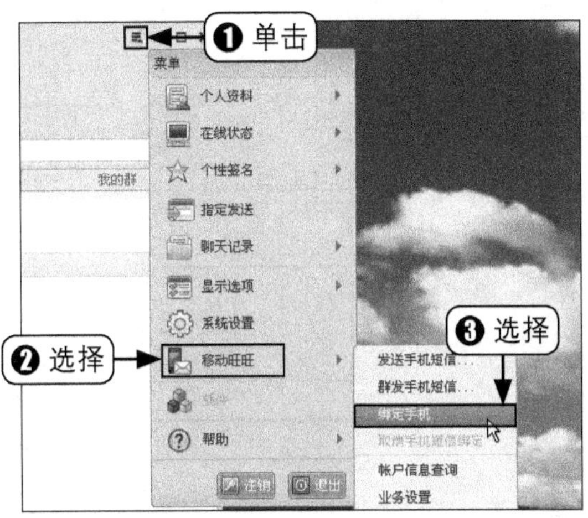

STEP 02 打开“绑定手机”窗口，单击“下一步”按钮，如下图所示。

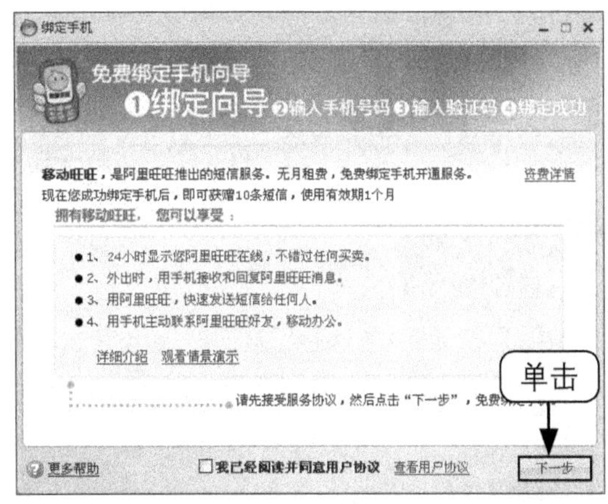

STEP 03 ❶输入手机号码；❷单击“下一步”按钮，如下图所示。

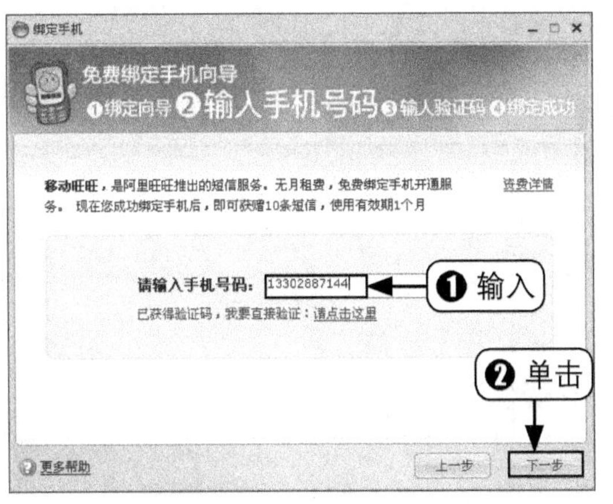

STEP 04 ❶输入手机收到的短信验证码；❷单击“下一步”按钮，如下图所示。

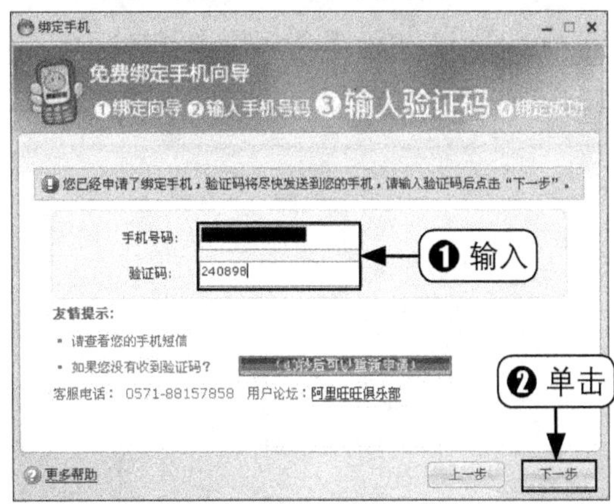

STEP 05 提示绑定成功，单击“完成”按钮，如下图所示。

STEP 06 ❶要给好友买家发送手机短信时，右击好友名称；❷选择“发送手机短信”命令；❸在下级菜单中选择“发送手机短信”命令，如下图所示；再在随后打开的发送窗口中输入文字内容发送即可。

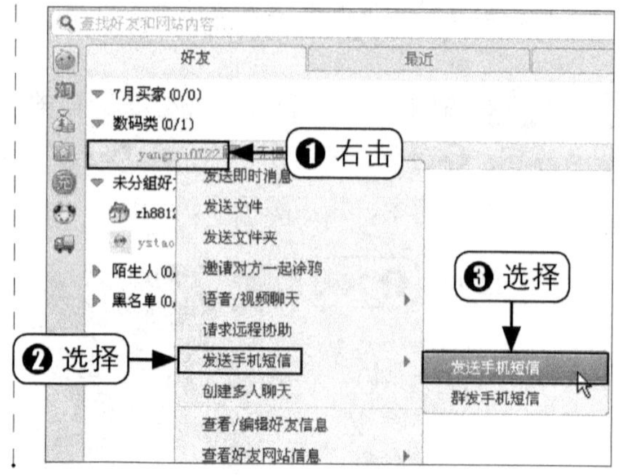

一点通 手机阿里旺旺

如果是智能手机，还可以下载淘宝官方的手机版阿里旺旺，这样可以更为方便地随时与买家进行沟通交流。

实训二 在卖家中心添加“量子恒道店铺经”

每次都要登录“量子恒道店铺经”会比较麻烦，这个时候就可以直接将店铺经的数据统计搬到卖家中心里。

将店铺经添加到卖家中心的方法如下。

STEP 01 打开“量子恒道店铺经”页面，在左侧最下方位置单击“添加到卖家中心”按钮，如下图所示。

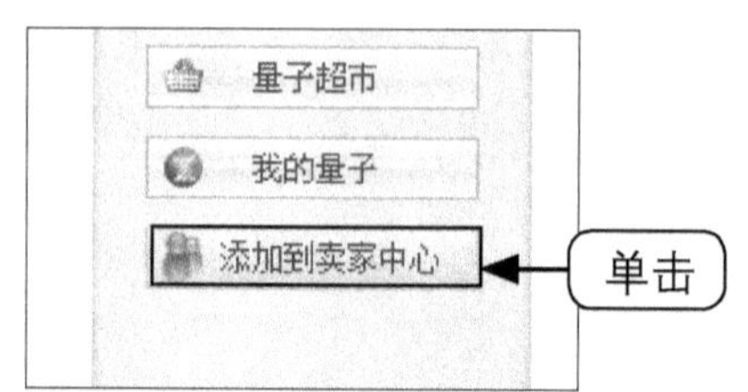

STEP 02 添加成功后，返回或者登录卖家中心，即可看到店铺经的统计数据，如下图所示。

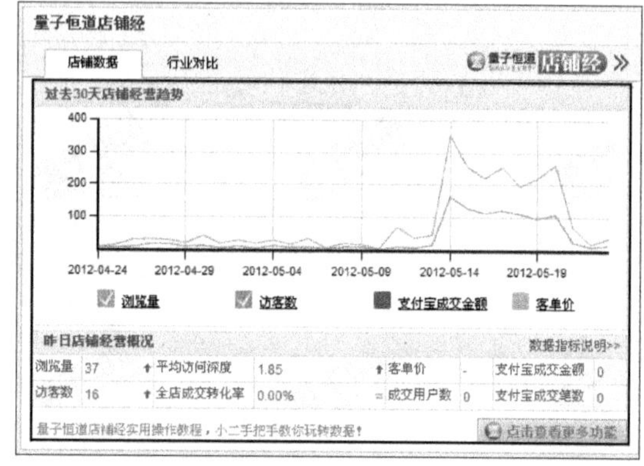

Chapter 10

网店人气离不开温馨的购物环境

本章导读

要想让淘宝网店的生意红火，就要采用一些宣传手段，如利用淘宝网的管理平台来美化店铺、使用宝贝推荐等功能进行站内宣传等。只要运用得当，这些措施可以带来不错的买家流量，近而转化为收益。

本章学完后您会的技能

- 店铺风格设置
- 店铺分类的设置
- 制作店铺的招牌
- 添加店铺背景音乐

本章内容展示

掌柜推荐宝贝

2012夏季新款雪纺碎花连衣裙雪纺连衣裙夏【爆款】

日系甜美公主连衣裙甜美修身连衣

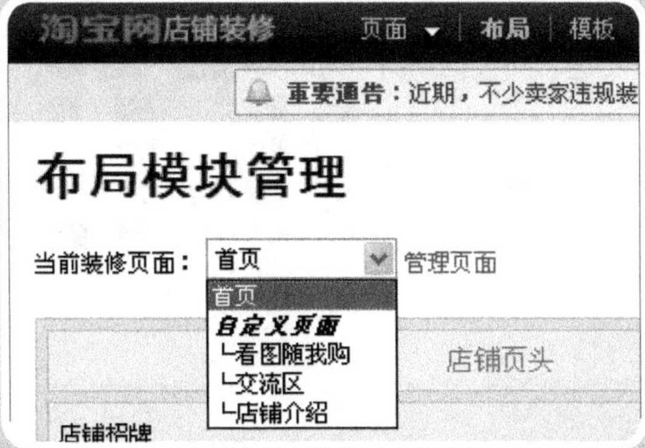

10.1 网上店铺也需要简单的门面装修

网上店铺的门面决定买家的第一印象，门面的装修风格是简单清新还是优雅成熟，值得卖家思考，而且门面装修既要符合商品的风格又要考虑购买群体的喜好，幸好淘宝网为卖家提供方便的应用设置，下面来一一介绍。

10.1.1 选择店铺风格吸引买家注意

淘宝网为卖家的网上店铺预置了多种界面风格，以方便卖家在不同节日促销时、转换经营方向时更换，让自己的网店随时变换新鲜的面貌，下面来看看具体实现的方法。

光盘同步文件	
同步视频文件	光盘\同步教学文件\第10章\10.1.1.mp4

STEP 01 以注册账号登录淘宝网，在“卖家中心”左侧“店铺管理”选项组下单击“店铺装修”链接，如下图所示。

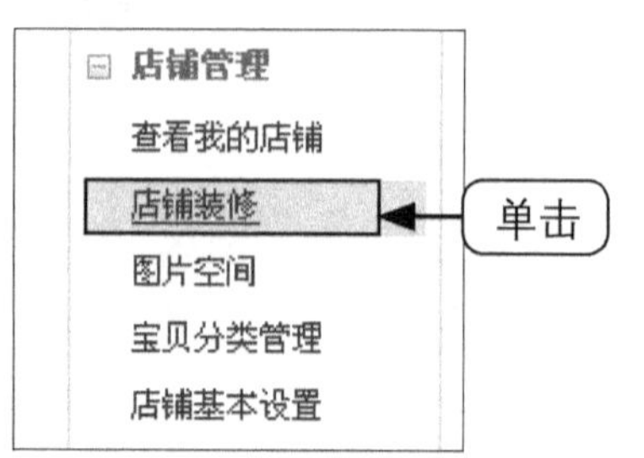

STEP 02 打开装修页面，在顶部单击“模板”链接，如下图所示。

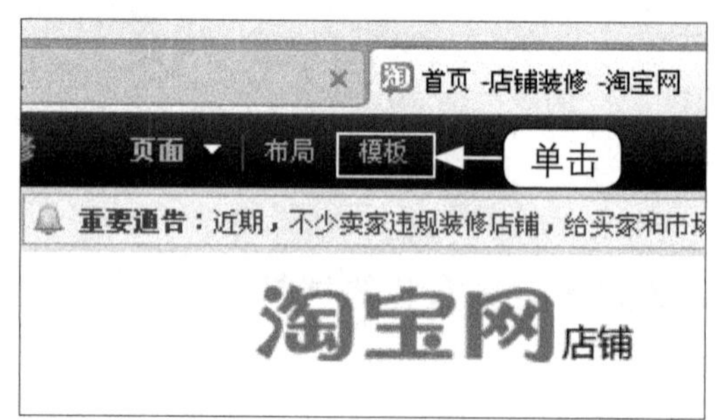

STEP 03 打开模板页面更换颜色，在这里选择一种模板颜色，如下图所示。

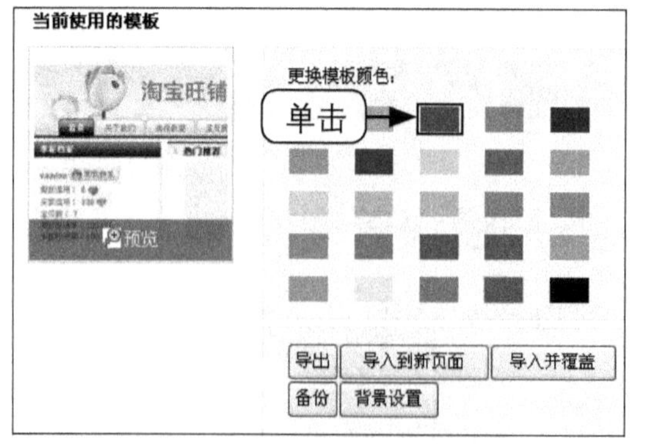

STEP 04 自动返回店铺主页，查看修改模板样式后的效果，如下图所示。

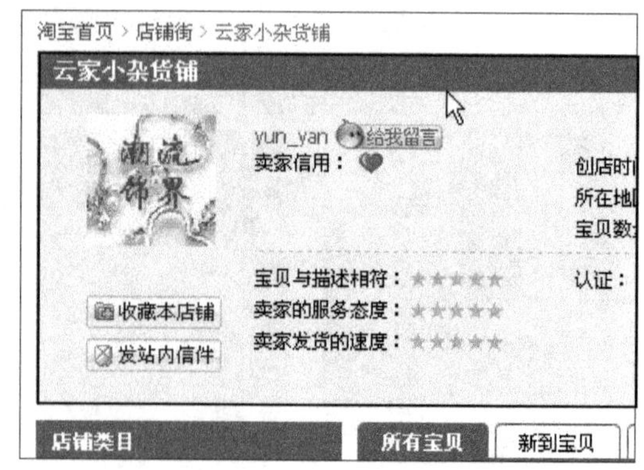

10.1.2 做好商品分类利于买家查找

淘宝网带有比较完备的店铺商品分类整理功能，而且可以实现分类名图形化、创建多个分类目录等，下面来看看相关操作方法。

光盘同步文件	
同步视频文件	光盘\同步教学文件\第10章\10.1.2.mp4

1．上传分类图片到图片空间

“图片空间”是淘宝网提供给卖家在线存储图片的地方，可以将本地的图片上传到此处，方便随时调用，如宝贝图片、美化店铺所需的素材图片等。上传保存的相关操作如下。

STEP 01 以注册账号登录淘宝网，在“卖家中心”左侧的“店铺管理”选项组下，单击“图片空间”链接，如下图所示。

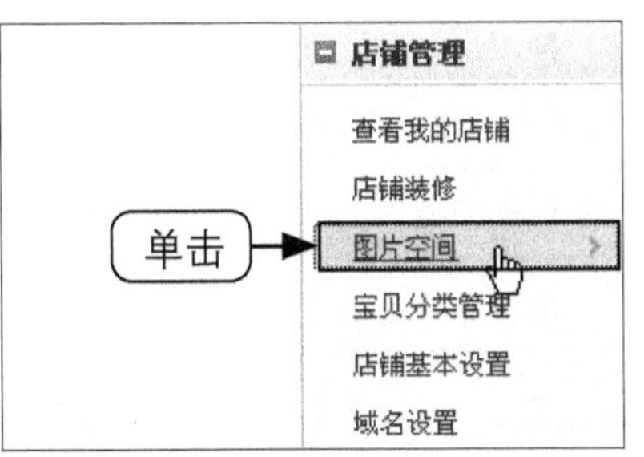

STEP 02 进入“图片空间”页面，单击“图片上传”标签，如下图所示。

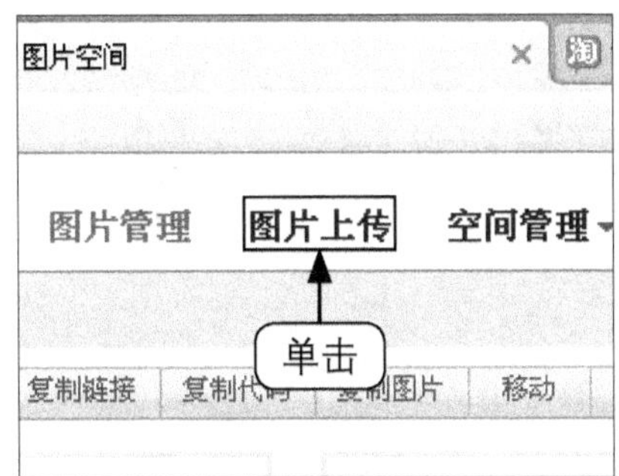

提个醒 图片空间

淘宝网为一钻以下用户免费提供1GB大小的图片空间，当用户成为钻石用户以后，则提供30MB的存储空间供使用，如果店铺规模较大有许多商品图片要存储，可以付费购买到50MB的存储空间，费用为3元/月。

STEP 03 ❶单击“普通上传”标签；❷单击“浏览”按钮，如下图所示。

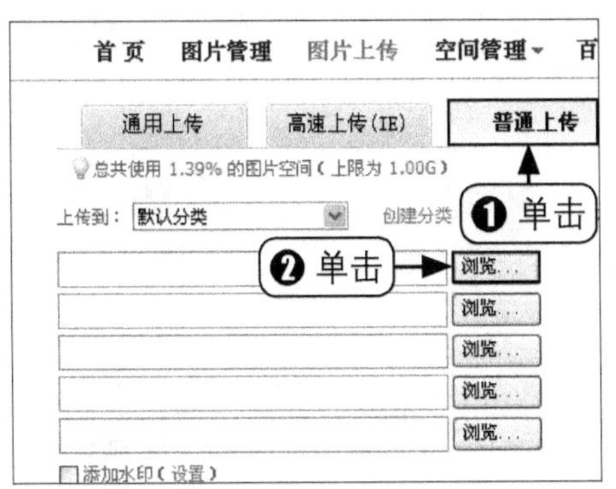

STEP 04 ❶选择制作好的分类图片；❷单击“打开”按钮，如下图所示。

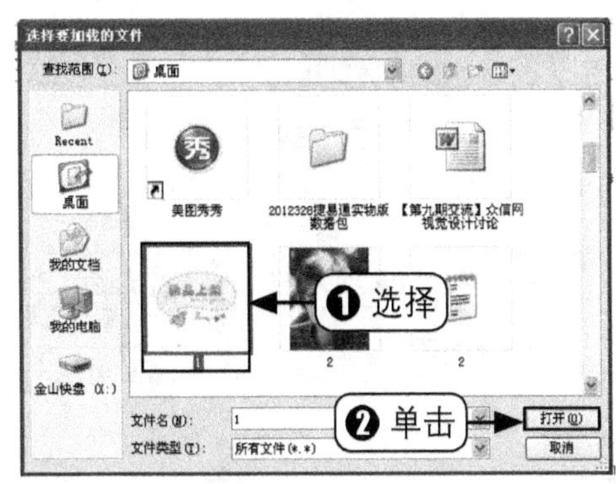

STEP 05 成功导入后，单击下方的“开始上传”按钮即可，如下图所示。

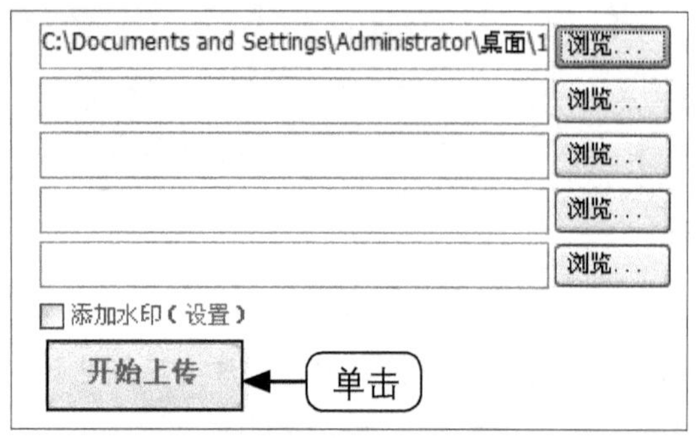

STEP 06 稍等片刻，提示上传成功，如下图所示。

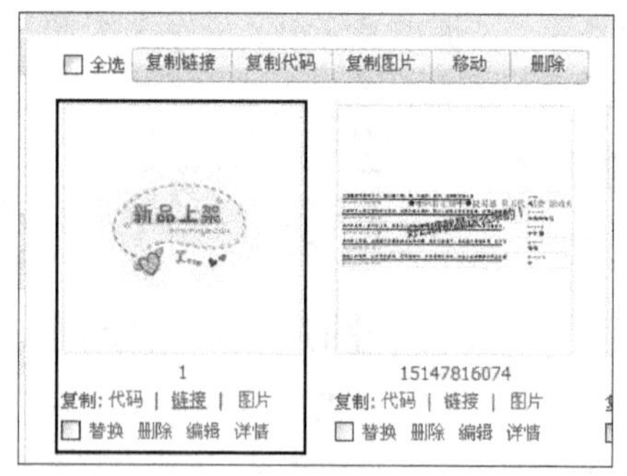

2. 对店铺商品归类整理

了解如何将分类图片上传到图片空间后，即可开始进行商品归类整理，这也是对店铺页面的一种美化工作。

STEP 01 在“店铺管理”选项组下，单击“宝贝分类管理”链接，如下图所示。

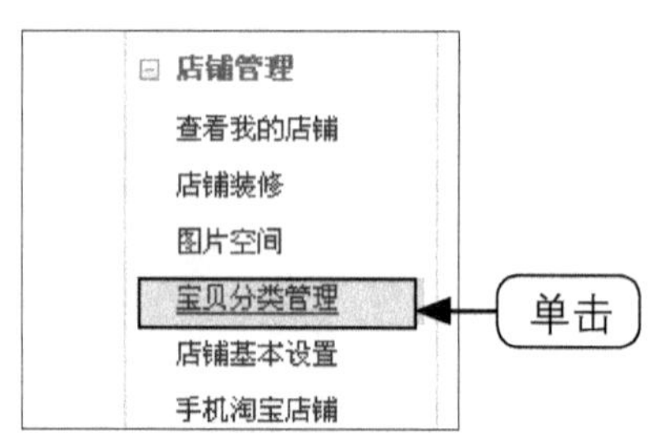

STEP 02 进入“编辑分类”页面，单击“添加新分类”按钮，操作如下图所示。

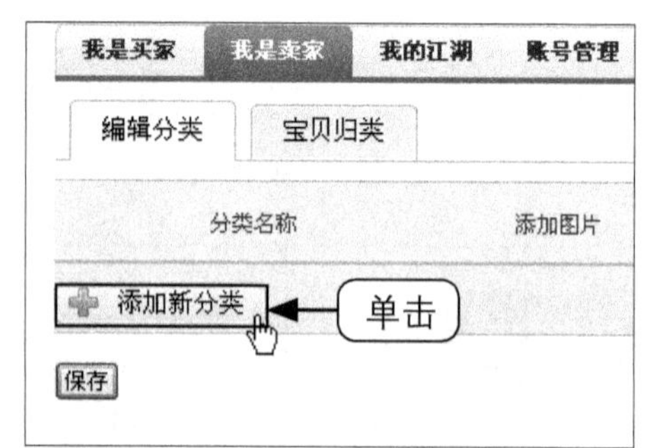

STEP 03 ❶输入商品分类名称；❷单击“添加图片”按钮，如下图所示。

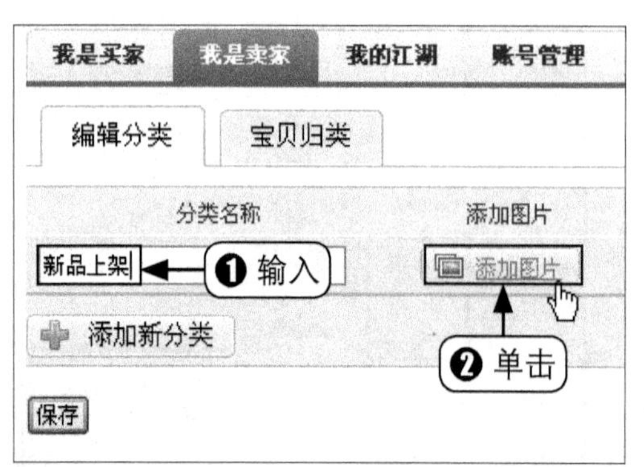

STEP 04 再次打开“图片空间”页面，找到上传的分类图，单击下方的“链接”链接，复制图片的地址，如下图所示。

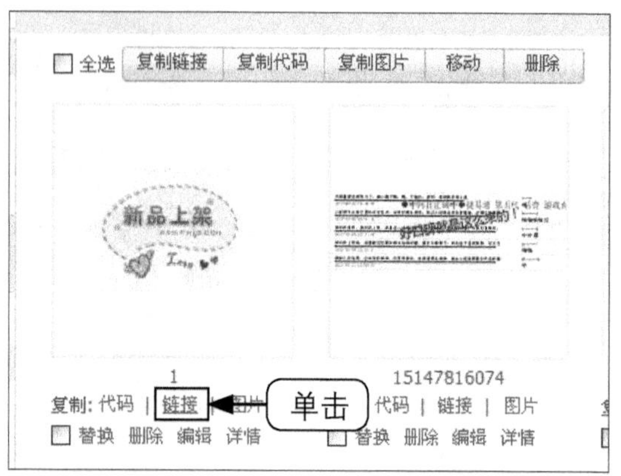

STEP 05 ❶返回分类图片设置页面，按【Ctrl+V】组合键在文本框中粘贴图片地址；❷单击“确定”按钮，如下图所示。

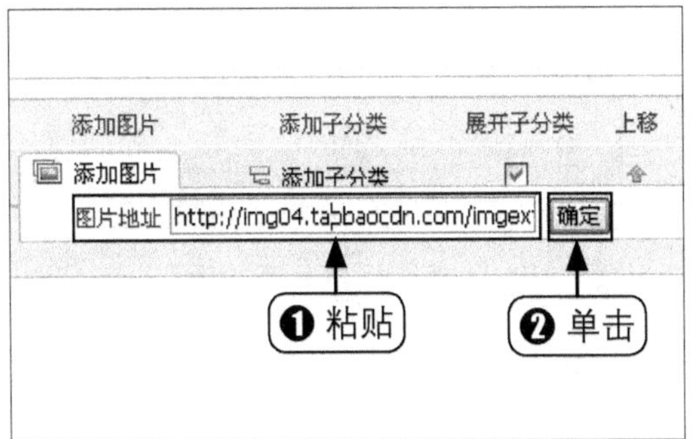

STEP 06 ❶按上述方法分别创建其他商品分类；❷单击“保存”按钮，如下图所示。

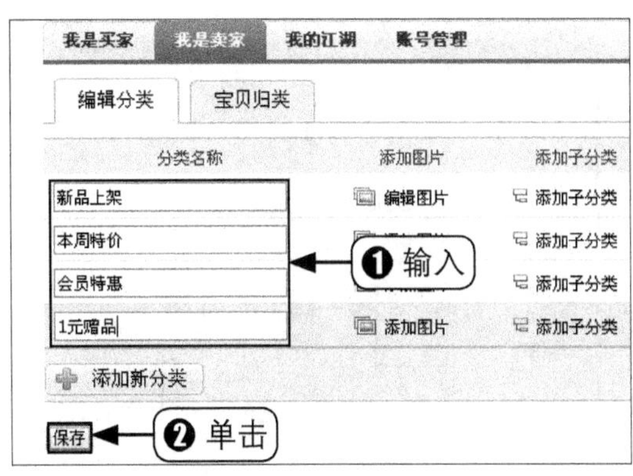

STEP 07 再次进入自己店铺首页面，在“店铺类目”一栏中即可看到修改效果，如右图所示。

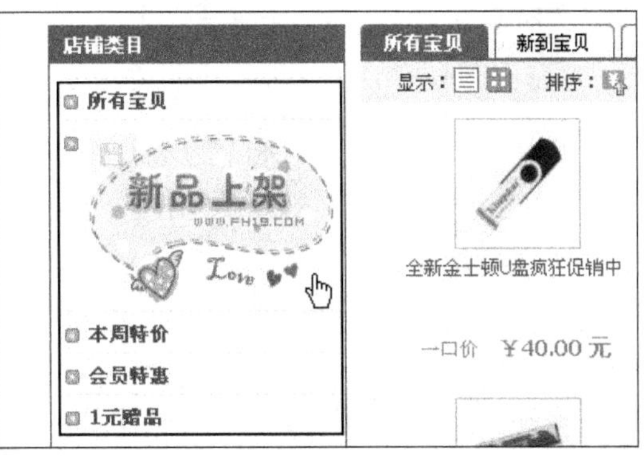

一点通 图片的获得

分类图片可以用Photoshop等工具进行设计制作，一些网站也提供了相关的图片素材供下载，只需下载图片修改文字即可。后续的所有装修图片都需要先导入图片空间，然后再使用复制地址的方法进行操作。

10.1.3 制作店招打响招牌

店招是买家打开网页首先看到的一部分，不仅关系到网店的外观效果，更体现网店的特色，设置一个令买家印象深刻又贴合店铺主题的店招，对于打响店铺名气至关重要，设置店招的相关步骤如下。

光盘同步文件	
同步视频文件	光盘\同步教学文件\第10章\10.1.3.mp4

STEP 01 打开“店铺装修”页面，在店招右侧单击“编辑”按钮，如下图所示。

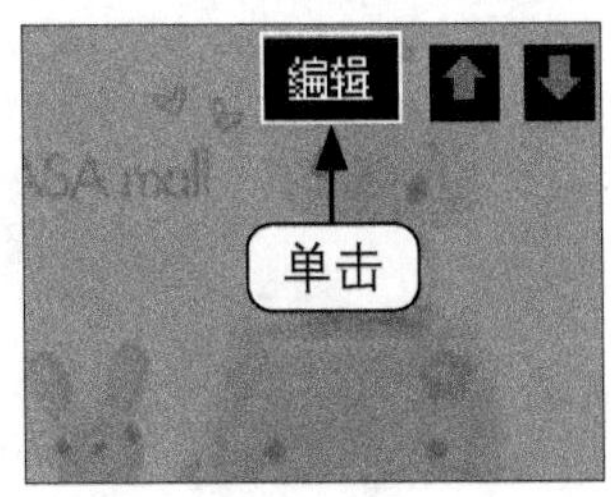

STEP 02 打开“编辑内容”对话框，单击“浏览”按钮，如下图所示。

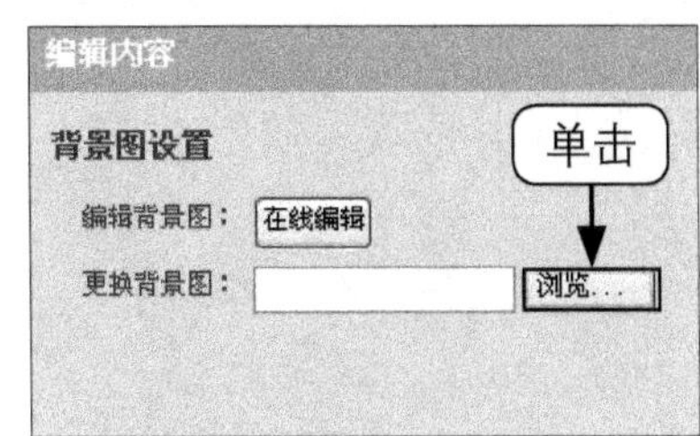

STEP 03 ❶选中制作好的店招图片；❷单击“打开”按钮，如下图所示。

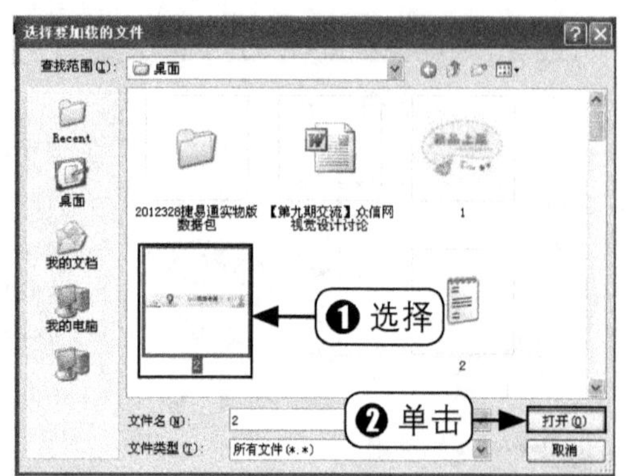

STEP 04 导入成功，单击“保存”按钮，如下图所示。

STEP 05 查看设置的店招效果，如下图所示。

一点通　店招图像大小

店招图片的大小为950×150像素，大家可以先通过Photoshop等软件制作好，然后直接导入即可，另外需要注意，图像大小不能超过100KB，否则无法添加成功。

10.1.4 为店铺添加背景音乐

通过添加代码的方法，可以为店铺增添一些特殊装修效果，如添加背景音乐，相关操作方法如下。

光盘同步文件	
同步视频文件	光盘\同步教学文件\第10章\10.1.4.mp4

STEP 01 在店铺装修模式下，单击“店铺公告”栏右侧的“编辑”链接，如右图所示。

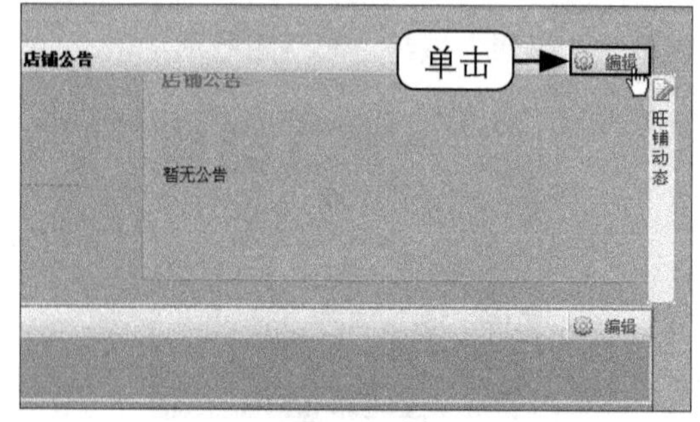

STEP 02 打开“店铺公告设置”页面，输入恰当的公告说明文字，如下图所示。

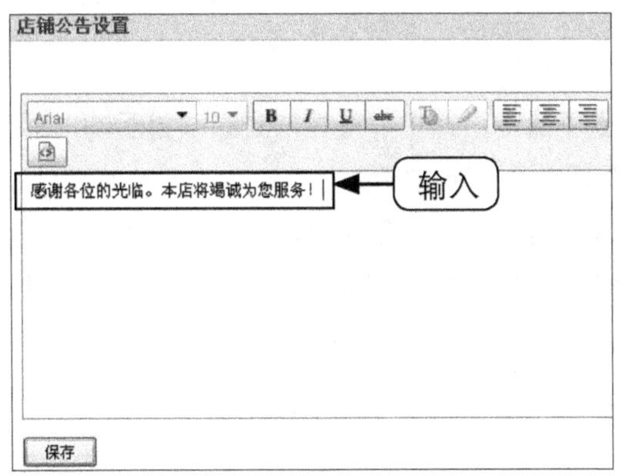

STEP 03 单击“编辑HTML源码”按钮，切换至代码编辑状态，如下图所示。

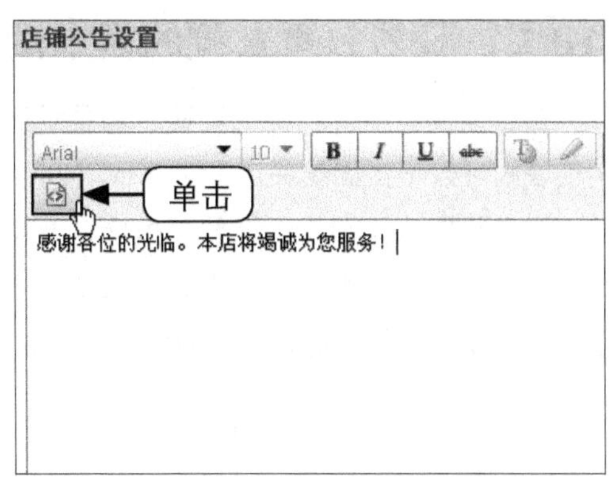

STEP 04 将添加背景音乐的代码粘贴到公告文字的最前方，如下图所示。

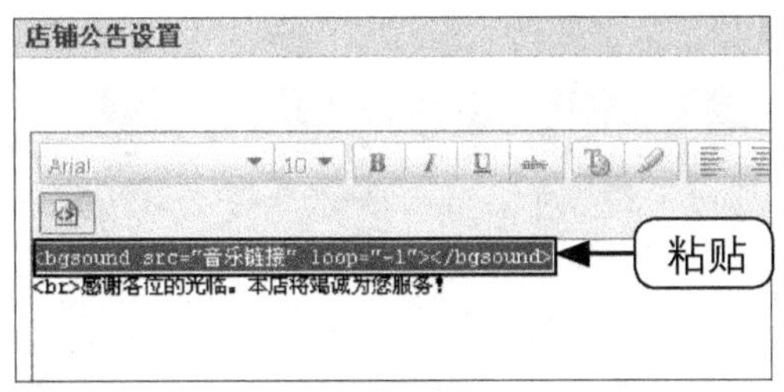

STEP 05 通过搜索引擎搜索适合的音乐文件，将最终地址剪切后粘贴到原来的“音乐链接”文字上，然后单击“编辑HTML源码”按钮返回正常编辑模式，如下图所示。

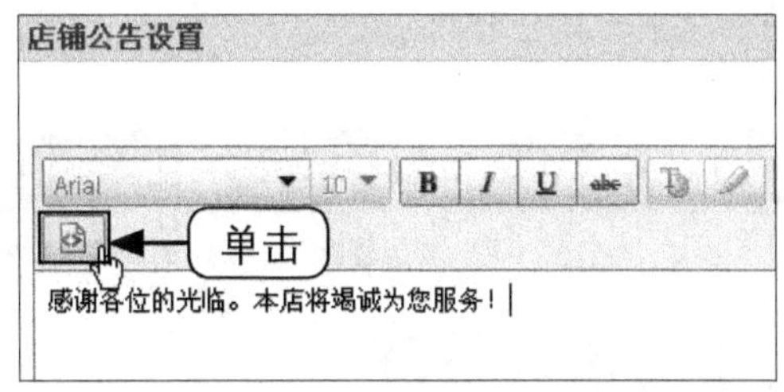

STEP 06 返回店铺管理状态，查看修改后的店铺公告，如右图所示。

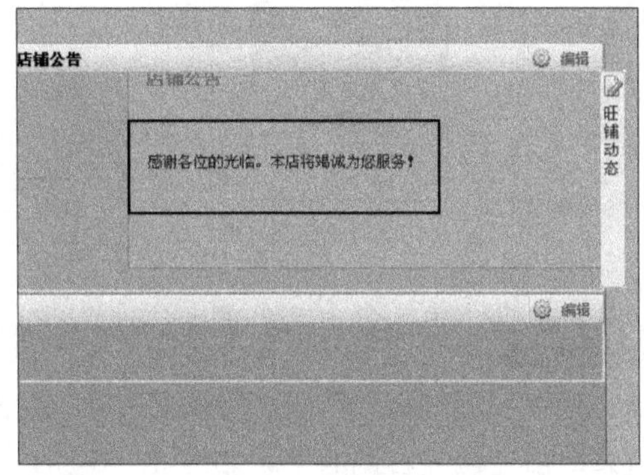

一点通 背景音乐的获得

添加背景音乐的源代码可以通过网络搜索获得，在应用这些源代码时要注意查看其中的注释。例如，这个添加背景音乐的源代码，就需要自己寻找在线音乐地址来更换。

10.2 店铺页面的美化装修

对店铺中各个页面的美化与设计，是店铺装修中最重要的部分，我们可以灵活地对店铺中的页面布局、模块显示进行调整，从而使页面的布局更加合理，方便买家浏览。买家逛店铺的目的是购买商品，因而在众多店铺页面中，需要重点装修的页面为店铺首页、宝贝列表页以及宝贝详情页3个页面，下面就来介绍不同页面的装修与设计方法。

10.2.1 设置首页左侧的显示模块

在店铺首页中，旺铺比普通店铺显示的模块多了很多，其中有些模块是必须显示的，而有些模块则可以根据需要决定是否显示，也可以在页面中添加新的模块。

淘宝网默认显示的店铺首页模块以及布局都是非常合理的，便于买家浏览与查看商品，因此我们一般无需调整。当然卖家如果要显示其他模块，或者要隐藏默认显示的指定模块的话，也可以对模块进行调整，删除或增加店铺首页模块的具体操作方法如下。

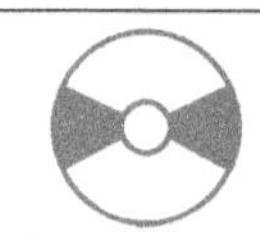	光盘同步文件	
	同步视频文件	光盘\同步教学文件\第10章\10.2.1.mp4

STEP 01 ❶在“店铺装修”页面中单击“布局”按钮，进入到装修页面；❷在“当前装修页面”下拉列表中选择“首页”选项，页面中会同步显示首页装修功能，如下图所示。

STEP 02 在页面上方的模块区域中，显示当前店铺首页中的所有模块，如果要删除某个模块，只要单击右侧的“删除”按钮即可，如下图所示。

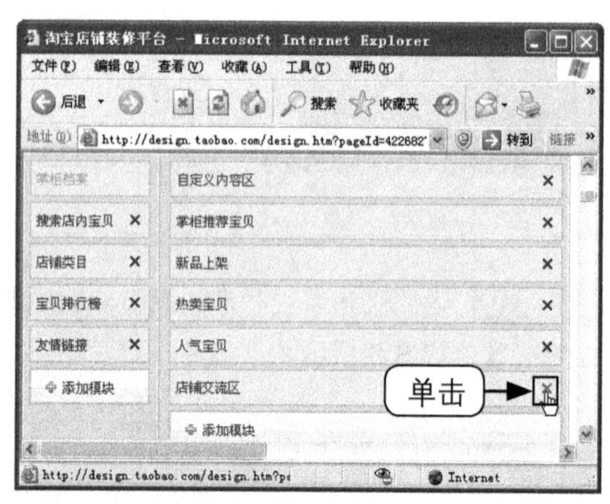

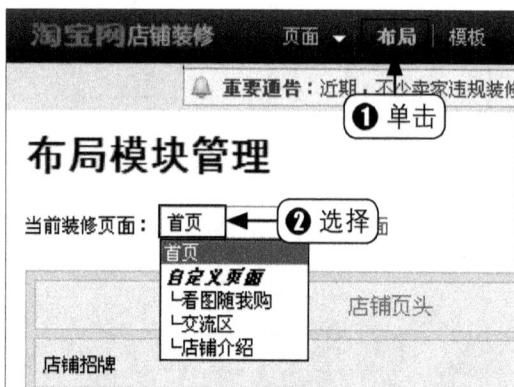

STEP 03 店铺首页分为左右两侧显示不同模块，如果要添加新的模块，则根据需要，分别选择单击左侧或右侧的“添加模块”按钮。它们将决定不同模块在首页页面中的显示位置，这里单击左侧的“添加模块”按钮，如右图所示。

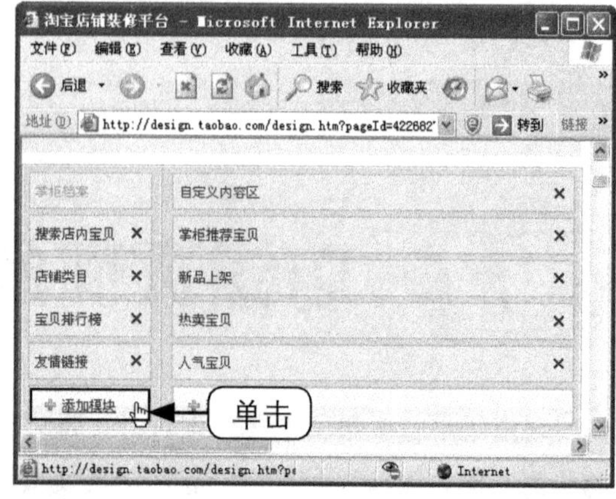

STEP 04 打开“模块管理”浮动框，在列表中选择要添加的模块并单击右侧的“添加”按钮，这里选择“客服中心”模块，如下图所示。

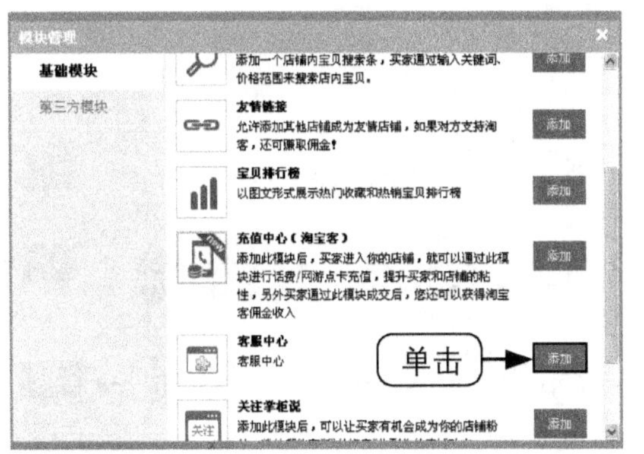

STEP 05 添加的模块将显示在当前模块的最下方，如下图所示。

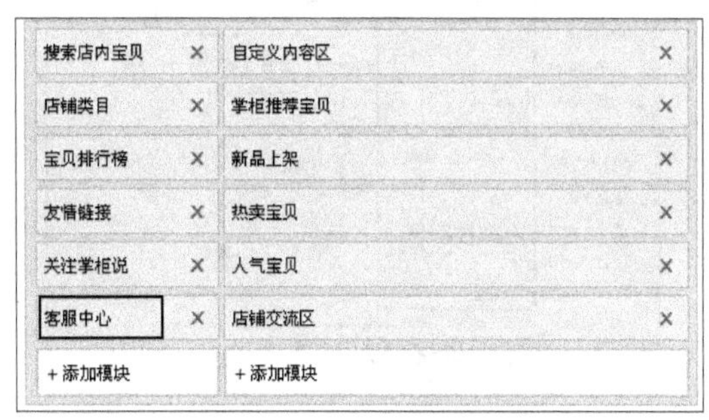

STEP 06 当保存并发布后，在店铺页面中的对应位置就可以看到添加的模块内容了，如右图所示。

10.2.2 添加首页商品展示模块

默认情况下，用户上传商品以后，还需要对商品展示模块进行添加，才能在首页看到新上传的商品，具体添加方法如下。

STEP 01 按10.2.1小节的方法，在右侧单击“添加模块”按钮，然后选择“宝贝推广区（自动）”模块进行添加，如下图所示。

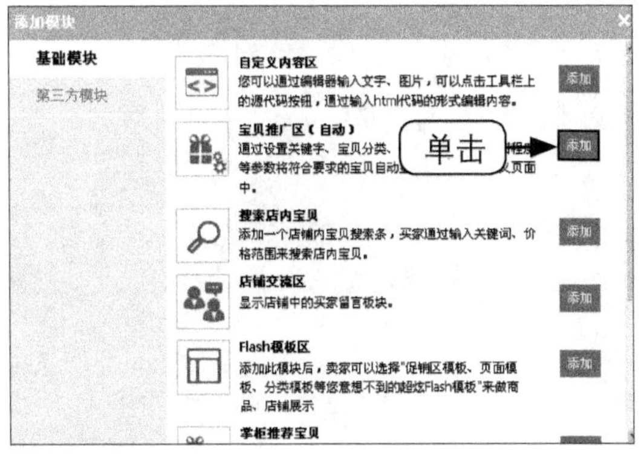

STEP 02 添加完成后，模块显示在首页中，单击右侧的“编辑”按钮，如下图所示。

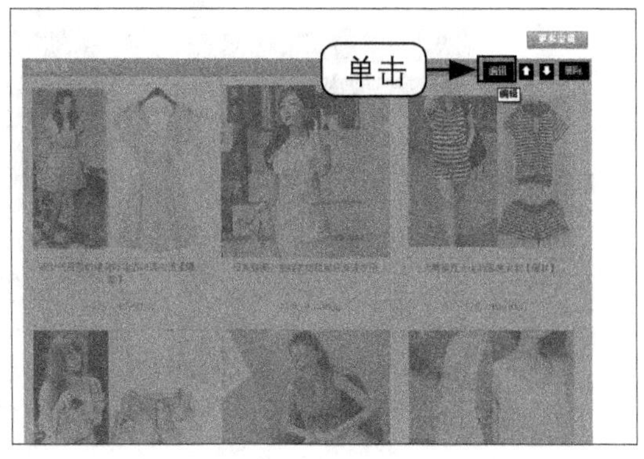

STEP 03 ❶设置模块显示标题、所属分类、宝贝数量及排序方式等项目；❷单击“保存”按钮，如下图所示。

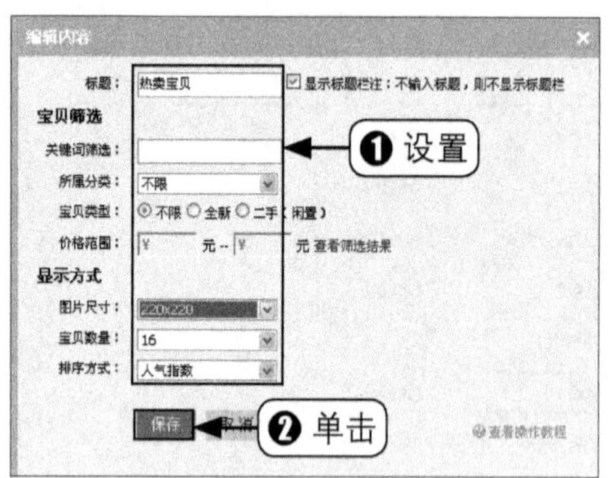

STEP 04 返回“店铺装修”页面，用同样方法添加“掌柜推荐宝贝”模块，如下图所示。

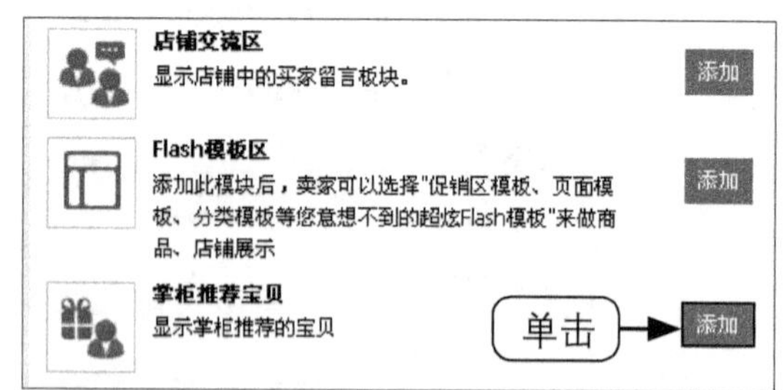

STEP 05 添加后单击当前模块的“编辑”按钮，如下图所示。

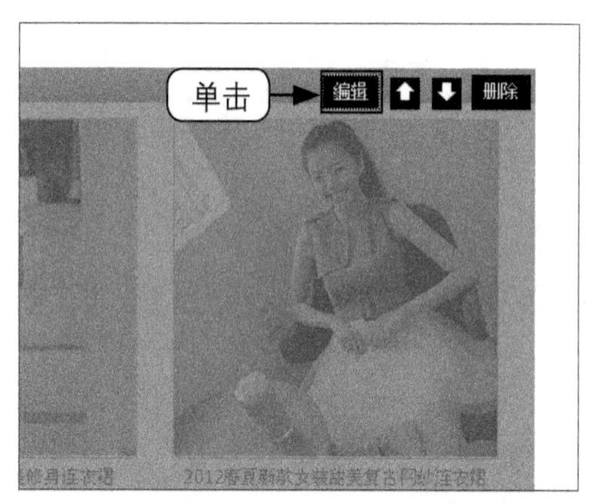

STEP 06 选择要推荐的宝贝，单击“推荐”按钮后的宝贝将自动显示在右侧，如下图所示。

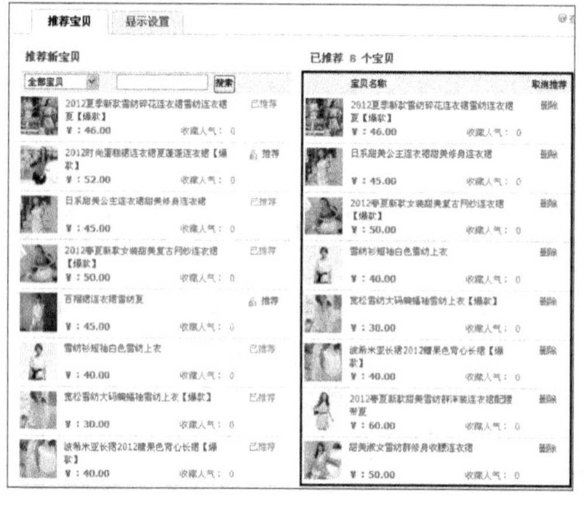

STEP 07 完成设置后首页会显示掌柜推荐的宝贝，如下图所示。

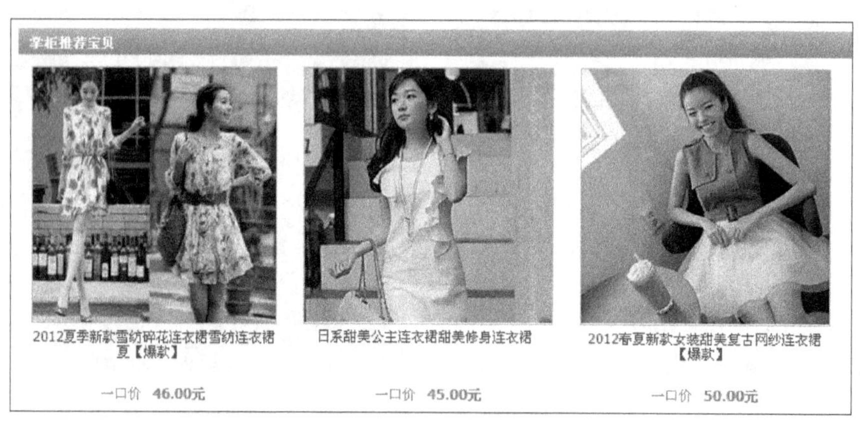

10.2.3 设置商品列表页

商品列表页是指买家在店铺中选择某个分类后，该分类商品的浏览页面。在普通店铺中，当选择商品类别后，商品浏览页面中仅显示商品列表，如果买家需要浏览其他类别的话，还需要返回到店铺首页中选择。

而旺铺商品浏览页面右侧同时显示了商品搜索、商品分类等模块，这样买家在浏览商品的过程中，随时可以跳转浏览其他类别的商品。

STEP 01 在“页面”选项卡下单击“宝贝列表页”链接，将显示出商品列表页面模块设置界面，如下图所示。

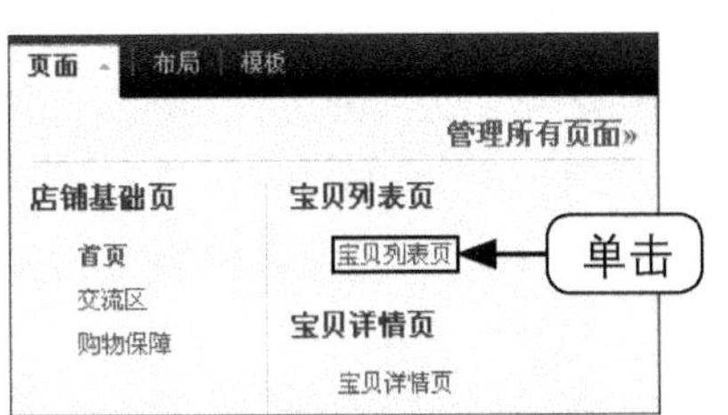

STEP 02 单击上下箭头按钮，即可移动模块的显示位置，如下图所示。

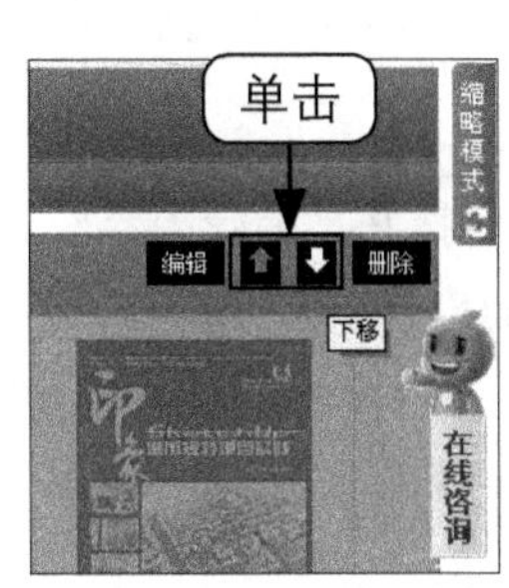

10.2.4 设置商品详情页

商品详情页也就是买家看商品详细信息的页面，淘宝旺铺的商品详情页面中同样显示了商品搜索、商品分类等模块，便于买家快速跳转查看其他类别的商品。商品详情页面中的模块与布局一般无需删减与调整，但“添加模块”对卖家来说非常有用。

我们知道，当发布商品时，在商品详情页面中除了提供商品描述信息与商品实物图片外，还需要提供“购物提示”、“店铺说明”或者“买家注意”之类的提示内容，用于说明店铺中商品购买、售后等事项。在普通店铺中发布商品时，我们需要在每个商品描述末尾添加这类说明，如果发布的商品较多的话，添加起来就非常麻烦。而购买了旺铺之后，我们就可以在商品详情页面最下方添加一个自定义内容模块，用于单独放置这类说明信息，其具体操作方法如下。

STEP 01 在“页面”选项卡中单击“宝贝详情页”链接，切换到商品详情页设置界面，如下图所示。

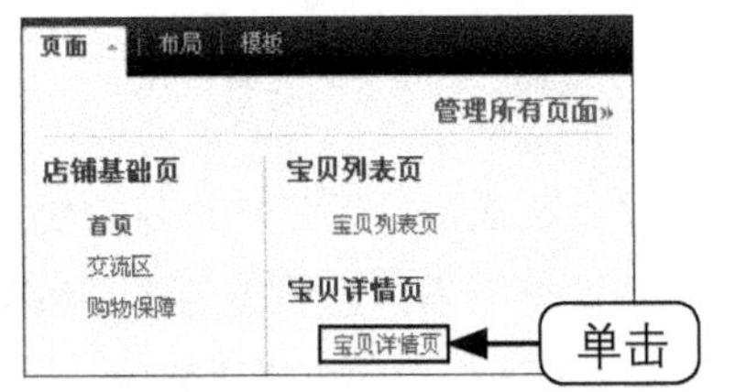

STEP 02 单击详情页下方的“在此处添加新模块”按钮，如下图所示。

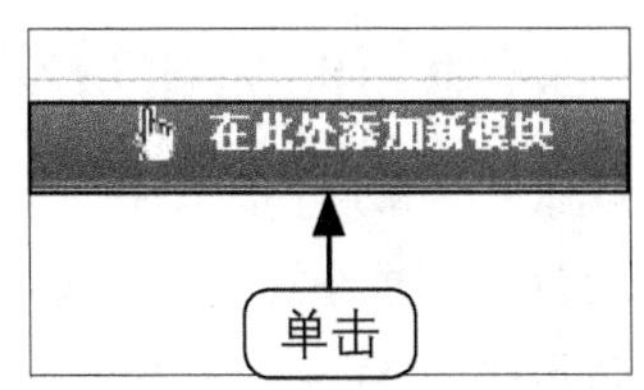

STEP 03 在打开的“添加模块”浮动框中单击“自定义内容区”模块后的“添加”按钮加载一个自定义模块，如下图所示。

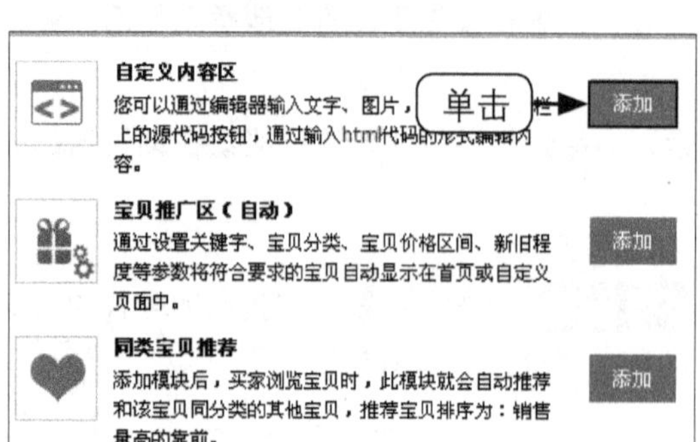

STEP 04 加载自定义模块后，在页面中找到它，然后单击其右侧的“编辑”按钮，如下图所示。

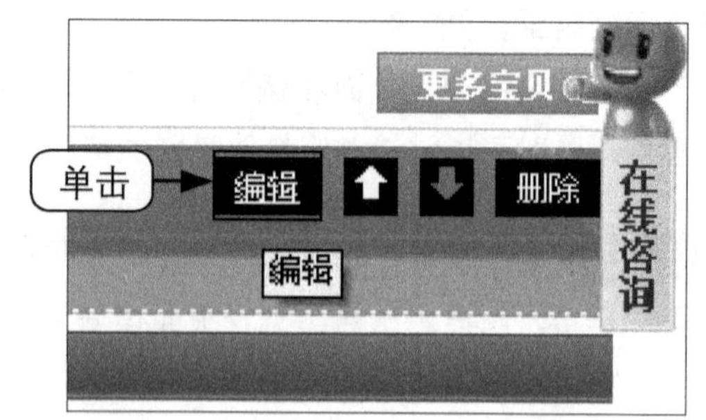

STEP 05 ❶打开“编辑内容”浮动框，在其中输入与编辑相应的内容，可以是文字、图片，或者使用HTML代码编写；❷编排完毕后单击“保存”按钮，如下图所示。

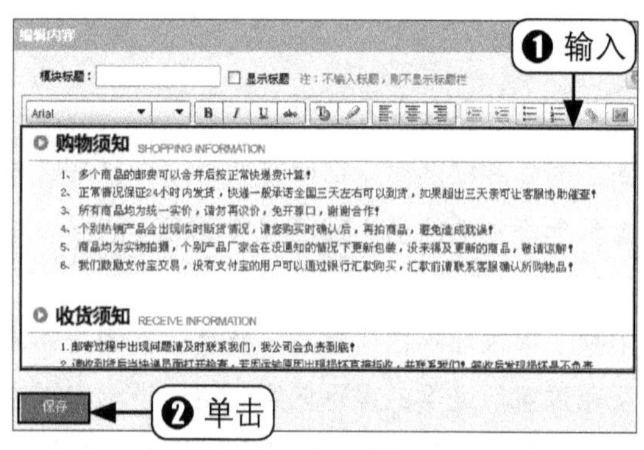

STEP 06 返回页面并单击“保存并发布”按钮后，买家打开我们的任何商品，都可以看见这里添加的自定义内容，如下图所示。

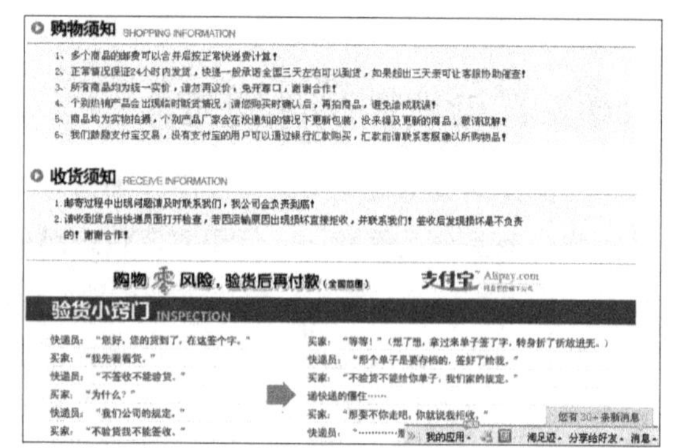

10.3 淘宝网店装修建议

由于所销售商品类型、风格不同，因此卖家在装修店铺时，也需要结合自己销售商品的类型与风格。不论卖家准备如何装修，都要遵循一个原则“简洁明快，清晰直观”，因为毕竟我们装修店铺是为了吸引买家。下面针对淘宝普通店铺装修提供一些建议，广大卖家在装修店铺时可以作为参考。

10.3.1 店铺与商品相得益彰

很多卖家在装修店铺时，并没有考虑到自己销售的是什么商品，而是单纯从店铺美观的角度来进行设计，这是非常大的误区。装修店铺前，我们应该先根据自己销售的商品种类来规划店铺的整体风格、特色，让店铺与商品相得益彰，才会让买家觉得你的店铺更专业。

10.3.2 店铺布局的简洁性

店铺装修的目的，不仅是为了吸引买家，同时也是为了便于买家浏览商品，因此店铺布局不宜设置得太复杂，很多卖家在装修店铺时，为了店铺美观而大量使用图片，殊不知太多的图片，会让买家眼花缭乱，很难有效地浏览商品。这一点在商品分类中尤为重要，商品分类中的图片要尽可能直观简洁，让买家一眼就能看明白分类结构。

10.3.3 店铺风格的协调性

淘宝店铺页面中包括了掌柜档案区、公告区、商品分类区等，不同的区域，在装修时都是单独设计的，最后放到页面中是将前面单独的设计拼合到一起。要知道买家进入店铺后，看到的是整个店铺页面，这时在设计单独区域时，就需要考虑到整体的协调性，包括风格、配色，以及采用的图案等。

协调的店面布局，可以让买家赏心悦目，在店铺停留的时间也会越久；反之则很难让买家长时间驻留。

技能实训 增强动手能力

通过对前面内容的学习，为了巩固读者所学的相关知识，下面安排实训任务来增强动手能力和技能的综合应用水平。

实训一 设计商城促销广告效果

浏览淘宝商城的时候，会发现很多卖家都在自己的首页中制作了效果独特的广告展示。通过下面的方法，我们也可以让标准旺铺实现这一效果。

设置滚动播放广告的方法如下。

STEP 01 在首页装修模块右侧新增一个“图片轮播”模块，如下图所示。

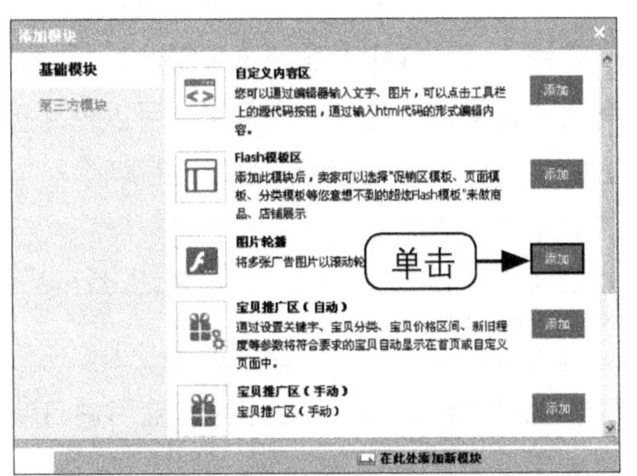

STEP 02 添加“图片轮播”模块成功，将鼠标移动到右侧，单击“编辑”按钮，如下图所示。

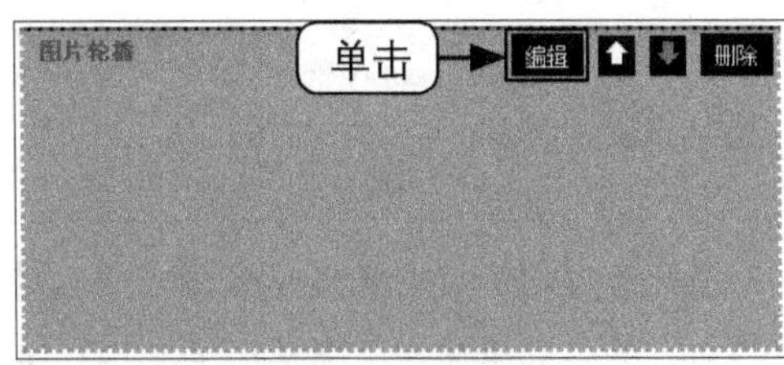

STEP 03 ❶在打开页面中，输入图片空间中图片的保存地址和店铺中该宝贝的商品页面链接地址；❷然后单击“添加”按钮，如下图所示。

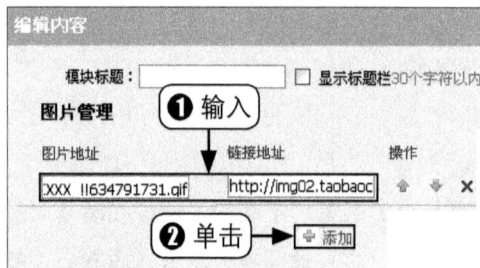

STEP 04 用同样的方法，添加几张用做广告的宝贝图片，如下图所示。

提个醒 图片宽度大小

注意这里导入的图片宽度必须为750px，否则显示时会不正常，而对于高度则可以根据情况自由安排，没有影响。

STEP 05 ❶设置当前模块的高度以及图片切换的效果；❷确认后单击“保存”按钮，如下图所示。

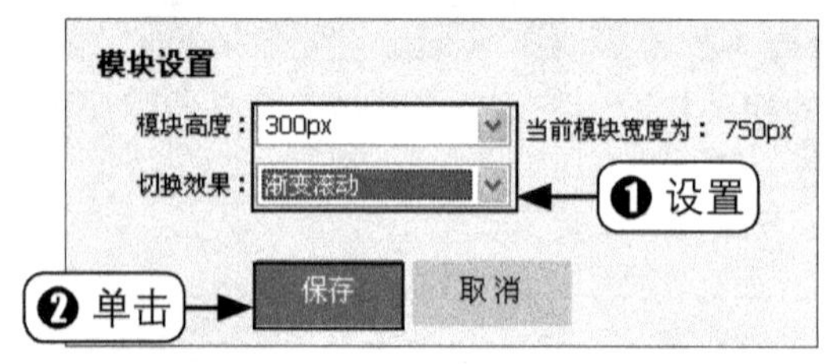

STEP 06 设置成功，返回装修页面查看当前的广告效果，如下图所示。

一点通 图片地址和链接地址的区别

图片地址，广告图片要在首页中显示，需要先上传到图片空间，空间中图片的保存地址就是图片地址。链接地址是指买家单击广告图片后，进入的页面，也就是该款宝贝的商品详情页。

实训二 设置店铺友情链接

友情链接用于将其他卖家的店铺地址连接到自己店铺中，这样买家在浏览店铺时，可以通过友情链接快速浏览其他店铺。建立友情链接是非常有用的店铺推广途径，广大卖家可以相互建立友情链接，增加买家光顾自己店铺的几率，只要浏览量增加了，销售几率也就相应提高了。

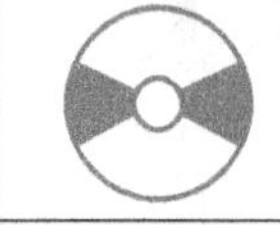	光盘同步文件	
	同步视频文件	光盘\同步教学文件\第10章\技能实训2.mp4

在开店过程中认识其他卖家后，可以协商相互建立友情链接，通过对方的淘宝用户名就可以将对方的店铺添加为友情链接了，其具体操作方法如下。

STEP 01 进入店铺装修页面后，在页面下方单击“友情链接”右侧的“编辑”按钮，如下图所示。

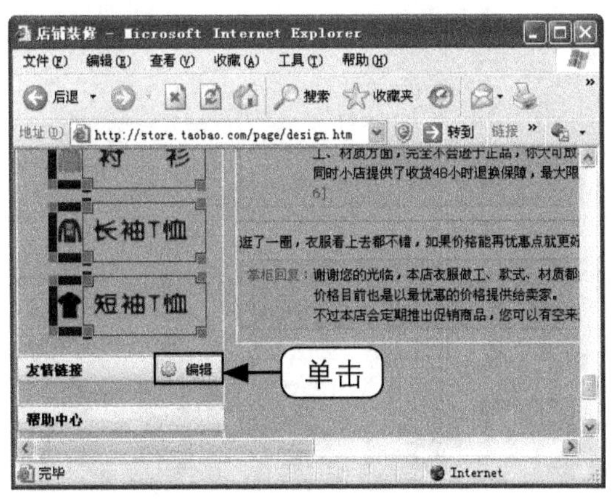

STEP 02 打开“编辑内容”浮动框，单击页面中的“添加新链接”按钮，如下图所示。

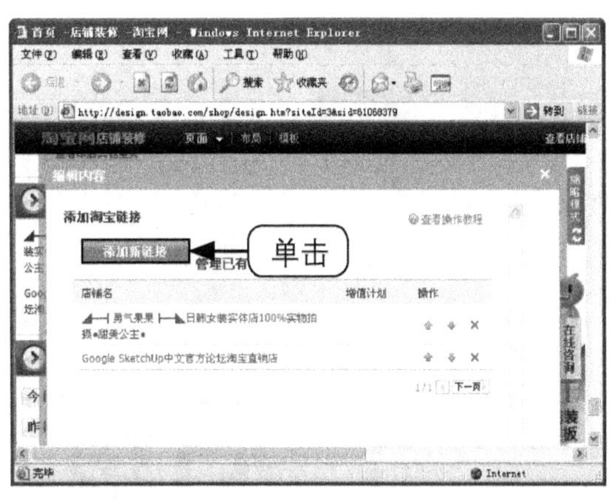

STEP 03 ❶在打开页面的“淘宝会员名”框中输入对方的淘宝账号；❷单击“添加链接”按钮，如下图所示，对方的店铺名称将显示在页面下方。

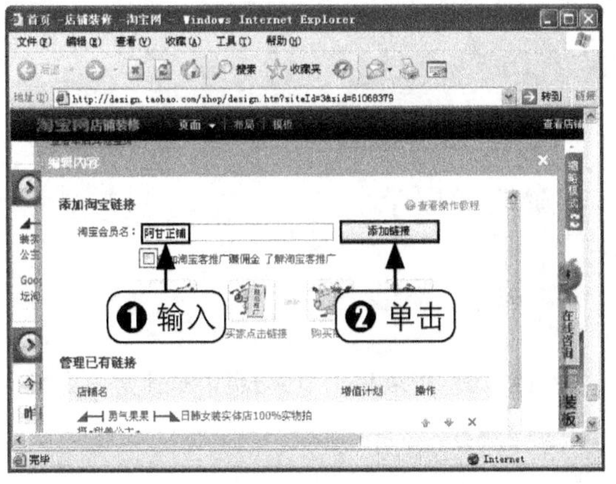

STEP 04 添加完毕后，返回到店铺页面，在“友情链接”模块中可以看到添加的店铺链接了，如下图所示。

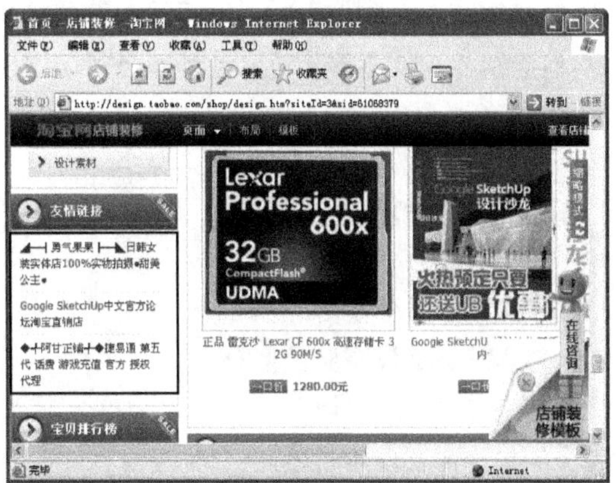

友情链接并不需要一次就添加完，而是在以后店铺经营过程中接触与认识其他卖家后，相互建立友情链接，在添加时，只要按照相同的方法进行即可。

一点通 友情链接提示

我们在添加友情链接时，最好不要将与自己销售相同类型的店铺设置为友情链接，这样不但不会增加访问量，还可能会流失买家。

Chapter 11

有营销才有网店持续的销量提升

本章导读

店铺开张后，不能只等待买家主动上门，毕竟淘宝网中有数万卖家，搜索同一样商品有几十页的商品推荐，而要销量好，最主要的就是让买家搜索到自己的宝贝。如何让更多人知道并光临我们店铺，卖家还需要利用各种途径对店铺进行宣传与推广。

本章学完后您会的技能

- ❖ 好生意是谈出来的
- ❖ 加入消费者保障服务体系
- ❖ 用好淘宝的推广服务
- ❖ 使用淘宝社区进行推广促销

本章内容展示

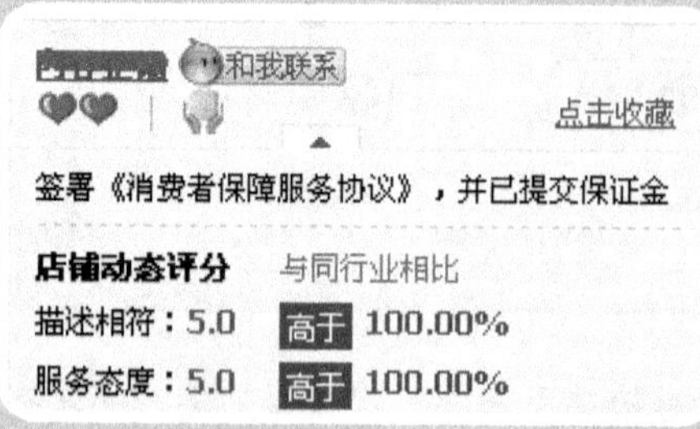

11.1 好生意是谈出来的

我们平时在购买商品之前，会与售货员交流并了解商品的情况，如讲价、询问售后服务等。淘宝网中购物的买家也一样，由于网上购物无法看到商品实物，需要与卖家交流的问题会更多。而卖家与买家对话是一个细致耐心的过程，有效的对话是促使买家购买的重要条件。

11.1.1 关注买家在想什么

在与卖家交流的过程中，买家一般会将自己关心的问题一一问出来，卖家根据情况进行回答，因此广大卖家有必要了解买家所关心的各种问题，从而做出让他们最满意的解释。在网上购物中，可以将买家的问题概括为价格、质量、信誉以及售后4个方面。

1. 价格方面的问题

对网上购物影响最大的因素，就是商品的价格，买家往往是对不同店铺的商品价格进行对比后，才会从中选择。当买家选择了我们的商品，说明价格在能够接受的范围中。其他常见的价格方面的细节问题，主要有以下两个。

- 价格可信度：买家在选择商品时，往往会从商品列表中选择价格较低的商品，但是选择并不等于购买。买家往往会由于低价而对商品质量存在质疑，譬如会提出“为什么你的价格比别人的低？”、“你的商品不会有问题吧？”之类的问题。这时我们就需要根据具体情况来给买家一个可信的答复，如“店铺优惠中”、“店铺新开张，不计利润”等。
- 砍价：绝大多数买家在购买商品时，都会和卖家砍价，这是正常的购买心理。对于砍价的买家，我们只有两种选择，一是适当降低商品利润，促使买家下单；二是不在价格上让步，但在对话过程中可以围绕商品质量以及售后服务等给予买家更好的承诺。具体应对方式，只能根据具体情况来灵活决定。

2. 质量方面的问题

网上购物过程中，由于买家看不到商品实物，因此最大的疑虑就集中在商品的质量上，这也是买家与卖家交流时提出问题最多的地方。不同类型的商品，买家关于质量方面存在的疑问不同，回答买家这类疑问时，除了解答商品本身质量优秀外，还可以从商品品牌、店铺历史销售情况以及商品所提供的保障服务等几个方面入手，来延伸回答并逐步取得买家对商品的信任。

- 从品牌角度延伸：仅针对销售知名品牌商品的卖家，一些口碑好的品牌本身就间接说明了商品质量。
- 从店铺历史销售情况延伸：商品的好坏，通过历史销售情况就能表现出来，如果买家咨询的商品之前销量不错，并且获得了很多好评，就可以通过历史销售数据（信用评价）来增加买家的信任度。
- 商品保障：如果店铺加入了淘宝推出的“消费者保障服务”，那么无疑增强了商品的售后保障。

- 售后与服务：如果我们销售的商品能够提供完善的售后服务，如服饰类的调换服务、数码电器类的保修服务等，在很大程度上可以打消买家关于商品质量的顾虑。

3．信誉方面的问题

网上交易存在一定风险性，因此买家在选择商品时，会注意卖家的信用情况，好的信用度可以让买家购物时更加放心。当然，如果我们店铺已经积累了大量的好评，并且信用等级较高的话，就无需考虑这个问题。但是新开张的店铺，信用一般都较低，这时就需要卖家耐心细致地与买家进行沟通。

4．售后方面的问题

对于一些特定商品来说，是否具备售后服务是非常重要的，如数码商品、电器等，买家在购买这类商品时，会注重卖家所提供的售后服务。在与买家交流售后服务方面的话题时，必须实事求是，直观准确地告知买家所能提供的服务内容以及时间，并采用“毋庸置疑”的语气来表述。

11.1.2 与买家交流的禁忌

与买家的交流对于商品是否能够卖出有着至关重要的影响，有时只要一句话说错了，就会失去买家。因此广大卖家在与买家交流时，一定要注意自己的言语，掌握好说话的分寸。下面列出一些与买家交流时的禁忌事项，卖家可以作为参考。

1．非主动式交流

一般来说，在与买家交流的过程中，我们只要针对性回答买家所提出的各种问题即可，让买家占有主动权。对于新手卖家来说，好不容易等到一个买家，往往表现太过主动，对于买家的问题常常回答很多内容，这很容易让买家觉得卖家太过迫切，会吓走买家。

2．注意沟通与争辩的区别

我们与买家交流的目的，是为了让对方购买我们的商品，相互交流是一个针对商品进行沟通的过程。不同买家有不同的认识和见解，这些见解有些是针对商品，有些是针对服务，卖家应以诚恳的态度去与其沟通，而不应该就某些问题刻意与买家争论。争论的结果往往是卖家赢得了上风，但失去了买家。

3．不宜质问买家

买家与卖家交流的内容，主要是商品或其他方面存在问题，因此双方交流时买家会不断询问，卖家在进行回答时，不是特别情况，一般不应质问买家。

要知道是否购买商品完全取决于买家的意愿。买家购买商品，说明该商品被认可；不购买，说明有其他原因。交流是为了得到买家进一步的认可，如果以质问的语气与买家交流，那么表露出来的就是对买家的不尊重，会引起买家反感，进而流失买家。

4．勿用命令的语气交流

网上交易过程中，卖家就是售货员，应该秉以买家为中心的原则，在交流过程中，宜尽量微笑，态度和蔼，说话要轻，语气柔和，采用协商或者请教的语气与买家交流，切忌采用命令或批示的口吻交谈。

5. 勿太过炫耀

与买家交流的过程中，无论是介绍商品、还是介绍自己的店铺，都应该实事求是，可以适当夸张或修饰，但不宜大吹捧，这样反而会引起买家的质疑。

要知道很多买家在选择商品时，已经对商品各方面都具备了一定的认知，并且每个人对商品的认知与见解不同，如果卖家太过炫耀，会让买家觉得缺乏真实性，那么势必会使得买家离开。我们需要知道的是，网上交易中，买家会选择更加踏实诚恳的卖家。

6. 不宜太过直白

网上交流其实和现实中交谈是一样的，针对不同的买家，我们应当掌握交流的技巧与艺术，一些针对性强的问题，可以婉转回答。

要知道网上购物什么人都有，他们对不同商品的认知与见解也不同，如果买家在交流中提出较肤浅的问题，或者看似比较笨拙的问题，那么作为卖家，我们更应该巧妙地对这些问题进行回答，而不应该直接指出卖家问题的肤浅与错误。

11.2 加入“消费者保障服务”让买家更放心

“消费者保障服务”项目是淘宝网针对买卖双方，提供的一项消费权益保护政策。对于卖家而言，这不仅是一种信誉的体现，更是对自己商品质量和服务的自信。

11.2.1 了解“消费者保障服务”项目

“消费者保障服务”项目在以前可以由卖家自由选择是否开通，开通后的卖家比普通卖家在商品上有优先显示权。而在2011年7月1日以后，则规定所有开网店的卖家必须开通这项服务。

对卖家来说，加入“消费者保障服务”可以给卖家带来的优势有以下几个方面。

- 商品加上特殊标记（缴保证金后），并有独立的筛选功能，可以马上被买家找到。

- 拥有相关服务标记的商品，可信度高，买家更容易接受。
- 为提高交易质量，淘宝网单品单店推荐活动只针对消保卖家开放。
- 淘宝网橱窗推荐位规则针对消保卖家有更多优惠。
- 淘宝网抵价券促销活动只针对消保卖家开放。
- 淘宝网其他服务优惠活动会优先针对消保卖家开放。

一点通　消保的规定

卖家承诺为买家提供保障服务，并签署诚信协议。如果卖家未履行服务承诺，淘宝将通过卖家交付的押金，对买家进行先行赔付，以保障买家权益。

1．消费者保障服务的类型

消费者保障服务是一项基础服务，所有卖家都可以签署，在这个基础上，淘宝还提供了多种特色消保服务，分别如下。

- 假一赔三：加入该服务后，如果卖家销售给买家的商品与描述严重不符，或者销售假冒伪劣商品，那么买家可以在认定商品为假货的前提下，要求卖家三倍赔偿。
- 第三方质检：由权威部门对店铺指定商品进行了质检，并提交了质检报告的，可以申请此服务。
- 7天退换：指卖家能够针对销售出的商品为买家提供“7天无理由退换货”服务。加入该服务后，当买家购买了支持“7天无理由退换货”的商品，在签收货物后7天内，若因买家主观原因不愿完成本次交易，卖家有义务向买家提供退换货服务，如果卖家拒绝提供，那么买家可以向淘宝网投诉并获得相应的赔付。
- 30天维修：该服务仅针对销售数码电器之类的卖家，当买家购买商品成功后30天内，卖家应向买家无条件提供免费维修服务，否则买家有权向淘宝网投诉，淘宝网将根据情况来使用卖家的保证金对买家进行赔付。
- 1小时发货：该服务仅针对虚拟类商品，如充值卡、虚拟充值货币等，加入了该服务的卖家，在虚拟物品销售过程中可以使用“闪电发货”功能，如果在交易过程中没有及时发货，那么买家就可以投诉并获得相应的赔付。
- 24小时发货：加入此服务的卖家必须保证买家在付款后的24小时内发货。如逾期未发货，卖家需用保证金进行赔付。
- 商品如实描述：指卖家所在店铺中提供的商品信息是与商品本身所相符的，没有不符合商品实际或言过其实的描述，如果卖家未能履行该项承诺，则淘宝有权对由于卖家违反该项承诺而导致利益受损的买家进行先行赔付。
- 正品保障服务：该服务针对所有销售品牌商品的卖家，确保买家所购买的商品为品牌正品，如果交易后的商品不是正品，那么买家可以向淘宝网投诉并获得赔付。

2．加入消费者保障服务的保证金

要加入以上特殊服务，首先卖家需要在淘宝网交纳1000元基础保证金，该保证金用于当卖家商品与所加入服务不符时淘宝网向买家赔付，根据商品不同，在加入时需要支付的保证金数额也不同，对于多数商品来说，保证金数额一般均为1000元，但也有部分商品保证金可能低于或高于1000元。

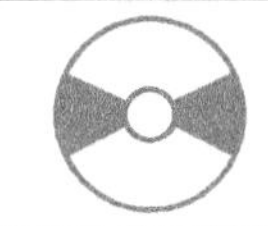

不同消保价格不同

除了消费者保障服务，加入其他的保障服务，需要另外缴纳保证金，具体服务内容的价格不同，部分保障服务不需要保证金，但需要提供相应的证明。

11.2.2 如何加入“消费者保障服务”体系

初次申请店铺的时候，已经填写并签署了“消费者保障服务”协议，因此已经默认开通了“消费者保障服务”。但要进行正常使用，还需要向淘宝支付押金。

光盘同步文件	
同步视频文件	光盘\同步教学文件\第11章\11.2.2.mp4

STEP 01 在“客户服务”选项组中单击“消费者保障服务”链接，如下图所示。在打开的页面选择相应的服务类型，等待审核。

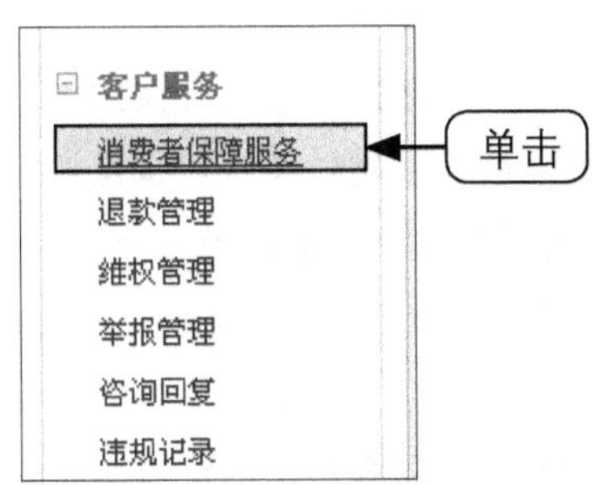

STEP 02 审核通过后会提示用户缴纳保证金（如果未缴纳，下方的特色服务图标会以灰色显示，无法操作），为了开通服务，这里单击“提交保证金”按钮，如下图所示。

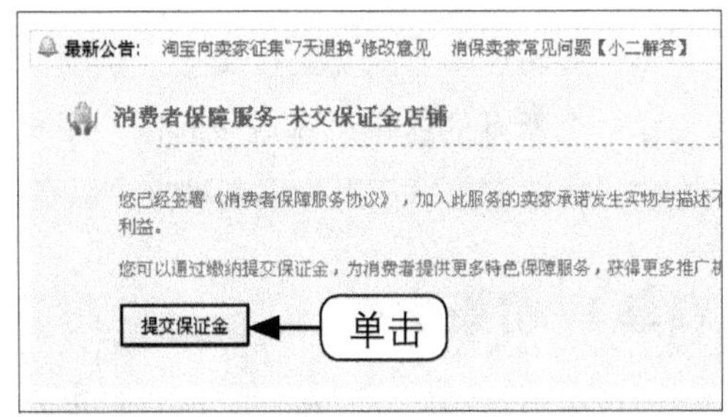

STEP 03 ❶输入支付宝登录密码；❷单击“同意以下协议，并提交保证金”按钮，如下图所示。

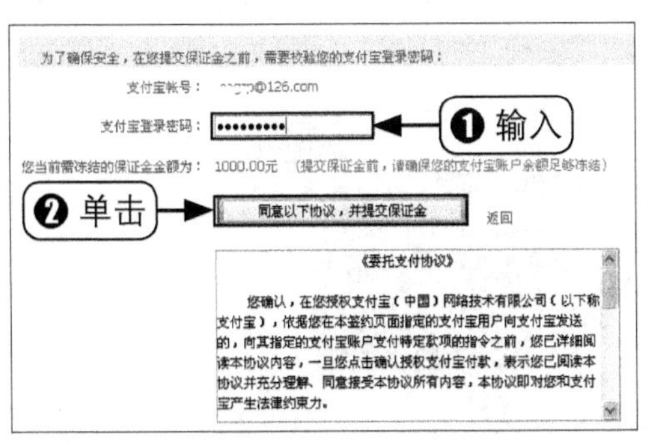

STEP 04 提示提交保证金成功，在这里单击“返回服务首页”按钮，如下图所示。

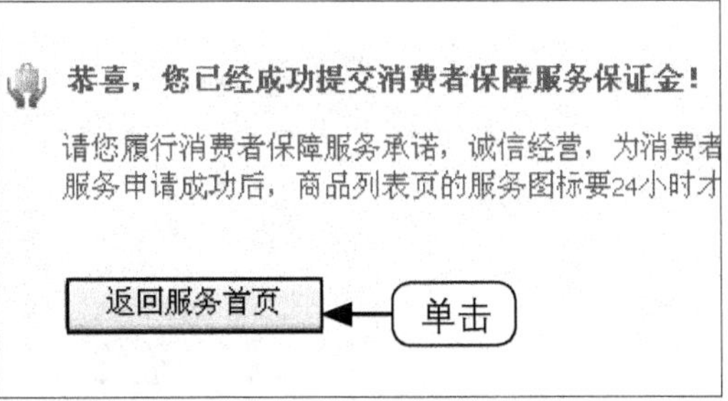

STEP 05 如果登录了旺旺，此时会弹出如下图所示窗口，提示已加入消保并提交保证金成功。

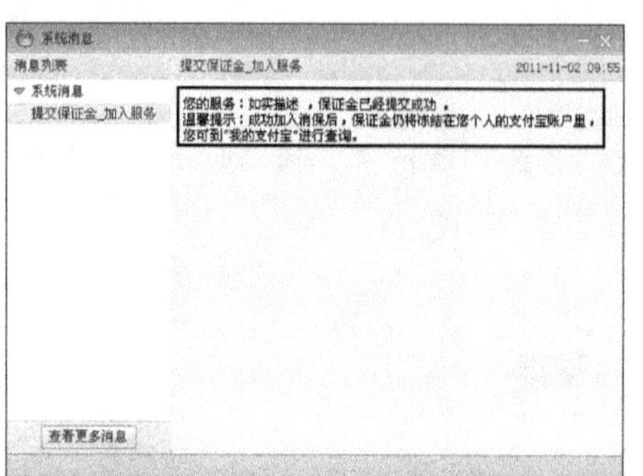

STEP 06 在自己店铺左上角，会显示消费者保障服务图标，如下图所示。

一点通 押金的退还政策

在加入消费者保障计划3个月后，卖家也可主动向淘宝申请退出消费者保障计划，保证金会如数退还（需要扣除期间因为违约而造成的扣费）。

11.3 用好淘宝的推广服务

每天有超过千万的买家在淘宝上购物，交易额近10亿，因此淘宝网强大的人气毋庸置疑。如何让一个新开的店铺迅速成长起来，不单是众多卖家心中所想的事情，也是淘宝网大力发展的方向，因此淘宝网不断推出各种推广服务，以此来推动中小卖家的成长。

11.3.1 超级卖霸

超级卖霸是淘宝网重拳出击的宝贝展示中心，搜集了全网最热卖的宝贝，将其集中展示在全网客流访问量最大的位置，以其超大活动流量、完美主题策划、投入费用优惠、效果数据监控等突出优势取得了良好的效果。

卖家可登录卖霸（http://yingyong.taobao.com/show.htm?spm=0.0.0.0.Cn06ts&app_id=6157006&f=user）主页面进行申请，相信它可以在短时间内，迅速为大家的店铺带来庞大流量，成为钻石级店铺。

一点通 付费推广

超级卖霸这个活动人气非常高，也因此其展位价格不菲，一般在1~2万元之间，所以对于新开店的卖家来说，这也算天文数字了，不建议初级卖家使用此推广工具。

11.3.2 淘宝客淘天下

“淘宝客”是指帮助卖家推广商品获取佣金赚钱的人。它是一种按成交付费的广告形式。淘宝客只需将推广代码放到网站、博客、论坛或其他地方，当有买家通过此链接完成交易，淘宝客就能拿到商品0.5%至50%的佣金。

淘宝客地址是http://taoke.alimama.com/，大家可以通过主页链接提交申请，如下图所示。卖家可以通过这里找到好的淘宝客帮助自己进行商品推广，当然如果自己的店铺人气很高，还可以自己成为淘宝客，帮助其他卖家出售商品，并从中赚取利润。

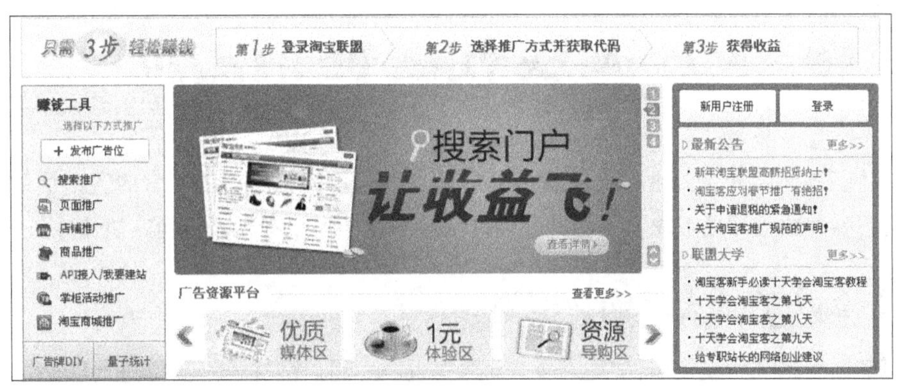

11.3.3 淘代码分享宝贝

由浙江报业集团与阿里巴巴合资成立的《淘宝天下》杂志从第14期开始，内容中出现由几个字母加上一串数字组成的代码，这就是后来被作为促销工具的“淘代码”。

每一串“淘代码”都指向淘宝网上的某一款商品。当用户在淘宝网上输入这串数字来搜索这款商品时，登载这串代码的《淘宝天下》杂志将会从购买代码的商户处获得点击广告费。

目前，已经有包括《昕薇》、《行报》、《都市周报》、《开心泡泡》等杂志与《淘宝天下》进行了合作，它们中都包含了收费的“淘代码”，卖家可以直接在淘宝推广中心购买“淘代码”，通过它们来提高自己的店铺流量。

一点通 线下媒体推广

“淘代码”在淘宝是一种特殊的存在，目前只有它是通过线下媒体进行商品推广，由于广大买家都是“网虫”，因此通过书报形式购买商品的还不是很多，这里推荐大家选择其他推广方式推广自己的商品。

11.3.4 钻石展位全面展示

“钻石展位”（http://zuanshi.taobao.com/web/index.html）是专为有一定实力，需要更高效推广方式的卖家量身定制的广告产品。它精选了淘宝最优质的展示位置，通过竞价排序，按照展现计费。此方式性价比高，更适于店铺、品牌的推广。

目前钻石展位是卖家主要的推广工具之一，其报名流程如下图所示。

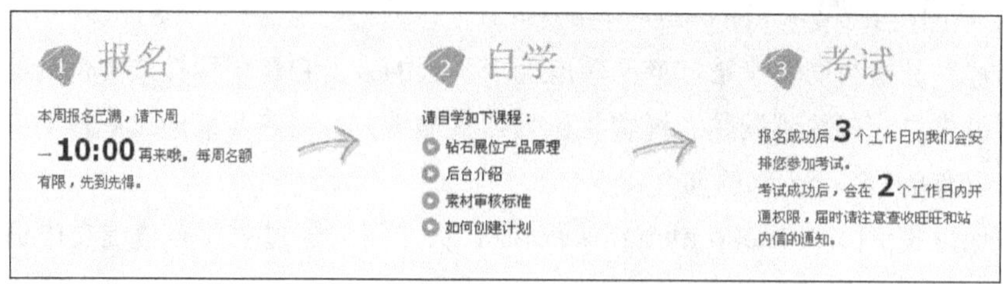

11.4 关注淘宝社区促销活动

淘宝社区不时会配合淘宝推出一些促销活动，并且不断推陈出新，有的促销活动已经成为了淘宝旗下独立的网站或版块。下面，我们就来看看那些可以帮助新手卖家快速成长的活动。

11.4.1 淘宝万人大团购之聚划算

淘宝聚划算最开始是淘宝论坛搞的一个独立版块，用以聚拢一些卖家进行团购活动。后来发展为阿里巴巴集团旗下的团购网站，并在2010年9月份专门启用了http://ju.taobao.com/二级域名。

聚划算用户流量非常大，2010年淘宝网聚划算官方公布的数据显示，其交易额远远超过其余所有团购网站交易额的总和，因此有兴趣的卖家可以在其官网首页进行报名，参加团购活动，为自己的店铺在短时间内带来大批的买家，如下图所示。

聚划算目前已经按照商品进行收费，而且对商家要求比较高。它要求普通店铺必须在三钻以上，并且好评率大于98%，其报名流程图如下图所示。

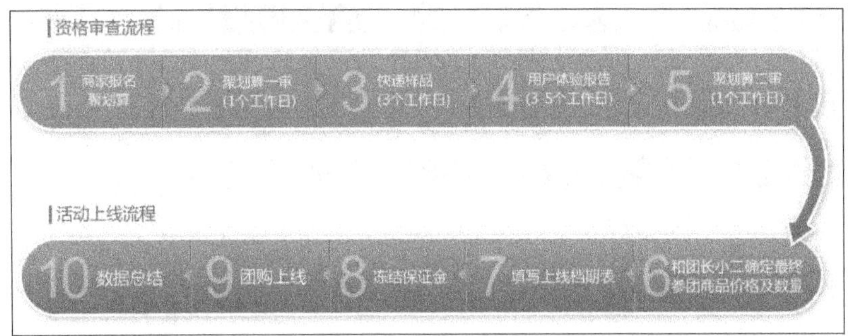

一点通　聚划算的强大影响

有条件的卖家，一定要申请这个活动，它能帮助大家在短期内快速提升信誉，而且获得实在的成交量。

11.4.2 淘宝免费试用

在淘宝网上，新开辟了一个免费试用页面，所有买家都可以通过此页面进行商品的免费试用，完全免费。因此每天都有为数众多的买家等候在电脑前抢购试用商品，人气火爆。如果卖家条件允许，可以在官网首页（http://try.taobao.com/index.htm）进行申请，其规则如下图所示。当然，前提是拥有充足的货源，不然出现问题，以后就很难参加此活动了。

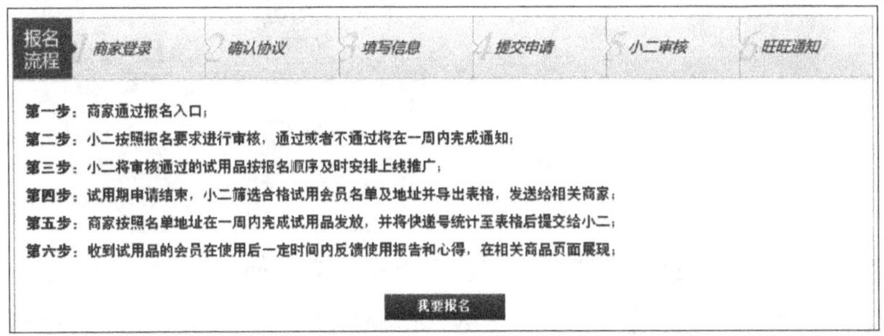

11.4.3 淘分享跟随购

淘分享跟随购是淘宝推崇的一种新奇的推销方式，如有买家A购买一款iPhone 5宝贝，然后将自己购买的宝贝分享出来，如果买家B在淘分享广场上查看到这个分享的iPhone 5，并进行购买，就能享受到该商品的优惠。

而对于卖家来说，通过这个方法可以大大提高店铺流量以及宝贝的曝光度，当然这也是亏本赚信誉的一种方式，适宜经济条件比较充足的卖家使用。

要参加淘分享跟随购活动，卖家可以通过淘宝网帮派页面进行申请（http://bangpai.taobao.com/group/thread/1077778-17686589.htm?spm=0.0.0.0.yzgERx），如下图所示。

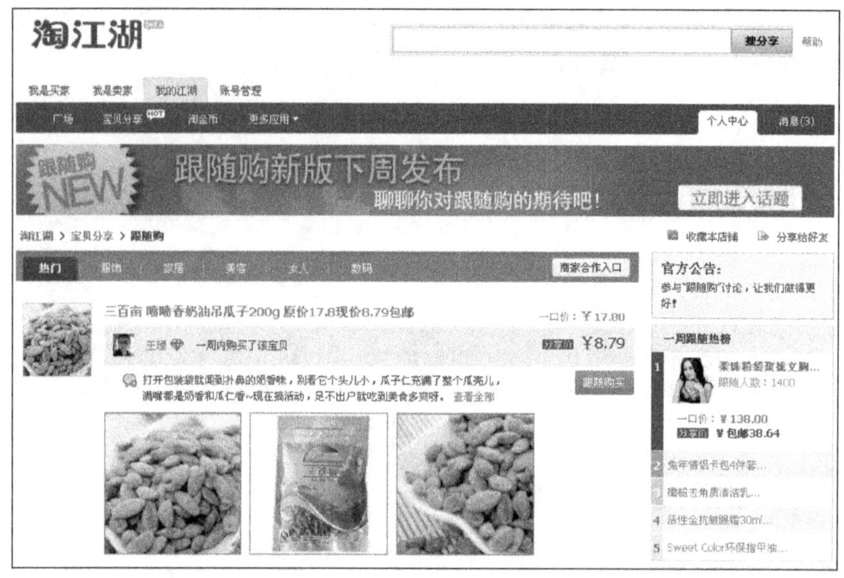

11.4.4 淘金币

淘金币一种独特的虚拟货币。所有在淘宝交易的买家都可以得到数量不等的淘金币，当积累到一定数量后，可以进行抽奖或者购买卖家提供的商品，如下图所示。

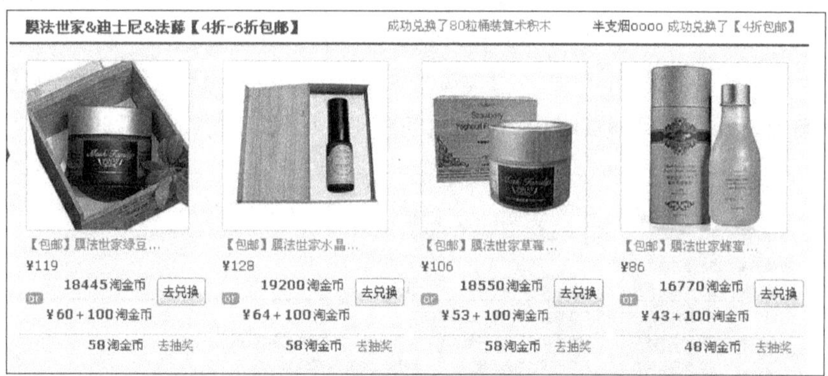

对于卖家而言，可以通过买家不断浏览自己提供的商品而得到相应的流量。此活动可以通过淘金币卖家中心页面进行申请（http://www.taobao.com/go/act/sale/qzzs.html），如下图所示。

11.4.5 淘宝手机“公车秒杀”

公车秒杀是淘宝专门针对淘宝手机用户进行推广的一个活动，它每天举办4场，分别是7:00-9:00、11:00-13:00、17:00-19:00和21:00-24:00，其针对用户是每天上下班的公车白领一族，针对性非常强，效果也特别好，同时还支持买家通过手机访问商品页面，因此对于新开店的卖家来说，参加此活动也可以为自己的店铺短时间内带来很大的流量。

公车秒杀活动没有独立的活动页面，只有通过“淘宝帮派”版块（http://bangpai.taobao.com/）进行在线申请，如下图所示。

一点通 帮派活动

“淘宝帮派”是目前淘宝官方一个非常活跃的社区版块，经常搞一些促销活动，对于新手卖家来说，时刻关注这里的最新信息，有利于自己店铺的发展。

11.5 如何搞活动做促销

卖家往往通过在论坛发帖、打广告等形式进行宣传，但在推广过程中难免会遇到“达不到预期成效”的情况。对于一个没有钱做推广的小卖家来说，更是难上加难。

11.5.1 了解促销的含义和作用

促销是指综合运用各种销售工具、销售方法达到买家购买的目的，促销能在短期内显著提高品牌的销售额，也能增加品牌的知名度。促销的作用有以下几个方面。

1. 可以提高新品知名度，激励买家初次购买

买家一般对新商品具有抗拒心理。由于使用新商品的初次消费成本是使用老商品的一倍，买家就不愿冒风险对新商品进行尝试。但是，使用促销手段，可以让买家降低这种风险意识，

降低初次消费成本，使买家愿意接受新商品。新品促销是一种常见的手段，它可以使新商品很快打开市场。

2．可以建立买家对品牌的忠诚度和美誉度

当买家试用了商品以后，如果是基本满意的，可能会产生继续使用的意愿。但这种消费意愿在初期一定是不强烈的，不可靠的。促销却可以帮助他加强这种意愿。如果有一个持续的促销计划，可以使消费群基本固定下来。买家习惯了使用这个商品后，会有可能长期购买。

3．消化库存商品

也就是说将库存比较大的商品作为促销对象，消化库存，让资金周转模式走向良性化轨道。

4．可以提升销量

网店的业绩越好，信誉越高，购买记录就越多，而购买记录越多，越容易卖出商品。

毫无疑问，促销是一种竞争，它可以改变一些买家的使用习惯。因受利益驱动，经销商和买家都可能大量进货与购买。因此，在促销阶段，常常会增加消费，提高销售量。如下图所示采用积分促销和“满就送”折扣活动大大提升了商品的销量。

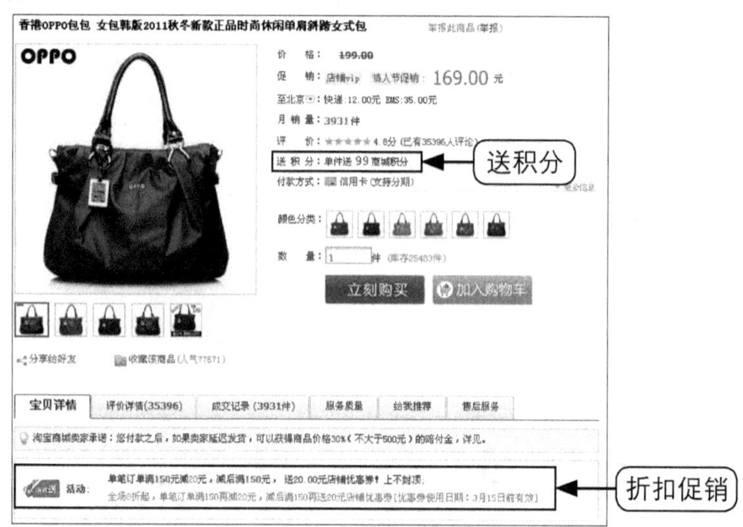

5．带动相关商品市场

促销的第一目标是完成促销商品的销售。在该商品的促销过程中，也可以带动周边的商品销售，如茶叶的促销，可以推动茶具的销售。

11.5.2 什么时候最适合做促销

促销虽好，但不能每天24小时都用，如果全部商品都在搞促销，那这样促销也没有意义了。一般来说，促销的最佳时机有以下几种。

1．新品上架

新品促销可以作为店铺长期的促销活动，因为一个用心经营的店铺总是会源源不断地上新

款，新品的促销既能加快商品卖出的速度，也利于培养老买家的关注度，进而提高他们的忠诚度，如左下图所示为2012新品上架促销。

2. 节日促销

逢节日促销是现在商家惯用的手法，尤其是像情人节、中秋节、国庆、元旦、圣诞等大节日更是给商家带来促销的理由，如右下图所示为情人节采用6折促销。

当然，节日促销也要结合自身的商品实情及买家的特征来进行，如你是卖女装的，在父亲节搞促销显然不对。

需要注意的是，大节日对网店来说不一定是好事。和实体店相反，节假日期间网店即使做促销销售量也不见得比平时好。这是由于节假日大家都有空逛商场或逛街了，线下实体店的促销也热闹非凡，买家都到实体店买东西去了，因而到网上买东西的人也会变少了。例如，春节期间做促销显然不好，一方面春节期间大家都去实体超市商店买东西，或者走亲访友；另一方面快递公司大部分也放假了不收货。

解决上述问题的方法是把促销的时间提前一周。

3. 店庆

店铺在“升钻升冠”时，都可以庆祝一下，搞促销优惠。店铺开张周年庆，更是大好时机，不仅可以做比较大的促销，还可以向买家展示店铺历史，给人信任感。如左下图所示为四周年店庆7折促销，满一定额度还免邮费。

4. 换季清仓

一些季节性强的商品，换季促销活动一般都会比较大，而买家显然也很乐于接受换季清仓这类的活动。一些断色、断码或即将断货的商品，进行清仓处理，往往能吸引不少人气，如右下图所示为换季清仓5折促销。

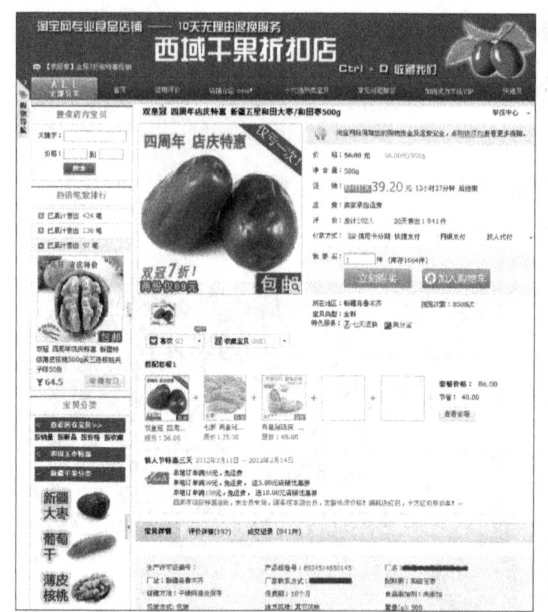

11.5.3 什么商品适合做促销

一般来说，促销商品是让利销售，虽说低价，但选择促销商品时也马虎不得，如果用来做促销的商品一无是处，不仅不能带来预期效果，还有可能适得其反。什么商品适合做促销呢？

1. 款式大众化

如果选择促销的商品都是一些没人喜欢的冷门商品，甚至是卖不出去的商品，即使价格非常低，也缺乏吸引力。这样的商品不要指望能为店铺带来什么访问量和人气。

2. 质量好的商品

虽说是促销商品，但买商品的买家有可能成为回头客，如果促销商品质量不过关，不仅不利于培养回头客，还有可能招来中差评，这对店铺的长远发展极为不利。

3. 店铺主营商品

如果店铺主要是做男装的，促销的商品最好选择男装。如果选择一款女士裙子来促销，吸引的恐怕大多是女性买家，就很难带动男装的销量了。

11.5.4 店铺促销中常见的误区

一些店铺经常做促销，但是效果往往差强人意，这主要是走上了促销的误区，应予以纠正。

1. 价格越低越畅销

毫无疑问，现在低价促销成了促销活动的主要内容，很多店铺觉得用低价当做促销工具，战无不胜。但大家都知道这是一把“双刃剑”，增加了销量的同时可能损失利润。所以，如果能让价格不受促销活动的影响而下跌，且又能让促销效果良好的话，这将是促销手段上的极大突破。

这里举一个服装市场的案例。一个服装企业想扩大网络市场，在强大的竞争对手采取买10赠2的形势逼迫下，知道销量和利润都将有可能受到极大损失，在两头都不能保的情况下，毅然孤注一掷，反其道而行之，希望能留保利润值。于是，网络营销经理大胆地将商品提价并进行渠道促销（商品每件提价2元，给中间商多返利1元），每件1元的“多余”利润用在一些网站首页广告上，反而出奇制胜。不但击破了对手的阴谋，而且销售量竟然提高了30%。更为重要的是，品牌的知名度和形象得到了很大的提高，在买家心中树立了高档品牌的形象，而所有这些，都是卖家以前做梦都没有想到的！这种破天荒式的提价促销方法是许多店铺需要学习的，它毫不留情地否决了许多店铺“只有降价促销，才能赢得竞争的胜利，才能打败对手，才能夺得更高的市场占有率”的论断！

2. 夸大商品优点隐藏缺点

买家是店铺的赢利基础，是店铺的生存之本。然而，有一些卖家却将买家当做傻瓜，认为买家不懂什么，只要卖出去就行了。有些卖家为了将商品尽快地销售出去，采取了极力吹嘘商品的方法，大肆夸张商品的某些特点隐藏缺点。事实上，无论是在淘宝上，还是现实生活的商铺中，买家不仅可以从众多同类商品中选择自己喜爱的商品，而且还有凭自己的主观感受来选择消费的权利。如果言过其实，甚至故意欺骗买家，那么对卖家也没有什么好处。因为买家如果感到不满意，就可能会给你差评，下次也就不再光临你的店铺或购买你的商品了。精明的卖家是不会随便吹嘘自己的商品，而是将自己的商品全面展示给买家，让买家自己做出判断和选择。

3. 对买家的错误认识

一些卖家在开展促销的时候，存在对买家的一些错误认识，这些错误认识导致促销失去了真正的目标和对象，因而使促销的效果大打折扣，常见的包括下面几种。

（1）误以为每个人都是买家

理论上，人人都是买家，但实际上由于年龄、性别、环境等因素影响，每个人的需要就大不相同了。因此，在制定促销策略的时候，要以自己店铺买家的特点、购买力等为依据。

（2）误以为购买者就是使用者

使用者不一定等于购买者，促销时应该注意两者的差别，分别予以对待。例如，礼品就是一种购买者和使用者相分离的商品。

（3）误以为能够支配买家

促销的宣传目的并非在于支配买家，而是在于配合买家。如果无法迎合买家真正的需要，再出色、好看的商品广告都不会吸引买家。在很多卖家做店铺装修的时候应该注意这一点，你的商品描述、店铺公告都应该引起买家的“购买欲”，而非单单是吸引“眼球”。

4. 忽视售后服务

在网络销售中，售后服务更为重要。虽然操作上会比现实生活中困难一些，但正是基于这一点，卖家的售后就要更细致。

许多卖家在买家购买商品时，会向买家做出各种各样的承诺，以打消买家的顾虑，促使其尽快做出购买决定。但是，一旦买家掏钱购买后，他们就将自己所做的承诺抛到了九霄云外。

5. 与买家争利

有些卖家在销售的过程中，对买家毫不让利，与买家争利，这样的结果只能是将买家拒之门外。

对于卖家来说，只有拥有了比较稳定的客户群，才能够获得相应稳定的利润。稳定的客户群是怎样获得的呢？给买家一点“甜头”，就会获得买家的心，他们会再次光临你的店铺，从而成为店铺的回头客。

6. 想当然地推销商品

卖家要想生意兴隆，当然要了解买家的心理。然而，有些卖家以为只要自己对商品感到满意，买家就会同样感到满意，完全以个人口味来决定大众的需求，这样就本末倒置，造成商品滞销。

一位店主在开店初期，就是这种心理原因造成商品滞销。一味地强调商品的质量如何好，完全忽略了网购人群的喜好，使得第一批货到目前为止还在积压。

7. 急功近利，忽视维系与忠诚买家之间的关系

通常来说，店主在抱怨买家缺乏忠诚度的同时，自己也从来没有将忠诚的买家和一般的买家区分对待，店主一年做一百次的促销也只是为了促成更多的人在一个时段内购买你的商品而已。

那么针对不同类型的客户怎样区别对待，提高客户忠诚度呢？我想对于某些能让买家多次购买的商品特别是单品金额较大的商品来说，在买家第一次购买后给他一定的积分，平时再给予适当优惠，当这些积分的主人消费到一定金额时还可以向他赠送礼物作为意外的惊喜，又或者告诉他再加上30元就可以买到一款其他人需要50元才能买到的商品，这样做不是更能让客户忠诚于你的品牌吗？

有条件采用这种促销手段的店主如果将临时促销与这种长期促销结合起来使用，效果自然会随着时间的推移而得到体现——用临时促销吸引新客户购买，用积分引导忠诚客户长期购买，双管齐下，又何乐而不为呢？

8. 缺乏对目标买家的市场细分

现在网上开店的人多，网上购物者也不少。网上开店通过“市场细分”这把“刀”可以将市场切为一些等份。没有多少店铺的商品是面对所有人群的，基本上都有自己的特定消费群体。而我们发现，很多店主的促销活动都想一网打尽天下所有买家，其实这是促销的误区。套用哲学上的一句话：“多就是少，少就是多”，店主的财力、人力是有限的，全面开花往往顾此失彼，达不到预期的效果。

- 按人口和社会经济因素细分：这里的人口因素包括年龄、性别、家庭人数、生命周期等；而社会经济因素则是指收入、教育、社会阶层和宗教种族等。

- 按心理因素细分：影响网络买家购买行为的心理因素，如生活态度、生活方式、个性和消费习惯等都可以作为市场细分的依据，尤其是当运用人口和社会经济因素难以清楚地划分出细分市场时，结合考虑买家的心理因素使划分变得有效。
- 按地理因素细分：是根据买家工作和居住的地理位置进行市场细分。由于地理环境、自然气候、文化传统、风俗习惯和经济发展水平等因素的影响，同一地区人们的消费需求具有一定的相似性，而不同地区的人们又形成不同的消费习惯与偏好。
- 按买家利益细分：买家之所以购买某项商品，是因为他们能够从中获得某种利益。可以根据买家在购买过程中对不同利益的追寻，进行市场细分。这种方法与前面几种方法不同，它侧重于买家的反应，而不是商品的购买者本身。
- 按用途细分：用途细分就是根据买家对商品的使用方式及其程度进行细分。据此买家大体上可以被划分成经常使用者、一般使用者、偶尔使用者和不使用者。卖家往往关注那些经常使用者，因为他们比偶尔使用者的使用次数要多得多。
- 按促销反应细分：这是根据买家对促销活动的反应进行市场细分的方法。因为，不同的买家对于诸如广告、销售推广、室内演示和展览等促销活动的反应是各不相同的。

技能实训 增强动手能力

通过对前面内容的学习，为了巩固读者所学的相关知识，下面安排实训任务来增强动手能力和技能的综合应用水平。

实训一 邀请淘宝客推广我们的店铺

淘宝客推广是专为淘宝卖家提供淘宝网以外的链接，帮助推广商品，成交后卖家才支付佣金报酬，是卖家推广的新模式。如果你是淘宝卖家，轻松几步，就可以把自己需要推广的商品发布到淘宝客平台上，让淘宝客来推广。对于卖家来说，淘宝客推广就像聘请了一些不需要底薪的业务员，业务员越多，卖家就越有可能开拓更大的市场。

淘宝客推广是一种按成交计费的推广模式，淘宝客在淘宝网以外的平台提供单个商品和店铺的推广链接。下面将讲解使用淘宝客推广的方法，具体操作步骤如下。

STEP 01 登录我的淘宝，单击“营销中心”选项组中的“我要推广”链接，如右图所示。

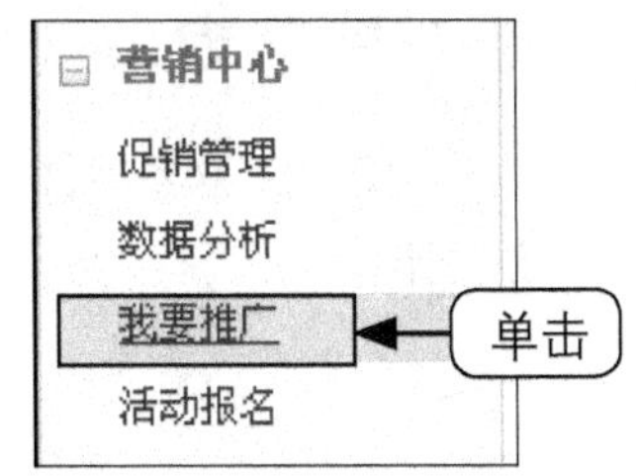

STEP 02 进入我要推广页面，在“营销入口”选项卡中单击“淘宝客推广”图标，如下图所示。

STEP 03 打开淘宝联盟页面，单击“进入我的联盟”按钮，如下图所示。

STEP 04 ❶在进入的页面中单击顶部的“求推广”链接，弹出推广计划管理页面，❷单击“新建定向推广计划”按钮，如下图所示。

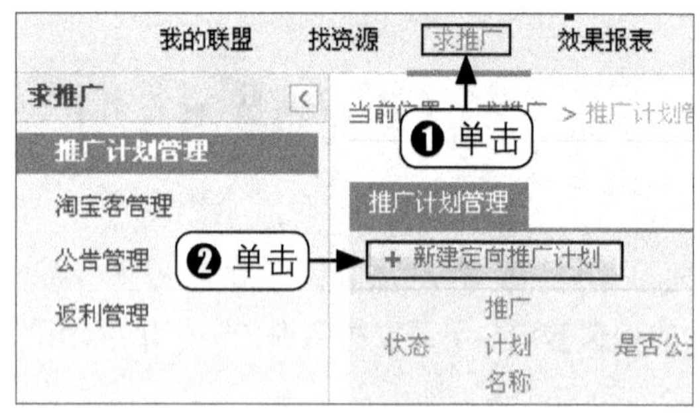

STEP 05 ❶在页面中设置计划名称、是否公开、详细说明、起始和结束日期；❷单击“下一步类目佣金设置”按钮，如下图所示。

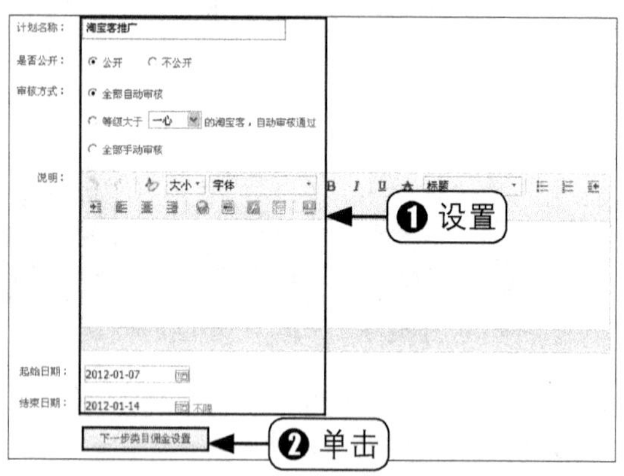

STEP 06 ❶进入设置类目佣金页面，设置完成佣金比例后；❷单击“保存”按钮，如右图所示。

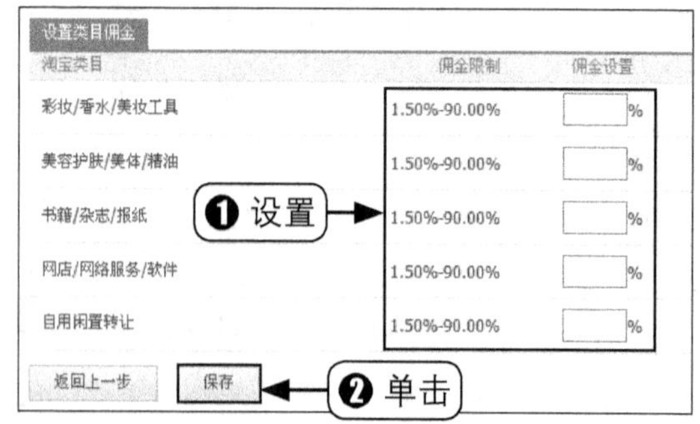

实训二 订购营销工具帮助营销推广

淘宝服务平台包含了众多的营销工具，用户可以通过定制这些工具来帮助自己进行相关营销，具体操作方法如下。

STEP 01 首先登录我的淘宝，在“卖家中心”下的“软件服务”选项组中单击“我要订购”链接，如下图所示。

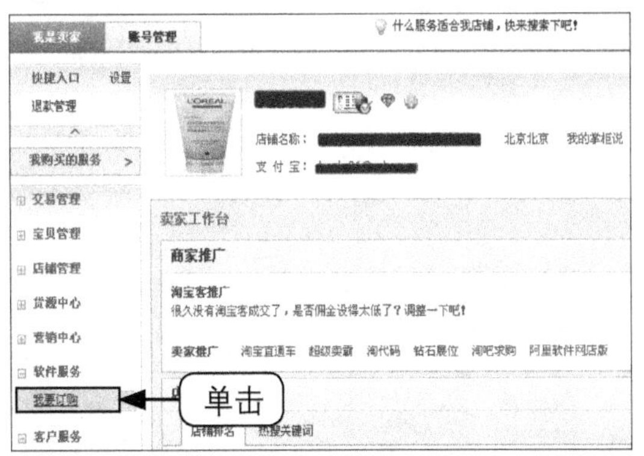

STEP 02 进入卖家服务页面，单击“营销推广”选项组下的“店铺营销”选项，如下图所示。

STEP 03 在打开的服务订购页面中，这里有所有需要订购的服务的列表，在需要订购的工具后面单击“立即订购”按钮，如下图所示。

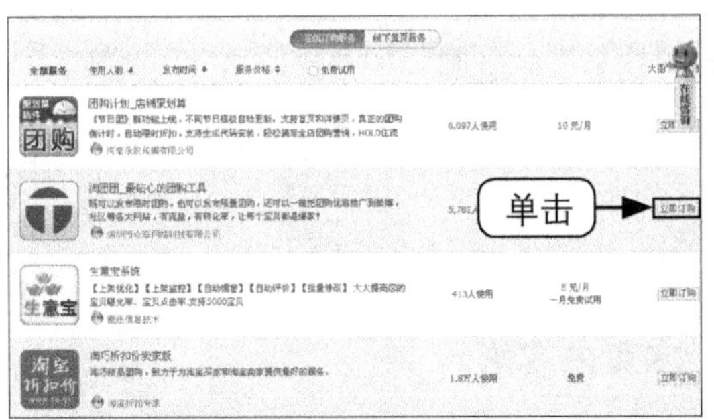

STEP 04 进入订购软件的详细信息页面，单击“立即订购”按钮，如下图所示。

STEP 05 ❶进入订购信息页面，在这里有订购服务的名称、期限、支付金额等信息，选择需要订购的期限，❷单击底部的“付款”按钮，如下图所示。

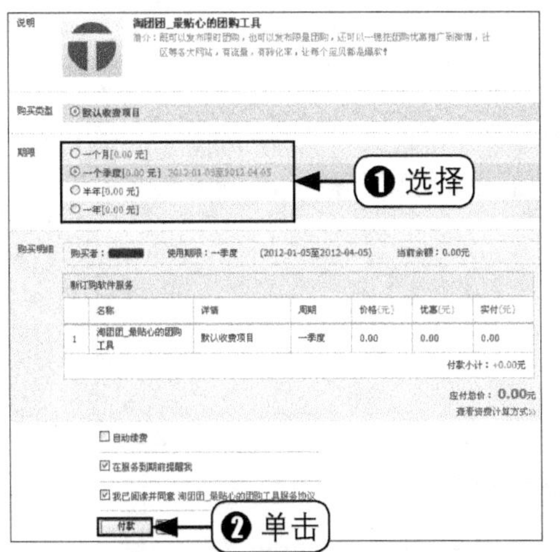

STEP 06 如果是收费的，最后进入到付款页面使用支付宝完成支付后，页面会转入到付款成功页面，并且阿里旺旺聊天工具也会弹出系统信息，提示你已经成功订购，如下图所示。

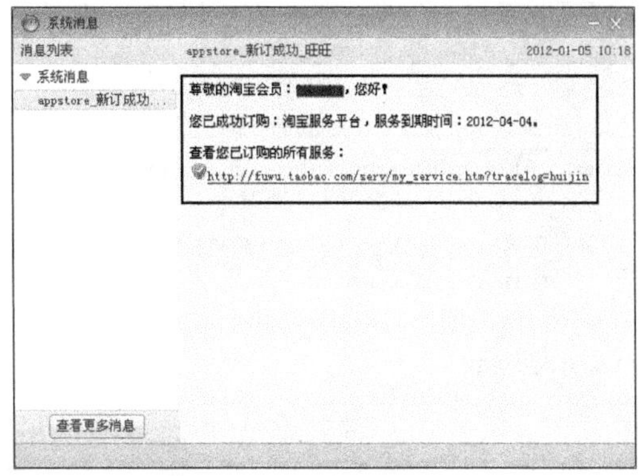

Chapter 12

掌握网店的售后服务与经营之道

本章导读

对于买家而言，有时或许服务才是他们真正的购买动力。不管是网下实体店还是淘宝网店，有信誉且周到的客户服务系统的建立，都将大大提升店铺的形象，同时也会增加网店的受欢迎程度。

本章学完后您会的技能

❖ 打造有特色的售后服务体系

❖ 了解淘宝信用等级

❖ 了解网店售后服务的具体工作

❖ 如何让新买家成为老客户

本章内容展示

• 售后服务 •

1.因运输原因造成的货物损坏，我们负责重
递公司或是货运公司作证）
2.确系货物的质量问题，我方负责退换，并
3.客户主观的觉得质量不好或是其他原因想
4.退货的客户要对退回来货品的运输安全负
5.关于收货：收货时请尽量先检查才签收，有问题的话请马上联系我们。

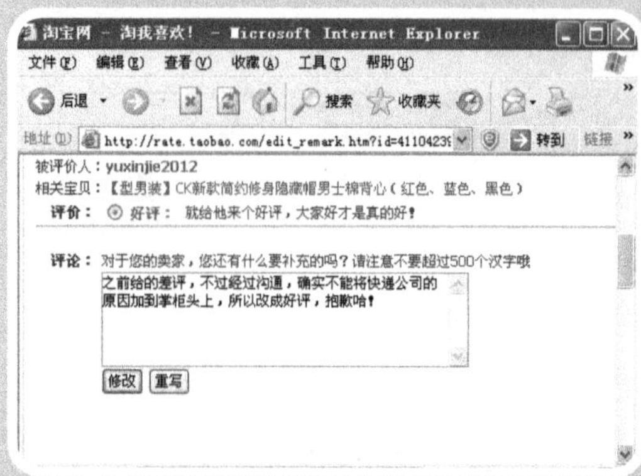

我的解释：（最多500个汉字）

感谢您的真诚意见。小店在日后的经营中会加强改善。

提交 重写

12.1 有特色的售后服务才会有更多回头客

由于完全通过线上交易，所以在淘宝网上的经营要特别注意加强售后服务，如随时关注和跟踪包裹去向、认真对待和处理与买家的各种交易纠纷等。

12.1.1 随时跟踪包裹去向

卖家应该注意随时跟踪包裹的去向，了解商品目前的快递进程，以便买家在咨询时能够得到满意的回答。目前各快递公司均提供了在线查询功能，下面来看看申通快递的在线查询操作。

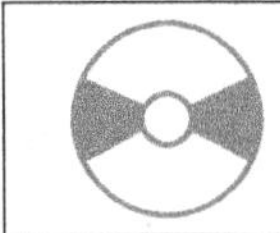

光盘同步文件	
同步视频文件	光盘\同步教学文件\第12章\12.1.1.mp4

STEP 01 登录网站http://www.sto.cn/，❶在页面左侧输入快递单号；❷单击“查询”按钮，如下图所示。

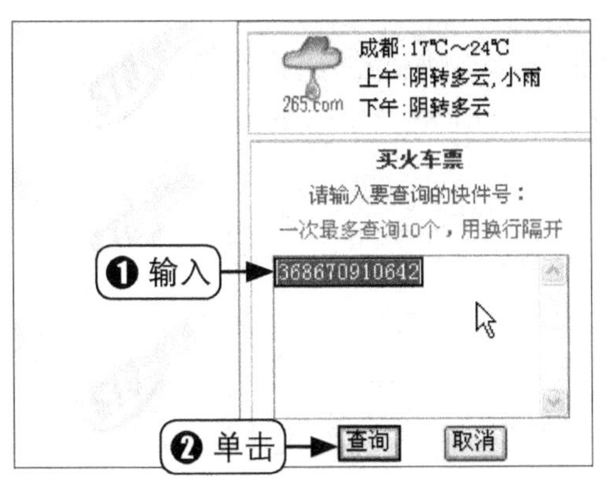

STEP 02 ❶提示输入验证码；❷单击“查询”按钮，如下图所示。

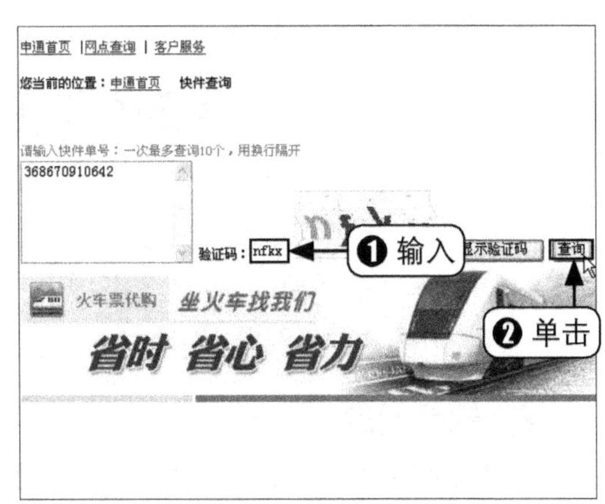

STEP 03 显示跟踪记录信息，查询快递包裹的到达情况，如下图所示。

【368670910642】跟踪记录		
扫描日期时间	跟踪扫描记录	车辆GPS定位信息
[illegible]	【四川成都公司】的收件员【康强 手机(13550375763)电话(n1)】已收件	
20[illegible]-07-09 20:40:51	快件已到达【四川成都公司】 扫描员是【杨丹】上一站是【】	
[illegible]	【四川成都公司】的派件员【南一区 】正在派件	
[illegible]	【四川成都公司】的收件员【南一区 】已收件	
[illegible]	【四川成都公司】的派件员【唐晓明 手机(13548143708)电话(n1)】正在派件	
[illegible]	【四川成都公司】的派件员【唐晓明 手机(13548143708)电话(n1)】正在派件	
[illegible]	已签收,签收人是门卫	

一点通 活学活用

前面列举的是一些常见的互联网用途，通过互联网还可以进行网上旅游、网上学习、文件传输、网上银行、网上求医及网上教学等操作。

12.1.2 认真对待退换货

卖家网上开店，所出售的商品都是自己精心挑选的，为了生存和发展当然不会在商品质量上马虎。不过实际经营过程中，也会时常碰到因为物流或其他问题带来的退换货问题，如何处理这些问题也将直接关系到网店声誉。下面根据不同的退货现象加以说明。

1. 质量问题

质量问题对于店主们来说就是“硬伤”，当然都是无条件退货。不仅如此，由于质量问题还给买家制造了来回运输货物的麻烦，可能还会导致卖家赔偿。

所以，在实际经营过程中，一定要严格把好商品质量关，不能厚此薄彼。但是有时也可能因为运输途中导致的损坏，那么在销售这类比较“脆弱”的商品时，一定要在商品资料里详细写清楚，注明有可能的情况，不至于遇到了问题才措手不及，如下图所示。

• 售后服务 • 

1.因运输原因造成的货物损坏，我们负责重发或是退款(可能需要你提供破损图片，并且有快递公司或是货运公司作证）
2.确系货物的质量问题，我方负责退换，并承担相关的费用。
3.客户主观的觉得质量不好或是其他原因想退货的，来回的运费客户自行承担。
4.退货的客户要对退回来货品的运输安全负责（发过去时我们也是要负责的，是吧）
5.关于收货：收货时请尽量先检查才签收，不行的话可签字后请快递员稍等，您当面查下货有问题的话请马上联系我们。

2. 规格问题

所谓规格问题也就是俗称的大小和尺寸问题，尤其像出售衣服、鞋子等商品时，常常会遇到买家收到货物后抱怨尺寸有偏差、长短有出入等情况，如果买家因为此类问题要求退货，也在情理之中。为避免此类问题，一定要在商品介绍中详细标注出相关的尺寸，如下图所示。

注：衬衫领带为搭配拍摄 喜欢可到店里选购

尺寸参考

面料	进口高档纯棉	里料	聚酯纤维

基本号型（身高）	尺码	胸围	袖长	肩宽	衣长
170/88A	M	116	62	48.5	62
175/92A	L	121	63	51	65
180/96A	XL	126	64	53	67
185/100A	XXL	131	66	55	68

一点通 明示自己的商品

对于服饰类商品而言，诸如衣长是多少（其中是否包括领口长度）、胸围及腰围是多少、帽子是否可脱卸等，最好都能明示出来。这样可以在买家要求退货时进行协调，并且由对方自己支付来回运费。

3. 喜好问题

喜好问题存在很大的主观色彩，很难用一定的规则来界定。但无论是什么原因，事先和买家积极沟通都是非常重要的，尽可能达到全面了解，以免出现误解而导致的退货问题。

一般情况下，我们都需要在商品描述页面注明，如果由于个人喜好问题，如个人觉得这件衣服不好而又不是质量问题等原因而要求退货的，一概不予接受。否则这样做生意只有亏本，毕竟网店的商品价格利润并不是很大，而且店主也不可能放过多的精力来处理这些问题。

一点通 挨差评怎么办

如果自己在商品信息中已经注明了这种情况不予退货，那么当买家恶意给差评的时候，我们可以向淘宝小二提供证据，只要能够证明不是卖家的问题，即可撤销当前差评。

4. 实物照片的分歧

一般商品图片都会通过一些后期处理软件进行效果处理，这的确能让自己的宝贝看上去清新亮丽，比较起来更能吸引买家的眼球；但我们同时要考虑到，过度后期处理，如曝光过度等，就必然会引起照片与实物相差较大。

这种情况下当买家拿到货物以后，会觉得受到欺骗而要求退货，甚至会给出差评，往往得不偿失。因此在处理商品图片效果时，要注意把握一个尺度，不能将商品原来的面貌都掩盖掉了。此外，要尽量避免使用网络上的照片，那样容易引发权益矛盾，如下图所示。

提个醒 如实描述

如果大家签署了消费者保障协议的如实描述条款，那么就更加要注意不能使用与实物差别太大的图片，否则可能会被要求进行赔付。

12.1.3 平和心态处理投诉

如果交易中需要退换货，但买卖双方协商之后没能解决的，那么任意一方都可以向淘宝网投诉对方，之后淘宝网工作人员将介入并与双方协调解决。

一般来说，在交易过程中以买家投诉卖家居多，而且多是在双方协商未果的情况下才会向淘宝网提出投诉。首先买家会发出投诉请求，并提供相应的证据，如商品图片、旺旺聊天记录等，而淘宝网客服在接受投诉后，一般会通过邮件方式来联系卖家。

卖家在收到投诉通知后，就需要根据实际情况来进行处理，如果确实属于自己的退换货范围，那么应当积极退换货并联系买家撤诉，如果自己强行不予退换，那么淘宝工作人员会根据情况强制退款或予以卖家不同程度的处分。对于网店卖家来说，因为一次交易而得到一定的处分是非常不值得的。

当然，如果问题确实属于买家责任，那么我们可以向淘宝工作人员提供有力的证据，来证明自己不予退换货的理由，只要证据充分，工作人员也会正确处理的。

任何卖家都不可能让买家100%满意，都会发生买家投诉的问题。通常情况下，当出现被投诉的情况时，可以按照下面的方法来处理。

- 保持服务的热情。凡买家出现投诉情况，多数态度不友善，但不管买家态度多么不好，作为卖家来说都应该热情周到，以礼相待。这样就可以缓和买家的愤怒情绪，减少对方的对立态度。
- 认真倾听。面对买家的投诉，卖家首先要以谦卑的态度认真倾听，并详实记录。买家言谈间更不要插话，要让买家把想说的一口气说完，买家把想说的说出后，内心的火气也就消了一半，这样就便于下一步解决具体问题。
- 和颜道歉。听完买家的倾诉后，要向买家真诚道歉，道歉要恰当合适，不是无原则的道歉。道歉的目的之一是为了承担责任，之二则是为了消除买家的“火气”。
- 分析投诉。根据买家的叙述分析其投诉属于哪一方面，看是质量问题、服务问题、使用问题还是价格问题等，更要从买家口述中分析买家投诉的要求，同时分析买家的要求是否合理。
- 解决投诉。根据买家的投诉内容，依据自己网店事先公布的售后服务内容以及和买家在达成交易前的沟通，进而决定选择经济赔偿、以旧换新或商品赔偿等。
- 跟踪服务。根据调查显示，90%的买家会因为上次的不满意而不再购买本店的商品，而且还会将上次的事件传出去，这样就可能导致很多其他买家也不会光顾。做好了跟踪服务，如果买家感觉这家网店还不错，很可能会成为回头客。

无论责任在哪一方，只要问题能通过买卖双方交流与协商解决，尽量不要向淘宝网申诉，申诉的结果一般都以责任方妥协告终，但申诉过程中需要卖家耗费大量的时间和精力。

提个醒 善意投诉

买家投诉对卖家而言并非是一件坏事，可以以此为方向改进商品，加强管理，并进一步完善售后服务；因此卖家应坚持谦卑、宽容、求进的态度，欢迎买家的一切善意投诉。

12.1.4 引导买家修改评价

卖家收到中评和差评后，应在第一时间和买家取得联系，并认真给买家道歉，让对方知道你的诚意，解开其中的误会。最后经过友好的协商往往可以要求买家为自己取消中评和差评。

光盘同步文件	
同步视频文件	光盘\同步教学文件\第12章\12.1.4.mp4

STEP 01 在“我是买家”个人管理页面单击“评价管理”链接，如下图所示。

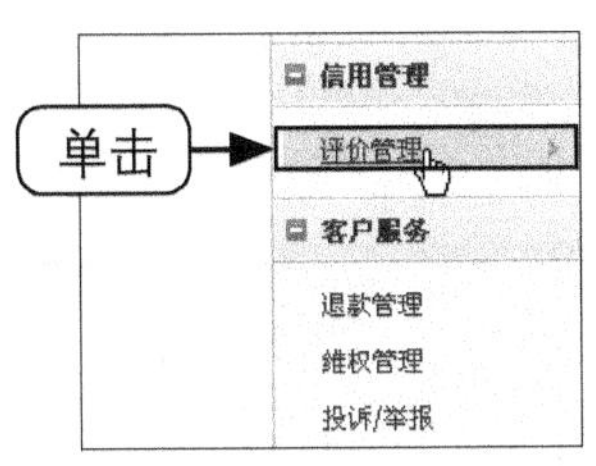

STEP 02 ❶单击“给他人的评价”按钮，显示出买家所做的评价列表；❷单击“修改评价”按钮，如下图所示。

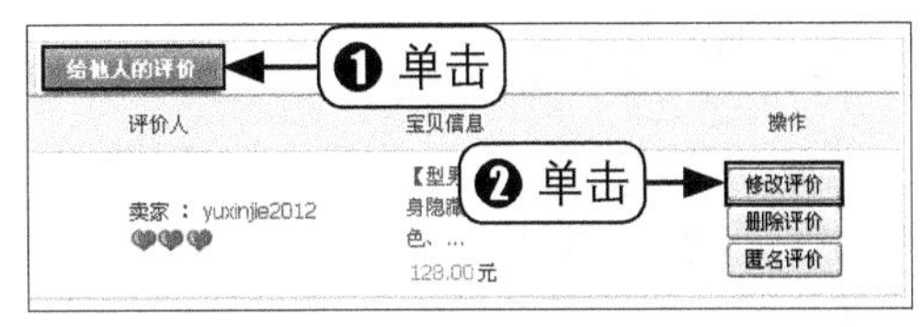

STEP 03 ❶在打开的页面中默认选中“好评”选项，此时可以在下方输入新的评价内容；❷单击“修改”按钮，如下图所示。

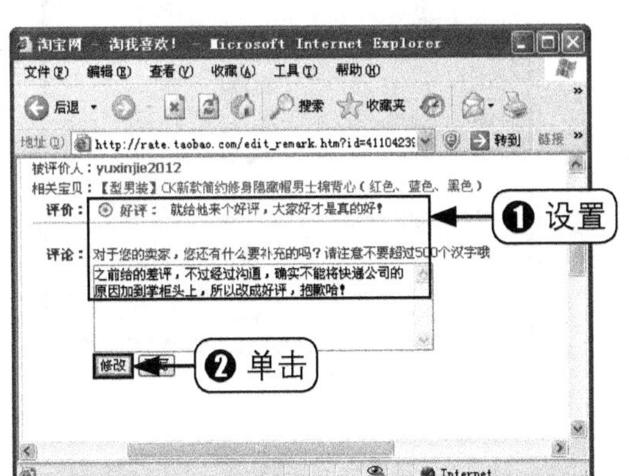

STEP 04 在打开的页面中提示评价修改成功，此时就将差评修改成好评，如下图所示。

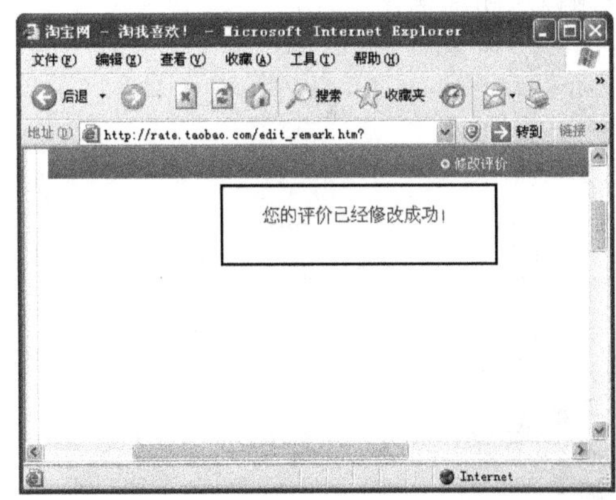

一点通 不要盲目追求0差评

如果买家不愿意对评价进行修改，卖家也要保持理性的态度，有少数的几个中评和差评也是可以理解的；利用评价解释功能把问题表达清楚，可以争取后来者的认同。

12.1.5 了解淘宝网的信用体系

由于在网上交易的过程中，买卖双方无法见面交易，而且买家在购买商品时也无法看到商品实物，因而买家在选择商品时，只能参考卖家之前的销售记录以及已交易买家给予的评价，这在一定程度上能够客观反映卖家的经营诚信、商品质量等。

1．信用评价

淘宝网针对买卖双方都提供了信用评价制度，也就是当一次交易进行完后，交易双方均可以根据交易的满意程度给对方好评、中评或差评，其中每个好评将会使卖家的信用增加一分，中评不加分，差评则会扣掉一分。随着交易数目的不断增加，买家满意度越高，那么卖家将获得的信用积分也就会越来越高，这一点对于卖家尤为重要，来自买家的信用评价可以体现出卖家的历史交易情况，以及买家的满意度等，而其他买家在购买商品时，通过卖家信用就可以客观了解卖家的信用情况并决定是否购买。

一般来说，如果买家给予了好评，那么说明卖家的商品质量、服务态度都比较放心，但如果给予了中评或差评，则说明卖家针对某个或多个买家的交易中，可能商品质量、服务态度或者发货进度等方面存在欠缺。

2．信用等级

信用等级是按照卖家所获得的信用积分来划分的，淘宝网将卖家信用划分为4个级别，分别是心级卖家、钻石卖家、皇冠卖家以及金冠卖家，其中每个级别又划分为若干等级。当卖家信用积分达到一定数目后，信用等级就会自动提升一个级别。如右图所示为不同的信用等级以及所需信用积分。

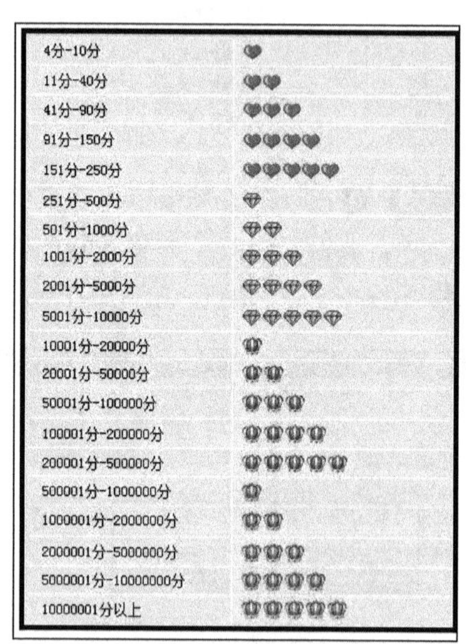

4分-10分
11分-40分
41分-90分
91分-150分
151分-250分
251分-500分
501分-1000分
1001分-2000分
2001分-5000分
5001分-10000分
10001分-20000分
20001分-50000分
50001分-100000分
100001分-200000分
200001分-500000分
500001分-1000000分
1000001分-2000000分
2000001分-5000000分
5000001分-10000000分
10000001分以上

一点通　双方都好评后才会有信誉

刚开店时，由于没有进行过任何交易，因此卖家的信用等级为零。只有发生了交易并获得好评后，才会产生信用积分，进而累积并体现不同的信用等级。

卖家的信用等级需要不断通过发生好评的交易而逐渐上升，如进行了4个交易并都获得好评，那么我们的信用等级将升为1心，同样，如果累计发生了251笔交易并且全部获得好评后，信用等级就可以提升为1钻，依此类推。随着信用等级的不断提升，每上升一个等级需要的积分也就越来越多，如要升到皇冠等级，需要发生10 001笔交易，并且每笔交易均需获得好评。

卖家的信用等级会体现在店铺以及商品页面中，当买家进入店铺或打开商品页面后，在店铺信息区域中就能够直观地看到卖家的信用积分与信用等级，如下图所示。

3. 店铺动态评分

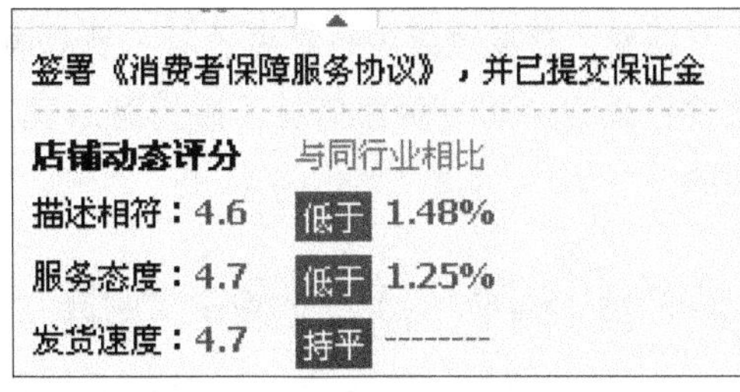

店铺动态评分是淘宝网针对卖家提供的另一项信用与服务评分制度，买家在购买商品后，进行信用评价的同时，也可以根据商品情况与卖家服务情况进行动态评分。其他买家在购买商品时，将鼠标指针移动到店铺左上方的旺旺图标处，即可自动打开动态评分面板进行查看，如右图所示。

淘宝网针对卖家的动态评分有三项，分别是“描述相符”、“服务态度”以及“发货速度”，每项最高分为5分，最低分为0分。当买家购买商品后，可以根据具体情况来对卖家进行动态评分，而卖家最终的分值，为所有买家评分的综合分值并会展示在店铺信息区域，由于每一次交易的买家不同，可能获得的分值也不同，因此店铺动态评分也会根据交易而变化。

12.1.6 打造100%好评

在交易后，买家往往会根据交易情况来决定做出何种评价，如商品质量、卖家服务态度、发货速度等，只要买家对商品满意，一般都会给予卖家好评；反之，如果买家对商品或卖家的一些服务不满意，就很可能给出一个中评或差评。

作为卖家，我们有必要了解哪些因素会导致买家给予中差评，并认真分析与解决这些可能出现的因素，以确保每一笔交易都获得好评。就目前网络交易来看，影响买家好评的因素主要有以下几个方面。

- 商品因素。这是影响评价最主要的因素，如商品与描述不符、商品质量较差等。买家和卖家交易的目的就是为了购买商品，如果商品无法使得买家满意，就很难获得买家的好评。因此卖家在销售商品时，最好能够如实对商品进行描述，并向买家详细说明商品的各种情况。
- 卖家服务态度。卖家的服务态度也有可能会影响到买家的评价。作为卖家，我们其实就是售货员，当有买家咨询或购买时，应该为买家提供最优秀完善的服务，在交流过程中，言词一定要注意。一般来说，如果不是过分计较的买家，只要对商品满意，是不会因为卖家的服务态度而给予差评的。
- 买家收货时间。当买家购买商品后，接下来的过程就是等待收货，卖家在收到买家订单后应该及时发货。目前物流公司的发货时间一般为2～4天，当遇到一些特殊情况延误发货或者其他因素导致买家等待较长时间才收到货时，一些买家也可能不会给予卖家好评，但这类情况往往是由于物流所引起的，我们可以通过和买家交流而让其更改评价。

上面只是介绍了影响买家评价的常见因素，对于不同的商品或者一些不可预料的情况，需要卖家根据实际情况来进行分析并解决，以使得每一笔交易都能够获得买家的好评。而且在一些退换货交易中，也可以在自己的能力范围内做到让买家满意，使得不成功的交易也能够获得好评。

12.2 网店售后服务的具体工作

在整个交易过程中，售后服务和商品质量、卖家信誉同等重要，在某种程度上售后服务的重要性或许会超过卖家信誉，因为有时卖家信誉不见得是真实的，但是售后服务却是无法做假的。

12.2.1 树立售后服务的观念

好的售后服务会带给买家非常好的购物体验，可能使这些买家成为店铺的忠实客户，以后经常购买店铺内的商品。

做好售后服务，首先要树立正确的售后服务观念。服务观念是长期培养的一种个人（或者店铺）的魅力，卖家都应该建立一种“真诚为客户服务”的观念。服务很难做到让所有买家都百分之百满意，但只要在“真诚为客户服务”的指导下，做好售后服务，相信一定会得到回报的。

12.2.2 交易后及时沟通

卖家应该重视和充分把握与买家交流的每一次机会。因为每一次交流都是一次难得建立感情、增进了解、增强信任的机会。买家也会把他们认为很好的店铺推荐给更多的朋友。

所谓交易后沟通，是指与买家在付款之后所进行的沟通，主要可以通过旺旺、电话、站内信等方式，也可以通过电子邮件、手机短信等方式实现。主动进行售后沟通，是提升客户购物体验、提升客户满意度和忠诚度的法宝。砍掉主动售后沟通，就等于砍掉了老买家，砍掉了卖家可持续增长的利润来源。当买家因为不满意而找上门来的时候再进行沟通，卖家就会变得很被动，沟通成功的概率也大大降低，即使通过沟通解决了评价问题，但客户的购物体验也很难变好。

12.2.3 发货后告知买家已发货

买家付款之后，货到手之前，心里难免有牵挂，什么时候能发货？什么时候能收到？对一些新买家而言，难免会担心会不会被忽悠？发货后卖家可以把发货日期、快递公司、快递单号、预计到达时间及签收注意事项等告知买家，让买家放心等待的同时，也体现了卖家的专业。具体操作可以参考如下实例。

您好：

感谢您购买了本店的xxx商品，xxx型号，希望您能够喜欢，如果有任何问题可以和我联系：旺旺xxxxxx或者xxx@xxx.com。

本商品已经在xxxx时间发货，运单号是xxxx，请注意查收。

最后谢谢您购买本店的商品，期待您的下次惠顾！

店家：xxxx 日期：xxxx/xx/xx

12.2.4 随时跟踪物流信息

在预计该到货的时间主动和买家进行沟通，可以体现卖家的责任心和专业程度。如果出现状况，及时解释、处理，消除买家疑虑，可以避免买家之后因问题给店铺中差评。买家付款后要尽快发货并通知买家，商品寄出后要随时跟踪包裹去向，如有意外要尽快查明原因，并向买家解释说明。如下图所示为物流信息查询页面。

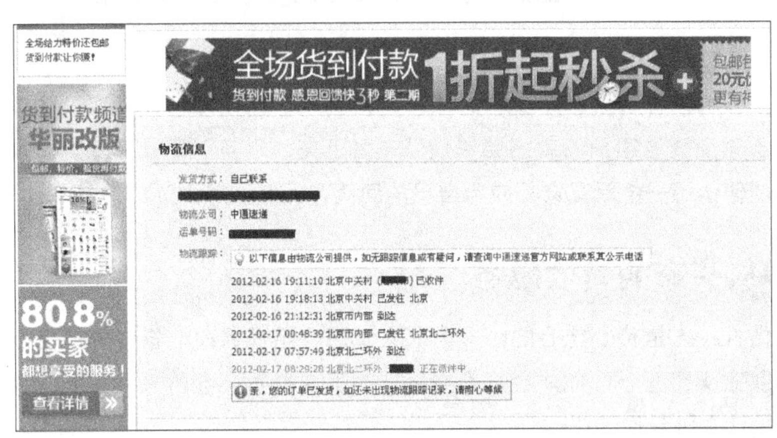

12.2.5 买家签收主动回访

买家签收后，第一时间主动进行回访，主动收集客户意见，遇到客户不满的情况及时道歉、及时解释、及时处理，把危机化解在爆发前，可以进一步提升客户购物体验，提升客户满意度和忠诚度。

12.2.6 交易结束如实评价

评价是买卖双方对于一笔交易最终的看法，也是以后可能想要购买的潜在买家参考的一个重要因素。好的信用会让买家放心购买，差的评价往往让买家望而却步。交易结束后要及时做出评价，信用至关重要，不论买家还是卖家都很在意自己的信用度，及时在完成交易后做出评价，会让其他买家看到自己信用度的变化。

如果买家对商品做出了错误的、不公正的评价，卖家可以在评价下面及时做出正确合理的解释，防止其他买家因为错误的评价产生错误的理解。

12.2.7 管理买家资料

随着信誉的增长，买家会越来越多，那么管理买家资料也很重要。卖家们应该好好总结买家的群体特征，建立买家资料库，及时记录每个成交交易的买家的各种联系方式。因为只有全面了解买家情况，才能确保进的货正好是买家喜欢的商品，以确保更好地发展。

12.2.8 定期联系买家

交易结束后，要定期给买家发送有针对性、买家感兴趣的邮件和旺旺消息，把忠实买家设定为你的VIP买家群体，在店铺内制定出相应的优惠政策。定期回访买家，用电话、旺旺或者E-mail的方式关心客户，可以与他们建立起良好的客户关系，同时也可以从他们那里得到很好的意见和建议。

12.3 如何让新买家成为老客户

相信很多网店卖家都会遇到不少新买家，作为卖家，你该如何让新买家变成你忠实的客户呢？要想把新买家变成老客户，就需要我们下一番工夫，千万不要让买家第一次来就变成最后一次。那么，如何让每一位新买家都成为自己的回头客呢？

12.3.1 多从买家的角度思考

做生意如做人，人是将心比心的，多为买家着想，不仅售前、售中的服务要好，售后的服务也要好，让买家买得开心，他才会把你当朋友，下次自然还会再来买东西。而且他会给店铺好评，并向他的朋友推荐你的店铺。

在交易活动中，卖家和买家的信息不是对称的，卖家对商品十分了解，对商品的描述也下了很大工夫，但即使是这样，也无法完全真实地在网上再现商品。即便是在传统商场、超市购物，买家对商品的了解也没有商家对商品的了解全面，所以要设身处地地多为买家着想。

1. 卖家换位成买家，更容易与买家沟通

卖家对自己的商品很了解，但如何把这种了解传递给买家，就要讲究方法了。首先把自己当做买家，真实客观地介绍商品的性能和品质，有助于买家对商品产生更为客观真实的印象，可以为以后的交易达成打下基础。

2. 卖家换位成买家，更容易达成交易

客观真实地回答买家的问题，知之为知之，不知为不知，能让买家觉得你是一个诚实守信的卖家，进而会觉得店铺的商品也是一分钱一分货，有了这种心灵上的沟通，交易也就更容易达成。

3. 卖家换位成买家，能有效减少交易纠纷

由于卖家以买家的身份来看待自己的商品，所以在与买家沟通时必然会实事求是地介绍自己的商品，并为买家提出该类商品的优点和缺点。当然在说到缺点时，一定要强调商品的价格与价值是一致的，这样才不至于让买家总想到商品的缺点。经过这样的沟通而后达成的交易，产生纠纷的可能性是极小的。

4. 把买家的问题当成自己的问题

在销售过程中，只有把买家的问题当成自己的问题来解决，才能赢得买家的信赖。因为适当地为买家着想，会使卖家与买家之间的关系更加稳定，也会使得合作关系更加长久。

5. 为买家提供省钱的建议

时时刻刻为买家着想，站在买家的立场上看待问题，先不考虑从中得到的利润，而是帮买家想一下怎样才能够让他省钱，帮助他们以最少的投入获得最大的回报。

其实先为买家省钱，然后自己再从中赚钱，这并不矛盾。因为当买家充分信任自己之后，后面才会继续多次合作。卖家从多次合作中获得的利益远远超过“一锤子买卖”。

下面是一个站在买家角度为买家着想的典型例子。

前段时间，小张的店铺有一位买家因使用化妆品后过敏而要求退货。办理完退货后，这位买家还想选一套适合自己的化妆品。小张得知买家脸上过敏症状还未消除，便劝说道：“您先不要着急，您的过敏症状一个星期后自己就能消失，如果想快点好，可以吃两天氯苯那敏。但在没有彻底好之前，建议您不要用其他化妆品，以免造成二次伤害。”随后，小张详细地给她介绍了其他商品的特征，让她脸好了再来买，并承诺搞活动时给她打电话。

过几日正好赶上情人节促销活动，小张把促销信息马上通知了那位买家。买家听到搞活动很是兴奋，立即过来购买了一套近300元的礼盒，并感激地对小张说：“我不相信别的店，要是在别的店，我脸过敏他们也得劝我买，但你就是不一样，你是以我的健康为主，其次才是卖货啊！我真是谢谢你啊！”

买家的一番话真挚朴实，也让小张从中感触颇深，作为客服人员，站在买家的角度为买家着想，这绝不仅是一句空话，只要你做到了，你会赢得更多的买家以及更大的收益。

12.3.2 介绍最适合的商品给新买家

如果买家觉得商品不好，不适合自己，那么获取买家的信任就是空谈。买家的信任是建立在对商品肯定的基础上。关键是客服和卖家要提供给买家好的商品，除了质量好、价格低，最重要的还是要适合买家。如下图所示，这显然是非常明理的买家，客观肯定商品的同时，提到商品有些不合适，但是并没有归咎给卖家，而是从自身找原因，没有抱怨，只是说自己选择失误，对于这样明白事理的买家，精明的客服一定要抓住，可以肯定的是如果得到这样的买家的认可，他肯定是最好的老主顾。在为买家服务的时候，客服和卖家一定要细心，一定要主动询问，为买家提供最合适、最贴心的商品才是卖家获得买家信任的途径。

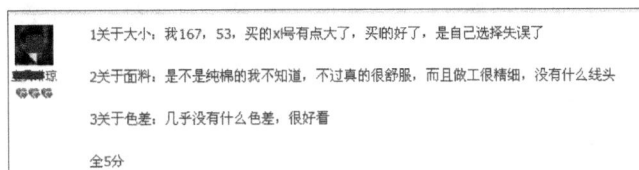

1关于大小：我167，53，买的x号有点大了，买l的好了，是自己选择失误了

2关于面料：是不是纯棉的我不知道，不过真的很舒服，而且做工很精细，没有什么线头

3关于色差：几乎没有什么色差，很好看

全5分

12.3.3 建立买家对卖家的信任度

大部分买家希望在电子商务平台上得到更加真实、准确的卖家信息。对于网店来说，得到买家的信任就如同得到了“免死金牌”，买家的信任可以让卖家做生意变得轻松和简单。

如下图所示，好评中的评价内容显示出了卖家的实力，得到老买家肯定的同时，也能得到新买家的信任，只要有新买家明确表达出愿意再来光顾，那就是卖家的成功。

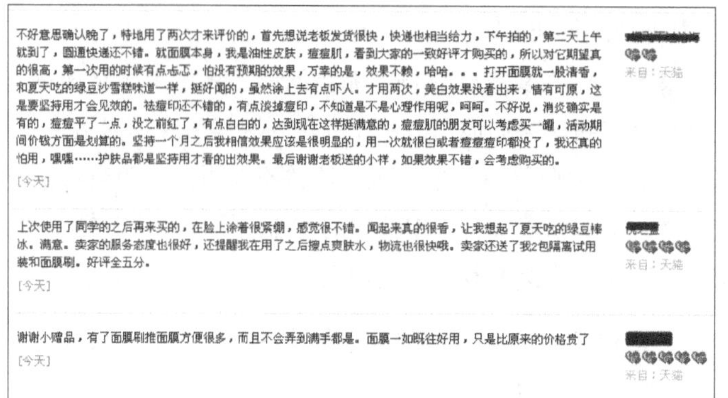

如下图所示回头客的好评显示出该买家对卖家的充分信任，对于卖家来说，有了稳定的老买家，赚钱只是时间的问题。

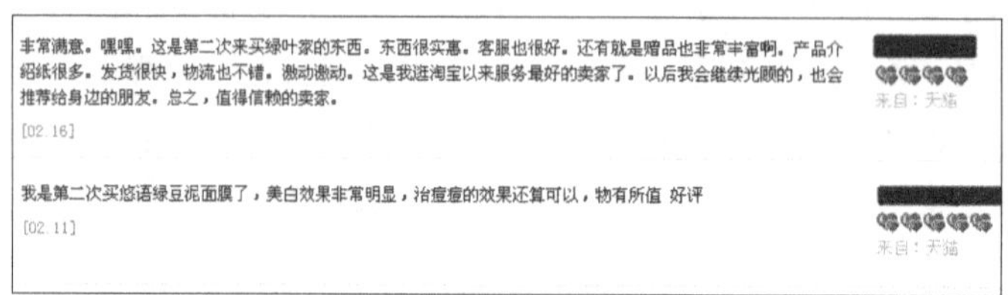

除了可以在评价中取得买家的信任外，在与买家沟通的过程中，良好的沟通技巧也有助于取得买家的信任。下面是个通过沟通取得买家信任的例子。

买家：“您好，在吗？”

卖家：“您好，有什么能帮您的呢？”

买家：“您店铺的正装男士牛皮鞋是不是*****牌子？”

卖家：“您好，亲，我们的鞋子不是这个牌子的。但是有这个牌子的风格，属于高质量的仿品。现在的鞋子竞争太大了，这个鞋子我们也是考察很久才决定做销售的，信誉是金，要是宝贝质量不好，我们的销售也没有意义，也是做不好的！”

买家：“嗯，我再看一下”

卖家：“好的，欢迎再来！”

卖家：“您好，亲，再打扰你一下。这个鞋子我们也是刚上架销售不久的，我们是做实在生意的，不弄虚作假，这里有一个前两天刚收到货的亲，试穿后，马上就给我们写了评论，有兴趣的话，可以来看一下！”

买家：“嗯，好的。一般多少天可以到货？”

卖家：“您好，请问你要快递到哪里呢？”

买家：“*****”

卖家：“您好，一般三天就可以到货了。我们一般发申通或韵达，请问哪个方便点呢？”

买家：“申通吧。”

卖家：“好的。谢谢您的信任和支持！请注意发货的信息，一般来说，发货后半小时，在淘宝的平台您就可以看到宝贝的物流信息。 再次感谢您对我们的信任和支持。宝贝好，请介绍给您的朋友，宝贝如有问题，请第一时间与我们联系，我们会给您一个交代的！”

人与人之间在于沟通信任，在这个基础上，只要能让对方感到你是专业的、诚信的，相信做好每一个业务也不会很难。

12.4 让老买家成为终身回头客

一门生意的好坏主要取决于新买家的消费和老买家的重复消费。据统计，开发一个新买家的成本要比留住一个老买家的成本高4倍。可见，老买家的数量决定了生意的好坏，更决定了生意的稳定性。所以要抓住每一个买家，留住回头客和老买家。

12.4.1 建立会员制度

为了吸引新客户，也为了留住老客户，开通店铺的VIP会员制度是一个很好的方式，卖家能够通过交易转化率带来更多生意，老买家还能享受折扣优惠，可谓是双方受益。

会员制度的建立对于网店来说是非常有必要的，能够帮助卖家更好地留住买家，为防止买家流失做出有效的预防。但是不同网店有不同的情况，一般会员制的消费额度要根据网店里的商品价格而定。会员制度出台前掌柜要仔细衡量，在抓住买家的同时也要考虑经济上的收益。如下图所示为销售鞋子的商店推出的会员制，其将会员分为高级VIP、金卡VIP和至尊VIP三个档次，既能获得利润保证，又能针对不同消费能力的买家给予相应的优惠。卖家要明确的是，会员制可以有效吸收有购买能力的买家，切不可采取菜市场倾销积压蔬菜那样论堆卖的方法。

会员档次分得越多越细，买家得到优惠的幅度就会越大，要吸引回头客的同时，也是激励新买家网购的方法。会员细则的说明以简单为好，过于复杂买家可能会因为搞不明白而横生误会。一般情况下，会员制越早建立越好，即便是刚刚开店，也能够让买家感受到卖家的用心、恒心和长远规划，有助于树立卖家的诚信形象。有些卖家对于会员制比较“粗线条”，来者皆是客，只要买过就是会员，一律打折，这样也是一种方法。不管会员制是划分层次还是“一刀切”，都是由网店的商品特点所决定的，也和卖家的性格有一定联系。

12.4.2 定期举办优惠活动

不管是实体店还是网店，定期举办优惠活动是必不可少的。网店的优惠活动也会受到实体店的影响，有浓重的节日情结。一年的头尾是春节和元旦，年中有五一、十一、中秋，另外再加上一些国外的节日，几乎每个月卖家都会有特价优惠活动的借口。没有节日就可以以店庆为由头，总之，网店定期筹办优惠活动还是很有吸引力的，但要注意如下事项。

- 时间上要富余，定出提前的时间段。因为节日前的快递总是很紧张，卖家要极力将活动提前，并将快递紧张的情况告知买家，让买家提前下单。
- 有时间段，不能长时间都在优惠。不然会让买家有倦怠感，对于打折没有感觉，长期下去买家会认为打折是理所当然的，一旦没有优惠就会认为卖家涨价了。
- 优惠活动要应景。根据网店的具体商品有原则性地挑选特价商品，畅销和滞销的商品要混搭，不要一味推出滞销商品进行特价优惠。

12.4.3 老买家设置不同的折扣

网店要生存和发展，必须创造利润。网店的利润来源主要有两部分，一类是新客户；另一类是网店原有的客户，都已经购买过网店的商品，使用后感到满意，愿意连续购买商品的买家。

据统计，很多皇冠店铺回头客超过60%。越来越多的卖家在留住回头客上下工夫，如设置买家级别，并取得了不俗的成绩。设置买家级别的好处类似于会员卡，买家在逛店铺时，在店铺首页会显示相应的折扣，并享有卖家“参与折扣”的商品的折扣优惠。

卖家可以使用“阿里软件网店版”功能设置会员级别，为老买家设置折扣价，具体操作步骤如下。

STEP 01 进入“卖家中心”页面，单击“商家推广”版块下的“阿里软件网店版”链接，如下图所示。

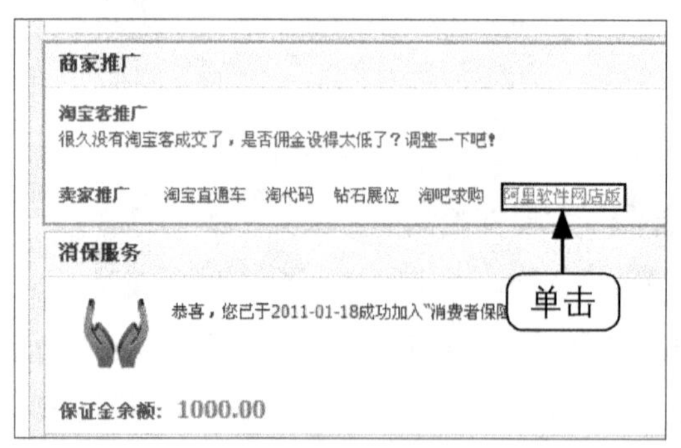

STEP 02 打开“网店版”首页，单击“客户”下拉菜单中的“客户管理”链接，如下图所示。

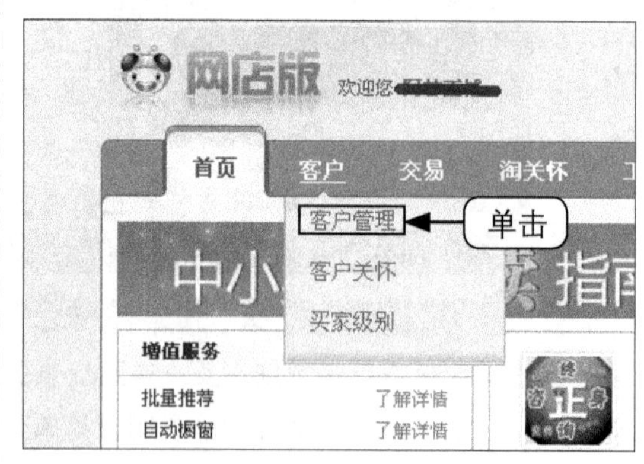

STEP 03 打开“客户”页面中的“成交客户”选项卡，单击买家的名称，如右图所示。

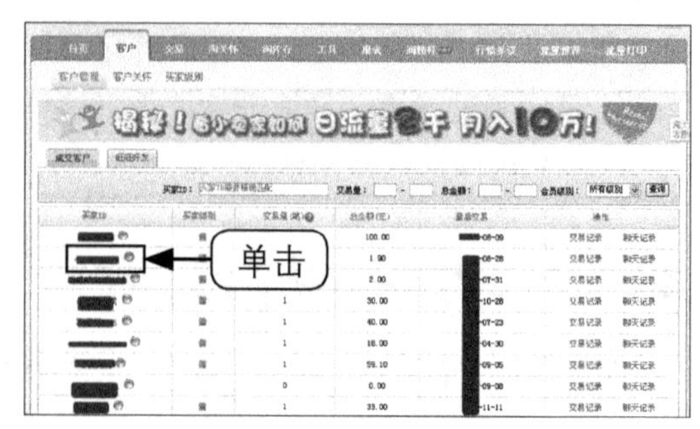

STEP 04 在“买家级别”下拉列表中选择买家的会员级别，如下图所示。

客户资料　聊天记录
买家ID：
买家生日：2012 年 5 月 28 日
Email：
地　址：
交易量：1
买家级别：VIP会员
普通会员
高级会员
VIP会员
至尊VIP
记 事 贴：
单击

STEP 05 ❶设置会员级别选项，❷单击“保存”按钮，如下图所示。

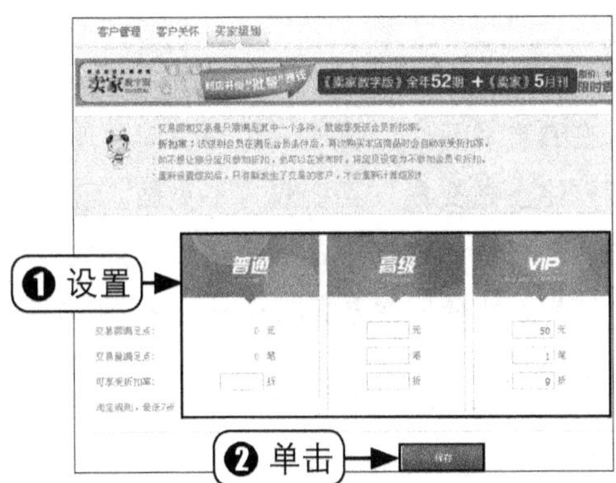

一点通　级别设置技巧

这里设置的交易额和交易量只需满足其中一个条件，就能享受该会员折扣率，如不想让部分宝贝参加折扣，也可以在发布时将宝贝设定为不参加会员卡折扣。另外需要注意的是，重新设置级别后，只有对新发生了交易的客户才生效。

12.5 维护好客户关系

交易成功，双方互评之后并不代表服务终止，维护良好的客户关系将会为你带来更多的交易。

12.5.1 建立客户档案

随着开店时间的增加，买家会越来越多，需要对客户的资料进行管理。建立客户档案是非常必要的，一份完善的客户档案可以帮助卖家更好地维系客户，使他们变成回头客，并且卖家可以根据不同的需求运用适当的营销方法促使他们产生后续的购买行为。

除了已经成交的买家，对一些意向客户的资料也要进行管理。

当来过店里咨询或购买的买家再次登门时，卖家应该登记好买家信息，可以在聊天的过程中有针对性地收集对方的信息，如用户名、淘宝注册时间、真实姓名、职业情况、年龄、身高、体重、爱好、所在地情况、是否买过东西及买过哪些东西等。对于新手卖家来说，不管有没有达成交易，都应主动把咨询的买家加为好友，然后根据掌握的情况在旺旺里把买家归类，如已购买家、未购买家、学生买家及批发买家等。

通过建立完善的客户资料，在下一次与客户交流的时候能够迅速说出买家信息以及要求，会让买家感觉到掌柜对他的重视，进而增加对卖家及店铺商品的好感，反之则会有被怠慢、被轻视的感觉。

对意向买家也要随时跟踪，保持联系，不要让自己的客户变成别人的客户，也不能把客户遗忘掉。

12.5.2 有效管理买家资料

在淘宝网开店，管理好客户资料是非常重要的，是在淘宝网创业成功比较关键的因素。因为在网络上做交易，买卖双方不见面，买方也不能见到商品的实物，一次成功的交易下来所建立的客户对你的信任感是很珍贵的，如果能把这个信任感很好地保持下来并加强，那么这些客户很容易就能变成你忠实的买家，并把你的店铺介绍给他们的朋友。

1. 筛选出有价值的客户

管理学上有个知名的“二八”法则，80%的利润来自20%的客户。对于卖家来讲，一定要“火眼金睛”，发掘出那些大客户。俗话说，好钢用在刀刃上，作为卖家，当然要把主要的精力用在那些优质客户身上。

如卖电脑商品，家庭客户可能用上5年，重复购买率很低。而那些单位客户往往购买金额大，重复购买率也高，对价格也不是很敏感。在买家购买的时候要注意对方的收货地址，对于来自一些相关单位的，就要引起高度重视了，可以顺便多问一句“您是单位购买还是自己用呀”或者“你们单位一般用些什么电脑啊”等。对于这些潜在的大客户，要注意搜集相关的信息，有备无患。

2. 及时随访，个性化服务

有了第一次，下面的工作就是怎么样把新买家变成老买家了。良好的服务、及时的随访至关重要。只有那些个性化的随访信息，才会被买家所接受。例如，记住买家每一次的询问、每次的购买周期以及对店铺商品每一次及时的反馈，记得过段时间问问客户上次买的商品用得怎么样等。

3. 分级管理，针对性服务

也许大家犯愁这么多随访工作怎么做呀，哪有这么多精力呀！那么，就需要把自己的精力用在刀刃上，让自己的工作发挥出最大的效益。这就需要对客户进行分级管理，分级的标准无非是购买量、购买次数、利润的丰厚程度，还有一点就是不要忘了他的购买潜力。级别越高，当然服务要更周到，工作做得要更细。

淘宝高级店铺自带的客户管理系统可以辅助卖家对客户进行分级。不过分级也不是固定的，要实行动态管理，定期对客户的级别进行调整。

4. 巧用软件，事半功倍

在如今的信息化时代，适当选用管理软件辅助网店的管理将会事半功倍。目前，淘宝网客户管理软件相当多，如前面介绍的“网店管理”、流行于C2C网站的管理软件“会员关系管理”等，有需要的朋友都可以在淘宝服务中心进行订购。

技能实训 增强动手能力

通过对前面内容的学习，为了巩固读者所学的相关知识，下面安排实训任务来帮助读者增强动手能力和相关技能的综合应用水平。

实训一 定期回访买家

对买家回访是保持联系的一种方式，有新的优惠活动记得及时通知他们，承诺的会员礼物记得及时送到，逢年过节发个邮件或者信息问候一声，这样和买家建立的就不只是买卖关系，还可以是朋友关系。

1. 做好档案记录

把买家的姓名、地址、联系方式和购买过的物品进行详细归类，以方便以后进行回访。

2. 节假日回访

节假日用几分钟真诚地向客户发一封邮件或发个短信等，绝对有助于维护和买家的关系。这样买家也会觉得你很尊重他，同样他也会记着你。在他下次买东西时他一定还会选择你的店铺。

一点通 回访技巧

卖家一定要注意回访的时间，千万不要等客户埋怨的时候再进行回访。其次，在回访的方法、方式和技巧方面，也要注意运用不同思路。

实训二 使用评价解释功能取得好印象

如果引导买家修改评价不成功也没有关系，可以进一步使用淘宝网提供的“解释”功能来修补和买家的关系，取得最后的好印象。

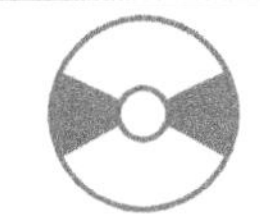

光盘同步文件	
同步视频文件	光盘\同步教学文件\第12章\技能实训2.mp4

评价后的30天内，卖家可以进入“我的淘宝”页面，在左侧单击“评价管理”链接，找到相关交易的评价后单击“我要解释”按钮即可对评价做出合理的解释。好评也可以解释，具体操作步骤如下。

STEP 01 在“我的淘宝”页面中单击“评价管理”链接，如下图所示。

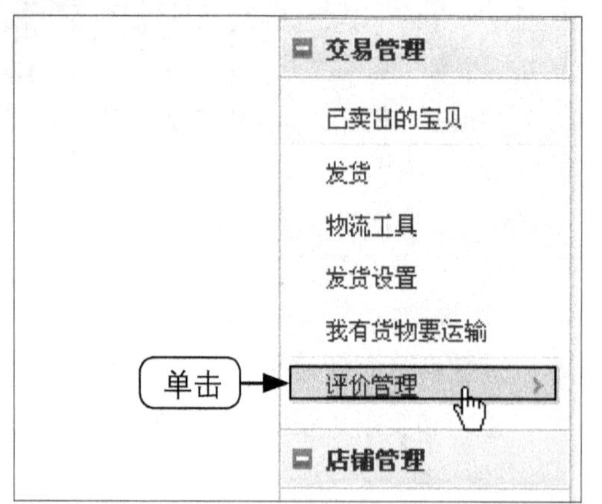

STEP 02 找到需要解释的宝贝，单击“我要解释”按钮，如下图所示。

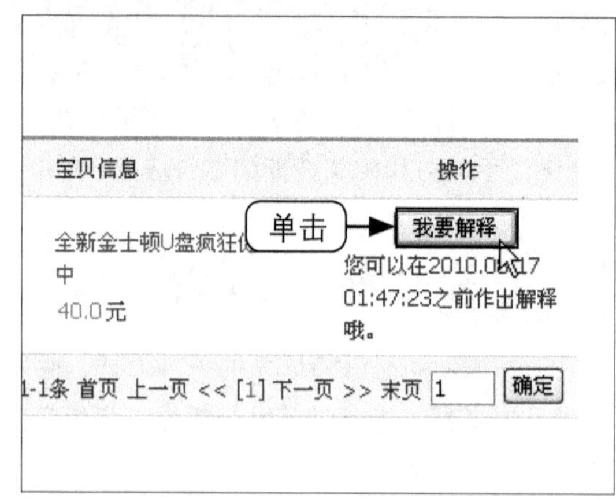

STEP 03 ❶打开解释页面，输入解释内容；❷单击“提交”按钮，如下图所示。

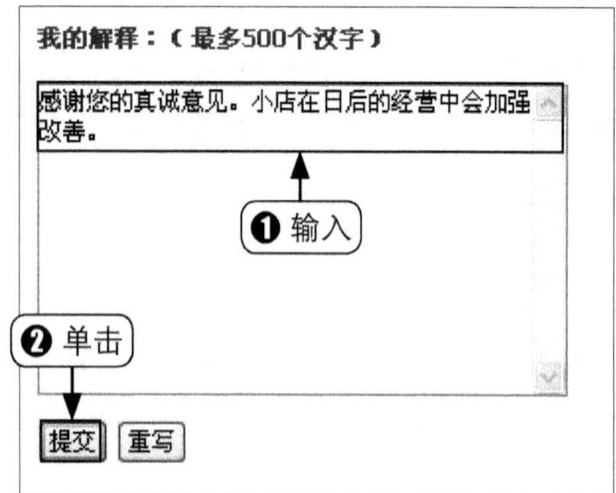

STEP 04 买家进入“评价管理”页面后即可看到此评价解释，如下图所示。

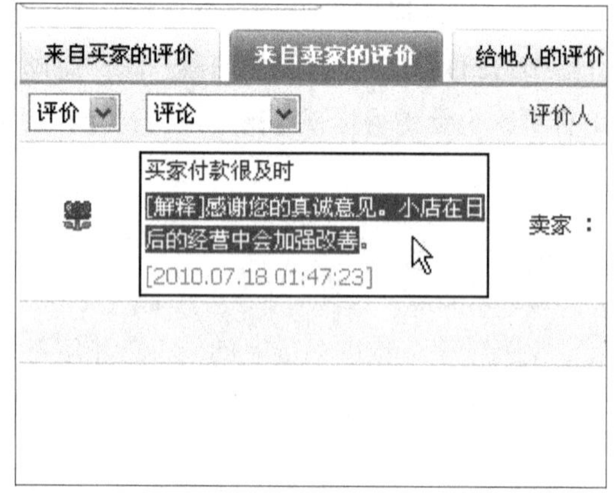

Chapter 13

网上开店安全第一

本章导读

因为所有的交易操作都可以通过网络完成，因此网上开店更要注意网络安全问题，如个人银行账户的密码、淘宝个人账户、支付宝交易账户等，都需要密切注意安全。本章将从电脑安全、网络安全等方面详细介绍防范措施。

本章学完后您会的技能

- 了解电脑病毒的危害与表现
- 了解木马程序的危害与表现
- 电脑系统的安全防范措施
- 使用杀毒软件保障电脑安全
- 捍卫网银的安全

本章内容展示

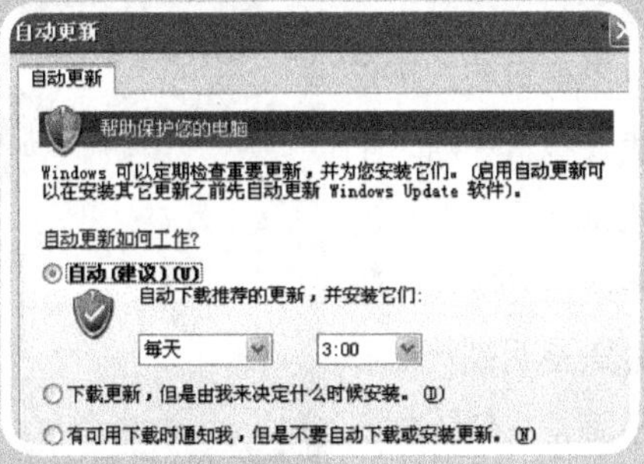

13.1 了解电脑安全知识

各种广泛流传在网络上的病毒木马稍不留意就会感染到自己的电脑。那么，病毒木马是如何形成的？它们又是如何传播的呢？本小节将会详细介绍。

13.1.1 电脑病毒的危害与表现

电脑病毒会对操作系统造成直接的破坏作用，如格式化硬盘、删除数据文件等；同时，电脑病毒也会干扰到用户的正常使用，如系统运行速度变慢、电脑无故重新启动等。认识并了解电脑病毒的危害性，有利于我们对其进行预防。

1. 实施数据破坏

当电脑感染了病毒后，就有可能直接危害到存储在电脑中的重要信息数据。例如，电脑病毒会通过格式化磁盘、改写文件分配表和目录区、破坏CMOS设置或者强行运行相关程序等“手段”大搞破坏。

而干涉用户的正常操作也是电脑病毒的另一表现，如左下图所示为一种强行关机的现象，有时就是由电脑病毒引起的。

2. 消耗系统资源

大多数病毒在动态下都是常驻于内存的，这就必然抢占一部分系统资源，如右下图所示。病毒抢占内存会导致内存减少，一部分软件不能运行。不仅如此，病毒还抢占中断，干扰系统的正常运行。最后的结果就是系统运行缓慢或频频出错、磁盘空间被严重占用，甚至电脑基本处于瘫痪状态。

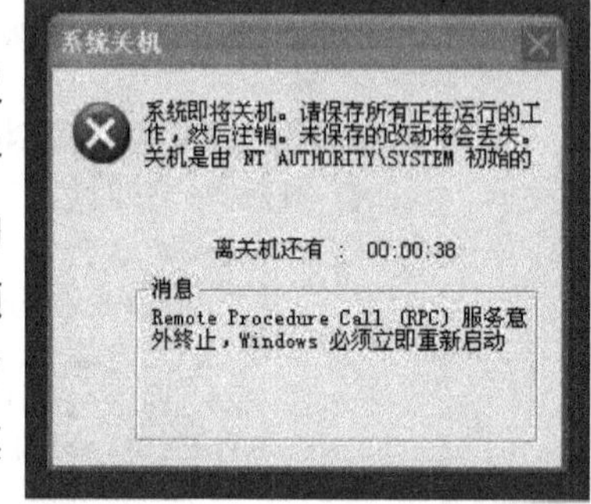

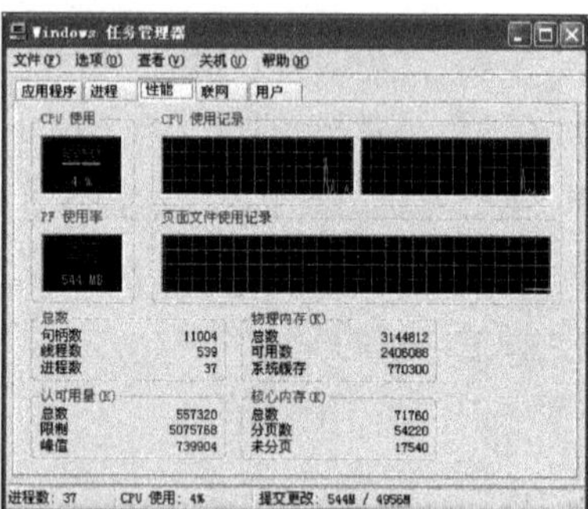

一点通 前期预防

大多时候电脑病毒的破坏作用是不可预知的，所以要将电脑病毒的危害降至最低，最主要的办法还是加强前期的安全防范。

13.1.2 木马程序的危害与表现

相对于电脑病毒来说，木马程序的危害更恶意一些，因为它具有受控性与窃取性，多数有恶意企图。例如，盗取QQ账号、游戏账号甚至银行账号等以及将本机作为工具来攻击其他设备等恶意行为。

1. 什么是木马程序

“木马”一词因古希腊特洛伊战争中著名的“木马计”而得名。现在所谓的特洛伊木马正是指那些表面上是有用的软件，实际目的却是危害电脑安全并导致严重破坏的电脑程序。它是一种具有欺骗性的文件，是基于远程控制的黑客工具，具有隐蔽性和非授权性等特点。

2. 木马程序有何危害表现

木马程序一般不像电脑病毒一样大量自我繁殖，也并不刻意感染其他程序。它会在用户电脑中植入恶意的监控程序，一旦运行即会打开一个“后门”供恶意访问者入侵电脑，窃取用户重要的个人信息。所以电脑上存储的重要信息，不用时最好加密保存。

13.2 系统安全防护措施

电脑的操作系统是一切应用的基础，如果操作系统都不能足够安全，那其他的安全防范措施都会显得很脆弱。加强系统安全，不妨从本小节介绍的几个防护措施做起。

13.2.1 开启并配置Windows自带防火墙

Windows操作系统自带的防火墙功能可以实现最基础的安全防护，如对未知访问的安全提醒、限制某些程序的互联网访问以确保安全等。开启并配置此功能的具体操作步骤如下。

光盘同步文件	
同步视频文件	光盘\同步教学文件\第13章\13.2.1.mp4

STEP 01 ❶单击“开始”按钮；❷选择“设置”命令；❸选择“控制面板”命令，如下图所示。

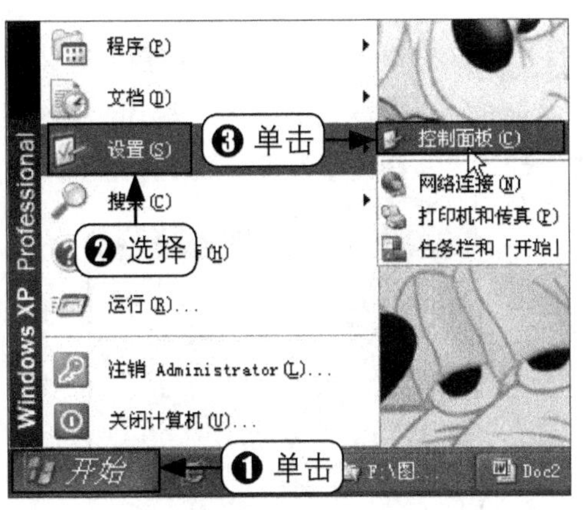

STEP 02 打开“控制面板”窗口，双击“Windows防火墙”功能图标，如下图所示。

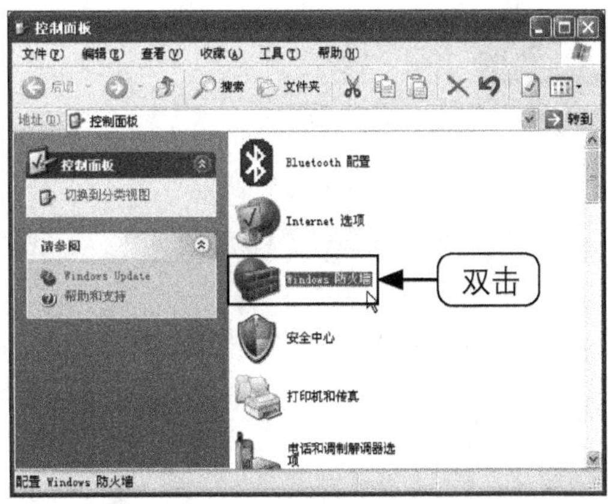

STEP 03 单击选择“启用（推荐）”单选按钮，确保防火墙功能已正常开启，如下图所示。

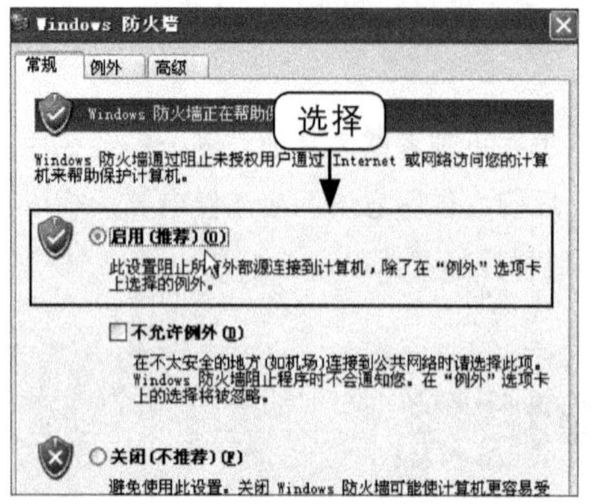

STEP 04 ❶单击“例外”标签；❷确认不受防火墙监控的程序和服务无误后，单击“添加程序”按钮，如下图所示。

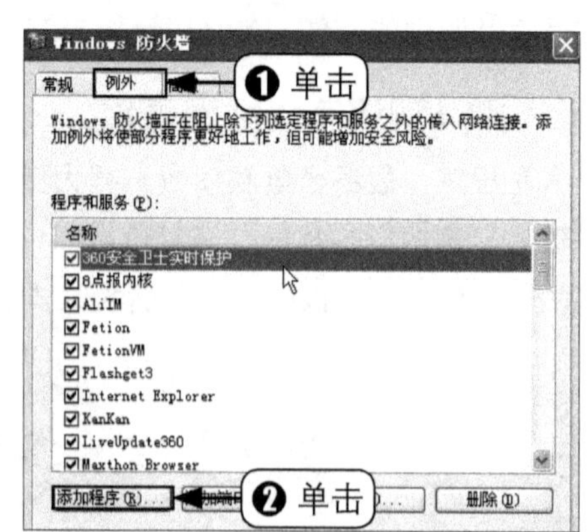

STEP 05 ❶选择要添加的程序；❷单击“确定”按钮，如下图所示。

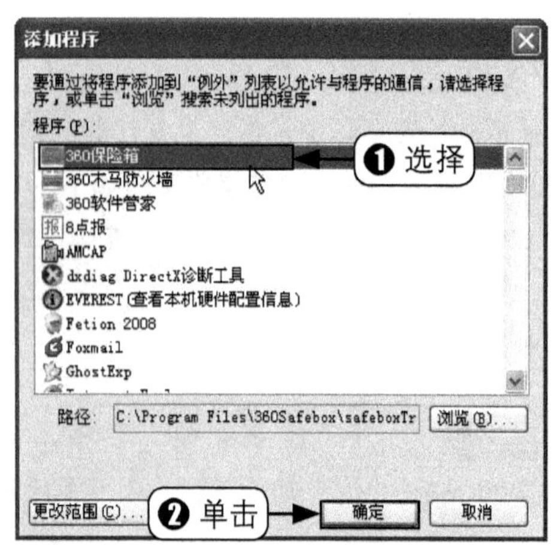

STEP 06 返回“例外”选项卡，单击“高级”标签，如下图所示。

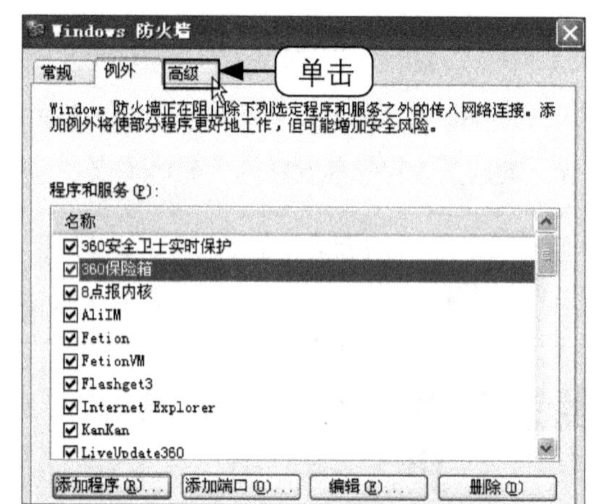

STEP 07 单击“安全日志记录”区域中的“设置”按钮，如下图所示。

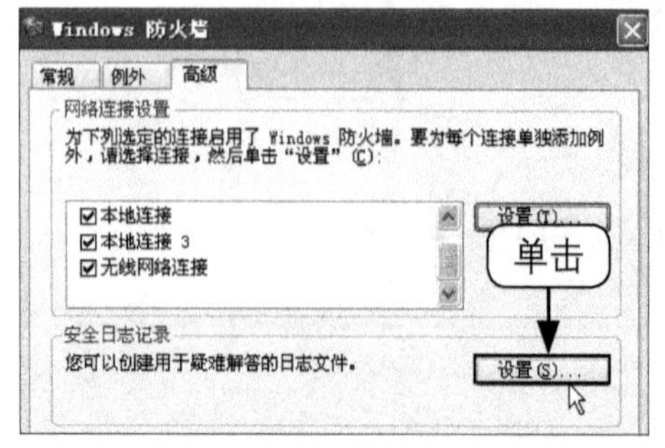

STEP 08 ❶单击“另存为”按钮自定义日志的保存路径；❷设置日志文件大小限制；❸单击“确定”按钮完成设置，如下图所示。

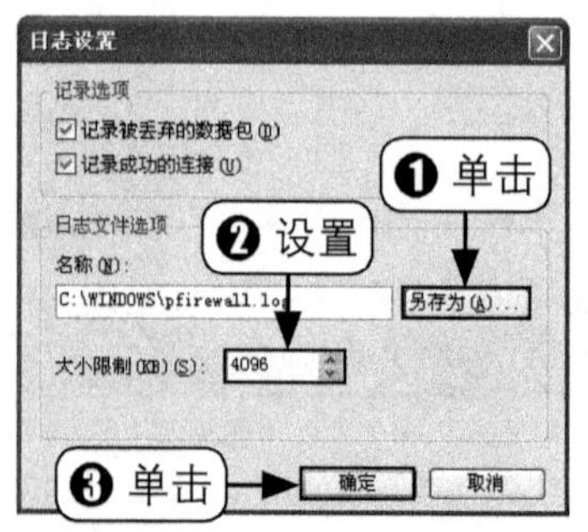

STEP 09 开启Windows防火墙并进行了必要的安全设置后，当有一些未经过认证而本机又未安装过的程序请求访问时，即会出现相应的警示信息，以帮助我们提前预防，如右图所示。

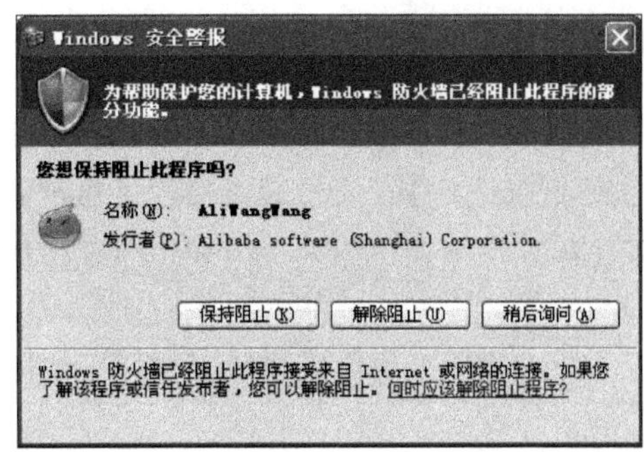

13.2.2 Windows自动更新打补丁

“Windows自动更新”在系统中称为Windows Update。通过此程序的在线更新后，可修复操作系统的一些漏洞，让系统更安全、更稳定。下面来看看此更新程序的使用方法。

	光盘同步文件	
	同步视频文件	光盘\同步教学文件\第13章\13.2.2.mp4

STEP 01 进入“控制面板”窗口，双击“安全中心”图标，如下图所示。

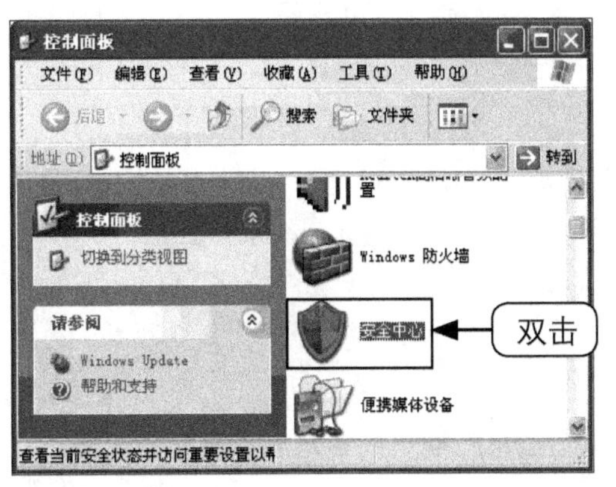

STEP 02 打开“Windows安全中心”窗口，单击窗口中的“自动更新”链接，如下图所示。

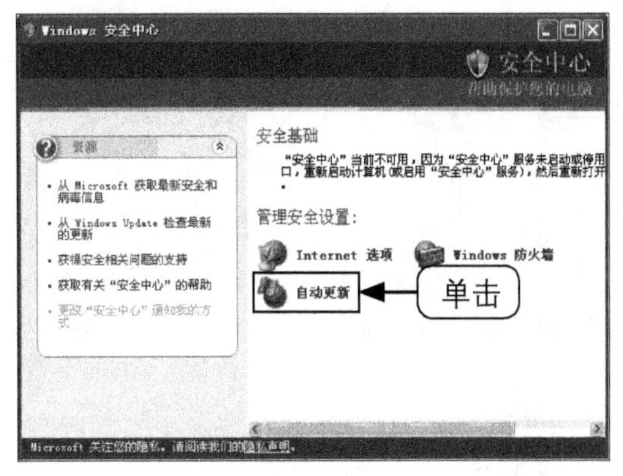

STEP 03 ❶单击“自动（建议）”单选按钮，并设置自动更新时间；❷单击“确定”按钮，如右图所示。

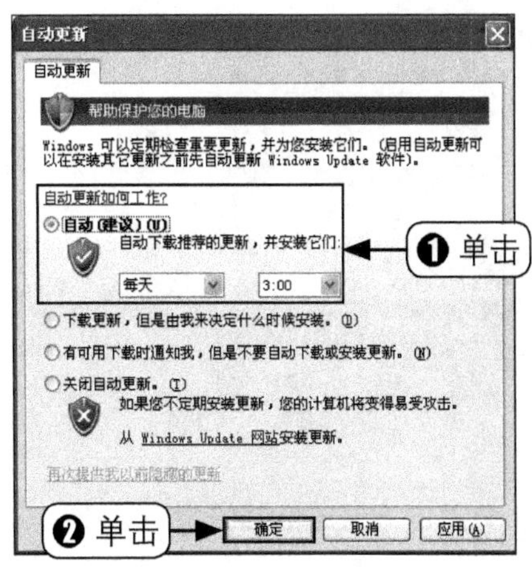

一点通 系统自动更新

目前很多安全管理软件也自带自动更新功能，对于用户来说，如果安装有第三方安全管理软件，则可以关闭这里的自动更新功能。

13.2.3 自定义IE安全级别

IE浏览器的所有参数都被设置为默认值，有特殊要求时用户可以自行进行参数设置。安全级别设置就是其中一项比较重要的可自定义设置项，主要是应对不同环境下的安全问题。

	光盘同步文件	
	同步视频文件	光盘\同步教学文件\第13章\13.2.3.mp4

STEP 01 启动IE浏览器，❶单击“工具”菜单；❷在弹出的下拉菜单中选择“Internet选项”命令，如下图所示。

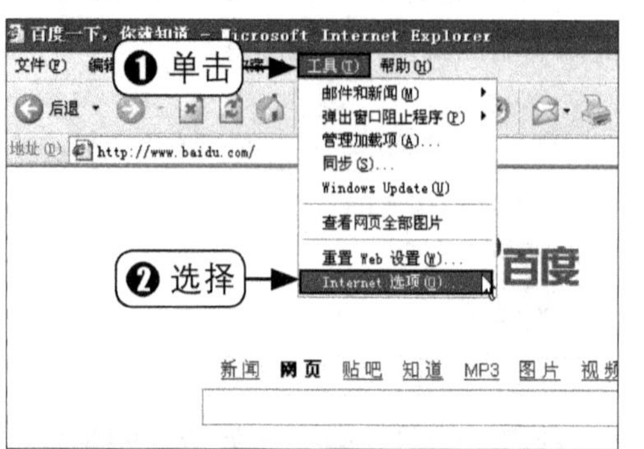

STEP 02 在打开的对话框中单击“安全”标签，就可以看到安全级别设置项，如下图所示。

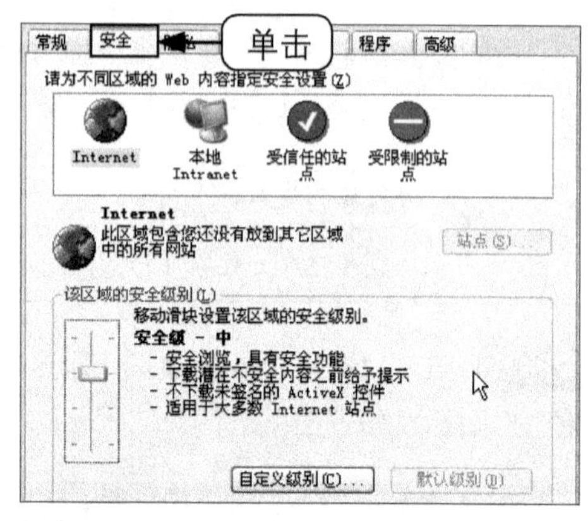

一点通 安全级别设置

“该区域的安全级别”区域中有一个小滑块，通过调节小滑块就可以调整安全级别，默认有低、中低、中和高4个级别，只要拖动小滑块至相应的位置即可完成级别设置。

默认设置环境下对Internet级别的设置为“中”，这样在浏览时一般不会有问题；设置成“高”后，由于安全级别太高就可能会出现无法下载文件、网上银行不能正常使用等。

STEP 03 单击“安全”选项卡下的“自定义级别”按钮，如下图所示。

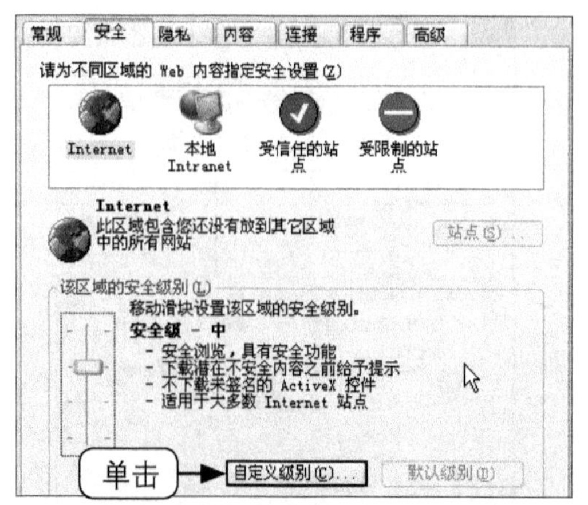

STEP 04 ❶打开“安全设置”对话框，选择要开启或关闭的应用项；❷单击“确定”按钮，如下图所示。

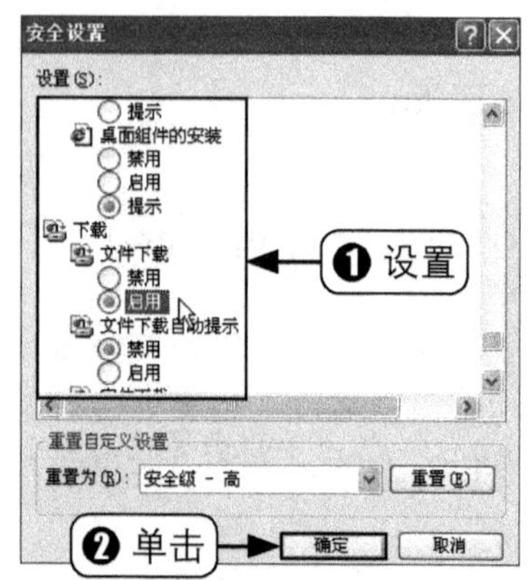

一点通 重置安全设置

如果调整“安全设置”对话框中的某些选项设置后，导致IE浏览器一些应用故障，再进入“安全设置”对话框，单击右下角的“重置”按钮让安全设置恢复默认值即可。

13.3 常用安全防护软件

仅仅对操作系统实施安全防范设置是不够的，最有效的防范电脑病毒木马的方法还是安装专门的安全防护软件。目前可以选择的这类工具软件较多，如以轻巧著称的NOD32组合套装、操作简单方便的360安全卫士等。

13.3.1 使用360安全卫士保障系统安全

360安全卫士是国内受欢迎的免费安全软件之一。它拥有查杀流行木马、清理恶评插件、管理应用软件、系统实时保护以及修复系统漏洞等安全功能。

光盘同步文件	
同步视频文件	光盘\同步教学文件\第13章\13.3.1.mp4

STEP 01 启动360安全卫士软件，单击“立即体检”按钮，如下图所示。

STEP 02 此时软件会自动开始进行系统检测，如下图所示。

STEP 03 检测完后，下方将显示当前的检测项目，单击“一键修复”按钮可进行系统修复，如右图所示。

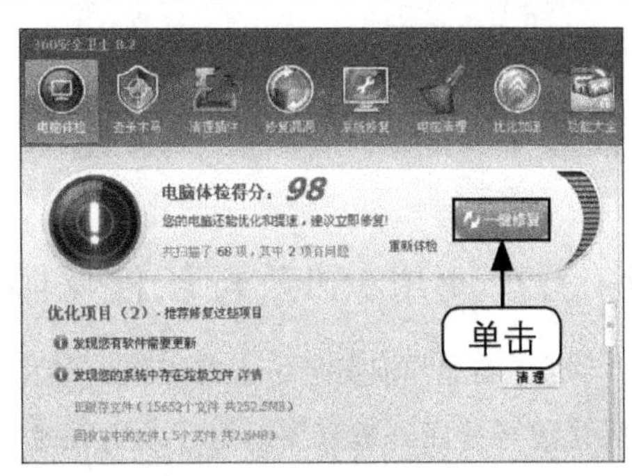

STEP 04 弹出对话框提示修复提示，单击“确定”按钮，如下图所示。

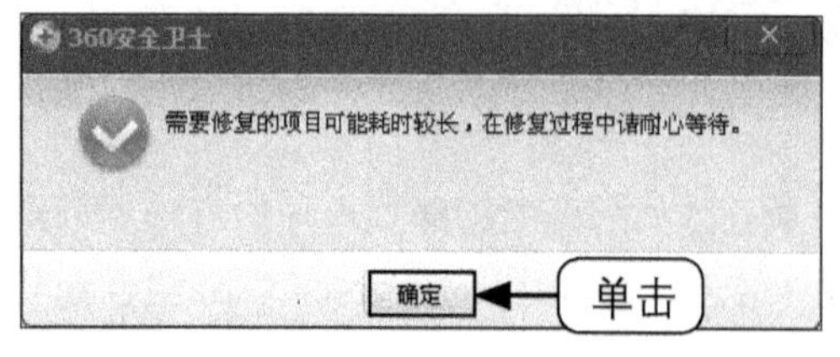

STEP 05 ❶在软件主界面单击“查杀木马”图标切换到木马查杀页面；❷单击“快速扫描”图标进行木马扫描，如下图所示。

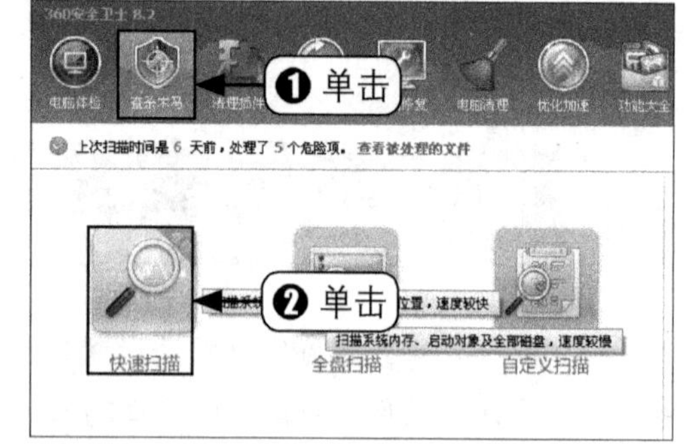

STEP 06 此时软件会自动开始进行系统检测，如右图所示。

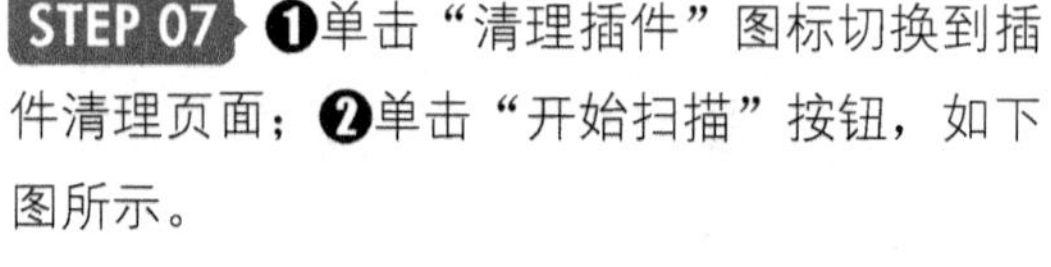

一般情况下，进行快速扫描就可以，如果确定电脑里有木马，可以执行全盘扫描来彻底查杀木马。

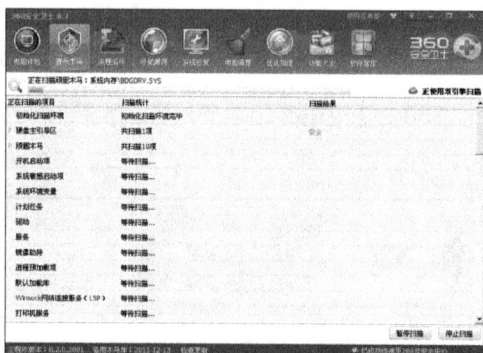

STEP 07 ❶单击“清理插件”图标切换到插件清理页面；❷单击“开始扫描”按钮，如下图所示。

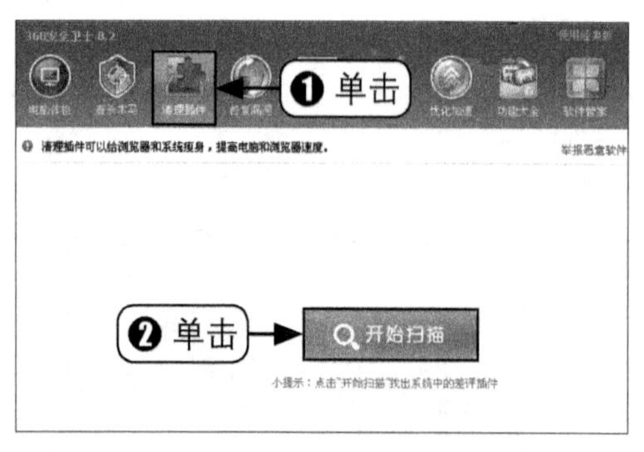

STEP 08 ❶此时软件会自动开始进行系统检测，完成后选择要清理的插件；❷单击“立即清理”按钮即可，如下图所示。

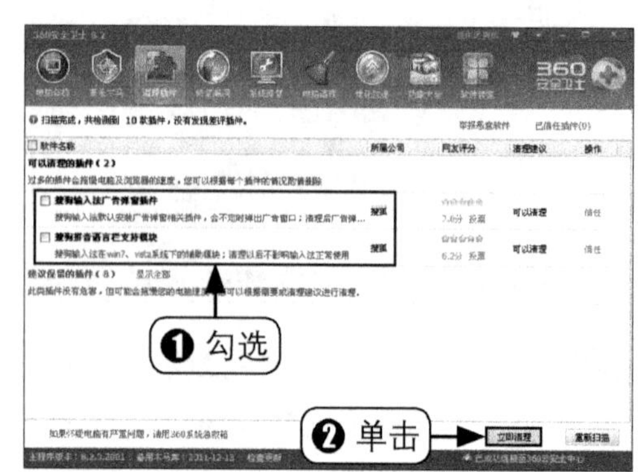

13.3.2 使用360杀毒软件保障系统安全

360杀毒是360安全中心推出的一款免费的云安全杀毒软件，具有查杀率高、资源占用少、升级迅速等特点。最重要的是它永久完全免费供用户使用，下面来介绍它的使用方法。

光盘同步文件

同步视频文件	光盘\同步教学文件\第13章\13.3.2.mp4

STEP 01 启动360杀毒软件，在主界面中单击“快速扫描”按钮，如下图所示。

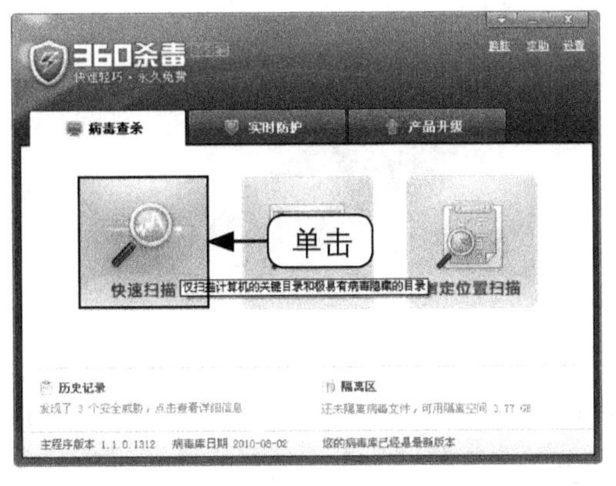

STEP 02 此时360杀毒软件将自动扫描电脑中的病毒文件，如下图所示。

STEP 03 ❶完成检测后，勾选检测出来的病毒程序；❷单击“开始处理”按钮，如下图所示。

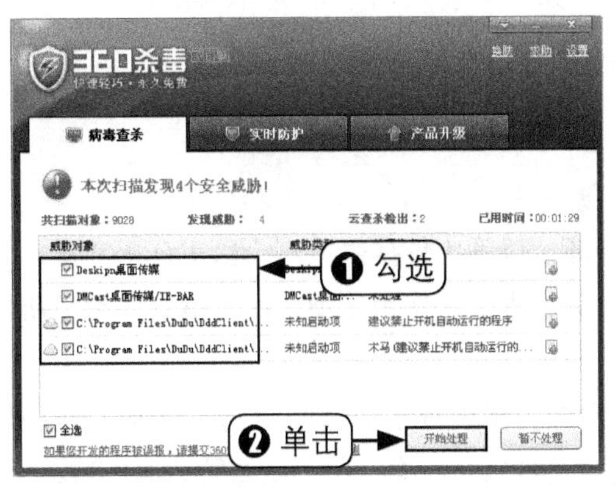

STEP 04 清理病毒成功后会弹出对话框提示用户是否再次清理，单击“确定”按钮继续，如下图所示。

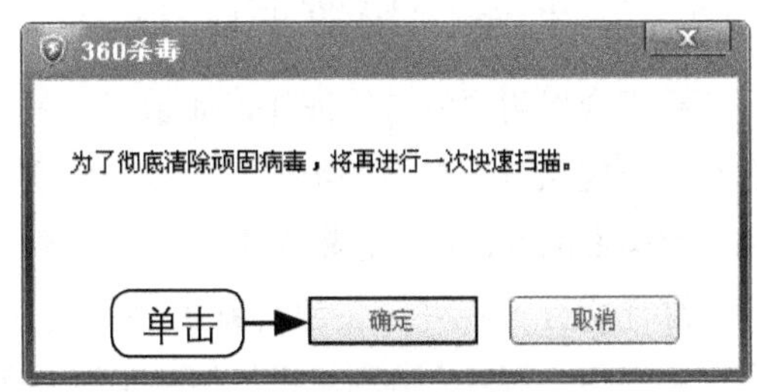

STEP 05 完成检测并确认没有病毒残留后，应该重新启动电脑以便彻底清除病毒。

13.4 捍卫网银安全

保护网银安全、保护个人资金安全早就是网银用户最关注的问题，然而，尽管大家有一定的网银安全防范意识，但还是屡屡发生网银账号密码被盗的情况。因此，掌握正确的网银安全防范措施很有必要。

13.4.1 使用银行推出的U盘型加密卡

依据技术实力的不同，各银行对于自己的网银建设也不尽相同。有的直接以控件形式安装，用户可以用IE浏览器登录后进行操作；也有的需要用户下载专用网银客户端才能进行操作。但现在各银行对网银安全最保险的做法还是使用U盘型加密卡，如建设银行的“网银盾”、工商银行的“U盾”等，如下图所示。

这些U盘型加密卡的共同特征是网银用户在登录网上银行或者网银用户在网上支付时可能需要插入此设备等，通过内置在U盘中的网银加密密钥来保证网银登录、转账的足够安全。

一点通 U盘型加密卡

在申请网上银行时即可向银行柜台提出申请U盘型加密卡，根据银行不同可能会收取不等的设备服务费，也有部分银行推出免费领取的活动。建议网上开店的卖家都申请这种硬件级的网银加密服务，以保证自己经营资金的安全。

13.4.2 辅助使用数字证书

银行会以用户的有效证件，如银行卡号、身份证号码等为依据生成一个数字证书文件，配合用户自定义的用户名和密码，以提高安全性。因其成本低，使用方便，因此被众多银行所使用，有需要的用户可以直接向银行柜台申请。

除此之外，现在很多银行都提供了交易短信通知、邮件提醒、手机银行等便捷的网银服务，网银用户可以充分利用银行的这些服务来掌握自己的财务状态，起到跟踪防范的作用。

13.4.3 使用账号保护软件

网上理财账号、淘宝即时通信账号等个人敏感信息都可以使用专门的账号保护软件来加强保护，如“360保镖”、“金山密保”等都是常见的保护软件。下面以“360保镖”软件为例，介绍具体的保护设置方法。

	光盘同步文件	
	同步视频文件	光盘\同步教学文件\第13章\13.4.3.mp4

STEP 01 在360安全卫士主界面右侧单击“360保镖”按钮进入360保镖，在这里显示了当前所有受保护的程序，依次单击窗口上方的标签可以进行切换，如单击“网购保镖”标签，如下图所示。

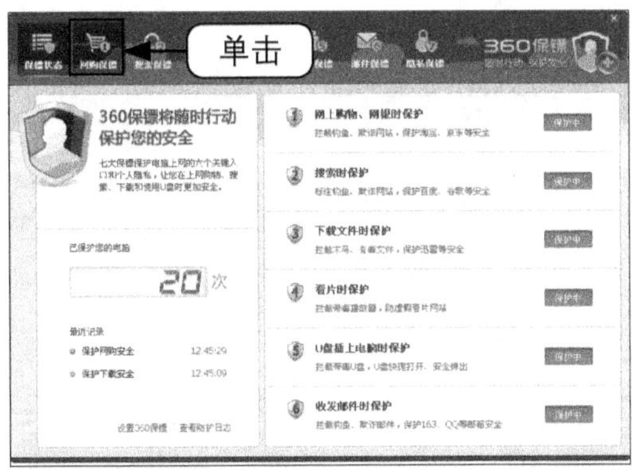

STEP 02 在这里可以直接查看受保护的程序，如果没有显示，则可以单击对应类型右侧的“+”按钮，如下图所示。

STEP 03 打开扩展列表，显示所有网银，单击图标即可打开对应网银，如下图所示。

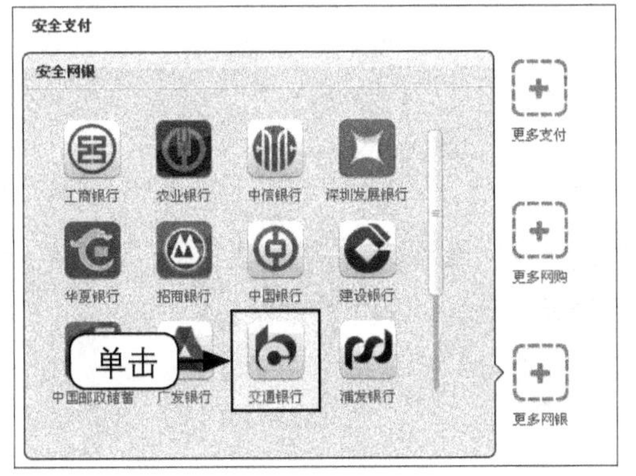

STEP 04 启动当前网银，并针对当前银行的启动脚本进行保护，以保证用户登录安全，如下图所示。

13.5 给淘宝账户加上双保险

在淘宝网上开店，淘宝账户的安全当然不可忽视。为了进一步保障淘宝账户的安全性，可以再次登录到个人管理页面下，实施淘宝账户的安全设置。

13.5.1 修改淘宝账户密码

在淘宝网中修改账户密码，可以登录到“我的淘宝”管理页面后，在“账号管理”选项卡下进行操作，具体步骤如下。

光盘同步文件	
同步视频文件	光盘\同步教学文件\第13章\13.5.1.mp4

STEP 01 ❶单击“安全设置”选项；❷单击登录密码右侧的“修改”链接，如下图所示。

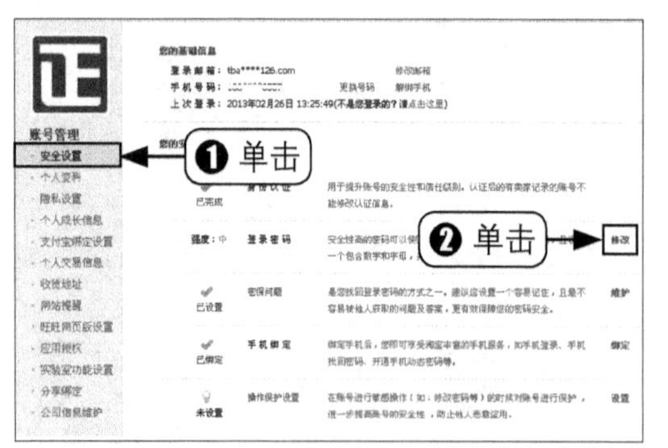

STEP 02 ❶输入当前密码，输入两次新密码；❷单击“提交”按钮，如下图所示。

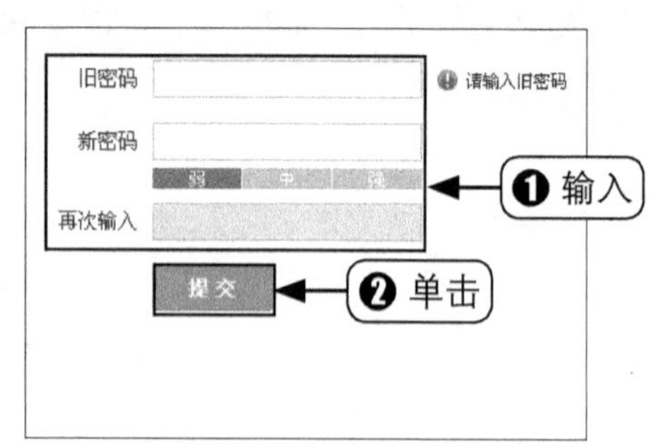

13.5.2 设置淘宝安全问题

安全问题是最常用的密码保护方式，淘宝允许用户设置3个密码保护问题，当忘记或遗失密码后通过安全问题即可找回密码。

光盘同步文件	
同步视频文件	光盘\同步教学文件\第13章\13.5.2.mp4

STEP 01 ❶打开“我的淘宝”管理页面，在“账号管理”选项卡下单击“安全设置”选项；❷单击密保问题右侧的“设置”链接，如下图所示。

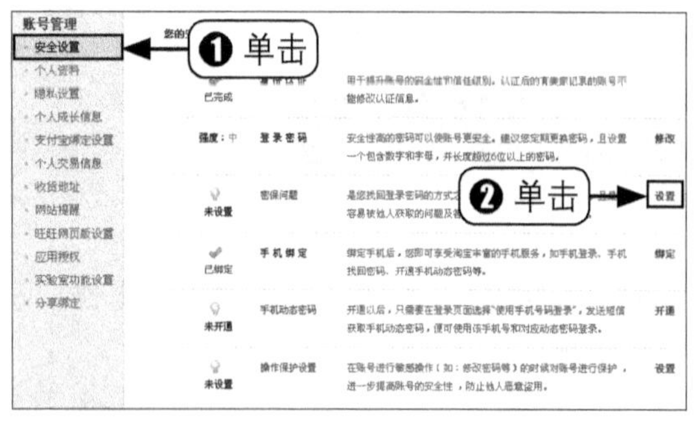

STEP 02 ❶设置3个问题及答案；❷单击“提交”按钮，如下图所示。

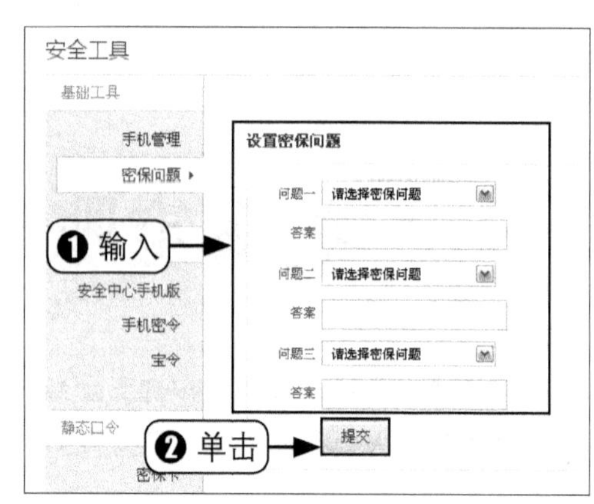

STEP 03 稍等片刻，即会在打开的页面中告知用户设置成功。

提个醒 一定要设置安全问题

为了安全起见，当我们注册淘宝会员并通过实名认证后，就应该设置密码保护问题，然后再开店营业。当采用安全问题保护时，我们必须要牢记自己所选的问题以及所设置的答案。

13.5.3 给淘宝密码加保险

卖家们可以将自己的手机与淘宝账号绑定，绑定后即使密码遗失，也可以通过手机短信方便地找回密码。而且绑定手机后，还能够享受来自淘宝网的各种其他服务，如手机登录、手机动态密码等。

	光盘同步文件	
	同步视频文件	光盘\同步教学文件\第13章\13.5.3.mp4

STEP 01 进入“账号管理”页面，单击页面下方的“手机绑定”区域中的“绑定”链接，如下图所示。

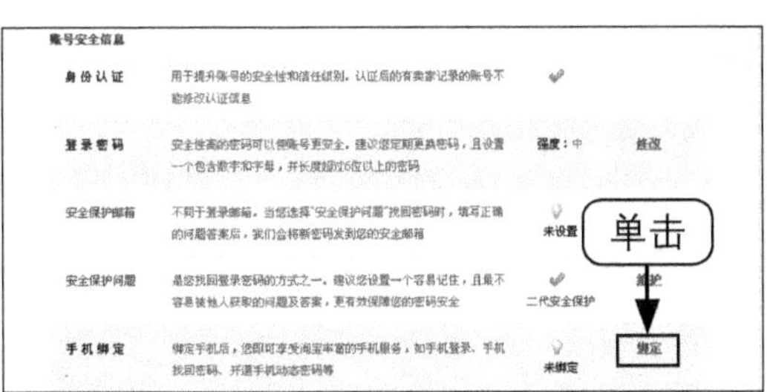

STEP 02 ❶在打开的“手机验证”页面中输入实名认证时的身份证号码；❷单击“下一步”按钮，如下图所示。

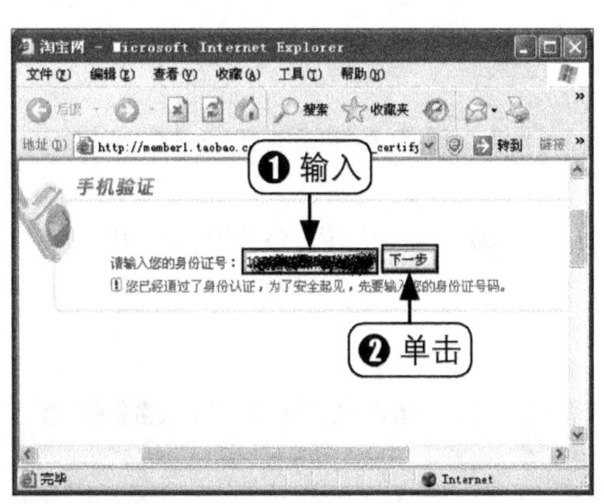

STEP 03 ❶在打开的页面中输入要绑定的手机号码与验证码；❷单击“下一步”按钮，如下图所示。

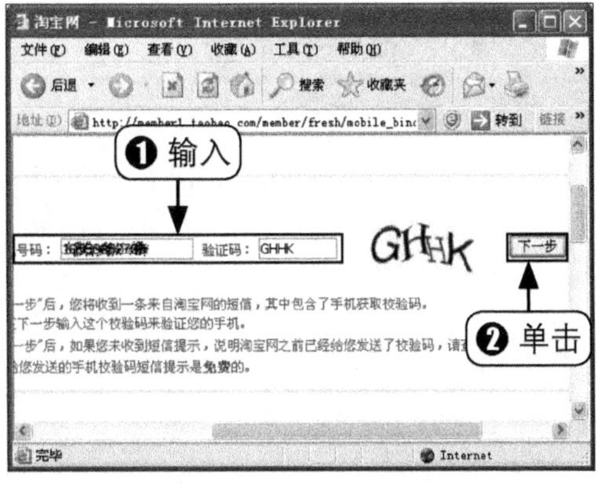

STEP 04 ❶稍等片刻之后，手机将收到一条来自淘宝网的信息；❷将收到的验证码填写到如下图所示的文本框中后，单击“确定”按钮。

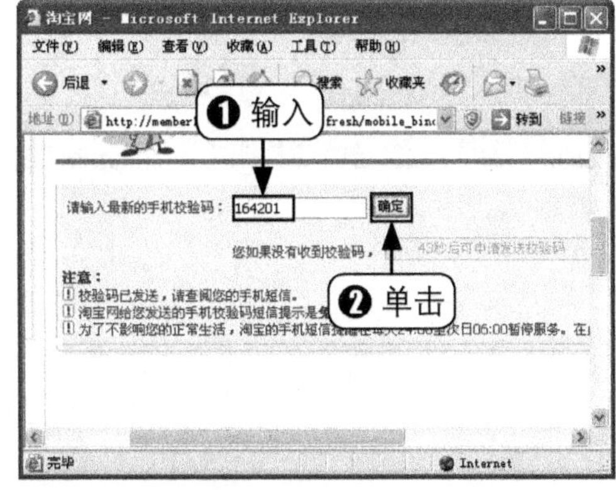

STEP 05 如果输入的验证码无误，接着将会返回“安全信息”页面，在“账号登录信息”区域中即会显示绑定后的手机号码。

技能实训

增强动手能力

通过对前面内容的学习，为了巩固读者所学的相关知识，下面安排实训任务来增强读者的动手能力和相关技能的综合应用水平。

实训一 体验在线杀毒

如果没有下载并安装杀毒软件，但当前又需要临时实施病毒查杀操作，那么通过杀毒软件在线版查杀病毒也是非常方便的。

	光盘同步文件	
	同步视频文件	光盘\同步教学文件\第13章\技能实训1.mp4

下面，来看看详细的在线杀毒流程。

STEP 01 登录http://online.jiangmin.com/页面，右击页面上方的控件安装提示栏，如下图所示。

STEP 02 按说明进行ActiveX控件的安装，如下图所示。

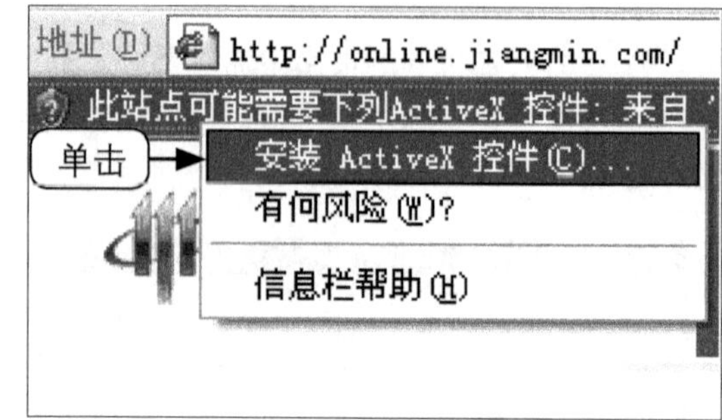

STEP 03 此时当前页面将自动在线更新病毒库，以便获得最好的查杀效果，如下图所示。

STEP 04 单击“查毒”按钮开始在线检测，完成后从结果中单击要处理的类别，再按提示操作即可，如下图所示。

一点通 注册后在线杀毒

通常说来，杀毒软件在线版可以免费实施在线检测，但不能直接执行查杀处理，而需要用户先注册登录。

实训二 开启登录保护

在“账号管理”页面的“安全设置”栏目中有一个“操作保护设置”功能，当启用这个功能后，可以为各项操作开启“登录保护”功能，这样万一自己的淘宝账号被盗，如果盗号者在异地登录，就需要手机验证或者数字证书验证。很显然他是通不过验证的，这样对方也就不能登录盗取的账号进行不友好的行动了。

光盘同步文件	
同步视频文件	光盘\同步教学文件\第13章\技能实训2.mp4

下面，来看看如何设置开启登录保护设置。

STEP 01 登录淘宝网，❶单击“账号管理”标签；❷在左侧单击“安全设置”选项，如右图所示。

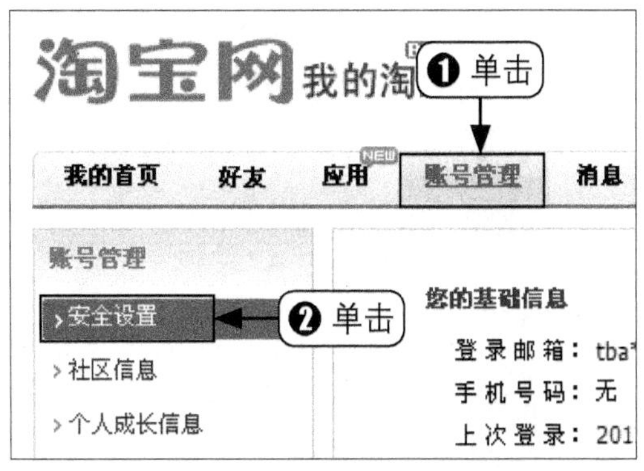

STEP 02 找到“操作保护设置”功能区域，单击右侧的“设置”链接，如下图所示。

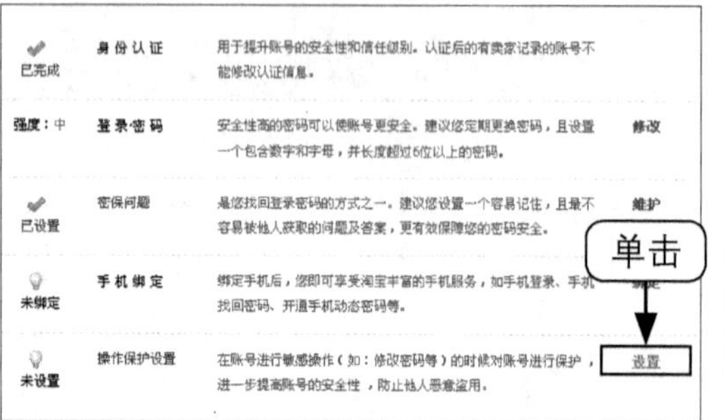

STEP 03 打开的页面中包含了众多保护选项设置，要开通什么就直接在右侧单击“开通”按钮即可，如下图所示。

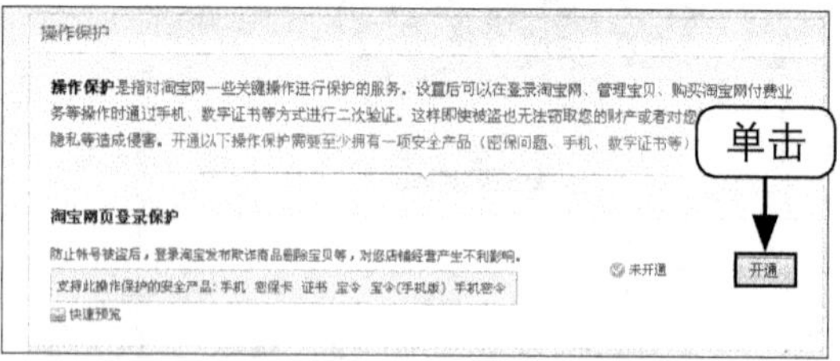

Chapter 14

轻松开设拍拍店铺

本章导读

拍拍网是腾讯旗下的电子商务交易平台。它依托于腾讯QQ的庞大用户群以及2.5亿活跃用户的优势资源，具备良好的店招商务发展基础，是除淘宝网之外，国内最庞大的C2C购物网站。在完成淘宝开店的介绍后，我们特意在本章介绍拍拍店铺的开设和基本设置方法，让大家学习到更多的网店知识。

本章学完后您会的技能

- ❖ 申请拍拍网卖家资格
- ❖ 加入拍拍诚信保证计划
- ❖ 开张自己的拍拍店铺

本章内容展示

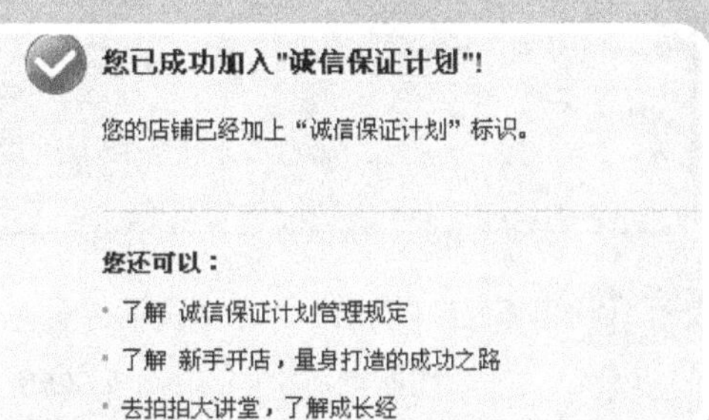

14.1 申请拍拍网卖家资格

要在拍拍网上开店，首先需要获得拍拍网卖家认证资格。而所有的操作都可以直接依托于腾讯QQ，因此用户可以直接使用QQ号码进行登录、认证、开店，下面我们来看看如何申请成为拍拍网卖家。

14.1.1 激活财付通

财付通（tenpay）是腾讯公司创办的在线支付平台。它与拍拍网、腾讯QQ相结合，给用户提供满意的购物体验，与淘宝网的支付宝类似。

财付通是一个专业的在线支付平台，其核心业务是帮助在互联网上进行交易的双方完成支付和收款。在进行拍拍网卖家认证之前，首先需要激活财付通。

STEP 01 在IE浏览器地址栏中输入“http://www.paipai.com”，登录到拍拍网，单击页面右上方的“登录”链接，如下图所示。

STEP 02 ❶输入自己的QQ账号以及登录密码；❷单击“登录”按钮，如下图所示。

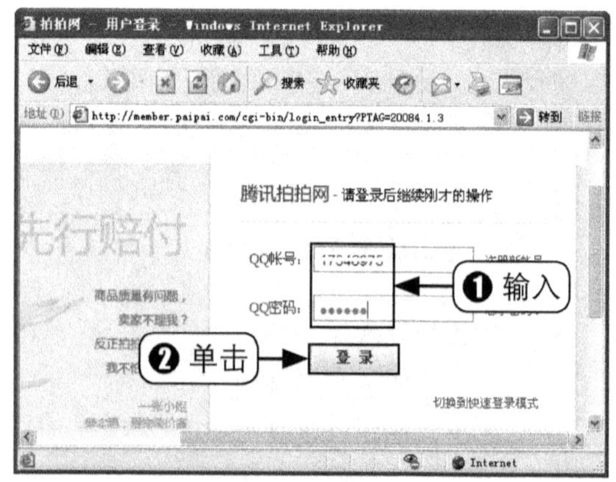

STEP 03 ❶打开拍拍个人中心页面，单击“我是卖家”标签，切换到卖家经营中心；❷单击右侧的“现在去激活”链接，如下图所示。

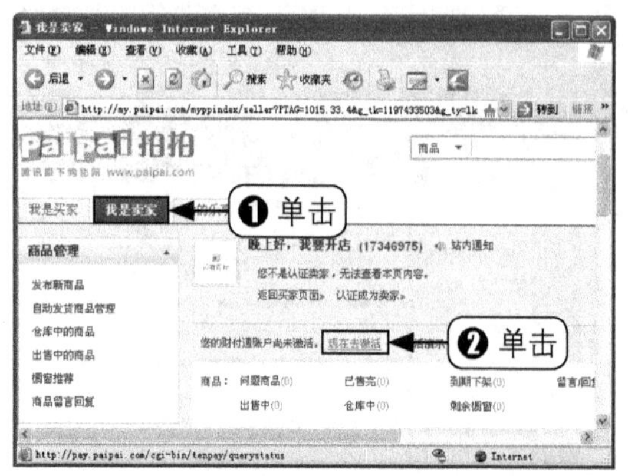

STEP 04 打开提示页面，单击“立即激活账户”按钮，如下图所示。

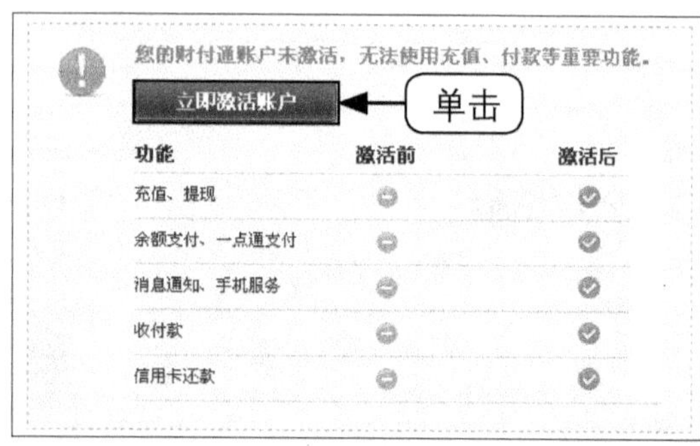

STEP 05 ❶打开资料输入页面，依次输入支付密码，设置密保问题，填写个人详细信息；❷单击"确认激活并同意以下条款"按钮，如下图所示。

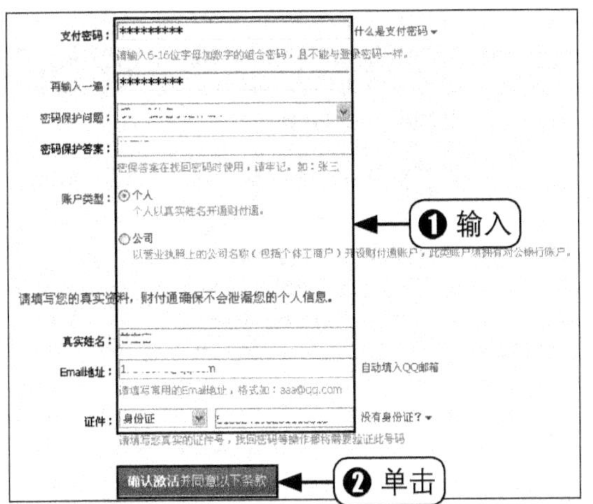

STEP 06 稍等片刻，提示激活成功，如下图所示。

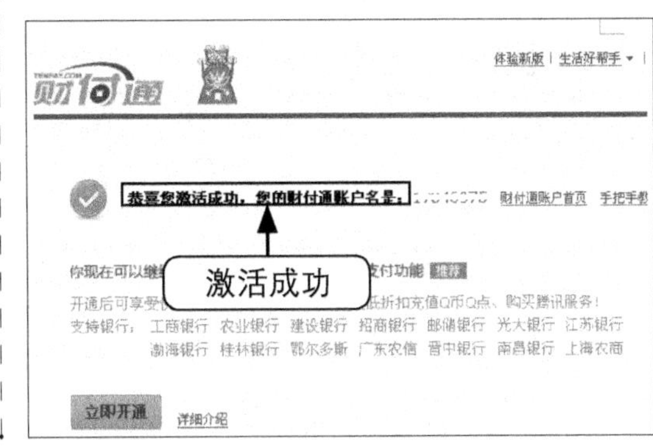

一点通 安全密码区别

支付密码是拍拍交易过程中最常用的密码，它与登录密码不一样，大家一定要注意区分，不要搞错。

14.1.2 进行财付通实名认证

财付通实名认证与淘宝网支付宝实名认证一样，主要用于绑定卖家的相关个人信息，包括身份信息、银行卡申请信息等。具体认证操作方法如下所述。

STEP 01 打开拍拍个人中心页面，切换到卖家经营中心，然后单击右侧的"认证成为卖家"链接，如下图所示。

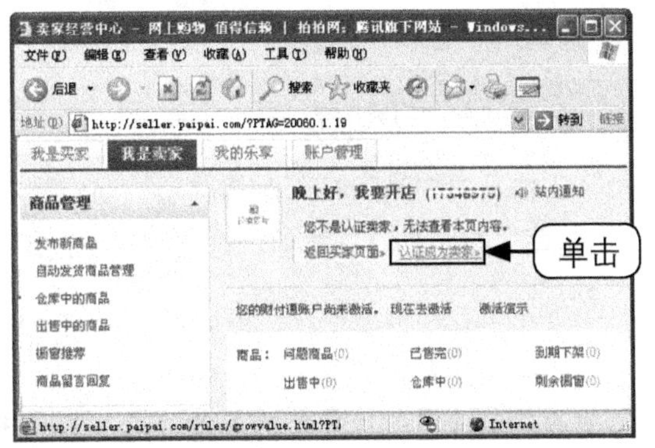

STEP 02 进入"买家须知和用户协议"页面，单击"开始申请"按钮，如下图所示。

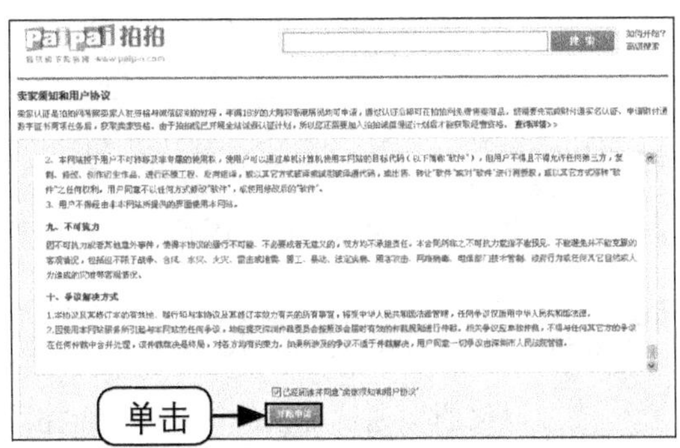

STEP 03 进入“卖家认证”页面，显示3个步骤，分别为申请实名认证、申请数字证书、获取卖家资格，这里单击“申请实名认证”按钮，如下图所示。

STEP 04 执行上一步操作后会弹出一个提示框，直接单击“确定”按钮，如下图所示。

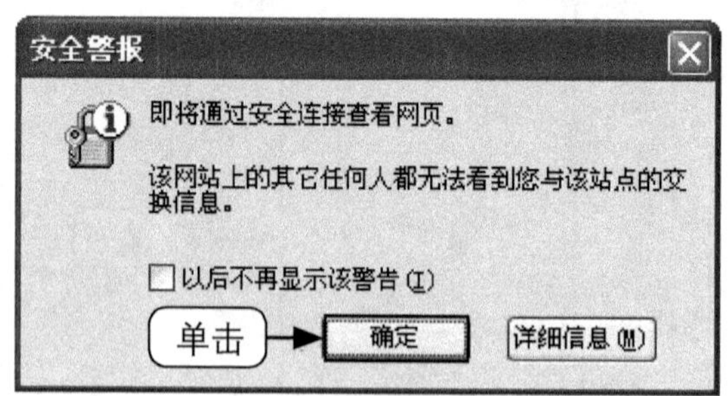

STEP 05 显示“实名认证”页面，单击“申请实名认证”按钮，如右图所示。

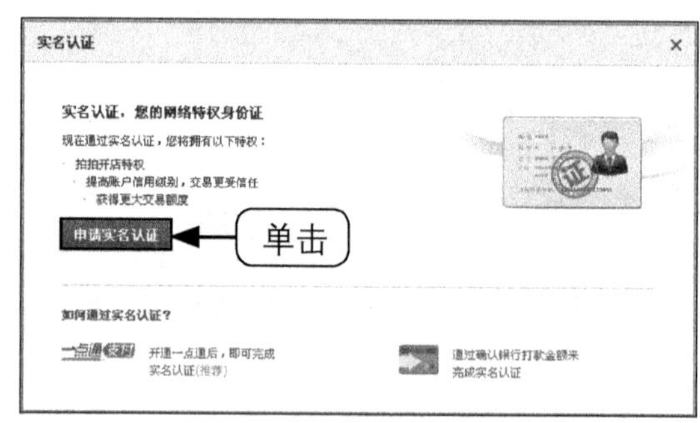

STEP 06 进入银行认证页面，单击“银行打款认证”区域右侧的“立即认证”按钮，如下图所示。

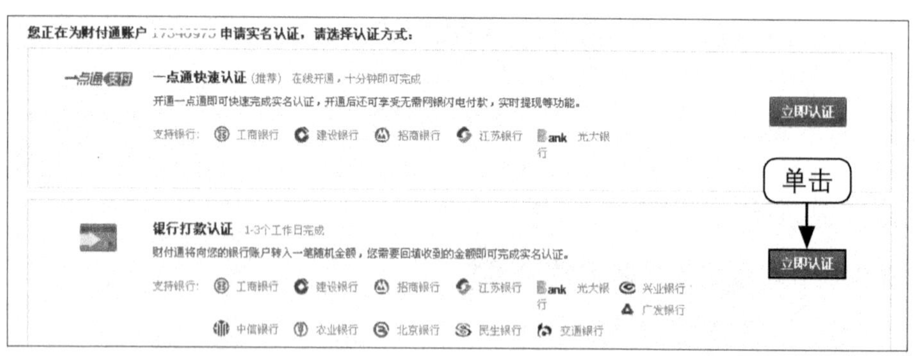

STEP 07 执行上一步操作以后，财付通会在1~3个工作日内向银行打入一笔款项，用户到时再到这里进行相应的确认操作即可完成认证，具体方法与支付宝的认证类似，这里不再赘述。

14.1.3 申请数字证书

完成财付通实名认证以后，接下来的操作就是申请数字证书，只有完成了这一步，才能继续申请卖家资格。

STEP 01 进入“卖家认证”页面，单击“申请数字证书”按钮，如下图所示。

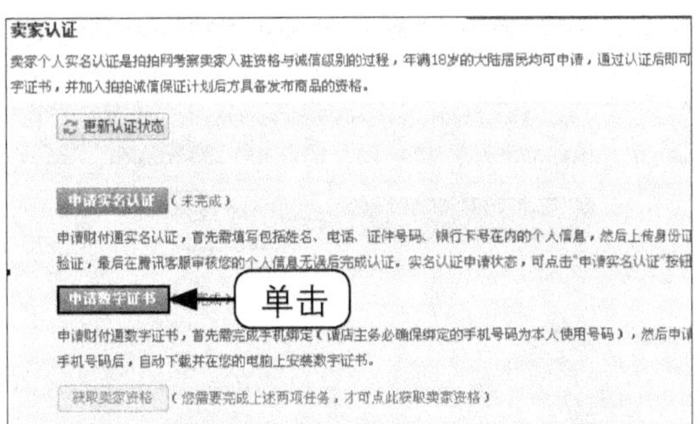

STEP 02 进入我的财付通，提示账户还没有绑定手机，单击“绑定手机”按钮，如下图所示。

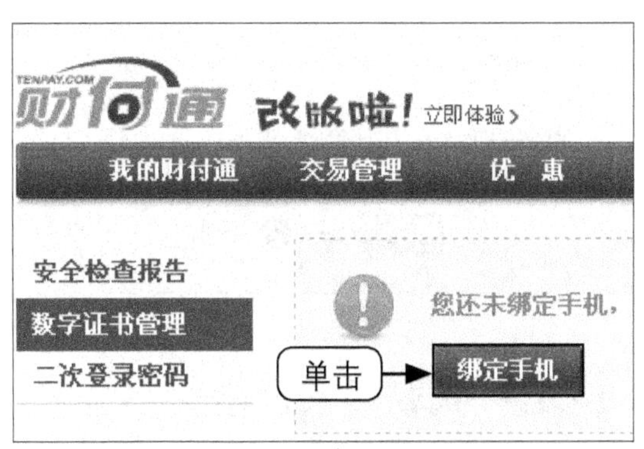

STEP 03 ❶打开“手机绑定”对话框，输入手机号码和支付密码；❷单击“下一步”按钮，如下图所示。

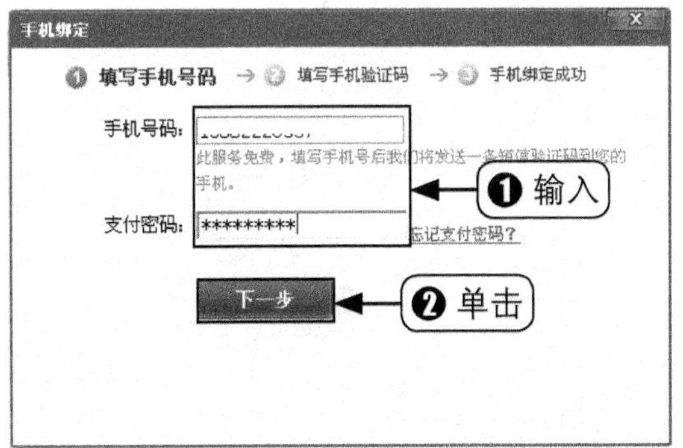

STEP 04 此时会自动向我们的手机发送验证码，❶输入验证码；❷单击“下一步”按钮，如下图所示。

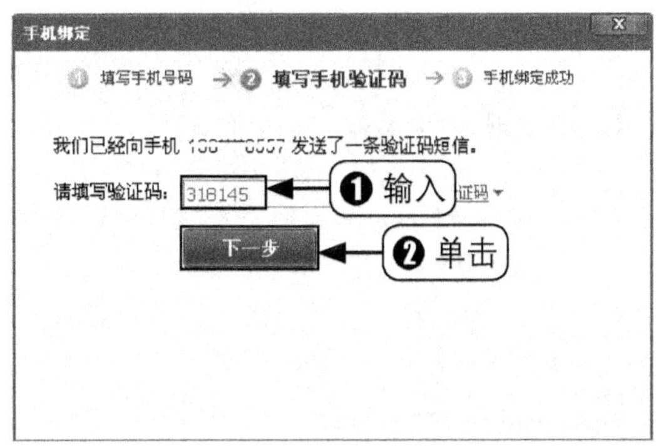

STEP 05 提示绑定手机成功，单击下方的“继续申请数字证书”按钮，如下图所示。

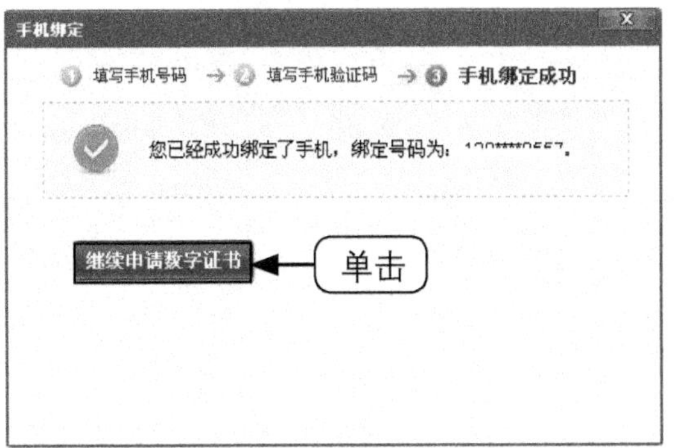

STEP 06 ❶设置证书使用地点以及验证码；❷单击“下一步”按钮，如下图所示。

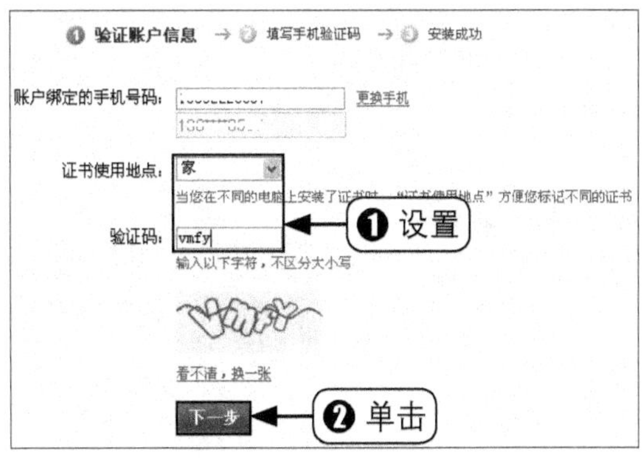

STEP 07 ❶输入手机上收到的验证码；❷单击“下一步”按钮，如下图所示。

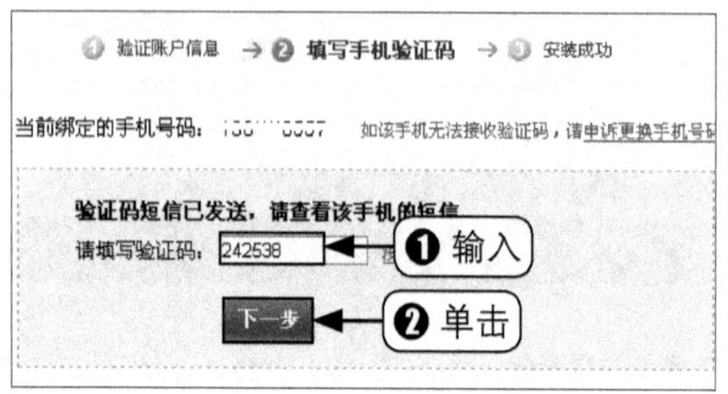

STEP 08 提示证书安装成功，单击“检测我的安全级别”按钮可以查看当前的安全级别，如下图所示。

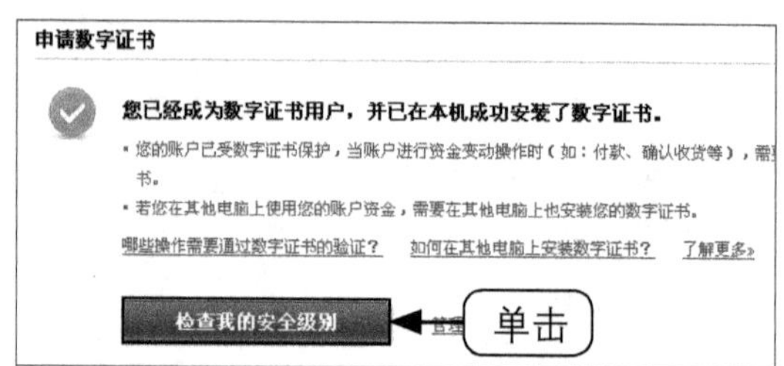

14.1.4 获取卖家资格

完成了财付通实名认证及数字证书安装以后，接下来就可以直接获取卖家资格，在拍拍网开设店铺了。

STEP 01 进入“卖家认证”页面，单击“获取卖家资格”按钮，如下图所示。

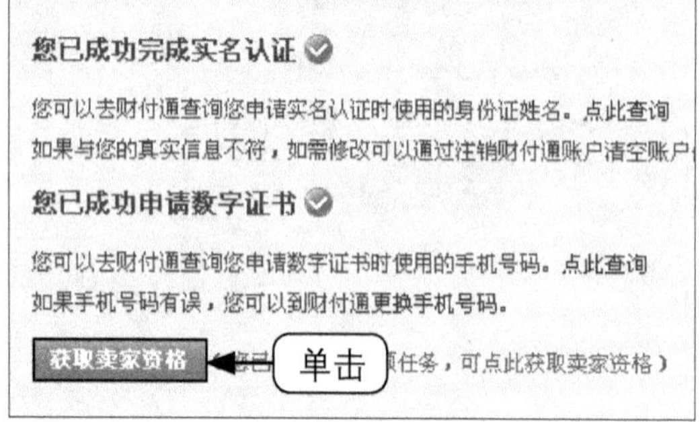

STEP 02 ❶输入身份证号码；❷单击“提交”按钮，如下图所示。

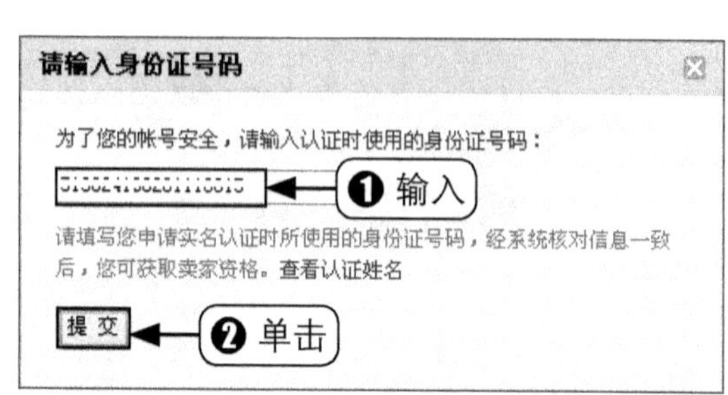

STEP 03 稍等片刻，提示成功获取卖家资格，同时提示卖家要开店还必须加入诚信保证，如下图所示。

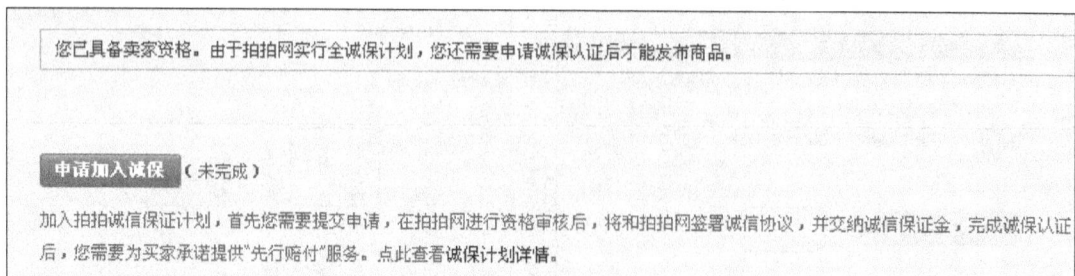

您已具备卖家资格。由于拍拍网实行全诚保计划，您还需要申请诚保认证后才能发布商品。

申请加入诚保（未完成）

加入拍拍诚信保证计划，首先您需要提交申请，在拍拍网进行资格审核后，将和拍拍网签署诚信协议，并交纳诚信保证金，完成诚保认证后，您需要为买家承诺提供“先行赔付”服务。点此查看诚保计划详情。

14.2 加入拍拍诚信保证计划

与淘宝网开店以后可自由选择是否提交押金加入买家保障不同，在拍拍网中，当用户获得开店资格以后，还要加入拍拍诚信保证计划并提交保证金才能真正开店。

14.2.1 了解诚信保证计划

“诚信保证计划”是拍拍网为购物买家提供的一项全面保证协议，所有拍拍网卖家必须申请加入“诚信保证计划”，通过拍拍网的资格审核后，和拍拍网签署诚信协议，并缴纳诚信保证金，到这个时候卖家才能真正成功开店，而拍拍网将为这些店铺提供“先行赔付”和“7天包退”的担保，如下图所示。

买家使用财付通购买这些店铺的商品，如果在收到货物后14天内出现商品质量等卖家导致的问题，拍拍网将协助买家向卖家提出退货赔付申请，如果卖家对申请不予接受，拍拍网将会先行赔付给买家，优先保证买家的权益。如果买家购买支持“7天包退”的商品并通过财付通完成付款，在收到货物后7天内若对商品不满意，在商品、附件及包装保存完好并承担往来邮费的情况下，可以申请退货。

1. 申请加入诚信保证计划的条件

目前加入诚信保证计划需满足以下条件。

（1）需进行拍拍卖家身份认证。

（2）店铺好评率达到97%以上（含97%）。

（3）如果卖家是新开店，无信用度，不需要满足好评率达到97%以上（含97%）这个限制。

（4）同意按本协议规定缴存保证金于自己的财付通账户并授权拍拍网冻结。

若用户满足以上条件，即可通过前面介绍的方法申请加入“诚信保证计划”。

2. 不同类目卖家缴纳保证金的额度

下表列出了拍拍网各类目的基础诚信保证金参考额度，基于各类目的运营情况不同，拍拍网会根据类目运营需要以及卖家经营情况对保证金额度略有调整，最终冻结保证金以系统通知为准。

类目名称	基础额度（元）	类目名称	基础额度（元）
电脑硬件/台式电脑/网络设备	2000	家具/宜家代购	1000
珠宝首饰/时尚饰品	1000	居家日用/厨房浴室/工艺家饰	1000
数码相机/摄像机/冲印	2000	装潢/五金/安防/卫浴	1000
运动/休闲/健身	1000	钻石/翡翠/金饰/宝石	2000
运动鞋	1000	男鞋/服饰配件	1000
户外/军品/旅游/机票/骑行	1000	运动服饰/配件/包袋	1000
邮币/古董/字画/收藏	2000	床上用品/靠垫抱枕/布艺制品	1000
汽车/配件/改装/摩托	2000	腾讯QQ专区（不支持7天包退）	1000
住宅/商铺/办公楼租售	1000	移动/联通/电信充值中心	1000
彩妆/香水/护肤/美体	1000	IP卡/网络电话/手机号码	1000
女装/女士精品	1000	网络游戏装备/游戏币/代练	1000
女士配件	1000	平台加款卡（批发）	1000
女鞋	1000	网络游戏点卡	1000
ZIPPO/瑞士军刀/饰品	1000	MP3/MP4/录音笔/电子书	2000
男装	1000	品牌手表/流行手表（新）	1000
婴幼/孕妇用品/童装	1000	品牌手机	2000
书籍/报纸/杂志	1000	笔记本	2000
宠物/礼品/鲜花/服务	1000	热销女包/男包/箱包皮具	1000
电影/电视/音乐/曲艺	1000	国货精品手机	2000
女士内衣/袜子/泳装	1000	国货精品视听	2000
数码配件广场/耳机耳麦	1000	电玩/游戏机/配件/游戏软件	2000
网络服务/电脑软件	1000	玩具/模型/娃娃/人偶（新）	1000
办公设备/文具/耗材/软件	2000	成人用品/避孕/计生用品	1000
家用电器/小家电/厨电/个人护理/按摩保健	2000	电子辞典/学习机	2000
旅游/票务	1000	电子器材/元件/配件	1000
食品/茶叶/特产/滋补品	3000	乐器	1000

14.2.2 加入并提交保证金

开通店铺以后，还需要为店铺选择经营类别并申请加入诚信保证计划，当通过拍拍网审核以后，还需要提交相应保证金，具体操作如下。

STEP 01 进入“卖家认证”页面，在最下方单击“申请加入诚保”按钮，如下图所示。

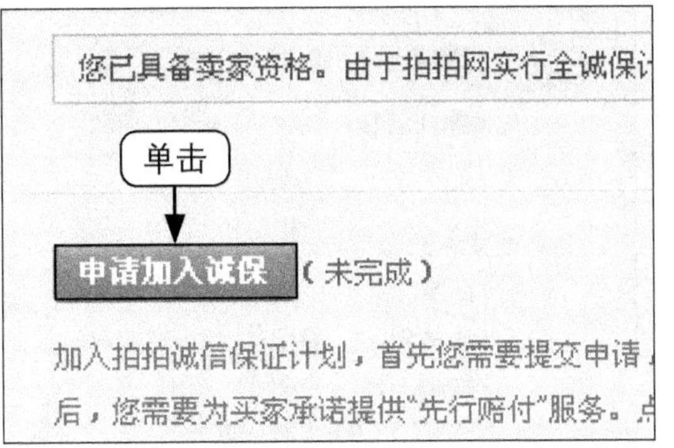

STEP 02 ❶设置店铺的类别和主要经营的项目；❷单击“保存”按钮，如下图所示。

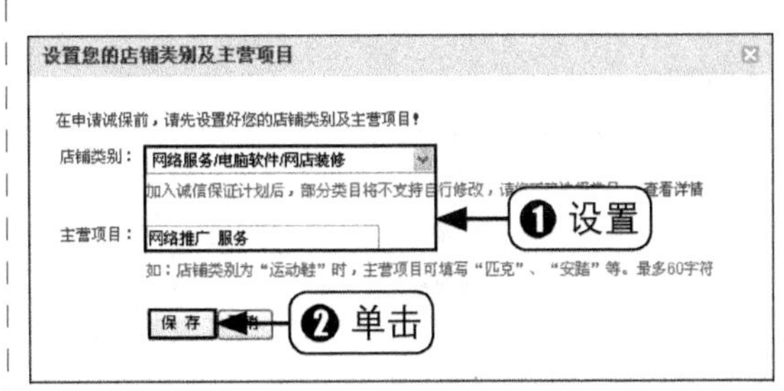

STEP 03 进入“诚信保证计划”页面，在右侧单击“申请开通”按钮，如下图所示。

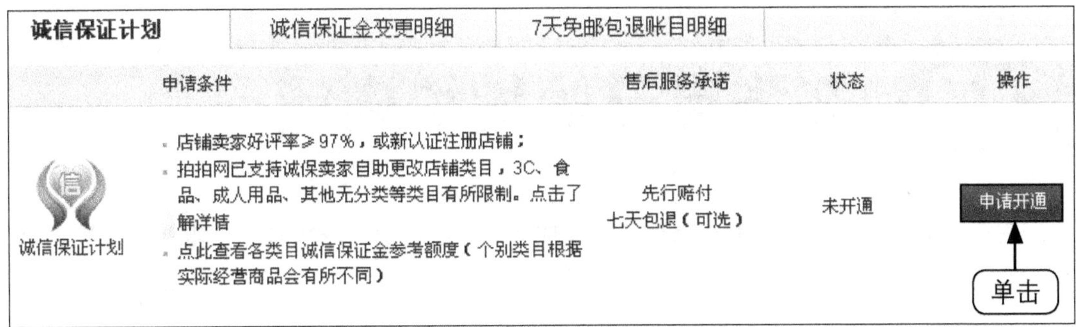

STEP 04 打开许可协议页面，阅读相关许可协议后单击“申请加入‘诚信保证计划’”按钮，如下图所示。

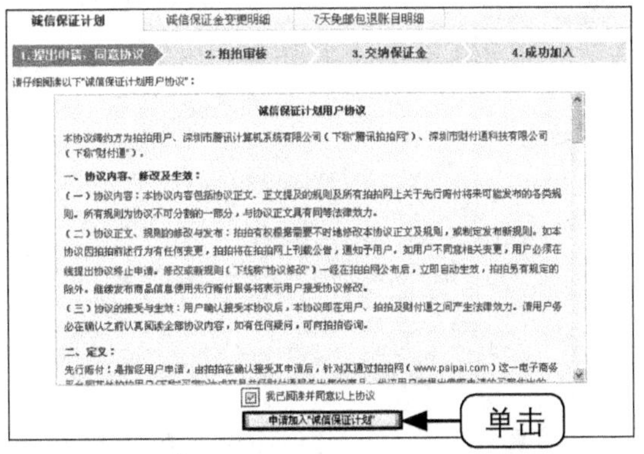

STEP 05 提示申请通过后单击下方的“去财付通交纳保证金”按钮，如下图所示。

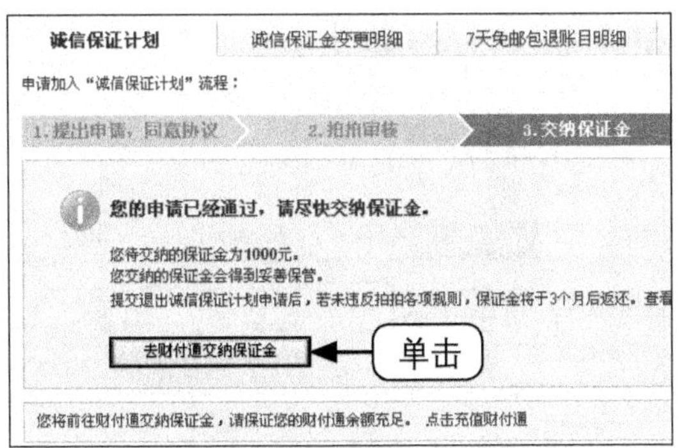

STEP 06 ❶进入财付通付款页面，输入财付通支付密码；❷单击“确认提交”按钮，如下图所示。

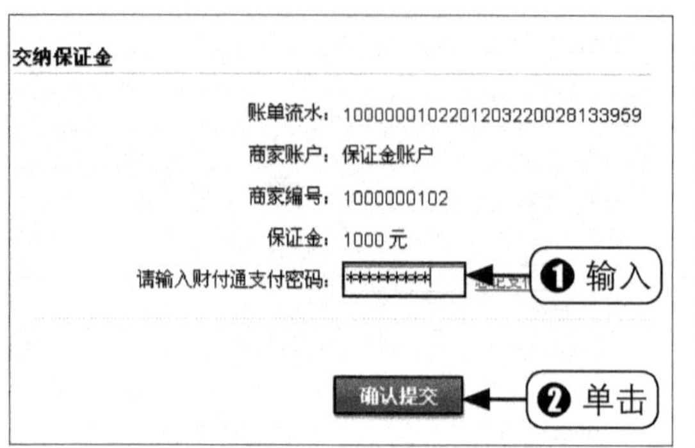

STEP 07 稍等片刻即会提示用户成功加入“诚信保证计划”，如下图所示。

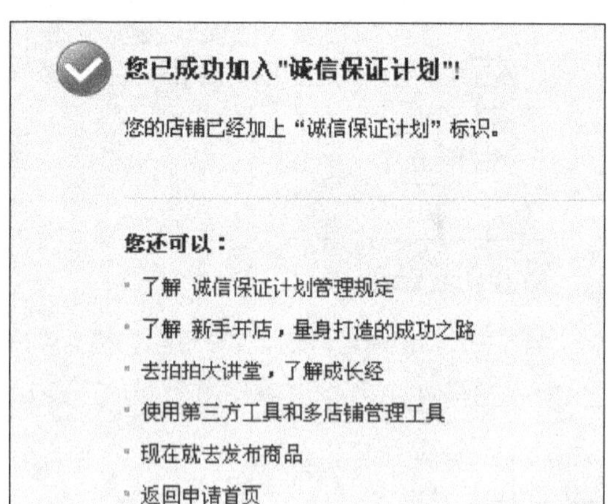

14.3 开张自己的拍拍店铺

完成上面操作后，基本上店铺也就申请成功了，不过要开张店铺，还需要和淘宝店铺一样，先进行一些必要的设置。

14.3.1 设置店铺LOGO

和淘宝店铺一样，拍拍店铺也需要设置店标，也就是店铺的LOGO图片，其具体操作方法如下。

STEP 01 进入“我是卖家”页面，单击如下图所示的空白处缩略图。

STEP 02 打开“基本信息”设置页面，单击“浏览”按钮，如下图所示。

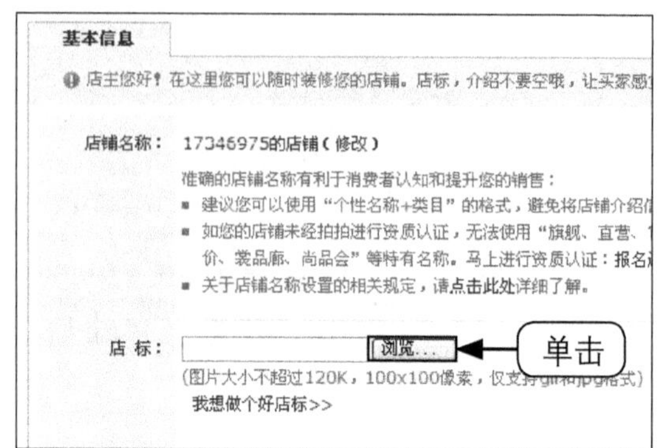

STEP 03 ❶打开“打开”对话框，选择自己做好的LOGO图片；❷单击“打开”按钮，如下图所示。

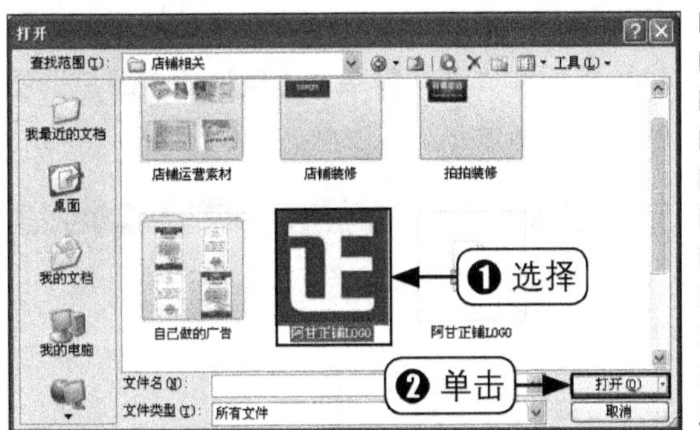

STEP 04 店标设置完成后，原本空白处的缩略图将显示当前上传的LOGO标志，如下图所示。

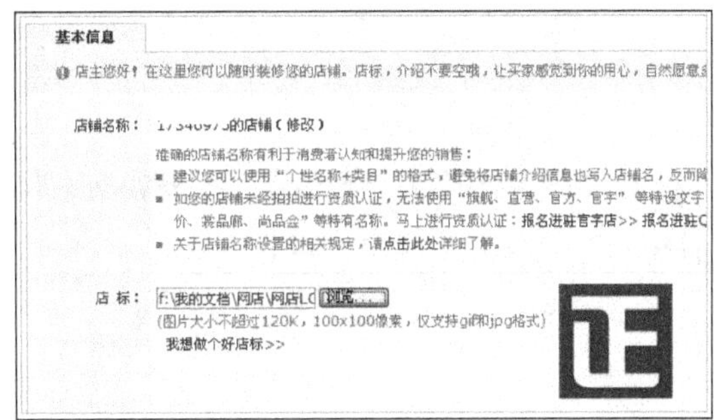

14.3.2 修改店铺名称

店铺名称可以让用户轻松搜索到你，同时一个好的店铺名还能够起到好的广告效应，而拍拍网默认使用注册的QQ号作为店铺名称，下面来讲解店铺名称的修改方法。

STEP 01 打开“基本信息”设置页面，在店铺名称右侧单击“修改”链接，如下图所示。

店铺名称： 1734б975的店铺（修改）

准确的店铺名称有利于消费者认知

■ 建议您可以使用 单击 称+类

■ 如您的店铺未经拍拍进行资质认

价、装品廊、尚品会”等特有名

■ 关于店铺名称设置的相关规定，

STEP 02 ❶在显示的文本框中输入新的店铺名称；❷单击“保存”按钮，如下图所示。

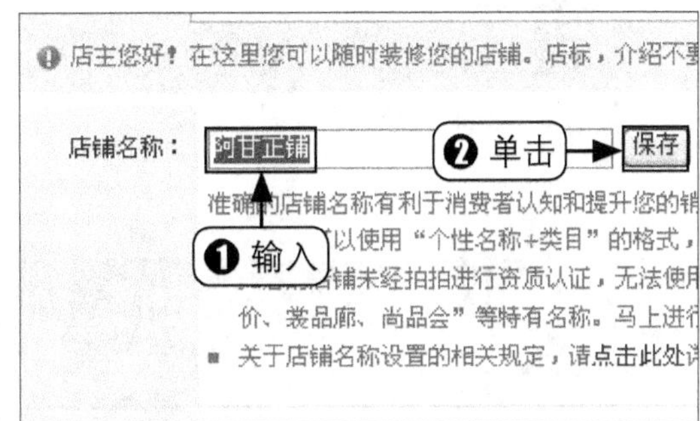

一点通 起名规则

如果是普通卖家，建议使用“个性名称+类目”的格式，如“阿甘男装服饰店”；如果具有品牌代理权，建议使用“品牌+经销商名”的形式，如“三星手机专营店”。

14.3.3 填写店铺公告

店铺公告用于显示一些针对店铺的当前信息，如促销、优惠信息以及店铺说明等。店铺公告的特点是可以定期更换，针对不同的状况来发布相应的信息。

STEP 01 进入“基本信息”设置页面，在页面下方的店铺介绍中输入详细的店铺内容介绍，并通过各种工具按钮对文本进行设置，如下图所示。

STEP 02 ❶除了文字描述外，卖家还可以搭配相应的介绍图片，在这里可以单击“拍拍相册图片”或者“QQ相册图片”图标来选择相册空间的广告图片（可以自行设计好后上传到拍拍相册空间）；❷单击“确认插入图片”按钮，如下图所示。

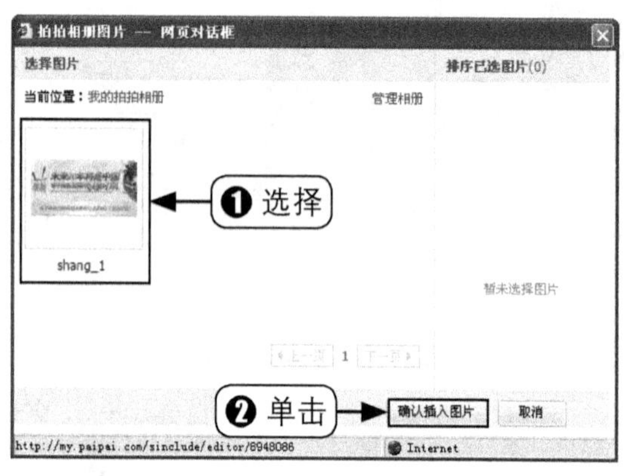

STEP 03 插入图片成功，单击“提交以上修改”按钮即可完成公告设置。

提个醒 公告信息的合理利用

合理设置公告信息，可以让客户快速了解店铺的一些规则，方便交易，同时运用一些图片元素也可以有助于宣传店铺。

技能实训 增强动手能力

通过对前面内容的学习，为了巩固读者所学的相关知识，下面安排实训任务来增强读者的动手能力和相关技能的综合应用水平。

实训一 获得自己的拍拍店铺浏览地址

开通店铺以后，其他用户就可以通过我们独有的域名访问店铺，查看店铺里的相关商品。下面介绍如何获得自己店铺的域名地址，具体步骤如下。

STEP 01 登录拍拍卖家中心，在“店铺管理”栏中单击“查看我的店铺”链接，如下图所示。

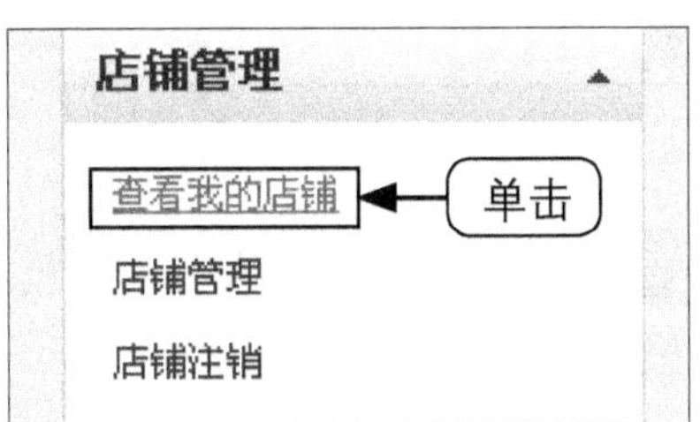

STEP 02 此时会自动打开自己的店铺，浏览器地址栏中就是自己的拍拍店铺地址，如下图所示。

一点通 地址的固定性

拍拍网的店铺地址很简单，一般都是“http://shop.paipai.com/xxxxxx”格式，其中，xxxxxx代表你的QQ号码，获取地址以后可以推广给自己的朋友及同事。

实训二 将淘宝店铺的商品转移到自己的拍拍店铺

一般开拍拍店的掌柜都开通了淘宝店铺，如果两个店铺上传同样的商品，可以考虑直接进行商品的转移。

下面介绍具体的转移方法，具体操作步骤如下。

STEP 01 打开淘宝助理，❶选择淘宝店铺中的商品；❷单击“CSV导出”按钮，如下图所示。

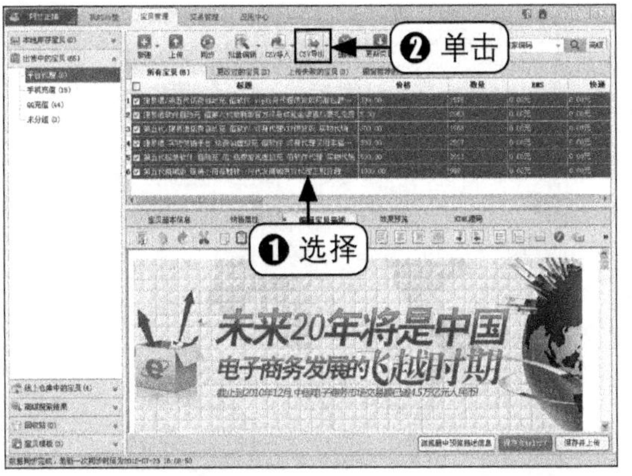

STEP 02 ❶在弹出的对话框中选择保存地址，输入文件名；❷单击“保存”按钮，如下图所示。

STEP 03 淘宝助理提示导出成功后，单击“确定”按钮，如下图所示。

STEP 04 打开腾讯拍拍助理，单击“导入”按钮，如下图所示。

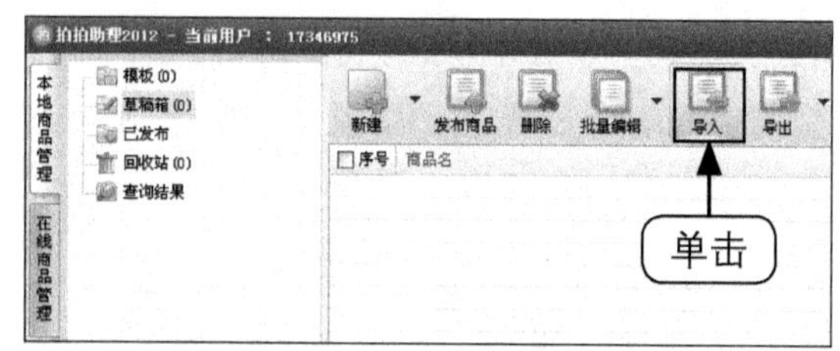

STEP 05 ❶在打开的对话框中选择淘宝助理中导出的数据包；❷单击“打开”按钮，如下图所示。

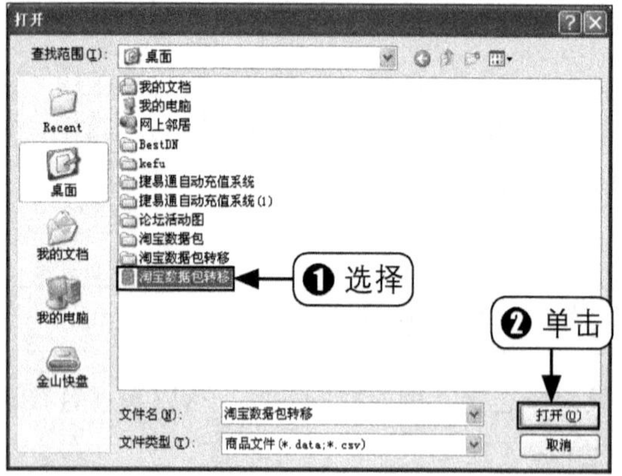

STEP 06 弹出“导入商品”对话框，单击“确认导入”按钮，如下图所示。

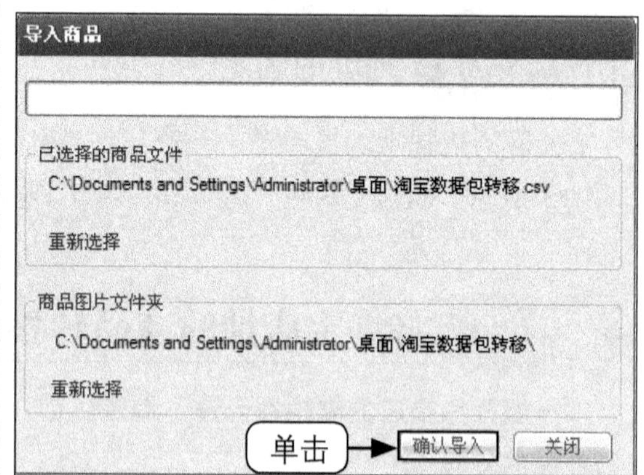

STEP 07 导入商品成功后，直接单击“发布商品”按钮，如下图所示。

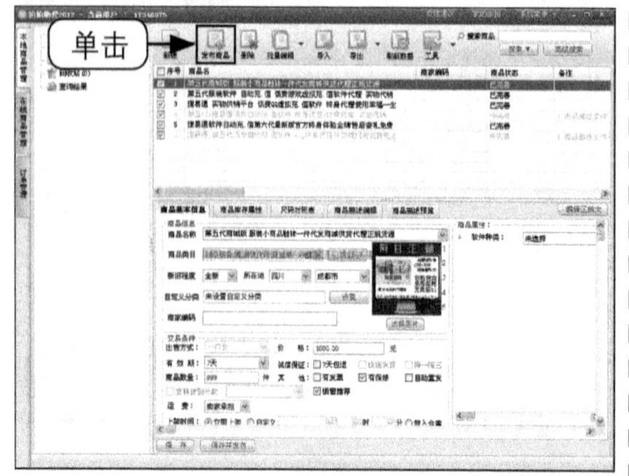

STEP 08 打开“发布新商品”对话框，单击下方的“确认发布”按钮即可发布商品，如下图所示。

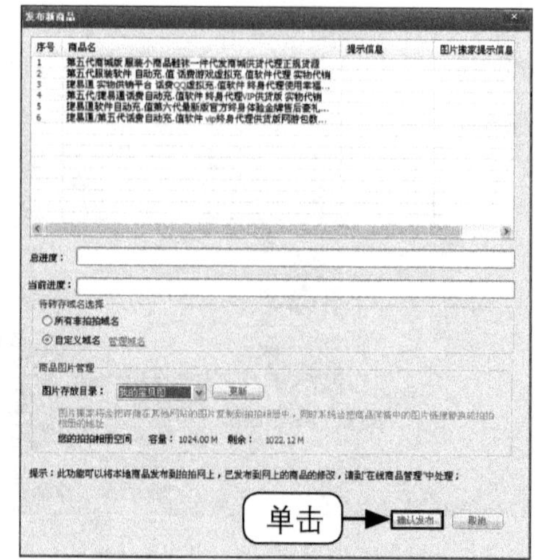

Chapter 15 网店装修技巧大全

本章导读

网店装修是经营网店的重要环节，店面布置是否合理、商品图片是否精美等因素，都将直接影响店铺在买家眼中的印象。因此，除了淘宝网提供的一些常规配置选项，卖家还应掌握一些利用其他软件或其他方法来美化店铺的操作技巧。

本章学完后您会的技能

- 特殊效果的装修技巧
- 网店模板的装修技巧
- 店铺公告的装修技巧
- 店铺分类栏的装修技巧
- 其他网店装修技巧

本章内容展示

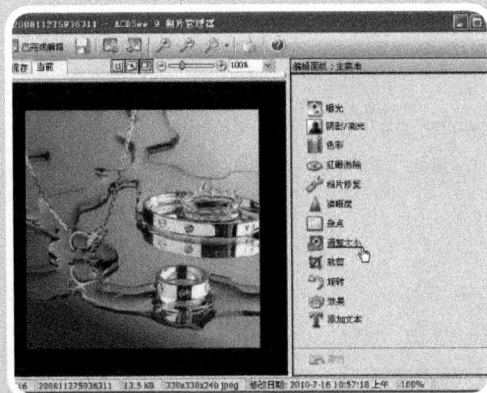

15.1 特殊效果的装修技巧

下面介绍如何通过各种方法来实现店铺的装修效果。

001 善于从淘宝大学学习装修

淘宝大学是淘宝网给想在淘宝网上开拓新天地的朋友们提供的进行学习交流的平台。通过以下简单步骤即可进入淘宝大学学习。

STEP 01 登录到淘宝网主页，单击“使用帮助”链接，如下图所示。

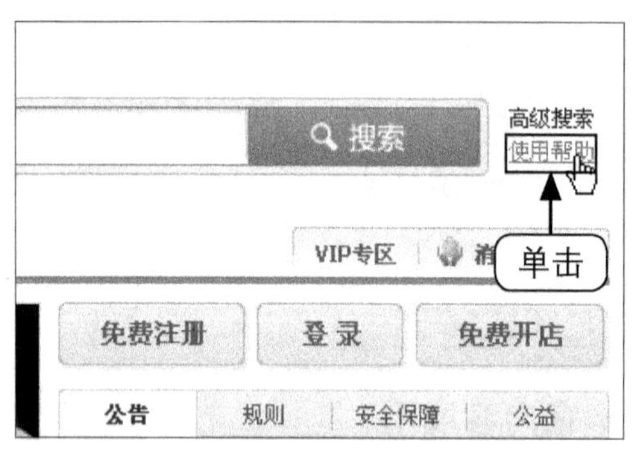

STEP 02 进入淘宝网的帮助中心，单击“淘宝大学”标签，如下图所示。

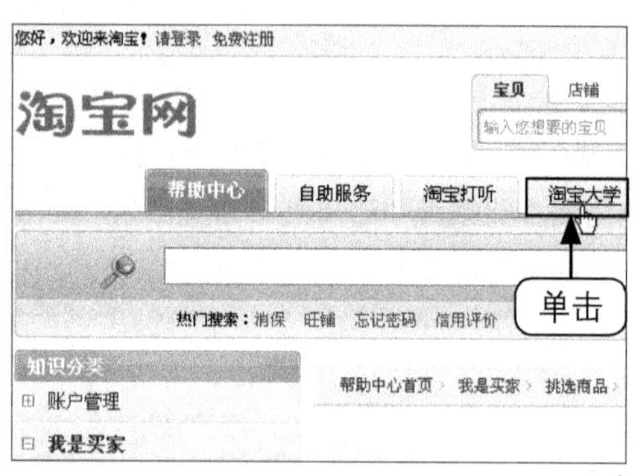

STEP 03 在淘宝大学各个分类知识项中选择自己要阅读的知识内容，如右图所示。

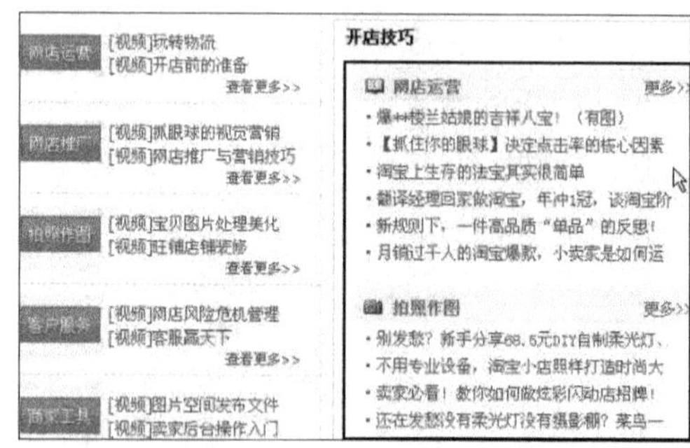

002 为网店添加滚动公告消息

网店右上方有公告栏，如果想让里面的内容滚动显示，可按如下操作方法来实现。

代码格式：<marquee>欢迎光临</marquee>

代码意义

<marquee>和</marquee>是一对控制文字滚动的代码，放在它们之间的文字显示出来的效果就是从右向左移动。代码中间的字可以换成自己想要的文字内容。

STEP 01 进入店铺装修管理状态，单击店铺公告栏旁边的“编辑”链接，如下图所示。

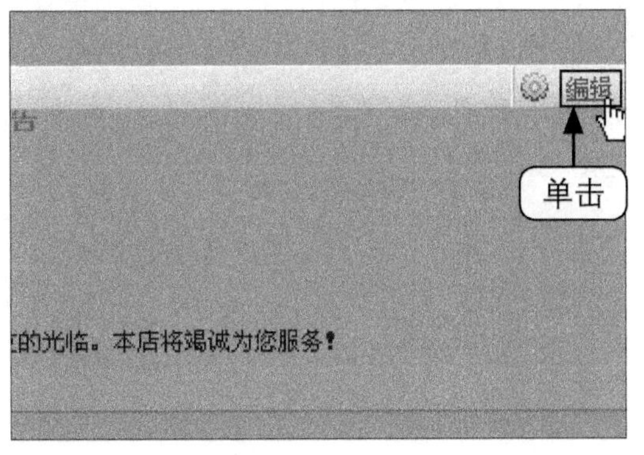

STEP 02 单击“编辑源文件”按钮，如下图所示。

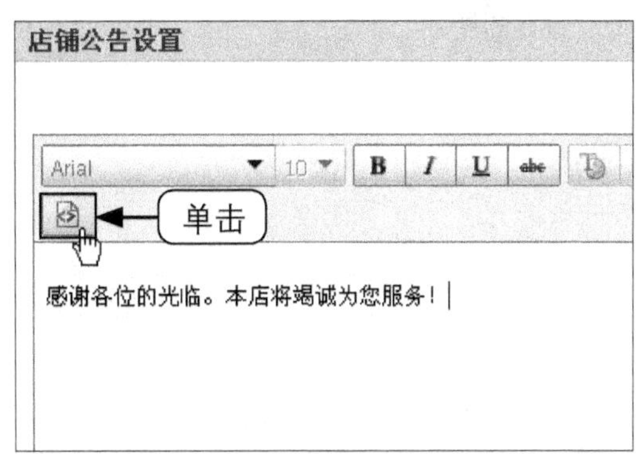

STEP 03 ❶将代码复制到此处，并注意修改代码中间的文字；❷单击“保存”按钮，如下图所示。

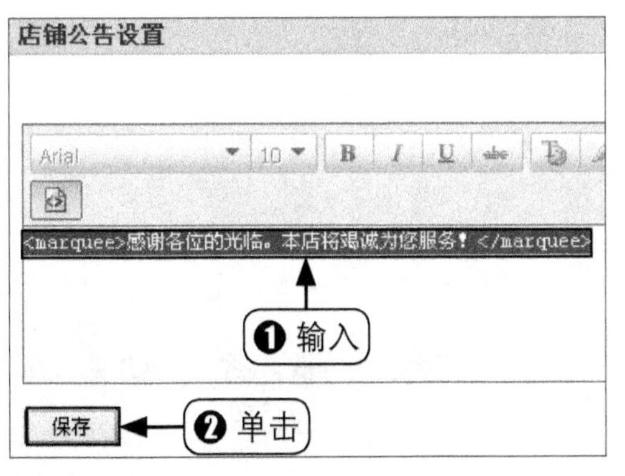

STEP 04 返回装修管理页面查看公告消息的滚动效果，如下图所示。

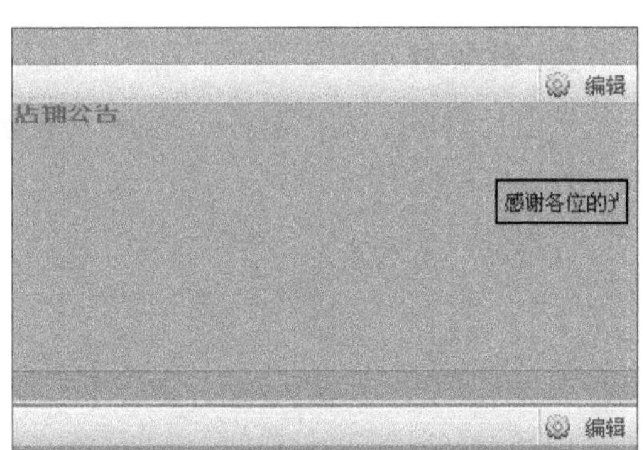

003 自定义文字颜色

在装修过程中，如果想让文字效果有一点变化，那么可以加入一些代码来改变颜色、定义粗体等，相关操作方法如下所述。

1. 自定义颜色

代码：<font color=blue>欢迎光临</font>

注解：<font color=blue>和</font>是一对控制文字颜色的代码，等号（=）后面就是颜色值，可以更换为其他颜色，如red（红）、green（绿）；也可以用#000000~#ffffff的形式。代码中间的字可以换成自己想要的文字。

2. 定义粗体

代码：<b>欢迎光临</b>

注解：<b>和</b>是一对让中间文字粗体显示的代码。代码中间的字可以自由更换。

3. 效果展示

根据店铺特色定义出不同的文字颜色等，效果如右图所示。

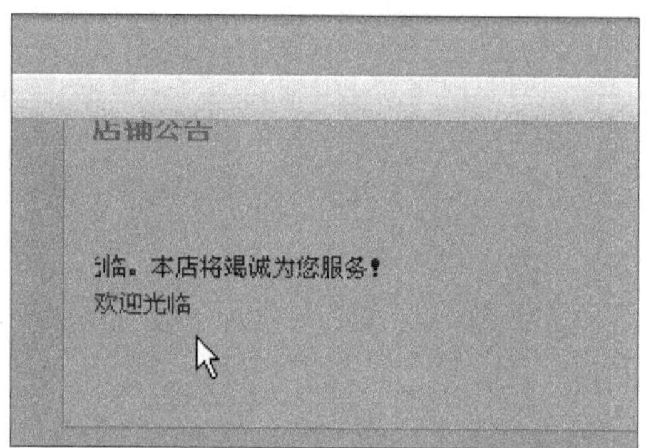

004 为文字添加背景色

为文字添加一块有底色的背景，可以更加突出显示文字。

1. 代码格式

```
<marquee bgcolor="Blue">欢迎光临 </marquee>
```

2. 效果展示

以上代码即为文字添加一个蓝色的背景条，效果如右图所示。

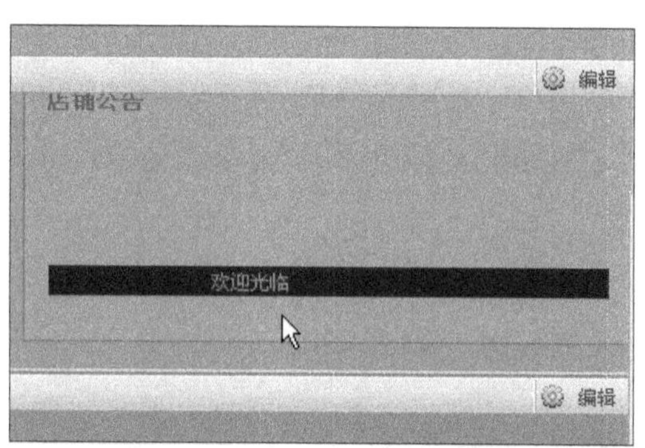

005 在店铺页面中添加背景音乐

让自己的网上店铺也能音乐环绕，增加个性特色，可按如下方法实施。

1. 代码格式

```
<bgsound src="背景音乐地址" loop="-1">
```

2. 注解说明

loop="-1"表示无限次循环播放，也可设置播放次数，用具体数字代替-1即可；音乐地址格式则应是“http://www.sy.com/m/rain.mp3”样式。

一点通 添加地点

背景音乐可以加在店铺公告、宝贝描述等任何地方。

006 免费使用旺铺扶植版

为了更好地为小卖家创造良好的创业环境，降低在淘宝网平台上开店的成本，淘宝网现在开放5星以及5星以下的所有卖家免费使用“旺铺扶植版”一年，开通方法如下。

STEP 01 登录淘宝旺铺“wangpu.taobao.com”，单击页面下方的“旺铺扶植版”链接，如下图所示。

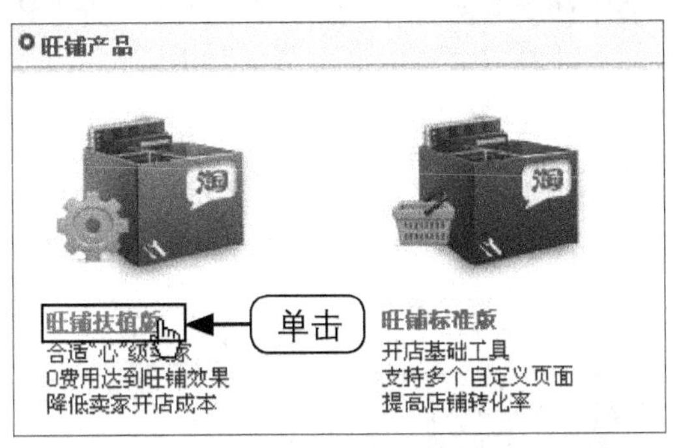

STEP 02 在打开的页面右侧单击“立即使用”按钮，如下图所示。

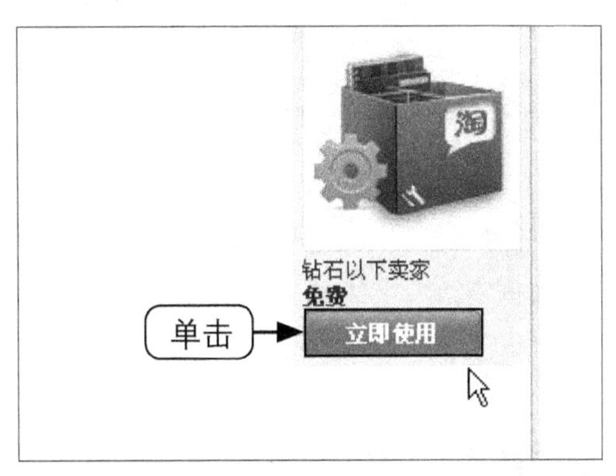

STEP 03 进入店铺装修平台，单击“升级到旺铺”标签，如下图所示。

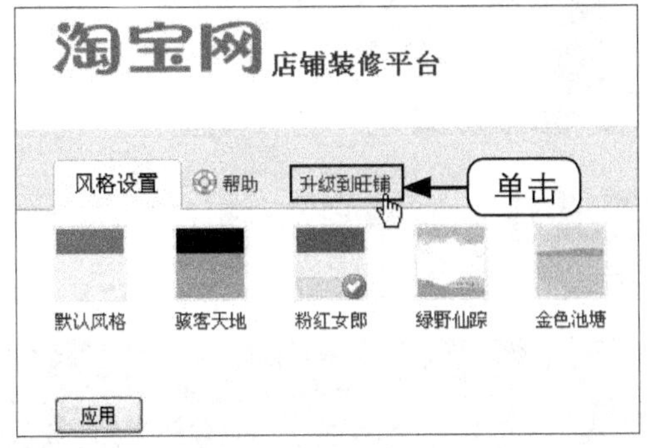

STEP 04 稍等片刻后，店铺主页面风格即更换为旺铺风格，如下图所示。

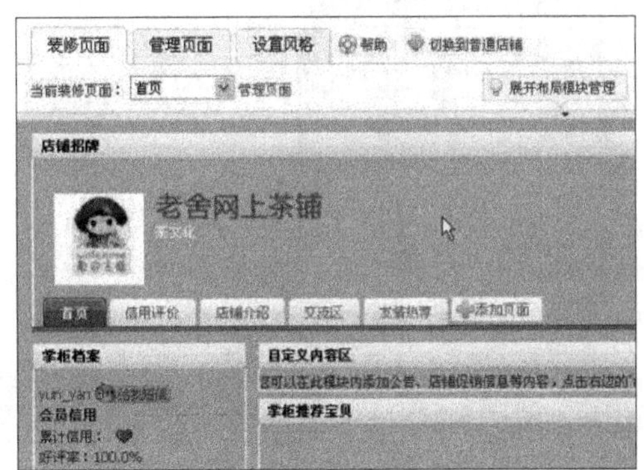

007 在线编辑网店LOGO背景图

升级为扶植版旺铺后，最上方的LOGO背景图可以根据实际需要来调整美化。在线编辑的方法如下所述。

STEP 01 ❶单击店铺招牌右侧的“编辑”链接；❷在下方的编辑设置框中单击“在线编辑”按钮，如右图所示。

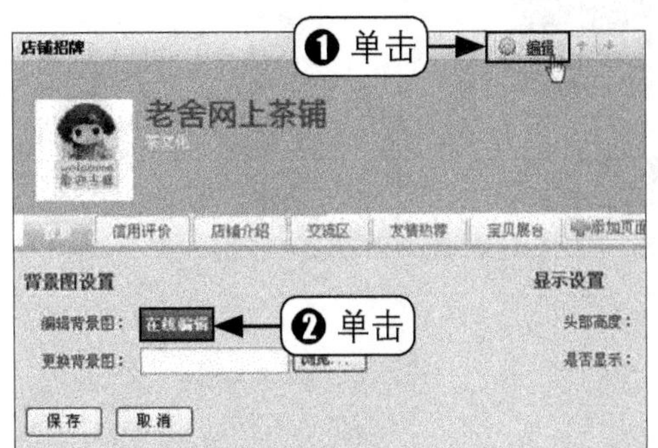

STEP 02 进入店招设计页面，选择要设计的店招所属类别，如下图所示。

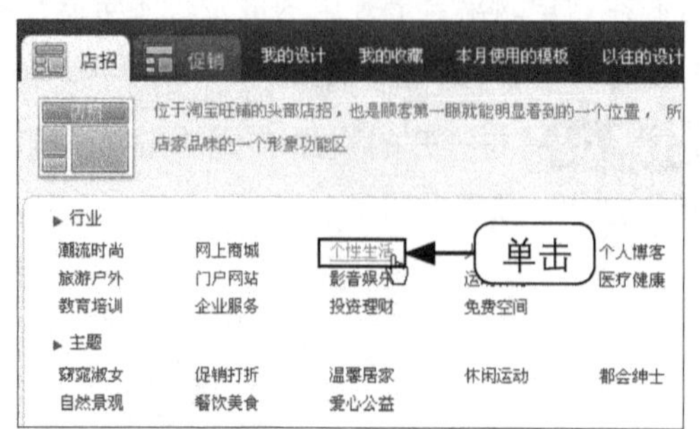

STEP 03 挑选喜欢的店招样式后，单击“开始制作”按钮，如下图所示。

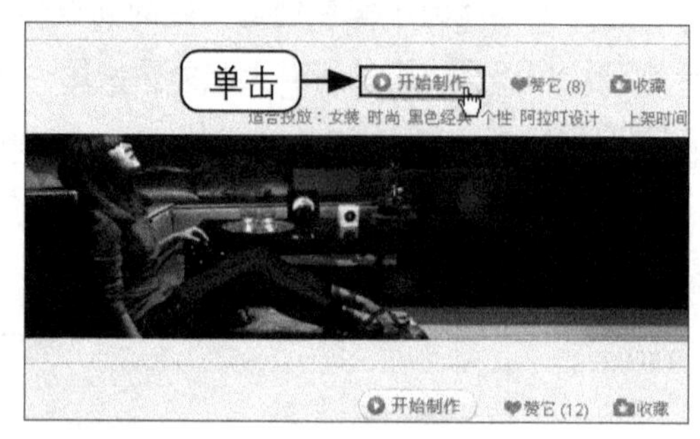

STEP 04 ❶进入店招在线编辑页面，在左侧的编辑框中选择要编辑的内容；❷在右侧的编辑栏中修改调整，如下图所示。

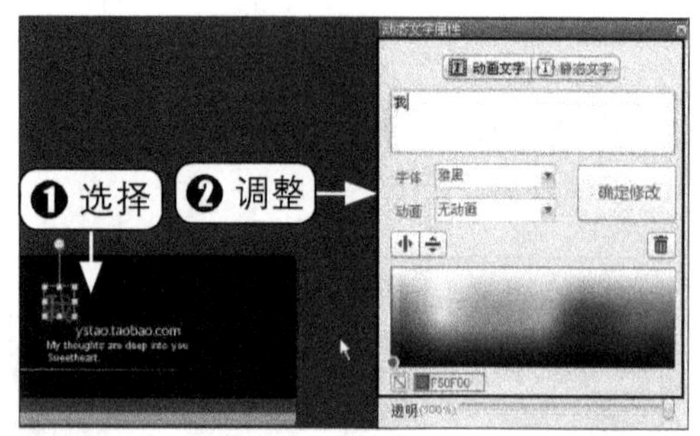

STEP 05 ❶单击页面上方的“图片”按钮；❷为店招添加其他图片素材，如下图所示。

STEP 06 完成编辑后，单击页面上方的“预览/保存”按钮，如下图所示。

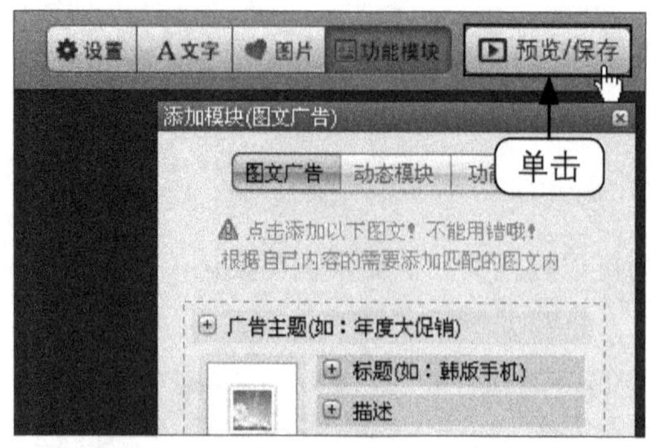

STEP 07 页面中弹出提示提醒是否立即保存，单击“确定保存设计”按钮，如下图所示。

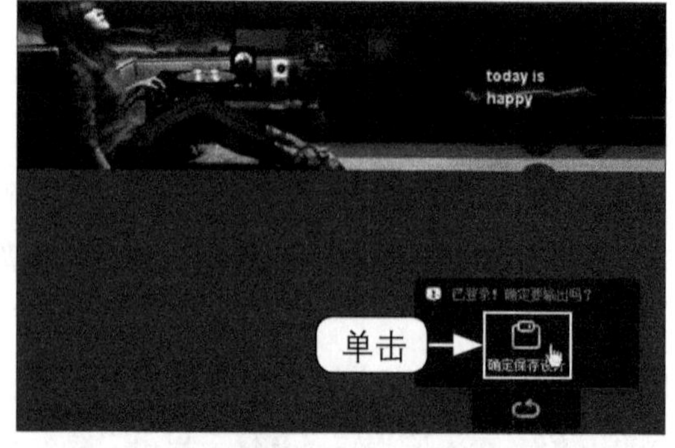

STEP 08 页面中提示完成保存，单击“查看”链接，如右图所示。

STEP 09 转入店招设计主页面，单击“应用到店招”链接，如下图所示。

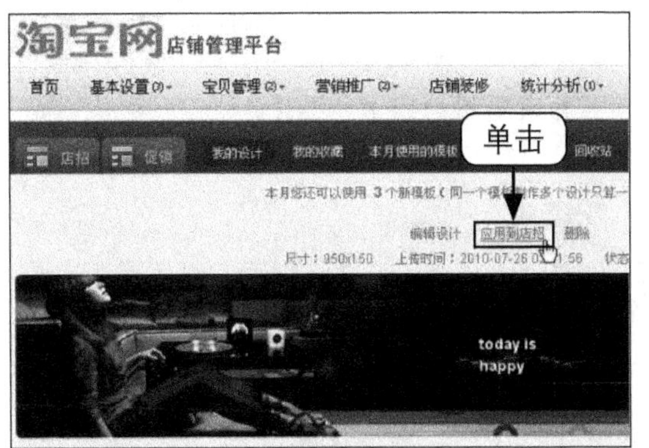

STEP 10 保存自行设计的店招图片后，即可查看实际效果了，如下图所示。

008 寻找更多免费相册上传宝贝图片

淘宝网上提供的图片上传空间是有限的，如果图片太多无法满足上传需要，则可以另外寻找一些免费上传图片的相册。

1. QQ相册空间

这是一个方便用户存储照片的地方，存储空间达到1GB。登录到自己的QQ空间后即可使用，如右图所示。

2. 网易相册

网易相册空间也是针对注册用户免费使用的，提供的存储容量同样为1GB。相册页面如右图所示。

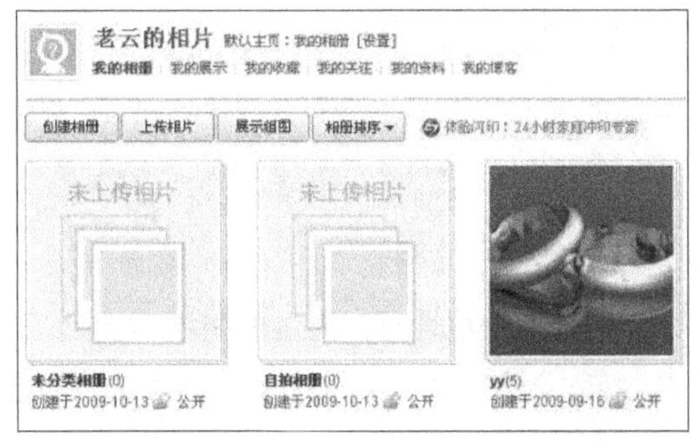

免费相册选择

选择免费相册时要注意，应选择可以复制出独立图片地址的一种。

15.2 公告分类栏的装修技巧

淘宝公告与分类栏是很重要的信息传播区域，下面来看看如何进行装修。

009 在店铺公告中添加个性鼠标指针

在店铺公告中添加个性鼠标指针的具体实施方法如下。

1．代码格式

```
<table style="CURSOR: url（'鼠标指针地址'）"><tr><td><table border="0"
style="TABLE-LAYOUT: fixed">
```

2．注解说明

鼠标指针地址可以通过网络搜索得到，直接使用“鼠标指针地址”关键字搜索即可，如右图所示。 

然后用搜索到的地址替换代码中的“鼠标指针地址”文字即可。

鼠标指针地址

让你的鼠标变个模样，小动物随你移动，哈哈！想知道怎么把漂亮的鼠标
鼠标特效代码

http://homelf.kimo.com.tw/a282828ha282828h/123.op.ani
http://homelf.kimo.com.tw/a282828ha282828h/774.pp.ani
http://homelf.kimo.com.tw/a282828ha282828h/776.op.ani
http://homelf.kimo.com.tw/a282828ha282828h/777.pp.ani
http://homelf.kimo.com.tw/a282828ha282828h/339.op.ani
http://homelf.kimo.com.tw/a282828ha282828h/771.pp.ani
http://homelf.kimo.com.tw/a282828ha282828h/341.op.ani
http://homelf.kimo.com.tw/a282828ha282828h/778.pp.ani
http://homelf.kimo.com.tw/a282828ha282828h/007.pp.ani

010 在宝贝描述中添加个性鼠标指针

操作的重点就是在宝贝描述中添加一些起到衬托作用的背景图片，相关的实施步骤如下所述。

1．代码格式

```
<table width="100%" style="CURSOR: url（'鼠标指针地址'）">
<tr>
<td width="100%">
</td></tr></table>
```

2．注解说明

鼠标指针地址可以通过网络搜索得到，直接使用“鼠标指针地址”关键字搜索即可。同时要注意，添加个性鼠标指针到店铺公告和到宝贝描述中的代码格式是有区别的。

011 宝贝分类的技巧

关于淘宝网店的宝贝分类，除了使用精美的图片来吸引买家外，也要注意分类内容的先后问题。一般说来应该按如下顺序分类。

1. 新款商品放在最上面

这样做是为了方便当店里有新货到时，买家能在第一时间知道。

2. 划分特价宝贝

特价是吸引人气的最好方法，要引起大家的注意，特价宝贝的销售有时也会带动其他宝贝的销售量。

3. 再按品牌划分

根据销售的商品不同，排在第三的分类名称可以按品牌名、按用途、按规格来划分，并且还可细分出子分类，如右图所示。

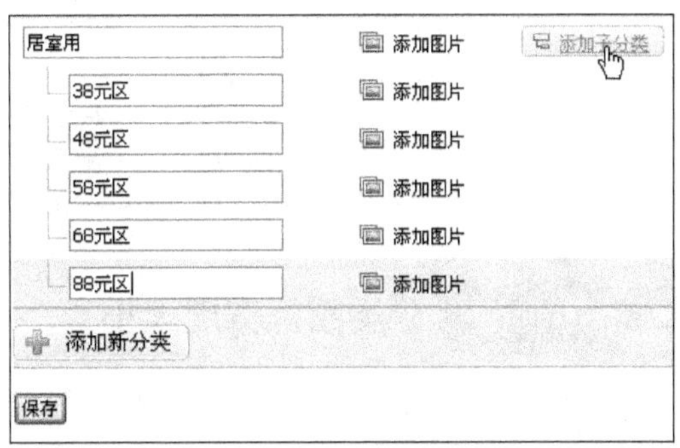

012 给网店添加计数器

计数器可以方便卖家对访问量进行统计，具体设置方法如下。

1. 代码格式

```
<a href="http://00counter.com" target="_blank"><img src="计数器地址"border=0 alt="00Counter.com"></a>
```

2. 注解说明

计数器可以添加到店铺公告、宝贝描述、店铺介绍等页面内容中。计数器地址也可以通过网络轻松搜索到，如右图所示。

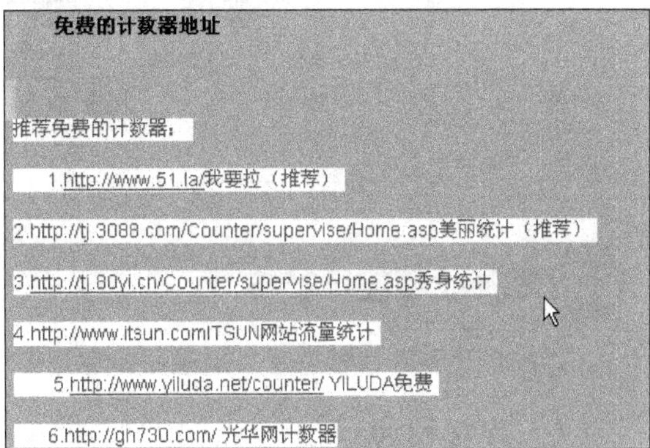

013 宝贝分类图片自己找

如果嫌自己动手制作宝贝分类图片太麻烦，但又不想仅用文字来表达，也可直接通过网络搜索特定的图片来应用，相关操作步骤如下。

STEP 01 在搜索引擎中使用“分类”等关键字搜索需要的分类图，如下图所示。

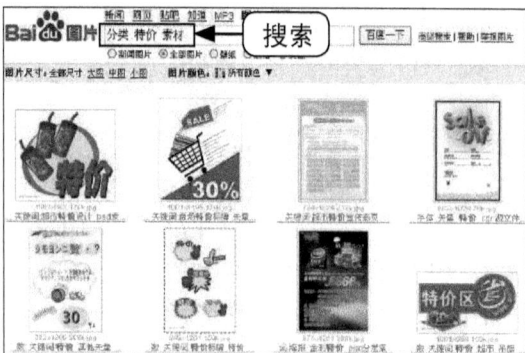

STEP 02 选择适合使用的分类图片，复制其网络地址，如下图所示。

提个醒 分类图片宽度大小

要注意宝贝分类图片宽不要超过148像素，长可以随意。

STEP 03 ❶转到宝贝分类编辑页面，粘贴图片地址；❷单击“确定”按钮，如下图所示。

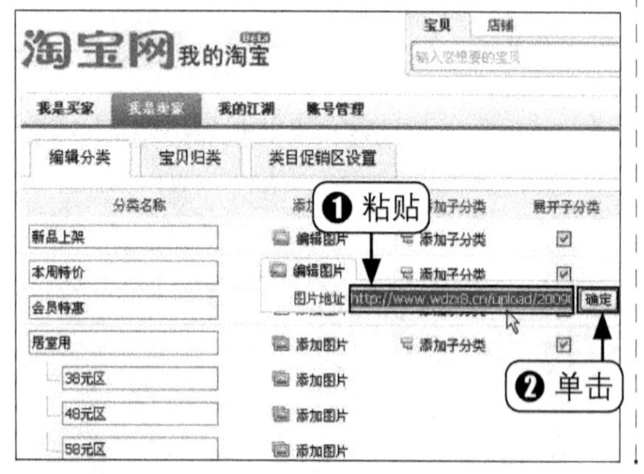

STEP 04 转到个人店铺页面，查看修改后的商品分类图效果，如下图所示。

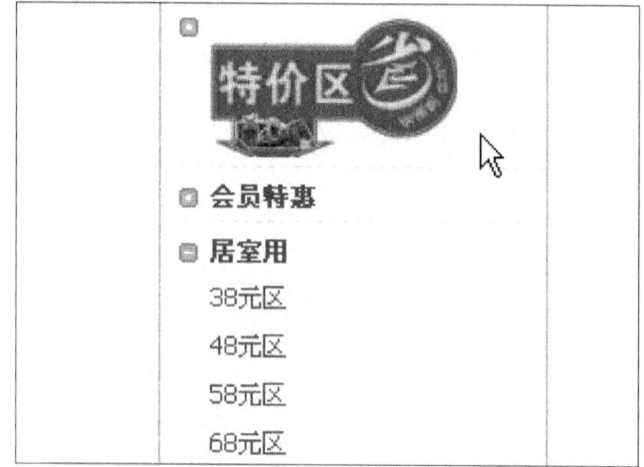

014 添加收藏宝贝链接

如果想让买家在看完宝贝描述后即能方便地收藏本店链接，可按如下方法实施。

1. 代码格式

```
<span style="CURSOR: hand"  title="想添加的名称">收藏本站</span>
```

2. 注解说明

将此段代码添加在宝贝描述的最后即可，效果如右图所示。

015 用Word制作淘宝社区签名图

如果电脑中没有安装其他制图软件，但又临时需要更改签名图，那就用Word软件来制作吧，相关操作步骤如下。

STEP 01 ❶打开Word软件，单击“视图”菜单；❷在弹出的菜单中取消“显示段落标记”一项的勾选状态，如下图所示。

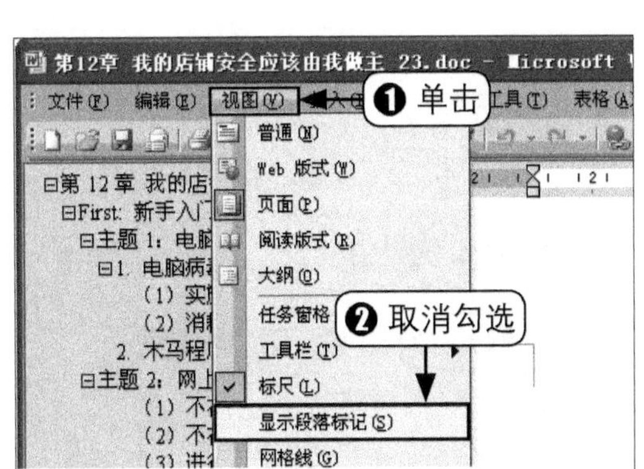

STEP 02 连续按几次【Enter】键，在页面上方空出几行后再输入签名图文字，如下图所示。

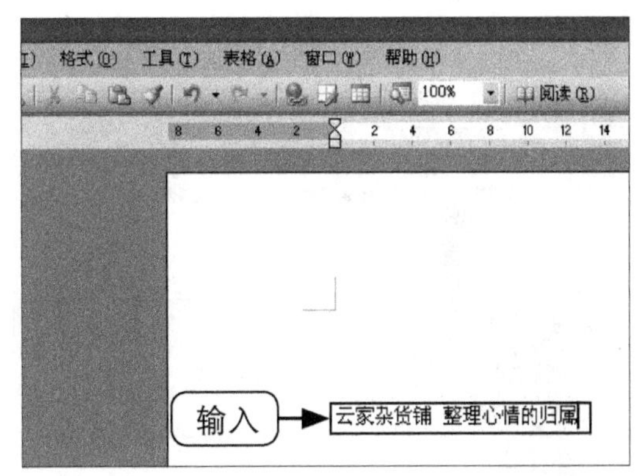

STEP 03 按实际需要对输入的签名文字进行格式的调整，如下图所示。

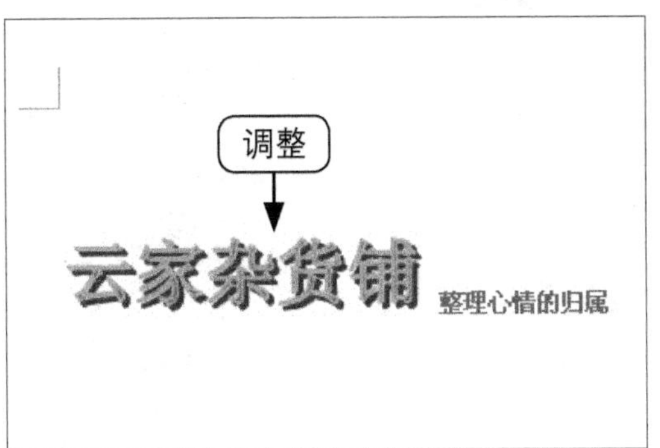

STEP 04 ❶单击“插入”菜单；❷在弹出的菜单中选择“图片”命令；❸在级联菜单中选择“来自文件”命令，如下图所示。

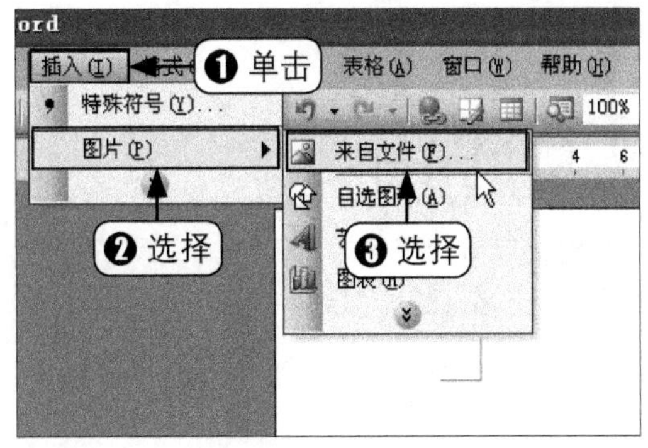

STEP 05 从硬盘导入装饰图片，❶双击插入的图片，打开属性设置对话框的“版式”选项卡；❷选择“浮于文字上方”选项，如下图所示。

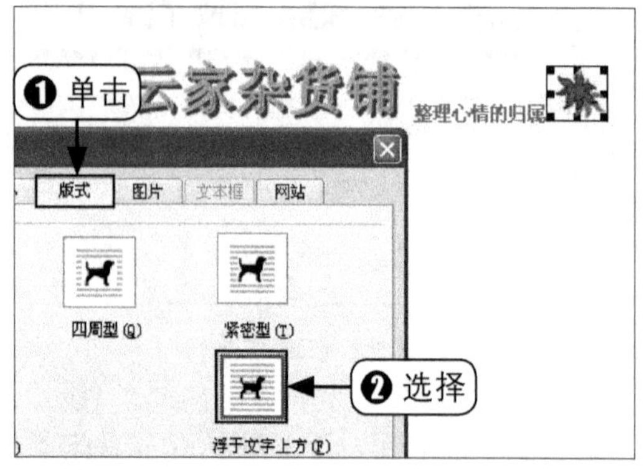

STEP 06 随意拖动图片到合适的位置，按【Print Screen】键，抓取当前截图，如下图所示。

STEP 07 打开操作系统的画图工具，将刚截取的图片粘贴进来，❶单击左上方的“选定”工具；❷在刚才粘贴过来的截图上选取编辑好的文字和图片区域，如下图所示。

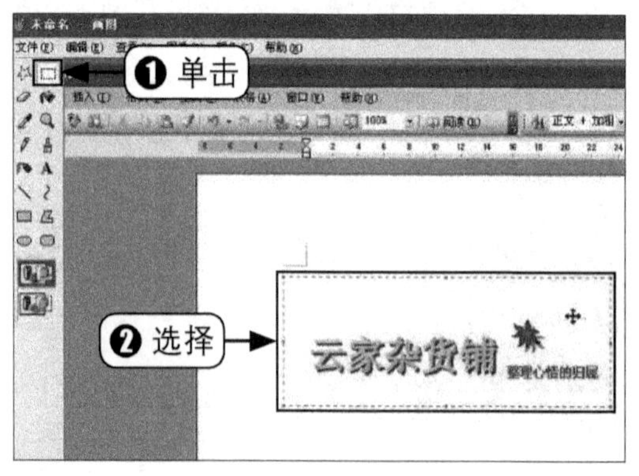

STEP 08 ❶右击选取的图片部分；❷在弹出的快捷菜单中选择“复制到”命令，将此选取的图片保存，如下图所示。

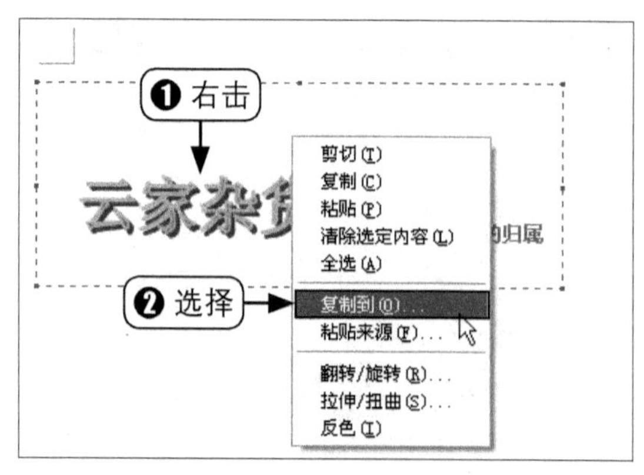

STEP 09 进入保存目录，即可查看图片效果，如右图所示。

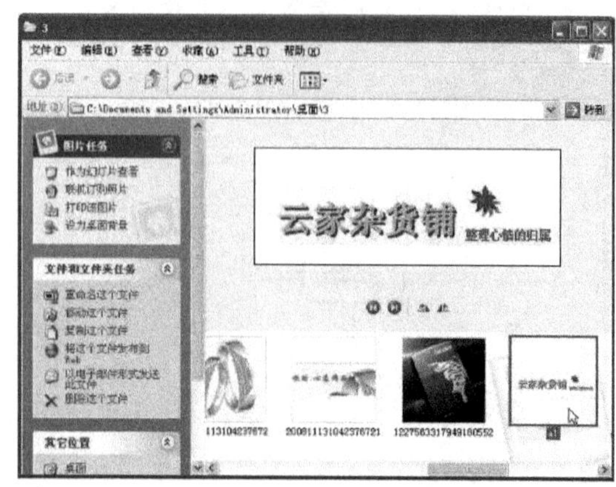

提个醒 图片格式

注意淘宝网论坛的签名档，图片尺寸是限定在468×60像素以内的。

016 学会快速截取图片

截取需要的图片，除了前面介绍的直接按【Print Screen】键外，还有功能更为全面的方法，这就是使用专门的截图软件（如SnagIt）来操作。

例如，想要抓取一个活动窗口的某个选项框，在SnagIt软件中可按如下步骤来实现。

STEP 01 ❶启动软件，在主界面中选择“窗口到文件”命令；❷单击“捕获”按钮，如下图所示。

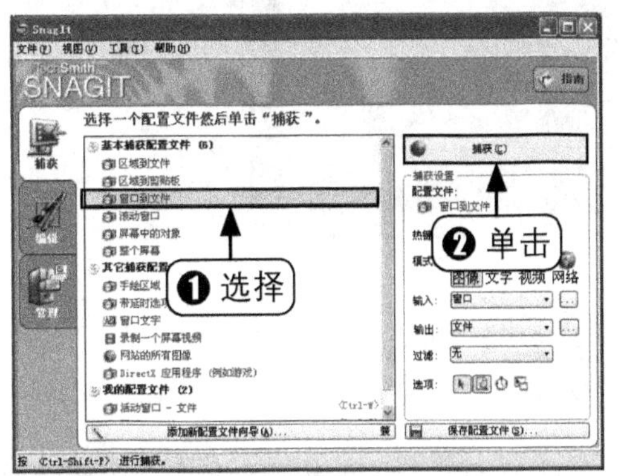

STEP 02 拖动鼠标指针到需要截取选项框的窗口，按下鼠标左键确定截取，如下图所示。

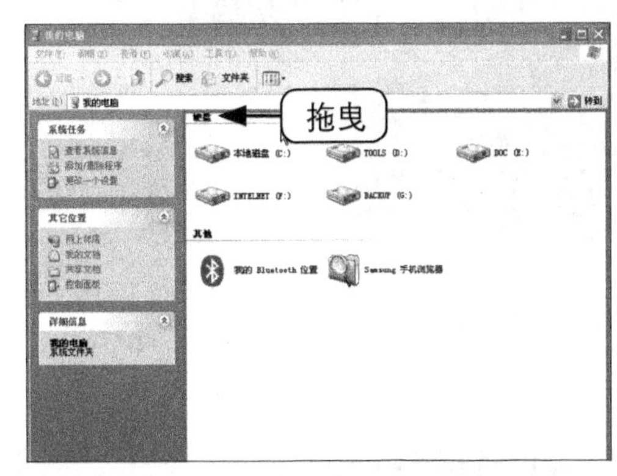

STEP 03 返回软件捕获预览窗口，单击“另存为”按钮保存截图，如右图所示。

15.3 其他网店装修技巧

讲解了宝贝、模板、公告以及分类的装修方法，下面我们来了解一下还有哪些装修技巧。

017 制作阿里旺旺动态头像

阿里旺旺头像图片的尺寸要求是120×120像素。如果一时没有合适的图片来更换，那就动手制作一个吧。

1. 修改图片尺寸

先在ACDsee软件中将图片修改为合适大小，具体操作步骤如下。

STEP 01 ❶启动ACDsee软件，进入图片浏览界面，右击需要修改的图片；❷在弹出的快捷菜单中选择“编辑”命令，如下图所示。

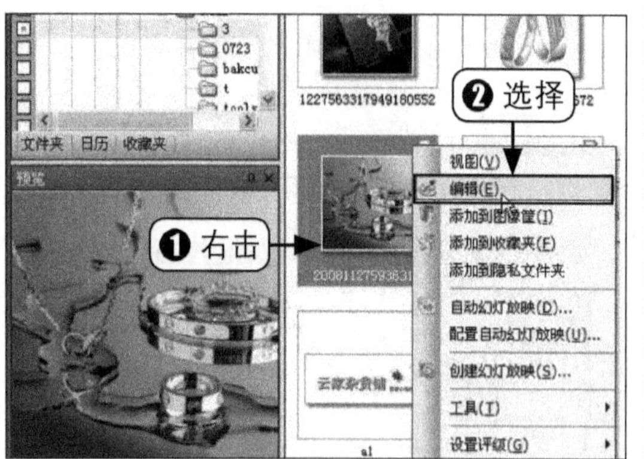

STEP 02 打开“相片管理器”窗口，单击“调整大小”链接，如下图所示。

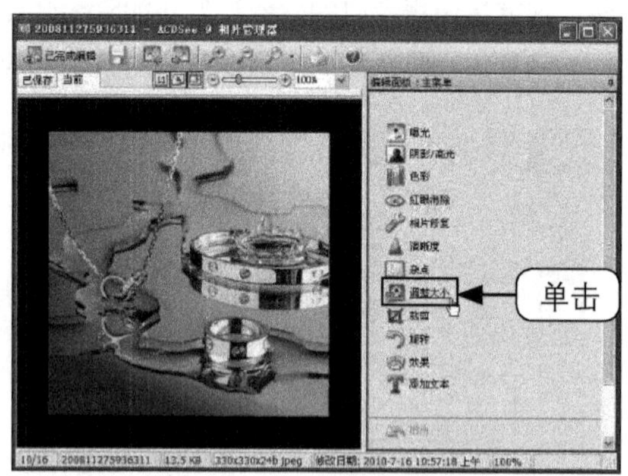

STEP 03 ❶设置新的图片尺寸；❷单击“完成”按钮，如下图所示。

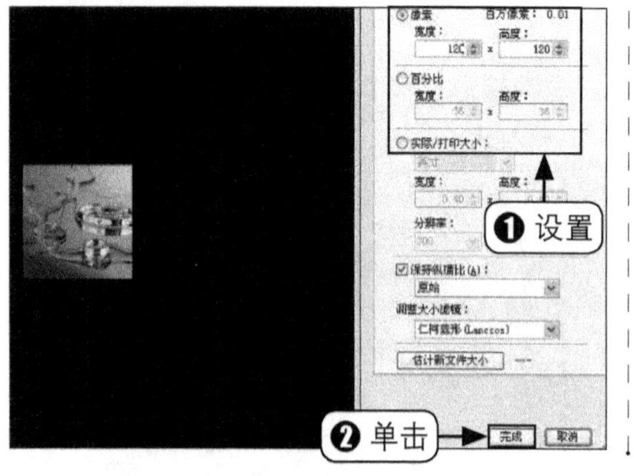

STEP 04 返回“相片管理器”窗口，单击“保存”按钮完成保存，如下图所示。

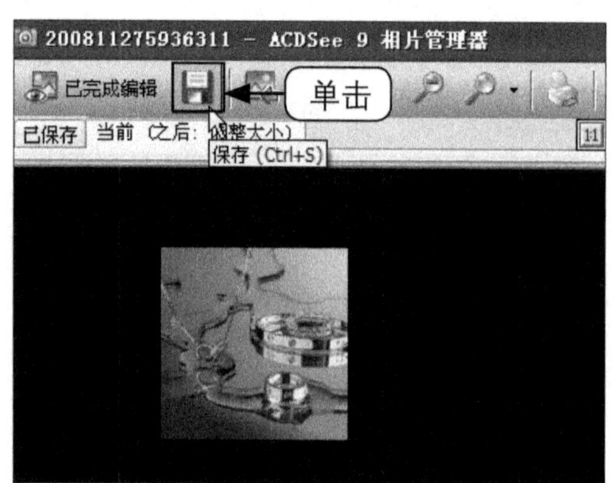

2. 制作动态头像

使用在线的方式可以方便地生成动态头像图片，具体操作步骤如下。

STEP 01 ❶登录“http://pic.sdodo.com/tool/crtgif/”网站，分别单击“浏览”按钮，导入要制作成动态头像的单张照片；❷单击“生成动画”按钮，如右图所示。

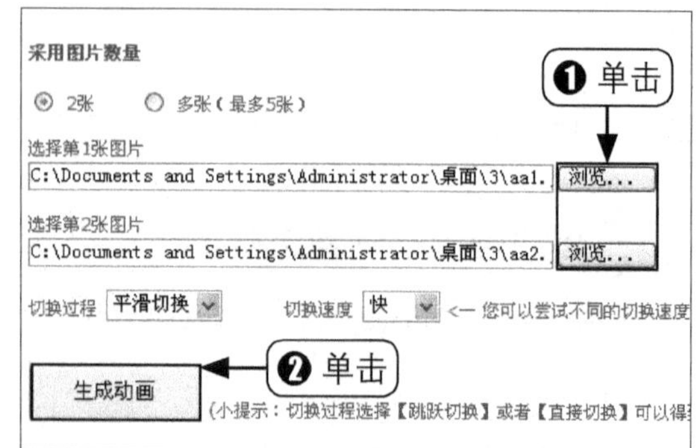

STEP 02 单击“下载保存”按钮，如下图所示。

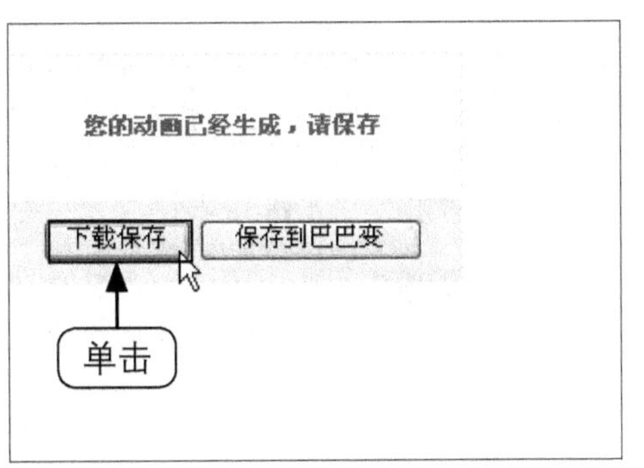

STEP 03 弹出“文件下载”对话框，单击“保存”按钮，如下图所示。

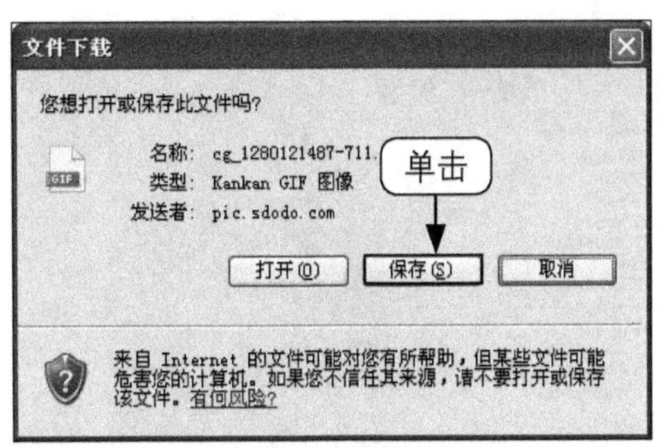

STEP 04 下载完成后，进入存储目录即可查看制作效果，如右图所示。

018 制作店铺营业时间效果

网店一般都会标明营业时间，防止买家来逛店铺时找不到人。下面利用美图秀秀制作营业时间效果的操作步骤。

STEP 01 打开美图秀秀软件主界面，单击“打开一张图片”按钮，从硬盘导入待修改的图片，如下图所示。

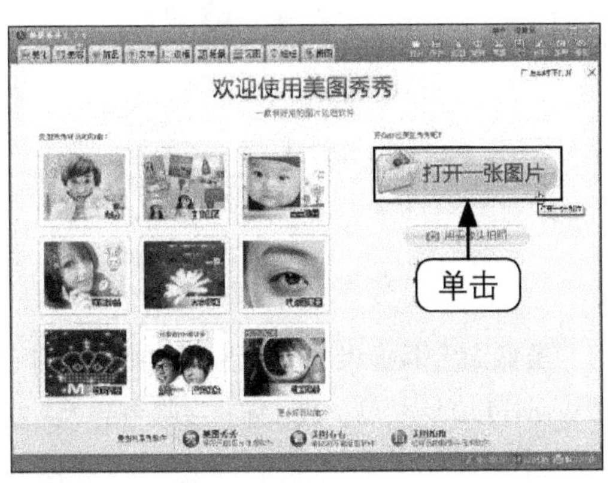

STEP 02 单击软件界面上方的“裁剪”按钮，如下图所示。

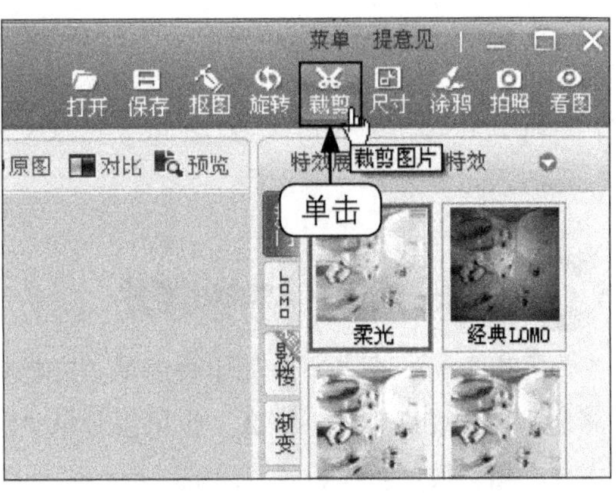

STEP 03 打开“裁剪”窗口，在界面左上方设置新的图片宽度，如下图所示。

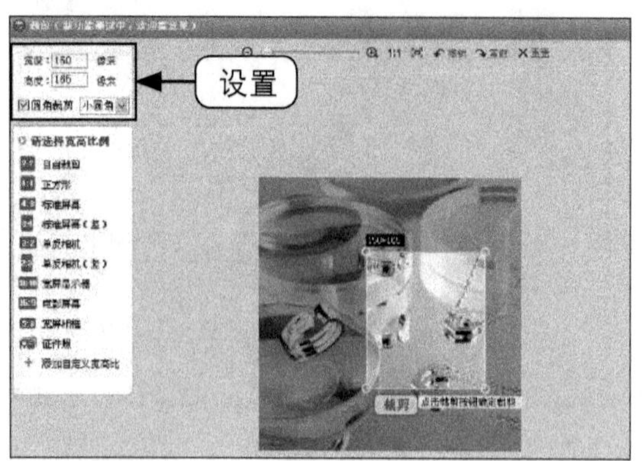

STEP 04 ❶单击“文字”按钮；❷单击“输入静态文字”选项，如下图所示。

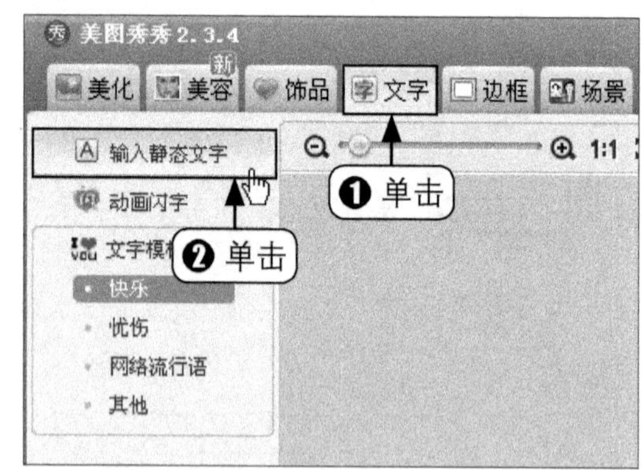

STEP 05 ❶弹出文字编辑框，输入时间；❷设置字体大小等参数，如下图所示。

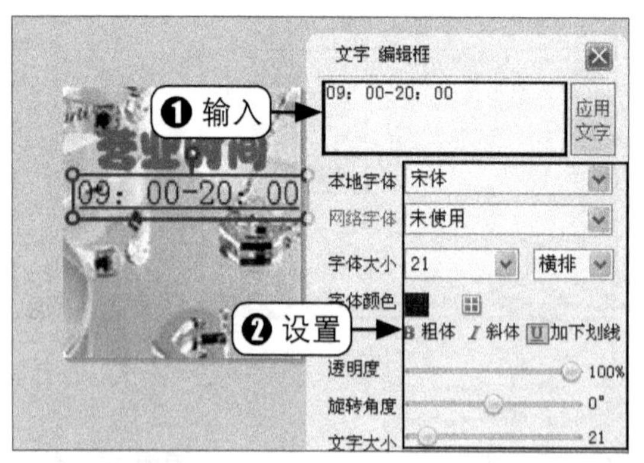

STEP 06 完成编辑后，单击快捷工具栏上的“保存”按钮，如下图所示。

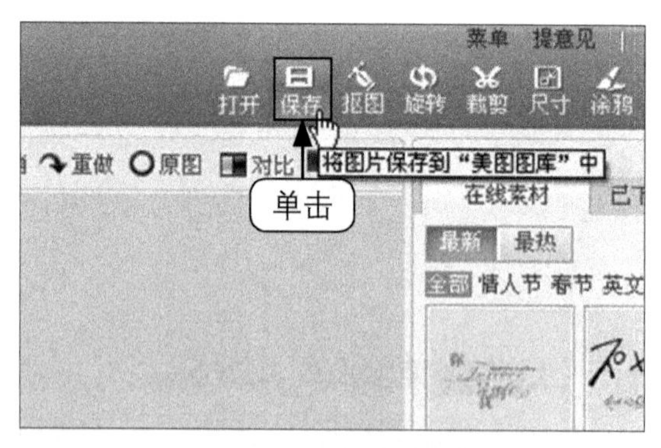

STEP 07 ❶单击“浏览”按钮设置好保存路径；❷单击“保存”按钮，如右图所示。

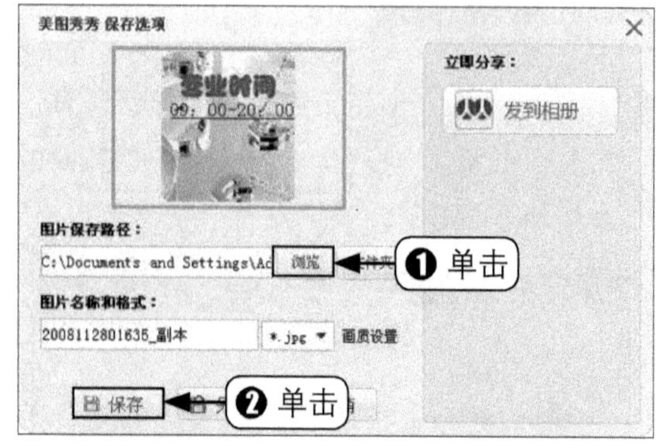

019 在线生成网店Banner图片

网店Banner图片就是处于网店最上方的横幅图。虽然淘宝网提供了免费生成的功能，不过总是不能体现出个性。那么，也可以登录“http://www.900.la/”这个免费的在线制作网站来生成，相关操作步骤如下。

STEP 01 登录网站首页，选择图片规格尺寸，如右图所示。

提个醒 Banner图片的尺寸

淘宝网店上方的Banner图片默认是950像素的宽度，高度可以适当延伸。

STEP 02 进入样式选择页面，单击“点这里制作”按钮，如下图所示。

STEP 03 ❶进入编辑页面，输入可以自定义的标题内容；❷单击“确定提交”按钮，如下图所示。

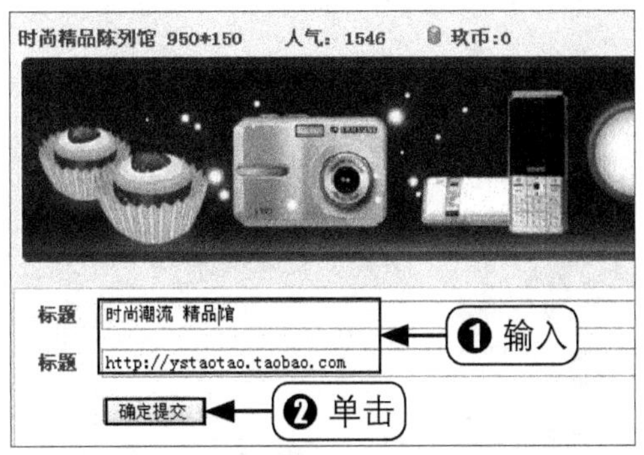

STEP 04 单击“图片下载”按钮可以将其保存到电脑中，也可以直接复制图片代码到网店装修页面，如右图所示。

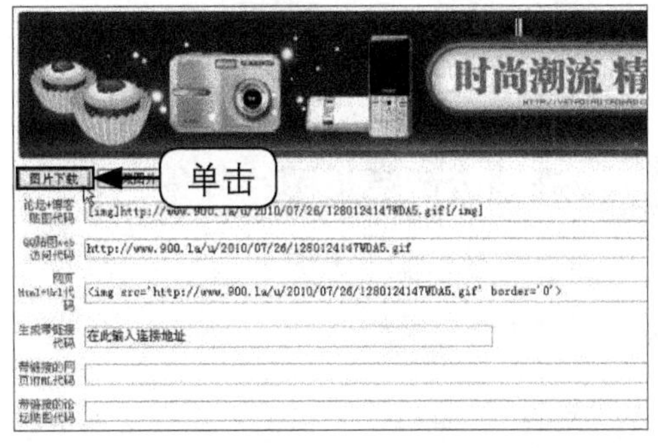

020 在线生成网店店标

在“http://www.900.la/”网站也能生成个性十足的淘宝店标图片，具体实施步骤如下。

STEP 01 登录网站首页，单击“站标免费制作”链接，如右图所示。

STEP 02 选择站标的规格尺寸，淘宝网店标默认值为100像素×100像素，如下图所示。

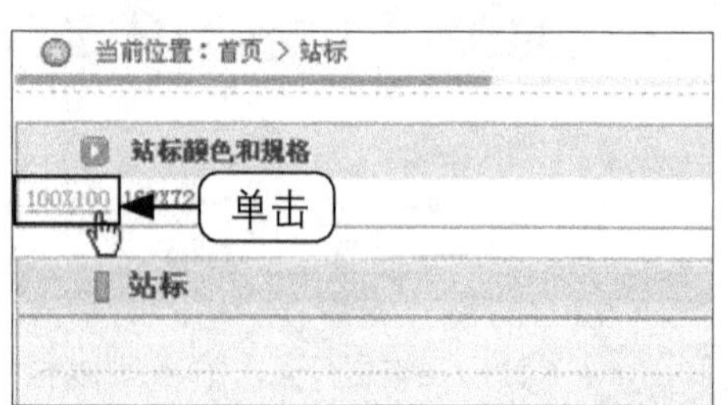

STEP 03 选择喜欢的店标样式后单击“点这里制作”按钮，如下图所示。

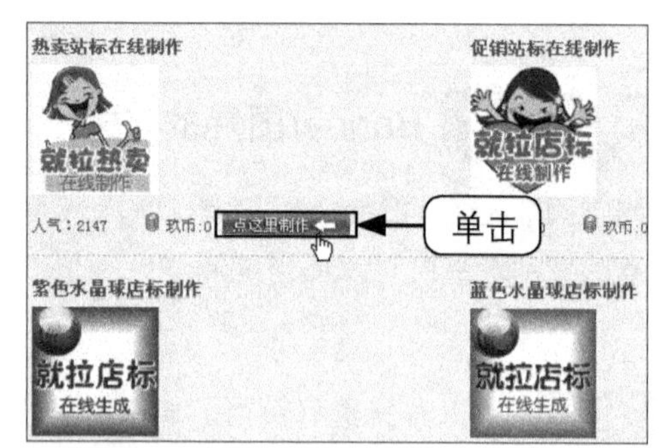

STEP 04 ❶依次输入需要更改的标题文字；❷单击“确定提交”按钮，如下图所示。

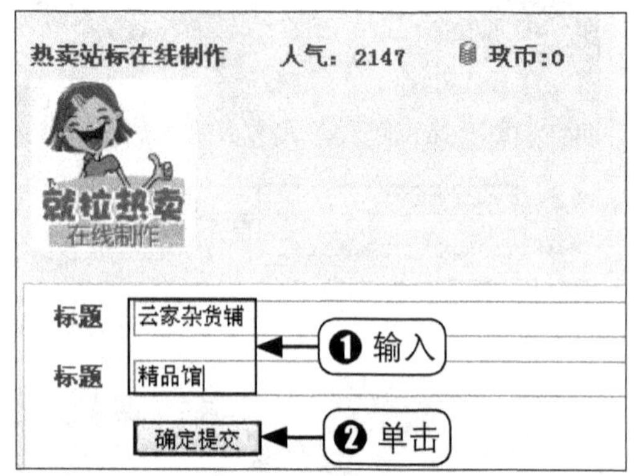

STEP 05 和制作Banner图片一样，也可以选择将制作好的图片应用在多个地方，如下图所示。

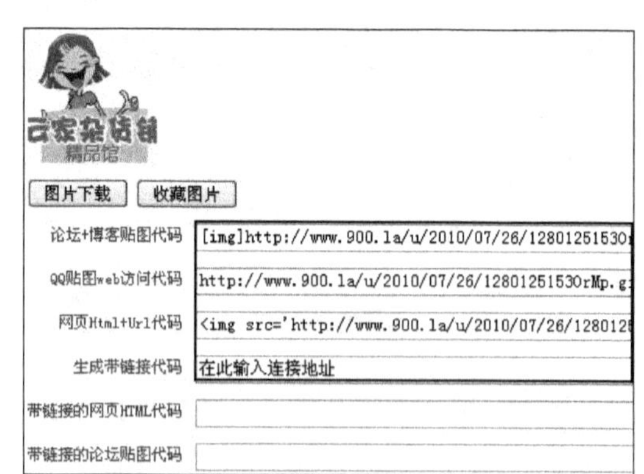

021 在线合成宝贝图片效果

通过网页版美图秀秀“web.meitu.com”，我们可以很轻松地获取商品图片的动感闪图效果，具体实施步骤如下。

STEP 01 启动网页版美图秀秀，单击“动感闪图”标签，如下图所示。

STEP 02 选择喜欢的闪图样式，如下图所示。

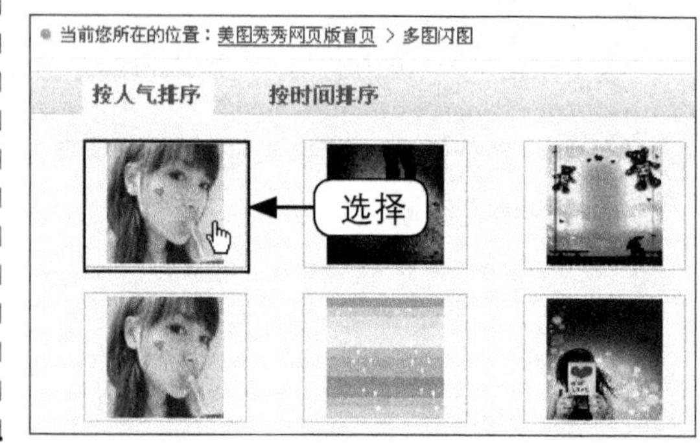

STEP 03 进入编辑页面，单击“上传照片”按钮，从硬盘导入用于制作闪图的原图，如右图所示。

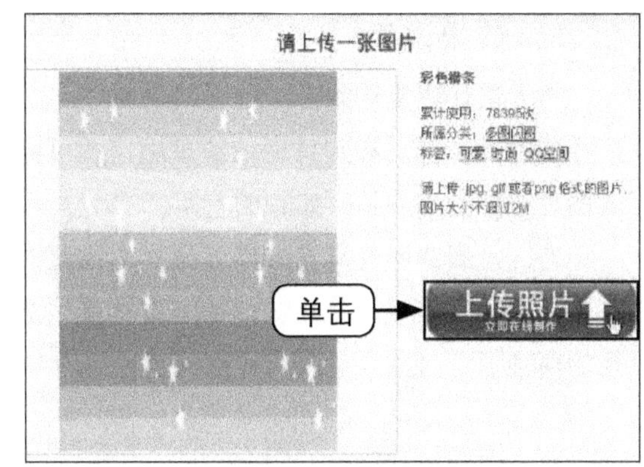

提个醒　选择合适的图片

选取的应该是一些清晰的商品小图，这样才能在动感闪图中有更好的效果。

STEP 04 完成上传并预览过效果后，单击“保存到电脑”按钮即可，如右图所示。

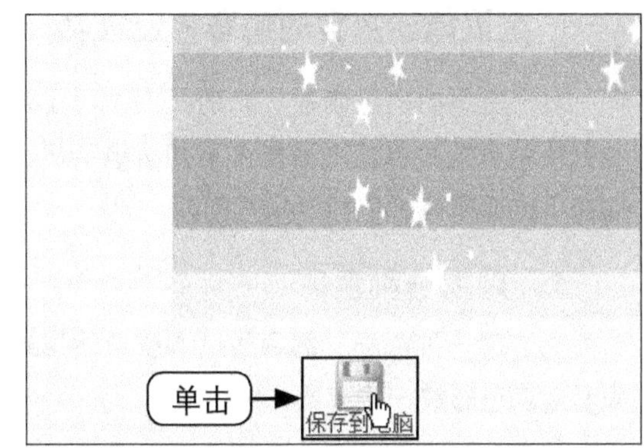

022 宝贝描述里加上其他宝贝链接

在宝贝描述模板里加上其他宝贝的链接，可以让买家更直观地看到店里的其他商品，实现方法如下。

1. 代码格式

```
<a href="宝贝地址" target=blank>     <img src="图片地址" border=0>    </a>
```

2. 注解说明

宝贝地址就是商品的出售地址，如右图所示。图片地址可通过右键属性命令来获得。

3. 效果说明

将上述代码复制到宝贝描述编辑框中，替换相应的图片地址和宝贝地址信息后，即可完成图片链接的添加了，如右图所示。

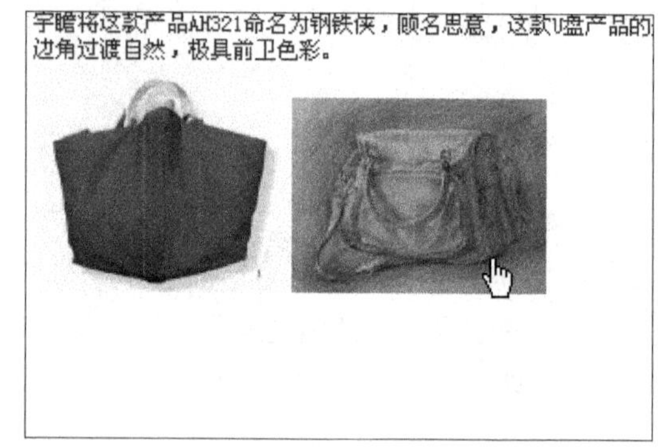

这样，当买家在浏览主体商品时，通过这些嵌入的图片链接，就能快捷地浏览到其他类别的商品了。

023 宝贝描述内容的色彩搭配技巧

对于宝贝的描述内容，之前我们学习了许多对商品介绍、背景展示等方面的美化技巧，不过要让整个宝贝描述页面显得更加协调突出，色彩的合理搭配也是不可忽视的。一般来说，可从如下方面来考虑色彩的搭配问题。

1. 只用一种色彩

先选定一种色彩，然后通过调整透明度或者饱和度等产生不同层次的颜色体系。这样的页面看起来色彩统一，有层次感。

2. 用两种色彩

先选定一种色彩，然后选择它的对比色，这样整个页面色彩丰富但不花哨，如右图所示。

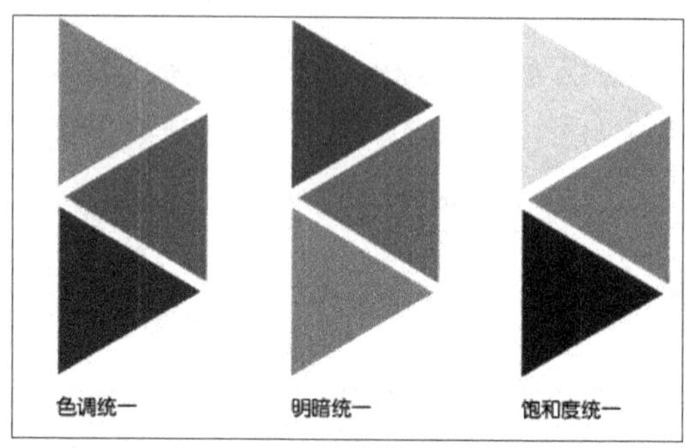

3. 使用同色系色彩

简单来说就是用一个感觉的色彩，如淡蓝、淡黄、淡绿或者土黄、土灰、土蓝。

4. 避免“灰”和“邪”的搭配

“灰”就是对比性太差，没有精神，显得灰、脏。“邪”是指对比极度不和谐，让人很不舒服的搭配，如右图所示。

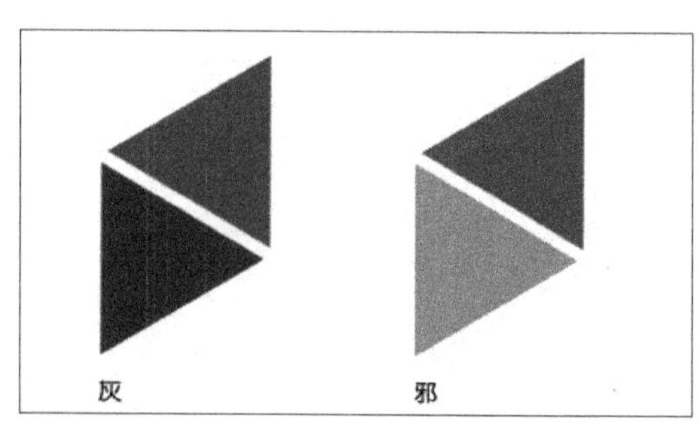

024 使用Inpaint制作商品图片

有时需要从网上下载一些图片来补充到自己网店中，但网上图片大多带有水印。为了避免版权纠纷，最好先使用Inpaint软件来将图片去除水印，具体操作步骤如下。

STEP 01 ❶单击左上角的“菜单”按钮；❷在弹出的菜单中选择“打开”命令，从硬盘导入待处理的商品图片，如下图所示。

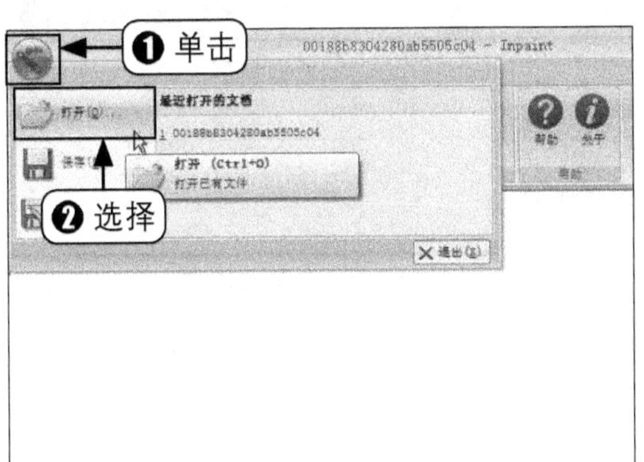

STEP 02 ❶选择一种框选工具；❷框选待处理的区域；❸单击“清除”按钮，如下图所示。

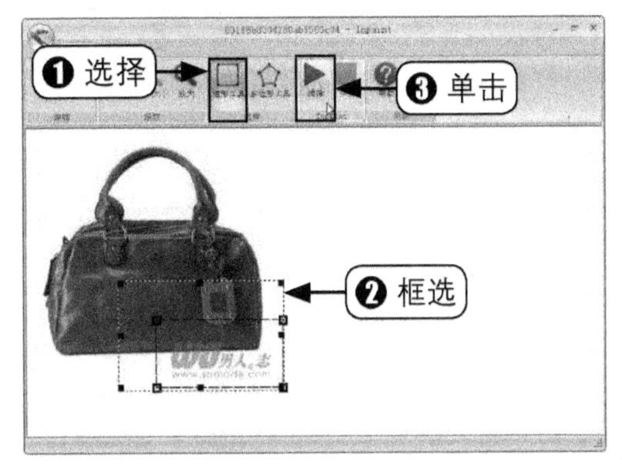

STEP 03 水印成功消除，如右图所示。再按【Ctrl+S】组合键保存即可。

025 生成阿里旺旺代码

无论是在淘宝店铺公告还是淘宝宝贝描述页面里，有时需要加上旺旺链接按钮或者添加多个旺旺客服。多个旺旺客服的添加可按如下步骤实施。

STEP 01 ❶登录阿里旺旺网站“http://www.taobao.com/wangwang/”，切换到“卖家专用版”选项卡；❷单击“旺遍天下”链接，如右图所示。

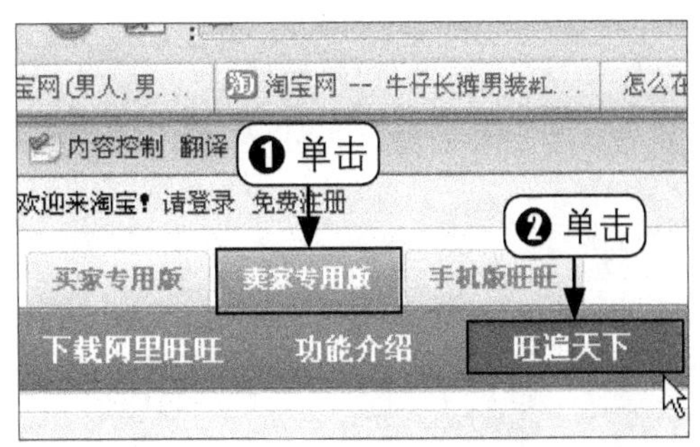

STEP 02 ❶选择图片风格；❷填写阿里旺旺账号名，如下图所示。

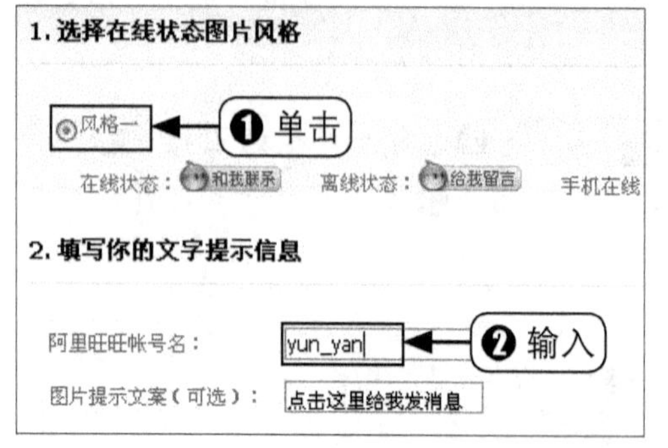

STEP 03 ❶单击“生成网页代码”按钮；❷单击“复制代码”按钮，如下图所示。

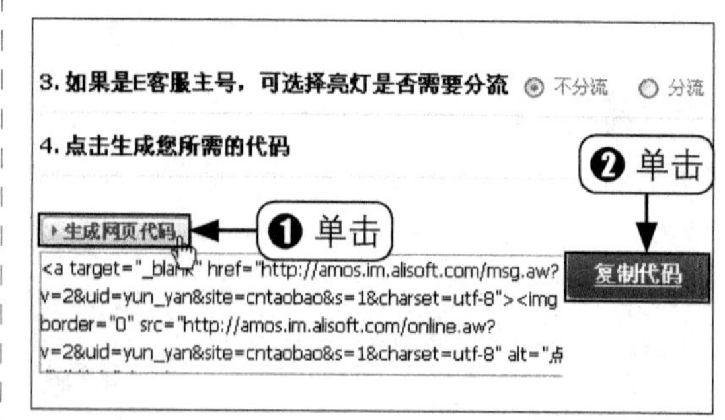

STEP 04 把代码粘贴到宝贝描述代码里要插入的位置即可。

Chapter 16 商品图片拍摄及美化技巧

本章导读

网上店铺与传统店铺最大的区别就是买方完全通过网上店铺中的照片来判定商品的好坏。因此，拍摄出好的商品图片，并进行适当的美化处理，可能直接关系到商品的受关注程度，甚至影响买家的购买意向。下面，我们就来介绍一些关于图片拍摄以及修饰的相关技巧。

本章学完后您会的技能

- ❖ 如何选购摄影器材
- ❖ 如何拍摄不同种类的商品图片
- ❖ 拍摄过程中的图片处理
- ❖ 商品的摆放
- ❖ 商品的搭配

本章内容展示

16.1 商品图片的拍摄技巧

商品图片是淘宝网店不可或缺的，因此，如何获得效果好的商品图片是淘宝店主尤其需要关注的问题。

026 选购好的摄影器材

要将商品放入网上的商店，还需要对宝贝进行拍照，这时数码相机几乎是拍摄商品照片必需的设备。

目前主流的家用数码相机分辨率都在1000万像素以上，完全可以拍出非常清晰的照片。当然，如果拥有专业或准专业的数码单反相机，那么拍摄出的照片质量会更好。

对于准备购买家用数码相机的朋友，在选择时主要考虑以下几个因素。

1. 像素

相机的像素越高，拍出的照片分辨率也就越高，也就更清晰，在像素选择上，应尽量选择当前主流的像素级别，如目前相机的像素大致有800万、1000万、1200万等，可根据自己的喜好与预算来选择。

2. CCD尺寸

CCD即相机的感光元件，是衡量一款相机性能的重要标准，CCD尺寸越大，拍出的照片也就越细腻。目前主流家用相机的CCD尺寸多为1/2.3英寸，部分相机甚至达到1/1. 6英寸。

3. 感光度

感光度决定着相机在一些特殊环境中拍摄的照片的质量。提高感光度，在较黑暗的环境中也能拍摄出清晰的照片。目前主流家用相机多支持一定范围的感光源，如160～3200，并且可在不同范围内手动或自动调节。

4. 微距拍摄

在拍摄商品实物图时，不可避免地要拍摄商品的细节大图，这就要求相机具备较好的微距拍摄效果。目前主流的家用相机都支持微距拍摄，在选购时可以实际拍摄以对比效果。

目前市场上相机种类繁多，并且各品牌主流相机的性能也大致相近，我们在选购数码相机前，可以先到专业数码类网站了解并对比，然后结合自己对品牌的喜好来选购最中意的相机。

027 选购合适的三脚架

我们拍摄的商品图片都是静态图片，三脚架可以有效地稳定相机，避免手持相机时颤抖影响拍摄质量。

普通的三脚架价格一般只有几十块钱，对于拍摄出好的商品图片也是非常有用的，我们可以根据自己所销售的商品的大小来选择高脚三脚架或者矮脚三脚架，绝大多数三脚架都支持高度调整，这更便于我们确定拍摄角度与位置。

028 选购合适的灯光器材

要在室内以及阴暗环境中获得更好的商品拍摄效果，辅助灯光是必不可少的。

对于一般的商品，我们可以有效利用日光来拍摄照片；但是对于室内的环境，则必须使用辅助灯光来辅助拍摄。

目前市场上的数码相机都带有内置闪光灯，它能够应付一般的拍摄，不过其性能指标可能不能够完全满足技巧拍摄的需要，这时候就需要外接闪光灯来进行辅助，以获取更佳的拍摄效果。

一般专业影楼的闪光灯功率常见为600～1200W，对于普通商品摄影者来说，采用150～250W的闪光灯就可以满足了。另外一般的闪光灯色温都在5600K左右，如果是同时购买一套灯具，有条件的话可以测量一下它们的色温是否统一。

最后，闪光灯的回电时间关系到拍摄时的连续性，因此选购一款回电时间快的商品是不错的选择。

一点通 色彩偏色

相机自带的闪光灯需要合理运用，某些商品如果使用闪光灯，拍摄出的色彩色调可能与实物偏差很大；而对于一些本身具备反光材质的商品，就更加不宜使用闪光灯了，如数码商品屏幕、亮光家具服饰等。

029 拍摄服饰类商品

对于服饰类商品，一般选择两种拍摄方案，一种是真人试穿，另一种是将服饰摆放好直接拍摄。对于真人试穿拍摄，建议在室内选择一面较为光滑的白色墙面，绝大多数用户都具备这个条件；而对于仅拍摄衣服，由于要涉及衣服的摆放，适合将衣服铺在水平地面上拍摄，如果室内地板颜色较深，可以选择在地板上铺一层白纸，然后将衣服摆放在上面。

对于室内拍摄而言，为了让光线更加充足，有条件的用户可以采用1～2盏布光灯。一般来说，细腻质料的衣服适合用柔和光；而粗糙质料的衣服适合直接打光，以挽回质料差的感觉。

为了通过照片更加逼真全面地展现实物，我们通常需要对服饰的各个角度进行拍摄，具体如何拍摄，卖家可以结合自己的经验来操作。如果是品牌服饰，还可以单独拍摄品牌LOGO位置以及服饰吊牌。

一点通 拍摄难点

在所有商品中，服饰类是最难拍摄的，由于不同服饰材料不同，因此如何才能拍摄出还原色最好的照片，还需要通过多次拍摄来慢慢掌握。

030 拍摄化妆品类商品

化妆品类商品体积小巧，因此在拍摄时需要注意很多问题，否则拍摄出来的图像可能没有立体感。

化妆品类商品一般采用盒装或者瓶装，体积均较小，在拍摄环境选择上也非常方便，如一张桌子、一个凳子均可，为了彰显出质感，可以采用白纸作为底面。另外，很多化妆品类商品采用透明玻璃瓶，在这类商品的拍摄上，则可以采用黑色背景纸，从而突出商品的轮廓与层次。

在拍摄采光上，由于商品本身体积较小，可以因地制宜来选择光源，如室内拍摄可以采用台灯、日光灯等。

031 拍摄数码类商品

数码类商品因为大都自带液晶屏，所以拍摄方法独特，一不小心就会拍出较严重的反光。

数码类商品同样不需要太大的拍摄空间，我们这里建议读者采用鞋盒或者其他纸箱作为拍摄空间，这样的好处是拍摄出的照片布光均匀，并且可以避免由于数码类商品表面比较光滑而产生的反光或倒影现象。

对于表面反光的数码商品，在拍摄时不建议使用相机闪光灯，而应采用布光比较广泛的光源，同时光源距离商品不宜太近。

对于带有屏幕的数码类商品，在使用相机拍摄时，往往会在屏幕中留下相机的倒影，对于这种情况，我们可以在一张白纸上剪出与相机镜头大小相同的洞，然后将报纸套到镜头上来拍摄。

032 拍摄生活用品类商品

生活用品类商品的材质和体积也各不相同，因此在拍摄照片时也需要注意一些技巧。

在拍摄照片时，需要根据不同商品的特性来进行不同的拍摄，如体积大的需要较大的拍摄空间，材质较亮的商品不宜采用闪光灯等。

对于居家类生活用品，我们可以进行简单搭配后再拍摄，这样更容易展现出商品在实际使用中的装饰效果。

拍摄这类商品时最重要的就是白平衡，也就是将商品的原色在照片中展现出来，这也需要根据不同商品和不同环境来反复调整。

033 拍摄清晰的照片

绝大多数卖家并不是专业的摄影师，因而在拍摄商品的过程中，拍出的照片往往不太理想。

拍摄出的照片中图像不清晰的原因有很多，需要根据拍摄出的效果来判断并找出原因所在。影响拍摄图像清晰的原因主要有以下几种。

- 拍摄抖动。如果是手持相机进行拍摄，在按下快门时即使是轻微的抖动也可能导致拍摄的照片不清晰。对于这类情况，建议使用三脚架，或者将相机放置到固定的位置进行拍摄。
- 聚焦不准确。取景器的自动聚焦位置没有定位到拍照物上时，可将自动聚焦框定位于拍照物，或使用相机的聚焦锁定机能。
- 镜头污脏。镜头脏污会造成相机取景困难而使拍出的图像模糊，此时可以使用专用清洁布清洁相机镜头。
- 拍摄模式不正确。选择标准模式时，拍照物距小于镜头的最小有效距离；选择微距模式时，拍照物距大于镜头的最小有效距离。

034 室内拍摄用光技巧

多数网店中的商品都是在室内拍摄的，这在拍摄过程中容易出现因光线而导致拍摄出的照片太暗。

一般来说，只要找到合适的光源，就能避免这个问题，但如果排除了光源的原因，拍摄出的照片还是太暗的话，就需要考虑以下几个因素了。

- 闪光灯被手指挡住。应当正确握住相机，不要让手指挡住闪光灯。
- 对于一些外挂闪光灯，在闪光灯充电之前按了快门释放键。正确方法是等到橙色指示灯停止闪烁后再拍摄。
- 相机没有开启闪光灯。对于需要布光的环境，应当开启相机闪光灯后再拍摄。
- 拍摄物位于闪光灯的有效范围之外，由于闪光不足而导致拍摄太暗。此时应当将拍摄物置于闪光灯有效范围之内。
- 拍照物太小而且逆光。这种情况应当采用辅助闪光模式或使用定点测光模式。

035 避免照片偏色

很多时候拍摄出的照片与实际商品的颜色存在一些偏差，常见如偏红或偏黄。而作为网店商品图片，我们是必须要排除这种情况的。

因为买家是通过图片来选择商品的，如果最终商品和所看到的图片颜色误差太大，就可能会引起一些不必要的交易麻烦。

照片偏色主要是由于白平衡没有调节好造成的。目前多数数码相机都提供了自动白平衡功能，能够根据当前环境来自动对相机的白平衡进行调整。但自动白平衡功能并不一定适合所有拍摄环境，因而如果拍摄出照片依旧偏色，就需要我们手动对白平衡进行调整。

调整相机白平衡时，可以先准备一张白纸或者纯白色的其他平面物体，然后将相机镜头对准物体通过显示屏观察显示出的色调，逐渐调整相机白平衡，直到显示屏中显示的色调为纯白色为止。

调整好之后，可以先拍摄白色物体，查看拍摄效果是否存在偏差。如果仍有偏差，继续调整，直至色差几乎不可分辨为止。

036 避免照片太亮

有时卖家在拍摄照片后，会发现宝贝图片太亮，甚至有曝光的现象出现。

照片亮度太高多由于曝光过度所致，此时可以不必将闪光灯直射拍摄物体。另外还有一个原因就是拍摄物体反光度较强，对于这类商品，宜尽量采用柔和的光源，而不宜使用闪光灯。

037 避免照片上有噪点

有时卖家在拍摄照片后发现宝贝图片中某处有污点，严重影响宝贝的美观性。

这种情况多数出现在夜景拍摄中，是由于感光度太高造成的。感光度调整得越高，画面的质量就会越粗糙；而感光度的数值越低，画面就会越细腻。但是感光度高意味着对光的敏感度高，所以，在弱光拍摄的时候，我们常常要选择高感光度，此时如果相机本身的降噪系统不好，就会造成噪点。

要避免这样的情况，需要手动将感光度调得稍低一些，然后用相对较长的曝光时间来补偿光线的进入量，这样拍出来的照片就会有很好的层次，也会更加细腻。

038 拍摄小商品图片

在拍摄小商品时，记得选择微距拍摄模式，这样可以让商品的细节得到更好的展现。数码相机上都带有方便的微距按钮，如右图所示。

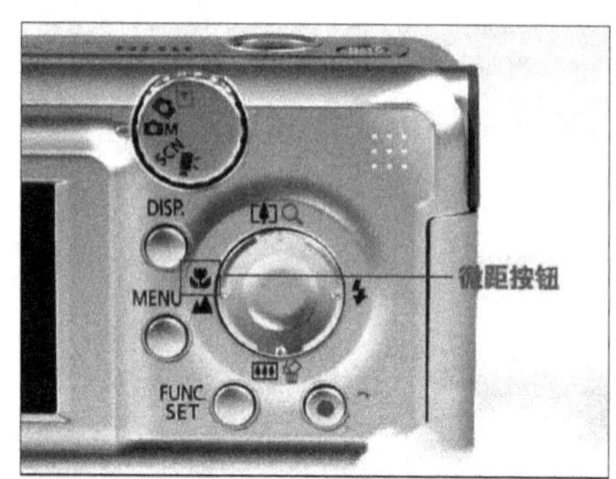

039 拍好纯白色背景商品图片

对于精益求精的卖家来说，都希望放在网店中的是自己亲手拍摄的实物图片。下面就介绍一种可拍摄出无色差的完美照片的方法。

1．设备准备

用到的设备有2个背景灯、2个物品灯、一块灰板、一个相机和一面白墙，如右图所示。所用到的辅助设备均可以在网上购买到，而且价格很便宜。

2. 拍摄方法

给宝贝打光的灯叫物品灯。我们把灰板放在宝贝的位置上，把相机开到自动挡上测试一下，调整物品灯和宝贝的距离，即可开始拍摄，如右图所示。

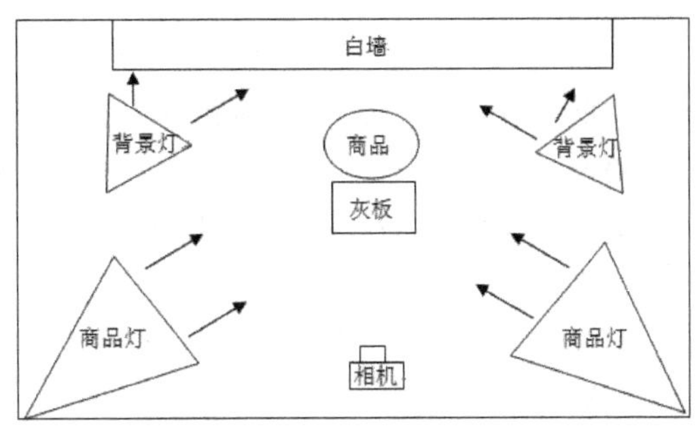

如果相机显示出来的3个数据正好是ISO400、光圈F5.6、快门1/60秒，那么物品灯的位置就是正确的，拍摄出来的照片效果才有保证；如果不对，就再调整物品灯和宝贝的距离，直到3个数据都正确。

一点通 拍摄距离

物品灯和宝贝的距离比背景灯到墙的距离要远，一般来说，是1.4～2倍之间的关系。

16.2 商品摆放与搭配技巧

要获得好的拍摄效果，商品的摆放与搭配也很重要，下面来介绍这方面的技巧。

040 拍摄T恤时的摆放技巧

正确的摆放方法是：从腋下位置延长至下摆，根据衣服的腰身顺势叠入背后，如右图所示。

041 拍摄需要搭配才更美

不同的服装要有不同的配饰来搭配，摆放衣服，一要有搭配；二要摆得生动；三可加些小花等饰品做点缀。

如右图所示的服装图片中，店主在摆放衣服时就选择了一些可爱的小饰品、清新的花朵等做点缀；如果是想走爵士摇滚风格，可以加礼帽、乐器等做搭配。不同的搭配会带给买家不同的观感。

042 不可忽视对商品细节的拍摄

拍摄时细节图是不可忽略的，不能拍个大概，要把色彩的细节、质感的细节和设计上的细节全部表现出来。一张能吸引买家眼球的实物细节图更能给卖家带来好生意，如右图所示。

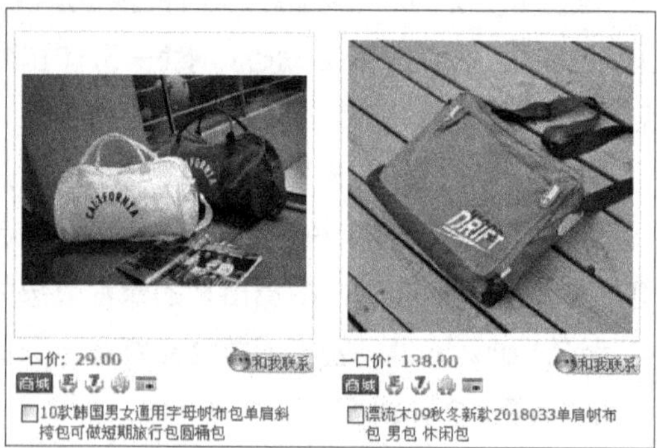

一点通　微距效果

要拍摄好商品的细节图，当然少不了数码相机良好的微距效果支持。

043 手机给商品拍照的技巧

照相手机的拍照功能越来越强大了，不过要想使用照相手机拍出高品质的照片，也要掌握一些技巧。

1. 选准焦点

选择不同的焦点，能营造不同的效果。选择焦点时，应使被拍摄对象处于画面中间，一般情况下应该选取画面上最吸引人的部位。

2. 注意光线

光线充足，拍摄效果才好。注意观察光线的照射方向，相应改变拍摄角度，尽量使被拍摄对象能自然地被光线照射到。

3. 持稳拍摄

照相手机的延迟现象比较明显，在按下快门的瞬间如果手抖动，拍出的照片就会发虚或模糊不清。所以在拍摄时一定要持稳手机，同时在按下拍摄键后一定要停顿一下，稍等一两秒再看拍摄效果。

4. 随拍随设置

一般手机的内存都不大，装不了太多照片，最好随时拍随时挑选；并注意调整图像分辨率，如下图所示。

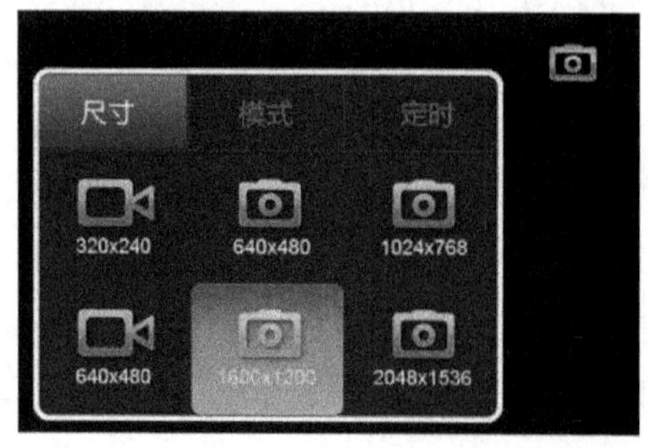

044 自制简单的“摄影棚”

利用照明用灯就可以制作一个简单的“摄影棚”，这样照出来的照片会更漂亮。

自制摄影棚的具体做法：用一张不透明的大白纸卷成一个喇叭状，上小下大，照明灯的灯管（或者灯泡）就从上面的小孔放下，即固定在喇叭尾部；喇叭下面垫一张白纸，把所要拍摄的物品放在喇叭里面就可以了。

各式各样的自制摄影棚如右图所示。

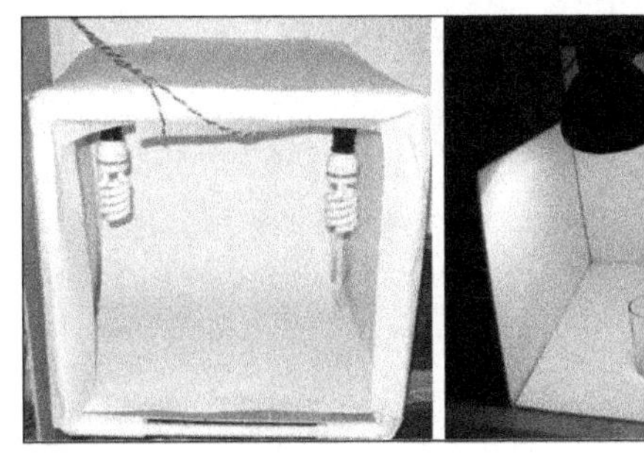

045 利用自然光拍摄的技巧

在室内拍摄时，自然光一般由窗户透进来。这种自然光具有明显的方向性，容易形成阴影，或者造成物品的明暗对比。通过调整拍摄角度，可以改善物品的受光条件。室内微距拍摄效果如右图所示。

户外拍摄时，最好利用午后一、两点钟时的自然光，同时要避免阳光直射，但是要保证光线充足。

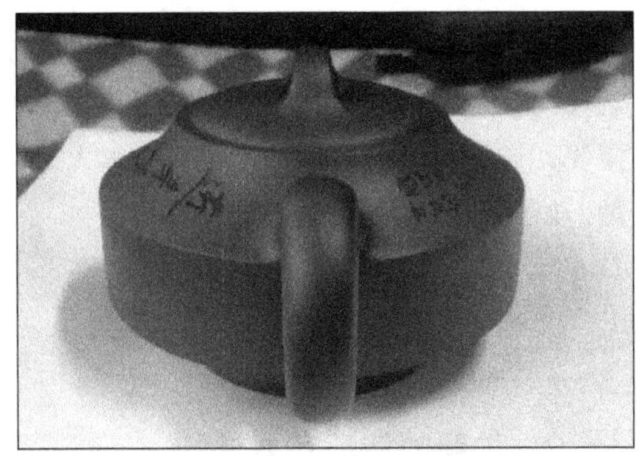

一点通 避免阳光直射

避免阳光直射是为了防止物体反光，特别是对于一些金属物品，反光以后就看不清表面纹理了。

046 不同商品拍摄时的用光技巧

拍摄表面粗糙的商品（如棉麻制品、皮毛等）时，为了体现质感和层次感，建议采用侧光或逆侧光，即从物品的侧面打光。这样会使物品产生一些阴影，呈现出商品表面明暗起伏的特点，立体感更强，如右图所示。但应避免光线对物体的正面照射。

而如果是表面光滑的商品（如金属饰品、瓷器等），拍摄时就应采用柔和的散射光线，或者采用间接光源，也就是经过反射的光线，效果如右图所示。

047 毛绒玩具商品的拍摄技巧

1. 选取拍照背景

要仔细、慎重地选取背景，应选取和毛绒玩具颜色反差比较大的颜色，让商品看起来更漂亮。这样对以后图片的处理也有很大的帮助，如右图所示。

2. 拍照的技巧和方法

拍照时我们要用一些陪衬物来更加完美地衬托毛绒玩具，而且不会显得呆板。

048 服饰类商品的其他摆放技巧

关于服装摆拍，很多卖家都疑惑为什么拍得不好看，其实这里面是有很多技巧的。

1. 背景要简单干净

首先，背景要简单干净，以突出主体，如下图所示，白色背景就是最简单干净的。

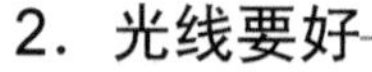

2. 光线要好

最好选择在阳台或者洒满阳光的地面上拍摄，如下图所示。

3. 关于摆放的细节

最好不要横平竖直地摆放在地上，可以选择有一定倾斜角度的地方，这样能让图片看上去更生动，如右图所示。

049 服装挂拍技巧

服装挂拍光线的运用如右图所示。准备就绪以后就能拍出完美的服装图片了。

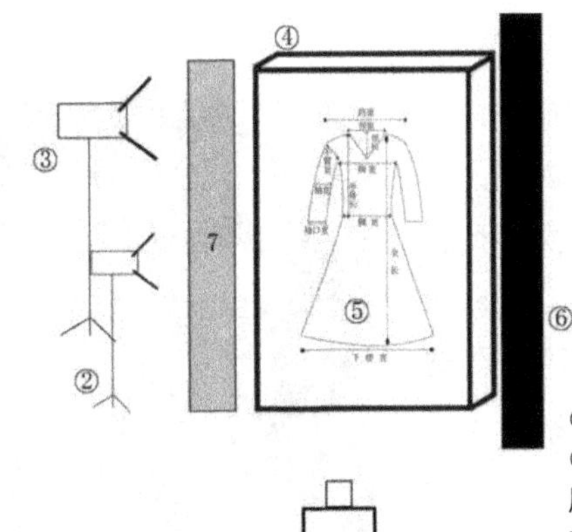

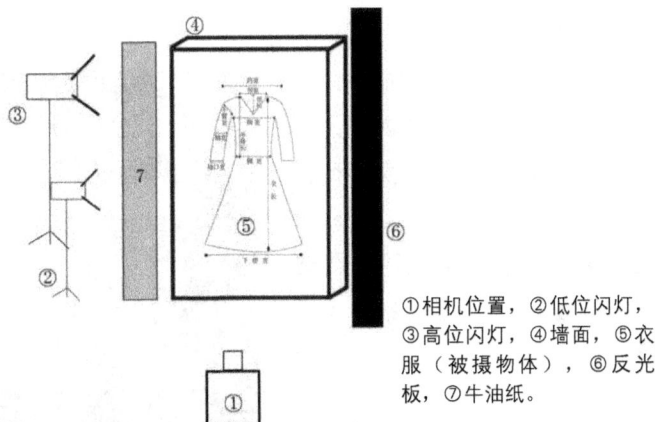

①相机位置，②低位闪灯，③高位闪灯，④墙面，⑤衣服（被摄物体），⑥反光板，⑦牛油纸。

050 下装的摆放技巧

裤子（特别是牛仔裤）在拍摄之前要先熨烫，摆放时先折叠一下，拍摄时镜头要俯视拍摄，这样就不会拍出过多的折痕，如左下图所示。

同款多色叠加在一起，就可以显得比较有整体感，如右下图所示。很多裤子照片都是两条裤子捅起来套在一起，里面的裤子不拉直，就会出现不一样的效果。

拍摄裤子时背景的选择也可以很多样，单色背景或者条纹背景可以更突出服装的款式，如右图所示。

一点通　文件是如何生成的

拍摄裤子类商品的图片建议不要以一种单一的形式，可以选择“平面拍摄+模特拍摄或悬挂拍摄+模特拍摄”搭配展示。

051 拍摄白底脱影照片

制作一个箱子，箱盖为一块透明玻璃，上面放好被摄物体，将灯光固定在箱口四周，利用反射光拍摄，便可获得白底脱影照片，如右图所示。

把灯光固定在箱底，箱盖为透明乳白玻璃，玻璃上放好被摄物体，用这种光线，也可拍摄白底脱影照片。

052 解读几种错误的拍摄用光方法

如右图所示的这组照片都是在拍摄者还没有掌握合适的拍摄技巧的情况下，采用常见的错误方法拍出来的。

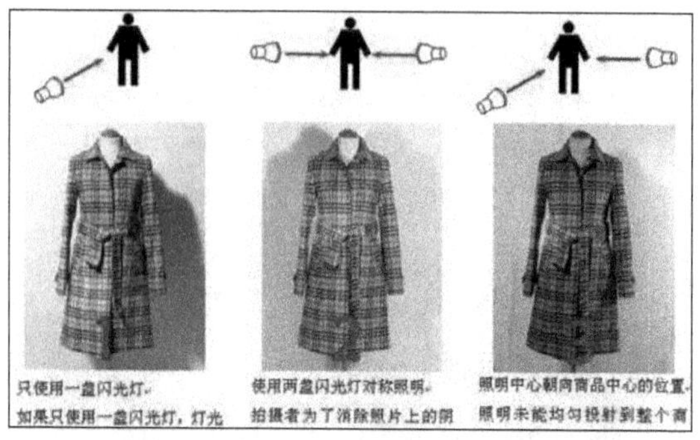

- 第一张图片：由于只使用了一盏闪光灯，灯光只朝一个方向照射，导致产生明显的阴影，未能照到的部分过暗。
- 第二张图片：使用两盏闪光灯照明，结果导致背景上产生了两个影子。
- 第三张图片：照明中心朝向商品中心的位置，照明未能均匀投射到整个商品，所以导致商品中间偏亮，其余部分偏暗。

16.3 宝贝图片的美化技巧

拍摄好宝贝图片以后，还需要借助各种工具对其进行美化处理。

053 使用美图秀秀虚化图片背景

如果因为拍摄环境的缘故使得商品图片零乱，可以使用美图秀秀来虚化处理掉图片背景，具体操作步骤如下。

STEP 01 在软件中导入待处理的照片，单击界面左侧的“背景虚化”按钮，如下图所示。

STEP 02 ❶进入处理窗口，拖动滑块设置画笔大小；❷选择要清晰显示的宝贝区域；❸单击“应用”按钮，如下图所示。

STEP 03 进一步优化图片的显示效果，例如可以添加软件自带的文字模板进行渲染，如右图所示。

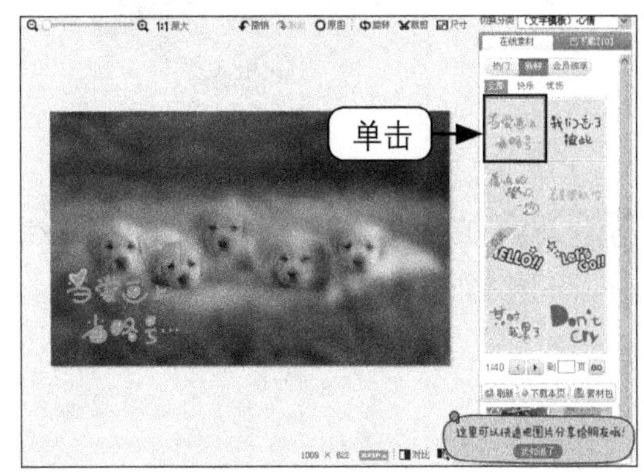

054 用美图秀秀制作宝贝拼贴图

在美图秀秀软件中，可以制作将多张宝贝照片拼贴在一起的效果图。

STEP 01 启动软件，❶切换到“拼图”选项卡；❷单击“打开一张图片”按钮，先导入一张待处理的照片，如下图所示。

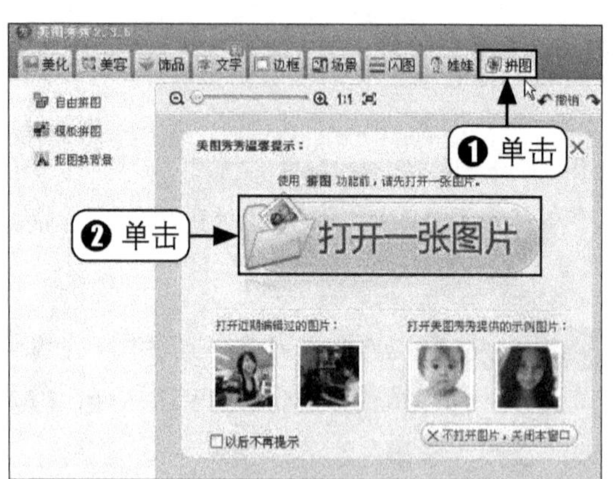

STEP 02 选择“自由拼图”样式，如下图所示。

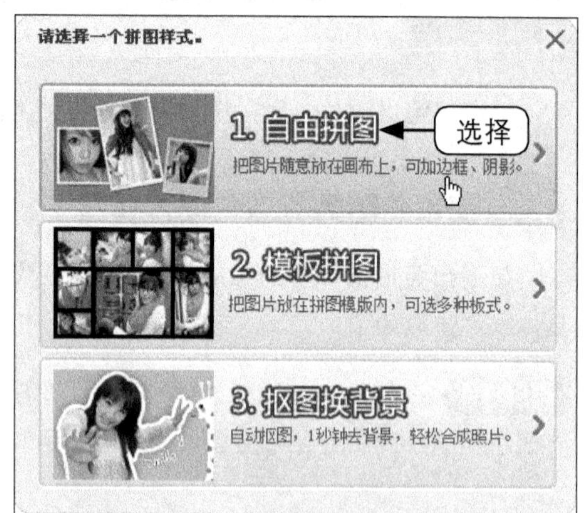

STEP 03 进入拼图编辑窗口，单击“添加照片”按钮批量导入多张照片，如下图所示。

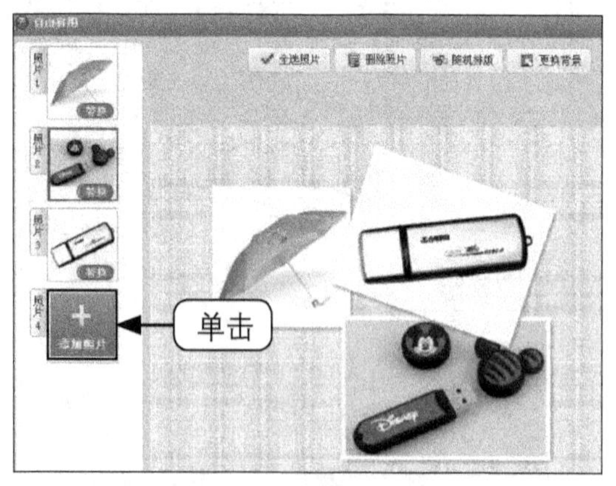

STEP 04 ❶随意拖动添加到编辑界面的图片来摆放位置；❷单击界面右侧素材库中的图片可更换拼图背景，如下图所示。

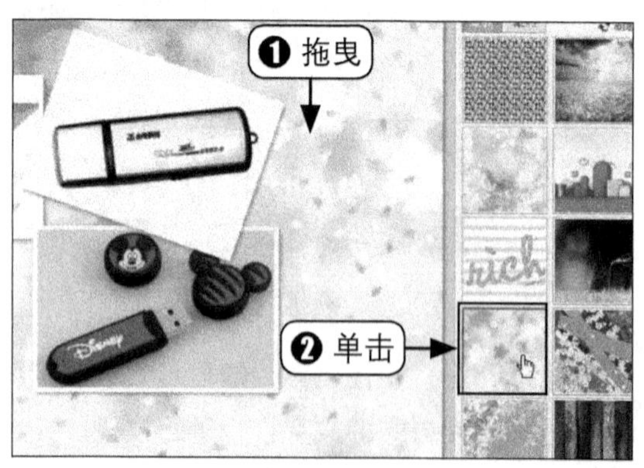

STEP 05 完成编辑后，单击“另存为”按钮导出并保存此拼图即可，如右图所示。

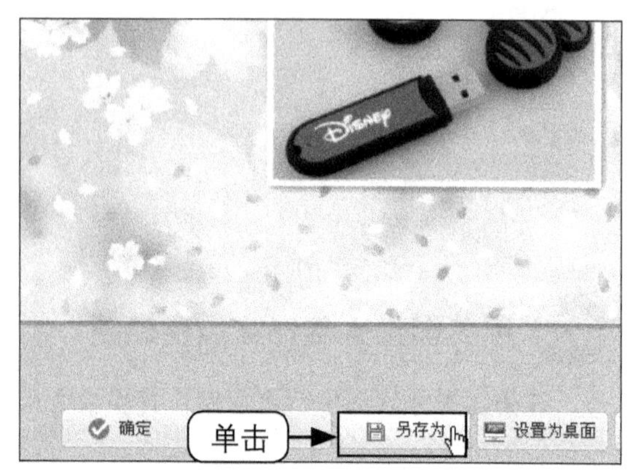

055 给宝贝图片添加漂亮的背景

操作的重点就是在宝贝描述中添加一些起到衬托作用的背景图片，相关实施步骤如下。

STEP 01 在宝贝描述页面中，单击“编辑源文件”链接，如下图所示。

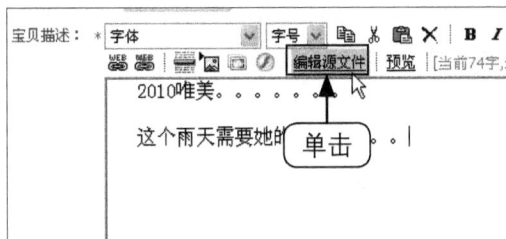

STEP 02 如下图所示，复制以下代码到输入框中。

```
<div algin="center">
<table cellspacing= "0"  cellpadding="0" width="100%"back ground="背景图片链接地址"border=0>
<tbody><tr> <td>你放的淘宝宝贝</td></tr>
</tbody></table> </div>。
```

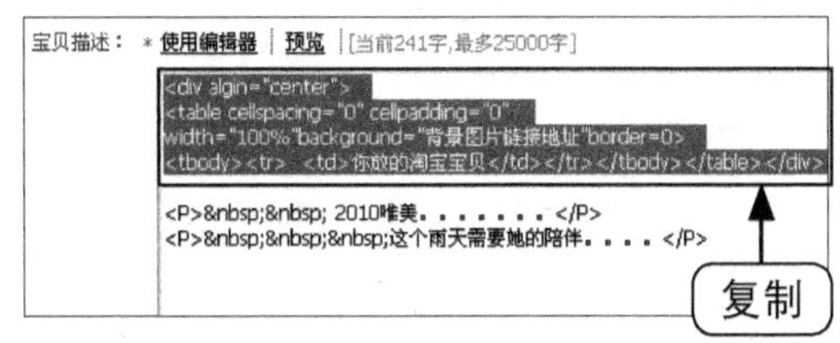

STEP 03 在搜索引擎中使用关键字搜索需要的图片，如下图所示。

STEP 04 ❶进入图片详情查看页面，右击图片；❷在弹出的快捷菜单中选择“复制图像地址”命令，如下图所示。

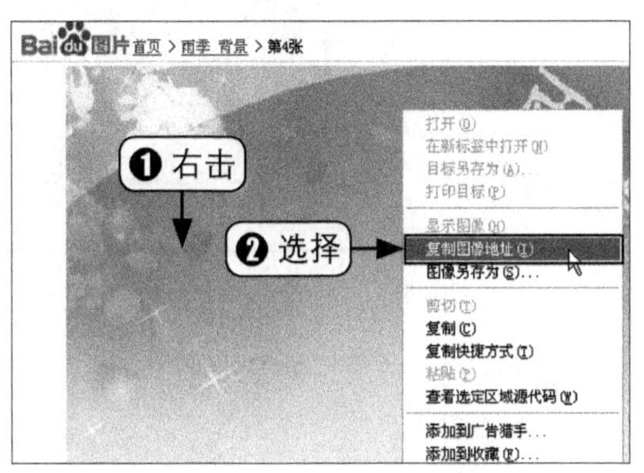

STEP 05 返回宝贝描述编辑页面，粘贴图像地址到指定位置，如下图所示。

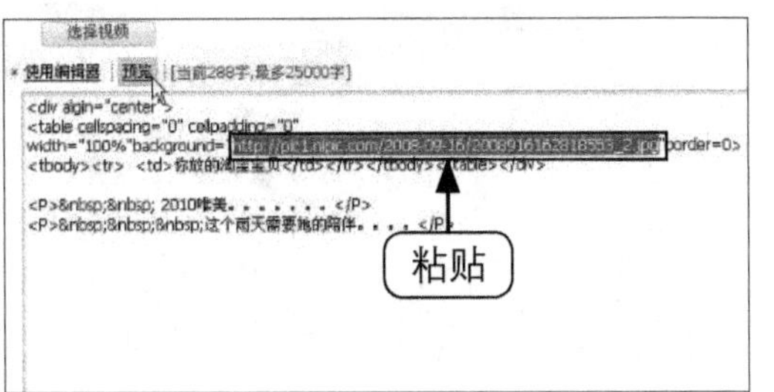

STEP 06 单击“使用编辑器”链接返回普通编辑状态，如下图所示。

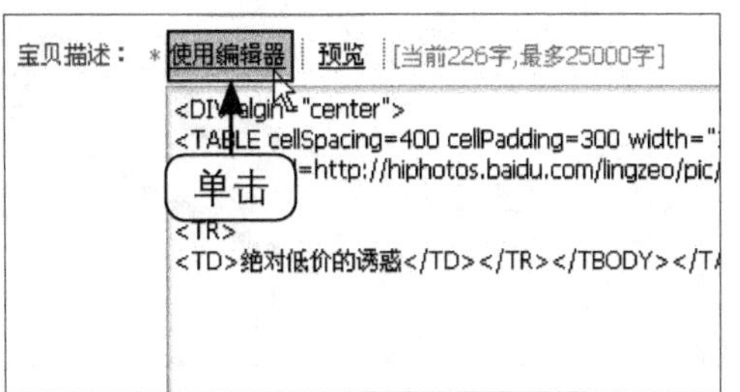

STEP 07 查看编辑后的效果，如右图所示。

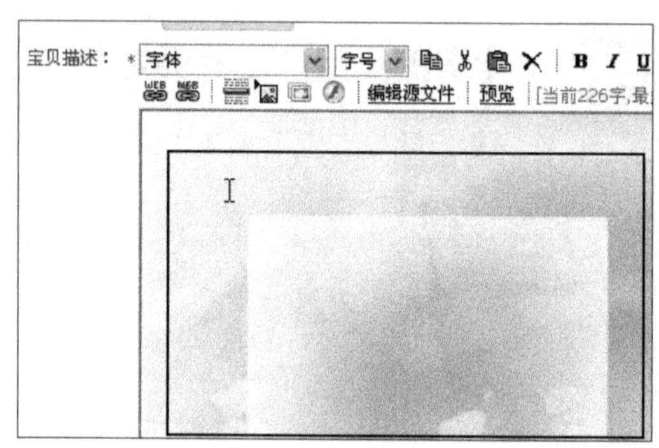

056 使宝贝图片无损放大

对于一些较小尺寸的图片来说，可以利用Photo Zoom Pro软件来无损放大，相关操作步骤如下。

STEP 01 启动软件，在主界面中单击“打开”按钮，从硬盘导入待处理的照片，如下图所示。

STEP 02 在界面左下方选择“照片-柔化”选项，如下图所示。

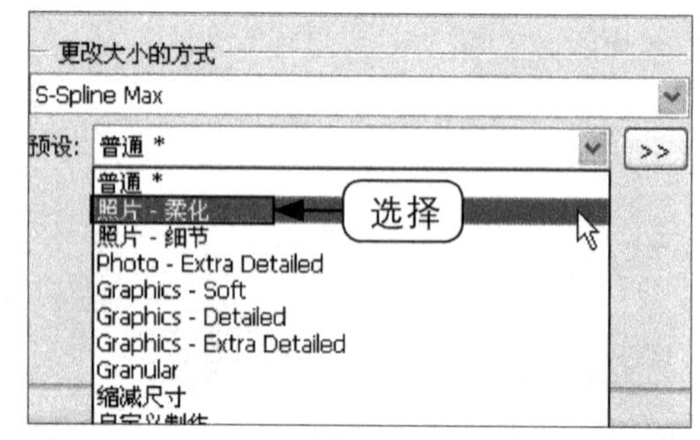

STEP 03 输入放大后的图片尺寸，查看实际效果，如下图所示。

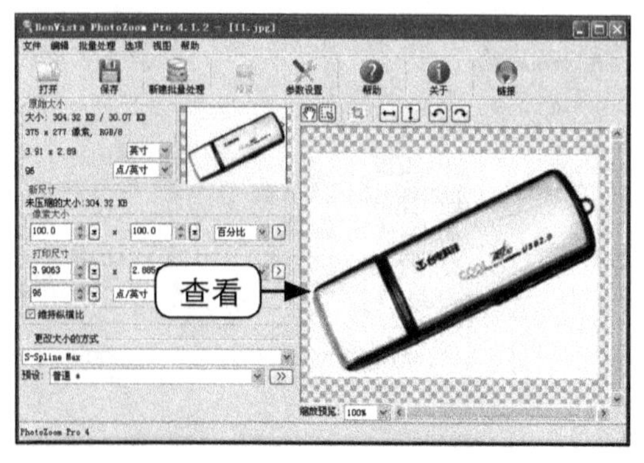

STEP 04 确定新尺寸图片符合要求后，单击快捷工具栏中的“保存”按钮保存此图片即可，如下图所示。

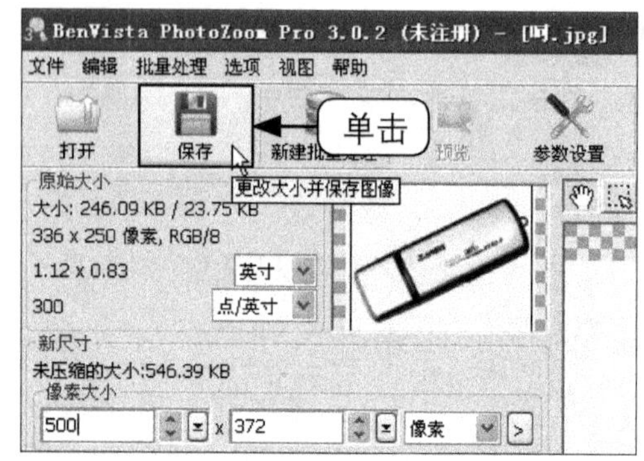

057 使用轻松水印保护图片版权

为了保护自己的图片不被滥用，同时又起到标识图片的作用，在将图片传到网上前给图片加上水印信息就很有必要。使用轻松水印软件添加水印的方法如下。

STEP 01 在软件界面左侧，在“文件夹”选项卡中找到图片位置，如下图所示。

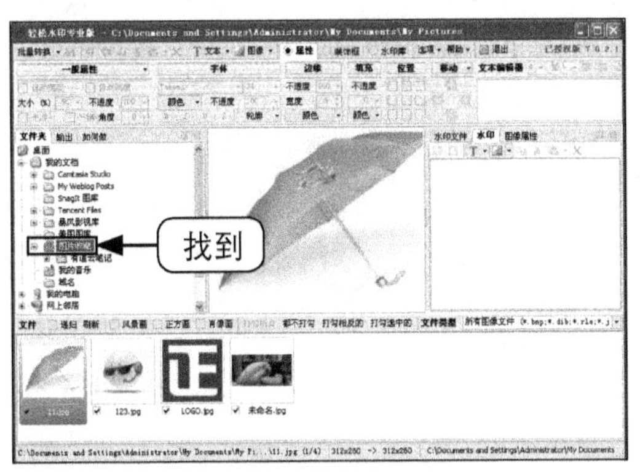

STEP 02 ❶在软件界面右上方输入水印文字；❷调整文字显示位置，如下图所示。

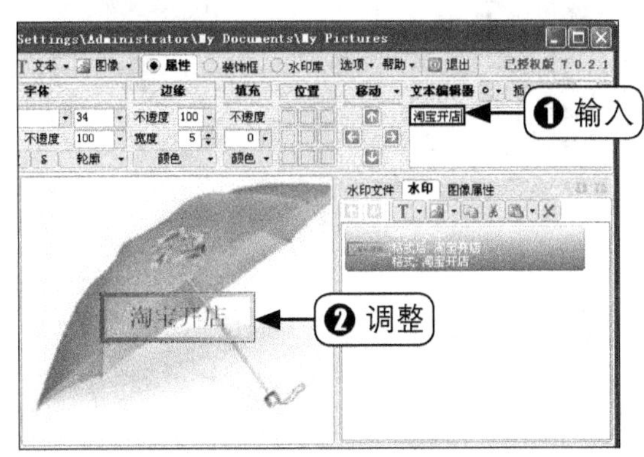

STEP 03 在软件界面上方重新调整水印文字格式，如右图所示。

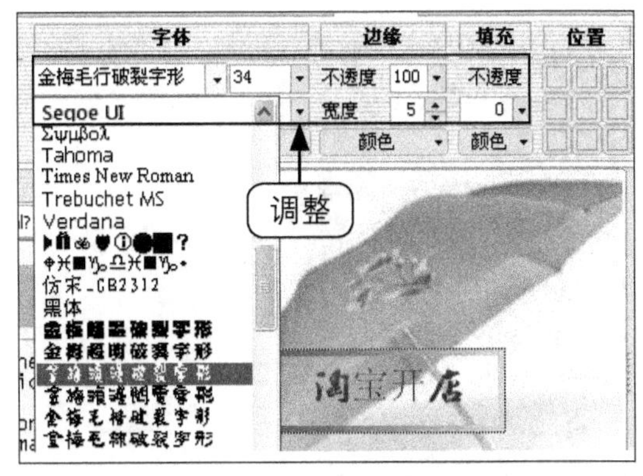

提个醒 保存只读属性的文件

为了保证商品图片的整体美观度，建议字体颜色以浅色调为主。

STEP 04 调整完成后保存，进入保存目录即可查看添加水印后的效果，如右图所示。

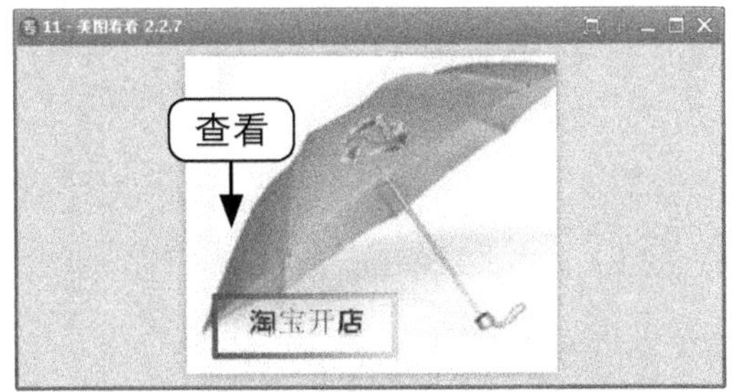

058 给图片加上特制图章

当有促销活动进行时，需要在自己的网店中搞促销的商品图片上作特别的标注，如加上“火热促销”的图章效果就会比较抢眼。

使用图章制作这个软件，就能轻松实现了，相关操作步骤如下。

STEP 01 启动软件，❶选择图章文本字体；❷输入图章文本内容，如下图所示。

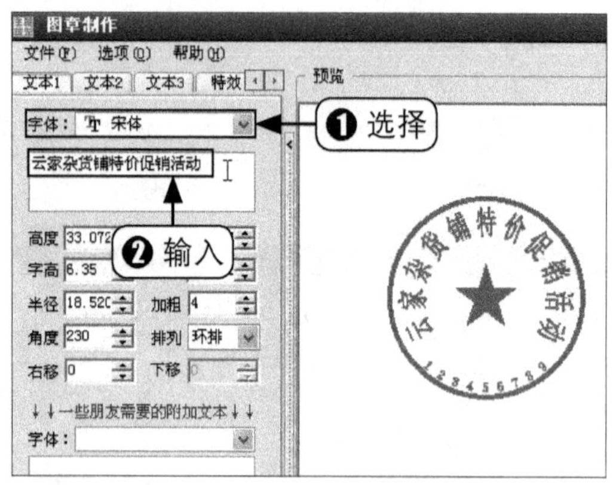

STEP 02 ❶单击“文本2”标签；❷输入其他文本内容，如下图所示。

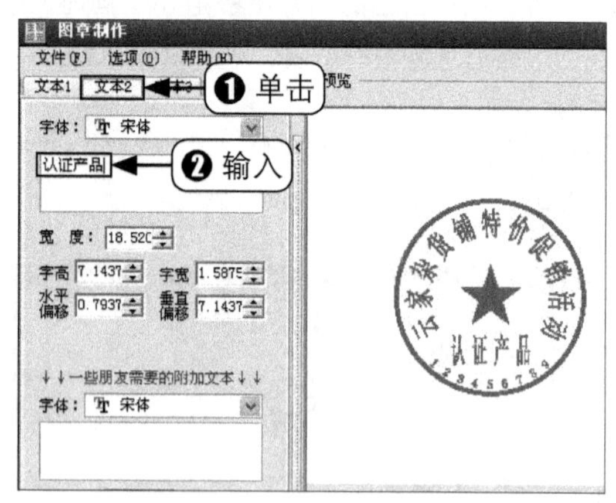

STEP 03 ❶完成设计后单击“文件”菜单；❷在弹出的菜单中选择“载入背景图”命令，如下图所示。

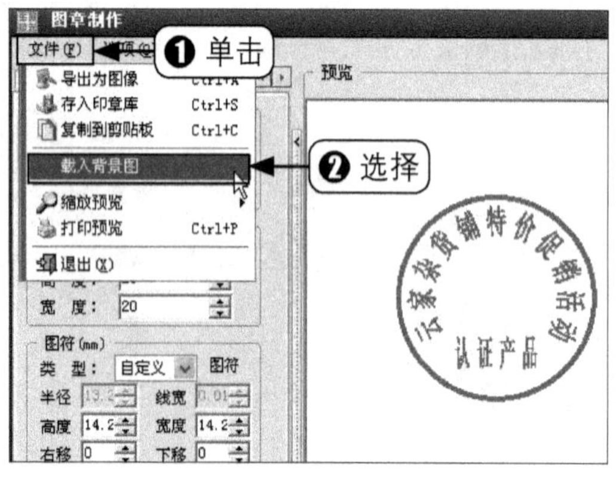

STEP 04 ❶从硬盘导入商品图片，查看添加图章后的效果，单击“文件”菜单；❷在弹出的菜单中选择“导出为图像”命令，将此商品图片重新保存即可，如下图所示。

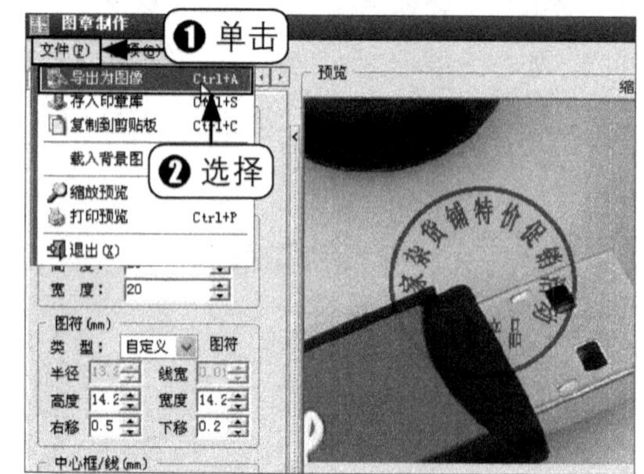

Chapter 17

商品的出售技巧

本章导读

如何更有效地与买家达成交易共识、如何更高效率地出售商品……这些问题对于卖家而言都是想得到最佳答案的。本章将会介绍关于快递、商品包装以及商品更新等方面的内容。

本章学完后您会的技能

- ❖ 商品另类包装技巧
- ❖ 商品运输中破损丢失事件的处理
- ❖ 淘宝工具的另类使用技巧
- ❖ 不同商品的发货技巧
- ❖ 旧货商品的经营技巧

本章内容展示

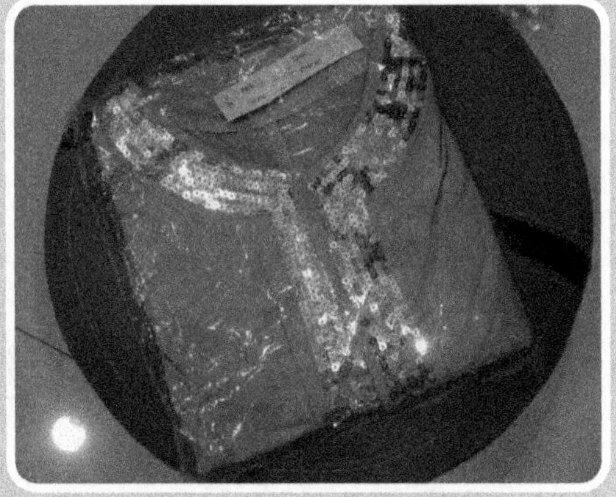

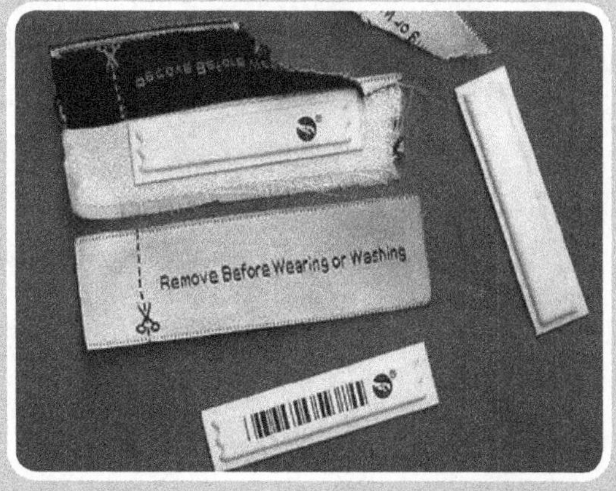

17.1 商品包装物流技巧

商品的包装物流是店铺经营中最容易出问题的环节。本章中，我们首先来介绍商品在包装物流中比较常见的一些技巧。

059 网店包装材料不花钱的技巧

网店物流费用的节省也包括对商品包装材料的节省。下面来看看几个包装材料可以不花钱的技巧心得。

1. 生活中留心积累

平常生活中也会遇到各种各样的包装材料，如瓶装水纸箱、过期广告纸袋、公司收到的快递包裹箱等，这些质地不错的包装材料都可以用在自己网店的物流包装中，如下图所示。

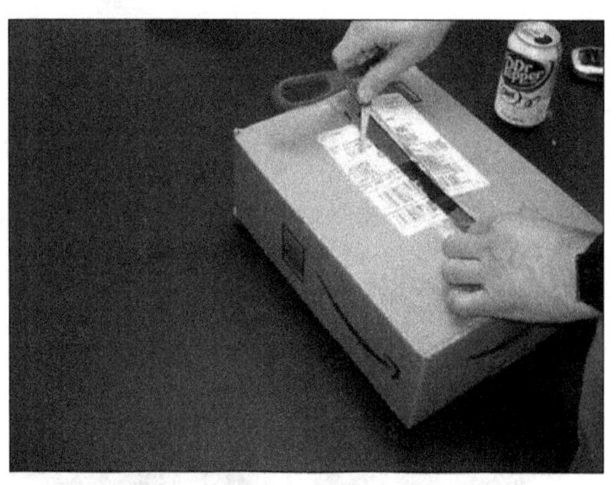

2. 变废为宝巧包装

例如废弃的矿泉水纸箱，经过简单改造后，用来包装寄送一些小件商品是非常不错的。拿到纸箱后按图示步骤操作即可，如下图所示。

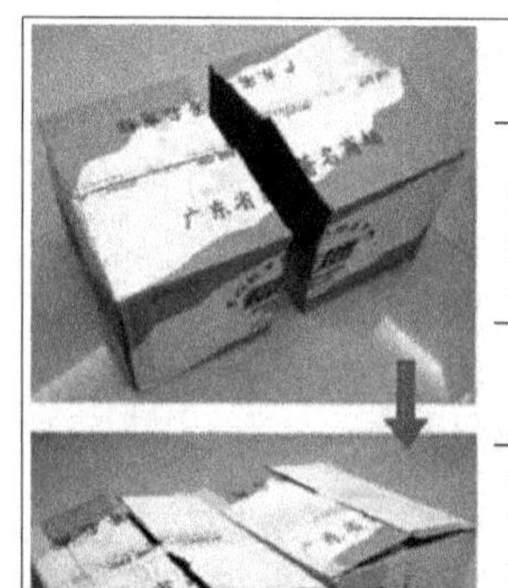

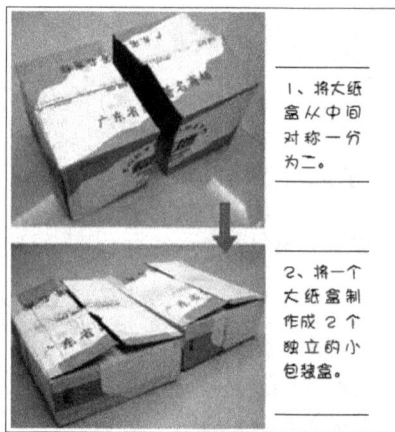

060 提醒买家一定要验货后签收

网店卖家一定要清楚地提醒买家在收到货物后注意验收，同时也要通过阿里旺旺、电话等方式来提醒买家；这样可以避免因为运输原因造成的货物破损纠纷，如右图所示。

操作的重点就是在宝贝描述中添加一些起到衬托作用的背景图片。

061 快递包裹丢失的预防

部分快递公司在快递单背面的“服务契约”中会注明：“若邮寄人未购买保险，按遗失部分的3倍赔偿。”这是明显的霸王条约。

因此，在快递贵重物品，如手机、相机、MP3、MP4等数码商品时，一定要谨慎对待快递包裹丢失的情况。

一点通 快递赔偿

如果每月快递量很大，可与快递公司单独签订赔偿合同，如丢失要求对方按实际价值赔偿等。

062 预防货物破损的方法

卖家在发货时一定要对自己的宝贝负责，对买家负责，在包装上一定得下工夫。

亲自包装，再微小的吊坠都要用泡沫围绕，再用塑料袋包裹（防止雨天浸湿），另外在塑料袋上用大头笔写好收发方的地址和电话（防止外包装破损后无法辨认），然后用硬盒子做外包装，如右图所示。

063 货物丢失破损后的处理

如果很不幸地出现了丢失破损，此时一定要冷静，要跟发件物流公司好好协调，不要用大吵大闹的态度来处理。只要冷静说明自己商品的真正价值，跟发件方好好协调，物流公司会认真对待并解决的。

如果货物丢失，快递公司派送方一般会被罚款，因此只要给发件方施压，自然两边公司就会协调解决，这就可以在很大程度上得到一定的补偿。

064 网购包裹单注意事项

网购包裹单大多数是可以全国通用的，只要下边有“国家邮政局监制”字样就没问题，如右图所示。

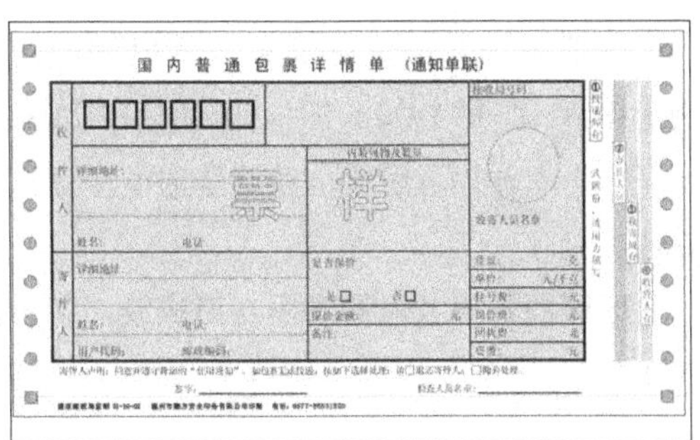
国内普通包裹详情单（通知单联）

提个醒 包裹单颜色要分清

平邮的包裹单是绿色的，快邮的包裹单是红色的，一定要分清楚。

065 注意保价时加收保险费

保价的费用是保价金额的1%，最低100元起。也就是保100元，会收一块钱。但邮局有时候会收两块，另外一块就是所谓的“保险”费，如右图所示。

所以卖家们如果只保价商品，要嘱咐工作人员“只保价，不要保险”，并且要留好保价发票；否则工作人员就会按照2%收取保价费。

066 做好货品分类编号

不管网店出售的商品有多少，都建议做好分类编号，如右图所示。

这样不仅可以方便自己查询宝贝的销售情况，也能方便其他人来帮忙发货和管理。

067 养成随时记录的习惯

用笔记本把出售宝贝的基本情况记录下来，如名称、编号、价格、数量等，不仅方便自己随时掌握宝贝情况，当有买家短信或电话询问宝贝情况时，还能够马上查询到，如右图所示。

笔记本的另一个作用就是记录每个买家购买宝贝的情况，还有买家的联系方式、地址等，方便以后回访时查找资料。

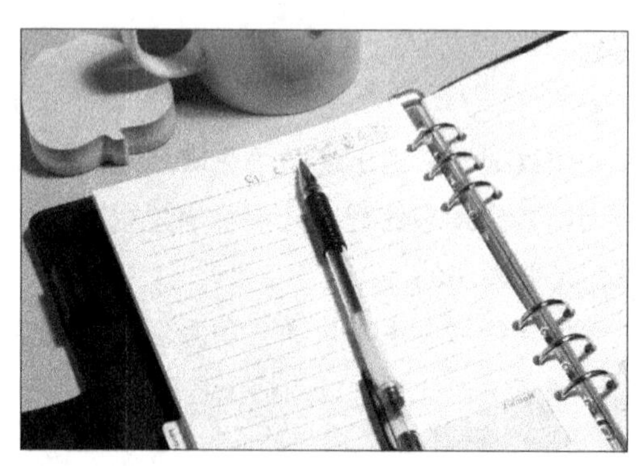

068 注意网店客流量大的时间段

一般来说，网店客流量大的时间段主要为上午10:00~11:00、下午14:00~17:30和晚上19:00~22:00。因此，在这些时间应该保持在线。

旺旺图标为蓝色即表示当前在线，如右图所示。

069 宝贝上架时间的选择

淘宝网上对宝贝发布时间提供了7天和14天两种选择，一定要选择7天发布时间，如右图所示。因为宝贝越接近结束时间越靠前，7天一个周期肯定比14天要好。

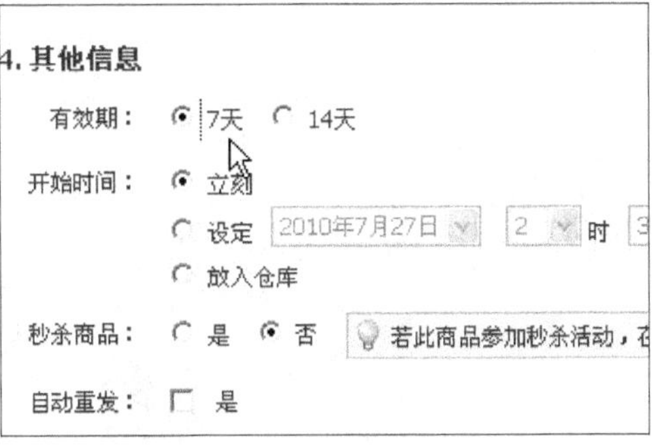

070 用软件完成快递单的填写和打印

如果平时发货量较多，可利用专门的软件来帮忙填写和打印快递单。例如，使用“易人快递单打印”软件就是其中的一种方法，下面介绍该软件的相关操作。

STEP 01 启动软件，在主界面中单击“读取格式”按钮，如下图所示。

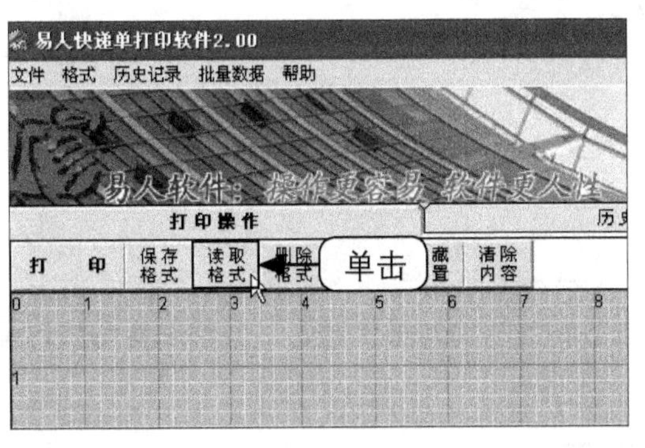

STEP 02 选择软件内置的快递公司的快递单样式，如下图所示。

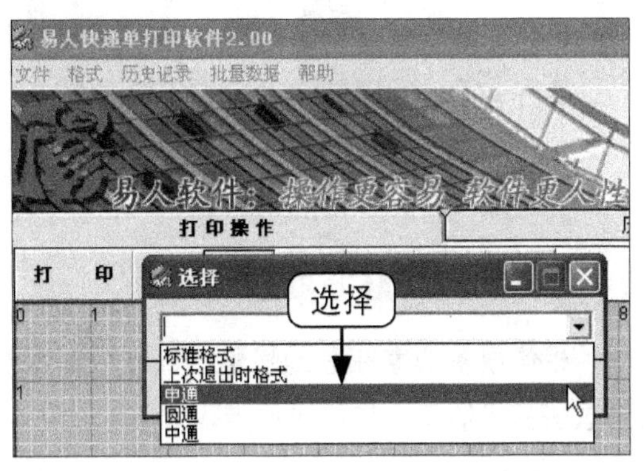

STEP 03 打开快递单填写页面，按要求依次填写信息，如下图所示。

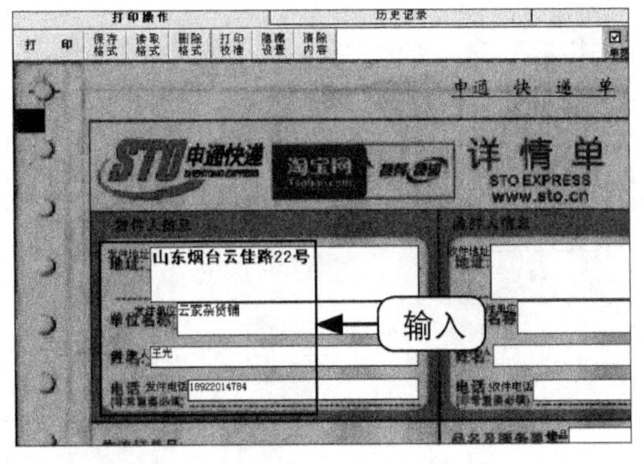

STEP 04 ❶单击“保存格式”按钮；❷在弹出的“选择”对话框中输入保存格式名；❸单击“确定”按钮，如下图所示。

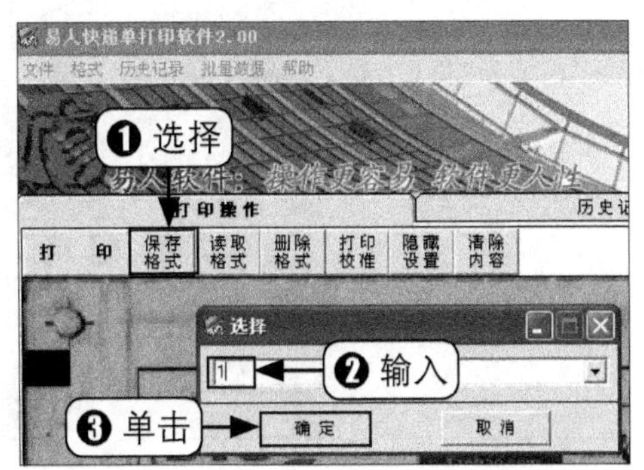

STEP 05 ❶单击“打印校准”按钮；❷预打印并调整好打印边距；❸单击“确定”按钮，如下图所示。

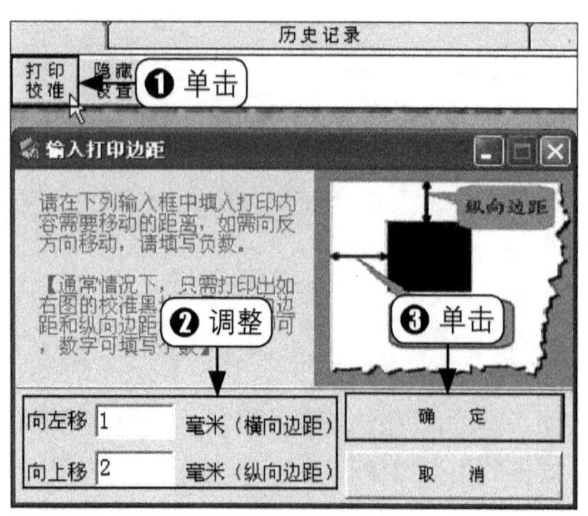

STEP 06 ❶完成快递单的填写后，单击“打印”按钮；❷在弹出的“选择”对话框中选择打印机设备；❸单击“确定”按钮开始打印，如下图所示。

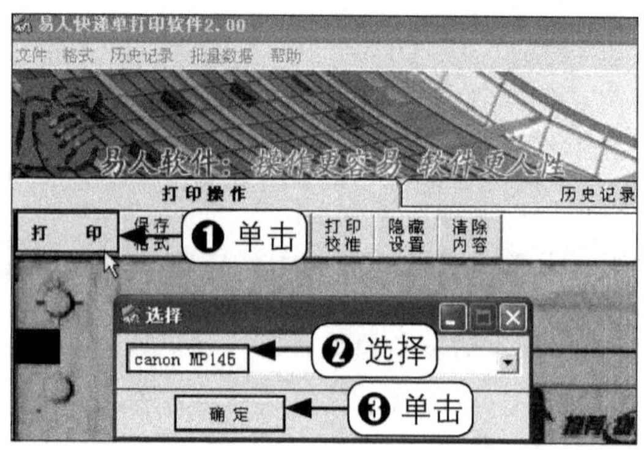

17.2 淘宝工具使用技巧

出售商品的过程中，合理、有效地使用相关工具是必不可少的。

071 预防阿里旺旺骚扰信息

相信很多卖家在登录阿里旺旺软件时都收到过各种各样的垃圾信息，下面就来看看如何预防这些骚扰信息，具体操作步骤如下。

STEP 01 ❶登录到阿里旺旺，单击右上方的“展开”按钮；❷在弹出的菜单中选择“系统设置”命令，如下图所示。

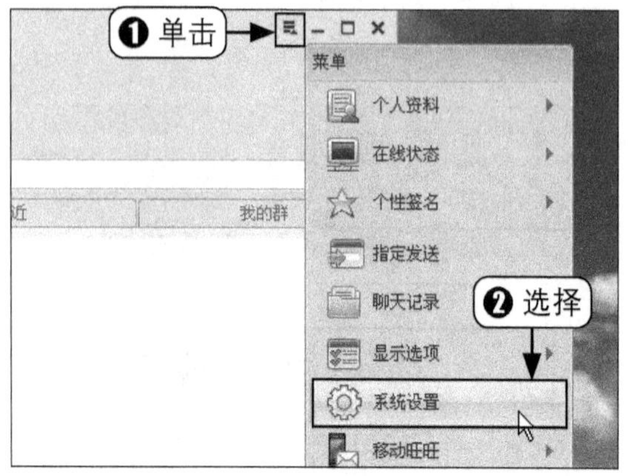

STEP 02 ❶选择“防骚扰”选项；❷在右侧窗格单击“新增”按钮，如下图所示。

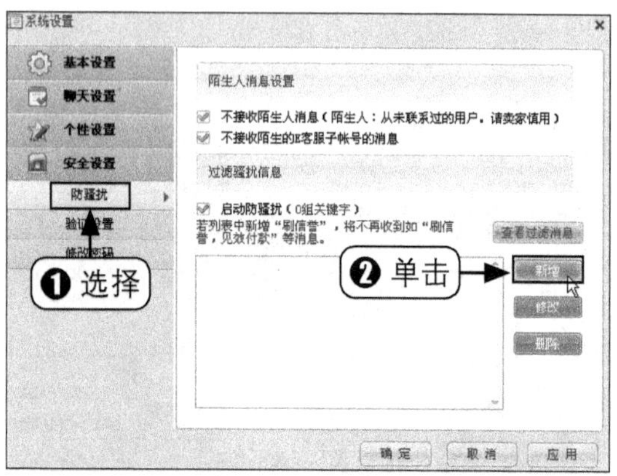

STEP 03 ❶输入要过滤的信息关键字；❷单击“确定”按钮，如下图所示。

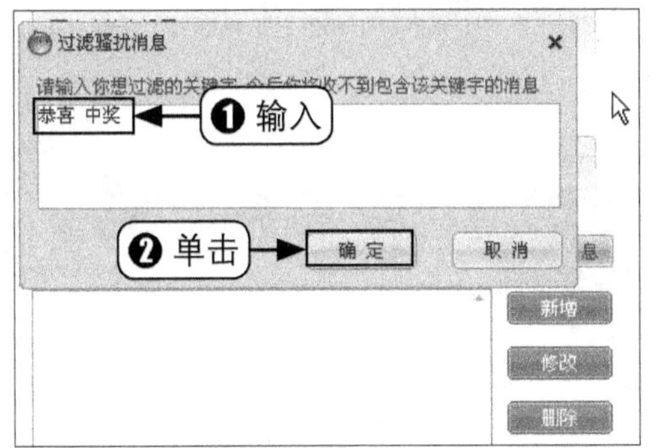

STEP 04 返回主设置界面，单击“确定”按钮应用此设置，如下图所示。

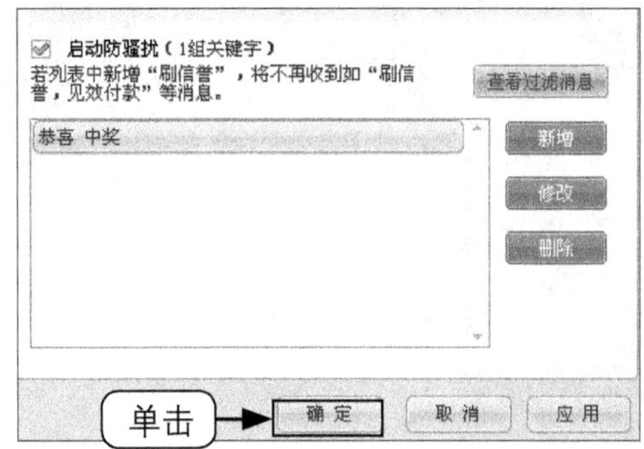

072 使用淘宝助理实现商品搬家

把一个淘宝账号下出售的所有商品全部搬到另一个淘宝账号，这就是“商品搬家”，具体操作步骤如下。

STEP 01 登录淘宝助理软件，单击“下载宝贝”按钮，如下图所示。

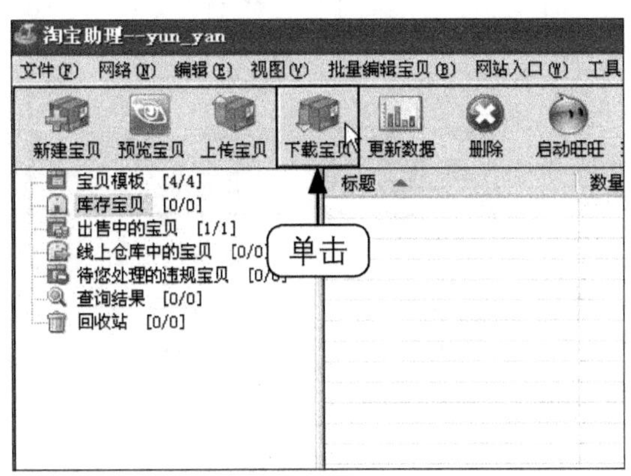

STEP 02 ❶进入“下载宝贝”对话框，选择宝贝的时间范围；❷单击“下载”按钮，如下图所示。

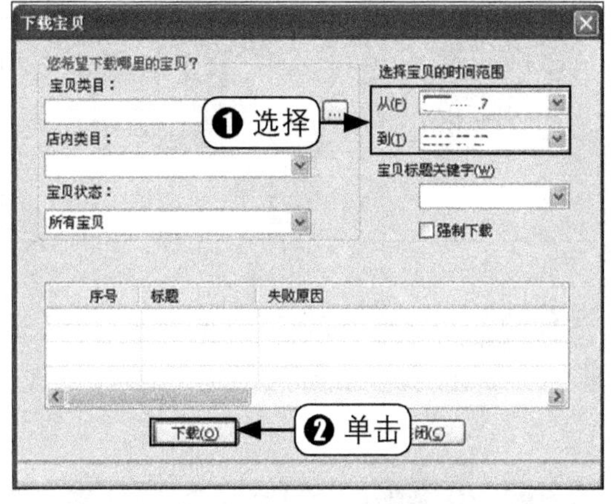

STEP 03 下载完成后弹出提示框，单击“确定”按钮返回，如右图所示。

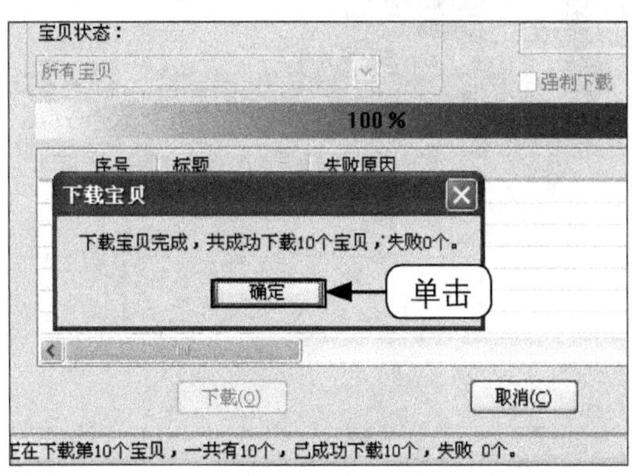

STEP 04 ❶单击“工具”菜单；❷在弹出的菜单中选择“备份数据库”命令，如下图所示。

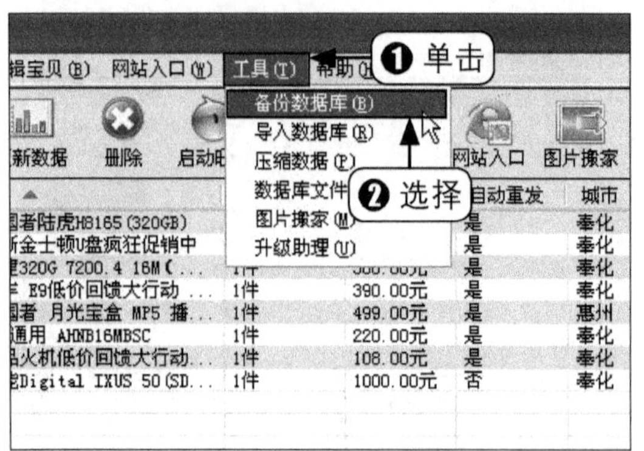

STEP 05 ❶在弹出的“数据备份”对话框中单击“浏览”按钮定义存储目录；❷单击“确定”按钮返回，如下图所示。

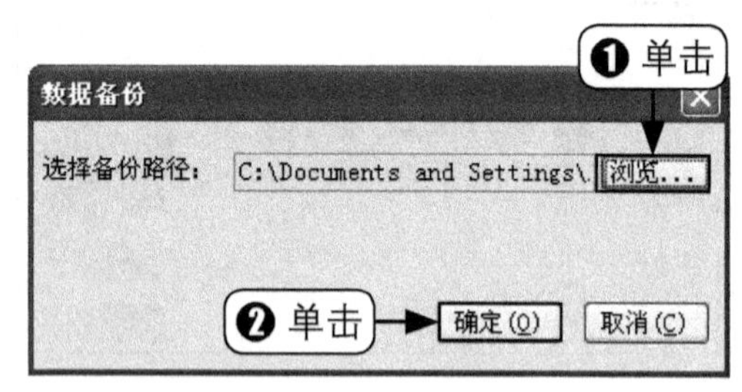

STEP 06 选择“文件”菜单下的“切换用户”命令，如下图所示。

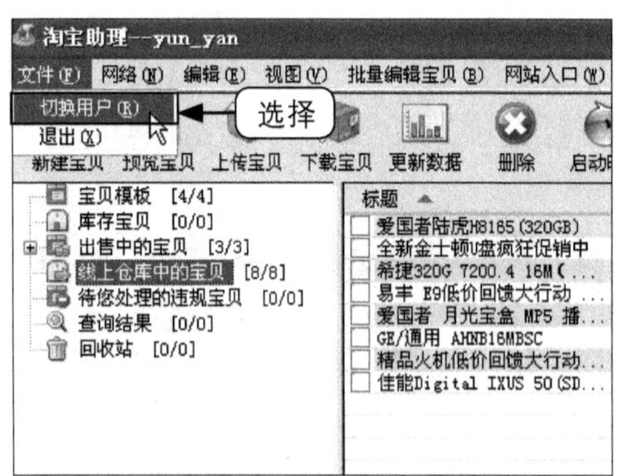

STEP 07 ❶在弹出的对话框中输入另一淘宝账号及密码；❷单击“确定”按钮，如下图所示。

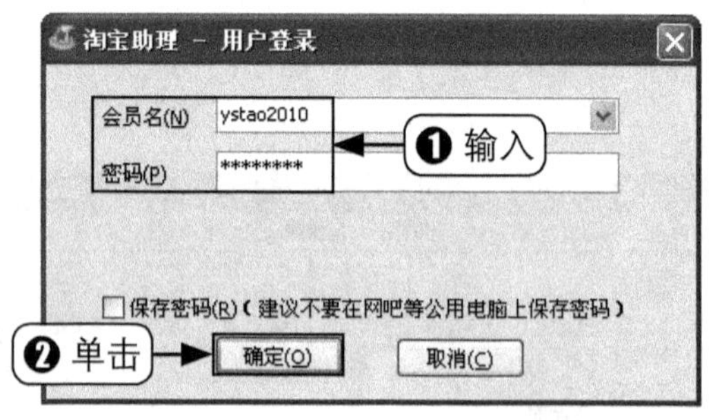

STEP 08 选择“工具”菜单下的“导入数据库”命令，如下图所示。

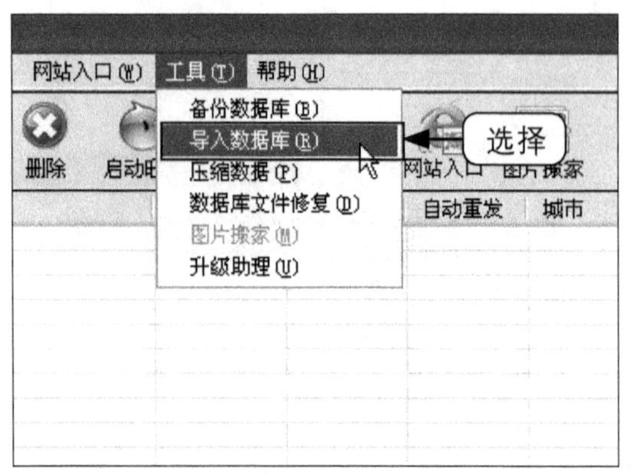

STEP 09 ❶在弹出的对话框中单击“浏览”按钮定位到保存目录；❷保持默认选项设置并单击“确定”按钮，如下图所示。

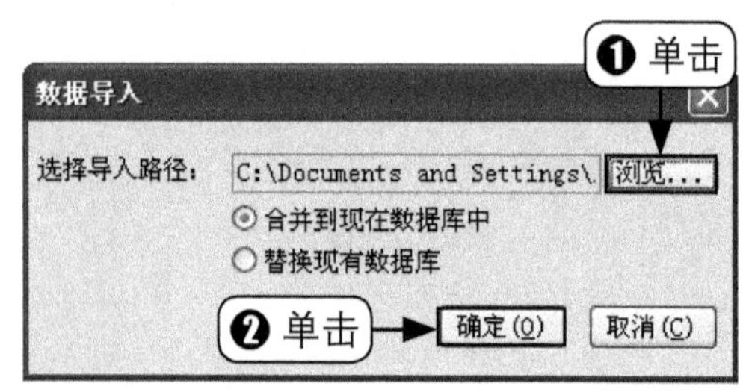

STEP 10 弹出提示框提示导入数据成功，单击“确定”按钮返回，如右图所示。

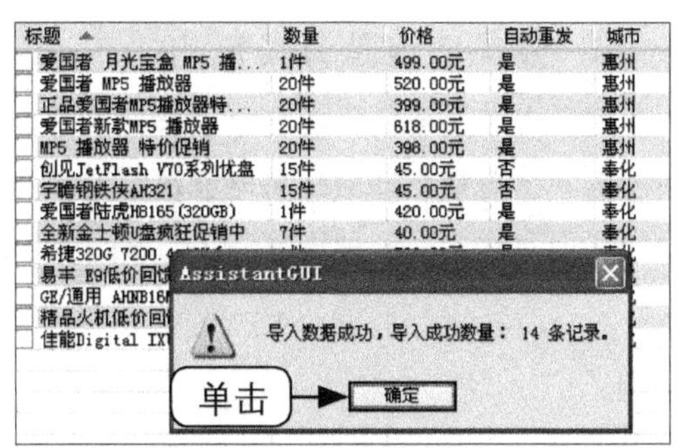

073 使用淘宝助理定时上架

利用淘宝助理软件定时上架商品，可以大大减轻卖家的工作量。在淘宝助理软件中，在添加宝贝模板时即可设置，定时上架功能如右图所示。

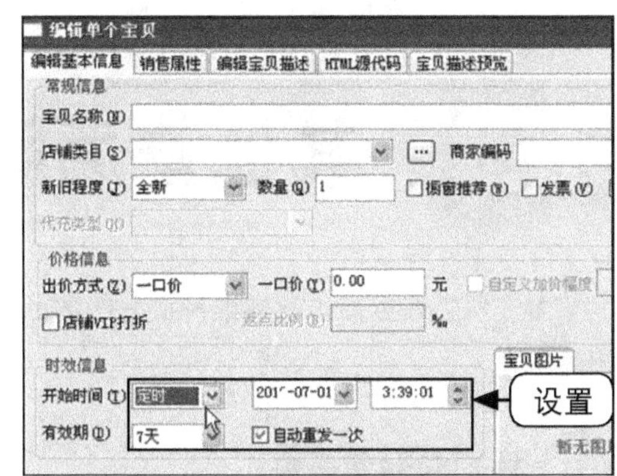

074 多用赠品吸引回头客

随网购商品附送赠品，可以大大提高商品的性价比。但要注意的是，赠品的选择也不是很随便的事情，需要考虑以下问题。

1. 赠品应该价廉物美

赠品不一定要多贵重，但绝不能因为它的廉价就降低它的品质，如下图所示。

2. 赠品应该是实用的

赠品应该是买家有可能用上的，因为买家多少会有赠品的成本包含在商品中的潜意识，如果赠品是买家用不到的，买家就会觉得赠品拿得很亏，不如什么都不送，如下图所示。

3．赠品应该是有特色的

赠品应该是不常见或者是很有特点的，这样买家不会直接用外面轻易能够得到的商品去比较，而且也会有一种新鲜感，如右图所示。

17.3 其他售后服务技巧

淘宝网店最重要的就是维持良好的售后服务，打造一流的网店声誉，下面来介绍这方面的相关内容。

075 快递放假怎么办

比如在春节期间，一般的快递公司都会放假，但春节黄金周又是商业活动最频繁的时候，网店在这期间开业就没办法配送了吗？下面来看看相关的解决办法。

1．照常卖货

大部分店主采取的解决办法是春节期间照常做生意，但是不发货，等快递公司上班后再发货。这样做，需要与买家沟通好，免得引起不必要的麻烦。

2．用平邮或EMS

虽然网店店主平时一般不会采用中国邮政发货，但遇到快递公司休假时也只能采用了。不过，费用方面要贵一些。

076 衣服及其他纺织品包装用料

衣服由于需要防水防脏，因此除了里面一层塑料袋包装外，外面还应有一层布袋包装。布袋包装的原料就可以使用自家没用的旧衣服或布片来缝制，如右图所示。

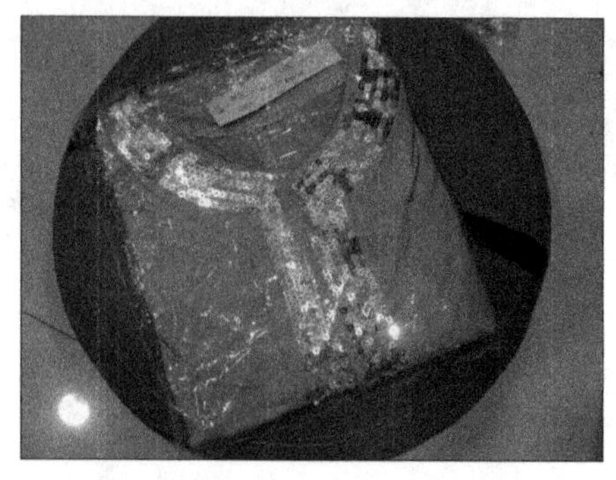

不过要注意的是，不要提前做任何布袋，而是把这些碎布片和旧衣服放在一起，需要发这种货品的时候再根据货品大小按需裁缝。

077 化妆品的包装邮寄技巧

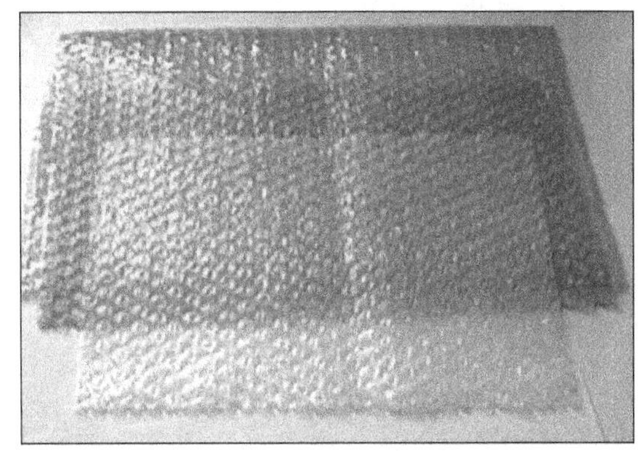

棉花和泡泡膜是必备的包装材料。棉花用于香水及化妆水制商品的洒露预防；泡泡膜则用于防止玻璃瓶装制品的防压抗震及破损。

将化妆瓶及其本身包装盒拆开，先用棉花把瓶口处包严，并用胶带扎紧；再用泡泡膜（如右图所示）将瓶子全身包裹，然后将其本身的包装纸盒折好后与商品一同邮寄。

078 DVD碟片的包装邮寄技巧

淘宝网上有出售专用光碟的包装邮寄纸箱，比邮局的便宜，如右图所示。

如果只是邮寄几张光盘且无外包装的商品，最好用邮局三层12号纸箱（淘宝售价为0.5元/件），注意不要折成纸箱型，平板用报纸包装好盘片，再用胶带全面包裹后即可发货。

079 如何防范宝贝被快递员盗换

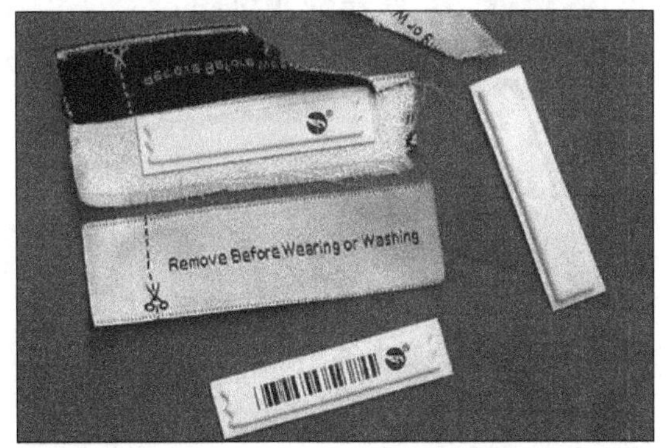

如果店主经常邮寄一些较为贵重的物品，为了防止被盗，发货包装一定要规范。

包装贵重物品要里三层外三层，而且要层层加密。所谓加密就是加防盗贴，如右图所示；再配合使用胶带，最好是胶带表面有专用标记。

提个醒 注意封口的处理

建议使用带自封胶的物流专用包装袋进行最后包裹，然后用多层胶带进行缠绕，最后记得封口。

080 易碎品包装绝招

对于玻璃、陶瓷这类商品，在包装时主要注意的就是防止运输过程中的碰撞。所以，一定要充分利用泡泡膜和泡沫板将商品包装严实，如右图所示。

081 卖家进货防骗技巧

卖家也有上当受骗的时候，如何预防进货方面的骗局呢？以下技巧可供参考。

1. 留意批发商提供的地址

一般来说，批发商会有一个固定的地址，可以通过搜索引擎搜索一下批发商的相关信息，仔细看看有没有漏洞，比如查看是否和供应商提供的公司名称相符等。

2. 注意批发商的实体公司名称

各地一般都有很多网络黄页，找到供应商的公司名称，再去查询一下是否和进货的商品类型相符。

一点通　查看营业执照

对于实体公司，还可以查看相关的营业执照，看看这个公司是不是确实存在。

3. 注意批发商的电话号码

去网上搜索这个电话号码，也可以看出很多问题，比如这个电话对应的公司名称、公司地址、是否有行骗史等，如右图所示。

百度知道 > 电子数码 > 手机/通讯 > 手机使用

已解决

骗子电话

悬赏分：0 - 解决时间：2010-7-11 11:40

最近经常收到骗子以招聘名义行骗话费的骚扰，他们大都

076922872652 076928253761 07518376141

问题补充：

还有这些电话 076921356815 076927172383 076984

076923630786 076921115713

4. 注意批发商提供的网址

如果供应商有自己的销售网站，那就要仔细看看。例如，多研究网站里面的商品，然后通过提出一些专业性的问题来辨别。

082 如何防范退换货纠纷

可以在商品说明里写清楚，例如如无质量问题一律不予退货、退换货物买家承担运费、如有损坏恕不退换或者按情况折旧等。另外，保存好旺旺聊天记录也是必需的，这有利于后期的举报和投诉处理，如右图所示。

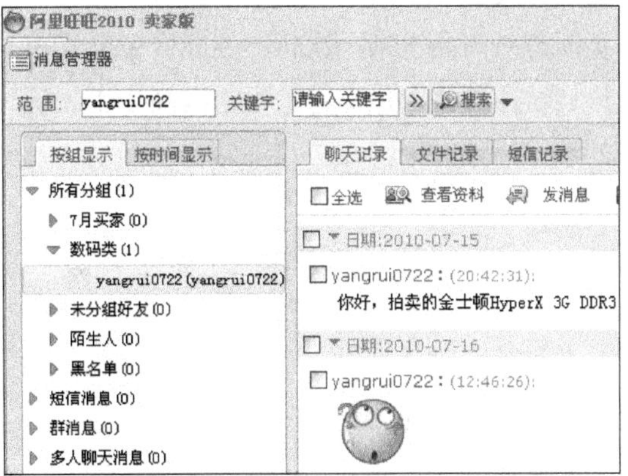

083 与买家沟通的技巧

与买家沟通时要给买家留下好印象，让买家愿意与你沟通。所以，卖家必须表现得谦虚有礼和热情有度。

譬如，在旺旺交流中，回复第一次来店里的买家的第一句话时，要用语客气，还可添加微笑表情或送上一朵玫瑰等，如右图所示。

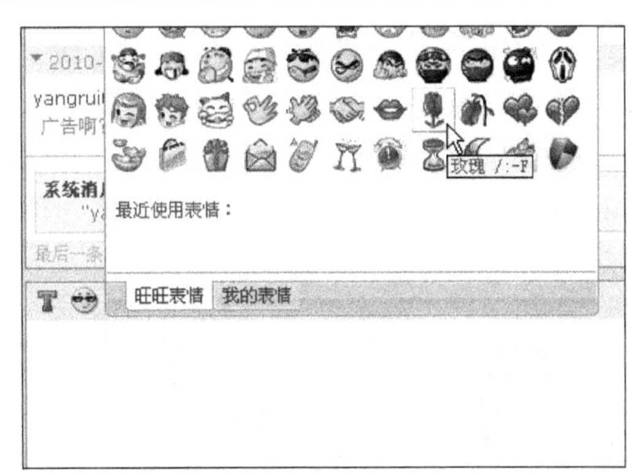

提个醒 保持良好的情绪

卖家还要对自己的情绪能够很好地控制，这样才有更好的服务热情。

084 如何开好一家专业玩具店

如果自己都不喜欢玩玩具，店主也就不知道如何向买家推荐好玩的玩具了。如果店主自己爱玩，一般也可以引起买家的注意，如右图所示。

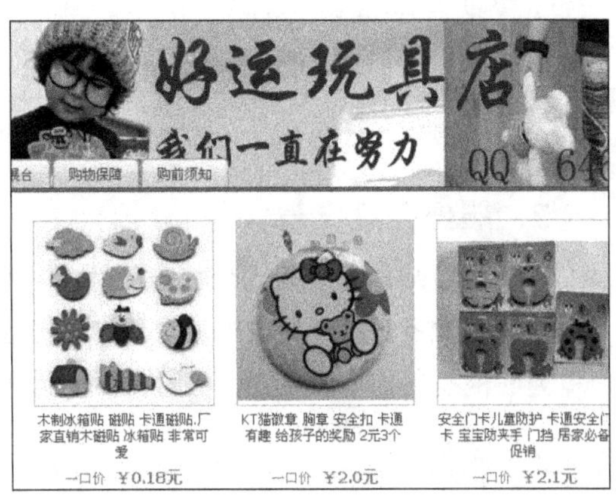

1. 商品要不断更新

玩具重在一个字“玩”。要玩出花样，要不断有新商品进来，这样不但能吸引新买家，还能留住老买家，也可以不断提高店主“玩”的水平，如右图所示。

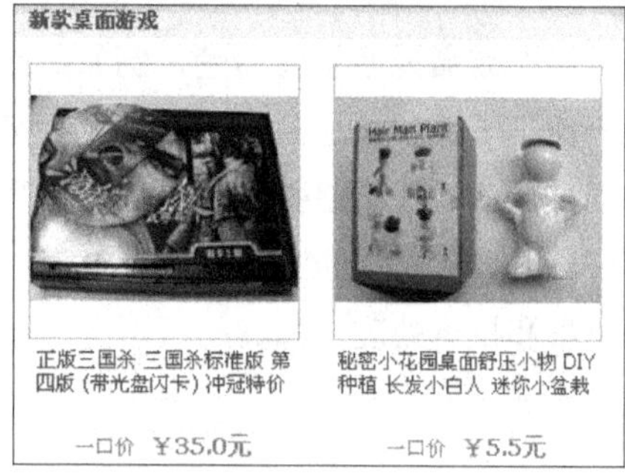

2. 商品要讲究奇、特

开玩具店并非商品越多越好，应该有所选择，尽量不要跟普通玩具店的商品雷同。多进一些市场上冷门、包装美观怪异的好玩具，往往能给买家带来意外的惊喜。

3. 推荐商品要有针对性

掌握买家的需求心理是成交的关键。如果买家是为儿童购买，我们可以推荐益智启迪类的商品，如城堡积木、七巧板、3D立体拼图等；如果买家是为青少年购买，则可以推荐一些刚兴起的魔术类玩具或者搞笑不伤人的玩具，如下图所示。

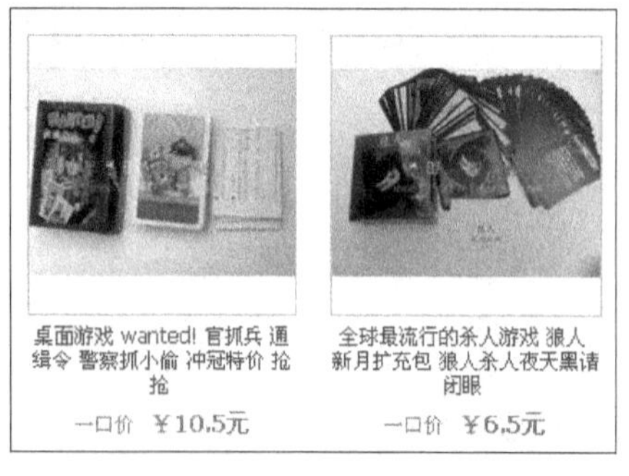

一点通　消费对象

对于老人，要以休闲为主，能消磨他们时间的就是最好的玩具，如愚公移山、华容道、孔明锁等。

085 如何提高服装网店的成交率

1. 货品定位要清晰

货都是卖给客户的，但卖给什么样的客户，则需要提前做好市场定位。根据自己货品的市场定位，采取相应的措施，才能取得比较理想的效果。

2. 服务态度要得体

对咨询客户的态度太过热情，会吓到或者宠坏客户，陷自己于被动的地位；太过冷淡，又会让客户感觉不舒服。这当中有个尺度的把握问题。

建议的态度是不卑不亢，应对得体，为客户提供专业但并不过头的服务。

3. 诚信

开发一个新客户的时间和精力远远大于维护一个老客户，因此，维护老客户显得非常重要。其实这就是诚信问题。

例如，货物出门的时候，一定要抽检或者全检，有损坏、大面积污渍等问题的商品必须要留下。

提个醒 商品说明

写商品说明的时候，应力求细致清晰，而且要明确地说明货的剪标和包装情况，以免误导客户。

4．对于客户的挑选

买家会挑选好的卖家，卖家也需要挑选买家。只要是通过支付宝付款的客户，卖家最好查询一下对方的支付宝信用程度，以判定买家的优秀程度。

- 如果退货比例是1%或者0退货，是优质客户。
- 如果退货比例在10%以下，是正常客户。
- 如果退货率达到20%~60%，就要考虑是否继续交易了。

5．建立分析机制

要定时分析，分类分析，不能卖出货物就万事大吉了。而应该定时把自己的客户销售明细资料拿出来分析，根据得出的数据不断修正自己的销售措施。

086 淘宝网卖旧货的经营注意事项

在淘宝网卖旧货，大到电脑、手机，小到过时的衣服、婴儿车，要想在众多卖家中脱颖而出，还是需要一些操作技巧的。

1．要有耐心

首先，在淘宝网卖旧货要有耐心。当你兴冲冲把家里的旧货堆在淘宝网上，却发现好多天都无人问津时不要丧气，做任何生意都要耐心坚持下去。

2．选择合适的物品

目前，淘宝网上的旧货以数码商品、家居用品、办公设备、乐器、鞋服、健身器材为主，交易最快的还是数码商品和家电，如右图所示。

一点通 旧货商品的选择

另外，应尽量选择有特色或者有纪念价值的物品，如二手军装及年代久远的二手玩具等。

3．合适的定价

很多卖家的旧货转让比较慢或难以成功的原因主要是定价偏高。其实，旧货相对于正品来说要贬值不少，最多半价左右。

Chapter 18

网店营销推广技巧

本章导读

淘宝开店，没有营销推广，基本上很难获得流量，而没有流量的结果就是“关门大吉”。因此，掌握网店营销推广技巧，是淘宝掌柜必备的技能，这也是本章将重点介绍的内容。

本章学完后您会的技能

- 网店的对外宣传技巧
- 让买家被动上门的技巧
- 网外网内的综合推广
- 其他营销推广技巧

本章内容展示

18.1 网店宣传技巧

网店要生意好，必须宣传到位，如何有效、合理地宣传网店就是本节将要介绍的内容。

087 网店口碑营销技巧

网络口碑营销实际上就是利用搜索网站、论坛、博客及聊天工具等途径，借助热点话题对自己网店商品进行有计划的网络炒作，让商品自然而然地成为大众的热点话题，从而树立起良好的市场形象。常用的网店口碑营销方式有以下几种。

- 故事型。通过讲述自身情感遭遇从侧面来谈商品，从而引导用户产生想了解这一款商品的想法。
- 发问型。通过有目的的发问方式，吸引用户进来交流和讨论。
- 八卦型。通过对当前比较热门的娱乐话题等进行讨论，并在后面加上更多吸引用户的话题，以在中间或后面插入链接的方式把用户带到商品中来。
- 放大事件型。故意把事件夸张化，吸引用户眼球，把用户吸引进来后再进一步解说和引导，从而让用户了解商品。

一点通 口碑营销

口碑营销的方式方法其实是多种多样的，它是多种营销手段的结合。

088 使用阿里妈妈广告推广网店

阿里妈妈（www.alimama.com）是一个专门出售广告位的交易平台，大家都知道许多网站都是靠广告赞助方式盈利的，因此卖家们如果需要在他人的网站上打广告，只需要支付相应的费用就行了。

STEP 01 进入阿里妈妈网站，单击页面左上方的“登录”链接，如下图所示。

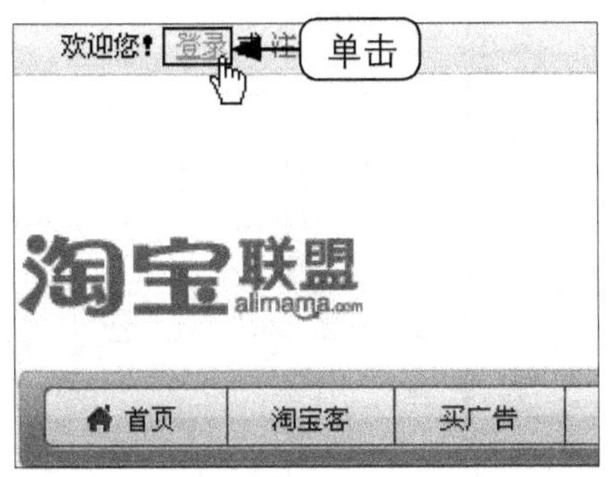

STEP 02 ❶输入淘宝网注册账号及密码；❷单击“登录”按钮，如下图所示。

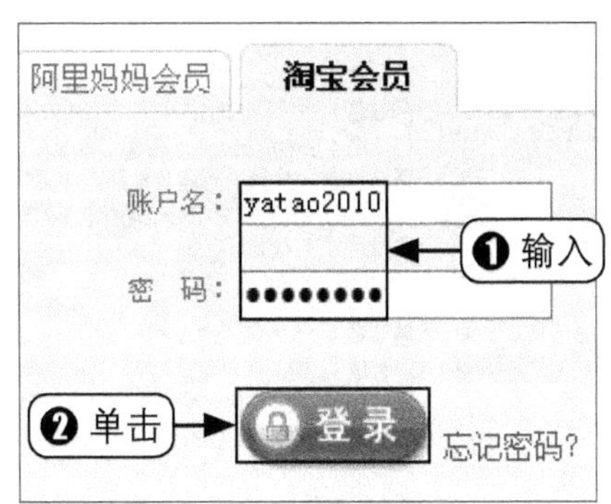

STEP 03 登录阿里妈妈后，单击“买广告”标签，如下图所示。

STEP 04 进入广告位搜索页面，选择要购买的广告位类目，如下图所示。

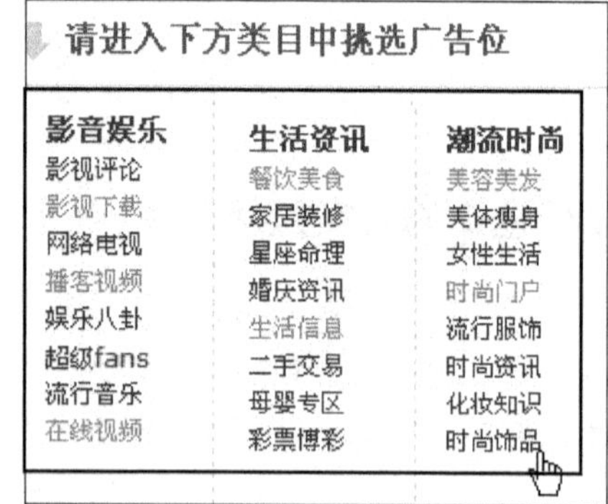

STEP 05 查看广告位位置描述以及广告尺寸大小，如下图所示。

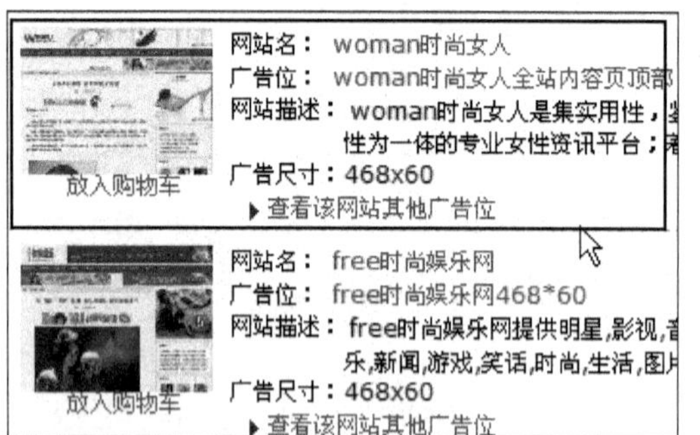

STEP 06 在页面右侧对应广告位中查看收费详情，如下图所示。

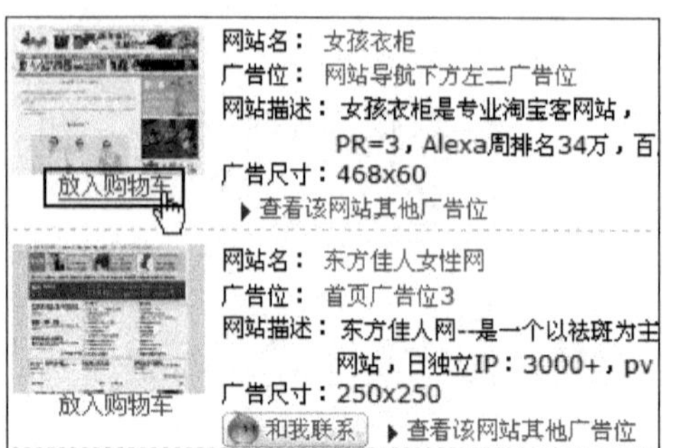

一点通 低价广告

如果以前没有接触过阿里妈妈广告位，建议选择相对低价的来试用一下。

STEP 07 单击“放入购物车”链接，将选定的广告位放入自己的网购订单中，如下图所示。

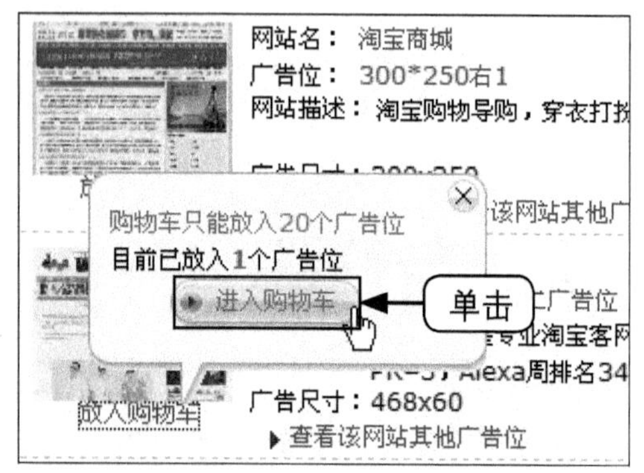

STEP 08 单击“进入购物车”按钮，如下图所示。

STEP 09 根据需要设置广告位投放时间，这样即可生成订单价格，如下图所示。

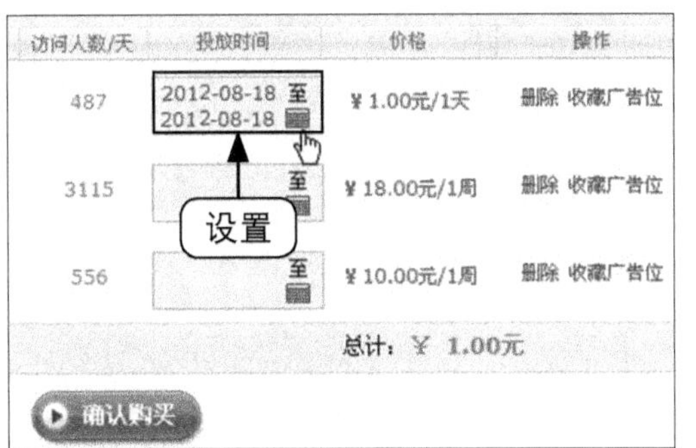

STEP 10 ❶打开“登录信息确认”页面，输入Email地址、昵称及手机号码等信息；❷单击“确认”按钮通过验证，如下图所示。

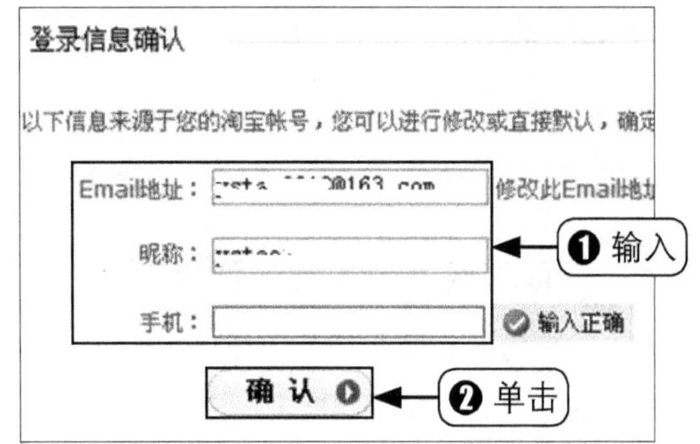

一点通 支付步骤

之后会转入支付宝页面，再按前面章节介绍的支付宝支付步骤操作即可。

089 发展免费服务项目

买家的网购行为在很大程度上都是冲着价格实惠去的，因此可以在自己的网店上多展示一些免费服务项目出来，如右图所示。

例如，网店卖家们如果在自己网店中提供免费的电子图书、电子周刊下载，提供免费的店铺装修小饰物等，那无疑可以大大提升店铺浏览量，有了回头客的浏览，销量的上升也就是迟早的事了。

淘 商城人气店铺分析

为什么他的生意总是那么好

免费设计规划

- 店标设计
- 整体设计
- 促销页面设计
- 产品图处理

090 论坛发帖营销推广

论坛发帖营销是现在网店卖家们普遍采用的方式之一，当然这也需要推广团队的合理跟踪。

如右图所示，要发一些有意义、有内容、有质量的帖，对大家有所帮助的帖。

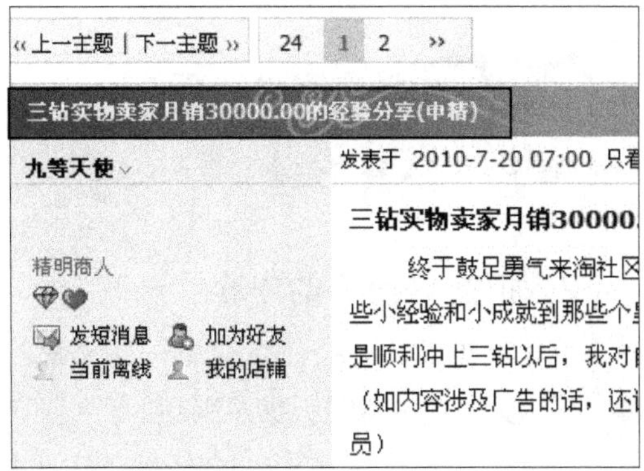

论坛宣传精华帖的能量巨大，能够带来巨大的看帖量和回帖量；还有用论坛头像及签名档宣传网店，效果也不错，如右图所示。

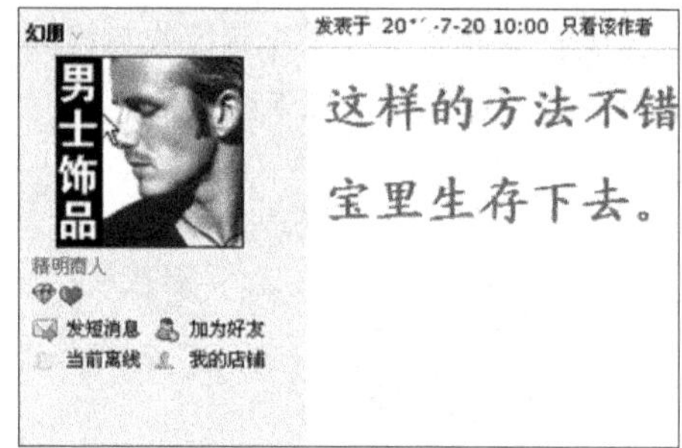

一点通 多多关注

平时关注论坛的舆论方向，可以多编辑更适合论坛且特有的广告帖。

091 建设高质量的客服团队

高素质的客服人员可以增加买家的购买欲望；而一个有规模的网店，一定会有一支完善的客服队伍，如右图所示。

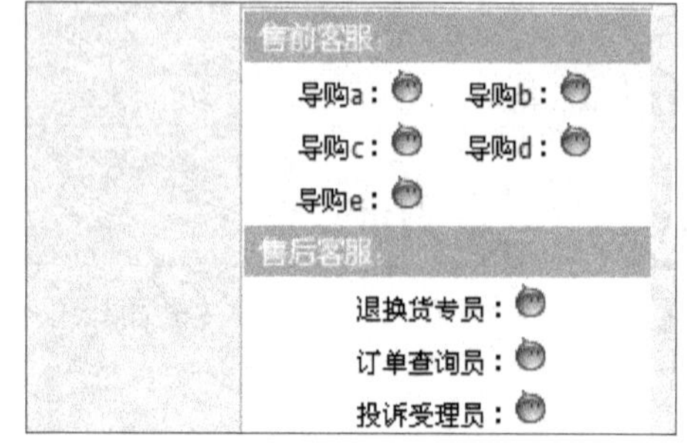

092 通过博客推广网店

博客，其实也是对自我的宣传，从而带动大家更进一步地去了解自己的商品，所以网店的博客营销策略不应该是在博客里大肆放广告，而是应该营造潜移默化的影响。

1. 博客要选好主题

博客主题很重要，比如经营化妆品的卖家应选择美容护肤主题开博客，只要把美容护肤的博客打造好了，不愁没有生意，如右图所示。

如果你有非常丰富的美容经验，每个星期定期发几篇自己的心得体会；如果文笔不是很好，可以通过网络搜索去寻找好文章。

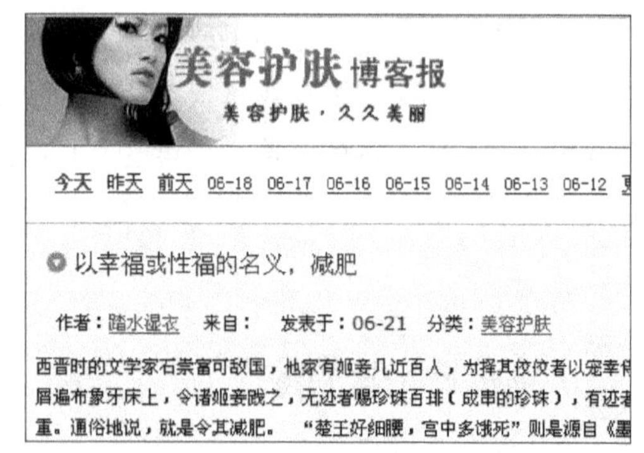

一点通 博客写作技巧

在编写的博客文章中注意穿插一点你的网店及出售的美容商品信息。

2. 把握好博客的内容

可以就当前的一些热点转载一些文章，或者收集一些笑话、图片、电影、音乐等推荐文章，毕竟这些内容都是大家感兴趣的。

博客的人气、回访率、文章评论等有了不错的提升后，再来穿插宣传自己的网店，那就更有效果了。

3. 保持一定的更新规律

博文贵精不贵多。文章过多，用户也会疲劳；重要的是要保持一定的更新规律，这样才能牢牢抓住访问者的眼球。

093 利用电子邮件推广网店

电子邮件也是一种主要的网店推广手段，常用的方法包括给自己的客户寄送新品速递电子刊物等。

邮件内容设计则应尽可能简洁，清楚地说明自己的意图和展示出商品即可。当然，也可以将邮件内容定向为经验分享类，将要宣传的意图隐藏起来，如右图所示。

094 使用宣传软文来推广网店

软文宣传其实也是口碑宣传的一种，但需要网店卖家们长期来做。

网上商店的网址普遍比较冗长，无法让人轻易记住。同时卖家们对成本又异常敏感，所以成本低廉的软文宣传就成了首选。软文内容多以事例出现，只要在文中出现网店的店名即可；这样积少成多，渐渐就会有越来越多的人知道你的网店。

095 在SNS社区中的推广注意

到开心网、人人网注册一个账号，然后发布日志，这就是SNS社区推广最基本的方式。

另外，店主还可以通过如下方式来加大宣传力度。

- 在SNS社交网站多添加好友。
- 利用相册功能发布商品图片。
- 通过发布状态向好友通知商品上架。
- 通过留言板来主动推广。

通过这一系列的操作过程后，即可将社区内的用户转化为自己的潜在客户，而后再由潜在客户转化为实际客户。

096 利用校友录做宣传

每个人都是从校园走出来的，每个人也都有自己的同学，这种时候最需要把这些资源好好利用起来；说不定这些老同学里面就有你的潜在客户。下面以ChinaRen校友录网站为例，来看看是如何搜索并加入班级的。

STEP 01 登录ChinaRen校友录首页“class.chinaren.com”，❶以搜狐免费邮箱地址账号登录，输入登录信息；❷单击“登录”按钮，如下图所示。

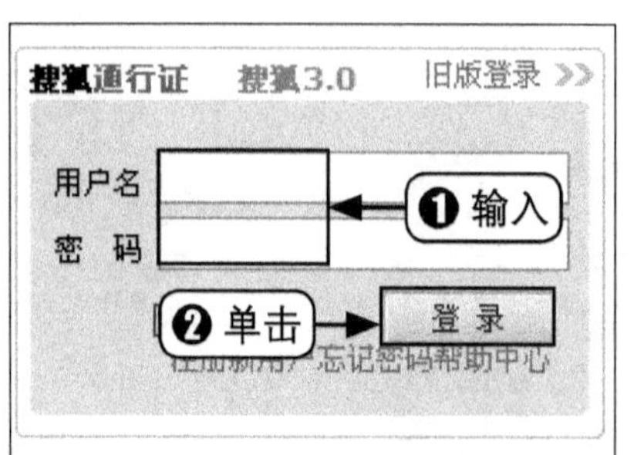

STEP 02 ❶输入要搜索的学校名称；❷选择搜索类型；❸单击“搜索”按钮，如下图所示。

STEP 03 从搜索结果中单击要进入的学校名称，如下图所示。

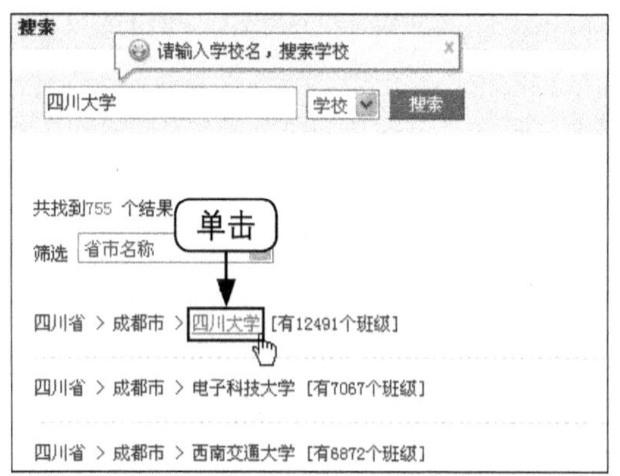

STEP 04 选择所属地区的学校名称，单击“加入”链接，如下图所示。

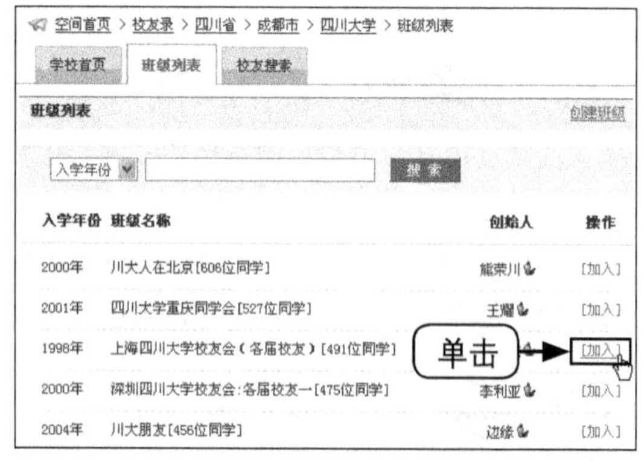

STEP 05 ❶完善个人信息；❷单击“申请加入班级”按钮，如右图所示。

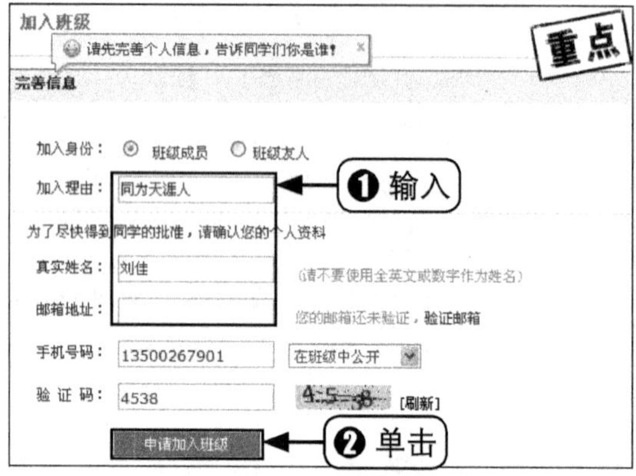

一点通 通过后即可交流

当班级校友录创建人通过申请后，即可在其中发言交流。

097 经常去百科问答网站和网友交流

通过解答网友的问题来宣传自己的网店也是不错的营销手段，具体操作步骤如下。

STEP 01 登录“zhidao.baidu.com”网站，单击“登录”链接，如下图所示。

STEP 02 ❶输入百度注册账号等登录信息；❷单击“登录”按钮，如下图所示。

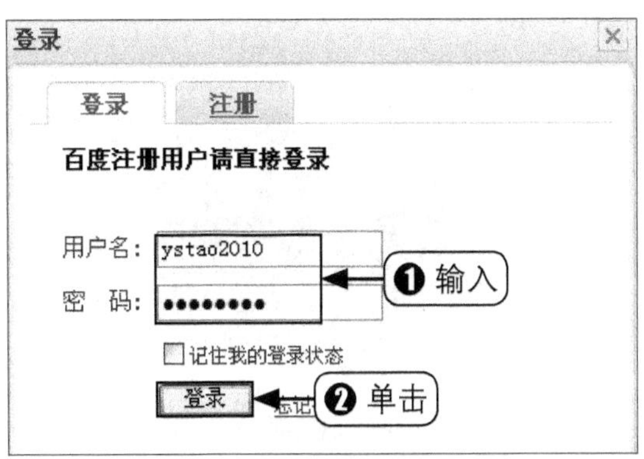

STEP 03 登录后，再在页面右上方单击个人登录名称，如下图所示。

STEP 04 进入个人信息管理页面，单击“个人中心设置”链接，如下图所示。

STEP 05 ❶在简介中加入自己网店地址链接；❷单击“保存修改”按钮，如下图所示。

STEP 06 ❶切换到“修改头像”选项卡；❷单击“选择图片”按钮，准备将头像更换为网店LOGO，如下图所示。

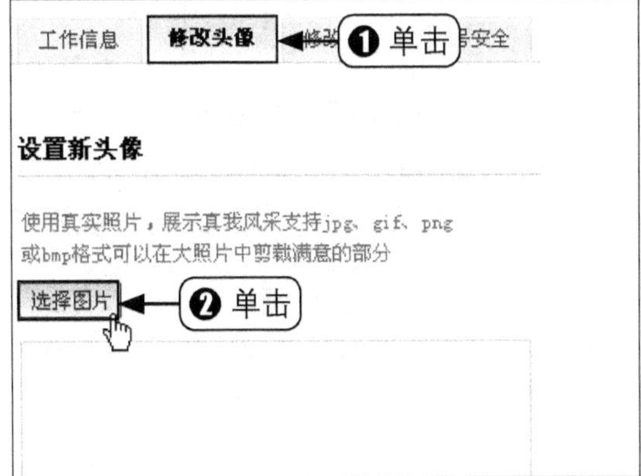

STEP 07 从电脑中选择导入自己网店的LOGO作为头像，单击“保存头像”按钮，如下图所示。

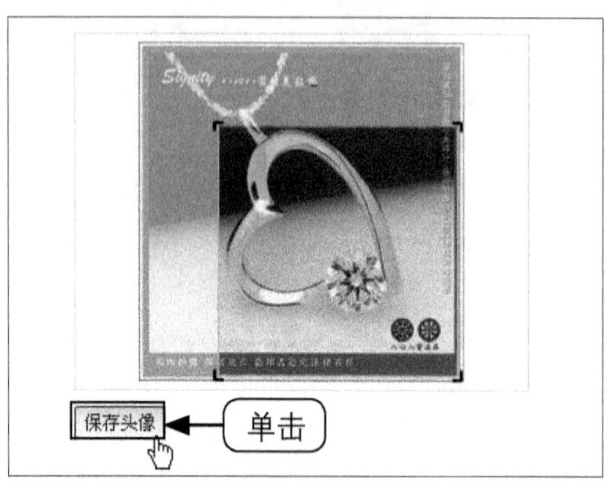

STEP 08 对个人资料进行有针对性的宣传设置后，再进入百度知道网站的分类问答页面，从中选择和自己网店相关的分类名称，单击进入，如下图所示。

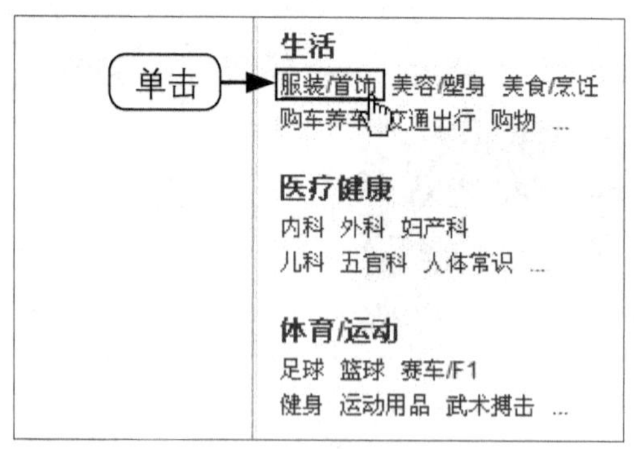

STEP 09 进入问题页面，单击待解决的问题链接，如下图所示。

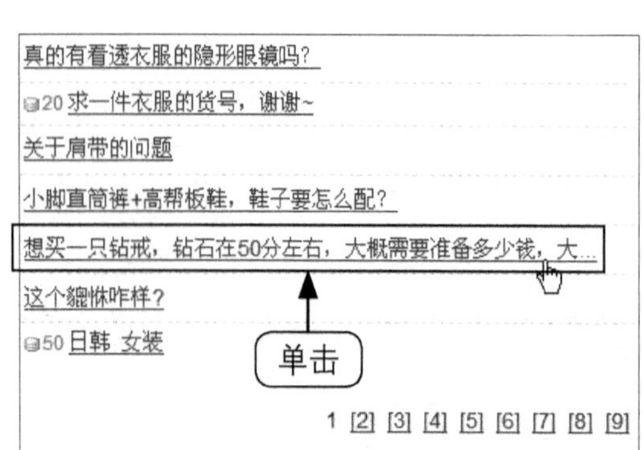

STEP 10 ❶进入回答页面，认真输入关于此问题的答案，在“参考资料”一项可输入自己网店网址；❷单击“提交回答”按钮，如下图所示。

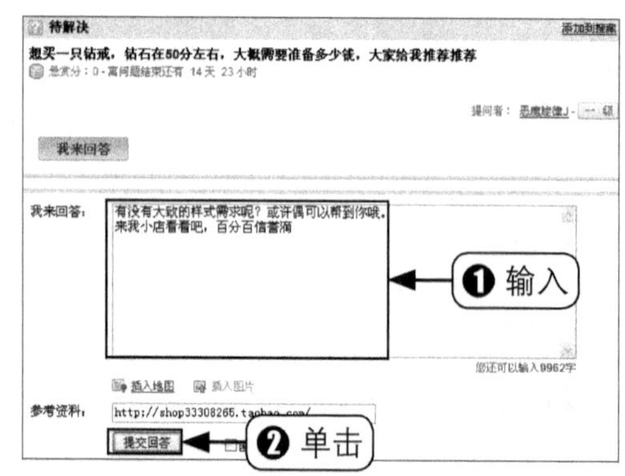

098 创建网店宣传百科词条

在百度百科上创建百科词条，将自己网店的相关信息写成相应词条，并在该词条中添加网店以及相关商品的广告，这样也可寻找到不少的潜在买家。

下面以百度百科为例，相关操作步骤如下。

STEP 01 同样以百度注册账号登录百度百科网站（baike.baidu.com），在页面右上方单击“创建词条”链接，如右图所示。

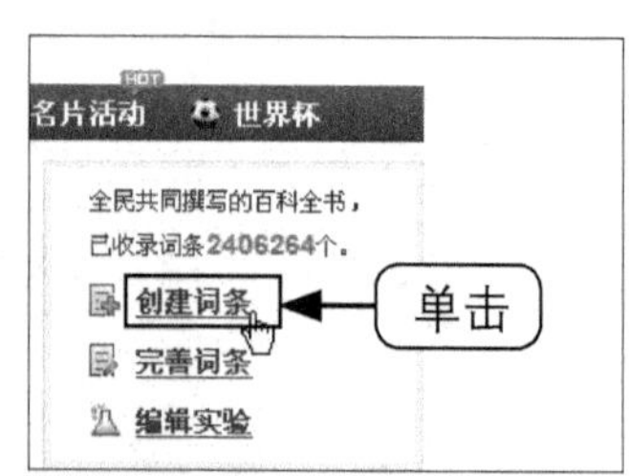

STEP 02 ❶输入要创建的词条名；❷单击“创建词条”按钮，如下图所示。

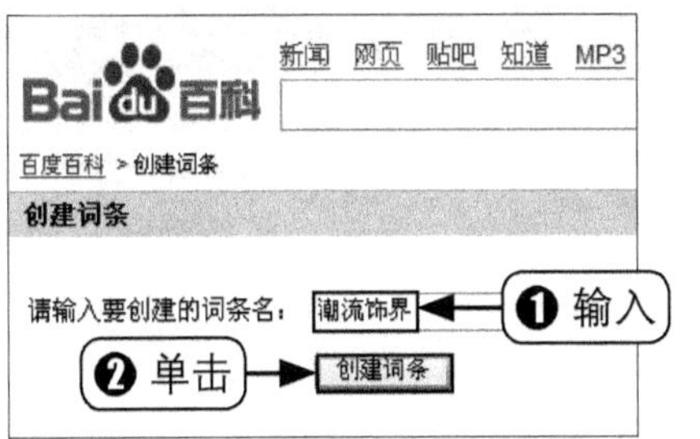

STEP 03 打开编辑界面，详细编辑此词条的介绍内容，如下图所示。

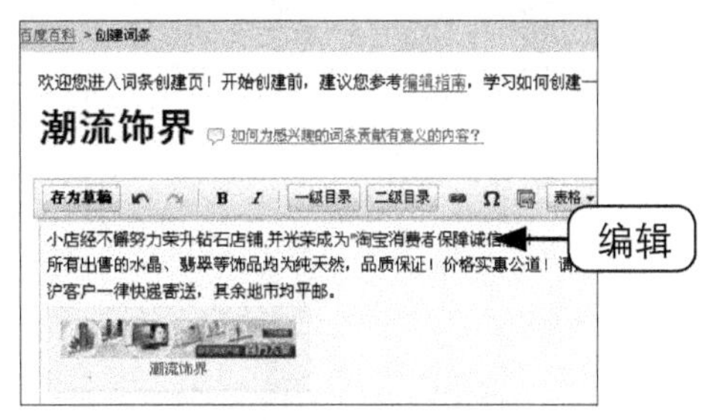

STEP 04 ❶在“扩展阅读”栏中输入自己网店的地址；❷单击“提交”按钮，如下图所示。

STEP 05 提示提交成功，等待几分钟后即可看到词条内容，如下图所示。

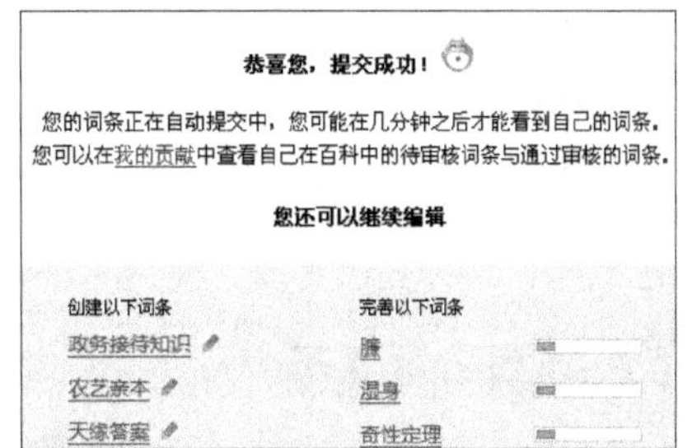

099 在威客网发布任务做隐性宣传

猪八戒威客网“http://www.zhubajie.com/”也是宣传自己网店的一个重要阵地，如右图所示。通过在威客网发布任务，招集相关兼职人员来服务的方式，可以隐性地起到宣传作用。

一般说来，通过威客网来隐性宣传自己的网店，可通过如下方面去实施。

1. 发帖推广

通过发布悬赏任务的方式，让兼职人员为你到指定的相关论坛或者社区做宣传，效果好且花费也不高，同时还能赚取上万威客会员对自己网店的关注和点击，如右图所示。

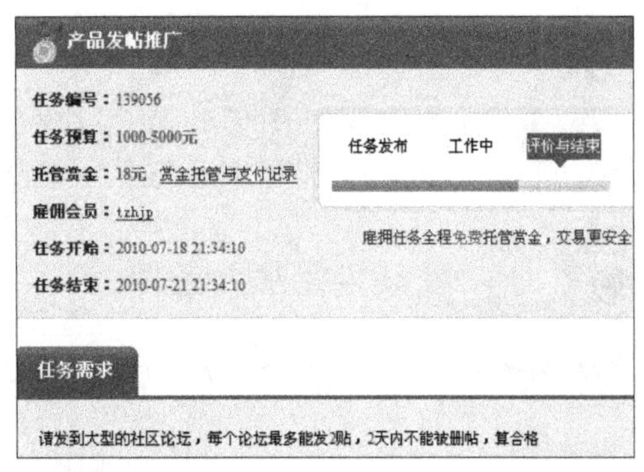

2．征集推广软文

这个可以和发帖任务一起进行，开始一段时间先征集软文，然后用选好的软文去找人发帖，效果也比较好，如右图所示。

3．征集店铺LOGO

当然这同样是发布悬赏任务，只不过把方向变成了店铺装修，让威客们来参与自己店铺的装修，所起到的宣传效果也是不错的。

信誉第一

在威客网发布招标任务也要真实讲信誉，否则可能起到负面效果。

100 用好淘宝直通车

淘宝直通车是淘宝网为淘宝卖家量身定制的推广工具，简单来说就是卖家通过付费可以让自己店铺的商品处在更加显眼的位置。

1．申请条件

淘宝网规定，加入淘宝直通车需要满足两个条件，一是卖家星级达到2星以上（包含2星）；二是首次预存金额最低500元，如下图所示。

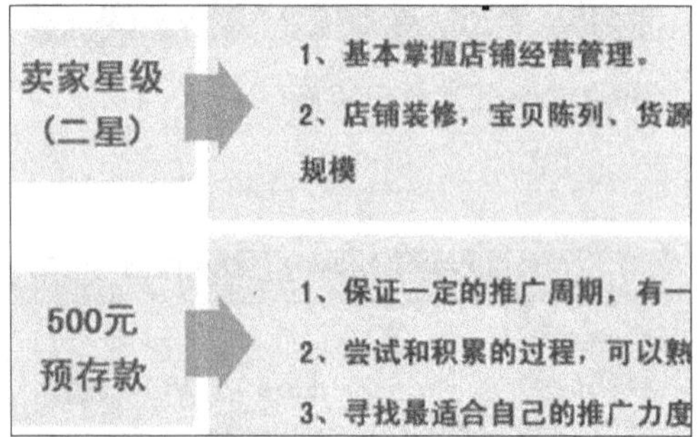

2．申请过程

登录到淘宝网个人管理页面，在“我要推广”功能页面下找到“淘宝直通车”服务，单击其中的“马上进入”按钮，然后按页面提示即可完成申请和付款，如下图所示。

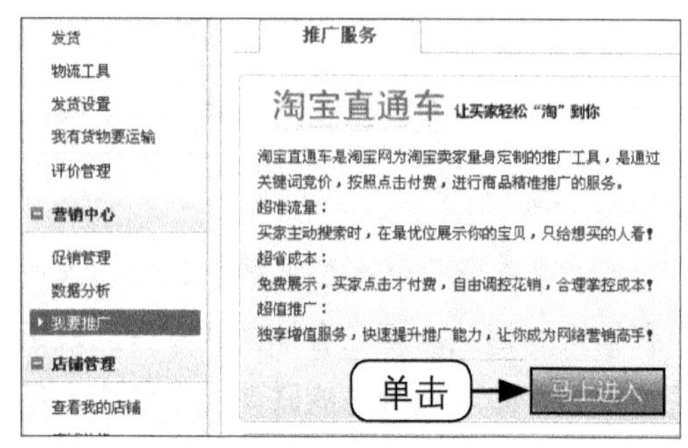

提个醒 须满足加入条件

如果卖家不具备申请条件，那么在进入淘宝直通车服务页面之前会有提示。

3. 进行商品的推广宣传

成功申请淘宝直通车后，就可以通过直通车推广自己的宝贝，购买广告位置，而成功加入竞标的宝贝将会在淘宝搜索结果页面右侧显示出来，如左下图所示。除了右侧，在搜索页下方也会出现淘宝直通车的展示位置，如右下图所示。

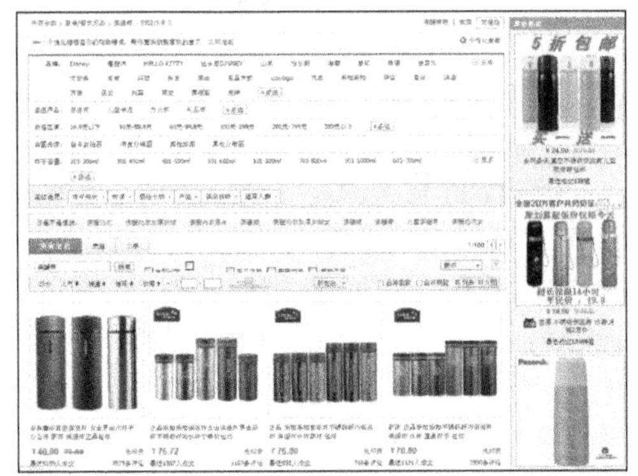

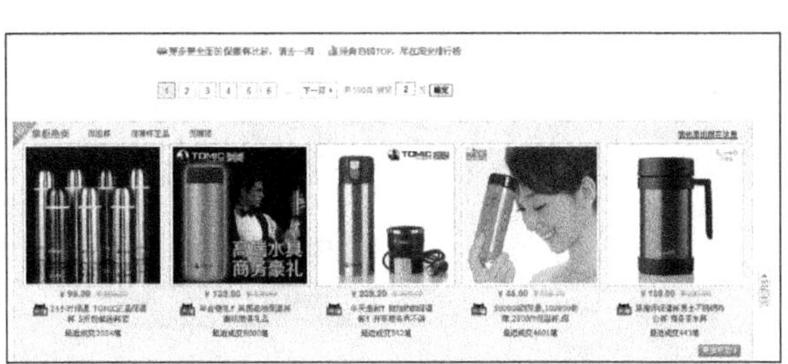

18.2 被动推广的技巧

很多时候除了主动推广，通过一些设置技巧，还能做到被动推广的效果，让买家自动上门。

101 合理设置促销预告的时间

店铺的促销预告不要设置过早，也不要把促销时间设置得过长，以免买家们等待的时间太长。

原因是：买家不会那么清楚地记住你的促销日期；而且如果让买家等的时间过长，一旦满足不了买家的预期值，有可能会惹恼买家。

102 时刻关注热门搜索关键词

由于淘宝上的买家大部分都使用关键词来搜索需要的商品，因此在宝贝名称里面多加几个相关的关键词，能大大增加自己网店的商品被搜索到的概率。

当然，平时也要密切留意淘宝网首页上的热门搜索，尽量在商品上加上热门搜索关键词。这样才能有效提高商品点击率，增加销量。

103 订购“满就送”促销服务

淘宝网有专门的“促销”频道，通过订购付费的方式即可参加营销宣传。比如要订购“满就送”促销服务，可按如下步骤进行。

STEP 01 登录淘宝网个人管理页面，单击“促销管理”选项，如下图所示。

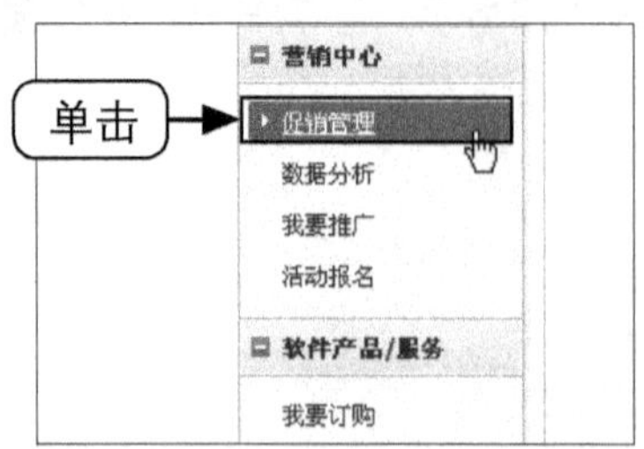

STEP 02 在右侧的选项页面中，单击“立即订购”按钮，如下图所示。

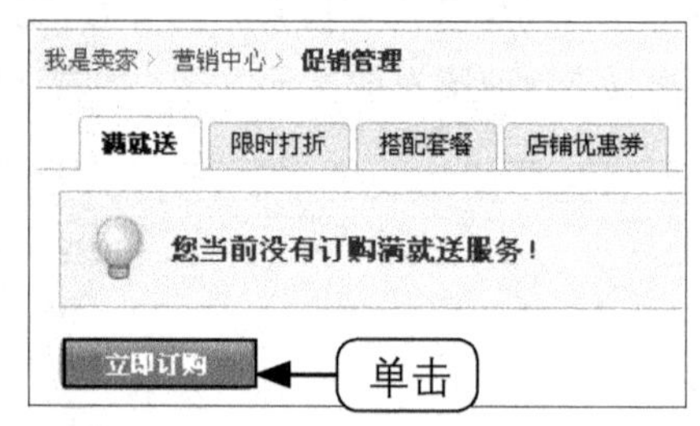

STEP 03 进入“购买软件服务”页面，选择服务期限，如下图所示。

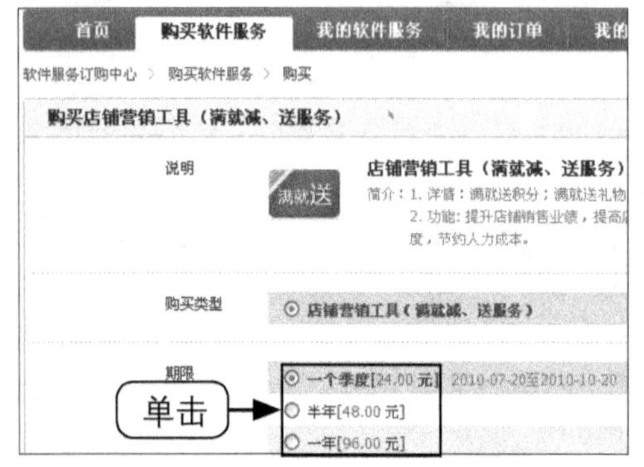

STEP 04 ❶在页面下方确认要支付的服务费用；❷单击“付款”按钮，如下图所示。

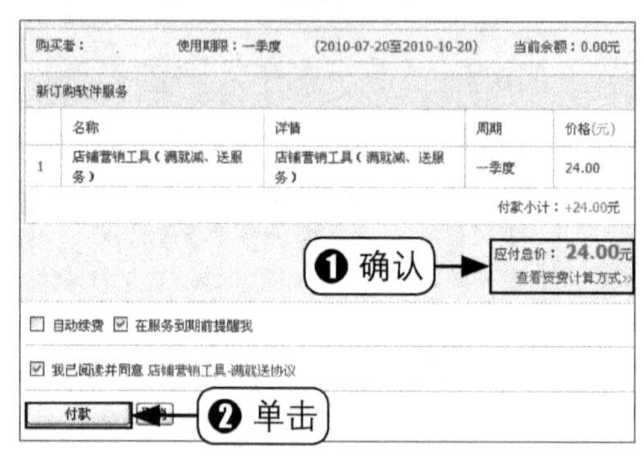

STEP 05 提示到支付宝付款，单击“去支付宝付款”按钮，然后完成支付即可，如右图所示。

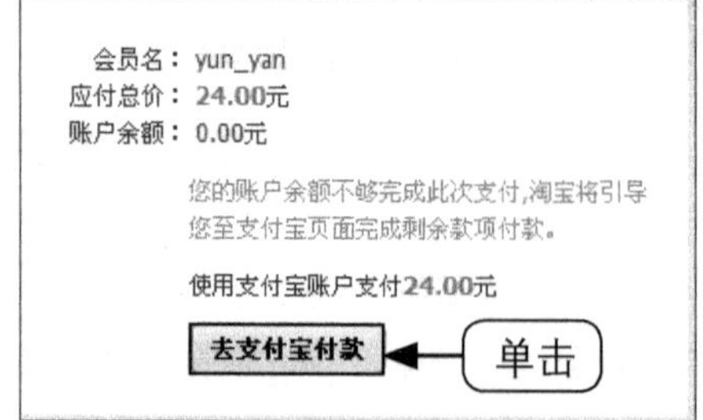

104 多写购物指南文章

在淘宝网社区多写一些购物指南性质的文章，这样让买家在学习购物指南的同时也宣传了你的店铺，也就是说在帮助别人的同时也宣传了自己。

淘宝网论坛地址为“www.helptaobao.cn”，其中有丰富的应用版块可供大家选择，如右图所示。

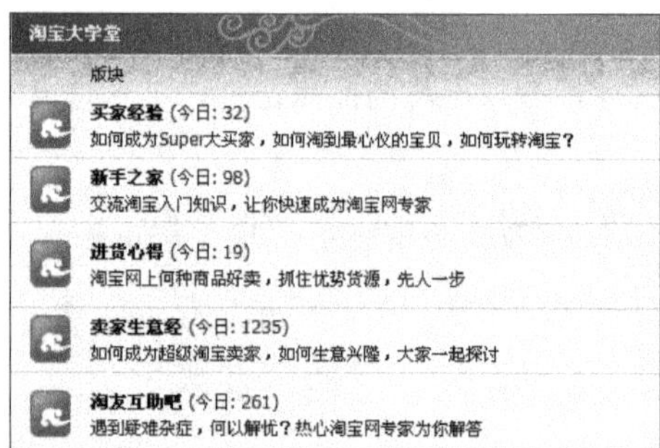

105 收藏夹推广法

把一些精彩内容的页面添加到QQ书签、百度收藏、雅虎收藏等，其中就可以包括自己网店的地址，让喜欢这些内容的网民去阅读、收藏。

以雅虎收藏“http://myweb.cn.yahoo. com/”为例，来看看相关的操作步骤。

STEP 01 进入雅虎收藏页面，单击右上方的“临时收藏 无需登录”按钮，如下图所示。

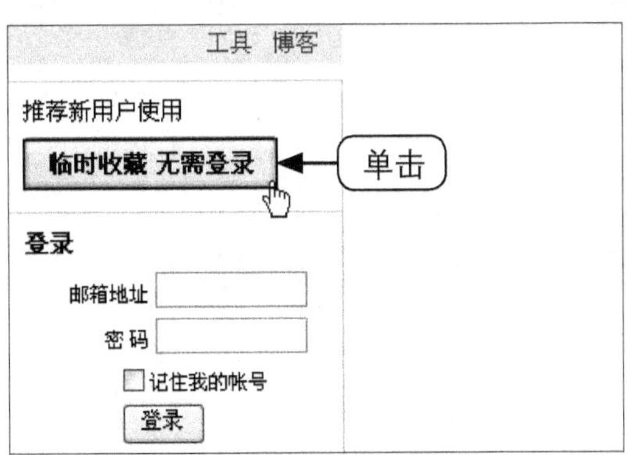

STEP 02 进入收藏编辑页面，单击“添加”链接，如下图所示。

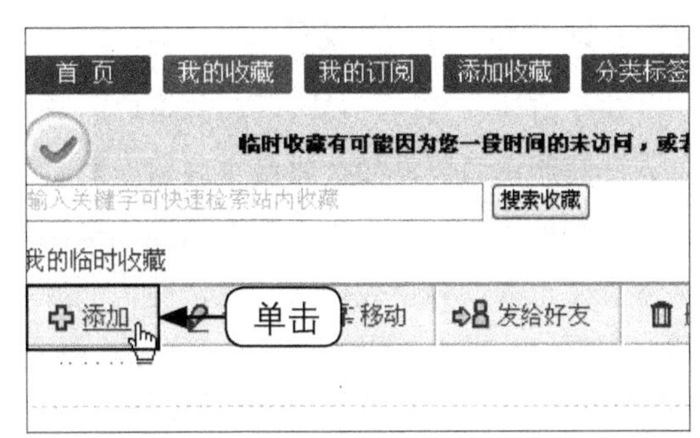

STEP 03 ❶输入网店地址；❷输入评论信息等相关内容；❸单击“添加”按钮，如下图所示。

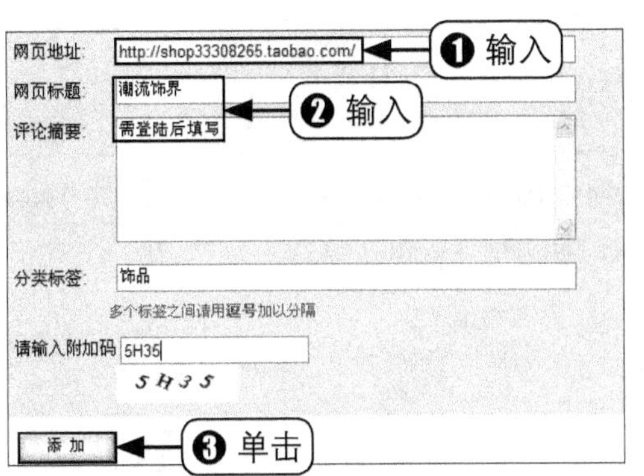

STEP 04 返回编辑页面，确认收藏内容已添加完成，如下图所示。

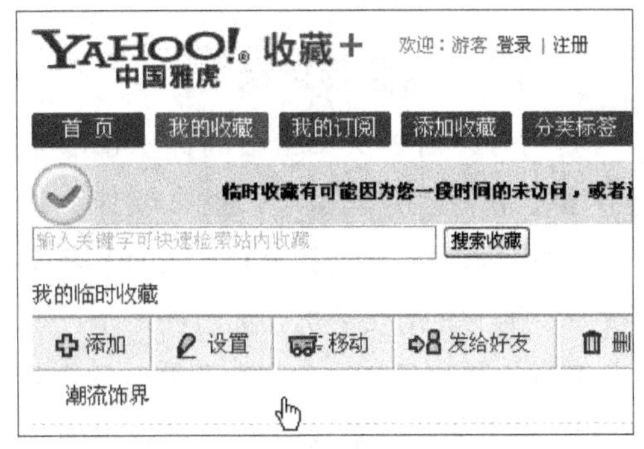

一点通 网址分享

不少网友都喜欢分享与使用好友的网址收藏，而我们刻意制作的这个宣传收藏就能发挥它应有的宣传作用了。

106 设计网店积分促销

积分促销在网络上的应用比起传统营销方式要简单且易操作。网上积分活动可以很轻易地通过编程和数据库等来实现，并且结果可信度很高，操作起来相对简便。

积分促销一般设置价值较高的奖品，消费可以通过多次购买或多次参加某项活动来增加积分以获得奖品，如右图所示。

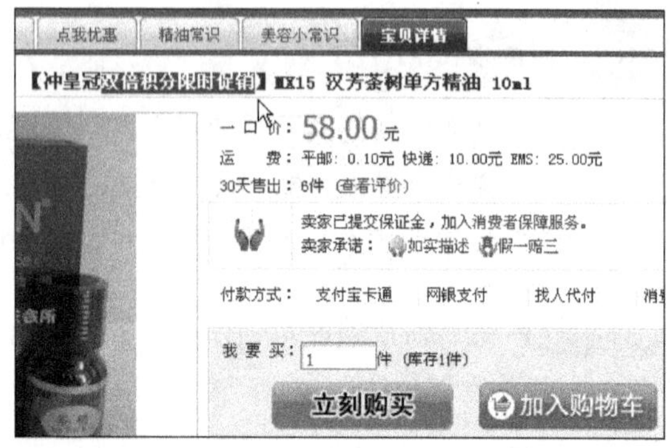

107 利用版主联盟推广

这个方法适合论坛社区网店的推广。首先加入一些版主联盟，如大旗版主联盟（网站页面如右图所示）。然后每天把论坛的一些精彩内容提交上去，等待被相关频道录用。一经录用，就会给你带去不少的访问流量。

108 巧用评价宣传店铺

我们有时看到买家给出的评价都非常简单，要么就写“好卖家”，要么就什么都不写。其实，我们完全可以把这个发言的机会利用起来为自己的宣传服务，如右图所示。

因为，很多买家在购买东西的时候会首先查看卖家的信用，那么我们可以趁机做个广告，在评价买家时一定要态度谦和，例如“很好的买家，希望再次光临店铺，老买家都有惊喜优惠哦！”

109 网店赠品促销操作注意

赠品促销目前在网上的应用不算太多，一般情况下，在新商品推出试用、商品更新、对抗竞争品牌、开辟新市场的情况下利用赠品促销可以达到比较好的促销效果。

赠品促销应注重赠品的选择，通常说来可从如下方面去考虑。

- 不要选择次品、劣质品作为赠品，这样做只会起到反作用。
- 明确促销目的，选择适当的、能够吸引买家的商品或服务作为赠品。
- 注重赠品的时间性。
- 注重预算和市场需求，赠品要在能接受的预算内，不可过度赠予赠品而造成营销困境。

110 利用好网店的抽奖促销

抽奖促销是网上应用较广泛的促销形式之一，是大部分网店都乐意采用的促销方式，如右图所示。网上抽奖活动可以附加于调查、商品销售、庆典或推广某项活动等。

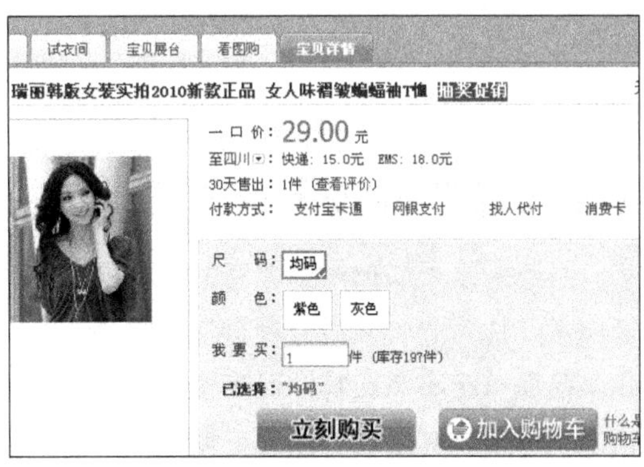

买家或访问者可以通过填写问卷、注册、购买商品或参加网上活动等方式获得抽奖机会。抽奖促销活动应注重以下几点。

1. 奖品要有诱惑力

奖品要有诱惑力，可考虑用大额超值的商品来吸引大家参加。

2. 活动参加方式要简单化

网上抽奖活动要策划得有趣味性和轻易参加，太过复杂和难度太大的活动都较难吸引匆匆的访客。

3. 抽奖结果要公正公平

由于网络的虚拟性和参加者的广泛地域性，对抽奖结果的真实性要有一定的保证，应该及时请公证人员进行全程公证。

111 用好网上联合促销

由不同商家、淘宝商家和厂商联合进行的促销活动就称为联合促销。联合促销的商品或服务可以获取一定的优势互补、互相提升自身价值等效应，如右图所示。

假如应用得当，联合促销可起到相当好的促销效果。

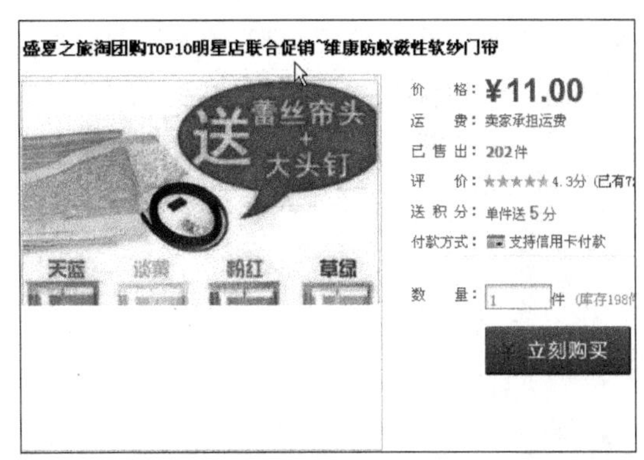

112 发展店铺会员聚合人气

在网店中发起会员招募的活动，通过“会员折扣”这个常见的销售手段同样可以提升网店人气和访问量，如右图所示。

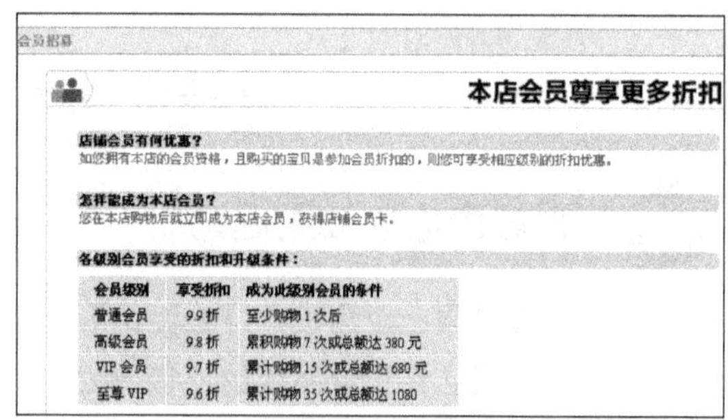
会员招募

本店会员尊享更多折扣

店铺会员有何优惠？
如您拥有本店的会员资格，且购买的宝贝是参加会员折扣的，则您可享受相应级别的折扣优惠。

怎样能成为本店会员？
您在本店购物后就立即成为本店会员，获得店铺会员卡。

各级别会员享受的折扣和升级条件：

会员级别	享受折扣	成为此级别会员的条件
普通会员	9.9 折	至少购物 1 次后
高级会员	9.8 折	累积购物 7 次或总额达 380 元
VIP 会员	9.7 折	累计购物 15 次或总额达 680 元
至尊 VIP	9.6 折	累计购物 35 次或总额达 1080

113 适当使用高价促销法

有些买家习惯把价格和商品的品质联系起来思考，认为“一分钱一分货”，价格越低的商品品质一定不怎么样，而高价商品之所以价格高，一定有其内在的原因。所以在网店的平常经营活动中，适当地推出一些高价商品，通过这种定价的波动来吸引买家的注意也是不错的促销手段，如右图所示。

一点通 小实惠大效果

采用高价策略的同时也别忘了给买家一些小实惠，比如赠送小礼品等。

114 提交网店地址到专门的收录站

网店收录是目前一种最基本的网店推广方式。可以在“中国网店114”申请收录，以达到集中展示、优化推广、促进搜索引擎收录及增加访问量等目标作用。

登录“http://www.wangdian114.com/”网站，在收录网店页面下即可查看到具体的申请步骤了，如右图所示。

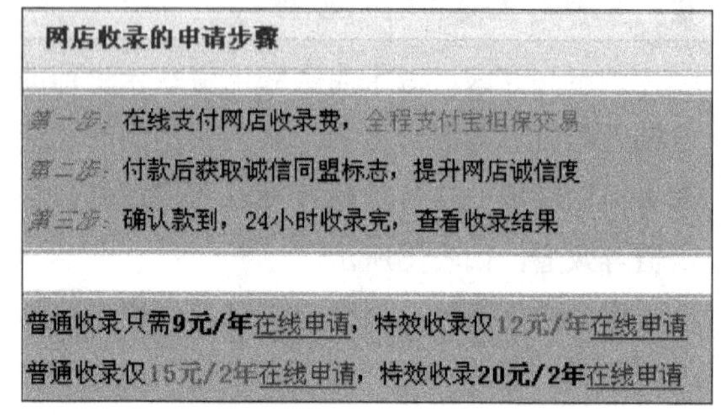
网店收录的申请步骤

第一步：在线支付网店收录费，全程支付宝担保交易
第二步：付款后获取诚信同盟标志，提升网店诚信度
第三步：确认款到，24小时收录完，查看收录结果

普通收录只需9元/年在线申请，特效收录仅12元/年在线申请
普通收录仅15元/2年在线申请，特效收录20元/2年在线申请

115 在节日促销中加入情感氛围

节日促销不只降价一条路，但很多商家都没有办法，大家都降自己肯定不能示弱。但如何做出差异化的促销，却是很多淘宝卖家比较苦恼的。

买家在节日快乐的氛围下，会对商品更加感性，而这种心理感受往往会弱化对价格的关注。所以，我们不妨植入一些情感元素，比如打出祝福话语、赠送定制的节日礼品、相应地更换网店风格等，如下图所示。

总之，借用网络推广的节日营销不仅仅是信息的发布，而应该多将节日促销的立意从“降价”转向“情感和价值传播”，嫁接喜庆的元素，升华某种情感。

116 提交网店地址到搜索引擎

主动出击，将自己网店的地址提交到各大搜索引擎网站，也是现在普遍使用的一种简单推广方法。常见搜索引擎地址如右图所示。

Google：http://www.Google.com/intl/zh-CN/add_url.html
百度：http://www.Baidu.com/search/url_submit.htm
一搜：http://www.yisou.com/search_submit.html?source=yisou_www_hp
中搜：http://service.chinasearch.com.cn/NetSearch/pageurlrecord/frontpageurl.jsp
搜狐：http://db.sohu.com/regurl/regform.asp?Step=REGFORM&class=
雅虎中国分类目录：http://cn.Yahoo.com/docs/info/suggest.html
[英文网站提交给搜索引擎爬虫和分类目录]
Google：http://www.google.com/addurl/?continue=/addurl

MSN：http://search.msn.com/docs/submit.aspx?FORM=WSDD2
Yahoo：http://search.yahoo.com/info/submit.html （需要注册）
Yahoo分类目录：http://searchmarketing.yahoo.com/dirsb/index.php
Domz分类目录：http://www.dmoz.org
Jayde分类目录：http://dir.jayde.com/cgi-bin/submit.cgi

下面对其中几个常用的搜索引擎提交地址作使用说明。

1. 百度搜索引擎

百度搜索引擎提交地址为“http://www.baidu.com/ search/url_submit.html”。百度是国内最大的中文搜索引擎，提交的意义不言而喻。百度的提交很简单，按步骤操作即可，如右图所示。

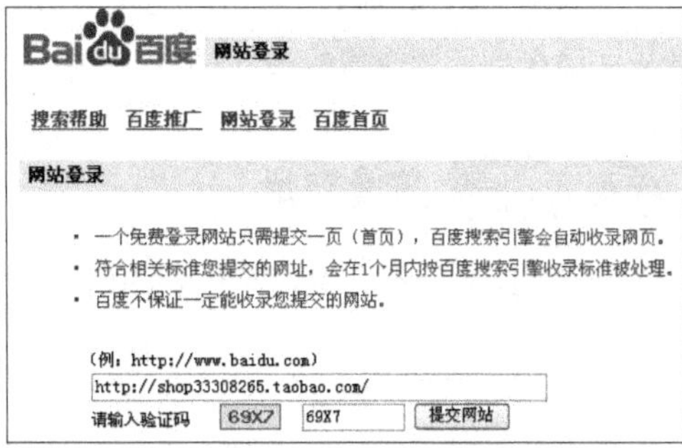

2. 雅虎中文目录

雅虎中文目录提交地址为“http://cn.yahoo.com/docs/ info/suggest.html”。雅虎中文目录做得不错，而且比较严格；雅虎收录后，很多中文搜索引擎都会收录，如YiSOU、3721等。提交网店的操作页面如下图所示。

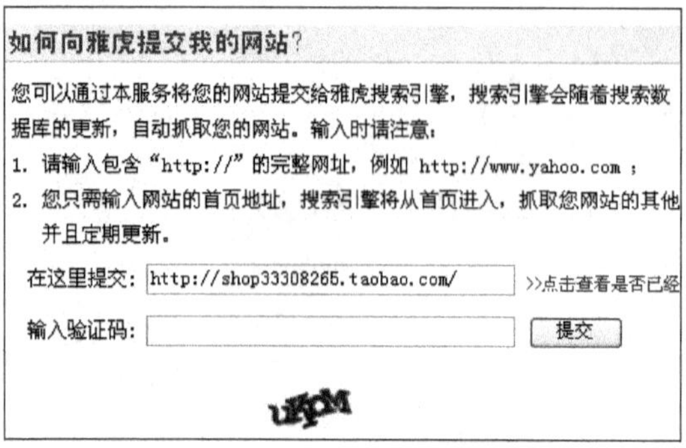

如何向雅虎提交我的网站?

您可以通过本服务将您的网站提交给雅虎搜索引擎，搜索引擎会随着搜索数据库的更新，自动抓取您的网站。输入时请注意：

1. 请输入包含“http://”的完整网址，例如 http://www.yahoo.com ；
2. 您只需输入网站的首页地址，搜索引擎将从首页进入，抓取您网站的其他并且定期更新。

在这里提交：http://shop33308265.taobao.com/ >>点击查看是否已经

输入验证码： 提交

3. Google搜索引擎

Google搜索引擎提交地址为“http://www. google. com/ intl/ zh-CN/add_url. htmlGoogle”。其对网站的自动收录也非常快，只要我们的网店保持更新频率，那就可以增大被搜索到的频率，操作页面如下图所示。

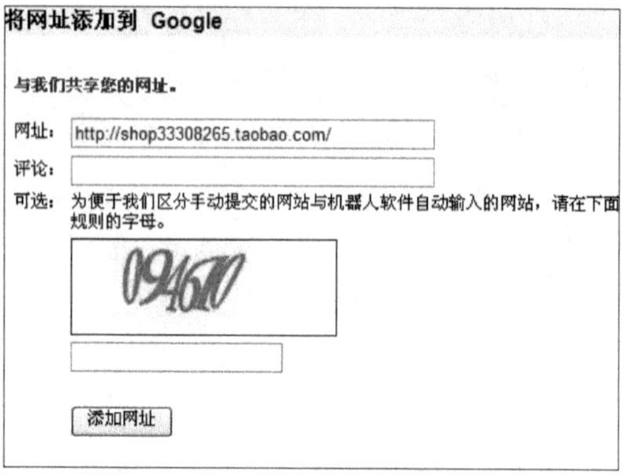

将网址添加到 Google

与我们共享您的网址。

网址：http://shop33308265.taobao.com/

评论：

可选：为便于我们区分手动提交的网站与机器人软件自动输入的网站，请在下面规则的字母。

添加网址

117 网店“秒杀”促销要选好商品

低价永远都是最有效的促销手段，要在淘宝网做好秒杀促销，需要从如下方面做好商品的选择工作。

1. 宝贝价格要够分量

既然是秒杀，秒杀宝贝的价格就必须够震撼，一个不痛不痒的价格是无法吸引买家疯抢的。对于店家而言，必须研究一件宝贝到底以什么价格秒杀才是最佳的，最好的办法就是参考淘宝其他店铺日常的价格情况。

2. 要选择受欢迎的商品

如果店铺开店时间不长，秒杀的宝贝一定要选择受欢迎的一类，也就是购买人群基数大的宝贝。

3. 单独上架秒杀商品

可根据实际情况再上架相同的宝贝做秒杀。选择的原则是尽量不拿本店的主销商品，以免造成主销商品后期销售的被动。

一点通　数量充足

秒杀的宝贝要货源充足，即秒杀的商品数量最好能维持1分钟抢拍。

118 利用网摘推广网店

提供优质的网页、图片、帖子到网摘站和聚合类网店，如果被推荐，也能给自己的网店带来不少的访问量。比较常见的一些网摘网站如左下图所示。

其使用也是非常简单的，就和论坛发帖一样，编辑好网摘标题，附上自己的网店网址，再加上一段介绍即可发布了，如右下图所示。

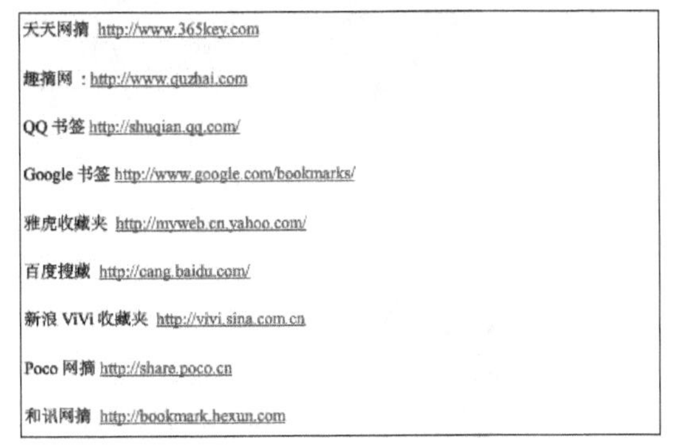

119 鲜花网店的营销注意

传统的鲜花销售店都会把买多少花是什么寓意告知买家，同理，鲜花网店也应该这样，除了搞好完善的配送体系外，也要定时更新一些与花相关的内容进来，比如放一些节日的由来、鲜花的作用、送礼的要领等，如右图所示。

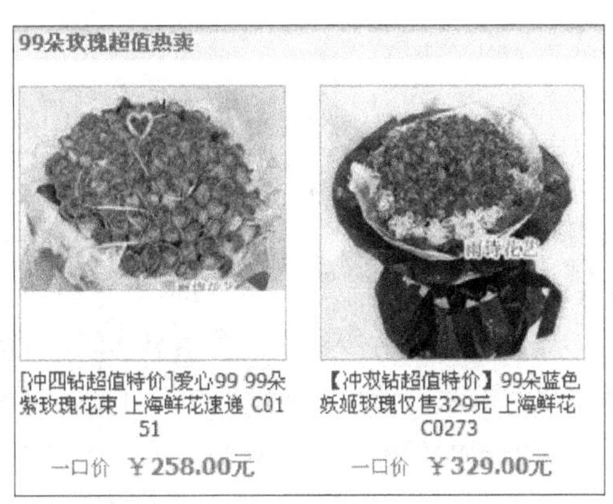

18.3 其他营销推广技巧

网上开店，推广方法众多，除了前面介绍的方法外，我们在最后再来总结一些营销推广方面的其他技巧。

120 网上开设虚拟店铺的注意事项

对于游戏金币、手机充值这样的虚拟商品而言，在淘宝网上经营时最应该注意的就是交易安全。

如果使用网银，那么无论是什么银行系统，推荐大家购买银行所属的U盾商品（如右图所示），这是目前最方便也最安全的手段。

此外，还要“贵在坚持”。因为虚拟商品的利润是比较低的，主要靠量取胜。然而在初期的经营过程中，客户的积累需要相当长的一段时间。

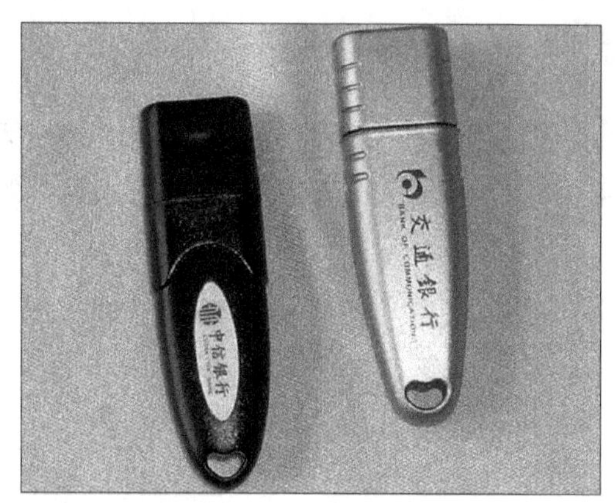

121 最简单的QQ签名宣传法

腾讯QQ的人群辐射作用是巨大的，平时和QQ好友聊天时，如果对方的QQ签名比较特别，也很容易引起大家的注意，如右图所示。所以，别忘了QQ签名这个重要的宣传阵地！

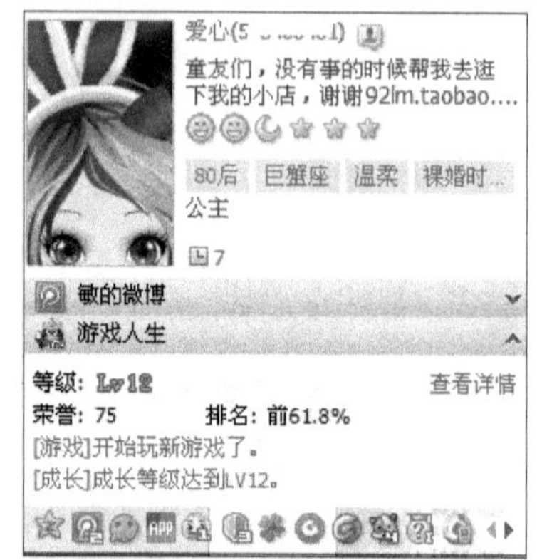

122 通过分类信息网站搞宣传

各大城市都有所属的分类信息网站。简单来说这就是一个大杂烩的地方，招聘、求职、二手买卖等信息，都可以自由发布。因此，这类网站当然是免费宣传必去的地方。

目前比较常见的有“赶集网”、“客齐集”、“58同城”、“口碑网”等。例如，要在赶集网（www.ganji.com）上发布一条关于自己网店介绍的信息，可按如下步骤进行。

STEP 01 进入赶集网，单击页面右上方的“注册”链接，如下图所示。

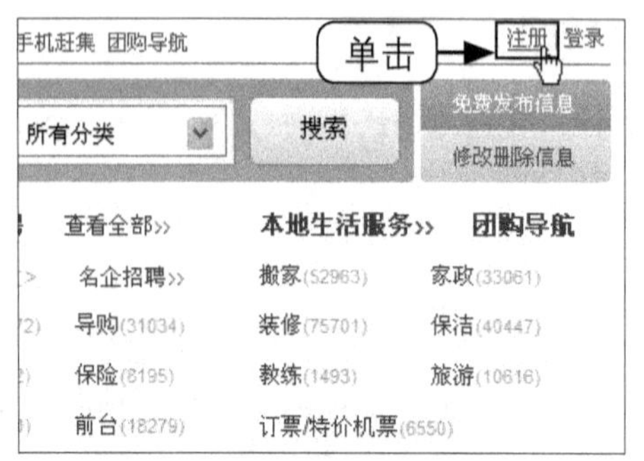

STEP 02 按页面提示完成账号注册，单击“发布分类信息”链接，如下图所示。

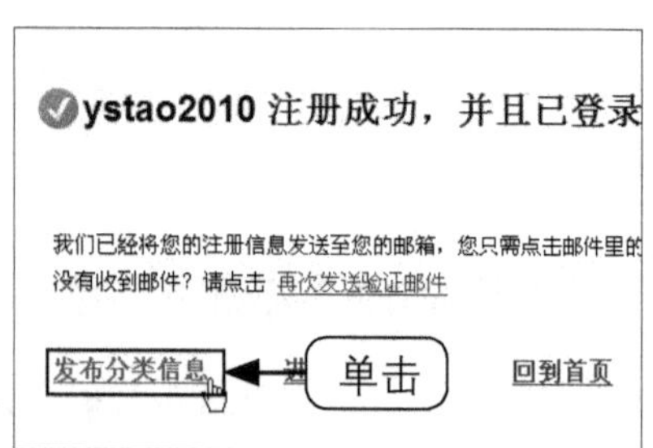

STEP 03 ❶选择要发布信息的类别；❷单击相应的项目继续，如下图所示。

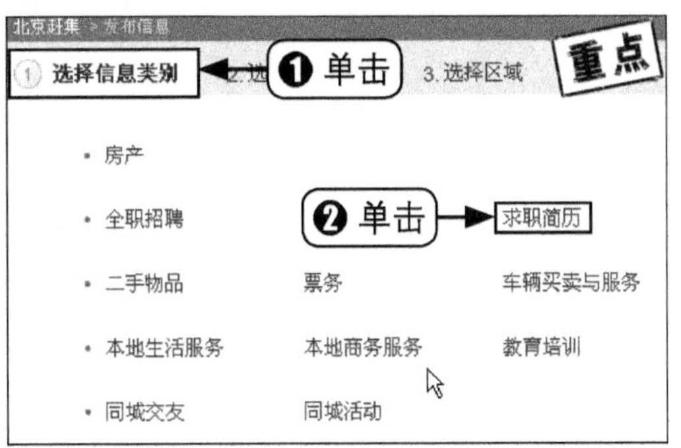

STEP 04 输入信息标题、报价以及信息描述等，如下图所示。

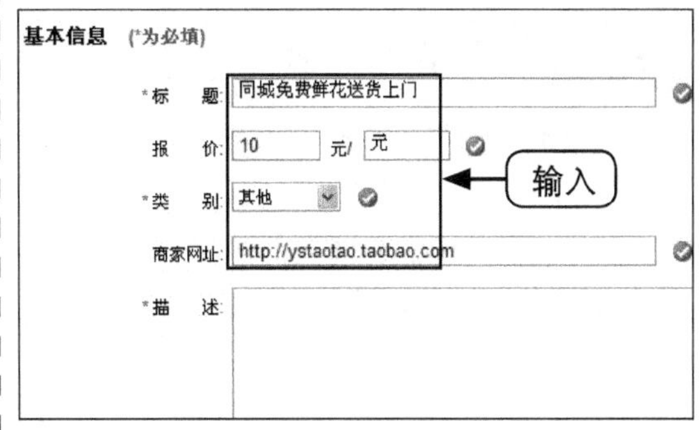

STEP 05 ❶在页面下方输入联系人等相关信息；❷单击"立即发布"按钮，如下图所示。

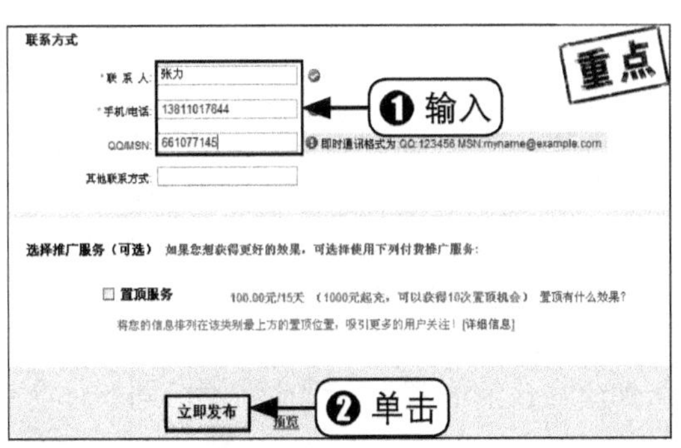

STEP 06 提示发布成功，单击"查看本信息"链接即可查看，如下图所示。

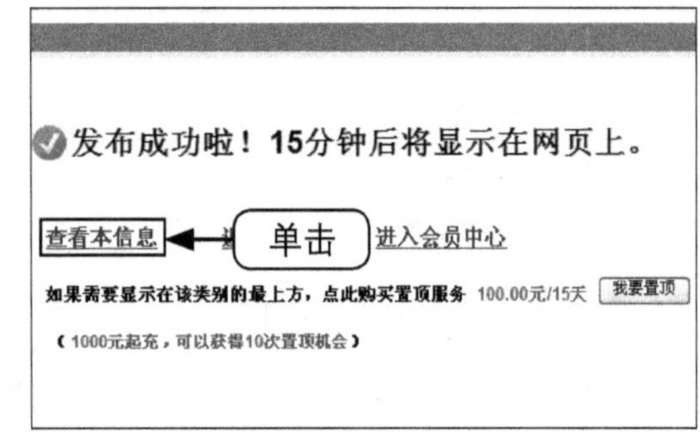

123 巧用微博搞宣传

"微博"是近段时间在网络上比较风靡的一类应用，其最大的特点就是用最简练的文字来传递博主的信息，比如新浪微博页面如右图所示。

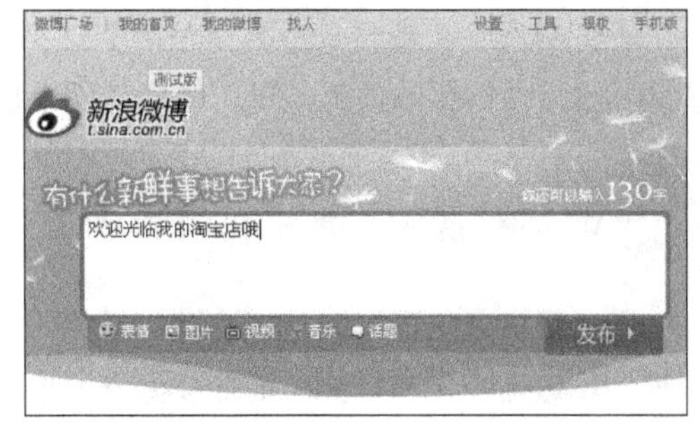

随着3G网络的普及，人们使用手机上网的时间也越来越多，微博也可以通过手机信息来传播。所以，卖家们对网店的宣传不能忽略了"微博+手机"这个重要的阵地。

124 户外运动类用品网店的营销技巧

户外运动类用品的消费群体通常会对商品需求带有持续性的购买意向，并且基本处在高消费水准，所以在营销方面要特别注意方式方法。

1. 突出商品差异化

户外运动商品和普通的服装类或旅游类商品有着很大的差别，所以想要做好户外商品的销售，首先要把商品的差异化体现给买家，让买家可以放心消费。

2. 配套出售

根据初级、中级、高级户外用品使用者以功能、价格等不同类型，对户外商品进行搭配出售。

提个醒 配套出售

这样有利于买家对商品的性能、功能等有更为整体的把握。

3. 商品描述要写清

户外类网店销售的商品想要在众多品牌类商品中脱颖而出，还要注意商品名称、关键词的差异化，比如在商品名称中同时出现中英文品牌名等。

125 服装网店如何寻找更多卖点

作为目前淘宝网最活跃的一类商品，服装类网店的数量与日俱增。如何才能在众多同质化的网店中脱颖而出呢？以下几个简单的原则不可不遵守。

1. 做好商品价格设置

价格永远是第一位的！服装网店商品想做到个性化不容易，所以在价格上就一定要占有优势。这又包括商品本身价格和邮费价格两方面。

2. 个性风格也很重要

如果网店经营者能找到相应的唯一性货源或其他个性代购的商品，就能在网店同质化商品竞争激烈的今天找到属于自己的一片市场。

3. 促销活动要持续进行

不少网店全年都在进行满百包邮的促销宣传活动，这样价格既实惠，又能省去邮费，刺激了网购者多件购买的欲望，网店的营销效果也能得到相应的提升。

126 鞋类网店商品图片有何要求

网店里出售的踏青鞋、旅游鞋、手绘帆布鞋等，虽然在图案和样式上更加多元化，但是在商品销售的保障和相应质量上总难让人放心，所以应把网店商品描述、相应图片制作完善。这样买家可以更直观地了解商品质量，更易于选择。比如多使用户外实景图就会更让人信服，如右图所示。

127 网店打折促销时机的掌握

现在很多网店都是选择节假日这些销售高峰期进行，但是所有人都在这么做，所起到的效果就会打折扣。所以，我们可以制造特殊事件和新闻，或者在淡季进行清仓大酬宾等，来合理运用其他打折时机，如右图所示。

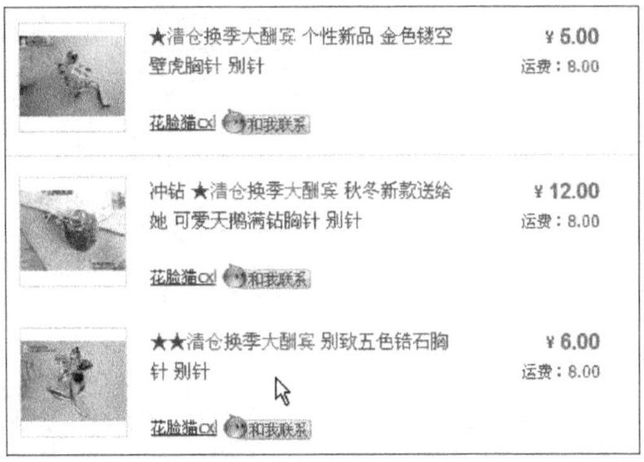

128 掌握好打折促销的持续周期

掌握好打折应持续的时间阶段，并不是越长越好。打折周期太长，反而会降低买家立即购买的决心，控制在5~10天是比较合适的，建议最长不超过两周时间。

129 淘宝网店如何防止被封

1. 修改价格要注意幅度

修改价格时不能让修改前后的价格差价太大。例如，100元的商品改成1元，淘宝网会认为成交价就是1元，会被理解为扰乱市场，有炒作信用的嫌疑。

2. 不要频繁关闭交易

不能在短期内经常关闭交易，例如一个月中关闭几十个，这通常是由一些不诚心买家造成的，可以直接与淘宝客服联系说明情况。

130 去其他网店留言宣传

我们可以选择一些浏览量大的钻石店铺留言，切记不能过分直接推荐自己的宝贝，可以先夸赞一下他人的宝贝，然后再切入正题，宣传自己的网店或商品。

留言内容要注意含蓄客气，如采用以下话语。

- 俺小店也有新东西上架，欢迎来看看。
- 我的小店最近也有很不错的活动哦。

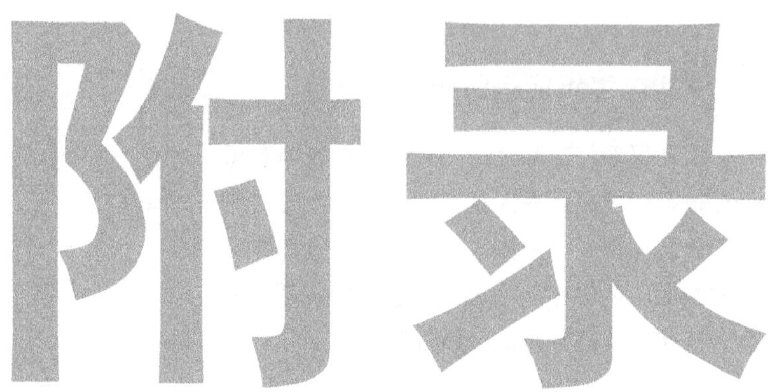

淘宝活动报名网址和帮派入口

导读

本附录介绍了目前淘宝主要的活动报名和展示网址，包括具体的报名入口和帮派入口，详细的招商活动要求规则请参考相关网页介绍。

本章网址展示

一、聚划算——品质团购每一天

1．展示页面：http://ju.taobao.com

2．报名地址：http://ju.taobao.com/tg/sellerHome.htm

3．帮派地址：http://bangpai.taobao.com/group/613552.htm

二、淘金币——赚金币，享折扣

1．展示页面：http://taojinbi.taobao.com/

2．报名地址：http://www.taobao.com/go/act/sale/qzzs.html

3．帮派地址：http://bangpai.taobao.com/group/679514.htm

三、淘宝VIP会员俱乐部

（每日一抢、限时特价、一分钱购物、品牌专区）

1．展示页面：http://vip.taobao.com

2．报名地址：http://www.taobao.com/go/act/vippdsjhzpt.php、

3．帮派地址：http://bangpai.taobao.com/group/193845.htm

四、天天特价

1．展示页面：http://tejia.taobao.com/?TBG=41105.125183.5&spm=1.41105.125183.5&ad_id=&am_id=&cm_id=&pm_id=

2．帮派地址：http://bangpai.taobao.com/group/743351.htm

五、购优惠，疯狂秒杀

1．展示页面：http://tq.taobao.com

2．报名地址：http://tap.taobao.com

六、手机淘宝

（聚划算、天天特价、公车秒杀、拇指斗价、急速60秒、口袋拍）

1．展示页面：http://m.taobao.com

手机天天特价：http://cheap.m.taobao.com

公车秒杀：http://bus.m.taobao.com

拇指斗价：http://muzhi.m.taobao.com

急速60秒：http://560.m.taobao.com

口袋拍：http://pai.m.taobao.com

姐妹淘：http://jmt.taobao.com

2．报名地址：http://bangpai.taobao.com/group/42162.htm

手机天天特价：http://bangpai.taobao.com/group/1242591.htm

公车秒杀：http://bangpai.taobao.com/group/1048752.htm

拇指斗价：http://bangpai.taobao.com/group/14307328.htm

急速60秒：http://bangpai.taobao.com/group/1341216.htm

口袋拍：http://bangpai.taobao.com/group/14101568.htm

手机淘宝女装官方帮派：http://bangpai.taobao.com/group/877907.htm

3．报名规则和流程：详细请看各帮派和报名帖介绍。

七、试用中心——将免费进行到底

1．展示页面：http://try.taobao.com/index.htm

2．报名地址：http://try.taobao.com/shoper_index.htm

3．官方帮派：http://bangpai.taobao.com/group/193877.htm

八、淘宝天下

（我爱淘折、淘折1+1．淘博园）

1．展示页面

我爱淘折：http://zhe.tianxia.taobao.com/index.html

闺蜜式淘货网站：http://bo.tianxia.taobao.com

天下聚划算：http://ju.tbtianxia.com

摇乐工厂：http://yao.tbtianxia.com

2．报名地址

我爱淘折：http://zhe.tianxia.taobao.com/index.html

闺蜜式淘货网站：http://bo.tianxia.taobao.com

九、天猫商城以及活动类目官方帮派集合

1．女装：http://bangpai.taobao.com/group/298503.htm

2．男装：http://bangpai.taobao.com/group/474028.htm

3．化妆品：http://bangpai.taobao.com/group/298427.htm

4．箱包：http://bangpai.taobao.com/group/445515.htm

5．数码：http://bangpai.taobao.com/group/151619.htm

6．母婴：http://bangpai.taobao.com/group/161074.htm

7．饰品：http://bangpai.taobao.com/group/458222.htm

8．内衣：http://bangpai.taobao.com/group/276033.htm

9．男女鞋：http://bangpai.taobao.com/group/274917.htm

10．家装家具：http://bangpai.taobao.com/group/388160.htm

11．汽车用品：http://bangpai.taobao.com/group/842273.htm

12．运动户外：http://bangpai.taobao.com/group/289239.htm

13．家居家纺：http://bangpai.taobao.com/group/153675.htm

14．食品保健品： http://bangpai.taobao.com/group/152002.htm

15．影音、厨房、生活电器、个人护理 ：http://bangpai.taobao.com/group/601790.htm

16．收纳、日化、宠物：http://bangpai.taobao.com/group/547221.htm

17．淘宝聚划算：http://ju.taobao.com

18．淘乐汇招兵卖马帮：http://bangpai.taobao.com/group/744233.htm

19．淘宝天下淘上瘾活动：http://bangpai.taobao.com/group/thread/1056911-15119151.htm

20．淘宝公车秒杀：http://bangpai.taobao.com/group/1048752.htm

21．手机天天特价：http://bangpai.taobao.com/group/1242591.htm

22．淘满意：http://bangpai.taobao.com/group/666687.htm

23．淘金币：http://bangpai.taobao.com/group/679514.htm

24．报名-联帮超市：http://bangpai.taobao.com/group/thread/839262-22482093.htm

25．会员营销工具-淘宝商家：http://fuwu.taobao.com/fuwu/service.htm?service_id=4155

26．试用中心：http://try.taobao.com/shoper_add_item.htm

27．手机淘宝急速60秒：http://bangpai.taobao.com/group/thread/1341216-253057980.htm

28．一淘：http://creator.baihui.com/taobaolianmeng/yitao2/form-perma/form

29．淘画报：http://bangpai.taobao.com/group/thread/514368-252733542-10.htm#reply1806999042

30．一淘首页：http://bangpai.taobao.com/group/14085712.htm

31．支付宝 快捷支付：http://bangpai.taobao.com/group/14083559.htm

32．Hitao社区：http://bbs.hitao.com/thread.php?fid=4

33．摇摇乐：http://bangpai.taobao.com/group/1329832.htm

34．淘宝视界：http://tbtv.taobao.com/index.html

35．会员俱乐部：http://vip.taobao.com/vip_club.htm

36．一淘集分宝：http://jf.etao.com

37．快乐淘宝官方帮派：http://bangpai.taobao.com/group/534272.htm

38．联帮超市：http://bangpai.taobao.com/group/762583.htm

39．品牌中心：http://zhe.tianxia.taobao.com/show/index.htm

40．手机淘宝公车秒杀：http://bangpai.taobao.com/group/1048752.htm

41．试用中心：http://try.taobao.com/try/index.htm

42．天天狂抢：http://ttkq.dian.taobao.com

43．淘宝v特惠频道：http://www.taobao.com/go/chn/chn/vchn.php?ad_id=&am_id=&cm_id=1400219642299782fc17&pm_id=

44．淘宝店铺街：http://jie.taobao.com

45．淘江湖购物分享：http://daren.taobao.com/daren/snsmkt.php

46．淘江湖品牌店铺活动中心首页：http://www.taobao.com/go/act/hdzx/index.php

47．淘金币：http://qz.jianghu.taobao.com/home/award_exchange_home.htm?is_random=false&tracelog=qzshop

48．淘满意精品团购：http://onsale.manyi.taobao.com/

49．淘团购 - 折扣促销：http://bangpai.taobao.com/group/352142.htm

50．天天1到5折 疯狂秒杀：http://www.taobao.com/go/act/tiantian/1-5zhe.php?ad_id=&am_id=1300378729d85bc2f119&cm_id=&pm_id

51．我爱淘折：http://zhe.taobao.com

52．我的广告我做主：http://bangpai.taobao.com/group/114671.htm

53．细节规范官方论坛：http://bangpai.taobao.com/group/114671.htm

54．细节卖家上新调研报名：http://bangpai.taobao.com/group/thread/645506-251146804.htm

55．新人专享：http://www.taobao.com/go/act/sale/xrzxdyq.php

56．折扣促销总帮：http://bangpai.taobao.com/group/187009.htm

57．淘宝女装：http://nvzhuang.taobao.com